"Assim que você verdadeiramente se empenhar para que aconteça alguma coisa, o "como" vai aflorar por si mesmo."

09/12/15

Família Maximus Silva

DESPERTE SEU GIGANTE INTERIOR

CB129028

EDIÇÃO REVISTA

ANTHONY ROBBINS

DESPERTE SEU GIGANTE INTERIOR

COMO ASSUMIR O CONTROLE DE TUDO EM SUA VIDA

Tradução de
HAROLDO NETTO
e
PINHEIRO DE LEMOS

25ª EDIÇÃO

BestSeller
Rio de Janeiro | 2014

CIP-BRASIL. CATALOGAÇÃO-NA-FONTE
SINDICATO NACIONAL DOS EDITORES DE LIVROS, RJ.

R545d Robbins, Anthony
25ª ed. Desperte seu gigante interior / Anthony Robbins; tradução: Haroldo Netto, Pinheiro de Lemos. – 25ª ed. – Rio de Janeiro: Best*Seller*, 2014.

Tradução de: Awaken the giant within
ISBN 978-85-7684-240-8

1. Sucesso — Aspectos psicológicos. I. Título.

09-2428 CDD: 158.1
CDU: 159.947

Texto revisado segundo o novo Acordo Ortográfico da Língua Portuguesa.

Título original norte-americano
AWAKEN THE GIANT WITHIN

Versos de "I am... I said" na p. 21 por Neil Diamond. Copyright © 1971 Prophet Music, Inc. Todos os direitos reservados. Transcritos mediante permissão.
Cartum "Carneiros" na p. 36 por Gary Larson: reproduzido mediante permissão de Chronicle Features, San Francisco, CA.
"Rejeições" na p. 52 extraídas de *Rotten Rejections, A Literary Companion*. Copyright © 1990 Pushcart Press. Reproduzido com permissão da Pushcart Press.
"The Quigmans" na p. 102 por Buddy Hickerson. Copyright © 1988 Los Angeles Time Syndicate, Inc. Reproduzido mediante permissão.
Cartum "Ei, valentão..." na p. 179 por GaryLArson: The Far Side © 1986. Universal Press Syndicate. Reproduzido com permissão. Todos os direitos reservados.
Exemplos de "Vocabulários Transformacional" na p. 264 retirados de Newsweek, 3 de dezembro, © 1990; 18 de setembro, © 1989; 19 de março, © 1990; 17 de julho, © 1989; 24 de setembro, © 1990, reproduzido com permissão de Newsweek, Inc. Todos os direitos reservados.
Cartum *Herman* na p. 422 *Herman* © 1985 Jim Unger. Reproduzido com permissão do Universal Press Syndicate. Todos os direitos reservados.
Cartum *Bloom Coutry* na p. 523: cartum por Berke Breathed. © 1986 The Washington Post Writers Group. Reproduzido com permissão.
Cartum "encruzilhada" de Ziggy, na p. 534: *Ziggy* © 1990, Ziggy & Friends. Reproduzido com permissão do Universal Press Syndicate. Todos os direitos reservados.
Cartum "exercício" de *Herman* na p. 544: *Herman* © 1986 Jim Unger. Reproduzido com permissão do Universal Press Syndicate. Todos os direitos reservados.
Cartum "segurança" *Horroscope* na p. 565: *Horroscope* por Eric Olson e Susan Kelson © 1991Toronto Star Syndicate. Reproduzido mediante permissão especial do King Features Syndicate.
Cartum *Charlie Brown* na p. 625 reproduzido mediante permissão de UFS, Inc.

Copyright © 1991 by Anthony Robbins
Copyright da tradução © 1993 by Distribuidora Record S. A. Todos os direitos reservados.

Publicado mediante acordo com Simon & Schuster, Nova York

Capa: Julio Moreira
Editoração eletrônica: FA Editoração

Todos os direitos reservados. Proibida a reprodução, no todo ou em parte, sem autorização prévia por escrito da editora, sejam quais forem os meios empregados.

Direitos exclusivos de publicação em língua portuguesa para o Brasil
adquiridos pela EDITORA BEST SELLER LTDA.
Rua Argentina, 171, parte, São Cristóvão
Rio de Janeiro, RJ — 20921-380
que se reserva a propriedade literária desta tradução

Impresso no Brasil

ISBN 978-85-7684-240-8

Seja um leitor preferencial Record.
Cadastre-se e receba informações sobre
nossos lançamentos e nossas promoções.

Atendimento e venda direta ao leitor:
mdireto@record.com.br ou (21) 2585-2002

Agradecimentos

Quando começo a refletir sobre a magnitude deste projeto, não posso deixar de me lembrar do jogador famoso que entra no campo quase no fim do jogo, conferencia com os demais numa roda formada no meio do campo, afasta-se confiante e arremessa um passe em espiral perfeito de 50 metros, do qual vai resultar o *touchdown* da vitória! A torcida delira, os técnicos vibram, e o zagueiro alegremente se deleita com a glória de ganhar o jogo. Mas foi um esforço da equipe. O tal jogador é o herói público; no entanto, em qualquer jogo na vida, há uma multidão de jogadores que são os heróis ocultos, e nesta empreitada houve muitos. Jamais fui conhecido como uma pessoa a quem as palavras faltassem, mas quando começo a lançar no papel os sentimentos que tenho por tantos membros da família, amigos e colaboradores leais e espantosamente altruístas, sinto-me sufocado pela dificuldade. É quase impossível optar por uma precedência, já que foi um verdadeiro esforço de equipe desde o início.

À minha mulher Becky, minha mãe e meus quatro filhos — Jairek, Josh, Jolie e Tyler —, seu amor é minha força. Nada é mais importante para mim.

As minhas assistentes, Deena Tuttle e Karen Risch, dois dínamos assombrosos, que permaneceram devotadas à visão de que nosso trabalho faria diferença, mesmo que isto significasse ficar a noite inteira de pé, longe de maridos e filhos, e me seguindo por todo o país, permanecendo em todas as ocasiões animadas e prontas a colaborar. Este livro não poderia ter sido escrito sem sua fidelidade inabalável.

A meus Representantes de Vendas e Gerentes, que trabalham diariamente a fim de me levarem aos salões transbordantes de gente dos seminários nas diversas cidades; e a meus franqueados, os Consultores de Desenvolvimento Pessoal, que me ajudaram a provar que seminários com base em vídeo realmente são algo mais, agradeço pela coragem e dedicação. Aos Representantes do Serviço do Cliente na Robbins Research International, que inspiram o cliente a agir e a crescer para alcançar novos níveis, sou muito grato.

A toda minha equipe dos escritórios de San Diego da Robbins Research International, que cumpre um horário louco de trabalho a fim de lançar meus brainstorms e manter a integridade do conceito, a minha saudação.

A meus parceiros e associados de todas as filiais da Anthony Robbins Company, em especial os meus queridos amigos da Fortune Management, sua sensibilidade a meu esquema inacreditável comoveu meu coração.

Aos participantes que estiveram em meus seminários, aprendi muito com vocês e lhes agradeço pela sua colaboração neste trabalho. Um agradecimento especial à classe de 1991 que me apoiou enquanto trabalhei a noite toda por mais de duas semanas a fim de entregar este livro a tempo.

A Earl Strumpel, cujo amor, amizade e dedicação 24 horas por dia para obter e garantir quaisquer percursos que eu precisasse deram-me a paz de espírito para criar.

Ao Dr. Robert Bays, meu querido amigo, cuja sabedoria e amor incondicional me conduziram através de estradas esburacadas do caminho e cuja colaboração sempre considerei valiosa e pela qual sou eternamente grato. A Vicki St. George, uma joia de amiga, muito obrigado.

A Michael Hutchison, que se mantém consistentemente em alto padrão, sinto-me abençoado pelo nosso relacionamento. A meu melhor amigo, Michael Keyes, obrigado, meu chapa, por seu humor e espírito aguçado, sua compreensão e seu apoio. A Alan, I inda e Josh Hahn, por sua inspiração e amizade; antecipo com ansiedade um futuro longo e aventuroso.

À turma do "castelo", especialmente Theresa Lannon e Elizabeth Calfee, que são o melhor sistema de apoio neste mundo, obrigado por fazer com que o lar deste homem continuasse a ser o seu castelo.

A meus bons amigos na Guthy-Renker Corporation, Greg Renker, Bill Guthy, Lenny Lieberman, Jon Schulberg e John Zahody, que juntamente do pessoal da Cassette Productions me ajudaram a distribuir mais de 7 milhões de fitas de áudio levando minha filosofia do Poder Pessoal a gente em todo o mundo somente nos últimos dois anos, tenho muito carinho pela nossa amizade.

A Peter Guber, pelos seus telefonemas inspiradores e pelo seu apoio, valorizo profundamente nosso relacionamento.

A Ken e Marge Blanchard, cujos encontros trimestrais com Becky e comigo sempre são uma fonte de magia mútua e respeito cada vez maior.

A Martin e Janet Sheen, por serem tão notáveis exemplos de paixão, integridade e dedicação, obrigado por serem uma luz.

A todos os voluntários da Fundação Anthony Robbins, os sem-teto, os presos, as crianças e os idosos nunca mais serão os mesmos por causa de sua dedicação constante a uma contribuição altruísta. Vocês verdadeiramente fazem uma diferença!

A Stu Mittleman, Phil Maffetone, Paul Pilzer e John Robbins, suas contribuições a este livro impactarão a qualidade das vidas das pessoas.

Ao Grande Mestre de *tae kwon do* Jhoon Rhee, cujo constante amor, lealdade e conhecimento inspiram-me a maiores realizações, eu respeitosamente lhe faço uma reverência, senhor.

Ao incrível *staff* da nossa fuga de Fiji, a Namale Plantation Resort, e aos mesmos das cidadezinhas próximas de Viville e Nadi, vocês são verdadeiramente um exemplo de que a vida é uma dádiva e uma alegria, que a felicidade é o único modo de se viver.

A Jan Miller e sua competente equipe, minha leal agente de ligação neste peculiar negócio das publicações, tiro o meu chapéu. A Dick Snyder, Bob Asahina e Sarah Bayliss, mais uma vez muito obrigado por sua fé em mim.

Aos gigantes sobre cujos ombros me elevei, os mestres que modelaram tanto da minha filosofia, estratégias e habilidades, agradeci a vocês em *Poder sem limites* e os saúdo mais uma vez.

E, finalmente, muito obrigado a todo um elenco de pessoas que atuaram nos bastidores me apoiando, entre as quais: Kathy Moeller, Suzy Gonzales, Joan Meng, Nancy Minkus, Shari Wilson, Mary Kent, Valerie Felts, Leigh Lendzian, Dave Polcino, Cherrell Tarantino, Mark Lamm, Robert Mott pelo trabalho de arte, e os caras no Franklin Type, em Nova York.

Essas pessoas jamais aceitaram que alguma coisa fosse impossível. Todos nós esperamos e recebemos milagres durante toda esta odisseia, e também crescemos no processo. Vocês todos são gigantes em minha vida.

Dedicado ao poder ilimitado
que está dormindo dentro de você.
Não deixe que ele continue inativo.

Acima de tudo à minha mulher,
Becky, que é um exemplo vivo de
amor incondicional e apoio.
Eu amo você, querida.

Sumário

Parte Dois
Assumindo o controle — o sistema central

Parte Três
Sete dias para moldar sua vida

Parte Quatro
Uma lição de destino

Prefácio

Como psicólogo-chefe do Bellevue Hospital da cidade de Nova York, vejo muito sofrimento, não só em nossos pacientes mentais, como também nas pessoas "normais" e "saudáveis" que os tratam. Vejo também a mesma infelicidade nas pessoas relativamente bem-sucedidas e altamente atuantes a quem ajudo em minha clínica particular. Com bastante frequência, a dor e o sofrimento são desnecessários e cessam quando as pessoas controlam suas convicções, seus sentimentos e suas ações a fim de modificar o processo de suas vidas. Infelizmente, na maior parte do tempo não fazem isso. Esperam, depois tentam alterar o mau resultado ou, com frequência, vão a um terapeuta querendo simplesmente se queixar de sua vida horrível ou, de algum modo, serem "curadas" por outra pessoa.

Fazer com que as pessoas percebam que são elas que determinam o resultado de suas vidas nem sempre é fácil. Na verdade é, de um modo geral, uma tarefa sufocante. Em consequência, sempre procurei encontrar novos métodos e tecnologias para utilizar no hospital e com meus pacientes particulares. Alguns anos atrás, ouvi falar pela primeira vez do trabalho de Tony Robbins e compareci a um dos seus seminários em Nova York. Tal como eu esperava, foi uma noite verdadeiramente pouco usual. O inesperado foi o gênio de Tony no campo do comportamento humano e da comunicação. Naquela noite, vi que ele compartilhava da minha convicção de que qualquer pessoa que seja basicamente sadia pode assumir o comando e levar uma vida plena. Pouco tempo depois, estive em um curso de duas semanas de Tony e transferi muito do que lá aprendi para meus colegas e pacientes. Chamei o curso de "treinamento básico para a vida" e logo comecei a recomendar suas séries de fitas gravadas e seu primeiro livro, *Poder sem limites*.

Embora alguns de meus colegas se mostrem ofendidos ou surpresos quando recomendo o trabalho de um homem tão jovem e que não possui credenciais acadêmicas, quem realmente leu ou ouviu Tony concorda comigo. Além das informações amplas e da boa qualidade de que dispõe, Tony tem um talento e um estilo irresistível que tornam fácil a absorção do material que apresenta.

Posteriormente, minha mulher e eu frequentamos o curso Encontro com o Destino, que contém muitos dos conceitos presentes no último trabalho de Tony, *Desperte seu Gigante Interior.* Aquele fim de semana nos proporcionou recursos para promover mudanças em nossos valores, regras e controles, o que, no decorrer dos últimos anos, permitiu que nossas vidas se tornassem muito mais produtivas e satisfatórias.

Vejo Tony como um grande treinador no jogo da vida. Sua percepção acurada, inteligência, paixão e dedicação sempre se fazem presentes e inspiradoras. Ler este livro é como sentar-se diante de Tony e se absorver numa conversação envolvente e divertida. Deve ser consultado a toda hora, como um manual de usuário, quando quer que a vida apresente um novo desafio ou exija uma mudança de curso. Propicia um arsenal de ferramentas para mudanças duradouras, assim como lições que enriquecem a qualidade de vida. Na verdade, se um número bastante grande de pessoas ler este livro e aplicar seus ensinamentos, talvez faça com que eu e muitos dos meus colegas percamos o emprego.

FREDERICK L. COVAN, PH.D.

"No fundo de cada homem residem esses poderes adormecidos; poderes que o assombrariam, que ele jamais sonhou possuir; forças que revolucionariam sua vida se despertadas e postas em ação."

— ORISON SWETT MARDEN

PARTE UM

Libere seu poder

1

Sonhos de destino

"O homem consistente acredita no destino, o homem volúvel, no acaso."

— Benjamin Disraeli

Todos nós temos sonhos... Todos nós queremos acreditar, no fundo de nossas almas, que temos um dom especial, que somos capazes de fazer diferença, que podemos tocar os outros de um modo especial e que podemos fazer do mundo um lugar melhor. Em determinada época de nossas vidas, visualizamos a qualidade de vida que desejávamos e merecíamos. No entanto, para muitos, esses sonhos foram tão encobertos pelas frustrações e rotinas do cotidiano que não nos esforçamos mais para realizá-los. Para a maioria, o sonho dissipou-se — e, com ele, a vontade de moldar nosso destino. Um grande número perdeu aquele senso de certeza que cria a margem de vantagem do vencedor. O desafio da minha vida tem sido restaurar o sonho e torná-lo real, fazer com que cada um se lembre do poder ilimitado que dorme no interior de todos nós e o use.

Jamais esquecerei o dia em que realmente me dei conta de que estava vivendo de fato o meu sonho. Eu me encontrava em meu helicóptero, vindo de uma reunião de negócios em Los Angeles, e seguindo para Orange County, onde daria um dos meus seminários. Ao sobrevoar a cidade de Glendale, reconheci de repente um prédio grande, parei o helicóptero por cima. Observando melhor, percebi que era o lugar em que trabalhara como zelador apenas 12 anos antes!

Naquele tempo, minha grande preocupação era se meu Volkswagen 1960 não se desmancharia durante os 30 minutos que durava a viagem até o trabalho. Minha vida focalizava em como eu ia sobreviver; tinha medo e me sentia solitário. Mas naquele dia, pairando ali no céu, pensei: "Que diferença uma década pode fazer!" Sem dúvida, eu tinha sonhos naquele tempo, mas parecia que jamais seriam realizados. Contudo, vim a crer que todos os fracassos e frustrações na verdade estavam assentando a base para o entendimento que criou o novo nível de vida que agora desfruto. Ao continuar meu voo para o sul, ao longo da costa, localizei golfinhos brincando com surfistas nas ondas lá embaixo. É uma visão que minha mulher Becky e eu apreciamos como uma das dádivas especiais da vida. Finalmente cheguei a Irvine. Olhando para baixo, fiquei um pouco perturbado quando vi a rampa de saída para o meu seminário tomada por um engarrafamento de mais de 1 quilômetro. Pensei: "Puxa, espero que o evento causador deste engarrafamento comece logo, para que o pessoal que vai ao meu seminário chegue a tempo."

Mas ao descer para o heliporto, passei a ver um novo quadro: milhares de pessoas sendo contidas pela segurança, no lugar em que eu estava prestes a pousar. Comecei, de repente, a perceber a realidade. O engarrafamento era causado pelas pessoas que iam ao *meu evento*! Embora esperássemos cerca de 2 mil pessoas, eu tinha diante de mim uma multidão de 7 mil para um auditório em que caberiam apenas 5 mil! Quando entrei, fui cercado por centenas de pessoas que queriam me dar um abraço ou me dizer como meu trabalho tivera um impacto positivo em suas vidas.

As histórias que me contaram eram incríveis. Uma mãe apresentou-me ao filho que tinha sido considerado "hiperativo" e "inapto para o aprendizado". Utilizando os princípios de *administração de estado,* ensinados neste livro, ela não só conseguira liberá-lo do remédio chamado Ritalin, como também se mudaram para a Califórnia, onde seu filho fizera novos testes e fora avaliado ao nível de gênio. Precisava ver o rosto dele quando ela partilhou comigo sua *nova* classificação. Um homem me contou como se livrara da cocaína usando algumas das técnicas do *Condicionamento do Sucesso,* que você aprenderá neste livro. Um casal de meia idade me disse que só não tinha se divorciado após 15 anos de casamento por causa da descoberta das *regras pessoais.* Um vendedor me contou como sua renda mensal pulara de 2 mil para mais de 12 mil dólares, em apenas seis meses, e um empresário afirmou ter aumentado a receita da firma em mais de 3 milhões de dólares em 18 meses, aplicando os princípios das *perguntas de qualidade* e da *administração emocional.* Uma linda jovem mostrou-me um retrato de como era antes de ter perdido mais de 25 quilos, aplicando os princípios da *alavanca,* detalhados neste livro.

Fiquei tão comovido pelas emoções naquela sala que me senti sufocado e, a princípio, não consegui falar. Quando olhei para a plateia e vi 5 mil rostos sorridentes, animados e afetuosos, percebi que *estava vivendo o meu sonho!* Que sensação saber que sem sombra de dúvida eu tinha a informação, as estratégias, as filosofias e técnica que poderiam ajudar a qualquer uma daquelas pessoas a efetuar as mudanças que mais desejassem! Uma torrente de imagens e emoções me invadiu. Comecei a me lembrar de uma experiência que tive alguns anos antes, sentado em meu apartamento de solteiro de 36 metros quadrados em Venice, Califórnia, sozinho e chorando ao ouvir a letra de uma canção de Neil Diamond: "Eu sou, eu disse, para ninguém. E ninguém ouviu, nem mesmo a cadeira. Eu sou, exclamei. Eu sou, falei. E estou perdido, e não posso nem dizer por que, o que foi que me deixou tão só." Lembro de ter sentido que minha vida não tinha importância, como se os eventos do mundo é que me controlassem. Lembro também do momento em que minha vida mudou, o momento em que finalmente eu disse: "Chega! Sei que sou muito mais do que estou demonstrando mental, emocional e fisicamente em minha vida." *Tomei uma decisão* naquele momento que ia alterar minha vida para sempre. Decidi mudar virtualmente todos os aspectos da minha vida. *Decidi que nunca mais me conformaria com menos que eu pudesse ser.* Quem teria adivinhado que aquela decisão fosse me levar a um momento incrível daqueles?

Dei tudo de mim no seminário naquela noite e, quando deixei o auditório, uma multidão acompanhou-me até o helicóptero para se despedir. Dizer que me senti profundamente comovido por aquela experiência seria pouco. Uma lágrima escorreu pelo meu rosto quando agradeci ao Criador por aquela dádiva maravilhosa. Depois que levantei voo, tive de me beliscar. *Aquilo seria verdade?* Seria eu o mesmo homem que oito anos antes estava lutando, frustrado, sentindo-se sozinho e incapaz de fazer sua vida dar certo? Gordo, falido e sem saber se ao menos seria possível sobreviver? Como um garoto como eu, sem nada além de instrução secundária, pudera criar mudanças tão drásticas?

Minha resposta é simples: aprendi a utilizar o princípio que agora chamo de *concentração do poder.* Muita gente não tem ideia da imensa capacidade de comando imediato quando focalizamos todos os nossos recursos para dominar uma área de nossa vida. O foco concentrado é como um raio laser, capaz de cortar qualquer coisa que pareça deter você. Quando focalizamos consistentemente nossos recursos no aperfeiçoamento de qualquer área, desenvolvemos características únicas nesse sentido. Uma razão por que tão poucos de nós conseguimos o que realmente desejamos é que nunca dirigimos o nosso foco; nunca concentramos nosso poder. Muitas pessoas se arrastam pela vida, sem decidir dominar qualquer coisa em particular. Na verdade, acredito que muitas pessoas falham na vida porque *se especializam em coisas secundárias.* Acredito que uma das maiores lições da vida é aprender a entender o que nos leva a fazer o que fazemos. O que molda o comportamento humano? A resposta a essa pergunta proporciona dados críticos para moldar o seu próprio destino.

Toda a minha vida tem sido continuamente impulsionada por um foco único e irresistível: *o que faz a diferença na qualidade de vida das pessoas?* Como pessoas com um início humilde e antecedentes difíceis conseguem frequentemente — e a despeito de tudo — criar vidas que nos inspiram? Inversamente, por que tantos nascidos em ambientes privilegiados, com todos os recursos para ter sucesso, terminam gordos, frustrados e muitas vezes dependentes de alguma droga química? O que faz da vida de algumas pessoas um exemplo, e da vida de outras uma advertência? Qual o segredo que cria vidas apaixonadas, felizes e agradáveis para tanta gente, enquanto que para outras pessoas só resta talvez perguntar: "Isto é tudo o que existe?"

Minha magnífica obsessão começou com algumas perguntas simples: "Como posso assumir de imediato o controle da minha vida? O que posso fazer hoje que resulte numa diferença sensível — que ajude a mim e aos outros a moldar o destino? Como posso expandir-me, aprender, crescer e compartilhar esse conhecimento de uma maneira significativa e agradável?"

Desde muito cedo, desenvolvi a convicção de que todos nós estamos aqui para contribuir com algo único, que no fundo de cada um existe um dom especial. Acredito sinceramente que temos um gigante adormecido dentro de nós. Todos possuímos um talento, um dom, a nossa centelha de gênio esperando ser despertada. Pode ser um talento para a pintura ou para a música. Pode ser um modo especial de se relacionar com as pessoas a quem se ama. Pode ser uma capacidade genial para vender, inovar ou elevar-se em seu negócio ou em sua carreira. Preferi acreditar que o nosso Criador não concede privilégios, que cada um de nós foi criado como uma pessoa singular, mas com oportunidades iguais para experimentar a vida em sua plenitude. Há muitos anos, decidi que o modo mais importante que eu poderia gastar minha vida seria investindo em algo que durasse mais do que ela. *Decidi que, de algum modo, eu tinha de contribuir de uma forma que sobrevivesse à minha morte.*

Tenho o incrível privilégio de compartilhar minhas ideias e meus sentimentos com literalmente milhões de pessoas por meio de meus livros e programas de televisão. Trabalhei pessoalmente com mais de um quarto de milhão de pessoas apenas nos últimos anos. Ajudei membros do Congresso, presidentes de companhias e de países, gerentes e mães, vendedores, contadores, advogados, médicos, psiquiatras, conselheiros e atletas profissionais. Trabalhei com portadores de fobias, deprimidos, pessoas com múltipla personalidade e pessoas que pensavam que *não* tinham personalidade. Agora tenho a sorte única de compartilhar o melhor do que aprendi com você, leitor, e por essa oportunidade sinto-me sinceramente grato e entusiasmado.

Esse tempo todo continuei a reconhecer o poder que os indivíduos têm de mudar virtualmente *qualquer* coisa em suas vidas num *instante*. Aprendi que os recursos de que precisamos para transformar nossos sonhos em realidade estão dentro de nós, aguardando apenas o dia em que decidirmos despertar e exigir aquilo a que temos direito. Escrevi este livro por uma razão: para ser uma espécie de toque de despertar que desafie aqueles que estão comprometidos com a vida e o crescimento, e usar o poder que lhes foi dado por Deus. Há ideias e estratégias neste livro que o ajudarão a produzir mudanças específicas, mensuráveis e duradouras em si próprio e nos outros.

Eu acredito que sei quem você é realmente. Acredito que você e eu devemos ser almas gêmeas. Seu desejo de crescimento o trouxe a este livro. Foi a mão invisível que o guiou. Não importa o que é nesta vida, sei que você quer mais! Não importa o quão bem tem se saído, ou o grau do desafio que esteja experimentando agora, no fundo existe a convicção de que sua experiência de vida pode e será muito maior do que é. Você está destinado à sua forma única de grandeza, quer seja um professor destacado profissionalmente, comerciário, mãe ou pai. O mais importante é que você não apenas acredita nisso, mas também entrou em ação. Não só comprou este livro, como também está fazendo neste exato momento algo que infelizmente é raro — você o está lendo! As estatísticas mostram que menos de 10 por cento das pessoas que compram um livro passam do primeiro capítulo. Que desperdício inacreditável! Este é um grande livro que você pode usar para produzir resultados enormes em sua vida. Claro que você é o tipo de pessoa que não vai se iludir apenas folheando o livro. Tirando vantagem sistemática de cada um dos capítulos dele, você assegurará sua capacidade de maximizar seu potencial.

Desafio você a fazer o que quer que seja preciso para ler este livro inteiro (ao contrário da massa de gente que desiste), mas que também use o que aprender na rotina diária. Este é o passo mais importante de todos para que você consiga alcançar os resultados que se comprometeu a atingir.

COMO CRIAR UMA MUDANÇA DURADOURA

Para que uma mudança tenha valor, precisa ser duradoura e consistente. Todos nós já experimentamos mudanças por um momento, só para nos sentirmos frustrados e desapontados no fim. Na verdade, muitas pessoas receiam tentar mudar porque acreditam inconscientemente que a mudança será apenas temporária. Um bom exemplo disso é o de quem precisa começar uma dieta, mas vive protelando, principalmente por saber, em seu inconsciente, que seja qual for o sofrimento por que passe para criar a mudança resultará tão somente numa recompensa de curta duração. Durante a maior parte de minha vida, procurei o que considero ser os princípios organizadores da mudança duradoura. Você aprenderá muitos desses princípios, e também a utilizá-los, nas páginas seguintes. Mas, por enquanto, eu gostaria de partilhar com vocês três princípios fundamentais de mudança que podemos usar imediatamente para mudar nossa vida. Embora sejam simples, são extremamente poderosos quando bem aplicados. São exatamente as mesmas mudanças que uma pessoa deve fazer para criar sua mudança pessoal, que uma companhia deve fazer para maximizar seu potencial, e que um país tem de fazer para conquistar seu espaço no mundo. Na verdade, são as mudanças que todos nós — como a comunidade que vive neste mundo — devemos fazer para preservar a qualidade de vida no globo terrestre.

PASSO UM

Eleve seus padrões

Sempre que você quiser sinceramente efetuar uma mudança, a primeira coisa que precisa fazer é elevar seus padrões. Quando me perguntam o que realmente mudou minha vida há alguns anos, eu digo que a coisa mais importante foi mudar o que eu exigia de mim mesmo. Fiz uma lista daquilo que não aceitaria mais na vida, de todas as coisas que não ia mais tolerar e de tudo o que aspirava a ser.

Pense nas consequências a longo prazo desencadeadas por homens e mulheres que elevaram seus padrões e agiram de acordo, decidindo que não tolerariam menos. A história conta os exemplos inspiradores de pessoas como Leonardo da Vinci, Abraham Lincoln, Helen Keller, Mahatma Ghandi, Martin Luther King Jr., Rosa Parks, Albert Einstein, César Chávez, Soichiro Honda e muitos outros, que deram o passo espetacularmente poderoso de elevar seus padrões. O mesmo poder de que eles dispuseram você também pode ter, se tiver coragem. Mudar uma organização, uma companhia, um país — ou o mundo — começa com o simples passo de mudar a si próprio.

PASSO DOIS

Mude suas convicções limitadoras

Se você levantar seus padrões mas não acreditar realmente que poderá atingi-los, é que já sabotou a si próprio. Nem chegará a tentar; estará lhe faltando a convicção que tornaria possível usar a capacidade que está escondida dentro de você, inclusive na hora em que lê estas palavras. Nossas convicções são como ordens inquestionadas, nos dizendo como são as coisas, o que é possível e o que é impossível, o que podemos fazer e o que não podemos. Modelam cada ação, cada pensamento e cada sentimento que experimentamos. Como resultado, mudar nossos sistemas de convicções é fundamental para realizar qualquer alteração real e duradoura em nossa vida. Temos de desenvolver a convicção de que podemos e iremos atingir os novos padrões, antes de tentar fazê-lo.

Sem assumir o controle dos seus sistemas de convicções, você pode elevar seus padrões tanto quanto quiser, mas nunca terá a convicção necessária para atingi-los. Quanto você pensa que Gandhi realizaria se não acreditasse com todas as fibras do seu corpo no poder da não violência? Foi a consistência de suas convicções que lhe deu acesso a seus recursos interiores e o capacitou a enfrentar desafios que teriam abalado um homem menos engajado. As convicções fortalecedoras — o senso de certeza — constituem a força por trás de qualquer grande sucesso, ao longo da história.

PASSO TRÊS

Mude sua estratégia

Para manter seu empenho, você precisa das melhores estratégias para alcançar resultados. Uma das minhas convicções básicas é que, se você estabelece um padrão mais alto e pode forçar-se a acreditar, certamente poderá também imaginar as estratégias. Você simplesmente descobrirá um meio. Em última análise, é disso que trata este livro. Mostra as estratégias para obter o sucesso, e eu lhe direi desde já que a melhor estratégia, em quase todos os casos, é encontrar um modelo, alguém que já esteja conseguindo os resultados que você almeja, e depois explorar seus conhecimentos. Aprenda o que essa pessoa está fazendo, quais são suas convicções básicas, e como pensa. Isso não só o tornará mais eficaz, como também poupará muito tempo, porque não terá que reinventar a roda. O que você pode fazer é melhorar os detalhes, remoldá-la, e talvez torná-la ainda melhor.

Este livro lhe proporcionará a informação e o ímpeto para seguir os três princípios básicos da mudança de qualidade: ajudará você a elevar seus padrões, descobrindo quais são atualmente e definindo o que deseja que sejam; ajudará a mudar as convicções básicas que o impedem de chegar onde deseja e a ampliar aquelas que já o servem; e também o ajudará a desenvolver uma série de estratégias para produzir os resultados que deseja, com mais vigor, rapidez e eficiência.

Na vida, muita gente sabe o que fazer, mas poucos são aqueles que realmente fazem o que sabem. Saber não é o bastante! É preciso que você entre em ação. Se me conceder a oportunidade, serei seu treinador pessoal ao longo deste livro. O que os treinadores fazem?

Em primeiro lugar, preocupam-se com você. Passaram anos focalizando uma área específica de atividade e são capazes de determinar os fundamentos para produzir resultados mais depressa. Utilizando as estratégias que seu treinador compartilha com você, será possível modificar seu desempenho imediata e drasticamente. Às vezes, o treinador não diz nada de novo, mas lembra algo que você já sabe e manda-o fazer agora. Este é o papel que, com a sua permissão, assumirei para você.

Em que, especificamente, vou trabalhar? Oferecerei noções de poder para criar melhorias duradouras na qualidade de sua vida. Juntos, vamos nos concentrar (e não chapinhar na superfície!) no domínio das cinco áreas de vida que, em minha opinião, causam maior impacto. São as seguintes:

1. CONTROLE EMOCIONAL

Aprender apenas esta lição o levará pela maior parte do caminho para o domínio das outras quatro! Pense nisso. Por que deseja emagrecer? É só para ter menos gordura no corpo? Ou é por causa do modo como pensa que se sentiria caso se livrasse dos quilos indesejados, ganhando mais energia e vitalidade, tornando-se mais atraente para os outros e projetando sua confiança e autoestima até a estratosfera? *Praticamente tudo o que fazemos é para mudar o jeito como nos sentimos* — só que a maioria das pessoas tem pouco ou nenhum treinamento para fazer de maneira rápida e efetiva. É assombrosa a frequência com que usamos a inteligência à nossa disposição para ingressar em estados emocionais áridos esquecendo os incontáveis talentos inatos que cada um de nós possui. Muitos de nós se entregam à mercê de eventos externos, sobre os quais podemos não ter controle, deixando de assumir o comando de nossas emoções — sobre as quais temos *todo* o controle — e confiando apenas em doses rápidas de curto prazo. De que outra maneira poderíamos explicar o fato de que, embora menos de cinco por cento da população mundial morem nos Estados Unidos, consumimos mais da metade da cocaína do mundo? Ou que o orçamento militar americano, que alcança a casa dos bilhões de dólares, é igualado pelo que se gasta com álcool? Ou que 15 milhões de americanos sejam diagnosticados a cada ano como clinicamente deprimidos, e se gaste mais de 500 milhões em receitas da droga antidepressiva chamada Prozac?

Neste livro, você descobrirá o que o leva a fazer o que faz e os gatilhos para as emoções que experimenta com mais frequência. Receberá um plano passo a passo para mostrar como identificar que emoções fortalecem e que sentimentos enfraquecem, e como usar ambos a seu favor, para que as emoções não se tornem um estorvo, e sim um instrumento poderoso para ajudálo a desenvolver seu mais alto potencial.

2. CONTROLE FÍSICO

Vale a pena ter tudo com que você sempre sonhou, mas não dispor da saúde física para desfrutar? Você acorda todos os dias sentindo-se energizado, cheio de vigor e pronto para dar início a um novo dia? Ou acorda se sentindo tão cansado quanto na noite anterior, cheio de dores e ressentido por ter de começar tudo de novo? O seu atual estilo de vida o converte numa estatística? Um em cada dois americanos morre de doença coronária; um em cada três morre de câncer. Para usar uma frase do médico do século XVII Thomas Moffett, estamos "cavando nossas sepulturas com os dentes" quando enchemos o corpo de alimentos nutricionalmente vazios, cheios de gorduras, envenenamos nossos organismos com cigarros, álcool e droga, e sentamos passivamente diante de aparelhos de televisão. Esta segunda lição o ajudará a controlar sua saúde física, a fim de que não apenas tenha boa aparência, mas também se *sinta* bem, e saiba que está *controlando* sua vida em um corpo que irradia vitalidade e permite que alcance o sucesso desejado.

3. Controle dos relacionamentos

Além do domínio das próprias emoções e da saúde física, não há nada que eu possa imaginar como sendo mais importante que aprender a controlar seus relacionamentos — românticos, familiares, profissionais e sociais. Afinal, quem quer crescer, aprender e tornar-se bem-sucedido e feliz *sozinho?* Esta terceira lição revelará os segredos que permitem criar relacionamentos de qualidade — primeiro consigo mesmo, depois com os outros. Você começará por descobrir o que valoriza mais, quais são suas expectativas, as regras pelas quais conduz o jogo da vida, e como tudo isso se relaciona com os demais jogadores. Depois, quando adquirir o controle desse talento tão importante, aprenderá como ligar-se com as pessoas ao nível mais profundo e como ser recompensado com algo que todos nós queremos experimentar: a sensação de ter contribuído, de saber que fazemos diferença na vida das outras pessoas. Descobri que, para mim, o relacionamento com o próximo é o maior dos recursos porque abre as portas a todos os outros meios de que preciso. O domínio desta lição lhe dará meios ilimitados para crescer e contribuir.

4. Controle financeiro

Ao chegar aos 65 anos, a maioria dos americanos está completamente falida — ou morta! Dificilmente será isso o que visualizamos ao pensarmos na aposentadoria. No entanto, sem a convicção de que você merece desfrutar de bem-estar financeiro, amparada por um plano viável, como será possível transformar em realidade aquilo que foi imaginado com tanto gosto? A quarta lição deste livro ensinará você a ultrapassar seu objetivo de mera sobrevivência no outono da vida, e até mesmo agora. Por termos a boa sorte de viver numa sociedade capitalista, cada um de nós tem a capacidade de concretizar o que sonha. No entanto, a maioria sofre continuamente pressão financeira, e costumamos fantasiar que ter mais dinheiro aliviaria essa pressão. Isso não passa de uma grande ilusão cultural — posso assegurar que quanto mais dinheiro se tem, mais pressão financeira se sente. A chave não é a mera caçada à fortuna, mas sim a troca de convicções e atitudes quanto ao dinheiro, de modo a passar a considerá-lo um recurso para contribuir no sentido que se deseja, e não como um fim em si, ou como a própria felicidade.

Para moldar um destino financeiro de abundância, você primeiro aprenderá a mudar o que causa escassez em sua vida, e depois como experimentar, numa base sistemática, os valores, as convicções e as emoções essenciais para se atingir a riqueza, conservá-la *e* expandi-la. Aí então você definirá seus objetivos e dará forma a seus sonhos, com um olho na aquisição do mais alto nível possível de bem-estar, enchendo-o de paz de espírito e libertando-o para aguardar, com ansiedade e animação, todas as possibilidades que a vida tem a oferecer.

5. CONTROLE DO TEMPO

Obras-primas exigem tempo. No entanto, quantos de nós sabemos realmente como aproveitar o tempo? Não estou falando de administração do tempo; estou falando em pegar o fator tempo e manipulá-lo, distorcê-lo, para que se torne seu aliado, em vez de seu inimigo. Esta quinta lição lhe ensinará, antes de mais nada, como as avaliações de curto prazo podem levar a sofrimento a longo prazo. Você aprenderá como tomar uma decisão verdadeira e como controlar seu desejo para uma gratificação instantânea, concedendo, assim, o tempo necessário para que suas ideias, criações — e mesmo o seu potencial — sejam totalmente realizados. Depois, aprenderá como projetar os mapas e as estratégias necessários para dar seguimento a sua decisão, tornando-a realidade, com a disposição de uma ação maciça, a paciência para esperar pela passagem do tempo e a flexibilidade para mudar sua abordagem com a frequência que se fizer necessária. Uma vez tendo dominado o tempo, você entenderá como é verdade que a maioria das pessoas superestima o que realizou em um ano — e subestima o que pode realizar em uma década!

Não partilho estas lições com você para dizer que tenho todas as respostas ou que minha vida tenha sido perfeita ou tranquila. Claro que tive minha parcela de desafios. Mas com tudo pelo que passei, consegui aprender, persistir e vencer, ano após ano. Cada vez que enfrentava um desafio, usava o que tinha aprendido para elevar minha vida a um novo nível. E, como o seu, meu nível de domínio nessas cinco áreas continua a se expandir.

Mas viver o meu estilo de vida pode não ser a resposta para você. Meus sonhos e objetivos podem não ser os seus. Acredito, contudo, que as lições que aprendi sobre como transformar os sonhos em realidade, como pegar o intangível e torná-lo real, são fundamentais para atingir qualquer nível de sucesso pessoal ou profissional. *Escrevi este livro para que seja um guia — um manual — destinado a aumentar a qualidade da sua vida e a satisfação que você pode retirar dela.* Embora seja evidente que eu me sinto muito orgulhoso do meu primeiro livro, *Poder sem limites,* e com o impacto que causou em gente de todo o mundo, sinto que este livro poderá lhe proporcionar algumas novas e singulares noções de poder, que podem ajudá-lo a elevar sua vida ao nível seguinte.

Vamos rever alguns fundamentos, já que a repetição é a mãe da habilidade. Desse modo, espero que este venha a ser um livro que você lerá muitas vezes, um livro ao qual voltará e utilizará como um instrumento, a fim de acionar a si mesmo e encontrar as respostas que já existem dentro de você. Mesmo assim, lembre-se de que, ao ler este livro, não precisa acreditar ou usar tudo o que ele contém. *Aproveite as coisas que julgar úteis; ponha-as em ação imediatamente.* Não precisa aplicar todas as estratégias ou usar todos os instrumentos descritos neste livro para promover mudanças importantes. Todas elas, tomadas individualmente, têm potencial para realizar as mudanças; usadas juntas, contudo, produzirão resultados explosivos.

Este livro está cheio de estratégias para alcançar o sucesso que você deseja, com princípios organizacionais inspirados em algumas das pessoas mais poderosas e interessantes da nossa cultura. Tive a oportunidade excepcional de conhecer, entrevistar e tomar como modelo uma imensa variedade de pessoas — pessoas com impacto e um caráter incomparável —, de Norman Cousins a Michael Jackson, do treinador John Wooden ao gênio das finanças John Templeton, de executivos a motoristas de táxi. Nas páginas seguintes, você encontrará não apenas os benefícios de minha própria experiência, mas também a de milhares de livros, *tapes*, seminários e entrevistas que acumulei, em alguns anos de minha vida, à medida que prossigo com meu estimulante e continuado desafio de aprender a crescer um pouco mais a cada dia.

O objetivo deste livro não é apenas ajudar você a efetuar uma mudança em sua vida, mas também servir de *base* para auxiliá-lo a levar toda sua vida para um novo nível. O foco está na criação de *mudanças globais.* O que quero dizer com isso? Bem, você pode aprender a efetuar mudanças — vencer um medo ou uma fobia, aumentar a qualidade de um relacionamento, ou superar seu padrão de procrastinação. Todas essas são habilidades incrivelmente valiosas, e se você leu *Poder sem limites,* já aprendeu muitas delas. No entanto, à medida que continua a leitura das páginas seguintes, descobrirá que há muitos *pontos de alavanca* em sua vida, e basta efetuar uma pequena mudança para transformar literalmente todos os aspectos de sua vida.

Este livro visa a lhe oferecer as estratégias que podem ajudá-lo a criar, viver e desfrutar a vida com que você apenas sonha agora.

Neste livro você aprenderá uma série de estratégias simples e específicas para *atacar a causa de qualquer desafio e modificá-la com o mínimo de esforço.* Por exemplo, pode ser difícil acreditar que apenas a mudança de uma palavra que é parte do seu vocabulário habitual pode modificar imediatamente seus padrões emocionais pelo resto da vida. Ou que, por trocar sistematicamente as perguntas que faz a si mesmo, consciente ou inconscientemente, pode mudar de forma instantânea o seu foco e, a partir daí, as ações que realiza a cada dia. Ou ainda que, por mudar uma convicção, será possível alterar seu nível de felicidade. Contudo, você aprenderá nos capítulos seguintes a dominar essas técnicas — e muito mais — a fim de efetuar as mudanças que deseja.

E assim, é com grande respeito que começo este relacionamento com você, quando juntos iniciamos uma jornada de descoberta e a concretização dos nossos mais profundos e verdadeiros potenciais. A vida é uma dádiva e nos oferece o privilégio, a oportunidade e a responsabilidade de retribuirmos com alguma coisa, ao crescermos.

Portanto, vamos começar nossa viagem, explorando..

2

DECISÕES:

O CAMINHO DO PODER

"O homem nasce para viver, e não para se preparar para viver."

— **BORIS PASTERNAK**

VOCÊ SE LEMBRA de quando Jimmy Carter ainda era o Presidente dos Estados Unidos, o Império contra-atacava, Yoda e o Pac-Man estavam no auge, e não existia nada entre Brooke Shields e suas Calvins? O Aiatolá Khomeiny tinha assumido o poder no Irã e mantinha um grupo de americanos como reféns. Na Polônia, um eletricista dos estaleiros de Gdansk, chamado Lech Walesa, fez o impensável: *decidiu* enfrentar o poderio comunista. Liderou os colegas numa greve e, quando tentaram impedi-lo de entrar em seu local de trabalho, ele simplesmente pulou o muro. Muitos muros foram derrubados desde então, não é mesmo?

Lembra de ter ouvido a notícia de que John Lennon fora assassinado? Lembra quando o monte Santa Helena entrou em erupção, arrasando cerca de 400 quilômetros quadrados? Aplaudiu quando o desacreditado time de hóquei dos EUA venceu os soviéticos e prosseguiu até conquistar a medalha de ouro olímpica? Tudo isso aconteceu em 1980.

Pense um pouco. Onde você se encontrava então? Como você era? Quem eram seus amigos? Quais eram suas esperanças e seus sonhos? Se alguém lhe perguntasse onde estaria dentro de dez ou 15 anos, o que teria respondido? Você se encontra hoje onde queria estar naquela época? Uma década pode passar bem depressa, não é?

Mais importante ainda, talvez devêssemos nos perguntar: "*Como vou viver os próximos dez anos de minha vida? Como vou viver hoje a fim de criar o amanhã pelo qual me empenho? Como vou me posicionar de agora em diante?* O que é importante para mim *neste exato momento,* e o que será importante para mim a longo prazo? O que posso fazer *hoje* para moldar meu supremo destino?"

Daqui a dez anos você certamente estará lá. A questão é: onde? Quem você terá se tornado? Como viverá? Qual será a sua contribuição? *Agora é* o momento para projetar os próximos dez anos da sua vida — e não depois que passarem. Devemos aproveitar o momento. Dentro de meros dez anos você se recordará do dia de hoje, tal como fazemos em relação a dez anos atrás. Ficará satisfeito com isso? Deleitado ou perturbado?

No início de 1980, eu era um garoto de 19 anos. Sentia-me só e frustrado. Não tinha virtualmente recursos financeiros. Não tinha ninguém que me treinasse para o sucesso, amigos ou mentores vitoriosos, nem objetivos definidos. Sentia-me confuso e estava gordo. No entanto, em poucos anos, descobri um poder que usei para transformar radicalmente todas as áreas de minha vida. Depois que o dominei, utilizei-o para revolucionar minha vida em menos de um ano. Foi o instrumento com que aumentei dramaticamente meu nível de confiança e, dessa forma, minha capacidade para agir e produzir resultados concretos. Utilizei-o também para voltar a controlar meu bem-estar físico e me livrar, de modo permanente, de 20 quilos de gordura. Com isso, atraí a mulher dos meus sonhos, casei e criei a família que desejava. Usei esse poder para elevar minha renda do nível de subsistência para mais de 1 milhão de dólares por ano. Mudei do meu apartamento minúsculo (onde lavava os pratos na banheira por não haver cozinha) para onde moro hoje com a família, o Del Mar Castle. *Essa única distinção* me levou da solidão e sensação de insignificância para a gratidão por novas oportunidades para contribuir com alguma coisa para milhões de pessoas em todo o mundo. É um poder que continuo a usar a cada dia para moldar meu destino pessoal.

Em *Poder sem limites,* deixei bem claro que o meio mais poderoso de moldar nossa vida é *agir.* A diferença nos resultados que as pessoas produzem se resume ao que *fizeram* de uma maneira diferente das outras em situações iguais. *Ações diferentes produzem resultados diferentes.* Por quê? Porque toda ação é uma causa desencadeada, e seu efeito se soma a efeitos passados para nos levar numa direção definida. E todo movimento conduz a um fim: o nosso destino.

Em suma, se queremos dirigir nossa vida, devemos controlar nossas ações sistemáticas. Não é o que fazemos de vez em quando que molda nossa vida, e sim o que fazemos sistematicamente. A pergunta básica e mais importante é a seguinte: O que *precede* todas as ações? O que *determina* que ações efetuaremos e, portanto, quem nos tornaremos, e qual o nosso supremo destino na vida? O que é o pai da ação?

A resposta, claro, é aquilo a que venho aludindo o tempo todo: *o poder de decisão.* Tudo o que acontece em sua vida — tanto aquilo com que se emociona quanto o que o desafia — começa com uma decisão! *Creio que é nos momentos de decisão que o seu destino é moldado.* As decisões que você está tomando neste instante, todos os dias, moldarão como se sente hoje, e também quem vai se tornar nos anos seguintes.

Ao recordar os últimos dez anos, acha que houve ocasiões em que uma decisão diferente teria feito sua vida radicalmente diferente do que é hoje, para melhor ou para pior? Talvez, por exemplo, tenha tomado uma decisão quanto à carreira que mudou sua vida. Ou, quem sabe, *não tenha tomado.* Pode ser que nos últimos dez anos tenha decidido se casar — ou se divorciar. Pode ter comprado um DVD, um livro ou comparecido a um seminário, e com isso mudou suas convicções e ações. Talvez decidiu ter filhos, ou preferiu adiá-los, pensando na carreira. Pode ser que tenha decidido investir em uma casa ou em um negócio próprio. Talvez tenha começado a fazer exercício, ou desistido. É possível que tenha decidido parar de fumar. Ou se mudar para outra parte do país, ou ainda viajar pelo mundo. Como essas decisões o levaram a esse ponto em sua vida?

Experimentou emoções da tragédia e frustração, injustiça e desesperança durante a última década da sua vida? Eu experimentei. Caso afirmativo, o que decidiu a respeito? Seguiu em frente ou desistiu? Como essas decisões moldaram sua vida atual?

"O homem não é a criatura das circunstâncias; as circunstâncias é que são criaturas do homem."

— BENJAMIN DISRAELI

Mais do que qualquer outra coisa, creio que são nossas *decisões,* e não as *condições* de nossa vida, que determinam nosso destino. Você e eu sabemos que há pessoas que nascem com vantagens: têm vantagens genéticas, ambientais, familiares ou de relacionamentos. Contudo, constantemente conhecemos, lemos a respeito e ouvimos falar de pessoas que, contra todas as possibilidades, se projetaram além dos limites de suas condições ao tomarem novas decisões sobre o que fazer com suas vidas. Tornaram-se exemplos do poder sem limites do espírito humano.

"Esperem! Esperem! Escutem-me!... não temos que ser só carneiros!"

Se decidirmos, você e eu podemos fazer de nossa vida um desses exemplos inspiradores. Como? Simplesmente tomando decisões hoje sobre como viveremos nossa vida no futuro. Se você não tomar decisões sobre como vai viver, então já tomou uma decisão, não é mesmo? Ou seja, decidiu se deixar dirigir pelo ambiente, em vez de moldar seu próprio destino. Toda a minha vida mudou em apenas um dia — o dia em que determinei não apenas o que *gostaria* de ter na vida, ou o que queria me tornar, mas também *decidi* quem e o que eu estava *empenhado* em ser e ter em minha vida. É uma distinção simples, mas crítica.

Pense um pouco. Há uma diferença entre estar *interessado* e estar *empenhado* em alguma coisa? Pode apostar que sim! Muitas pessoas dizem coisas como "Puxa, eu realmente gostaria de ganhar mais dinheiro!" ou "Gostaria de ser mais ligado a meus filhos", ou "Sabe, eu realmente gostaria de fazer diferença no mundo". Mas esse tipo de declaração não representa de modo algum um empenho. A pessoa apenas anuncia sua preferência, dizendo: "Estou *interessado* em que isso aconteça, se não tiver que *fazer* nada." Isso não é poder! É uma oração fraca, sem qualquer fé para acioná-la.

Não apenas você tem de decidir que resultados está empenhado em conseguir, como também o tipo de pessoa em que está empenhado em se tornar. Como ressaltamos no Capítulo 1, você tem de fixar padrões para o que considera ser um comportamento aceitável para si mesmo e decidir o que deve esperar daqueles que lhe são caros. *Se não estabelecer um padrão básico para o que irá aceitar em sua vida, verá que é fácil resvalar para comportamentos e atitudes ou mesmo para uma qualidade de vida muito abaixo daquilo que merece.* Precisa estabelecer e viver segundo esses padrões, não importa o que aconteça em sua vida. Mesmo quando tudo sair errado, mesmo quando chover na sua parada, mesmo que ninguém lhe dê o apoio de que precisa, ou que a Bolsa despenque, mesmo que seu amor o abandone, ainda assim deve manter a decisão de viver sua vida no mais alto nível.

Infelizmente, a maioria das pessoas nunca faz isso por estar demasiado ocupada a inventar desculpas. A razão pela qual essas pessoas não atingiram seus objetivos ou não estão vivendo as vidas que desejam deve-se ao modo como seus pais as trataram, ou à falta de oportunidade na juventude, ou porque são muito velhas, ou então jovens demais. Todas essas desculpas não passam de S.C. (Sistemas de Convicções)! Não são apenas limitadoras, são destrutivas.

Usar o poder da decisão lhe dá a capacidade de vencer qualquer desculpa e modificar qualquer parte de sua vida *em um instante.* Pode mudar seus relacionamentos, seu ambiente de trabalho, seu nível de aptidão física, seus rendimentos e estados emocionais. Pode determinar se está alegre ou triste, frustrado ou animado, escravizado pelas circunstâncias ou expressando sua liberdade. É a fonte de mudança dentro do indivíduo, família, comunidade, sociedade ou mundo. O que mudou tudo na Europa Oriental nos últimos anos? As pessoas — pessoas como você e eu — tomaram novas decisões a respeito do que apoiariam, do que considerariam aceitável ou inaceitável, e o que não mais tolerariam. Certamente as decisões de Gorbachev abriram o caminho, mas foi a determinação de Lech Walesa e seu empenho em atingir um padrão mais alto que construiu a estrada que levou à maciça mudança política e econômica.

Pergunto frequentemente às pessoas que se queixam de seus empregos por que foram trabalhar naquele dia. A resposta geralmente é: "Porque tinha de ir." Você e eu precisamos lembrar uma coisa: não há virtualmente nada que sejamos obrigados a fazer neste país. Claro que não *temos* de ir trabalhar. Não aqui! E você não *tem* de trabalhar em um determinado lugar e num dia determinado. Você não é obrigado a fazer o que vem fazendo nos últimos dez anos. Pode decidir fazer alguma outra coisa, uma coisa nova, hoje. *Neste exato momento, você pode tomar uma decisão:* voltar à escola, dominar a arte do canto ou da dança, passar a controlar suas finanças, aprender a pilotar helicópteros, começar a fazer meditação, inscrever-se na aula da dança de salão, visitar um centro espacial da NASA, aprender a ler francês, ler mais para os seus filhos, passar mais tempo no jardim cuidando das flores, até mesmo pegar um avião para Fiji e viver numa ilha. *Se você realmente decidir, poderá fazer quase qualquer coisa.* Se não gosta do relacionamento em que está envolvido agora, tome a decisão de mudá-lo. Se não gosta do seu emprego atual, mude de emprego. Se não gosta do modo como se sente a seu próprio respeito, modifique isso. Se é um nível mais alto de vitalidade física e saúde o que você quer, pode mudar agora. Em um momento, você pode usar o mesmo poder que moldou a História.

Escrevi este livro para desafiá-lo a *despertar o gigantesco poder de decisão e reivindicar o direito inato de poder ilimitado, vitalidade radiante e paixão jubilosa que é seu!* Precisa saber que pode tomar uma nova decisão neste exato momento, e que essa decisão irá modificar imediatamente a sua vida — uma decisão sobre um hábito que quer mudar, uma habilidade que deseja dominar, como irá tratar as pessoas, um telefonema para alguém com quem não fala há anos. Talvez haja alguém com quem você deva entrar em contato, a fim de levar sua carreira para o próximo nível. Pode ser que você *tome uma decisão neste exato momento* no sentido de desfrutar e cultivar as emoções mais positivas que merece experimentar diariamente. Quem sabe você talvez escolhesse mais alegria, confiança ou paz de espírito? Antes mesmo de virar esta página, pode fazer uso desse poder que já existe no seu interior. Tome agora a decisão que poderá orientá-lo em uma direção nova, positiva e poderosa, em busca de crescimento e felicidade.

"Nada pode resistir à vontade humana que empenhará até sua existência no objetivo declarado."

— BENJAMIN DISRAELI

Sua vida muda no instante em que você toma uma decisão *nova, coerente* e *empenhada.* Quem poderia imaginar que a determinação e convicção de um homem tranquilo e modesto — advogado por profissão e pacifista por princípio — teria o poder de derrubar um vasto império? No entanto, a inabalável decisão do Mahatma Ghandi de libertar a Índia do domínio britânico foi um autêntico barril de pólvora, desencadeando uma série de eventos que mudariam para sempre o equilíbrio do poder no mundo. Muita gente não sabia como ele podia concretizar seus objetivos, mas Ghandi não deixara a si próprio outra escolha a não ser agir de acordo com sua consciência. Não admitia outra possibilidade.

Decisão foi a fonte do poder de John F. Kennedy ao enfrentar Nikita Khrushchev durante a tensa crise dos mísseis cubanos, evitando a Terceira

Guerra Mundial. Decisão foi a fonte do poder de Martin Luther King Jr, quando expressou de modo tão eloquente as frustrações a aspirações de um povo que nunca mais seria ignorado e forçou o mundo a tomar conhecimento. Decisão foi a fonte da ascensão meteórica de Donald Trump ao topo do mundo das finanças e também a fonte de sua queda devastadora. Foi também o poder que permitiu a Pete Rose maximizar suas possibilidades físicas para atingir a Galeria da Fama — e que acabou por destruir o sonho de sua vida. As decisões atuam como fonte tanto de problemas quanto de oportunidades e alegrias incríveis. Este é o poder que detona o processo de transformação do invisível em visível. As verdadeiras decisões são os agentes catalisadores para converter nossos sonhos em realidade.

O mais extraordinário nessa força, nesse poder, é que você já o possui. O ímpeto explosivo da decisão não é algo reservado apenas a uns poucos eleitos, com as credenciais certas, dinheiro ou nome de família. Está disponível tanto ao trabalhador comum quanto ao rei. Está disponível para você agora, enquanto segura este livro. No instante seguinte, você poderá usar essa força poderosa que aguarda no seu interior, e para tanto basta reunir a coragem necessária para reivindicá-la. Será hoje o dia em que você finalmente *decidirá* de uma vez por todas que, como pessoa, é muito mais do que vem demonstrando? Será hoje o dia em que *decidirá* de uma vez por todas fazer sua vida coerente com a qualidade do seu espírito, proclamando: "Eu sou este aqui. E minha vida é esta. E isto vai ser o que vou fazer. Nada vai me impedir de atingir meu destino. Não serei privado do meu destino!"

Pense numa pessoa de intenso orgulho, uma jovem chamada Rosa Parks, que um dia, em 1955, tomou um ônibus em Montgomery, Alabama, e recusou-se a ceder o lugar a uma pessoa branca, como era legalmente obrigada. Seu modesto ato de desobediência civil desencadeou uma tempestade de controvérsias e tornou-se um símbolo para as gerações seguintes. Foi o início do movimento de direitos civis, uma área de *Despertar de Consciências* em que ainda lutamos hoje, ao tentar redefinir os ideais de igualdade, oportunidade e justiça para todos os americanos, independentemente de raça, credo ou sexo. Estaria Rosa Parks pensando no futuro quando se recusou a ceder o lugar naquele ônibus? Teria um plano para modificar a estrutura da sociedade? É possível. Mas é mais provável que tenha sido compelida a agir assim graças a sua decisão de proceder segundo um padrão mais alto. E que efeito de enormes consequências teve a sua decisão!

Se você está pensando: "Eu adoraria tomar decisões assim, mas experimentei verdadeiras tragédias", permita que eu lhe conte o exemplo de Ed Roberts. Ed é um homem "comum", confinado numa cadeira de rodas, e que se tornou extraordinário graças à sua decisão de agir além de suas limitações. Ed está paralisado do pescoço para baixo desde os 14 anos. Usa um aparelho para respirar que ele aprendeu a controlar, contra todas as probabilidades, a fim de levar uma vida "normal" durante o dia, e passa todas as noites em companhia de outra máquina. Tendo lutado contra a pólio, quase perdendo a vida por diversas vezes, poderia ter decidido focalizar seus interesses na própria dor, mas preferiu fazer diferença para os outros.

Mas o que exatamente ele conseguiu fazer? Nos últimos 15 anos, sua decisão de lutar contra um mundo que costumava tratá-lo com condescendência resultou em muitas melhorias da qualidade de vida dos deficientes. Enfrentando uma multidão de mitos acerca das possibilidades das pessoas que têm desafios físicos a vencer, Ed educou a opinião pública e deu início a tudo, das rampas de acesso para cadeiras de rodas a áreas de estacionamento especiais e barras de apoio. Tornou-se o primeiro quadriplégico a se graduar na Universidade da Califórnia, Berkeley, vindo a assumir a posição de diretor do departamento de Reabilitação do Estado da Califórnia, o primeiro deficiente a ocupar esse cargo.

Ed Roberts é uma prova irrefutável de que o importante não é onde você começa, mas sim as *decisões* que toma sobre o lugar que está determinado a alcançar. Todas as ações dele foram baseadas em um único, poderoso e engajado momento de decisão. O que você poderia fazer de sua vida se realmente decidisse?

Muitas pessoas dizem: "Gostaria de tomar uma decisão assim, mas não sei como poderia mudar minha vida." Essas pessoas se deixam paralisar pelo medo de não saberem *exatamente* como transformar seus sonhos em realidade. Por isso, nunca tomam as decisões que poderiam transformar suas vidas nas obras-primas que merecem ser. Estou aqui para lhe dizer que *não é* importante inicialmente saber *como* vai criar um resultado. O importante é decidir que *você encontrará* um meio, não importa qual. Em *Poder sem limites,* mostrei o que chamo de "A Fórmula do Supremo Sucesso", um processo elementar para conseguir chegar onde você quer: 1) decida o que deseja; 2) entre em ação; 3) verifique o que está funcionando ou não; 4) mude seu enfoque até alcançar o que quer. Decidir produzir um resultado desencadeia os acontecimentos. Se você decidir o que quer, obrigar-se a entrar em ação, aprender com isso e mudar o enfoque, acabará por criar impulso necessário para atingir o resultado. Assim que você verdadeiramente se empenhar para que aconteça alguma coisa, o "como" vai aflorar por si mesmo.

"No que diz respeito a todos os atos de iniciativa e criação, há uma verdade elementar — assim que a pessoa se engaja definitivamente, a Providência também entra em ação."

— JOHANN WOLFGANG VON GOETHE

Se tomar decisões é tão simples e poderoso, então por que mais gente não segue o conselho da Nike para simplesmente fazer [*Just Do It*]? Penso que uma das razões mais simples é que a maioria de nós não reconhece o que significa tomar uma decisão de verdade. Não nos damos conta da força de mudança que uma decisão coerente e determinada cria. Parte do problema decorre do fato de termos usado por tanto tempo o termo "decisão" de uma forma ampla, até para descrever algo como uma lista de desejos. Em vez de tomar decisões, ficamos enunciando preferências. Tomar uma decisão, ao contrário de dizer "Eu *gostaria* de deixar de fumar", é cortar qualquer outra possibilidade. Na verdade, a palavra "decisão" vem das raízes latinas *de,* que significa origem, e *caedere,* que significa "cortar". *Tomar uma decisão verdadeira significa se comprometer em atingir um resultado, e cortar qualquer outra possibilidade.*

Quando você decide realmente que nunca mais fumará, acabou. Fim! Nem mais considera a possibilidade de fumar. Se você é uma das pessoas que já exerceram o poder de decisão desse modo, sabe exatamente de que estou falando. Um alcoólatra sabe que, mesmo após anos de absoluta sobriedade, se ele cair na besteira de pensar que pode tomar um único gole, terá de começar tudo de novo. Após tomar uma verdadeira decisão, inclusive uma que tenha sido difícil, a maioria de nós sente um imenso alívio. Finalmente saltamos a barreira! E todos sabemos como é bom ter um objetivo claro e incontestável.

Este tipo de clareza lhe dá poder. Com clareza, você pode produzir os resultados que realmente deseja para sua vida. O desafio para a maioria de nós é que não tomamos uma decisão há tanto tempo que esquecemos qual é a sensação que proporciona. Ficamos com os músculos de tomar decisão atrofiados! Algumas pessoas chegam até a sofrer para decidir o que vão querer comer no jantar.

Mas como fortalecer esses músculos? Exercitando-os! *O melhor modo de tomar melhores decisões é tomar mais decisões.* Certifique-se depois que aprende com cada uma, inclusive as que parecem não dar certo a curto prazo: elas proporcionarão distinções que são subsídios valiosos para fazer melhores avaliações, e assim poder tomar melhores decisões no futuro. A tomada de decisão, como qualquer outra técnica que você queira aperfeiçoar, melhora à medida que a pratica com mais frequência. Quanto mais decisões você toma, mais percebe que está de fato no controle da sua vida. Você se sentirá tão ansioso para se defrontar com os desafios futuros que verá como uma oportunidade para estabelecer novas distinções e passar sua vida para o nível seguinte.

Tenho de enfatizar o poder e o valor de adquirir uma única distinção — uma única informação — que possa ser usada para mudar o curso da sua vida. *Informação é poder quando usada para agir*, e um dos meus critérios para uma verdadeira decisão é que dela decorra a ação. O excitante é que nunca se sabe quando se vai conseguir a informação! A razão pela qual li mais de 700 livros, ouvi gravações e frequentei tantos seminários é ter compreendido o poder de uma única distinção. Pode estar na página seguinte ou no próximo capítulo deste livro. Pode inclusive ser algo que você já saiba, mas que, por algum motivo, só agora absorve e começa a usar. Lembre-se de que *a repetição é a mãe da perfeição.* As distinções nos dão o poder de tomar melhores decisões e, dessa forma, criar os resultados que desejamos. *Não* dispor de certas distinções pode nos causar grande dor. Por exemplo, muitas pessoas famosas em nossa cultura conseguiram realizar seus sonhos, mas não encontraram uma maneira de desfrutá-los. Recorrem às drogas, por não se sentirem realizados. Isso acontece porque lhes falta a distinção entre realizar objetivos e viver os próprios valores, algo que você aprenderá a dominar nas páginas seguintes. Outra distinção que muita gente não tem causa dor em seus relacionamentos com regularidade. É uma distinção de regras, outro elemento essencial que vamos examinar em nossa jornada de autodescoberta. Às vezes não ter uma certa distinção pode lhe custar *tudo*. Quem corre todos os dias com vigor, e mesmo assim continua a ingerir alimentos gordurosos, entupindo as artérias, está cortejando ataques do coração.

Durante a maior parte de minha vida, procurei o que o famoso especialista em negócios, Dr. W. Edwards Deming, chama de *conhecimento profundo*. Para mim, conhecimento profundo é qualquer distinção, estratégia, convicção, habilidade ou instrumento que, no minuto em que o compreendermos, podemos utilizar para efetuarmos aumentos imediatos na qualidade de nossas vidas. Este livro e a minha vida foram dedicados a buscar o conhecimento profundo que tem aplicação universal, a fim de melhorar nossa vida pessoal e profissional. Penso constantemente em como comunicar esse conhecimento às pessoas, por meios que lhes possibilite melhorar seus destinos mental, emocional, físico e financeiro.

"É nos momentos de decisão que o seu destino é traçado."

— ANTHONY ROBBINS

Três decisões que você toma a cada momento de sua vida controlam o seu destino. Essas três decisões determinam o que notará, como se sentirá, o que fará e, em última análise, qual será sua contribuição e quem você se tornará. Se você não controla essas três decisões, não controla sua vida. Quando as controla, começa a esculpir sua experiência.

As três decisões que controlam seu destino são:

1. Suas decisões sobre *o que focalizar.*
2. Suas decisões sobre *o que as coisas significam para você.*
3. Suas decisões sobre *o que fazer* para criar os resultados que deseja.

Não é o que está acontecendo agora ou o que lhe aconteceu no passado que determina quem você se torna. Ao contrário, *são suas decisões sobre o que vai focalizar, o que as coisas significam para você e o que vai fazer a respeito que determinarão seu supremo destino.* Se alguém desfruta de mais sucesso que você em qualquer área é porque está tomando essas três decisões de maneira diferente, em algum contexto ou situação. É evidente que Ed Roberts optou por focalizar algo diferente da maioria das pessoas em sua situação. Focalizou como poderia fazer diferença. Suas dificuldades físicas significaram um desafio para ele. Decidiu fazer algo que pudesse tornar a qualidade de vida para os outros em sua posição mais confortável. Empenhou-se de modo absoluto e total a moldar o ambiente, a fim de melhorar a qualidade de vida de todas as pessoas com desafios físicos.

"Não conheço fato mais encorajador que a inquestionável capacidade do homem para elevar sua vida através de um esforço consciente."

— Henry David Thoreau

Muitos não tomam de forma consciente a maioria das decisões, especialmente essas três, que são cruciais; fazendo isso, pagamos um preço alto. Na verdade, muitas pessoas vivem o que chamo de "*Síndrome do Niágara*". Acredito que a vida é como um rio, e que a maioria das criaturas salta no rio da vida sem ter decidido onde quer chegar. Assim, logo são apanhadas pela correnteza: dos acontecimentos, dos medos, dos desafios. Quando chegam a bifurcações, não decidem conscientemente para onde querem ir, ou qual a direção certa em seu caso. Apenas "seguem o fluxo". Tornam-se uma parte da massa de gente que se deixa dirigir pelo ambiente, e não por seus próprios valores. Como resultado, sentem que perderam o controle. Permanecem nesse estado inconsciente até o dia em que o barulho da água as desperta, e descobrem que estão a 2 metros da cachoeira do Niágara, num barco sem remos. Vão cair. Às vezes é um tombo emocional. Outras vezes, físico. Pode ser também financeiro. *É bem provável que, sejam quais forem os desafios que você tem em sua vida atualmente, poderiam ter sido evitados por melhores decisões tomadas rio acima.*

Como inverter a situação se formos apanhados pela correnteza do rio impetuoso? Ou enfiamos os remos na água e começando a remar como louco na direção contrária, ou decidimos planejar com antecedência. Determine um curso para onde deseja ir e tenha um plano ou mapa, a fim de poder tomar decisões de qualidade pelo caminho.

Talvez você possa nunca ter pensado a respeito, mas seu cérebro já desenvolveu um sistema interno para tomar decisões. Atua como uma força invisível, dirigindo todos os seus pensamentos, ações e sentimentos, tanto bons quanto maus, a cada momento de sua vida. Controla como você avalia tudo em sua vida e é, em grande parte, dirigido pelo seu subconsciente. O assustador é que a maioria das pessoas nunca aciona conscientemente esse sistema. Ao contrário, vai sendo instalado ao longo dos anos por fontes tão diversas como pais, colegas, professores, televisão, anunciantes e a cultura em geral. Este sistema é compreendido por cinco elementos: 1) suas *convicções básicas* e *regras inconscientes*; 2) seus *valores de vida*; 3) suas *referências*; 4) as *perguntas habituais* que você faz a si próprio; 5) os *estados emocionais* que experimenta a cada momento. O relacionamento sinérgico desses cinco elementos exerce uma força que é responsável por impulsioná-lo (ou detê-lo) a agir, levando-o a antecipar ou se preocupar com o futuro, fazendo com que se sinta amado ou rejeitado e ditando seu nível de sucesso e felicidade Determina por que você faz o que faz, e por que não faz certas coisas que sabe que precisa fazer.

Mudando qualquer um desses cinco elementos — quer seja uma convicção básica ou uma regra, um valor, uma referência, uma pergunta ou um estado emocional —, você poderá produzir imediatamente uma mudança poderosa e concreta em sua vida. Mais importante, você combaterá a causa em vez dos efeitos. Lembre-se de que, se estiver comendo em excesso com regularidade, a verdadeira causa geralmente é um problema de valores ou convicções, e não um problema com a comida em si. Neste livro, passo a passo, eu o conduzirei na descoberta de como o seu *sistema central* de tomada de decisões é construído, e você fará mudanças simples para torná-lo consistente com os seus desejos — em vez de continuar a ser controlado pelo seu condicionamento passado. Está prestes a embarcar numa fascinante jornada de descoberta: para saber quem você é, e o que realmente o leva a fazer o que faz. Com essas distinções de poder, você será capaz de compreender o sistema de tomada de decisão que seus companheiros de trabalho, seu cônjuge e outros entes queridos estão usando. Finalmente será capaz de compreender também o "fascinante" comportamento *deles!*

A boa notícia é que podemos nos sobrepor a esse sistema, tomando decisões conscientes em qualquer momento de nossa vida. *Não temos que permitir que a programação do passado controle o presente e o futuro.* Com este livro, você pode reinventar a si próprio, organizando sistematicamente suas convicções e seus valores, de um modo que o impulsione na direção do desígnio de sua vida.

"Não me desencorajo, porque cada tentativa errada descartada é outro passo à frente."

— THOMAS EDISON

Há um último impedimento para realmente utilizar o poder de decisão. Temos que vencer o medo de tomar a decisão *errada.* Não há dúvida de que você tomará decisões erradas ao longo de sua vida. Você vai errar! Sei que eu não tomei só decisões certas no meu caminho. Longe disso. Mas também não esperava por isso. Tampouco tomarei sempre decisões certas no futuro. Não importa quais sejam minhas decisões, estou determinado a ser flexível, verificar as consequências, aprender com elas e usá-las como lições que me ajudarão a tomar melhores decisões no futuro. *Lembre-se de que o sucesso na verdade é o resultado do bom julgamento. O bom julgamento é o resultado da experiência, e a experiência muitas vezes é resultado do mau jul-*

gamento! As experiências aparentemente ruins ou dolorosas às vezes são as mais importantes. Quando as pessoas vencem, tendem a festejar, e quando falham, tendem a refletir, e começam a fazer novas distinções, que aumentarão a qualidade de suas vidas. Devemos nos empenhar em aprender com nossos erros em vez de nos afligirmos, ou estaremos destinados a cometer os mesmos erros no futuro.

Por mais importante que seja a experiência pessoal, pense como é valioso também ter um modelo — alguém que já navegou pela corredeiras antes e tem um bom mapa para você seguir. Você pode ter um modelo para suas finanças, um modelo para relacionamentos, saúde, profissão, ou para qualquer aspecto da sua vida que esteja aprendendo a dominar. Os modelos podem poupá-lo de anos de dor e impedir que caia na cachoeira.

Haverá ocasiões em que estará sozinho no rio e terá que tomar decisões importantes por conta própria. A boa notícia é que, se estiver disposto a aprender com a experiência, até mesmo momentos que pode classificar como difíceis tornam-se importantes por propiciarem informação valiosa — *distinções essenciais* —, que você usará para tomar melhores decisões no futuro. Na verdade, qualquer pessoa bem-sucedida que você conheça lhe dirá — se for sincera — que a razão de seu sucesso é ter tomado mais decisões ruins que você. Nos seminários, há sempre quem pergunte quanto tempo se leva para dominar essa técnica. Minha resposta imediata é: "Quanto tempo você quer que leve?" Se você entra em ação dez vezes por dia (e tem as "experiências de aprendizado" proporcionais), enquanto outra pessoa exercita uma nova habilidade uma vez por mês, você terá dez meses de experiência num dia, e em breve dominará o que faz e, ironicamente, pode vir a ser chamado de "talentoso e afortunado".

Tornei-me um excelente orador porque, em vez de uma vez por semana, estava disposto a falar *três vezes por dia* para quem quisesse me ouvir. Enquanto outros na minha organização tinham 48 compromissos para falar em público por ano, eu tinha um número similar em *duas semanas*. Dentro de um mês, isso significava dois anos de experiência. E dentro de um ano, eram décadas de oportunidade para crescer. O pessoal que trabalhava comigo comentava como eu tinha "sorte" por ter esse talento "inato". Tentei explicar o que estou dizendo agora: o domínio leva o tempo que você quiser. A propósito, todos os meus discursos eram bons? Longe disso! Mas com toda a certeza eu aprendi com cada experiência, e de um modo ou de outro fui melhorando até que, em muito pouco tempo, era capaz de entrar numa sala e me fazer entender por gente de todos os escalões da vida.

Não importa o quão preparado você seja, há uma coisa que eu posso garantir com toda a certeza: se estiver no rio da vida, é provável que vá bater em algumas pedras. Dizer isso não é ser negativo; é ser acurado. Quando isso acontece, em vez de se castigar pelo "fracasso", lembre-se de que *não há fracassos na vida.* Há apenas resultados. Se não conseguiu os resultados que queria, aprenda com a experiência, para que no futuro tenha referências para tomar melhores decisões.

"Ou nós encontramos um caminho, ou abrimos um."

— ANÍBAL

Uma das decisões mais importantes que você pode tomar para assegurar sua felicidade a longo prazo é decidir *aproveitar o que quer que a vida lhe dê no momento.* A verdade é que não há nada que não possa realizar, se: 1) decide com clareza o que está absolutamente empenhado em alcançar; 2) está disposto a empreender uma ação maciça; 3) observa o que está dando certo e o que não está; e 4) continua a mudar o enfoque até conseguir o que quer, aproveitando o que a vida lhe der ao longo do caminho.

Qualquer pessoa que teve êxito em grande escala deu esses quatro passos e seguiu a Fórmula do Supremo Sucesso. Uma das minhas favoritas "Histórias do Supremo Sucesso" é a do Sr. Soichiro Honda, fundador da corporação que traz o seu nome. Como todas as empresas, independentemente de seu tamanho, a Honda começou com uma decisão e um desejo apaixonado de produzir um resultado.

Em 1938, enquanto ainda estava na escola, o Sr. Honda pegou tudo o que tinha e investiu numa pequena oficina, onde começou a desenvolver seu conceito de anel de pistom. Queria vender seu trabalho à Toyota Corporation e, por isso, trabalhou dia e noite, todo lambuzado de graxa, dormindo na oficina, sempre acreditando que era capaz de produzir o resultado. Chegou inclusive a empenhar as joias da mulher para permanecer no negócio. Mas quando finalmente terminou os anéis de pistom e os apresentou à Toyota, disseram-lhe que não atendia aos padrões da firma. Voltou à escola por mais dois anos, ouvindo a risada de deboche de professores e colegas quando comentavam como eram absurdos seus objetivos.

Mas em vez de focalizar a dor da experiência, ele decidiu continuar a se concentrar em seu objetivo. Até que por fim, após mais dois anos, a Toyota deu ao Sr. Honda o contrato com que ele sonhava. Sua paixão e convicção deram certo, porque ele sabia o que queria, entrou em ação, observou seu trabalho e foi mudando o foco até conseguir o que desejava. Surgiu então um novo problema.

O governo japonês se preparava para a guerra e negou a Honda o concreto de que precisava para construir sua fábrica. Ele desistiu? Focalizou a injustiça da situação? Achou que significava a morte do seu sonho? Absolutamente não. Mais uma vez, Honda decidiu utilizar a experiência, e desenvolveu outra estratégia. Ele e sua equipe inventaram um processo para fabricar seu próprio concreto, e a fábrica foi construída. Durante a guerra, foi bombardeada duas vezes, ficando destruída grande parte das instalações. A reação de Honda? Imediatamente convocou sua equipe, e recolheram os bujões de gasolina extra que os aviões americanos descartavam. Chamou-os de "presente do Presidente Truman", porque lhe proporcionaram a matéria-prima de que precisava para seu processo industrial — matéria-prima que naquele tempo não estava disponível no Japão. Finalmente, após sobreviver a tudo isso, um terremoto arrasou com a fábrica. Honda decidiu vender sua operação de pistons para a Toyota.

Aqui está um homem que claramente tomou decisões fortes para ter sucesso. Acreditava em seu sonho e tinha paixão pelo que fazia. Possuía uma grande estratégia. Agia com determinação. Mudava sempre de foco, mas ainda assim não produzia os resultados pelos quais se empenhava. Decidiu perseverar.

Depois da guerra, uma tremenda escassez de gasolina atingiu o Japão, e o Sr. Honda não podia sequer sair no seu carro para comprar comida para a família. Em desespero, adaptou um pequeno motor à sua bicicleta. Num abrir e fechar de olhos, os vizinhos pediram para que lhes construísse aquelas "bicicletas motorizadas". Um após outro, todos foram sendo atendidos, até que ele *ficou sem* motores. Decidiu então construir uma fábrica para produzir os motores para sua nova invenção, mas não dispunha do capital.

Como antes, tomou a decisão de encontrar um caminho, fosse qual fosse! Sua solução foi apelar para os 18 mil proprietários de lojas de bicicletas no Japão, escrevendo a cada um deles uma carta pessoal. Disse-lhes como podiam desempenhar um papel na revitalização do Japão com a mobilidade do seu invento, e convenceu 5 mil a adiantarem o capital de que necessitava. No entanto, seu produto foi vendido apenas aos mais entusiasmados, por ser grande e pesado. Ele fez um ajustamento final e criou uma versão muito mais leve e em escala reduzida de sua bicicleta motorizada. Tornou-se um sucesso "da noite para o dia" e valeu uma recompensa do Imperador. Mais tarde, passou a exportar suas motos para a Europa e para os Estados Unidos, prosseguindo nos anos 1970 com os carros que se tornaram tão populares.

Honda Corporation emprega mais de 100 mil pessoas nos Estados Unidos e Japão e é considerada um dos maiores impérios automobilísticos japoneses. Isso aconteceu porque um homem compreendeu o valor de uma decisão vigorosa a servir de base para a ação, não importa em que condições, numa base contínua.

A BOLA DE CRISTAL RACHOU...

Aqui estão avisos de rejeição recebidos por livros famosos — e incrivelmente bem-sucedidos.

Revolução dos Bichos, de George Orwell
"É impossível vender histórias de animais nos Estados Unidos."

O Diário de Anne Frank, de Anne Frank
"A garota não tem, ao que me parece, uma percepção especial ou sentimento que eleve este livro acima do nível de 'curiosidade'."

O Senhor das Moscas, de William Golding
"Não nos parece que o senhor tenha tido pleno sucesso no desenvolvimento de uma ideia promissora."

O Amante de Lady Chatterley, de D. H. Lawrence
"Para o seu próprio bem, não publique este livro."

Sede de Viver, de Irving Stone
"Um romance longo e monótono sobre um pintor."

Honda certamente sabia que às vezes, quando se toma uma decisão e se age, pode parecer a curto prazo que não está funcionando. *Para ter êxito, precisamos ter um foco a longo prazo.* A maioria dos desafios que enfrentamos na vida — como ceder constantemente à tentação de comer demais, beber ou fumar — nasce de um foco a curto prazo. Sucesso e fracasso não são experiências que ocorram da noite para o dia. São sempre as pequenas decisões ao longo do caminho que fazem com que as pessoas fracassem. É o fracasso em persistir. É o fracasso em agir. É o fracasso em administrar nossos estados mentais e emocionais. É o fracasso em controlar aquilo que focalizamos. Da mesma forma, o sucesso é o resultado de pequenas decisões: decidir se empenhar por um padrão mais elevado, decidir contribuir, decidir alimentar sua mente, em vez de permitir que o ambiente o controle — essas pequenas decisões criam a experiência de vida que chamamos de sucesso. Nenhum indivíduo ou organização conseguiu atingir o sucesso com um foco de curto prazo.

Nos Estados Unidos, a maior parte dos desafios atualmente enfrentados resulta da população não pensar nas consequências potenciais das decisões tomadas. Suas crises — o escândalo das associações de poupança e empréstimo, o desafio da balança comercial, o déficit orçamentário, as deficiências educacionais, o problema do álcool e das drogas — são resultado de um pensamento a curto prazo. Trata-se da Síndrome do Niágara na potência máxima. Enquanto você vai descendo o rio preocupado com a próxima pedra onde poderá bater, não vê — ou não pode ver — à frente o bastante para evitar a cachoeira.

Como sociedade o foco é na gratificação instantânea a tal ponto que as soluções a curto prazo com frequência se transformam em problemas a longo prazo. As crianças têm problemas em prestar atenção na escola pelo tempo suficiente para pensar, memorizar e aprender, em parte por serem viciados em gratificações instantâneas da constante exposição a coisas como videogames, comerciais de TV e a MTV. Possuímos o maior número de crianças com excesso de peso na história, por causa da busca incansável da solução rápida: comida rápida *(fast food)*, pudins instantâneos e bolos feitos no micro-ondas.

Também nos negócios, esse tipo de foco a curto prazo pode ser fatal. Toda a controvérsia cercando o desastre do petroleiro Valdez, da Exxon, poderia ser evitada, caso fosse tomada uma pequena decisão. A Exxon poderia ter guarnecido os seus petroleiros com cascos duplos, uma decisão preventiva que teria impedido o derramamento de petróleo em caso de colisão. Mas a companhia preferiu não fazê-lo, pensando no impacto imediato em vez de pensar no impacto de longo prazo no seu balanço. Por causa da colisão e consequente derramamento, a Exxon é responsável pelo pagamento da colossal quantia de 1,1 bilhão de dólares,* como alguma compensação pelo

* Ao ser escrito este livro, a Exxon ainda discutia ações judiciais

devastador dano econômico que causou, para não falar na incomensurável destruição ecológica no Alasca e áreas vizinhas.

Decidir se empenhar por resultados a longo prazo, em vez de soluções de curto prazo, é uma decisão tão importante quanto qualquer outra que você venha a tomar em sua vida. Deixar de fazê-lo pode causar não apenas muita dor financeira ou social, e às vezes até a maior dor pessoal.

Um rapaz, de quem você talvez já tenha ouvido falar, largou a escola secundária porque decidiu que não ia esperar mais para seguir seu sonho de se tornar um músico famoso. Mas seus sonhos não se tornaram realidade muito depressa. Na verdade, quando ele estava com 22 anos, receou ter tomado a decisão errada, achando que ninguém jamais gostaria de sua música. Tocava em bares, estava completamente quebrado e dormia em lavanderias automáticas, porque não tinha mais casa. A única coisa que o segurava era seu relacionamento. Foi então que a namorada decidiu deixá-lo, e quando o fez, empurrou-o de vez para o abismo. Imediatamente focalizou que nunca mais acharia outra mulher tão bonita. Isso significava que sua vida terminara, e assim pensou em cometer suicídio. Por sorte, ao tomar essa decisão, reconsiderou suas opções e resolveu internar-se numa instituição mental. O tempo ali passado lhe deu novas referências sobre quais eram mesmo os verdadeiros problemas. Mais tarde, lembrou que dissera: "Nunca mais chegarei a um ponto tão baixo." E declara agora: "Foi uma das melhores coisas que já fiz, porque não senti mais pena de mim mesmo. Qualquer problema que me acontecera não era nada comparado com o que vi outras pessoas passarem." Ele renovou seu empenho, buscou o sonho a longo prazo e acabou por ter tudo o que desejava. Seu nome? Billy Joel.*

Você pode imaginar que esse homem, a quem milhões de fãs amam, e com quem a supermodelo Christie Brinkley se casou, tenha um dia se preocupado com a qualidade da sua música ou em encontrar uma garota que fosse tão bonita quanto sua antiga namorada? O fato a ser lembrado é que o que parecia impossível a curto prazo transformou-se em um fenomenal exemplo de sucesso e felicidade a longo prazo. Billy Joel foi capaz de sair de sua

---

* Sheff, David e Victoria, "Playboy entrevista: Billy Joel." Chicago: *Playboy*, maio de 1982.

depressão com as três decisões que todos nós controlamos a cada momento de nossa vida: o que focalizar, o que significam as coisas, e o que fazer, a despeito dos desafios que parecem nos limitar. Levantou seus padrões, sustentou-os com novas convicções e implementou as estratégias que sabia que tinha de implementar.

Uma convicção que me ajuda em tempos extremamente difíceis é a seguinte: *A demora de Deus não é uma negativa.* Com frequência, o que parece impossível a curto prazo torna-se muito possível a longo prazo, *se você persistir.* Para ter êxito, precisamos nos disciplinar a pensar consistentemente a longo prazo. Uma metáfora que uso para me fazer lembrar disso é a comparação dos altos e baixos da vida com a variação das estações. Nenhuma estação dura para sempre, porque tudo na vida é um ciclo de plantar, colher, descansar e renovar. O inverno não é infinito: mesmo que você esteja enfrentando desafios hoje, não pode desistir à chegada da primavera. Para algumas pessoas, o inverno significa hibernação; para outras, significa andar de esqui e tobogã! Sempre se pode esperar pela mudança de estação, mas por que então não fazer desta uma época de boas lembranças?

DOMINE O PODER DA DECISÃO

Para terminar, permita-me dar seis indicações rápidas para ajudá-lo a dominar o poder da decisão, o poder que molda sua experiência de vida, a cada momento em que a vive:

1. Lembre o verdadeiro poder de tomar decisões. É um instrumento que você pode usar a qualquer momento. No instante em que é tomada uma nova decisão, entra em movimento uma nova causa, efeito, direção e destinação para sua vida. Literalmente, você começa a mudar sua existência no momento em que toma uma nova decisão. Lembre-se disso quando começar a se sentir sufocado, ou a achar que não tem opções, ou quando as coisas estiverem acontecendo *com você* — é capaz de mudar tudo, se parar e decidir fazê-lo. Lembre-se de que uma verdadeira decisão é medida pelo fato de você ter agido. Se não há ação, você não decidiu realmente.

2. Compreenda que o passo mais difícil para conseguir alguma coisa é empenhar-se de fato — uma decisão verdadeira. Realizar aquilo a que você se comprometeu, muitas vezes, é mais fácil que a decisão em si, e assim tome suas decisões com inteligência, mas depressa. Não se demore a vida toda a debater *como* fará ou *se* fará. Estudos têm demonstrado que as pessoas mais bem-sucedidas tomam decisões depressa porque não têm dúvidas a respeito dos seus valores e do que realmente desejam para sua vida. Os mesmos estudos mostram que são lentas para mudar suas decisões, se é que as mudam. Por outro lado, as pessoas que fracassam usualmente tomam suas decisões devagar, e mudam de ideia depressa, sempre pulando para a frente e para trás. Decida-se!

Compreenda que a tomada de decisão é um tipo de ação por si só, de modo que uma boa definição para decisão seria "agir em cima da informação". Você sabe quando tomou verdadeiramente uma decisão quando uma ação decorre dela. Torna-se uma causa posta em movimento. Com frequência, como resultado de uma decisão, consegue-se atingir objetivos maiores. Uma regra importante que estabeleci para mim mesmo é *nunca deixar a cena de uma decisão sem primeiro realizar uma ação específica para sua realização.*

3. Tome decisões com frequência. Quanto mais decisões você toma, melhores elas são. Os músculos se fortalecem com o uso, e o mesmo acontece com os seus músculos de tomar decisões. Libere seu poder agora mesmo, tomando alguma decisão que venha adiando. Não vai acreditar na energia e na animação que isso criará em sua vida!

4. Aprenda com suas decisões. Não há como negar. Às vezes você vai estragar tudo, independentemente do que faça. E quando acontecer o inevitável, em vez de punir-se, *aprenda algo*. Pergunte a si mesmo: "O que há de bom nisso tudo? O que posso aprender com o que aconteceu?" Esse "fracasso" poderá ser uma dádiva maravilhosa disfarçada, se você usá-lo para tomar decisões melhores no futuro. Em vez do foco no revés de curto prazo, focalize em aprender lições que possam poupar-lhe tempo, dinheiro ou dor, e que lhe deem a capacidade de vencer no futuro.

5. Comprometa-se com suas decisões, mas seja flexível na execução. Uma vez que decidiu o que quer ser como pessoa, por exemplo, não fique imobilizado pensando em como chegar lá. É o fim que interessa. Com frequência, ao decidir o que querem para si, as pessoas escolhem a melhor rota que conhecem na época — elas fazem um mapa —, mas não permanecem abertas para rotas alternativas. Não seja rígido. Cultive a arte de flexibilidade.

6. Desfrute tomar decisões. Você deve saber que a qualquer momento uma decisão pode mudar o curso de sua vida para sempre: a pessoa que está atrás de você na fila, ou sentada ao seu lado no avião, o próximo telefonema que você dá ou recebe, o próximo filme, livro ou página que virar, qualquer uma dessas coisas poderá fazer com que as comportas se abram, e todas as coisas pelas quais você esperava se encaixem nos respectivos lugares.

Se você realmente quer que sua vida seja passional, precisa viver com essa atitude de expectativa. Anos atrás, tomei o que parecia na ocasião uma pequena decisão, e que moldou vigorosamente minha vida. Decidi fazer um seminário em Denver, no Colorado. Essa decisão me fez conhecer uma moça chamada Becky. Seu sobrenome agora é Robbins, e ela é uma das maiores dádivas da minha vida. Nessa mesma viagem, decidi escrever meu primeiro livro, que já foi publicado em 11 idiomas. Poucos dias mais tarde, decidi conduzir um seminário no Texas. Depois de trabalhar uma semana para realizar todo o programa, o promotor não me pagou pelo evento — fugiu da cidade. A pessoa óbvia com quem conversar era a agente de relações públicas que ele contratara e que estava passando pela mesma situação que eu. Esta mulher tornou-se minha agente literária e me ajudou a publicar o primeiro livro. Como resultado, tenho o privilégio de compartilhar essa história com você hoje.

Em outra ocasião, decidi arranjar um sócio para meus negócios. Não investigar o seu caráter antecipadamente foi uma má decisão da minha parte. Dentro de um ano, ele se apropriara de um quarto de milhão de dólares, e jogara minha firma num vermelho de 758 mil dólares, enquanto eu excursionava por toda parte, fazendo mais de duzentos seminários. Tive a sorte, contudo, de aprender com minha decisão ruim, e tomei uma melhor. A despeito do conselho de todos os peritos que me cercavam, de que o único modo de sobreviver seria declarando falência, decidi encontrar um meio de dar a volta por cima e criei um dos maiores sucessos da minha vida. Fiz minha companhia ascender a um novo nível, e o que aprendi com aquela experiência não apenas criou meu sucesso comercial a longo prazo, como também proporcionou muitas das distinções para o Condicionamento Neuroassociativo™ (Neuro-Associative Conditioning™) e Tecnologias do Destino™ (Destiny Technologies™).

"A vida é uma aventura ousada, ou nada."

— HELLEN KELLER

Qual é então a distinção mais importante a tirar deste capítulo?

Saiba que são suas decisões, e não suas condições, que determinam seu destino. Antes que aprendamos a tecnologia para mudar como se pensa e como se sente a cada dia de sua vida, quero que você se lembre de que, em última análise, tudo o que leu neste livro é *inútil*... todo outro livro que você já leu, ou gravação que ouviu, ou seminário a que compareceu, tudo é *inútil... a menos que você decida usar o que aprendeu.* Lembre-se de que uma decisão verdadeiramente comprometida é a força que muda sua vida. É um poder que estará disponível para você a qualquer momento em que resolver usá-lo

Prove a si próprio que você decidiu agora. Tome uma ou duas decisões, dessas que vinha protelando há muito tempo. Escolha uma fácil e outra um pouco mais difícil. Mostre a si próprio aquilo que é capaz de fazer. Agora, neste exato momento. *Pare.* Tome pelo menos uma decisão bem definida, aquela que vem protelando há muito tempo — tome a primeira medida no sentido de realizá-la — e não a abandone! Ao fazer isso, estará exercitando o músculo que lhe dará a vontade para mudar toda a sua vida.

Você e eu sabemos que haverá desafios no seu futuro, mas como Lech Walesa e as pessoas da Europa Oriental aprenderam, se você decidiu transpor o muro, é capaz de galgá-lo, irromper pelo meio, escavar um túnel por baixo, ou ainda encontrar uma porta. Não importa quanto tempo o muro esteja ali, nada tem o poder de resistir à força continuada de seres humanos que decidiram persistir até que caia. O espírito humano é verdadeiramente inconquistável. Mas a vontade de vencer, a vontade de obter sucesso, de moldar a própria vida, de assumir o controle, só pode ser aproveitada quando você decide o que quer e crê que nenhum desafio, nenhum problema, nenhum obstáculo poderá detê-lo. Quando você decidir isso, sua vida passará a ser formulada não pelas condições, mas por suas decisões e, neste instante ela mudará para sempre, e você poderá assumir o controle da...

3

Força que molda a sua vida

"Os homens vivem por intervalos de razão, sob a soberania do humor e da paixão."

— Sir Thomas Brown

Ela estava correndo apenas há cerca de meia hora quando aconteceu. De repente, uns dez garotos dispararam em sua direção. Antes que ela pudesse entender o que acontecia, eles a pegaram, puxaram-na para o meio do mato e a espancaram com um cano de chumbo. Um dos garotos chutou-a no rosto inúmeras vezes, fazendo-o sangrar profusamente. Em seguida, a estupraram e sodomizaram, e deixaram-na ali para morrer.

Com certeza este foi um crime trágico e inadmissível. Ocorreu no Central Park, alguns anos atrás. Eu estava em Nova York na noite em que aconteceu. Fiquei horrorizado não só com a selvageria do ataque, mas ainda mais quando soube quem eram os atacantes. Eram crianças, com as idades variando entre 14 e 17 anos. Contrariando os estereótipos, nem eram pobres nem de famílias onde houvesse história de abusos. Estudavam em escolas particulares, praticavam esportes, tinham aulas de tuba. Não foram motivados pela loucura das drogas ou dos confrontos raciais. Agrediram e poderiam ter matado aquela mulher de 28 anos por uma única razão: diversão. Tinham inclusive um nome para aquilo que tinham resolvido fazer: "zonear."

A não mais de 400 quilômetros de Nova York, um jato caiu ao levantar voo do aeroporto de Washington, durante uma tempestade de neve, e bateu na Ponte Potomac, na hora do *rush*. O tráfego, já muito lento, parou por completo, os serviços de emergência e salvamento foram despachados imediatamente para o local, e a ponte transformou-se num pesadelo de caos e pânico.

Bombeiros e paramédicos ficaram arrasados com a destruição, mergulhando inúmeras vezes no Potomac para tentar resgatar vítimas do desastre.

Um homem passou repetidamente o salva-vidas para outros. Salvou muitas vidas, mas não a sua própria. Quando o helicóptero finalmente foi resgatá-lo, ele tinha afundado na água gelada. Esse homem deu a própria vida para salvar a de completos estranhos! O que o levou a valorizar tanto a vida de outras pessoas — pessoas que ele nem sequer *conhecia* — a ponto de se dispor a dar a sua própria no processo?

O que faz uma pessoa com um "berço bom" comportar-se de modo tão selvagem e sem remorso, enquanto outra dá a própria vida para salvar estranhos? O que cria um herói, um canalha, um criminoso, uma pessoa disposta a contribuir? Em toda a minha vida, procurei a resposta a essas perguntas. Uma coisa é clara para mim: os seres humanos não são criaturas aleatórias; tudo o que fazemos é por um motivo. Podemos não ter conhecimento da razão, mas indubitavelmente há uma força por trás de todo comportamento humano. Essa força age sobre cada faceta de nossa vida, dos nossos relacionamentos e finanças aos nossos corpos e cérebros. Qual é essa força que está controlando você neste exato momento, e continuará a fazê-lo pelo resto da sua vida? *DOR* e *PRAZER! Tudo o que você e eu fazemos ou se deve à nossa necessidade de evitar dor ou ao nosso desejo de obter prazer.*

Com frequência, ouço as pessoas falarem sobre mudanças que desejam fazer em sua vida, mas não conseguem obrigar-se a ir até o fim. Sentem-se frustradas, arrasadas e furiosas consigo mesmas, porque sabem que precisam agir, mas não conseguem. E a razão é muito simples: tentam mudar seu comportamento, que é o *efeito,* em vez de lidar com a *causa* que está por trás.

Compreendendo e utilizando as forças da dor e do prazer você será capaz, de uma vez por todas, de criar as mudanças duradouras e os melhoramentos que deseja para si próprio e para as pessoas com quem se importa. O fracasso na compreensão disso o condenará a viver reagindo, como um animal ou uma máquina. Pode ser que isso pareça uma supersimplificação, mas pense a respeito. Por que você não faz algumas das coisas que sabe que deveria fazer?

Afinal, o que é procrastinação? É quando você sabe que *deveria* fazer alguma coisa, mas ainda assim *não* faz. Por que não? A resposta é simples:

em algum nível, você acredita que agir naquele momento será mais doloroso que adiar. No entanto, você já passou pela experiência de adiar uma coisa por tanto tempo que de repente sente-se pressionado para fazê-la de uma vez por todas? O que aconteceu? Você mudou sua associação com o prazer e a dor. De repente, não agir torna-se mais doloroso que fazer o que se deve. Esse é o tipo de coisa que ocorre com a maioria de nós quando vai chegando a data de entrega dos formulários do imposto de renda!

"O homem que sofre antes de ser necessário, sofre mais que o necessário."

— SÊNECA

O que impede você de se aproximar do homem ou da mulher dos seus sonhos? O que o impede de iniciar aquele novo negócio que vem planejando há anos? Por que continua a adiar aquela dieta? Por que evita terminar sua tese? Por que ainda não assumiu o controle de sua carteira de investimentos financeiros? O que o impede de fazer o que é necessário para tornar sua vida exatamente como a imaginou?

A resposta é simples. Muito embora saiba que todas essas ações iriam beneficiá-lo — que poderiam sem dúvida nenhuma trazer satisfação a sua vida —, você deixa de agir simplesmente porque, naquele instante, associa mais dor ao ato de fazer o que é necessário do que à perda da oportunidade. Afinal, e se você se aproximasse da tal pessoa e ela expressasse sua rejeição? E se você tentasse o seu novo negócio, mas não desse certo, e perdesse a segurança que tem em seu atual emprego? E se você tivesse começado uma dieta, sofresse de tanto passar fome, só para depois voltar a engordar? E se você tivesse feito um investimento e perdido seu dinheiro? Por que então tentar?

Para a maioria das pessoas, o medo da perda é muito maior que o desejo de ganhar. O que o deixa mais mobilizado: impedir alguém de furtar os 100 mil dólares que ganhou nos últimos cinco anos, ou a possibilidade de ganhar 100 mil nos próximos cinco? O fato é que a maioria das pessoas trabalharia muito mais para conservar o que tem do que para correr os riscos necessários para conseguir o que realmente desejam.

> ***"O segredo do sucesso é aprender como usar a dor e o prazer, em vez de deixar que usem você. Se fizer isso, estará no controle de sua vida. Se não fizer, é a vida quem controla você."***
>
> — ANTHONY ROBBINS

Muitas vezes surge uma pergunta interessante nas discussões acerca dessas forças gêmeas que nos impulsionam: por que as pessoas podem experimentar dor e mesmo assim não mudar? É que não experimentaram dor suficiente ainda; não atingiram o que chamo de *limiar emocional.* Se você já esteve envolvido num relacionamento destrutivo e acabou tomando a decisão de usar seu poder pessoal, agir e mudar sua vida, provavelmente foi porque *atingiu um nível de dor que considerou como seu supremo limite.* Todos nós já experimentamos situações em nossa vida em que dissemos: "Chega — nunca mais —, isso tem de mudar agora." Esse é o momento mágico, em que a *dor se torna nossa amiga.* Isso nos leva a agir e produzir novos resultados. Sentimo-nos ainda mais poderosamente compelidos a agir se, no mesmo momento, começamos a antecipar como a mudança também resultará em uma grande dose de prazer para nossa vida.

Esse processo não é limitado a relacionamentos. Talvez você já tenha passado por isso com sua condição física; não aguenta mais não conseguir se espremer numa poltrona de avião, não caber nas suas roupas e ficar com o coração na boca depois de subir um lance de escadas. Finalmente você disse: "Chega!", e tomou uma decisão. O que motivou essa decisão? Foi o desejo de remover a dor da sua vida e estabelecer o prazer uma vez mais: o prazer do orgulho, o prazer do conforto, o prazer da autoestima, o prazer de viver a vida do modo como planejou.

Claro, há muitos níveis de dor e prazer. Por exemplo, sentir humilhação é uma forma intensa de dor emocional. Assim também é a sensação de inadequação. Ou tédio. É evidente que algumas dores têm menos intensidade, mas ainda assim entram na equação da tomada de decisão. Da mesma forma, o prazer pesa nesse processo. Muito de nosso impulso na vida vem de imaginarmos que nossas ações nos levarão a um futuro mais interessante, que o trabalho de hoje valerá, e bem, o esforço, que as recompensas do prazer estão próximas. Mas há também muitos níveis de prazer. Por exemplo, o prazer do êxtase, mesmo que a maioria concorde que seja intenso, pode às vezes ser suplantado pelo prazer do conforto. Tudo depende da perspectiva do indivíduo.

Por exemplo, digamos que você esteja no intervalo para o almoço e passe por um parque onde uma orquestra esteja tocando uma sinfonia de Beethoven. Você vai parar e escutar? Depende, antes de mais nada, do significado que associe à música clássica. Algumas pessoas deixariam tudo de lado para poder ouvir os maravilhosos acordes da *Eroica*; para elas, Beethoven é puro prazer. Para outras, contudo, ouvir qualquer tipo de música clássica é tão excitante quanto ficar observando tinta secar. Para elas, ouvir música clássica equivale a sofrer, de modo que se apressam ao passar pelo parque, e voltam ao trabalho. Mas algumas pessoas que gostam de música clássica também não parariam. O sofrimento causado pelo atraso no trabalho talvez não suplantasse o prazer de ouvir as melodias familiares. Ou talvez acreditem que parar e desfrutar a música no meio da tarde é desperdiçar um tempo precioso, e a dor de fazer algo frívolo e inadequado é maior que o prazer que a música poderia dar. Cada dia de nossa vida é cheio dessas negociações psíquicas. Estamos constantemente pesando as ações que nos propomos e o impacto que terão sobre nós.

A LIÇÃO MAIS IMPORTANTE DA VIDA

Donald Trump e Madre Teresa foram impulsionados exatamente pela mesma força. Você poderia dizer: "Está maluco, Tony? Eles não poderiam ser mais diferentes!" É absolutamente verdadeiro que seus valores se encontrem nas extremidades opostas do espectro, mas ambos são, assim mesmo, impulsionados pela dor e pelo prazer. Suas vidas foram moldadas por aquilo de que aprenderam a extrair prazer, e o que aprenderam que lhes causará dor. A mais importante lição que aprendemos na vida é a que cria dor para nós e a que cria prazer. Essa lição é diferente para cada um, e assim sendo, são diferentes também os nossos comportamentos.

O que vem impulsionando Donald Trump em sua vida? Ele aprendeu a auferir prazer possuindo os iates maiores e mais dispendiosos, adquirindo os prédios mais espetaculares, fechando os negócios mais espertos e engenhosos — em resumo, acumulando os maiores e melhores brinquedos. E o que foi que ele aprendeu ao se ligar à dor? Pelo que revelou em diversas entrevistas, a maior dor de sua vida é ser segundo em qualquer coisa — para ele, sinônimo de fracasso. Na verdade, sua maior motivação de realização deriva de sua compulsão para evitar essa dor. Trata-se de um motivador muito mais poderoso que seu desejo de ganhar prazer. Muitos competidores ficaram jubilosos com a dor que Trump experimentou com o colapso do seu império econômico. Em vez de julgá-lo — ou a qualquer outra pessoa, inclusive a si próprio —, o que o motiva é ter um pouco de compaixão por sua dor evidente.

Por contraste, veja só Madre Teresa. Aqui está uma mulher que se importava tão profundamente que, quando via outras pessoas sofrendo, também sofria. Ver a injustiça do sistema de castas feriu-a. E quando agiu para ajudar aquela gente, descobriu que a dor que sentia desaparecia com a dor deles. Para Madre Teresa, o significado máximo da vida pode ser encontrado numa das áreas mais pobres de Calcutá, a Cidade da Alegria, com seus milhões de famintos e enfermos. Para ela, prazer pode significar ter de andar com as pernas enfiadas até os joelhos em água suja e de esgotos para poder chegar num barraco sórdido e socorrer as crianças que lá se encontrarem, seus corpos minúsculos devastados pela cólera e disenteria.

Ela é poderosamente impulsionada pela sensação de que ajudar os outros em sua miséria ajuda a aliviar a própria dor, que ao ajudar os outros a experimentar a vida de um modo melhor — dando-lhes prazer — *ela* sentirá prazer. Madre Teresa aprendeu que se colocar a serviço dos sofredores é o maior dos bens, e que isso lhe dá a sensação de que sua existência tem verdadeiramente um significado.

Para a maioria de nós, pode parecer um exagero comparar a sublime humildade de Madre Teresa com o materialismo de Donald Trump, mas é importante lembrar que essas duas pessoas moldaram seus destinos baseadas naquilo a que ligaram seu prazer e sua dor. Certamente que o passado delas e o ambiente em que vivem desempenharam um papel em suas escolhas, mas em última análise tomaram decisões *conscientes* sobre o que as recompensa ou aflige.

AQUILO A QUE VOCÊ ASSOCIA DOR E PRAZER MOLDA SEU DESTINO

Uma decisão que fez uma diferença tremenda na qualidade da minha vida foi que ainda bem moço comecei a associar um prazer incrível ao ato de aprender. Percebi que descobrir ideias e estratégias que pudessem me ajudar a moldar o comportamento humano e a emoção podia me dar virtualmente tudo o que eu desejava. Podia me tirar da dor e me dar prazer. Aprender a descobrir os segredos que estão por trás de nossas ações podia me ajudar a ser mais saudável, a me sentir melhor fisicamente, a me relacionar mais profundamente com as pessoas com quem me importava. Aprender me proporcionava algo que eu podia dar, a oportunidade de contribuir com algo de valor para ajudar as pessoas à minha volta. Oferecia-me uma sensação de alegria e realização. Ao mesmo tempo, descobri uma forma de prazer ainda mais poderosa, conseguida partilhando o que eu aprendera de forma apaixonada. Quando comecei a ver que aquilo que eu era capaz de compartilhar ajudava as pessoas a melhorarem a qualidade de suas vidas, descobri o grau máximo de prazer! E o meu objetivo de vida começou a evoluir.

Quais são algumas das experiências de dor e prazer que moldaram sua vida? Se você associou dor ou prazer às drogas, por exemplo, isso certamente afetou seu destino. Da mesma forma, as emoções que você aprendeu a associar a cigarros ou álcool, relacionamentos, ou até mesmo aos conceitos de dar ou confiar.

Se você é um médico, não é verdade que a decisão de seguir uma carreira médica, tomada há tantos anos, foi motivada pela sua convicção de que se tornar um médico o faria sentir-se bem? Todo médico que conheci associa um imenso prazer a ajudar as pessoas: fazer cessar a dor, curar doenças, salvar suas vidas. Com frequência, o orgulho de ser um respeitado membro da sociedade foi uma motivação adicional. Músicos dedicaram-se a sua arte porque poucas coisas podiam lhe dar o mesmo grau de *prazer.* E os presidentes de poderosas organizações aprenderam a associar *prazer* à tomada de decisões importantes, com grande potencial de construir algo único e de contribuir para a vida das pessoas de um modo duradouro.

Pense nas associações de limitação de dor e de prazer de John Belushi, Freddie Prinze, Jimi Hendrix, Elvis Presley, Janis Joplin e Jim Morrison. A associação que fizeram das drogas a uma saída, um pico rápido ou um modo de fugir à dor, transformando-a em prazer temporário, provocou a queda de todos eles. Pagaram o maior dos preços por não dirigirem suas próprias mentes e emoções. Pense no exemplo que deram para milhões de fãs. Nunca aprendi a consumir drogas ou álcool. É por isso que sou tão brilhante assim? Não, é porque tive muita sorte. Uma das razões pelas quais nunca bebi álcool é que, quando criança, havia duas pessoas em minha família que agiam tão detestavelmente quando bêbadas que passei a associar uma extrema dor à ingestão de qualquer bebida alcoólica. Uma imagem especialmente intensa que tenho na memória é a da melhor amiga de minha mãe. Era extremamente obesa, pesando uns 150 quilos, e bebia constantemente. Sempre que bebia, queria me abraçar, e me babava todo. Até hoje, o cheiro de álcool no hálito de qualquer pessoa me nauseia.

Cerveja, contudo, foi uma outra história. Quando eu tinha 11 ou 12 anos, nem sequer considerava uma bebida alcoólica. Afinal, meu pai bebia cerveja e não ficava irritante ou nojento. Na verdade, ele parecia até um pouco mais divertido depois de umas cervejas. Além disso, eu associava prazer a beber cerveja, porque queria ser igual ao meu pai. Beber cerveja me faria realmente igual ao meu pai? Não, mas frequentemente criamos associações falsas em nossos sistemas nervosos (neuroassociações) quanto ao que criará dor ou prazer em nossa vida.

Um dia pedi a mamãe uma "cervejinha". Ela começou afirmando que não me faria bem. Mas tentar me convencer disso, quando eu já estava decidido, quando as observações que fazia de meu pai a contradiziam tão claramente, não ia adiantar. Não acreditamos no que escutamos; ao contrário, temos certeza de que nossas percepções são precisas — e naquele tempo eu tinha certeza de que beber cerveja seria o próximo passo do meu crescimento pessoal. Finalmente minha mãe percebeu que, com certeza, eu ia beber mesmo em algum outro lugar, se não me desse uma experiência que jamais esquecesse. Em algum nível, ela deve ter sabido que era preciso mudar o que eu associava à cerveja. E assim ela me disse: "Tudo bem, você quer beber cerveja e ser como papai? Então realmente tem que tomar cerveja como seu pai." Perguntei o que queria dizer com aquilo, e ela me respondeu que eu tinha que beber uma embalagem de seis cervejas, se queria ser como meu pai. "Não tem problema", falei.

Ela disse: "Você vai ter que beber tudo aqui mesmo." Quando tomei o primeiro gole, o gosto foi horrível, nada do que eu tinha antecipado. Claro que não ia admitir isso, porque meu orgulho estava em jogo. Assim, tomei mais uns goles. Depois da primeira cerveja, eu disse: "Agora não aguento mais, mamãe." Ela disse: "Não, aqui está outra", e abriu outra latinha. Depois da terceira ou quarta lata, comecei a me sentir enjoado. Tenho certeza de que você é capaz de adivinhar o que aconteceu a seguir: vomitei tudo por cima de mim mesmo e da mesa da cozinha. Foi nojento, assim também como foi ter que limpar a mesa! Imediatamente passei a associar o cheiro da cerveja a vômito e sentimentos horríveis. Não tinha mais uma associação intelectual sobre beber cerveja. Tinha agora uma associação emocional em meu sistema nervoso, uma *neuroassociação* ao nível visceral — e que era claramente capaz de guiar minhas decisões futuras. Como resultado, nunca mais pus na boca um gole de cerveja!

Nossas associações com dor e prazer são capazes de produzir um efeito sequencial em nossa vida? Pode apostar que sim. Esta neuroassociação negativa da cerveja afetou muitas das decisões que tomei em minha vida. Influenciou nas amizades que fiz na escola. Determinou como aprender a obter prazer. Não usei álcool: usei o aprendizado, usei o riso, usei o esporte. Aprendi também que ajudar os outros produzia uma sensação maravilhosa, de modo que me tornei o cara da escola a quem todo mundo com problemas procurava, e resolver os problemas dos outros fazia com que eles e eu mesmo nos sentíssemos melhor. Algumas coisas não mudaram ao longo dos anos!

Nunca usei drogas por causa de uma experiência similar; quando estava no terceiro ou quarto ano, alguns policiais foram à minha escola e mostraram alguns filmes sobre as consequências de envolvimento com drogas. Vi gente sendo assassinada, desmaiando, morrendo de *overdose,* e se jogando de janelas. Como rapazinho, associei drogas a feiúra e morte, de modo que nunca cheguei a experimentá-las. Minha boa sorte foi que a polícia me ajudou a formar neuroassociações dolorosas até mesmo para a ideia de usar drogas. Assim sendo, nunca cheguei a considerar a possibilidade.

O que podemos aprender com isso? Simplesmente o seguinte: *se associamos uma dor maciça a qualquer padrão emocional ou comportamento, evitaremos ceder a esse padrão de qualquer maneira. Precisamos usar essa compreensão para aproveitar a força do prazer e da dor a fim de modificar virtualmente qualquer coisa em nossa vida,* de um padrão de procrastinação ao uso de drogas. Como fazemos isso? Digamos, por exemplo, que você queira conservar seus filhos longe das drogas. A hora mais oportuna é antes que as experimentem, e que alguém lhes ensine a falsa associação drogas-prazer.

Minha mulher Becky e eu decidimos que o modo mais vigoroso de assegurar que nossos filhos jamais usem drogas seria fazer com que estabelecessem uma ligação das drogas à dor maciça. Sabíamos que, a menos que ensinássemos o que são verdadeiramente as drogas, alguma outra pessoa poderia tentar convencê-los de que as drogas são um meio útil de fugir à dor.

Para realizar essa tarefa, chamei um velho amigo, o Comandante John Rondon, do Exército da Salvação. Há anos que venho apoiando John no South Bronx e Brooklyn, ajudando os sem-teto a promoverem mudanças em suas vidas, mudarem suas convicções limitadoras e desenvolverem habilidades na vida. Becky e eu muito nos orgulhamos das pessoas que usaram o que lhe ensinamos para saírem das ruas e aumentarem a qualidade de suas vidas. Sempre aproveitei minhas visitas a esses lugares como uma oportunidade de dar algo em troca, para me lembrar como sou afortunado. Faz com que eu aprecie ainda mais a vida que tenho o privilégio de levar, além de me proporcionar uma perspectiva e manter o equilíbrio de minha vida.

Expliquei meus objetivos ao Comandante John, que providenciou para levar meus filhos numa excursão que jamais esqueceriam, e lhes ofereceria uma experiência clara do que as drogas fazem com o espírito humano. Começou por uma visita a um cortiço em ruínas, infestado de ratos. No instante em que entramos, meus filhos foram envolvidos pelo mau cheiro dos andares encharcados de urina, a visão de viciados tomando picos, indiferentes a quem pudesse estar observando, prostitutas crianças se oferecendo a quem passava e o choro de crianças abandonadas. Uma devastação mental, emocional e física foi o que meus filhos aprenderam a associar com as drogas. Embora todos fossem expostos às drogas muitas vezes desde então, nunca pensaram em consumi-las. Aquelas poderosas neuroassociações moldaram seus destinos de forma significativa.

"Se você se aflige com qualquer coisa externa, o sofrimento não é causado pela coisa em si, mas por sua própria avaliação a respeito; e isso você tem o poder de revogar a qualquer momento."

— MARCO AURÉLIO

Somos os únicos seres no planeta que levam vidas interiores tão ricas que não são os eventos que mais importam para nós; em vez disso, é a maneira como interpretamos esses eventos que vai determinar como pensamos a respeito de nós mesmos, e como agiremos no futuro. Uma das coisas que nos torna tão especiais é a maravilhosa capacidade de *adaptação,* de transformar e manipular objetos ou ideias para produzir algo mais agradável ou útil. Acima de tudo, nosso talento de adaptação é a capacidade de absorver as experiências de nossas vidas, relacioná-las com outras experiências e criar uma tapeçaria caleidoscópica de sentidos que é diferente da projetada por qualquer outra pessoa no mundo. Só os seres humanos podem, por exemplo, mudar suas associações para que a dor física resulte em prazer, ou vice-versa.

Pense em alguém fazendo uma greve de fome na prisão. Jejuando por uma causa, sobrevive por trinta dias sem comida. A dor física é considerável, mas é contrabalançada pelo prazer e pela validade de atrair a atenção do mundo para sua causa. Num nível mais pessoal e cotidiano, as pessoas que seguem regimes físicos rigorosos para esculpir o corpo aprenderam a vincular um tremendo sentimento de prazer à "dor" do esforço físico. Converteram o desconforto da disciplina na satisfação do crescimento pessoal. É por isso que seu comportamento é coerente, da mesma forma que os resultados!

Por meio do poder da vontade, podemos contrabalançar algo como a dor física da fome contra a dor psíquica de renunciar a nossos ideais. Podemos criar um sentido superior; podemos sair de nossa "caixa skinneriana",* e assumir o controle. *Mas se não somos capazes de orientar as associações para a dor e o prazer, não vivemos melhor do que animais ou máquinas,* sempre reagindo aos fatores externos, permitindo que tudo o que venha a seguir determine o rumo e a qualidade de nossa vida. Voltamos à caixa. É como se fôssemos um computador público, com fácil acesso a incontáveis programadores amadores!

Nosso comportamento, tanto consciente quanto inconsciente, foi influenciado pela dor e pelo prazer de inúmeras fontes: companheiros de infância, mãe e pai, professores, treinadores esportivos, heróis do cinema e televisão, e a lista continua. Você pode ou não saber com precisão quando ocorreram a programação e o condicionamento. Pode ter sido algo que alguém disse, um incidente na escola, uma competição esportiva, um momento embaraçoso, um boletim só com as notas máximas... Ou talvez com notas baixas. Tudo isso contribuiu para o que você é hoje. Não posso enfatizar com veemência suficiente que *a maneira como você associa a dor e o prazer vai moldar seu destino.*

Ao revisar sua vida, você é capaz de recordar experiências que formaram suas neuroassociações, e assim desencadearam a cadeia de causas e efeitos que o levaram ao ponto em que se encontra hoje? Se você é solteiro, encara ansioso o casamento como uma aventura alegre com a companheira de sua vida, ou o teme como uma bola de ferro presa por uma corrente à sua perna? Ao sentar para jantar esta noite, consome a comida de uma forma tranquila, como uma oportunidade de reabastecer o corpo, ou a devora como sua única fonte de prazer?

* B.F. Skinner, um famoso pioneiro da ciência behaviorista, é também infame pela caixa do tamanho de um berço em que confinou a filha durante os primeiros 11 meses de vida. Fez isso em nome da conveniência e da ciência, abastecendo suas teorias sobre os comportamentos de estímulo e reação.

> ***"Os homens, tanto quanto as mulheres, são com muito mais frequência levados pelo coração do que pela compreensão."***
>
> — LORDE CHESTERFIELD

Embora preferíssemos negar, persiste o fato de que *nosso comportamento é guiado pela reação instintiva à dor e ao prazer, não pelo cálculo intelectual.* Em termos intelectuais, podemos acreditar que comer chocolate é ruim para nós; apesar disso, continuamos a comer. Por quê? Porque não somos guiados tanto pelo que sabemos intelectualmente, mas sim pela maneira como aprendemos a associar a dor e o prazer *no sistema nervoso.* São as *neuroassociações* — as associações que estabelecemos no sistema nervoso — que determinam o que faremos. *Embora preferíssemos acreditar que é o intelecto que nos guia, são nossas emoções — as sensações que vinculamos aos pensamentos — que realmente nos guiam.*

Muitas vezes tentamos passar por cima do sistema. Por algum tempo, mantemos uma dieta; acabamos por ultrapassar os limites porque experimentamos sofrimento demais. *Resolvemos o problema no momento... mas se não eliminarmos a causa do problema, é certo que vai ressurgir.* Em última análise, para que uma mudança seja permanente, devemos vincular a dor ao comportamento antigo e o prazer ao novo comportamento, promovendo um condicionamento até que se torne coerente. Lembre-se de que somos capazes de fazer muito mais para evitar a dor do que para alcançar o prazer. Iniciar uma dieta e prevalecer sobre o sofrimento a curto prazo, pela pura força de vontade, nunca pode durar, porque continuamos a vincular a dor à renúncia aos alimentos que engordam. Para que esta mudança perdure, temos de vincular a dor a comer esses alimentos, a fim de que não mais os desejamos, e o prazer a ingerir mais dos alimentos que nos *nutrem.* As pessoas em boa forma física e saudáveis acham que nada é tão saboroso quanto se sentirem magras! E *adoram* os alimentos que são nutritivos. Mais do que isso, muitas vezes vinculam o prazer a empurrar para longe o prato ainda com comida. Simboliza a posse do controle de suas vidas.

A verdade é que podemos aprender a condicionar nossas mentes, corpos e emoções, a vincular dor ou prazer a qualquer coisa que desejarmos. Mudando as vinculações de dor e prazer, mudaremos instantaneamente nosso comportamento. Com o cigarro, por exemplo, tudo o que você deve fazer é vincular dor suficiente a fumar, e bastante prazer a deixar de fumar. Você possui a capacidade de fazer isso agora, mas pode não exercer essa capacidade porque condicionou seu corpo a vincular prazer a fumar, ou porque teme que parar seria doloroso demais. Mas se conhecer alguém que deixou de fumar, vai descobrir que esse comportamento mudou em um único dia: o dia em que de fato mudou o que fumar significava para ela.

Se você não tem um plano para sua vida, outra pessoa tem

A missão das agências de propaganda da Madison Avenue é influenciar as vinculações de dor e prazer. Os publicitários compreendem que o fator que nos guia não é tanto o intelecto, mas sim as sensações que vinculamos a seus produtos. Em decorrência, aprenderam a usar a música excitante ou tranquilizante, as imagens rápidas ou elegantes, as cores vibrantes ou suaves, e uma variedade de outros elementos, a fim de nos levar a determinados estados emocionais; e depois, quando nossas emoções atingem o auge, quando as sensações são mais intensas, projetam uma imagem contínua do produto, para que o vinculemos a esses sentimentos desejados.

A Pepsi empregou essa estratégia de forma brilhante ao conquistar uma parcela maior do mercado de refrigerantes de sua principal concorrente, a Coca-Coca. A Pepsi observou o sucesso fenomenal de Michael Jackson, um jovem que passara toda sua vida aprendendo como exaltar as emoções das pessoas, pela maneira como usava a voz, o corpo, o rosto, os gestos. Michael cantava e dançava de um modo que estimulava incontáveis pessoas a se sentirem muito bem... tão bem que compravam um dos seus álbuns para recriar os sentimentos. A Pepsi indagou: como transferir esses sentimentos para o *nosso* produto? O raciocínio foi de que se as pessoas associassem à Pepsi os mesmos sentimentos agradáveis que vinculavam a Michael

Jackson, comprariam seu refrigerante da mesma maneira que compravam os álbuns dele. O processo de ligar novos sentimentos a um produto ou ideia é a transferência integral necessária ao condicionamento básico, algo que será analisado mais no Capítulo 6, ao estudarmos a ciência do Condicionamento Neuroassociativo. Por enquanto, porém, consideremos apenas o seguinte: *a qualquer momento em que nos encontramos num estado emocional intenso, quando sentimos fortes sensações de dor ou prazer, qualquer coisa específica que ocorra de modo sistemático passará a ter um vínculo neurológico.* Assim, no futuro, sempre que essa coisa específica acontecer de novo, o estado emocional voltará.

Provavelmente você já ouviu falar de Ivan Pavlov, um cientista russo que, ao final do século XIX, realizou experiência de reflexo condicionado. Sua experiência mais famosa foi aquela em que tocava uma campainha ao oferecer comida a um cachorro, assim estimulando-o a salivar, e ligando as sensações do animal ao som da campainha. Depois de repetir o condicionamento muitas vezes, Pavlov descobriu que o simples toque da campainha fazia o cachorro salivar... mesmo que não lhe oferecesse comida.

O que Pavlov tem a ver com a Pepsi? Em primeiro lugar, a Pepsi usou Michael Jackson para nos levar a um estado emocional intensificado. Depois, nesse exato momento, mostrou o produto. As repetições contínuas criaram um vínculo emocional para milhões de fãs de Jackson. E a verdade é que Michael Jackson nem mesmo bebia Pepsi!

Nem mesmo queria ter na mão uma lata vazia de Pepsi diante da câmera! Você pode indagar: "Não é uma companhia maluca? Contrata para representá-la por 15 milhões de dólares um cara que nem mesmo pega em seu produto, e diz a todo mundo que não o consome! Que tipo de porta-voz é esse? Mas que ideia absurda!" Na verdade, foi uma ideia brilhante. As vendas dispararam... e tanto que a L. A. Gear pouco depois contratou Michael por 20 milhões de dólares. E ele foi capaz de mudar a maneira como as pessoas se sentiam (é o que eu chamo de um "indutor de estado"), e por isso assinou um contrato de gravação de dez anos com a Sony/CBS que valeu, segundo alguns, mais de um bilhão de dólares. Sua capacidade de mudar o estado emocional das pessoas fez com que tivesse um *valor inestimável.*

Precisamos compreender que tudo isso se baseia na vinculação de sensações agradáveis a comportamentos específicos. É a ideia de que viveremos nossas fantasias se usarmos o produto. Os publicitários ensinaram a todos nós que quem guia um BMW é uma pessoa extraordinária, com um bom gosto excepcional. Se você guia um Hyundai, é inteligente e econômico. Se guia um Pontiac, terá emoções. Se guia um Toyota, quantas alegrias vai ter! Você é ensinado que, se usa a colônia Obsession, logo estará envolvido numa orgia andrógina. Se toma Pepsi, vai se igualar a M. C. Hammer como a epítome do que há de mais quente. Se quer ser uma "boa" mamãe, alimente seus filhos com tortas de frutas Hostess e com Twinkies.

Os publicitários já notaram que, se for possível gerar prazer suficiente, os consumidores muitas vezes se mostram dispostos até a ignorar o medo da dor. É um adágio publicitário que "o sexo vende", e não resta a menor dúvida de que as associações agradáveis criadas nos veículos impressos e na TV, usando o sexo, fazem o seu trabalho. Dê uma olhada na tendência para a venda de jeans. Afinal, o que são os jeans? Eram apenas calças de trabalho: funcionais, feias. Como são vendidas hoje? Tornaram-se um ícone internacional de tudo o que é sensual, elegante e jovem. Você já assistiu a um comercial da Levi's 501? Poderia explicá-lo para mim? Não fazem o menor sentido, não é mesmo? São totalmente desconcertantes. Ao final, porém, você fica com a nítida impressão de que o sexo ocorreu por perto. Esse tipo de estratégia realmente vende jeans? Pode apostar que sim! A Levi's é hoje uma das maiores fabricantes americanas de jeans.

O poder de condicionamento para moldar nossas associações limita-se a produtos como refrigerantes, automóveis e jeans? Claro que não. Pegue a pequena passa, por exemplo. Sabia que, em 1986, o Conselho Consultor da Passa da Califórnia esperava uma enorme colheita, mas começava a entrar em pânico? Há muito tempo que as vendas caíam em um por cento ao ano. Em desespero, procuraram sua agência de propaganda e perguntaram o que podiam fazer. A solução era simples: precisavam mudar os *sentimentos* das pessoas em relação às passas. A maioria das pessoas considerava que as passas eram sem graça, tristes e insípidas, segundo Roberto Phinney, um antigo diretor do conselho.* A tarefa era evidente: injetar uma saudável

---

* Hillkirk, John e Gary Jacobson, *Grit, Guts and Genius*, Boston: Houghton Mifflin Company, © 1990.

dose de apelo emocional na fruta murcha. Vincular a sensações que as pessoas *queriam.* "Murcha" e "seca" não são sensações que a maioria das pessoas associe a sentir-se bem com sua vida. Os produtores de passas continuaram a pensar: o que podemos associar às passas para fazer com que as pessoas queiram de fato comprá-las?

Na ocasião, um velho sucesso da Motown desfrutava de uma ressurreição nacional: *I Heard It Through the Grapevine.* Os produtores de passas pensaram: "E se pegássemos essas sensações que fazem com que tantas pessoas se sintam tão bem e as vinculássemos a passas, para fazer com que as pessoas se sintam numa boa?" Contrataram um animador dos mais inovadores chamado Will Vinton, que criou cerca de trinta figurinhas de passas, cada uma com sua personalidade distinta, para dançarem à música da Motown. Assim nasceram as California Raisins, as passas da Califórnia. A primeira campanha criou uma sensação imediata e vinculou com pleno êxito as sensações que os produtores esperavam. Ao observarem as pequenas passas dançarem, as pessoas associavam fortes sentimentos de diversão, humor e prazer à fruta antes insípida. A passa fora reinventada como a essência do que era agradável na Califórnia, e a mensagem tácita dos anúncios era a de que as pessoas que as consumissem também seriam assim. O resultado? A indústria de passas foi salva de sua devastadora queda nas vendas, passando a crescer anualmente a um fator de vinte por cento. Os produtores conseguiram mudar as associações que as pessoas faziam: em vez de vincularem o tédio à fruta, os consumidores aprenderam a vincular sensações de excitamento e diversão!

Claro que o uso da propaganda como uma forma de condicionamento não se limita aos produtos físicos. Feliz ou infelizmente, podemos observar o rádio e a televisão usados de forma sistemática como instrumento para mudar o que associamos a candidatos no processo político. Ninguém sabe disso melhor do que o mestre da análise política e formador de opinião Roger Ailes, que foi o responsável por elementos fundamentais da vitoriosa campanha de Ronald Reagan contra Walter Mondale em 1984, e que em 1988 dirigiu a campanha também vitoriosa de George Bush contra Michael Dukakis Ailes projetou uma estratégia para transmitir três mensagens expressamente negativas sobre Dukakis — que ele era complacente nas questões da defesa, meio ambiente e crime —, levando as pessoas a vincularem sensações dolorosas ao candidato. Um comercial apresentava Dukakis como um "garoto brincando de guerra" num tanque; outro parecia culpá-lo pela poluição na enseada de Boston. O mais notório mostrava criminosos sendo soltos das prisões de Massachusetts, saindo por uma porta giratória. Explorava a ampla publicidade negativa gerada em todo o país pelo "incidente Willie Horton". Assassino condenado, Willie Horton saíra da prisão, dentro de um controvertido programa de licenças no estado natal de Dukakis, não voltara no prazo marcado e, dez meses depois, fora preso ao aterrorizar um jovem casal, estuprando a mulher e espancando o homem.

Muitas pessoas encararam a questão pelo foco negativo dos comerciais. Pessoalmente, achei que eram manipuladores em excesso. Mas é difícil argumentar com seu nível de sucesso, baseado no fato de que as pessoas fazem mais para evitar a dor do que para alcançar o prazer. Muitas pessoas não gostaram da maneira como a campanha foi conduzida — e George Bush foi uma delas —, mas era difícil argumentar com a realidade de que a dor era um motivador dos mais poderosos para moldar o comportamento das pessoas. Como diz Ailes: "Os anúncios negativos atingem o alvo mais depressa. As pessoas tendem a prestar mais atenção (a esse tipo de propaganda). Podem ou não diminuir a velocidade para contemplar uma linda cena pastoral à beira da estrada. Mas todos olham para um acidente de automóvel."* Não há como questionar a eficiência da estratégia de Ailes. Bush obteve uma maioria dos votos populares e derrotou Dukakis numa das vitórias mais estrondosas na história do colégio eleitoral.

A força que molda a opinião mundial e os hábitos de compra do consumidor é também a mesma força que molda *todas* as nossas ações. Cabe a cada um de nós assumir o controle dessa força e decidir nossas ações de uma forma consciente, porque se não dirigirmos nossos pensamentos, cairemos sob a influência daqueles que nos condicionariam para nos comportarmos como desejam. Às vezes essas ações são o que optaríamos de qualquer maneira; outras, não. Os publicitários sabem como mudar aquilo a que vinculamos dor e prazer pela mudança das sensações que associamos a seus produtos.

---

* Hillkirk, *Grit, Guts and Genius.*

Se queremos assumir o controle de nossa vida, devemos aprender a "fazer propaganda" em nossa mente... e podemos fazer isso *num instante. Como? Basta vincular a dor aos comportamentos que queremos suspender, em tamanho nível de intensidade emocional que nem mesmo vamos mais considerar esses comportamentos.* Não há coisas que você jamais faria? Pense nas sensações que vincula a essas coisas. Se vincular esses mesmos sentimentos e sensações aos comportamentos que deseja evitar, também nunca mais tornará a assumi-los. Portanto, *basta vincular o prazer ao novo comportamento que você deseja.* Por meio da repetição e intensidade emocional, você pode condicionar esses comportamentos em seu íntimo, até que se tornem automáticos.

Assim, qual é o primeiro passo para criar uma mudança? O primeiro passo é simplesmente ficar consciente do poder que a dor e o prazer exercem sobre cada decisão, e portanto sobre cada ação, que tomamos. A arte de se tornar consciente é compreender que esses vínculos — entre ideias, palavras, imagens, sons e sensações de dor e prazer — ocorrem de uma forma constante.

"Acho que os prazeres devem ser evitados se acarretarão dores maiores como consequência, e que as dores a serem desejadas são aquelas que resultarão em prazeres maiores."

— MICHEL DE MONTAIGNE

O problema é que a maioria de nós baseia as decisões no que vai criar dor ou prazer *a curto prazo,* sem fazer uma projeção a longo prazo. Contudo, para obter a maioria das coisas que prezamos, precisamos romper a muralha da dor a curto prazo, a fim de alcançar o prazer a longo prazo. Você deve pôr de lado os momentos passageiros de terror e tentação e se concentrar no que é mais importante a longo prazo: seus valores e padrões pessoais. Lembre-se também de que *não é a dor em si que nos impulsiona, mas sim o medo de que algo leve à dor. Não é o prazer em si que nos impulsiona, mas sim a convicção — nosso senso de certeza — de que assumir uma determinada ação levará ao prazer.* Não somos impulsionados pela realidade, mas sim por nossa *percepção* da realidade.

A maioria das pessoas se concentra em evitar a dor e alcançar o prazer *a curto prazo,* e assim acaba criando a dor *a longo prazo.* Vamos considerar um exemplo. Digamos que uma pessoa quer perder uns poucos quilos extras. (Sei que isso nunca aconteceu com *você,* mas vamos fazer a suposição assim mesmo!) Por um lado, essa pessoa projeta um punhado de excelentes razões para emagrecer: vai se sentir mais saudável e mais energizada; caberá melhor nas roupas; haverá de se sentir mais confiante no convívio com as pessoas do sexo oposto. Por outro lado, porém, também há muitos motivos para não emagrecer: teria de fazer uma dieta; sentiria uma fome constante; teria de se negar o impulso para comer alimentos que engordam; e, além do mais, por que não deixar para depois dos feriados?

Com as razões contrabalançadas dessa maneira, muitas pessoas inclinam a balança em favor do padrão de adiar as coisas — o prazer em potencial de um corpo mais esbelto é superado pela dor a curto prazo das privações de uma dieta. Assim, evitamos a curto prazo a dor de sentir uma pontada de fome; em vez disso, nos entregamos à parcela imediata de prazer em comer algumas batatas fritas, só que isso não dura. A longo prazo, vamos nos sentir cada vez pior, para não mencionar o fato de que isso causa uma deterioração em nossa saúde.

Lembre-se de que qualquer coisa valiosa que você deseje sempre exige uma passagem pela dor a curto prazo, a fim de alcançar o prazer a longo prazo. Se você quer ter um corpo sensacional, precisa esculpi-lo, o que exige passar pela dor a curto prazo. Depois que fizer isso muitas vezes, o exercício se torna agradável. A dieta funciona da mesma maneira. Qualquer tipo de disciplina exige a passagem pela dor: disciplina no trabalho, relacionamentos, confiança pessoal, aptidão física e finanças. Como passar pelo desconforto e adquirir o ímpeto para alcançar seus objetivos? Comece por tomar a decisão de superá-lo. Podemos *sempre* decidir superar a dor do momento, e melhor ainda a acompanhar com um condicionamento pessoal, o que analisaremos em detalhes no Capítulo 6.

Um importante exemplo de como esse foco a curto prazo pode acarretar a todos nós uma queda (como no Niágara) é a atual crise no sistema de poupança e empréstimo dos Estados Unidos — provavelmente o maior erro financeiro isolado já cometido na história de seu governo. As estimativas indicam que podia custar aos contribuintes mais de 500 bilhões de dólares, mas a maioria dos americanos não tem ideia de sua *causa*.* Esse problema, quase com toda certeza, será uma fonte de dor — pelo menos dor financeira — para cada homem, mulher e criança nos Estados Unidos, provavelmente por algumas gerações. Conversei com L. William Seidman, presidente da Resolution Trust Company e da Federal Deposit Insurance Corporation, e ele me disse: "Somos a única nação rica o suficiente para sobreviver a um erro dessas proporções." O que criou essa confusão financeira? É um exemplo clássico de tentar eliminar a dor pela solução de um problema, ao mesmo tempo em que se alimenta a causa.

Tudo começou com os desafios que as empresas de poupança e empréstimo enfrentaram ao final dos anos 1970 e início dos 1980. As instituições bancárias e de poupança e empréstimo desenvolveram suas atividades basicamente no mercado de empresas e pessoa física. Para ter lucro, um banco precisa fazer empréstimos, e esses empréstimos devem render juros mais altos do que são pagos aos depositantes. Nos primeiros estágios do problema, os bancos enfrentaram dificuldades em várias frentes. Primeiro, sofreram um grande impacto quando as corporações entraram no que fora antes um domínio exclusivo dos bancos: os empréstimos. As grandes empresas descobriram que, emprestando umas às outras, poupavam de forma significativa nos juros, desenvolvendo o que é agora conhecido como "mercado comercial de papel". Esse sistema teve tanto êxito que virtualmente destruiu as fontes de lucros de muitos bancos.

Ao mesmo tempo, surgiram também novos desenvolvimentos na frente dos consumidores americanos. Tradicionalmente, os consumidores se angustiavam à perspectiva de uma reunião com um agente de empréstimo de um banco, para comprar um carro ou um eletrodoméstico grande. Creio que se pode dizer que era uma experiência dolorosa para a maioria das pessoas sujeitas a esse escrutínio. Não se sentiam como "clientes valorizados" em

* Se você deseja ter uma compreensão mais profunda da causa dessa crise, recomendo o livro de meu amigo Paul Pilzer, *Other People's Money*.

muitos bancos. Os fabricantes de carros foram bastante espertos para perceberem isso e passaram a oferecer empréstimos a seus clientes, criando uma nova fonte de lucro. Compreenderam que poderiam ganhar tanto dinheiro no financiamento quanto na venda propriamente dita do carro, oferecendo ao cliente uma conveniência muito maior e juros mais baixos. Sua atitude era diferente da que os banqueiros assumiam — afinal, tinham todo o interesse que o cliente obtivesse o empréstimo. Não demorou muito para que os clientes passassem a preferir o financiamento interno em vez do método tradicional, por causa da conveniência, flexibilidade e dos juros baixos. Tudo era resolvido no mesmo lugar por alguém cortês, que queria fechar o negócio. Em decorrência, a General Motors Acceptance Corporation (GMAC) logo se tornou uma das maiores empresas americanas de financiamento de carros.

Um dos últimos bastiões para os empréstimos bancários era o mercado imobiliário, mas as taxas de juros e a inflação subiram até 18 por cento em um ano. Em consequência, ninguém podia aguentar os pagamentos mensais do serviço dos empréstimos que essa taxa de juros exigia. Como se pode imaginar, os empréstimos imobiliários saíram do mapa.

A esta altura, os bancos haviam perdido os clientes empresariais *en masse,* perderam também o mercado para uma grande parcela dos empréstimos para aquisição de carros, e começavam a perder ainda os empréstimos imobiliários. O golpe final para os bancos foi o fato dos depositantes, em reação à inflação, precisarem de uma taxa superior de retorno, enquanto os bancos ainda mantinham empréstimos que proporcionavam taxas de juros significativamente mais baixas. Todos os dias, os bancos perdiam dinheiro; compreenderam que sua sobrevivência se encontrava em jogo e decidiram tomar duas providências. Primeiro, baixaram os padrões exigidos aos candidatos a empréstimos. Por quê? Porque acharam que, se não o fizessem, não teriam ninguém para emprestar dinheiro. E se não emprestassem dinheiro, não teriam lucros — ou seja, teriam dor. Mas se emprestassem a alguém que pagasse, teriam prazer. Além disso, havia bem pouco risco. Se emprestassem dinheiro e o tomador *não* cumprisse suas obrigações, então caberia aos contribuintes — em última análise, cada um de nós — ressarci-lo de qualquer maneira. Portanto, havia bem pouco receio de dor, e um tremendo incentivo a "arriscar" o seu capital.

Esses bancos e instituições de poupança e empréstimo também pressionaram o Congresso para ajudar a impedir que afundassem, e houve uma série de mudanças. Os grandes bancos perceberam que podiam emprestar dinheiro a outras nações, precisando desesperadamente de capital. Os emprestadores compreenderam que numa única conversa podiam emprestar mais de 50 milhões de dólares a um país. Não precisavam trabalhar com milhões de consumidores para emprestar a mesma quantia, e os lucros sobre esses empréstimos maiores eram consideráveis. Os diretores e agentes dos bancos, ainda por cima, muitas vezes recebiam bonificações pelas proporções e quantidade de empréstimos que podiam conceder. Os bancos não mais focalizavam a qualidade de um empréstimo. A preocupação não era se um país como o Brasil podia ou não pagar os empréstimos, e na verdade muitos nem se importavam com isso. Por que deveriam? Faziam exatamente o que lhes ensinamos: afinal, nós os encorajamos a serem jogadores com o Federal Deposit Insurance, o Seguro Federal de Depósito, prometendo que, se tudo desse certo, ganhariam muito, e se perdessem, nós pagaríamos a conta. Quase não havia dor para o banqueiro nesse esquema.

Os bancos menores, que não dispunham de recursos suficientes para emprestar a outros países, descobriram que a segunda melhor coisa era emprestar a incorporadores imobiliários nos Estados Unidos. Também baixaram seus padrões, a fim de que os incorporadores pudessem tomar dinheiro emprestado sem qualquer entrada, em vez dos tradicionais vinte por cento. Qual foi a reação dos incorporadores? Ora, eles nada arriscavam, usavam apenas o dinheiro dos outros; e ao mesmo tempo, o Congresso aprovara incentivos fiscais tão grandes para a construção comercial que os construtores não tinham absolutamente nada a perder. Não precisavam mais analisar se o mercado era favorável, ou se o prédio tinha localização e tamanho apropriados. A única "desvantagem" dos incorporadores era a de que teriam as mais incríveis isenções fiscais de suas vidas.

Em decorrência, os construtores desandaram a construir, causando uma superabundância no mercado. Quando a oferta se tornou muito maior do que a demanda, o mercado desabou. Os incorporadores procuraram os bancos e disseram: "Não podemos pagar." Os bancos viraram-se para os contribuintes e disseram: "Não podemos pagar." Infelizmente, não há ninguém a quem *nós* possamos nos virar. O que é pior, o povo compreendeu que houvera um abuso, e a suposição agora é a de que qualquer pessoa com alguma riqueza deve ter se aproveitado de alguém. Isso é criar atitudes negativas em relação às próprias pessoas que oferecem os empregos que permitem que os sonhos dos americanos se tornem realidade. Toda essa confusão ilustra a nossa falta de compreensão da dinâmica de dor e prazer e a inviabilidade de tentar resolver problemas de longo prazo com soluções de curto prazo.

A dor e o prazer também regem o drama global dos bastidores. Durante anos, os Estados Unidos travaram uma corrida armamentista sempre em escalada com a União Soviética. As duas nações não paravam de produzir mais armas, com a suprema ameaça: "Se você tentar nos atingir, vamos retaliar e atingi-lo ainda mais." E o impasse continuou a se acumular, até um ponto em que os Estados Unidos gastavam *15 mil dólares por segundo* em armas. O que levou Gorbachev a decidir de repente a renegociação da redução armamentista? A resposta é a dor. Ele começou a associar dor maciça à ideia de tentar competir com o desenvolvimento bélico americano. Em termos financeiros, não era viável; ele não podia sequer alimentar seu povo! Quando as pessoas não podem comer, ficam mais preocupadas com seus estômagos do que com armas. Interessam-se mais em encher suas despensas do que em aumentar o arsenal do país. Passam a acreditar que o dinheiro está sendo gasto de uma maneira frívola, e exigem mudanças. Gorbachev alterou sua posição porque é um sujeito sensacional? Talvez. Mas uma coisa é certa: ele não tinha opção.

"A natureza pôs a humanidade sob o comando de dois soberanos, a* dor *e o* prazer... *eles nos governam em tudo o que fazemos, em tudo o que falamos, em tudo o que pensamos: cada esforço que pudermos fazer para nos livrar dessa submissão só servirá para comprová-la e confirmá-la."

— JEREMY BENTHAM

Por que as pessoas insistem em relacionamentos insatisfatórios, relutando em trabalhar à procura de soluções, ou encerrá-los e seguir em frente? É porque sabem que a mudança levará ao desconhecido, e a maioria das pessoas acredita que o desconhecido será muito mais doloroso do que tudo o que já experimentamos. É como dizem os antigos provérbios: "Melhor o diabo que você conhece do que o diabo que você desconhece." Ou: "Melhor um pássaro na mão do que dois voando." Essas convicções básicas nos impedem de efetuar as ações que poderiam mudar nossa vida.

Se queremos um relacionamento íntimo, então temos de superar nossos medos de rejeição e vulnerabilidade. Se planejamos criar nosso próprio negócio, devemos estar dispostos a superar o medo de perder a segurança para fazer com que aconteça. Na verdade, a maioria das coisas que são valiosas em nossa vida *exigem que enfrentemos o condicionamento básico do sistema nervoso.* Devemos controlar nossos medos prevalecendo sobre esse conjunto pré-condicionado de reações, e em muitos casos transformar esse medo em poder. Afinal, o medo que permitimos que nos controle muitas vezes nem se torna realidade. E possível as pessoas vincularem a dor, por exemplo, a viajar de avião, embora não haja qualquer razão lógica para a fobia. Tais pessoas reagem a uma experiência dolorosa no passado, ou mesmo num futuro imaginado. Podem ter lido nos jornais sobre desastres aéreos, e agora evitam entrar num avião: permitem que o medo as controle. Devemos conduzir nossa vida no presente e reagir a coisas que são reais, não a nossos medos do que já foi ou do que pode um dia ser. O fundamental é lembrar que não nos afastamos da dor *real,* mas sim do que *acreditamos* que levará à dor.

VAMOS PROMOVER ALGUMAS MUDANÇAS IMEDIATAS

Primeiro, escreva quatro ações que você precisa para fazer o que vem adiando. Talvez precise emagrecer um pouco. Talvez precise parar de fumar. Talvez precise se comunicar com alguém a quem abandonou ou retomar o contato com uma pessoa importante para você.

Segundo, sob cada uma dessas ações, anote a resposta para a seguinte pergunta: Por que não tomei nenhuma ação? No passado, que dor vinculei a essa ação? A resposta a essa pergunta o ajudará a compreender que tem sido retido por associar uma dor maior a tomar a ação do que a não tomar. Se pensa: "Não associei nenhuma dor a isso", pense um pouco mais. Talvez a dor seja simples: talvez seja a dor de desviar algum tempo do seu trabalho.

Terceiro, anote todo o prazer que experimentou no passado por se entregar a esse padrão negativo. Por exemplo, se você acha que deve emagrecer um pouco, por que continua a comer pacotes de biscoitos, sacos de batata frita e litros de refrigerantes? Evita dor de se privar, sem dúvida, e ao mesmo tempo se comporta assim porque isso faz com que se sinta bem agora. Proporciona-lhe prazer! E prazer imediato! Ninguém quer renunciar a tais sentimentos! A fim de criar uma mudança que perdure, precisamos encontrar uma nova maneira de obter o mesmo prazer, mas sem consequências negativas. Identificar o prazer que vem obtendo o ajudará a conhecer seu objetivo.

Quarto, anote o que lhe custará se não mudar agora. O que acontecerá se não parar de comer tanto açúcar e gordura? Se não parar de fumar? Se não der aquele telefonema que sabe que precisa dar? Se não começar de forma sistemática a se exercitar todos os dias? Seja honesto com você mesmo. O que vai lhe custar ao longo dos próximos dois, três, quatro ou cinco anos? O que vai lhe custar em termos emocionais? O que vai lhe custar em termos de autoimagem? O que vai lhe custar ao nível de energia física? O que vai lhe custar em sentimentos de amor-próprio? O que vai lhe custar financeiramente? O que vai lhe custar nos relacionamentos com as pessoas que mais se importam com você? *Como isso faz você se sentir?* Não se limite a dizer: "Vai me custar dinheiro", ou "Engordarei". Não é suficiente. Tem de se lembrar que somos impulsionados por nossas emoções. Portanto, projete as associações e tenha a dor como sua amiga, que pode impulsioná-lo a um novo nível de sucesso.

O passo final é escrever todo o prazer que obterá ao tomar cada uma dessas ações imediatamente. Faça uma lista enorme, que o impulsione emocionalmente, que o deixe na maior animação: "Ganharei o sentimento de estar de fato no controle de minha vida, de saber que estou no comando. Ganharei um novo nível de autoconfiança. Ganharei vitalidade física e saúde. Serei capaz de fortalecer todos os meus relacionamentos. Minha vida será melhor, a partir de agora, sob todos esses aspectos, ao longo dos próximos dois, três, quatro, cinco anos. Ao efetuar essa ação, viverei meu sonho." Visualize todos os impactos positivos, tanto no presente quanto a longo prazo.

Exorto-o a tirar um tempo *agora* para completar esse exercício, e a aproveitar o grande impulso que desenvolveu ao longo da leitura deste livro. *Carpe diem!* Aproveite o dia! Não há outro momento como o presente. Mas se não pode esperar mais um segundo sequer para ler o capítulo seguinte, então é claro que deve seguir adiante. Apenas cuide para voltar a esse exercício mais tarde, e demonstre a si mesmo o controle que exerce sobre os poderes gêmeos da dor e do prazer.

Este capítulo demonstrou que tudo aquilo a que vinculamos dor e prazer molda cada aspecto de nossa vida, e que temos o poder de mudar essas associações, e por conseguinte nossas ações e nosso destino. Mas para fazer isso, devemos compreender os...

4

Sistemas de convicção: O poder para criar e o poder para destruir

"Por trás de tudo o que pensamos, vive tudo em que acreditamos, como o supremo véu de nossos espíritos."

— Antonio Machado

Ele era amargurado e cruel, alcoólatra e viciado em drogas, quase se matou várias vezes. Hoje, cumpre uma pena de prisão perpétua por assassinar uma caixa de loja de bebidas que "se meteu em seu caminho". Tem dois filhos, nascidos com uma diferença de apenas 11 meses, um dos quais cresceu para ser "igual ao pai": um viciado em drogas que vivia de roubar e ameaçar os outros, até que também foi preso, por tentativa de homicídio. O irmão, no entanto, é uma história diferente: um homem que cria três filhos, gosta de seu casamento e parece ser realmente feliz. Como gerente regional de uma grande companhia nacional, considera que seu trabalho é ao mesmo tempo desafiador e compensador. Tem boas condições físicas, não é viciado nem em álcool, nem em drogas! Como esses dois jovens puderam enveredar por rumos tão diferentes, criados praticamente no mesmo ambiente? Foi feita a mesma pergunta a ambos, em particular, sem que o outro soubesse: "Por que sua vida seguiu esse caminho?" Por mais surpreendente que possa parecer, ambos deram a mesma resposta: "O que mais eu poderia ser, tendo crescido com um pai assim?"

Muitas vezes somos seduzidos a acreditar que os eventos externos controlam nossa vida, e que o ambiente moldou o que somos hoje. Nunca se disse uma mentira maior. *Não são os eventos externos em nossas vidas que nos moldam, mas sim as convicções sobre o que esses eventos significam.*

Dois homens são baleados no Vietnã e aprisionados na infame prisão de Hoa Lo. Ficam isolados, acorrentados a blocos de cimento, são espancados a todo instante com correntes enferrujadas e torturados para fornecerem informações. Mas embora sofram os mesmos maus-tratos, formam convicções radicalmente diferentes sobre a experiência. Um homem conclui que sua vida está perdida, e comete suicídio para evitar qualquer dor adicional. O outro extrai desses eventos brutais uma crença mais profunda em si mesmo, em seu semelhante e no Criador, muito maior do que jamais teve antes. O Capitão Gerald Coffee usa sua experiência para lembrar às pessoas do mundo inteiro o poder do espírito humano para superar praticamente qualquer nível de dor, qualquer desafio ou qualquer problema.

Duas mulheres completam 70 anos, mas cada uma assume uma visão diferente do fato. Uma "sabe" que sua vida se aproxima do fim. Para ela, sete décadas de existência significam que o corpo deve estar se deteriorando, e é melhor começar a encerrar todas as suas questões inacabadas. A outra conclui que a capacidade de uma pessoa em qualquer idade depende de sua convicção e fixa um padrão mais elevado para si mesma. Decide que escalar montanhas pode ser um bom esporte para se começar aos 70 anos. Durante os 25 anos seguintes, ela se devota a essa nova aventura, escalando alguns dos picos mais altos do mundo, até que, na casa dos 90 anos, Hulda Crooks tornou-se a mulher mais velha a escalar o Monte Fuji.

Como se pode constatar, nunca é o ambiente; nunca são os eventos de nossa vida, mas sim o *significado* que atribuímos aos eventos — como *nós os interpretamos* — o que molda quem somos hoje, e o que nos tornaremos amanhã. São as convicções que fazem a diferença entre uma vida inteira de alegre contribuição e uma existência de sofrimento e desolação. São as convicções que separam um Mozart de um Manson. São as convicções que levam alguns indivíduos a se tornarem heróis, enquanto outros "levam vidas de silencioso desespero".

Para que nossas convicções são projetadas? Constituem a força orientadora para nos dizer o que levará à dor e o que levará ao prazer. Sempre que algo acontece em sua vida, seu cérebro formula duas indagações: 1) isso vai significar dor ou prazer?; 2) o que devo fazer agora para evitar a dor e/ou obter o prazer? As respostas a essas duas perguntas baseiam-se em nossas *convicções*, e as convicções são impulsionadas pelas *generalizações*, a respeito do que aprendemos que pode levar à dor e ao prazer. Essas generalizações guiam todas as nossas ações, e com isso o rumo e qualidade de nossa vida.

As generalizações podem ser muito úteis; são apenas a identificação de padrões similares. Por exemplo, o que lhe permite abrir uma porta? Você olha para uma maçaneta: nunca viu aquela específica antes, mas de um modo geral tem certeza de que a porta se abrirá se virar a maçaneta para a direita ou esquerda, se puxar ou empurrar. Por que acredita nisso? Porque sua experiência com portas lhe proporcionou referências suficientes para criar um *senso de certeza* que lhe permite agir. Sem esse senso de certeza, seríamos virtualmente incapazes de sair de casa, guiar um carro, usar um telefone ou fazer qualquer das dezenas de coisas que fazemos num dia. As generalizações simplificam a vida e nos permitem funcionar.

Infelizmente, as generalizações em áreas mais complexas de nossa vida podem simplificar em excesso, e às vezes criar convicções restritivas. Talvez você não tenha conseguido êxito em alguns empreendimentos ao longo de sua vida e, com base nisso, desenvolveu a convicção de que é incompetente. A partir do momento em que acredita nisso, pode se tornar uma profecia que se realiza por si mesma. Pode dizer a si mesmo: "Por que tentar, se não terei êxito?" Ou talvez tenha tomado algumas decisões insatisfatórias na vida profissional ou nos relacionamentos, e interpretou que isso significa que vai sempre "sabotar" a si mesmo. Ou talvez, na escola, não aprendia tão depressa quanto *pensava* que as outras crianças aprendiam, e em vez de considerar a ideia de que tinha uma estratégia de aprendizado diferente, pode ter concluído que tinha uma "incapacidade de aprender".

Em outro nível, o preconceito racial não é abastecido por uma generalização indiscriminada a respeito de todo um grupo de pessoas?

O desafio de todas essas generalizações é o fato de se tornarem limitações sobre decisões futuras a respeito de quem você é e do que é capaz de fazer. Precisamos lembrar de que *a maioria das convicções é de generalizações sobre nosso passado, baseadas em interpretações de experiências agradáveis e dolorosas.* O desafio é triplo: 1) a maioria das pessoas não decide conscientemente em que vai acreditar; 2) muitas vezes as convicções baseiam-se em *interpretações errôneas* de experiências passadas; e 3) depois que assumimos uma convicção, esquecemos que *é apenas uma interpretação.* Passamos a tratar nossas convicções como se fossem realidades, como se fossem o evangelho. Na verdade, raramente, se é que alguma vez, questionamos nossas convicções antigas. Se você alguma vez já especulou por que as pessoas fazem o que fazem de forma reiterada, deve lembrar-se que os seres humanos não são criaturas que agem ao acaso: todas as nossas ações são o resultado de convicções. O que quer que façamos, é por nossas convicções conscientes ou inconscientes de que levará ao prazer ou nos afastará da dor. Se quer criar mudanças a longo prazo e coerentes em seu comportamento, você deve mudar as convicções que o reprimem.

As convicções têm o poder de criar e o poder de destruir. Os seres humanos possuem a espantosa capacidade de absorver qualquer experiência em suas vidas e de criar um significado que lhes tira o poder, ou que pode literalmente salvar suas vidas. Algumas pessoas absorveram a dor de seu passado e decidiram: "Por causa disso, ajudarei os outros. Porque fui estuprada, vou me empenhar para que isso nunca mais aconteça com ninguém." Ou então: "Porque perdi meu filho ou minha filha, farei a diferença no mundo." Não se trata de algo em que queriam acreditar, mas sim porque a adoção desse tipo de convicção era uma necessidade para que pudessem juntar os fragmentos de suas vidas e seguirem adiante, levando vidas proveitosas. Todos possuímos a capacidade de criar significados que nos fortalecem, mas muitos nunca exploram isso, nem ao menos reconhecem. Se não adotamos a fé de que há uma razão para as tragédias inexplicáveis da vida, então começamos a destruir nossa capacidade de viver de fato. A necessidade de ser capaz de criar um significado das experiências mais dolorosas de nossa vida foi observada pelo psiquiatra Viktor Frankl, quando ele e outras vítimas do Holocausto sobreviveram aos horrores de Auschwitz e outros campos de concentração. Frankl disse que as poucas pessoas especiais que conseguiram sobreviver àquele "inferno na Terra" partilhavam uma coisa em comum: foram capazes de suportar e transformar a experiência, encontrando um significado fortalecedor para sua dor. Desenvolveram a convicção de que, por terem sofrido e sobrevivido, poderiam contar a história e cuidar para que nenhum outro ser humano jamais tivesse de sofrer assim de novo.

As convicções não se limitam ao impacto sobre nossas emoções ou ações. Podem literalmente mudar nossos corpos, em questão de momentos. Tive o prazer de entrevistar o professor de Yale e autor de best sellers Dr. Bernie Siegel. Ao conversarmos sobre o poder da convicção, Bernie partilhou comigo um pouco da pesquisa que realizara com pessoas que sofriam de Distúrbios de Personalidade Múltipla. Por mais incrível que possa parecer, a potência das convicções dessas pessoas de que se tornavam alguém diferente resultava numa ordem incontestada ao sistema nervoso para efetuar mudanças mensuráveis na bioquímica. O resultado? Seus corpos literalmente se transformavam diante dos olhos dos pesquisadores e passavam a refletir uma nova identidade, de um momento para outro. Há estudos que documentam essas ocorrências extraordinárias, como a mudança da cor dos olhos dos pacientes à medida que suas personalidades mudam, ou marcas físicas desaparecendo e reaparecendo! Até doenças como diabetes ou pressão alta podem surgir e sumir, dependendo da convicção da pessoa sobre a personalidade que manifesta.

As convicções possuem até mesmo a capacidade de prevalecer sobre o impacto de drogas no corpo. Embora a maioria das pessoas acredite que as drogas curam, estudos na nova ciência da psiconeuroimunologia (o relacionamento mente-corpo) começaram a confirmar o que muitos já suspeitavam há séculos: nossas convicções sobre a doença e seu tratamento desempenharam um papel tão significativo, talvez ainda maior, quanto o próprio tratamento. O Dr. Henry Beecher, da Universidade de Harvard, realizou amplas pesquisas que demonstram com clareza que podemos muitas vezes conceder o crédito a uma droga, quando na verdade é a convicção do paciente que faz a diferença.

Uma demonstração disso foi uma experiência inovadora em que cem estudantes de medicina foram convidados a participar nos testes de duas novas drogas. Uma lhes foi descrita como um superestimulante, numa cápsula vermelha, a outra como um supertranquilizante, numa cápsula azul. Sem que os estudantes soubessem, os conteúdos das cápsulas foram trocados: a vermelha continha um barbitúrico, e a azul uma anfetamina. Mesmo assim, metade dos estudantes desenvolveu reações físicas que acompanhavam suas expectativas — exatamente o oposto da reação química que as drogas deveriam produzir em seus corpos! Esses estudantes não receberam apenas placebos; tomaram drogas de verdade. Mas suas convicções prevaleceram sobre o impacto químico da droga em seus corpos. Como o Dr. Beecher mais tarde declarou, a utilidade de uma droga "é uma decorrência direta não apenas de suas propriedades químicas, mas também da convicção do paciente na utilidade e eficácia da droga".

"As drogas nem sempre são necessárias, (mas) a convicção na recuperação sempre é."

— NORMAN COUSINS

Tive o privilégio de conhecer Norman Cousins por quase sete anos, e fui bastante afortunado para gravar sua última entrevista, apenas um mês antes de sua morte. Nessa entrevista, ele contou uma história sobre a intensidade com que as convicções alteram o corpo físico. Numa partida de futebol americano, em Monterey Park, uma comunidade suburbana de Los Angeles, várias pessoas apresentaram os sintomas de intoxicação alimentar. O médico no local deduziu que a causa era um certo refrigerante das máquinas automáticas, porque todos os pacientes haviam-no comprado antes de passarem mal. Foi dado um aviso pelo sistema de alto-falantes, pedindo que ninguém tomasse mais o refrigerante das máquinas, pois algumas pessoas estavam passando mal, descrevendo-se os sintomas. Houve um pandemônio imediato nas arquibancadas, com pessoas vomitando e desmaiando às dezenas. Até algumas pessoas que nem haviam chegado perto das máquinas de refrigerantes começaram a passar mal! As ambulâncias dos hospitais locais tiveram o maior trabalho naquele dia, transportando multidões de torcedores doentes. Quando se descobriu que as máquinas de refrigerantes não tinham qualquer culpa, as pessoas se recuperaram no mesmo instante, "milagrosamente".

Precisamos compreender que nossas convicções possuem a capacidade de nos deixar doentes ou nos tornar saudáveis *de um momento para outro.* Já se comprovou que as convicções afetam os sistemas imunológicos. E, mais importante ainda, as convicções podem nos proporcionar a determinação de agir, ou enfraquecer e destruir nosso ímpeto. Neste momento, as convicções estão moldando como você reage ao que acaba de ler e o que fará com o que está aprendendo neste livro. Às vezes desenvolvemos convicções que criam limitações ou forças dentro de um contexto muito específico; por exemplo, como nos sentimos em relação à capacidade de cantar ou dançar, consertar um carro, ou fazer cálculos. Outras convicções são tão generalizadas que dominam praticamente todos os aspectos de nossa vida, de forma negativa ou positiva. Chamo-as de *convicções globais.*

As convicções globais são as enormes convicções que temos a respeito de tudo em nossa vida: convicções sobre nossas identidades, pessoas, trabalho, tempo, dinheiro, e até a própria vida, diga-se de passagem. Essas vastas generalizações são com frequência formuladas como *é/sou/são:* "A vida é..." "Eu sou..." "As pessoas são..." Como se pode muito bem imaginar, as convicções desse tamanho e extensão podem moldar e impregnar cada aspecto de nossa vida. A boa notícia a respeito é que, efetuando *uma única mudança* numa convicção global restritiva, você pode praticamente mudar *todos* os aspectos de sua vida num momento! Lembre-se: *uma vez aceitas, nossas convicções tornam-se ordens inquestionáveis para o sistema nervoso e possuem o poder de expandir ou destruir as possibilidades do nosso presente e futuro.*

Se queremos dirigir nossa vida, então devemos assumir um controle consciente de nossas convicções. E para fazer isso, precisamos primeiro compreender o que realmente são, e como se formam.

O QUE É UMA CONVICÇÃO?

O que é uma convicção, afinal? Muitas vezes, ao longo da vida, falamos sem termos uma ideia nítida do que são de fato. A maioria das pessoas trata uma convicção como se fosse uma coisa, quando na verdade é um *sentimento de certeza* em relação a algo. Se você diz que acredita que é inteligente, o que diz na verdade é: "*Tenho certeza* de que sou inteligente." Esse senso de certeza permite-lhe explorar recursos que proporcionam resultados inteligentes. Todos temos as respostas dentro de nós para tudo virtualmente... Ou pelo menos temos acesso às respostas de que precisamos por intermédio de outros. Mas muitas vezes a ausência de convicção, ou ausência de certeza, faz com que não usemos a capacidade interior.

Uma maneira simples de compreender uma convicção é pensar a respeito de seu fundamento: uma ideia. Há muitas ideias sobre as quais você pode pensar, mas sem acreditar de fato. Vamos tomar por exemplo a ideia de que você é sensual. Pare por um segundo e diga a si mesmo: "Eu sou sensual." Se é apenas uma ideia ou uma convicção vai depender do grau de certeza que você sente em relação ao que diz. Se pensa: "Não sou realmente sensual", o que está dizendo no fundo é: "Não tenho muita certeza se sou sensual."

Como transformamos uma ideia em uma convicção? Permitam-me oferecer uma metáfora simples para descrever o processo. Se puder pensar numa ideia como um tampo de mesa sem pernas, terá uma representação adequada do motivo pelo qual uma ideia não parece tão certa quanto uma convicção. Sem pernas, o tampo da mesa nem mesmo ficará de pé sozinho. A convicção, por outro lado, tem *pernas*. Se você acredita mesmo, "Eu sou sensual", como *sabe* que é sensual? Não é verdade que tem algumas *referências* para apoiar a ideia? Algumas experiências na vida para sustentá-la? Essas são as pernas que tornam sólido o seu tampo da mesa, que tornam certa a sua convicção.

Quais são algumas das experiências de referência que já teve? Talvez homens e mulheres tenham lhe *dito* que é sensual. Ou talvez se contemple no espelho, compare sua imagem com as de outras pessoas que considera sensuais, e diga: "Ei, pareço com elas!" Ou talvez estranhos na rua a chamem e acenem. Todas essas experiências nada significam até que as organize sob a ideia de que é sensual. Ao fazer isso, as pernas fazem com que se sinta firme em relação à ideia, e a levam a começar a acreditar nela. Sua ideia se torna certa e é agora uma convicção.

A partir do momento em que compreende essa metáfora, você pode começar a perceber como as convicções se formam e também ter um vislumbre de como pode mudá-las. Primeiro, porém, é importante ressaltar que podemos desenvolver convicções sobre *qualquer coisa* se encontrarmos pernas suficientes — experiências de referências — para sustentá-las. Pense a respeito. Não é verdade que já teve experiências suficientes na vida, ou conhece muitas pessoas que passaram por experiências difíceis com outros seres humanos, para desenvolver com a maior facilidade, se assim quisesse, a convicção de que as pessoas são podres, e se aproveitariam de você se tivessem meia oportunidade? Talvez você não queira acreditar nisso, e já ressaltamos que seria enfraquecedor, mas não tem experiências que poderiam apoiar essa ideia e levá-lo a ter certeza a respeito se quisesse? Também não é verdade que já teve experiências na vida — referências — para sustentar a ideia de que se realmente se importar com as outras pessoas, e tratá-las bem, vai descobrir que no fundo são boas e vão querer ajudá-lo em troca?

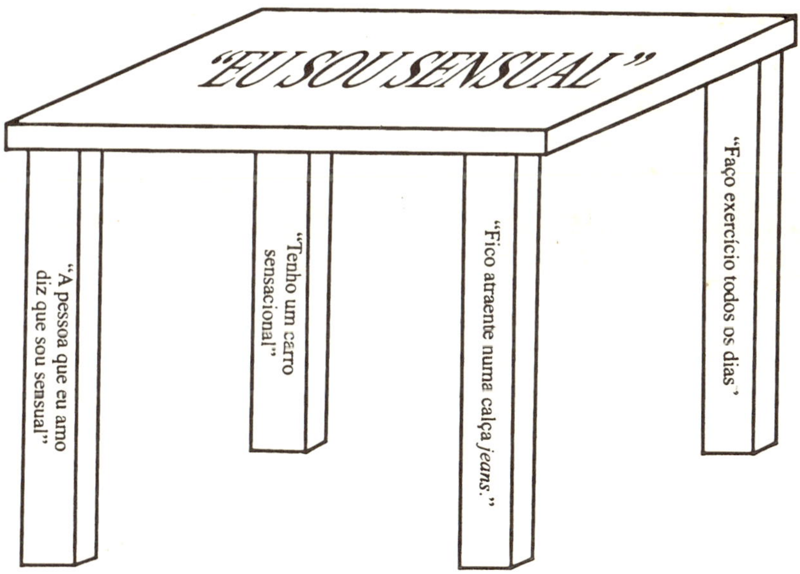

A questão é a seguinte: qual dessas convicções é a verdadeira convicção? A resposta é que não importa qual seja a verdadeira. Importa apenas qual é a mais *fortalecedora*. Todos podemos encontrar alguém para apoiar nossa convicção e fazer com que nos sintamos mais firmes a respeito. É assim que os seres humanos são capazes de racionalizar. A questão fundamental, mais uma vez, é se essa convicção nos fortalece ou enfraquece, nos concede ou tira poder em termos cotidianos. Mas quais são as possíveis fontes de referências em nossa vida? É certo que podemos nos basear nas *experiências pessoais.* Às vezes, adquirimos referências através de *informações* que recebemos de outras pessoas, ou de livros, gravações, filmes e assim por diante. E às vezes formamos referências com base exclusiva na *imaginação.* A intensidade emocional que sentimos sobre qualquer dessas referências afetará sem dúvida a força e extensão de uma perna. As pernas mais fortes e mais sólidas são formadas pelas experiências pessoais a que atribuímos uma grande carga de *emoção,* porque foram experiências dolorosas ou agradáveis. O outro fator é o *número* de referências que temos — é evidente, quanto mais experiências de referência apoiam uma ideia, mais forte se tornará sua convicção.

Suas referências precisam ser precisas para que você se mostre disposto a usá-las? Não, podem ser reais ou imaginárias, precisas ou imprecisas... até mesmo nossas experiências pessoais, por mais que as sintamos sólidas, são distorcidas pela perspectiva pessoal.

Como os seres humanos são capazes de tal distorção e invenção, as pernas de referências que podemos usar para montar as convicções são virtualmente ilimitadas. O aspecto negativo é o fato de que, independentemente da procedência das referências, começamos a aceitá-las como *reais*, e assim *não mais as questionamos!* Isso pode acarretar consequências negativas das mais poderosas, dependendo das convicções que adotamos. Da mesma forma, possuímos a capacidade de usar referências imaginárias para nos impelir na direção de nossos sonhos. As pessoas conseguem imaginar algo de uma forma bem vívida, como se tivessem passado pela experiência concreta. Isso acontece porque o cérebro não é capaz de perceber a diferença entre algo que imaginamos de uma forma vívida e algo que experimentamos de fato. *Com intensidade emocional e repetições suficientes, o sistema nervoso experimenta algo como real, mesmo que ainda não tenha ocorrido.* Cada grande realizador que já entrevistei possuía a capacidade de adquirir a certeza de que poderia ter êxito, embora ninguém jamais tivesse feito aquilo antes. Foram capazes de criar referências onde não existiam referências e realizar o que parecia impossível.

Qualquer pessoa que use um computador deve reconhecer o nome: "Microsoft." O que a maioria das pessoas não sabe é que Bill Gates, o co-fundador dessa companhia, não era apenas algum gênio que deu sorte, mas uma pessoa que entrou em ação sem quaisquer referências para apoiar sua convicção. Quando soube que uma companhia de Albuquerque estava desenvolvendo algo chamado de "computador pessoal" que precisava de um software BASIC, ele a procurou e prometeu que entregaria esse programa, embora não o tivesse na ocasião. Depois que assumiu o compromisso, ele tinha de encontrar um jeito. A capacidade de *criar um senso de certeza* foi sua verdadeira genialidade. Muitas pessoas eram tão inteligentes quanto Bill Gates, mas ele usou a certeza para explorar seus recursos e, em poucas semanas, junto a um sócio, projetou uma linguagem que tornava uma realidade o computador pessoal. Ao assumir o compromisso e encontrar um meio de realizá-lo, Bill Gates desencadeou naquele dia uma série de eventos que mudariam a maneira como as pessoas fazem negócios, tornando-se um bilionário aos 30 anos de idade. A certeza encerra o poder!

Você conhece a história da milha em quatro minutos? Durante milhares de anos, as pessoas mantiveram a convicção de que era impossível para um ser humano correr a milha em menos de quatro minutos. Em 1954, no entanto, Roger Bannister rompeu essa imponente barreira de *convicção.* Ele se lançou a realizar o "impossível" não apenas pela prática física, mas também por ensaiar constantemente o evento em sua mente, rompendo a barreira dos quatro minutos tantas vezes, com tanta intensidade emocional, que criou referências vívidas, as quais se tornaram uma ordem incontestada ao sistema nervoso para produzir o resultado. Muitas pessoas não percebem, no entanto, que o aspecto mais importante de sua conquista foi o que fez pelos outros. Em toda a história da raça humana, ninguém jamais conseguira correr a milha em menos de quatro minutos; mas, um ano depois de Roger romper a barreira dos quatro minutos, 37 outros corredores também o fizeram. Sua experiência proporcionou-lhes referências bastante fortes para criar um senso de certeza de que também poderiam "fazer o impossível". E no ano seguinte, 300 outros corredores conseguiram realizar a façanha!

"A convicção que se torna verdade para mim... é a que me permite o melhor uso de minha força, o melhor meio de acionar minhas virtudes."

— ANDRÉ GIDE

As pessoas desenvolvem com frequência convicções limitadoras sobre quem são e do que são capazes. Porque não conseguiram no passado, acreditam que também não conseguirão no futuro. Em decorrência, por medo da dor, passam a focalizar constantemente que são "realistas". A maioria das pessoas que dizem a todo instante "Vamos ser realistas" está na verdade apenas vivendo no medo, com pavor de outro desapontamento. Por medo, desenvolvem convicções que as levam a hesitar, a não se empenharem por completo... E por isso obtêm resultados limitados.

Os grandes líderes raramente são "realistas". São inteligentes e objetivos, mas não são "realistas" pelos padrões das outras pessoas. O que é ser realista para uma pessoa, no entanto, é totalmente diferente do ser realista de outra, com base em suas referências. Gandhi acreditava que poderia conquistar a autonomia para a Índia sem uma oposição violenta à Grã-Bretanha... Algo que nunca fora feito antes. Não estava sendo realista, mas sem dúvida demonstrou ser acurado. Da mesma forma, não era realista para um homem acreditar que poderia proporcionar felicidade ao mundo pela construção de um parque de fantasias no meio de um laranjal, e cobrar às pessoas não apenas pelos passeios nos brinquedos, mas também pela mera entrada! Na ocasião, não existia no mundo um parque assim. Contudo, Walt Disney tinha um senso de certeza como poucas outras pessoas que já passaram por este mundo, e seu otimismo transformou as circunstâncias.

Se vai cometer um erro na vida, então erre por superestimar sua capacidade (desde que isso não ponha sua vida em risco, é claro). Diga-se de passagem que isso é algo difícil de fazer, já que a capacidade humana é muito maior do que a maioria das pessoas jamais sonhou. Muitos estudos já focalizaram as diferenças entre as pessoas deprimidas e as extremamente otimistas. Depois de tentar aprender uma nova habilidade, os pessimistas sempre se mostraram mais acurados sobre a maneira como fizeram, enquanto os otimistas encaram seu comportamento como mais eficaz do que na realidade. Só que essa avaliação irrealista do próprio desempenho é o segredo do sucesso futuro. Invariavelmente, os otimistas acabam dominando a habilidade, enquanto os pessimistas fracassam. Por quê? Os otimistas são aqueles que, apesar de não terem referências para o sucesso, ou sequer referências para o *fracasso,* conseguem ignorar as referências, deixando desarmados tampos de mesa cognitivos como "Eu fracassei", ou "Não posso ter êxito". Em vez disso, os otimistas produzem referências de *fé,* invocando sua imaginação para se projetarem a fazer alguma coisa diferente na próxima vez e terem sucesso. É essa capacidade especial, esse foco determinado, que lhes permite *persistirem,* até conquistarem as distinções que os colocam no topo da escada. A razão pela qual o sucesso se esquiva à maioria das pessoas é o fato de terem referências insuficientes de êxito no passado. Mas um otimista opera com referências como "*O passado não é igual ao futuro*". Todos os grandes líderes, todas as pessoas que alcançaram o sucesso em qualquer área da vida, conhecem o poder de insistir de forma incessante na busca de sua visão, mesmo que não sejam disponíveis todos os detalhes necessários à realização. *Se você desenvolve o senso de certeza absoluta que as convicções poderosas proporcionam, então pode realizar praticamente qualquer coisa, inclusive aquelas que as outras pessoas têm certeza que são impossíveis.*

> ***"Só na imaginação dos homens é que cada verdade encontra uma existência efetiva e inegável. A imaginação, não a invenção, é a suprema mestra da arte, tanto quanto da vida."***
>
> — JOSEPH CONRAD

Um dos maiores desafios na vida de qualquer pessoa é saber como interpretar os "fracassos". A maneira como lidamos com as "derrotas" na vida e o que determinamos como causa moldarão nossa vida. Precisamos lembrar que, *como lidamos com a adversidade e os desafios, eles moldarão nossa vida mais do que qualquer outra coisa.* Às vezes recebemos tantas referências de dor e fracasso que começamos a reuni-las numa convicção de que nada que fizermos poderá melhorar a situação. Algumas pessoas passam a sentir que tudo é inútil, que são impotentes ou sem valor, ou que podem tentar qualquer coisa que sempre acabarão perdendo. Esse é um conjunto de convicções a que *nunca* devemos nos entregar, se queremos alcançar o sucesso na vida. Tais convicções nos despojam do poder pessoal e destroem nossa capacidade de agir. Em psicologia, há um termo para essa mentalidade destrutiva: *desamparo adquirido.* Quando as pessoas experimentam muito fracasso em alguma coisa — e você ficaria surpreso ao saber como isso acontece com algumas pessoas —, passam a considerar seus esforços como inúteis e desenvolvem o desânimo terminal do desamparo adquirido.

O Dr. Martin Seligman, da Universidade da Pensilvânia, realizou uma pesquisa sobre as causas do desamparo adquirido. Em seu livro *Aprenda a Ser Otimista,** ele relata três *padrões de convicções* específicos que nos levam a nos sentirmos impotentes e desamparados, e podem destruir praticamente todos os aspectos de nossa vida. Chama essas três categorias de *permanência.*

Muitos dos maiores realizadores dos Estados Unidos conseguiram alcançar o êxito apesar de esbarrarem em enormes problemas e barreiras. A diferença entre eles e os que desistem se encontra em suas convicções sobre a *permanência* — ou sua ausência — dos problemas. Os realizadores raramente, se é que alguma vez, consideram um problema como permanente, enquanto os fracassados acham que até os menores problemas são permanentes. A partir do momento em que você assume a convicção de que não há nada que possa fazer para mudar alguma coisa, simplesmente porque nada do que fez até agora conseguiu mudar, passa a ter um veneno pernicioso em seu organismo. Há oito anos, quando alcancei o fundo do poço e me desesperei da possibilidade de algum dia inverter a situação, achei que meus problemas eram permanentes. Foi o mais próximo da morte emocional a que

---

* Publicado no Brasil pela Editora Record.

já cheguei. Aprendi a vincular tanta dor à manutenção dessa convicção que fui capaz de destruí-la, e nunca mais permiti que voltasse. Você deve fazer a mesma coisa. Se algum dia ouvir a si mesmo ou uma pessoa com quem se importa expressar a convicção de que um problema é permanente, é tempo de dar uma sacudidela na pessoa. Não importa o que aconteça em sua vida, você deve ser capaz de acreditar que "*Isto também vai passar*" e que, se persistir, encontrará uma saída.

A segunda diferença entre vencedores e perdedores, entre otimistas e pessimistas, está em suas convicções sobre a *difusão* dos problemas. Um realizador jamais considera que um problema é difuso, isto é, que controla toda a sua vida. Sempre pensa da seguinte maneira: "Ora, é apenas um pequeno desafio no meu padrão alimentar." Não consideram que "Eu sou o problema, como demais, e por isso minha vida está sendo destruída". Por outro lado, os pessimistas — aqueles que têm o desamparo adquirido — desenvolveram a convicção de que serão desastrosos em tudo, só por terem sido desastrosos numa área. Acreditam que, por causa de reveses financeiros, toda a sua vida será destruída, os filhos não serão devidamente cuidados, os cônjuges vão abandoná-los e assim por diante. Logo generalizam que as coisas escaparam ao controle e sentem um desamparo total. Imagine o impacto da permanência e difusão juntas! A solução tanto para a permanência quanto para a difusão é pegar algo em sua vida que *pode* controlar e começar a agir nesse sentido. À medida que o fizer, algumas das convicções limitadoras vão desaparecer.

A categoria final de convicção, que Seligman chama de pessoal, eu trato como o *problema personalizado*. Se não encaramos o fracasso como um desafio para mudar nosso enfoque, mas sim como um problema só nosso, como um defeito de personalidade, vamos nos sentir imediatamente sufocados. Afinal, como mudar toda a sua vida? Não é mais difícil do que apenas mudar suas ações numa área determinada? Evite assumir a convicção do problema personalizado. Como pode encontrar a inspiração se condena a si mesmo?

Manter essas convicções limitadoras é equivalente a ingerir sistematicamente minúsculas doses de arsênico, que ao longo do tempo se acumulam para constituir uma dose fatal. Podemos não morrer de imediato, mas começamos a morrer emocionalmente no momento em que as partilhamos. Por

Sufocado por uma autoimagem depreciativa, Bob aceita um emprego como quebra-molas.

isso, temos de evitá-las a qualquer custo. Lembre-se: na medida em que você acredita em alguma coisa, seu cérebro opera no piloto automático, filtrando qualquer dado externo do ambiente e procurando por referências para confirmar sua convicção, independentemente do fato.

"É a mente que torna bom o doente, que torna a pessoa desgraçada ou infeliz, rica ou pobre."

— EDMUND SPENSER

COMO MUDAR UMA CONVICÇÃO

Todas as conquistas pessoais começam com uma mudança nas convicções. Sendo assim, como mudamos? O meio mais eficaz é *fazer seu cérebro associar uma dor maciça à antiga convicção.* Você deve sentir lá no fundo que não apenas essa convicção lhe custou dor no passado, mas também está custando no presente, e vai lhe custar no futuro. Depois, associe um tremendo prazer à ideia de adotar uma convicção nova e fortalecedora. Este é o padrão básico, que analisaremos muitas e muitas vezes, para criar mudança em nossa vida. Lembre-se: não podemos esquecer que tudo o que fazemos é por necessidade de evitar a dor ou pelo desejo de obter prazer, *e se associarmos bastante dor a qualquer coisa, vamos mudá-la.* O único motivo para termos uma convicção sobre qualquer coisa é o fato de vincularmos uma dor maciça a não acreditarmos.

Segundo, *crie a dúvida.* Se é de fato honesto consigo mesmo, não há algumas convicções que costumava defender com todo empenho há alguns anos, e que se sente quase embaraçado em admitir hoje em dia? O que aconteceu? Alguma coisa levou-o à *dúvida:* talvez uma nova experiência, talvez um exemplo contrário à sua convicção passada. Talvez tenha conhecido alguns russos, e descobriu que eram pessoas como você, não parte de um "império do mal". Acho que muitos americanos sentem hoje uma compaixão genuína pelos cidadãos soviéticos, porque os veem como pessoas lutando para cuidarem de suas famílias. Parte do que mudou nossas percepções foram os programas de intercâmbio, pelos quais conhecemos russos, e descobrimos o quanto eles têm em comum conosco. Tivemos novas experiências, que nos levaram a *questionar,* interromperam nossos padrões de certeza e sacudiram nossas pernas de referência.

Contudo, a experiência nova por si só não garante uma mudança na convicção. As pessoas podem ter uma experiência que vai contra sua convicção, mas a reinterpretam da maneira que querem para reforçar a convicção. Saddam Hussein demonstrou isso durante a guerra no Golfo Pérsico, ao insistir que estava vencendo, apesar da destruição ao seu redor. Num nível pessoal, uma mulher em um dos meus seminários começou a experimentar alguns estados mentais e emocionais um tanto singulares, acusando-me de ser um nazista, e de envenenar as pessoas na sala com um gás invisível, que entrava pela tubulação do ar-condicionado. Quando tentei acalmá-la, falando mais devagar, um método para fazer uma pessoa relaxar, ela declarou: "Estão vendo? Sua voz já começa a engrolar!" Não importava o que acontecesse, ela conseguiria usar para reforçar sua convicção de que estávamos todos sendo envenenados. Ao final, consegui romper seu padrão. Como se faz isso? Falaremos a respeito no próximo capítulo.

As novas experiências só desencadeiam a mudança se nos levam a questionar nossas convicções. Lembre-se: sempre que acreditamos em alguma coisa, não mais a questionamos por qualquer forma. No momento em que começamos a questionar honestamente nossas convicções, não mais as sentimos como certezas absolutas. Começamos a sacudir as pernas de referência de nossa mesa cognitiva e, em decorrência, passamos a perder o sentimento de certeza absoluta. Você já duvidou alguma vez de sua capacidade de fazer algo? Como foi? É bem provável que tenha se formulado algumas indagações indevidas, como "E se eu estragar tudo?" "E se não der certo?", "E se não gostarem de mim?". Mas as indagações podem ser fortalecedoras se as usarmos para avaliar a validade de convicções que talvez tenhamos assumido às cegas. O fato é que muitas de nossas convicções baseiam-se em informações que recebemos de outras pessoas e que deixamos de questionar na ocasião. Se as analisarmos, podemos descobrir que aquilo em que acreditamos inconscientemente por anos pode ter se baseado em falsas pressuposições.

Se você usa uma máquina de escrever ou um computador, tenho certeza de que vai apreciar este exemplo. Por que acha que a disposição das letras, números e símbolos em 99 por cento de todos os aparelhos de escrever é universalmente aceita? (Por falar nisso, essa disposição dos caracteres é conhecida como QWERTY. Se você bate a máquina, sabe que esses são os caracteres no lado esquerdo da fileira superior do teclado.) É evidente que essa disposição foi projetada como a configuração mais eficiente para aumentar a velocidade da datilografia, certo? A maioria das pessoas jamais questionou; afinal, a QWERTY existe há 120 anos. Mas, na verdade, a QWERTY é a mais *ineficiente* configuração que se pode imaginar! Muitos programas, como o teclado Simplificado Dvorak, já demonstraram que reduzem os erros e aumentam a velocidade *de uma forma radical.* O fato é que a QWERTY foi deliberadamente projetada para *diminuir a velocidade da datilografia,* numa época em que os componentes da máquina de escrever eram tão lentos que emperravam se o operador batia muito depressa.

Por que persistimos no teclado QWERTY durante 120 anos? Em 1882, quando quase todos batiam a máquina pelo método de cata-milho, uma mulher que desenvolvera o método de datilografia com oito dedos foi desafiada a uma competição por outro professor. Para representá-la, ela contratou um datilógrafo profissional, um homem que memorizara o teclado QWERTY. Com a vantagem da memorização e o método dos oito dedos, ele conseguiu vencer o competidor, que usava o método cata-milho de quatro dedos, num teclado diferente. Daí por diante, o teclado QWERTY tornou-se o padrão para "rapidez", e ninguém jamais questionou a referência para determinar até que ponto era válida. Quantas outras convicções você tem na vida cotidiana sobre quem é, ou o que pode ou não pode fazer, ou como as pessoas devem se comportar, ou que habilidades seus filhos têm que está deixando de questionar... convicções enfraquecedoras que você aceitou e limitam sua vida, e nem mesmo percebe?

Se você questiona qualquer coisa com bastante insistência, acabará por duvidar. Isso inclui coisas em que acredita de uma forma absoluta, "acima e além de qualquer dúvida". Anos atrás, tive a oportunidade singular de trabalhar com o Exército dos Estados Unidos, com o qual negociei um contrato para a redução de prazos de treinamento em áreas especializadas. Meu trabalho foi tão bem-sucedido que recebi uma classificação de segurança máxima, e pude fazer contato com um alto dirigente da CIA, um homem que subira da base ao topo da organização. Quero falar aqui sobre o esquema que ele e outros iguais desenvolveram para abalar e mudar as convicções de uma pessoa. Era uma técnica absolutamente espantosa. Eles criam um ambiente que leva a pessoa a duvidar daquilo em que sempre acreditou, e depois lhes oferecem novas ideias e experiências para basear a adoção de novas convicções. Observar a rapidez com que eles podem mudar uma convicção de alguém é quase assustador, e ao mesmo tempo fascinante. Aprendi a usar essas técnicas em mim mesmo para eliminar as convicções enfraquecedoras e substituí-las pelas fortalecedoras.

Nossas convicções têm níveis diferentes de intensidade e certeza emocional, e é importante saber até que ponto são de fato intensas. Classifico as convicções em três categorias: *opiniões, convicções* e *crenças*. Uma *opinião* é algo sobre o qual sentimos uma certeza relativa, mas a certeza é apenas temporária, porque pode ser mudada com facilidade. Nosso tampo de mesa cognitivo apoia-se em pernas de referências inseguras e não confirmadas, que podem ser baseadas em impressões. Por exemplo, muitas pessoas achavam no início que George Bush era "fraco", baseadas apenas em sua voz. Mas quando viram como ele foi capaz de obter o apoio de líderes do mundo inteiro e lidar de uma maneira eficaz com a invasão do Kuwait por Saddam Hussein, houve uma inversão clara nas pesquisas de opinião pública. Bush alcançou os mais altos índices de popularidade de qualquer presidente americano na história moderna. Mas quando você estiver lendo este parágrafo, é possível que essa opinião cultural já tenha mudado. É assim a natureza das opiniões: oscilam com a maior facilidade, e em geral baseiam-se apenas em umas poucas referências que uma pessoa focalizou no momento. Uma *convicção*, por outro lado, forma-se quando começamos a desenvolver uma base mais ampla de pernas de referências, em particular pernas de referência sobre as quais temos fortes emoções. Essas referências nos proporcionam um senso de certeza absoluta sobre alguma coisa. E de novo, como eu já disse antes, essas referências podem vir por diversas formas: qualquer coisa, de experiências pessoais a informações que recebemos de outras fontes, ou até coisas que imaginamos de um modo vívido.

As pessoas com convicções possuem um nível de certeza tão forte que muitas vezes se fecham a novas informações. Mas se você consegue se comunicar com elas, é possível romper esse padrão de fechamento, e levá-las a questionar suas referências, a fim de que comecem a permitir novas informações. Isso cria dúvida suficiente para desestabilizar nossas antigas referências e abrir espaço para uma nova convicção. Uma *crença*, no entanto, ofusca uma convicção, basicamente por causa da intensidade emocional que uma pessoa vincula a uma ideia. Uma pessoa que tem urna crença não apenas sente certeza, mas também fica furiosa se sua crença é sequer questionada. Uma pessoa com uma crença reluta em questionar suas referências, mesmo que por um momento; são totalmente resistentes a novas informações, muitas vezes ao ponto de obsessão. Por exemplo, os fanáticos ao longo dos séculos sustentaram a crença de que sua visão de Deus é a única correta, e são capazes até de matar para manter essa crença. A crença de autênticos fiéis também tem sido explorada por pseudossalvadores, encobrindo suas intenções assassinas com disfarces de santidade; foi o que levou aquele grupo de pessoas vivendo na Guiana a envenenar os próprios filhos e depois a si mesmos, bebendo Kool-Aid misturado com cianureto, por orientação do louco messiânico Jim Jones.

A crença fervorosa, sem dúvida, não é uma propriedade exclusiva dos fanáticos. Pertence a qualquer pessoa com um grau bastante alto de empenho e dedicação a uma ideia, princípio ou causa. Por exemplo, alguém que discorde com veemência da prática de testes nucleares subterrâneos tem uma convicção, mas alguém que *toma uma ação — mesmo uma ação que outros não aceitem nem aprovem,* como uma manifestação de protesto no local, tem uma crença. Alguém que lamenta o estado da educação pública tem uma convicção, mas aquele que se oferece como voluntário num programa de alfabetização, para tentar fazer uma diferença, tem uma crença. Alguém que fantasia sobre possuir uma equipe de hóquei no gelo tem uma opinião sobre seu desejo, mas alguém que faz o que for preciso para reunir os recursos necessários, a fim de comprar uma equipe, tem uma crença. Qual é a diferença? Obviamente, está nas ações que a pessoa se mostra disposta a tomar. Alguém com uma crença é tão exaltado em sua convicção que até se torna disposto a correr o risco de rejeição ou bancar o tolo, em prol de sua crença.

Provavelmente o principal fator que separa a convicção da crença é que uma crença em geral é desencadeada por eventos emocionais significativos, durante os quais o cérebro faz a seguinte associação: "A menos que eu acredite nisso, sofrerei uma tremenda dor. *Se* eu mudasse essa convicção, *então* estaria renunciando a toda a minha identidade, tudo o que minha vida representou, por anos." Manter a crença torna-se, assim, essencial para a própria sobrevivência da pessoa. Pode ser perigoso, pois sempre que não admitimos sequer considerar a possibilidade de que nossas convicções sejam imprecisas, estamos nos aprisionando na rigidez, que pode em última análise nos condenar ao fracasso a longo prazo. Às vezes pode ser mais apropriado ter uma convicção sobre alguma coisa, em vez de uma crença.

No lado positivo, as crenças — pela paixão que nos inspiram — podem ser fortalecedoras, porque nos obrigam a agir. Segundo o Dr. Robert P. Abelson, professor de psicologia e ciência política na Universidade de Yale, "as convicções são como posses, e as crenças são apenas posses mais estimadas, que permitem a um indivíduo trabalhar com fervor para a realização de objetivos, projetos e desejos, coletivos e individuais".*

Com frequência, a melhor coisa que se pode fazer para alcançar o domínio em qualquer área de sua vida é elevar uma convicção ao nível de crença. Lembre-se de que a crença tem o poder de impeli-lo à ação, de empurrá-lo por meio de todos os obstáculos. As convicções também podem fazer isso, mas algumas áreas de sua vida podem exigir a intensidade emocional adicional da crença. Por exemplo, a crença de nunca permitir que adquira peso em excesso vai compeli-lo a fazer saudáveis opções de estilo de vida, de uma forma sistemática, permitindo-lhe desfrutar mais a vida, e talvez até poupando-o de um ataque cardíaco. A crença de que é uma pessoa inteligente, capaz de sempre encontrar um meio de inverter as situações, pode ajudá-lo a superar alguns dos momentos mais difíceis em sua vida.

Mas como podemos criar uma crença? 1) Comece pela convicção básica. 2) Reforce a convicção pelo acréscimo de novas e mais poderosas referências. Por exemplo, digamos que você decidiu nunca mais comer carne. Para fortalecer sua determinação, converse com pessoas que optaram por um estilo de vida vegetariano: que motivos as impeliram a mudar sua dieta, e quais foram as consequências na saúde e em outras áreas de suas vidas? Além disso, comece a estudar o impacto fisiológico da proteína animal. Quanto mais referências desenvolver, e mais emocionais forem as referências, mais forte se tornará sua crença. 3) Encontre um evento que funcione como um gatilho, ou então trate de criá-lo. Forme uma associação plena, indagando: "O quanto vai me custar se eu não fizer isso?" Faça perguntas que criem uma intensidade emocional. Por exemplo, se quer desenvolver uma crença contra o consumo de drogas, faça com que as consequências dolorosas das drogas se tornem reais para você, assistindo a filmes, ou melhor ainda, visitando as clínicas para viciados. Se decidiu que deixaria de fumar, visite a unidade de tratamento intensivo de um hospital para observar os pacientes com enfisema

* Buffington, Perry W. "Say What You Mean, Mean What You Say", Sky, outubro de 1990.

confinados a tendas de oxigênio, ou veja as radiografias dos pulmões negros de um paciente. As experiências desse tipo têm o poder de pressioná-lo a estabelecer uma crença genuína. 4) Finalmente, entre em ação. Cada ação reforça seu empenho e eleva o nível da intensidade emocional e da crença.

Um dos desafios das crenças é o fato de se basearem muitas vezes no entusiasmo de outras pessoas por suas convicções. Com bastante frequência, as pessoas acreditam em alguma coisa porque todos os outros acreditam. Isso é conhecido em psicologia como *confirmação social*. Mas a confirmação social nem sempre é acurada. Quando as pessoas não têm certeza do que fazer, procuram outras em busca de orientação. Em seu livro *Influence*, o Dr. Robert Cialdini descreve uma experiência clássica, em que alguém grita "Estupro!", visando ao alvo, enquanto duas pessoas (acessórios psicológicos) ignoram os pedidos de socorro e continuam a andar. O alvo não sabe se responde ou não às súplicas, mas quando percebe que as outras duas pessoas agem como se nada houvesse de errado, decide que os gritos por ajuda são insignificantes, e também os ignora.

Usar a confirmação social é uma tremenda maneira de limitar sua vida... De torná-la como a de todos os outros. Algumas das confirmações sociais mais fortes usadas pelas pessoas são as informações que recebem de "especialistas". Mas os especialistas estão sempre certos? Pense em nossos médicos e curandeiros ao longo dos anos. Não faz tanto tempo assim que os médicos mais atualizados acreditavam de uma forma absoluta nas propriedades curativas das sanguessugas! E até em nossa geração, os médicos deram a mulheres grávidas um medicamento para o enjoo matutino — chamado Bendectin — que acabava causando defeitos congênitos. Claro que esses médicos receitaram o medicamento porque a indústria farmacêutica — os *especialistas* no assunto — lhes garantiu que era o melhor disponível. Qual é a lição? Não é sensato acreditar cegamente nos especialistas. E também não aceite cegamente tudo o que *eu digo!* Analise as coisas no contexto de sua própria vida; faz sentido para você?

Há ocasiões em que não se pode nem mesmo confiar nas evidências dos sentidos, como ilustra a história de Copérnico. Nos tempos desse astrônomo polonês, todos *sabiam* que o sol girava em torno da Terra. Por quê? Porque qualquer um podia sair de casa, apontar para o céu e dizer: "Está vendo? O sol se deslocou pelo céu. É evidente que a Terra é o centro do universo." Mas, em 1543, Copérnico desenvolveu o primeiro modelo acurado de nosso sistema solar, baseado no sol. Como outros gigantes ao longo dos tempos, ele teve a coragem de contestar a "sabedoria" dos especialistas, e a verdade de suas teorias acabou adquirindo uma aceitação geral, embora não em seu tempo.

A DOR É O SUPREMO INSTRUMENTO PARA ALTERAR UMA CONVICÇÃO

Novamente, a dor ainda é a maneira mais poderosa de mudar uma convicção. Um exemplo recente do poder de convicções mudadas ocorreu no programa de Sally Jessy Raphael, quando uma brava mulher se apresentou a uma audiência nacional para renunciar à sua aliança com a Ku Klux Klan. A ironia é que ela estivera no mesmo programa apenas um mês antes, participando de um comitê de mulheres da KKK, condenando todos os que não partilhavam de suas crenças sobre raça, clamando iradas que a mistura racial — em termos educacionais, econômicos, ou sociais — acarretaria o desastre para o país e seu povo. O que fez com que suas convicções mudassem de forma tão drástica? Três coisas. Primeiro, uma jovem na plateia, durante o primeiro programa, levantara-se chorando e suplicara por compreensão. O marido e o filho eram hispânicos, e ela não acreditava que algumas pessoas pudessem ser tão odiosas.

Segundo, ao voar de volta para casa, ela brigou com o filho (que também aparecera no programa, mas não partilhava de suas posições) por "envergonhá-la" em rede nacional. As outras mulheres também o censuraram por ser desrespeitoso, e citaram da Bíblia: "Honrarás pai e mãe." O rapaz respondeu que tinha certeza de que Deus não queria que ele respeitasse o mal que a mãe defendia, e ao sair do avião, em Dallas, jurou que nunca mais voltaria para casa. Enquanto continuava a viagem, a mulher repassou em sua mente os eventos do dia e também começou a pensar na guerra que seu país travava no Oriente Médio. Lembrou-se do que outra pessoa na audiência lhe dissera naquele dia: "Rapazes e moças de cor estão lá lutando não apenas por si mesmos, mas também por *você*." Pensou no filho, no quanto o amava, e como se comportara de um modo rancoroso. Deveria permitir que aquela breve discussão fosse a última troca de palavras entre os dois? O mero pensamento já cra doloroso demais. Ela tinha de efetuar uma mudança imediatamente.

Ela disse à audiência que, em decorrência dessa experiência, recebeu uma mensagem de Deus, a que atendeu no mesmo instante, para deixar a Klan e passar a amar todas as pessoas por igual, como seus irmãos e irmãs. Sem dúvida ela sentirá falta das amigas — o grupo vai condená-la ao ostracismo —, mas diz que sua alma se acha agora purificada e que começará uma vida nova, com a consciência limpa.

É vital examinar nossas convicções e suas consequências para se ter certeza de que estão nos fortalecendo. Como se pode saber que convicções adotar? A resposta é encontrar alguém que esteja obtendo os resultados que você realmente deseja em sua vida. Essas pessoas são os exemplos que podem lhe proporcionar algumas das respostas que você procura. Invariavelmente, por trás de todas as pessoas bem-sucedidas, há um conjunto específico de convicções fortalecedoras.

MODELANDO AS CONVICÇÕES DE VENCEDORES

A *maneira de expandir nossa vida é tomar como modelo a vida das pessoas que já obtêm o sucesso*. É eficaz, é divertido, e essas pessoas estão disponíveis ao nosso redor. É apenas uma questão de fazer as perguntas: "O que acha que o torna diferente? Quais são as convicções que o distinguem dos outros?" Li há alguns anos um livro intitulado *Meetings with Remarkable Men*, e usei-o como um tema para moldar minha vida. Desde então, tornei-me um caçador da excelência, sempre procurando por homens e mulheres eminentes em nossa cultura para descobrir suas convicções, seus valores e suas estratégias para alcançar o sucesso. Há dois anos desenvolvi *POWERTALK!*™, minha revista de rádio mensal em que entrevisto esses gigantes. Na verdade, muitas das distinções fundamentais que partilho com você neste livro foram feitas em decorrência de entrevistas com algumas dessas pessoas, que são as melhores em suas áreas específicas de atividade. Assumindo o compromisso de partilhar essas entrevistas, meus pensamentos mais recentes e um sumário de um livro best seller a cada mês, desenvolvi um plano coerente não apenas para fortalecer outras pessoas, mas também para obter uma constante melhoria pessoal. Terei o maior prazer em ajudá-lo a se modelar pelas pessoas bem-sucedidas, por intermédio do meu programa, mas lembre-se de uma coisa: você não está limitado a mim. Os exemplos de que precisa o cercam todos os dias.

"Somos o que pensamos. Tudo o que somos surge com nossos pensamentos. Com nossos pensamentos, fazemos o nosso mundo."

— BUDA

Há quase dez anos que venho conversando com as pessoas em meus seminários de Living Health™ sobre a correlação direta entre a elevada porcentagem de proteína animal na dieta americana típica e a alta incidência dos dois fatores que mais matam nos Estados Unidos: doenças cardíacas e câncer. Ao fazer isso, contesto um dos sistemas de convicção que moldou da forma mais significativa nosso destino físico durante os últimos 35 anos: o plano dos "Quatro Grupos Alimentares Básicos", que recomenda porções generosas e diárias de carne de boi, galinha ou peixe. Hoje, no entanto, os cientistas já determinaram, acima e além de qualquer dúvida, que existe uma relação direta entre comer proteína animal e correr o risco de desenvolver doenças cardíacas e câncer. Os 3 mil membros do Comitê de Médicos para a Medicina Responsável até já pediram ao Departamento de Agricultura americano para eliminar a carne de boi, peixe, aves, ovos e produtos de leite da dieta diária recomendada. O próprio governo está cogitando a mudança dos quatro grupos alimentares básicos para seis, relegando a carne de boi, galinha e peixe para uma proporção mínima no total. Essa imensa mudança em convicções causou indignação em muitos setores. Creio que isso segue um padrão que podemos encontrar ao longo da história e de nossa cultura, e que é o seguinte:

Como o filósofo alemão Arthur Schopenhauer declarou, toda verdade passa por três estágios.

Primeiro, é ridicularizada.
Segundo, enfrenta uma violenta oposição.
Finalmente, é aceita como evidente.

Essas ideias já foram ridicularizadas; agora, enfrentam uma violenta oposição. Acabarão sendo aceitas... Mas só depois de muitas outras pessoas caírem doentes, ou até morrerem, por causa de suas convicções limitadoras sobre a importância de quantidades excessivas de proteína animal em seus corpos.

Também temos nos negócios um conjunto de falsas convicções, que nos conduzem por uma estrada de frustração econômica, e até mesmo de desastre em potencial. Nossa economia enfrenta desafios em quase todos os setores. Por quê? Encontrei uma pista num artigo que li na revista *Forbes* de março de 1991. O artigo descreve dois carros — o Laser da Chrysler-Plymouth e o Eclipse da Mitsubishi — e ressalta que a Chrysler conseguiu apenas uma média de 13 vendas por revendedor para seu carro, enquanto a média da Mitsubishi foi superior a cem! Você pode dizer: "Qual é a novidade? Os japoneses estão dando uma surra nas companhias americanas em venda de carros." Mas o fato singular sobre esses dois carros é que são exatamente iguais — foram construídos em sociedade pelas duas companhias. A única diferença entre o Laser e o Eclipse está no nome e na companhia que o vende. Como é possível? Talvez você já tenha adivinhado a resposta: as pesquisas que investigaram a causa da discrepância nas vendas indicaram que as pessoas querem comprar carros japoneses porque acreditam que possuem uma qualidade superior. O problema, neste caso, é que se trata de uma falsa convicção. O carro da companhia americana possui a mesma qualidade, porque é o mesmo carro.

Por que os consumidores acreditariam nisso? Obviamente, porque os japoneses criaram uma reputação de qualidade, fornecendo-nos numerosas referências para apoiá-la... até o ponto em que não mais questionamos sua validade. Pode surpreendê-lo que o empenho japonês pelo aumento da qualidade seja na verdade o resultado de uma exportação americana, na pessoa do Dr. W. Edwards Deming. Em 1950, esse renomado técnico em controle de qualidade foi levado ao Japão pelo General MacArthur, que se sentia frustrado com a base industrial japonesa, arrasada pela guerra, onde não podia sequer ter certeza de que uma ligação telefônica seria completada. A pedido da Associação Japonesa de Cientistas e Engenheiros, Deming começou a treinar japoneses em seus princípios de controle de qualidade total. Ao ouvir isso, você pensa no mesmo instante que se trata da monitoração da qualidade de um produto físico? Nada poderia estar mais longe da verdade. Deming ensinou aos japoneses 14 princípios e uma convicção básica, que constituem a fundação de praticamente todas as decisões tomadas até hoje em cada bem-sucedida empresa multinacional japonesa.

A convicção básica é a seguinte: um empenho constante e incessante de aumentar sistematicamente a qualidade de seus produtos, em todos os aspectos das operações, *em todos os dias,* lhes proporcionaria o poder de dominar os mercados do mundo. Deming ensinou que a qualidade não era apenas uma questão de atender a um determinado padrão, mas sim um processo vivo e dinâmico, de melhoria constante. Se os japoneses vivessem pelos princípios que lhes ensinou, ele garantiu que em cinco anos inundariam o mundo com produtos de qualidade, e em dez ou vinte anos se tornariam uma das potências econômicas dominantes.

Muitos acharam que as ideias de Deming eram absurdas. Mas os japoneses acataram sua palavra, e hoje ele é reverenciado como o pai do "milagre japonês". A cada ano, desde 1950, a honraria mais alta que uma companhia japonesa pode receber é o Prêmio Nacional Deming. Essa recompensa é entregue numa cerimônia com transmissão nacional pela televisão e é usada para reconhecer a empresa que alcançou o mais alto nível de aumento de qualidade em produtos, serviços, administração e relações trabalhistas, em todo o Japão.

Em 1983, a Ford Motor Company contratou o Dr. Deming para conduzir uma série de seminários sobre administração. Um dos participantes foi Donald Petersen, que mais tarde se tornaria presidente do conselho de administração da Ford e aplicaria os princípios de Deming em toda a companhia. Petersen concluiu: "Precisamos desse homem para dar uma virada na companhia."

Na ocasião, a Ford perdia bilhões de dólares por ano. A partir do momento em que foi contratado, Deming mudou a tradicional convicção ocidental da empresa, de "Como podemos aumentar nosso volume e reduzir os custos?" para "Como podemos aumentar a qualidade do que produzimos, e fazer isso de uma maneira que a qualidade não custe mais a longo prazo?" A Ford reformulou todo o seu foco para tornar a qualidade a maior prioridade (como está refletido em seu *slogan* publicitário, "Qualidade em 1º lugar"). Aplicando os sistemas de Deming, a Ford passou em três anos de um déficit terrível para a posição dominante na indústria, com um lucro de 6 *bilhões de dólares!*

Como eles conseguiram? Descobriram que a percepção dos americanos sobre a qualidade japonesa, embora frustrante, tinha muito a lhes ensinar. Por exemplo, a Ford contratou uma companhia japonesa para fabricar a metade das transmissões para um de seus carros, a fim de manter o nível de produção. No processo, eles descobriram que os consumidores americanos exigiam a transmissão japonesa. Até se mostravam dispostos a entrar numa fila de espera e pagar mais pela transmissão japonesa! Isso irritou muitos executivos da Ford, cuja reação inicial foi a seguinte: "Ora, é apenas uma falsa convicção por parte das pessoas de nossa cultura; estão condicionadas a reagir assim." Mas sob a supervisão de Deming, as transmissões foram testadas, e descobriu-se que na verdade a transmissão da Ford era mais ruidosa, quebrava com mais facilidade e era devolvida com mais frequência, enquanto a transmissão japonesa quase não dava problemas, não tinha vibrações e era silenciosa. Deming ensinou ao pessoal da Ford que a qualidade sempre custa menos. Era justamente o oposto do que a maioria das pessoas acreditava: que só se conseguia alcançar certos níveis de qualidade quando o custo escapava ao controle. Quando os técnicos demonstraram as transmissões da Ford e mediram todos os componentes, constataram que atendiam aos padrões fixados pelo manual da Ford, os mesmos padrões fornecidos aos japoneses. Mas quando mediram as transmissões japonesas, verificaram que *não* havia virtualmente diferenças mensuráveis nos componentes. Foi preciso levar as transmissões para um laboratório e medi-las *ao microscópio* para se detectar diferenças.

Por que essa companhia japonesa manteve um padrão de qualidade superior até mesmo ao que o contrato exigia? Porque seus executivos acreditavam que *a qualidade custa menos,* que se criassem um produto de qualidade teriam não apenas clientes satisfeitos, mas também clientes leais — clientes dispostos a entrarem numa fila de espera e pagarem mais por seu produto. Operavam com base na mesma convicção que os impeliu aos primeiros lugares no mercado mundial: um compromisso de melhoria incessante e um constante aumento na qualidade de vida para os clientes. *Essa convicção foi uma exportação americana... e talvez precisemos repatriá-la para mudar o rumo de nosso futuro econômico.*

Uma convicção maléfica, que pode destruir nossa força econômica como uma nação, é o que Deming chama de *administração pelos números visíveis,* a convicção empresarial convencional de que os lucros resultam da redução dos custos e aumento das receitas. Um exemplo notável ocorreu quando Lynn Townsend assumiu o comando da Chrysler durante um período de queda das vendas na indústria. Townsend tentou aumentar a receita, mas ainda mais importante, tratou de reduzir o custo. Como? Despediu dois terços do pessoal de engenharia. A curto prazo, parecia que ele tomara a decisão certa. A lucratividade disparou, e ele foi considerado um herói. Em poucos anos, porém, a Chrysler enfrentava outra vez dificuldades financeiras. O que aconteceu? Claro que não houve apenas um fator. A longo prazo, no entanto, as decisões de Townsend podem ter destruído a base de qualidade da qual dependia o sucesso da empresa. Muitas vezes, as próprias pessoas que prejudicam nossas companhias são recompensadas por produzirem resultados a curto prazo. Às vezes tratamos dos sintomas de um problema, ao mesmo tempo em que alimentamos a causa. Precisamos ter cuidado com a maneira pela qual interpretamos os resultados. Em contraste, um dos fatores mais importantes na reviravolta da Ford foi sua equipe de projetos, que propôs um novo carro, chamado Taurus. A qualidade do carro fixou um novo padrão para a Ford, e os consumidores foram atraídos aos milhares.

O que podemos aprender de tudo isso? As convicções que mantemos nos negócios e na vida controlam todas as nossas decisões, e por conseguinte o nosso futuro. Uma das convicções globais mais importantes que podemos assumir é a de que precisamos, para ter sucesso e ser feliz, melhorar constantemente nossa qualidade de vida, crescer e expandir sempre.

Os japoneses compreendem muito bem esse princípio. Entre os executivos japoneses, como resultado da influência de Deming, há uma palavra que é muito usada em discussões sobre negócios ou relacionamentos. Essa palavra é *kaizen*. Significa, literalmente, melhoria constante. Eles costumam se referir à *kaizen* do déficit comercial, *kaizen* da linha de produção, *kaizen* dos relacionamentos pessoais. Em decorrência, estão sempre procurando a maneira de melhorar. Diga-se de passagem, *kaizen* baseia-se no princípio da melhoria gradativa, das melhorias simples. Os japoneses compreendem que os pequenos refinamentos feitos *todos os dias* começam a criar melhorias acumuladas, em níveis com que as pessoas jamais sonhariam. Os japoneses têm um ditado: "Se um homem não é visto por três dias, os amigos devem dar uma boa olhada nele quando aparece, a fim de verificar que mudanças lhe ocorreram durante esse período." É espantoso, mas não chega a ser surpreendente: não existe nos Estados Unidos um termo equivalente para *kaizen*.

Quanto mais pude constatar o impacto de *kaizen* na vida empresarial japonesa, mais compreendi que se tratava de um princípio de organização que tinha um tremendo impacto em minha própria vida. Meu próprio empenho por uma melhoria constante, por uma elevação constante dos padrões de qualidade de vida, era o que me mantinha feliz e bem-sucedido. Concluí que todos precisamos de uma palavra para nos fixarmos no foco de melhoria constante e incessante (em inglês, *Constant and Never-ending Improvement)*. Quando criamos uma palavra, codificamos um significado e criamos uma maneira de pensar. As palavras que usamos sistematicamente constituem a estrutura de como pensamos e até afetam a tomada de decisões.

Em decorrência dessa conclusão, criei um mnemônico simples: *CANI!*™. Creio que o nível de sucesso que experimentamos na vida mantém uma proporção direta com o nível de empenho por CANI!, a melhoria constante e incessante. CANI! Não é um princípio relacionado apenas com os negócios, mas sim com todos os aspectos de nossa vida. No Japão, fala-se com frequência em controle de qualidade de toda a companhia. Creio que temos de focalizar CANI! nos negócios, CANI! nos relacionamentos pessoais, CANI! na vida espiritual, CANI! na saúde e CANI! nas finanças. Como podemos promover uma melhoria constante e incessante em cada uma dessas áreas? Isso transforma a vida numa aventura incrível, em que sempre procuramos ansiosos pelo próximo nível.

CANI! é uma autêntica disciplina. Não pode ser praticada só de vez em quando, apenas nos momentos em que você tem vontade. Deve ser um *empenho constante, apoiado pela ação.* A essência de CANI! é a melhoria constante, gradativa, mesmo que mínima, o que *a longo prazo* esculpe uma obra-prima de proporções colossais. Se você já visitou algum dia o Grand Canyon, pode compreender do que estou falando. Testemunhou a beleza impressionante produzida por milhões de anos de mudança gradativa, com o rio Colorado e numerosos tributários esculpindo a rocha de forma incessante, para criar uma das Sete Maravilhas Naturais do Mundo.

A maioria das pessoas nunca se sente segura porque está sempre preocupada com a possibilidade de perder o emprego, perder o dinheiro que já possui, perder o cônjuge, perder a saúde, e assim por diante. A *única segurança verdadeira na vida provém de saber que a cada dia você melhora de alguma maneira,* que aumenta a capacidade de quem é e que é valioso para sua empresa, seus amigos e sua família. *Não me preocupo em manter a qualidade de minha vida, porque todos os dias trabalho para melhorá-la.* Empenho-me constantemente em aprender, em fazer novas e importantes distinções sobre meios de acrescentar valor à vida de outras pessoas. Isso me proporciona um senso de certeza de que posso sempre aprender, de que posso sempre me expandir, de que posso sempre crescer.

CANI! não significa que você nunca vai experimentar contestações. A verdade é que você só pode melhorar alguma coisa se compreender que não é de todo certa, que ainda não se encontra ao nível do que deveria atingir. O propósito de CANI! é descobrir problemas no nascedouro e tratá-los antes que se tornem crises. Afinal, a melhor ocasião para liquidar um "monstro" é quando ainda está pequeno.

Como parte integrante do meu empenho com CANI!, ao final de cada dia faço a mim mesmo as seguintes perguntas: o que aprendi hoje? Com o que contribuí? O que melhorei? O que desfrutei? Se a cada dia você melhora sua capacidade de desfrutar a vida, passa a experimentá-la num nível de riqueza com que a maioria das pessoas nem mesmo sonha.

PEQUENAS MELHORIAS SÃO CRÍVEIS E POR ISSO VIÁVEIS!

Pat Riley, que foi dos Los Angeles Lakers, é o treinador mais vitorioso na história do basquete profissional americano. Alguns dizem que ele teve sorte, por contar com jogadores excepcionais. É verdade que ele teve mesmo atletas incríveis, mas muitas outras pessoas dispuseram de recursos para o êxito e não o conseguiram de uma forma tão sistemática. A capacidade de Pat para o sucesso baseou-se em seu compromisso com CANI! Ele disse que, no início da temporada de 1986, tinha um grande desafio nas mãos. Muitos jogadores haviam realizado o que julgavam ser a sua melhor temporada no ano anterior, e mesmo assim perderam para o Boston Celtics. Em busca de um plano viável para levar seus jogadores a um nível superior, ele optou pelo tema das pequenas melhorias. Convenceu-os de que aumentar a qualidade de seu jogo em apenas um por cento, sobre o melhor de cada um, faria uma grande diferença na temporada. Parece ridiculamente pequeno, mas quando se pensa em 12 jogadores aumentando em um por cento sua habilidade na quadra, em cinco áreas diferentes, o esforço combinado cria uma equipe que é *sessenta por cento mais eficiente* do que era antes. Uma diferença total de dez por cento, provavelmente seria suficiente para ganhar outro campeonato. O verdadeiro valor da filosofia, no entanto, é que todos acreditaram que era possível. Todos tiveram certeza de que poderiam melhorar pelo menos um por cento, em relação ao melhor pessoal, as cinco áreas principais do jogo, e esse senso de certeza na busca de seus objetivos levou-os a explorar potenciais cada vez maiores. O resultado? Quase todos melhoraram em pelo menos cinco por cento, e muitos chegaram a cinquenta por cento. Segundo Pat Riley, 1987 tornou-se a temporada mais fácil para a equipe. CANI! funciona se você se empenhar.

Lembre-se de que a chave para o sucesso é desenvolver um senso de certeza — o tipo de convicção que lhe permite se expandir como pessoa e assumir a ação necessária para tornar ainda melhor sua vida e a das pessoas ao seu redor. Você pode acreditar hoje que alguma coisa é verdade, mas precisa se lembrar que, à medida que os anos passam e vamos crescendo, estará exposto a novas experiências. E podemos desenvolver convicções ainda mais fortalecedoras, abandonando coisas sobre as quais outrora tínhamos certeza. Compreenda que suas convicções podem mudar, à medida que adquire referências adicionais. O que realmente importa hoje é se suas convicções o fortalecem ou enfraquecem. Comece hoje mesmo a desenvolver o hábito de focalizar as consequências de todas as suas convicções. Estão fortalecendo sua base, ao impulsioná-lo para a ação na direção que deseja, ou contêm o seu avanço?

"Assim como pensa em seu coração, assim ele é."

— PROVÉRBIOS 23:7

Descobrimos muitas coisas sobre as convicções, mas para assumir de fato o controle de nossa vida, precisamos saber que convicções *já estamos usando* para nos orientar.

Neste momento, pare tudo o que está fazendo e aproveite os próximos dez minutos para se divertir um pouco. Inicie *uma análise de todas as suas convicções, tanto as que fortalecem quanto as que enfraquecem:* pequenas convicções que não parecem ter qualquer importância, e convicções globais, que parecem fazer uma grande diferença. Não deixe de incluir:

- **Convicções de se**, como "Se eu tiver empenho total sistemático, então terei sucesso", ou "Se eu demonstrar uma paixão total por essa pessoa, então ela vai me abandonar".
- **Convicções globais**, como as convicções sobre as pessoas — "As pessoas são basicamente boas", ou "As pessoas são um pé no saco" — convicções sobre você mesmo, convicções sobre oportunidades, convicções sobre tempo, convicções sobre escassez e abundância.

Anote tantas convicções quanto puder lembrar, durante os próximos dez minutos. Por favor, conceda a si mesmo a dádiva de fazer isso agora. Depois que o fizer, eu lhe mostrarei como pode reforçar suas convicções fortalecedoras e eliminar as enfraquecedoras. Faça isso agora.

Dispensou tempo suficiente para se certificar de que escreveu as duas listas, tanto as convicções fortalecedoras quanto as enfraquecedoras? Se não, volte e faça-o agora!

O que aprendeu com isso? Tire um momento agora para analisar suas convicções. Faça a escolha e *circule as três convicções mais fortalecedoras em sua lista.* Como o fortalecem? Como fortalecem sua vida? Pense nos efeitos positivos que exercem sobre você. Anos atrás, fiz uma lista assim, e constatei que era muito valiosa, porque descobri que tinha uma convicção que era pouco aproveitada. Era a convicção "*Sempre há um meio de inverter uma situação se me empenho de verdade*". Pensei ao ler a minha lista: "É uma convicção que precisa ser reforçada e convertida numa crença." Fico contente por ter feito isso, pois apenas um ano depois essa convicção foi como uma boia salva-vidas, permitindo-me atravessar um dos períodos mais difíceis, numa ocasião em que tudo ao meu redor parecia afundar. Não apenas me reanimou, mas também me ajudou a lidar com um dos mais terríveis desafios pessoais e profissionais que já enfrentei até hoje. Essa convicção, esse senso de certeza, possibilitou-me encontrar meios de mudar a situação, quando todos ao meu redor diziam que era impossível. Não apenas consegui, mas também transformei os maiores desafios nas maiores oportunidades... e você pode fazer a mesma coisa! Analise sua lista e reforce sua intensidade emocional e o senso de certeza de que essas convicções são verdadeiras e reais, e assim podem orientar seus comportamentos futuros.

CONVICÇÕES FORTALECEDORAS

CONVICÇÕES ENFRAQUECEDORAS

Agora, vamos verificar suas convicções limitadoras. Ao analisá-las, pode determinar algumas das consequências que essas convicções acarretam? *Circule as duas convicções mais enfraquecedoras.* Decida agora, de uma vez por todas, que você não está mais disposto a pagar o preço que essas convicções cobram de sua vida. Lembre-se de que, se começar a duvidar das convicções e questionar sua validade, pode eliminar as pernas de referências para que não causem mais qualquer impacto em você. Tire essas pernas de certeza de baixo de suas convicções enfraquecedoras, *fazendo para si mesmo algumas das seguintes perguntas:*

1. Até que ponto essa convicção é ridícula ou absurda?
2. A pessoa com a qual aprendi esta convicção podia ser tomada como modelo nesta área?
3. Em última análise, o quanto vai me custar, em termos emocionais, se eu não me livrar dessa convicção?
4. O quanto vai me custar, em relação a relacionamentos, se eu não me livrar dessa convicção?
5. O quanto vai me custar, em termos físicos, se eu não me livrar dessa convicção?
6. O quanto vai me custar, em termos financeiros, se eu não me livrar dessa convicção?
7. O quanto vai me custar, em relação a família e pessoas amadas, se eu não me livrar dessa convicção?

Se você dispensou tempo suficiente para responder essas perguntas com toda sinceridade, pode descobrir que as convicções enfraqueceram de forma significativa, sob a análise das indagações. Agora, crie uma associação plena com tudo o que essas convicções têm lhe custado e com o custo real no futuro, se não mudá-las. Vincule uma dor tão intensa que vai querer se livrar dela para sempre, e depois, finalmente, decida fazer isso *agora.*

Não podemos nos livrar de um padrão sem substituí-lo por outro. Por isso, neste momento, *escreva os substitutos para as duas convicções limitadoras que acabou de eliminar.* Qual é a antítese? Por exemplo, se você tinha a convicção de que "Nunca poderei ter êxito porque sou mulher", sua nova convicção pode ser "Porque sou mulher, disponho de recursos com que nenhum homem jamais poderá contar!" Quais são algumas das referências que você tem para apoiar essa ideia, a fim de que comece a sentir certeza a respeito? À medida que reforça e fortalece essa convicção, começará a orientar seu comportamento de uma maneira inteiramente nova e mais fortalecedora.

Se não tem obtido os resultados que deseja em sua vida, sugiro que pergunte a si mesmo: "Em que eu teria de acreditar para alcançar o sucesso aqui?" Ou: "Quem já conquistou o sucesso nessa área, e no que eles acreditam, de uma forma diferente da minha, sobre o que é possível?" Ou: "Em que é necessário acreditar para ter êxito?" Você pode muito bem descobrir a convicção básica de que tem se esquivado. Se experimenta dor, caso se sinta contestado, frustrado ou irado, pode querer perguntar a si mesmo: "Em que eu teria de acreditar para me sentir assim?" O milagre desse processo simples é que vai revelar convicções que você nem imaginava que possuía. Por exemplo, se você se sente deprimido e pergunta a si mesmo "Em que terei de acreditar para me sentir deprimido?", provavelmente pensará em algo relacionado com o futuro, como "As coisas nunca vão melhorar", ou "Não há esperança". Quando ouvir essas convicções verbalizadas, pode muito bem pensar: "Não acredito nisso! Estou me sentindo mal agora, mas sei que não ficará ruim para sempre! Isso também vai passar!" Ou pode simplesmente concluir que uma convicção de ter problemas em caráter permanente é destrutiva e que nunca mais vai admiti-la.

Enquanto avalia essas convicções limitadoras, observe como seus sentimentos mudam. Compreenda, acredite e confie que, se mudar o significado de qualquer evento em sua mente, mudará imediatamente como se sente e o que faz, e assim mudará suas ações e transformará seu destino. Mudar o que alguma coisa significa mudará as decisões que você toma. Lembre-se, *nada na vida tem qualquer significado a não ser aquele que você mesmo concede.* Portanto, trate de fazer uma opção *consciente* pelos significados mais sintonizados com o destino que escolheu para si mesmo.

As convicções possuem o terrível potencial de criar ou destruir. Creio que você pegou este livro porque lá no fundo decidiu que não se contentará com menos do que o melhor de que sabe que é capaz. Quer mesmo controlar o poder de criar a visão que deseja, em vez de destruir seus sonhos? Então aprenda a escolher as convicções que o fortalecem; crie as crenças que o impelem na direção do destino que aproveita o que há de melhor em você. Sua família, sua empresa, sua comunidade e seu país não merecem menos do que isso.

LIDERANÇA E O PODER DA CONVICÇÃO

Líderes são aqueles indivíduos que vivem por convicções fortalecedoras e ensinam os outros a explorar todo o seu potencial, mudando as convicções que os limitavam. Uma grande líder que me impressiona é uma professora chamada Marva Collins. Talvez você tenha assistido ao programa *60 Minutes,* ou ao filme que fizeram sobre ela. Há trinta anos, Marva utilizou seu poder pessoal e decidiu afetar o futuro, fazendo diferença nas vidas de muitas crianças. Seu desafio: quando obteve seu primeiro emprego de professora num lugar que muitos consideravam como um gueto de Chicago, seus alunos do segundo grau já haviam decidido que não queriam aprender coisa alguma. Um ponto que você verá reiterado neste livro, muitas vezes, é que quando duas pessoas se encontram, a que tomou uma decisão real — ou seja, a que tem um empenho ao nível mais profundo — sempre acaba influenciando a outra se houver um contato genuíno. A missão de Marva era transformar as vidas daquelas crianças. Ela não tinha uma mera convicção se podia causar um impacto sobre as crianças; possuía uma crença fervorosa e profunda de que as influenciaria para o bem. Não havia limite para a extensão de seu trabalho. Confrontada com crianças rotuladas de disléxicas e com vários outros tipos de distúrbios de aprendizado e comportamento, ela concluiu que o problema não estava nas crianças, mas sim na maneira como lhes ensinavam. Ninguém as desafiava o suficiente. Em consequência, as crianças não tinham uma convicção em si mesmas. Não tinham referências de serem pressionadas a avançar e descobrir quem realmente eram, ou do que eram capazes. Os seres humanos reagem aos desafios, e aquelas crianças, Marva estava convencida, precisavam disso mais do que de qualquer outra coisa.

Por isso, ela descartou todas as cartilhas antigas, e passou a ensinar Shakespeare, Sófocles e Tolstoi. Os outros professores disseram coisas como: "Não há a menor possibilidade. Essas crianças nunca vão entender." E como se pode imaginar, muitos atacaram Marva em termos pessoais, alegando que ela ia destruir as vidas das crianças. Mas os alunos de Marva não apenas compreenderam o material, como também se desenvolveram. Por quê? Porque ela acreditava com o maior fervor na singularidade do espírito de cada criança e em sua capacidade de aprender qualquer coisa. Comunicava-se com tanta sintonia e amor que as levou a acreditarem em si mesmas... algumas pela primeira vez em suas jovens vidas. Os resultados que ela obteve por décadas, de uma forma sistemática, foram extraordinários.

Conheci Marva e a entrevistei na Escola Preparatória Westside, a escola particular que ela fundou, fora do sistema escolar de Chicago. Depois do encontro, decidi entrevistar alguns alunos. O primeiro que abordei tinha 4 anos, com um sorriso encantador. Apertei sua mão.

— Oi. Sou Tony Robbins.

— Como vai, Sr. Robbins. Meu nome é Talmadge E. Griffin. Tenho 4 anos. O que gostaria de saber?

— Diga-me, Talmadge, o que está estudando agora?

— Estudo uma porção de coisas, Sr. Robbins.

— Que livros leu recentemente?

— Acabei de ler *Ratos e Homens,** de John Steinbeck.

Não preciso dizer que fiquei muito impressionado. Perguntei sobre o livro, imaginando que ele responderia que era a história de dois caras, chamados George e Lenny.

— O protagonista principal é...

A esta altura, eu já me tornara um crente! Indaguei o que ele aprendera com o livro.

— Sr. Robbins, este livro não me fez apenas aprender. O livro *impregnou minha alma.*

Comecei a rir.

— E o que significa "impregnar"?

---

* Publicado no Brasil pela Editora Record.

— Difundir por toda parte — respondeu ele, para em seguida me oferecer uma definição mais completa do que eu poderia dar aqui.

E o que o comoveu tanto nesse livro, Talmadge?

— Sr. Robbins, notei na história que as crianças nunca julgam ninguém pela cor de sua pele. Só os adultos fazem isso. O que aprendi foi que um dia me tornarei um adulto, mas nunca esquecerei as lições de uma criança.

Comecei a ficar com os olhos marejados de lágrimas, porque compreendi que Marva Collins proporcionava àquele menino, e a tantas outras crianças, o tipo de convicções poderosas que continuará a moldar suas decisões não apenas agora, mas ao longo de sua vida. Marva aumenta a qualidade de vida de seus alunos pela utilização dos três princípios de organização de que falei no início deste livro: leva-os a se manterem num padrão mais alto, ajuda-os a adotarem convicções novas e fortalecedoras, o que lhes permite romper as limitações antigas, e apoia tudo isso com as habilidades específicas e estratégias necessárias para um sucesso permanente. Os resultados? Seus alunos se tornam não apenas confiantes, mas também competentes. São impressionantes os resultados imediatos, em termos de excelência acadêmica, e os efeitos do processo em suas vidas cotidianas são ainda mais profundos. Ao final, perguntei a Talmadge:

— Qual é a coisa mais importante que a Sra. Collins lhe ensinou?

— O mais importante que a Sra. Collins me ensinou é que *A SOCIEDADE PODE PREVER, MAS SOMENTE EU POSSO DETERMINAR MEU DESTINO!*

Talvez todos nós precisemos lembrar as lições de uma criança. Com as convicções que o pequeno Talmadge expressou de forma tão eloquente, garanto que ele, assim como as outras crianças na turma, terão uma grande oportunidade de sempre interpretar suas vidas de uma maneira que crie o futuro que desejam, em vez do futuro que a maioria das pessoas teme.

Vamos analisar o que aprendemos até agora. Não temos mais a menor dúvida de que existe um poder dentro de nós que precisa ser despertado. Esse poder começa com a capacidade de tomar decisões conscientes que moldem nosso destino. Mas há uma convicção básica que devemos explorar, e essa convicção pode ser encontrada em sua resposta à pergunta...

5

A MUDANÇA PODE ACONTECER NUM INSTANTE?

"Eis que vos digo um mistério: nem todos dormiremos, mas transformados seremos todos, num momento, num abrir e fechar de olhos..."

— 1 CORÍNTIOS 15:51

DESDE QUE POSSO ME LEMBRAR, sempre sonhei em ter a capacidade de ajudar as pessoas a mudarem virtualmente qualquer coisa em suas vidas. Por instinto, ainda bem jovem, compreendi que, para ser capaz de ajudar os outros a mudarem, tinha de ser capaz também de mudar a mim mesmo. Mesmo no início do segundo grau, comecei a procurar o conhecimento, por meio de livros e gravações, que achava que poderiam me ensinar os elementos fundamentais de como mudar comportamento e emoção humanos.

Claro que eu queria melhorar certos aspectos da minha vida: sentir-me motivado, dar sequência às coisas e agir, aprender a desfrutar a vida, e aprender a me relacionar com as pessoas. Não sei direito o motivo, mas de alguma forma vinculava prazer a aprender e partilhar coisas que pudessem fazer uma diferença na qualidade de vida das pessoas e levá-las a me apreciar, talvez mesmo a me amar. Em decorrência, na escola secundária eu já era conhecido como o "Homem da Solução". Se alguém tinha um problema, eu era a pessoa a quem devia procurar e me orgulhava dessa identidade.

Quanto mais aprendia, mais me tornava viciado em aprender. Compreender como influenciar a emoção e o comportamento humanos tornou-se uma obsessão para mim. Fiz um curso de leitura dinâmica e desenvolvi um apetite voraz por livros. Li quase 700 livros em uns poucos anos, quase todos nas áreas de desenvolvimento humano, psicologia, influência e desenvolvimento fisiológico. Queria saber *qualquer coisa* e *tudo* sobre como podemos aumentar a qualidade de nossa vida, e tentei aplicar a mim mesmo, além de partilhar com outras pessoas. Mas não parei de ler. Tornei-me um fanático por fitas motivacionais, e, ainda na escola secundária, economizava meu dinheiro para participar de diferentes tipos de seminários de desenvolvimento pessoal. Como se pode imaginar, não demorei a sentir que ouvia apenas as mesmas mensagens, reformuladas muitas vezes. Parecia não haver nenhuma novidade, e comecei a ficar cansado.

Pouco depois de completar 21 anos, no entanto, tomei conhecimento de uma série de tecnologias que podiam promover mudanças na vida das pessoas com a rapidez de um raio: tecnologias simples, como a Gestalt, e instrumentos de influência, como a hipnose ericksoniana e a Programação Neurolinguística. Quando percebi que esses instrumentos podiam de fato ajudar as pessoas a criarem *em minutos* mudanças que antes levavam meses, anos ou até décadas, tornei-me um evangelista de sua difusão. Decidi empenhar todos os meus recursos para dominar essas tecnologias. E não parei por aí: assim que aprendia alguma coisa, tratava imediatamente de aplicá-la.

Nunca esquecerei minha primeira semana de treinamento em Programação Neurolinguística. Aprendemos coisas como eliminar uma fobia da vida inteira em uma hora — o que podia demorar, por meio de muitas formas de terapia tradicional, cinco anos ou mais! No quinto dia, virei-me para os psicólogos e psiquiatras na turma e disse: "Ei, pessoal, vamos procurar algumas pessoas com fobias e curá-las!" Todos me fitaram como se eu tivesse enlouquecido. Deixaram claro para mim que não me consideravam uma pessoa instruída, que tínhamos de esperar pela conclusão do programa de seis meses, passar pelo teste de aptidão, e só depois teríamos condições de usar o material!

Eu não estava disposto a esperar. Iniciei minha carreira, aparecendo em programas de rádio e televisão por todo o Canadá, e depois nos Estados Unidos também. Falava às pessoas sobre essas tecnologias para criar mudanças e garantia que, se quiséssemos mudar nossas vidas, quer se tratasse de um hábito enfraquecedor ou de uma fobia que nos controlava há anos, esse comportamento ou padrão emocional podia ser mudado numa questão de *minutos*, mesmo para quem vinha tentando a transformação há anos.

Era um conceito radical? Pode apostar que sim. Mas eu argumentava com veemência que *todas as mudanças são criadas num momento*. Acontece apenas que a maioria das pessoas espera até ter certeza de que as coisas vão acontecer, antes de *decidir* efetuar uma mudança. Se realmente compreendêssemos como o cérebro funciona, eu insistia, poderíamos suspender o processo interminável de analisar por que coisas nos aconteceram e, se pudéssemos apenas mudar aquilo a que vinculamos dor ou prazer, conseguiríamos com a maior facilidade mudar o sistema nervoso condicionado e assumir o comando de nossas vidas no mesmo instante. Como podem imaginar, um garoto sem Ph.D. fazendo essas controvertidas declarações pelo rádio não foi muito bem aceito pelos profissionais da saúde mental, com um treinamento tradicional. Alguns psicólogos e psiquiatras me atacaram, alguns pelo rádio.

Assim, aprendi a basear minha carreira de mudar as pessoas em dois princípios: *tecnologia* e *desafio*. Sabia que contava com uma tecnologia superior, uma maneira superior de criar mudanças com base em compreensões cruciais do comportamento humano que a maioria dos psicólogos tradicionais jamais estudara. E acreditava que, se lançasse um desafio suficiente a mim mesmo e às pessoas com que trabalhava, poderia encontrar um meio de mudar qualquer coisa.

Um psiquiatra em particular me chamou de charlatão e mentiroso, acusou-me de formular falsas alegações. Desafiei-o a suspender seu pessimismo e me conceder a oportunidade de trabalhar com um de seus pacientes, alguém que ele não conseguira mudar depois de anos de trabalho. Era uma iniciativa ousada, e a princípio ele não atendeu a meu pedido. Mas depois de utilizar um pouco de alavanca (uma técnica que descreverei no próximo capítulo), acabei conseguindo que o psiquiatra permitisse que uma de suas pacientes, por sua livre e espontânea vontade, comparecesse a uma das minhas sessões gratuitas. Ela concordou em me deixar trabalhar com ela, na frente de todo mundo. Em 15 minutos, acabei com a fobia de cobras da mulher... e na ocasião, ela já tinha sete anos de terapia com o psiquiatra que me atacara. Para dizer o mínimo, ele ficou espantado. Mais importante ainda, podem imaginar as referências que isso criou para mim e o senso de certeza que me proporcionou sobre o que era capaz de realizar? Tornei-me um homem delirante! Percorri todo o país, mostrando às pessoas como as mudanças podiam ocorrer num instante. Descobri que em qualquer parte as pessoas se mostravam céticas no início. Mas, à medida que apresentava resultados mensuráveis diante de seus olhos, conseguia não apenas atrair sua atenção e seu interesse, mas também obter sua disposição em aplicar o que eu dizia, a fim de produzir resultados concretos em suas próprias vidas.

Por que a maioria das pessoas acha que a mudança demora tanto tempo? Um motivo, óbvio, é que as pessoas já tentaram várias vezes, por meio da força de vontade, e fracassaram. A suposição que fazem então é a de que as mudanças importantes devem levar muito tempo e são sempre difíceis. Na verdade, só é difícil porque a maioria das pessoas não sabe *como* mudar! Não temos uma estratégia eficaz. A força de vontade por si só não é suficiente... não se queremos obter uma mudança permanente.

O segundo motivo para não mudarmos depressa é o fato de que, em nossa cultura, temos um conjunto de convicções que nos impedem de usar nossas capacidades intrínsecas. Em termos culturais, vinculamos associações negativas à ideia de mudança imediata. Para a maioria, a mudança imediata significa que nunca houve de fato um problema. Se você pode mudar com tanta facilidade, por que não mudou há uma semana, há um mês, há um ano, e parou de se queixar?

Por exemplo, quão depressa uma pessoa pode se recuperar da perda de um ente amado e começar a se sentir diferente? Em termos físicos, as pessoas possuem a capacidade de fazer isso na manhã seguinte. Mas não é o que acontece. Por quê? Porque temos em nossa cultura um conjunto de convicções determinando que devemos *lamentar* por um certo período. Pense a respeito. Se no dia seguinte à perda de uma pessoa amada você não se lamentasse, isso não causaria muita dor em sua vida? Primeiro, os outros logo achariam que você não se importava com a pessoa que perdeu. E com base no condicionamento cultural, você próprio pode começar a pensar também que não se importava. O conceito de superar a morte com tanta facilidade é doloroso demais. Optamos pela dor da lamentação, em vez de mudar nossas emoções, até ficarmos satisfeitos de que foram cumpridas as regras e os padrões culturais sobre o que é apropriado.

Mas há culturas em que as pessoas *comemoram* quando alguém morre! Por quê? Acreditam que Deus sempre sabe o momento certo para deixarmos este mundo, e que a morte é uma evolução. Também acreditam que, se você lamentasse a morte de alguém, estaria apenas demonstrando sua falta de compreensão da vida, e também seu egoísmo. Como a pessoa foi para um lugar melhor, você sente pena só de si mesmo. Vinculam o prazer à morte, e a dor à lamentação, e por isso lamentar um morto não faz parte de sua cultura. Não estou dizendo que o lamento é ruim ou errado, mas apenas que precisamos compreender que se baseia em nossas convicções de que levamos muito tempo para nos recuperarmos da dor.

Fazendo conferências por todos os Estados Unidos, eu encorajava as pessoas a promoverem mudanças em suas vidas, muitas vezes em 30 minutos ou menos. Não restava a menor dúvida de que criava muita controvérsia; e quanto mais sucessos obtinha, mais me tornava confiante e determinado. Para ser franco, eu me mostrava de vez em quando arrogante e mais do que um pouco presunçoso. Comecei a me dedicar à terapia particular, ajudando as pessoas a mudarem, e logo estava promovendo seminários. Em poucos anos, eu passava três em cada quatro semanas viajando, sempre me pressionando ao máximo, dando tudo de mim, empenhado em ampliar minha capacidade de promover um impacto positivo sobre o maior número de pessoas, no prazo mais curto. Os resultados obtidos se tornaram um tanto lendários. Os psicólogos e psiquiatras pararam de me atacar e se interessaram em aprender minhas técnicas para usar com seus pacientes. Ao mesmo tempo, minhas atitudes mudaram, passei a ser mais equilibrado. Mas nunca perdi a *paixão* por querer ajudar tantas pessoas quantas pudesse.

Um dia, não muito depois da primeira edição de *Poder sem limites,* eu estava dando autógrafos, ao final de um dos meus seminários para executivos, em San Francisco. Refletia sobre as incríveis recompensas que colhera, por meio dos compromissos que assumira comigo mesmo, quando ainda cursava a escola secundária: os compromissos de crescer, expandir, contribuir, e assim fazer a diferença. À medida que cada rosto sorridente se adiantava, compreendi que sentia a mais profunda gratidão por ter desenvolvido habilidades que podem fazer diferença em ajudar as pessoas a mudarem prati-

-amente qualquer coisa em suas vidas. Quando o último grupo começou a e dispersar, um homem se aproximou e perguntou:

— Está me reconhecendo?

Só naquele mês eu tivera contato com milhares de pessoas, e tive de admitir que não o reconhecia.

— Pense um pouco — insistiu ele.

Contemplei-o por alguns momentos, e a recordação surgiu de repente.

— Cidade de Nova York, certo?

— Isso mesmo — confirmou ele.

— Fiz um trabalho particular com você, ajudando-o a se livrar do hábito do fumo.

O homem acenou com a cabeça.

— Puxa, já se passaram anos! Como tem passado?

Ele enfiou a mão no bolso, tirou um maço de Marlboro, fitou-me com uma expressão acusadora.

— *Você fracassou!*

O homem se lançou então a uma tirada sobre a minha incapacidade de "programá-lo" de maneira eficaz. Tenho de admitir que fiquei abalado. Afinal, baseara minha carreira na disposição absoluta de me empenhar a fundo, no compromisso total de desafiar a mim mesmo e aos outros, na dedicação a tentar *qualquer coisa* para criar mudanças permanentes e eficazes com a velocidade de um raio. Enquanto o homem continuava a criticar minha ineficiência em "curá-lo" do hábito do fumo, especulei sobre o que poderia ter saído errado. Seria possível que meu ego tivesse superado meu verdadeiro nível de capacidade e competência? Pouco a pouco, passei a me fazer perguntas melhores: o que podia aprender com aquela situação? O que estava de fato ocorrendo naquele caso?

— O que aconteceu depois que trabalhamos juntos? — perguntei, esperando ouvir a informação de que ele voltara a fumar cerca de uma semana depois da terapia.

O homem parara de fumar por dois anos e meio, depois que eu trabalhara com ele por menos de uma hora! Mas um dia dera uma tragada, e agora voltara ao hábito de quatro maços por dia, culpando-me porque a mudança não perdurara.

E, de repente, me ocorreu: este homem não está sendo tão irracional assim. Afinal, venho ensinando algo chamado Programação Neurolinguística. Pense um pouco sobre a palavra "programação". Sugere que você pode me procurar, eu o programo, e depois não há mais qualquer problema. Você não teria de fazer mais nada! Em decorrência de meu desejo de ajudar as pessoas ao nível mais profundo, eu cometera o mesmo erro que via em outros líderes no ramo de desenvolvimento pessoal: passara a assumir a responsabilidade pelas mudanças dos outros.

Compreendi naquele dia que inadvertidamente atribuíra a responsabilidade à pessoa errada — eu — e que aquele homem, ou qualquer outra dos milhares de pessoas com as quais trabalhara, poderiam muito bem voltar a seus antigos comportamentos, caso se deparassem com um desafio bastante difícil, porque me encaravam como o responsável por suas mudanças. Se as coisas não dessem certo, podiam convenientemente culpar alguém. Não tinha *responsabilidade pessoal,* e por isso não haveria *dor* se não persistissem no novo comportamento.

Como resultado dessa nova perspectiva, decidi mudar a metáfora para o que faço. Parei de usar a palavra "programação" porque a considero imprecisa, embora continue a usar muitas técnicas da PNL. Uma metáfora melhor para a mudança a longo prazo é *condicionamento.* Isso ficou consolidado quando, poucos dias depois, minha esposa contratou os serviços de um afinador de piano. O homem era um autêntico artesão. Trabalhou em cada corda do piano por horas e horas, esticando cada uma até o nível certo de tensão, para oferecer uma vibração perfeita. Ao final do dia, o piano estava com uma afinação magnífica. Quando lhe perguntei quanto devia, ele respondeu:

— Não se preocupe. Trarei a conta na próxima visita.

— Próxima visita? Como assim?

— Voltarei amanhã, e depois uma vez por semana, durante o próximo mês. Em seguida, virei de três em três meses, pelo resto do ano, porque você mora à beira do mar.

— Mas por que tudo isso? Já não fez todos os ajustes necessários no piano? Não está ajustado direito?

— Está, sim, mas acontece que essas cordas são muito fortes; para mantê-las ao nível certo de tensão, tenho de condicioná-las para que assim permaneçam. Por isso, preciso voltar e tornar a esticá-las, regularmente, até que estejam condicionadas a ficar nesse nível.

Pensei: "Que grande negócio esse cara tem!" Mas também aprendi uma grande lição naquele dia.

É exatamente isso o que temos de fazer se queremos criar uma mudança a longo prazo. *Assim que efetuamos uma mudança, devemos reforçá-la no mesmo instante. Depois, temos de condicionar nosso sistema nervoso para ter êxito não apenas uma vez, mas sistematicamente.* Você não iria a uma aula de aeróbia só uma vez e diria: "Agora tenho um corpo sensacional e serei saudável pelo resto da vida." O mesmo acontece com suas emoções e seu comportamento. Temos de nos condicionar para o sucesso, o amor, a superação de nossos medos. E por meio desse condicionamento, podemos desenvolver padrões que automaticamente nos levam ao sucesso sistemático e vitalício.

Precisamos lembrar que a dor e o prazer moldam todos os nossos comportamentos, e que a dor e o prazer podem *mudar* nossos comportamentos. O condicionamento exige a compreensão de como usar a dor e o prazer. O que você vai aprender no capítulo seguinte é a ciência que desenvolvi para criar qualquer mudança que você quiser em sua vida. Chamo-a de *Ciência do Condicionamento Neuroassociativo,*™ ou *NAC* (pelo inglês, "Neuro-Associative Conditioning"). O que é isso? *NAC é um processo gradativo que pode condicionar seu sistema nervoso a associar prazer às coisas que você está sempre querendo alcançar e associar dor às coisas que precisa evitar, a fim de ter sucesso sistemático na vida, sem um constante esforço e força de vontade.* Lembre-se de que são os sentimentos que fomos condicionados a associar no sistema nervoso — nossas neuroassociações — que determinam nossas emoções e nosso comportamento.

Quando assumimos o controle das neuroassociações, assumimos o controle de nossa vida. Este capítulo lhe mostrará como condicionar suas neuroassociações a fim de ter força para agir e produzir os resultados com que sempre sonhou. Visa a lhe proporcionar as condições de criar uma mudança sistemática e duradoura.

"As coisas não mudam; nós é que mudamos."

— Henry David Thoreau

Quais são as duas mudanças que todos querem na vida? *Não é verdade que todos queremos mudar 1) como nos sentimos em relação às coisas, ou 2) nossos comportamentos?* Se uma pessoa passou por uma tragédia — sofreu maus-tratos quando criança, foi estuprada, perdeu um ente amado, carece de amor-próprio — obviamente permanecerá em dor até que as sensações que vincula a si mesma, a esses eventos ou situações, sejam mudadas. Da mesma forma, se uma pessoa come demais, bebe, fuma ou toma drogas, possui um conjunto de comportamentos que deve mudar. A única maneira de fazer com que isso aconteça é vincular dor ao antigo comportamento e prazer a um novo comportamento.

Parece muito simples, mas descobri que, para sermos capazes de criar uma verdadeira mudança — uma mudança permanente —, precisamos desenvolver um sistema específico para utilizar quaisquer técnicas que aprendemos para criar mudança, e há muitas. A cada dia descubro novas habilidades e novas tecnologias de uma variedade de ciências. Continuo a usar muitas das técnicas de PNL e ericksonianas com que iniciei minha carreira; mas sempre volto a usá-las dentro da estrutura das seis etapas fundamentais que a ciência do NAC representa. Criei o NAC como um meio de usar qualquer tecnologia para mudança. O que o NAC nos proporciona é uma sintaxe específica — uma ordem e sequência — dos modos de usar qualquer conjunto de técnicas para criar uma mudança a longo prazo.

Tenho certeza de que vocês se lembram que no primeiro capítulo eu disse que um dos componentes fundamentais de criar uma mudança de longa duração é uma modificação das convicções. *A primeira convicção que devemos ter, se queremos criar uma mudança rápida, é a de que podemos mudar agora.* Outra vez, a maioria das pessoas em nossa sociedade inconscientemente vincula muita dor à ideia de ser capaz de mudar depressa. Por um lado, desejamos mudar depressa, mas, por outro, nossa programação cultural ensina que mudar depressa significa que talvez nunca tivéssemos qualquer problema. Talvez apenas simulássemos, ou fôssemos indolentes. Devemos adotar a convicção de que podemos mudar de um momento para outro. Afinal, se você pode criar um problema num instante, deve ser capaz também de criar uma solução! Não sabemos que as pessoas, quando finalmente mudam, é de um momento para outro? Há um instante em que a mudança ocorre. Por que não fazer com que esse instante seja *agora?* De um modo geral, é o *aprontar-se para a mudança* que exige bastante tempo. Todos já ouvimos a piada:

P: Quantos psiquiatras são necessários para trocar uma lâmpada?
R: Apenas um... mas é muito caro, leva tempo, e a lâmpada tem de querer mudar.

Bobagem! Nós temos de nos aprontar para a mudança. Temos que nos tornar nossos próprios conselheiros e condutores de nossas vidas.

A segunda convicção que devemos ter, se queremos criar uma mudança de longa duração, é a de que somos responsáveis por nossa própria mudança, e não qualquer outra pessoa. Há três convicções específicas sobre responsabilidade que uma pessoa precisa ter se quer criar uma mudança a longo prazo:

1) Temos de acreditar que "Alguma coisa tem de mudar" — não que precisa mudar, ou pode mudar, ou deve mudar, mas um ter de *mudar* absoluta. Ouço com frequência as pessoas dizerem: "Preciso me livrar desse peso", "Protelar é um péssimo hábito", "Meus relacionamentos deveriam ser melhores". Mas podemos usar todos os "deve" e "precisa", e ainda assim a vida não vai mudar! Só quando algo tem de ser é que iniciamos o processo de fazer mesmo o que é necessário para transformar nossa qualidade de vida.

2) Devemos não apenas acreditar que as coisas têm de mudar, mas também acreditar que "Eu tenho de mudá-las". Devemos considerar a *nós mesmos* como a fonte da mudança. Caso contrário, ficaremos sempre à procura de outra pessoa para fazer a mudança por nós, e sempre teremos alguém para culpar quando não der certo. Devemos ser a fonte de nossa mudança se quisermos que essa mudança dure.

3) Temos de acreditar que "Eu posso mudá-las". Sem acreditar que a mudança é possível para nós, como já analisamos no capítulo anterior, não temos a menor possibilidade de realizar nossos desejos.

Sem essas três convicções básicas, posso lhe assegurar que qualquer mudança que você efetuar sempre corre o risco de ser apenas temporária. Por favor, não me entenda mal — é sempre bom ter um grande orientador (um especialista, um terapeuta, um conselheiro, alguém que já produziu esses resultados para muitas outras pessoas) para apoiá-los nos passos necessários para dominar sua fobia, deixar de fumar ou emagrecer. Mas, em última análise, *você tem de ser a fonte de sua mudança.*

A interação que tive com o fumante recaído naquele dia me levou a formular para mim mesmo novas indagações sobre as fontes de mudança. Por que eu fora tão eficiente ao longo dos anos? O que me distinguia de outros, que haviam tentado ajudar aquelas mesmas pessoas, com a mesma intenção, mas não conseguiram obter o resultado? E quando eu tentara criar uma mudança em alguém e fracassara, o que acontecera nesse caso? O que me impedira de produzir a mudança pela qual tanto me empenhara com aquela pessoa?

Passei então a formular indagações mais amplas, como "O que realmente faz a mudança ocorrer, em qualquer forma de terapia?" Todas as terapias funcionam durante algum tempo, e todas as formas de terapia falham em outras ocasiões. Também comecei a perceber duas outras coisas interessantes: algumas pessoas procuravam terapeutas que eu não considerava dos mais habilitados, e mesmo assim conseguiam alcançar a mudança desejada, num curto período. Também constatei que outras pessoas procuravam terapeutas que eu achava excelentes, mas nem por isso eram ajudadas a obter os resultados que desejavam a curto prazo.

Depois de alguns anos a testemunhar milhares de transformações e a procurar pelo denominador comum, finalmente me ocorreu: podemos analisar nossos problemas por anos, mas *nada muda até mudarmos as sensações que vinculamos a uma experiência em nosso sistema nervoso,* e possuímos a capacidade de fazer isso depressa e com toda força, se compreendermos...

O PODER DO SEU CÉREBRO

Que magnífica dádiva com que nascemos! Aprendi que nosso cérebro pode nos ajudar a realizar praticamente qualquer coisa que desejarmos. Sua capacidade é quase incomensurável. A maioria das pessoas pouco sabe sobre a maneira como funciona, e por isso vamos focalizar por um momento esse centro incomparável de poder, e como podemos condicioná-lo para produzir de forma sistemática os resultados que desejamos em nossa vida.

Compreenda que seu cérebro aguarda ansioso cada ordem sua, pronto para executar qualquer coisa que lhe pedir. Só precisa de uma pequena quantidade de combustível: o oxigênio em seu sangue e um pouco de glicose. Em termos de complexidade e poder, o cérebro desafia até mesmo nossa mais moderna tecnologia de computador. É capaz de processar até 30 bilhões de bits de informações por segundo e possui o equivalente a 10 mil quilômetros de fios e cabos. Tipicamente, o sistema nervoso humano contém cerca de 28 bilhões de neurônios (células nervosas projetadas para conduzir impulsos). Sem neurônios, o sistema nervoso seria incapaz de interpretar as informações que recebemos por meio dos órgãos dos sentidos, incapaz de transmiti-las para o cérebro, e incapaz de cumprir as instruções do cérebro sobre o que fazer. Cada um desses neurônios é um minúsculo computador autossuficiente, capaz de processar cerca de 1 milhão de bits de informações.

Esses neurônios agem de forma independente, mas também se comunicam com outros neurônios, por meio de uma espantosa rede de 160 mil quilômetros de fibras nervosas. O poder do seu cérebro de processar informações é incrível, ainda mais se consideramos que um computador — até o computador mais rápido — só pode efetuar uma conexão de cada vez. *Em contraste, uma reação num neurônio pode espalhar-se a centenas de milhares de outros, num prazo inferior a 20 milissegundos. Para lhe dar uma perspectiva, isso representa cerca de dez vezes menos do que é preciso para piscar um olho.*

Um neurônio leva 1 milhão de vezes mais tempo para enviar um sinal do que uma típica chave de computador, mas o cérebro pode reconhecer um rosto familiar em menos de um segundo — um feito além da capacidade dos computadores mais potentes. O cérebro alcança essa velocidade porque, ao contrário do processo passo a passo do computador, seus bilhões de neurônios podem todos atacar um problema *simultaneamente.*

Assim, com todo esse poder à nossa disposição, *por que não podemos fazer com que nos sintamos felizes sempre?* Por que não podemos mudar um comportamento, como fumar ou beber, comer demais ou protelar as decisões? Por que não podemos imediatamente nos livrar da depressão, acabar com a frustração, e sentir alegria em cada dia de nossa vida? *Nós podemos!* Cada um de nós tem à disposição o mais extraordinário computador do planeta, mas infelizmente ninguém nos deu um manual para operá-lo. A maioria não tem ideia de como o cérebro funciona, e por isso tentamos *pensar* para alcançar uma mudança, quando na verdade nosso comportamento está enraizado no sistema nervoso, sob a forma de conexões físicas neurais... ou o que eu chamo de *neuroassociações.*

NEUROCIÊNCIA: SUA PASSAGEM PARA UMA MUDANÇA PERMANENTE

Contamos agora com grandes avanços em nossa capacidade de compreender a mente humana por causa de uma união entre dois campos bem diferentes: a neurobiologia (o estudo do funcionamento do cérebro) e a ciência da computação. A integração dessas ciências criou a disciplina da *neurociência.*

Os neurocientistas estudam como as neuroassociações ocorrem, e descobriram que os neurônios estão *constantemente* enviando mensagens eletroquímicas de um lado para outro, através das *pistas neurais,* não muito diferente do tráfego numa artéria movimentada. Toda essa comunicação acontece ao mesmo tempo, cada ideia ou memória se deslocando por sua própria pista, enquanto literalmente bilhões de outros impulsos viajam em direções individuais. Essa disposição nos permite pular mentalmente da lembrança do cheiro de pinheiros numa floresta depois da chuva para a melodia obsedante de um musical da Broadway, planos meticulosos para uma noite com a pessoa amada, e o tamanho e a textura excepcionais do polegar de um recém-nascido.

Não apenas esse complexo sistema nos permite desfrutar a beleza de nosso mundo, mas também nos permite sobreviver nele. *Cada vez que expe-*

rimentamos uma quantidade significativa de dor ou prazer, o cérebro procura pela causa e a registra no sistema nervoso, para permitir-nos tomar melhores decisões sobre o que fazer no futuro. Por exemplo, sem uma neuroassociação em seu cérebro para lembrá-lo de que estender a mão para o fogo o queimaria, você poderia cometer esse erro várias vezes, até ficar com uma queimadura grave. Assim, as neuroassociações prontamente fornecem ao cérebro os sinais que nos ajudam a ter acesso às memórias e manobrar em segurança ao longo da vida.

"Para a mente obtusa, toda a natureza é sombria. Para a mente iluminada, o mundo inteiro arde e faísca com luz."

— RALPH WALDO EMERSON

Quando fazemos alguma coisa pela primeira vez, *criamos uma conexão física,* um tênue fio neural que nos permite um reacesso a essa emoção ou comportamento no futuro. Pense da seguinte maneira: cada vez que repetimos o comportamento, a conexão é reforçada. Acrescentamos outro fio à conexão neural. Com repetições suficientes e intensidade emocional, podemos acrescentar muitos fios ao mesmo tempo, aumentando a força tênsil desse padrão emocional ou de comportamento, até termos uma "linha tronco" para esse comportamento ou sentimento. É quando nos sentimos compelidos a experimentar esses sentimentos, ou nos comportarmos dessa forma *sistematicamente.* Em outras palavras, essa conexão se torna o que já classifiquei de "superestrada" neural, que nos levará por um curso de comportamento automático e consistente.

Essa neuroassociação é uma realidade biológica — é física. É por isso que pensar para alcançar uma mudança é em geral ineficaz; as neuroassociações são um instrumento de sobrevivência e se acham enraizadas no sistema nervoso como conexões físicas, e não como "memórias" intangíveis. Michael Merzenich, da Universidade da Califórnia, em São Francisco, demonstrou cientificamente que quanto mais nos entregamos a qualquer padrão de comportamento, mais forte ele se torna.

Uma Complexa Rede de Pensamento

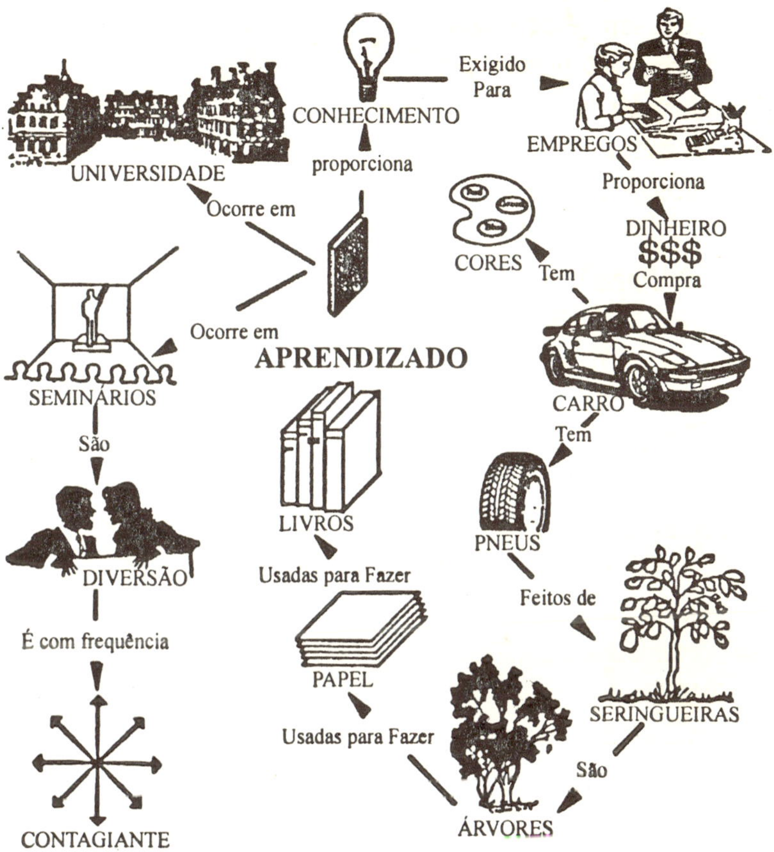

Merzenich mapeou as áreas específicas no cérebro de um macaco que eram ativadas quando um determinado dedo da mão do macaco era tocado. Depois, treinou esse macaco a usar esse dedo de forma predominante, a fim de ganhar comida. Quando Merzenich tornou a mapear as áreas ativadas pelo contato no cérebro do macaco, descobriu que a área reagindo aos sinais desse uso aumentado do dedo se expandira em tamanho quase *600 por cento*! Agora, o macaco persistia no comportamento mesmo quando não era mais recompensado, porque a pista neural se consolidara.

Uma ilustração disso no comportamento humano pode ser a de uma pessoa que não mais gosta de fumar, mas ainda sente uma compulsão em fazê-lo. Por quê? Essa pessoa se encontra fisicamente "ligada" a fumar. Isso explica por que você pode ter achado difícil criar uma mudança em seus padrões emocionais ou comportamentos no passado. Não tinha apenas um "hábito" — criara uma rede de fortes neuroassociações dentro de seu sistema nervoso.

Desenvolvemos essas neuroassociações de forma inconsciente, permitindo-nos emoções ou comportamentos numa base sistemática. Cada vez que você se entrega à emoção da raiva ou ao comportamento de gritar com uma pessoa amada, reforça a conexão neural e aumenta a probabilidade de fazer isso de novo. A boa notícia é a seguinte: a pesquisa também demonstrou que, quando o macaco foi forçado a parar de usar o dedo, a área do cérebro em que eram efetuadas essas conexões neurais começou a *encolher no tamanho,* e assim a neuroassociação enfraqueceu.

O que é uma grande notícia para aqueles que querem mudar seus hábitos! Se você *parar de se entregar* a um comportamento ou a uma emoção específica por tempo suficiente, se *interromper seu padrão* de usar a pista antiga por um período bastante longo, a conexão neural vai enfraquecer e atrofiar. Assim também desaparece o comportamento ou padrão emocional enfraquecedor. Devemos ainda lembrar que, se você não usar sua paixão, ela vai definhar. Não se esqueça: a coragem sem uso diminui. O empenho sem exercício murcha. O amor não partilhado se dissipa.

"Não é suficiente ter uma boa mente: o principal é usá-la bem."

— RENÉ DESCARTES

O que a ciência do Condicionamento Neuroassociativo oferece são seis passos projetados para mudar o comportamento pelo rompimento de padrões que o enfraquecem. Primeiro, no entanto, devemos compreender como o cérebro efetua uma neuroassociação. *Em qualquer momento em que você expe-*

rimenta quantidades significativas de dor ou prazer, seu cérebro no mesmo instante procura pela causa. Usa os três critérios seguintes:

1. O cérebro procura por algo que pareça ser singular. Para reduzir as causas prováveis, o cérebro tenta distinguir algo que seja excepcional às circunstâncias. Parece lógico que, se você está tendo sentimentos fora do normal, então deve haver uma causa fora do normal.

2. O cérebro procura por algo que pareça estar ocorrendo simultaneamente. Isto é conhecido nos círculos de psicologia como a Lei da Recenticidade. Não faz sentido que algo que ocorre no momento (ou na proximidade) de intenso prazer ou dor seja a causa provável dessa sensação?

3. O cérebro procura por coerência. Se você sente dor ou prazer, seu cérebro começa no mesmo instante a registrar o que é diferente ao redor, e está acontecendo ao mesmo tempo. Se o elemento que atende a esses dois critérios também parece ocorrer de forma *consistente* sempre que você sente essa dor ou prazer, pode ter certeza de que o cérebro vai determinar que se trata da causa. O problema neste caso é que tendemos a generalizar sobre a consistência quando sentimos bastante dor ou prazer. Tenho certeza de que alguém já lhe disse "Você *sempre* faz isso" depois que fez algo pela primeira vez. Talvez até você já tenha dito isso a si mesmo.

Como os três critérios para a formação de neuroassociações são tão imprecisos, é muito fácil cair em interpretações erradas e criar o que eu chamo de *falsas neuroassociações.* É por isso que devemos avaliar os vínculos antes que se tornem uma parte de nosso processo inconsciente de tomada de decisões. *Muitas vezes culpamos a causa errada, e assim nos fechamos a possíveis soluções.* Conheci uma mulher, uma artista bem-sucedida, que há 12 anos não tinha um relacionamento com um homem. Ela era bastante apaixonada em tudo o que fazia; e era isso o que a tornava uma artista excepcional. Mas quando seu relacionamento terminou, experimentou uma dor enorme, e o cérebro no mesmo instante procurou pela causa — procurou por algo que fosse *específico* daquele relacionamento.

O cérebro registrou que o relacionamento fora dos mais apaixonados. Em vez de identificar isso como uma das partes mais bonitas do relacionamento, ela começou a pensar que fora a *razão* para seu término. O cérebro também procurou por algo *simultâneo* à dor; outra vez registrou que houvera muita paixão pouco antes de acabar. Quando ele procurou por algo que fosse *consistente,* outra vez a paixão foi determinada como a culpada. Como a paixão atendia a todos os três critérios, o cérebro concluiu que devia ter sido o motivo para que o relacionamento findasse em dor.

Vinculando isso como a causa, ela resolveu que nunca mais sentiria aquele nível de paixão num relacionamento. É um exemplo clássico de uma falsa neuroassociação. Ela vinculara uma falsa causa, e isso guiava agora seus comportamentos e frustrava o potencial para um relacionamento melhor no futuro. O verdadeiro culpado pelo fracasso do relacionamento era o fato de ela e seu parceiro terem valores e normas diferentes. Mas como ela vinculava dor à sua paixão, evitava-a a qualquer custo, não apenas nos relacionamentos, mas também em sua arte. A qualidade de toda a sua vida começou a sofrer. Este é um perfeito exemplo das maneiras estranhas pelas quais às vezes nos sintonizamos; devemos compreender como o cérebro formula associações, e questionar muitas dessas conexões aceitas e que podem estar limitando nossa vida. Caso contrário, estamos fadados, em nossa vida pessoal e profissional, a nos sentirmos irrealizados e frustrados.

UMA FONTE DE AUTOSSABOTAGEM

Ainda mais insidiosas são as *neuroassociações mistas,* a clássica fonte de autossabotagem. Se você alguma vez já se descobriu a começar a fazer alguma coisa, para em seguida destruir tudo, saiba que em geral pode encontrar a culpa nas neuroassociações mistas. Talvez sua empresa estivesse avançando aos arrancos, prosperando num dia, para se arrebentar no seguinte. Qual é o problema? É um caso de associar dor e prazer à mesma situação.

Um exemplo com que muitas pessoas podem se relacionar é o dinheiro. Em nossa cultura, temos associações confusas demais com a riqueza. Não pode haver a menor dúvida de que as pessoas querem dinheiro. Acham que lhes proporcionaria mais liberdade, mais segurança, uma oportunidade de contribuir, uma oportunidade de viajar, aprender, crescer, fazer diferença. Ao mesmo tempo, porém, a maioria das pessoas jamais escala acima de um certo nível de ganhos, porque no fundo associam ter dinheiro em "excesso" a uma porção de coisas negativas. Associam à ganância, a ser julgado, à tensão, com imoralidade ou falta de espiritualidade.

Um dos primeiros exercícios que peço às pessoas para fazerem, em meus seminários de Destino Financeiro™ (Financial Destiny™) é determinar todas as associações positivas que têm com a riqueza, assim como as negativas. No lado positivo, anotam coisas como liberdade, luxo, contribuição, felicidade, segurança, viagem, oportunidade e fazer diferença. Mas no lado negativo (que em geral tem mais coisas) anotam coisas como brigas conjugais, tensão, culpa, noites insones, esforço intenso, ganância, superficialidade e complacência, serem julgadas, impostos. Pode notar uma diferença de intensidade entre os dois conjuntos de neuroassociações? Em sua opinião, qual o que desempenha um papel maior em sua vida?

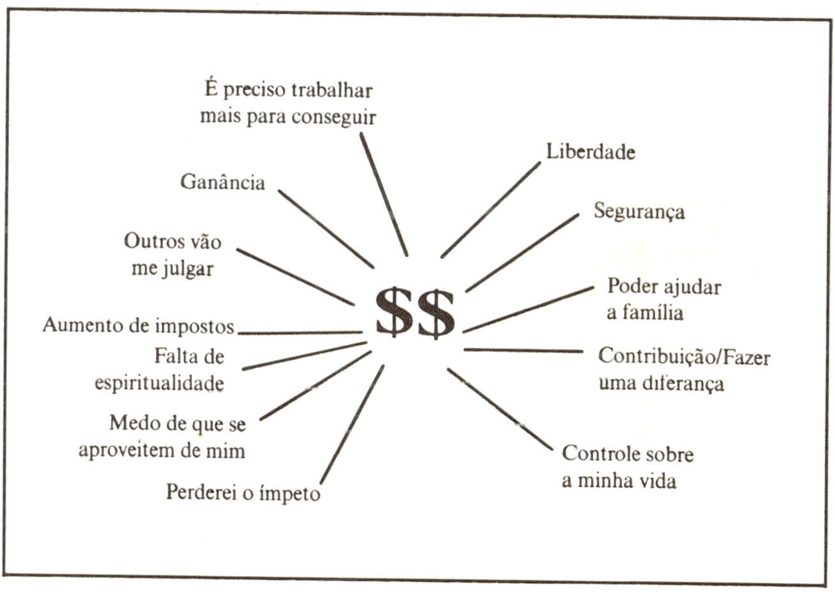

Quando você está decidindo o que fazer, se seu cérebro não tem um sinal claro do que equivale a dor e do que equivale a prazer, entra em sobrecarga e fica confuso. Em consequência, você perde o ímpeto e o poder de tomar ações decisivas que poderiam lhe proporcionar o que deseja. *Quando você transmite ao cérebro mensagens confusas, vai obter resultados confusos.* Pense no processo de tomar decisões do cérebro como se fosse uma balança:

"Se eu fizesse isso, haveria dor ou prazer?" E lembre-se de que o importante não é apenas o número de fatores em cada lado, mas também o peso de cada um. É possível que você tenha mais associações agradáveis do que dolorosas em relação ao dinheiro, mas se apenas uma das associações negativas for muito intensa, então essa falsa neuroassociação pode liquidar sua capacidade de obter sucesso financeiro.

A BARREIRA DOR-DOR

O que acontece quando você chega a um ponto em que sente que haverá dor, não importa o que faça? Muitas vezes, quando isso ocorre, ficamos imobilizados — não sabemos o que fazer. De um modo geral, optamos pelo que acreditamos ser a alternativa menos dolorosa. Algumas pessoas, no entanto, permitem que essa dor as domine por completo e experimentam o desamparo adquirido.

Usar os seis passos do NAC vai ajudá-lo a interromper esses padrões enfraquecedores. Você criará cursos alternativos, e com isso não vai apenas "desejar" o fim de um comportamento indesejável, ou a sua superação a curto prazo, mas estará na verdade se ressintonizando para sentir e se comportar de uma forma coerente com suas novas e fortalecedoras opções. Sem mudar aquilo a que vincula dor e prazer no sistema nervoso, nenhuma mudança vai perdurar.

Depois de ler e compreender os seis passos seguintes, eu o conclamo a escolher uma coisa que quer mudar em sua vida imediatamente. Entre em ação, seguindo cada uma das etapas que vai aprender agora. Não se limite apenas a ler o capítulo seguinte, mas *promova mudanças* em decorrência de sua leitura. Vamos começar por aprender...

6

Como mudar qualquer coisa em sua vida: A ciência do Condicionamento Neuroassociativo™

"O início de um hábito é como um fio invisível, mas, a cada vez que o repetimos, o ato reforça o fio, acrescenta-lhe outro filamento, até que se torna um enorme cabo e nos prende de forma irremediável no pensamento e ação."

— Orison Swett Marden

Se queremos mudar nosso comportamento, só há uma maneira eficaz de fazê-lo: devemos vincular sensações insuportáveis e imediatas de dor a nosso antigo comportamento e sensações incríveis e imediatas de prazer ao novo. Pense a respeito da seguinte maneira: todos nós, com a experiência da vida, adquirimos determinados padrões de pensamento e comportamento para nos livrarmos da dor e alcançarmos o prazer. Todos experimentamos emoções como tédio, frustração, raiva ou sufoco, e desenvolvemos estratégias para acabar com esses sentimentos. Algumas pessoas usam as compras; outras usam a comida; algumas usam o sexo; algumas usam drogas; algumas usam o álcool; algumas usam gritar com os filhos. Sabem, de forma consciente ou inconsciente, que esse caminho neural vai aliviar a dor e levá-las para algum nível de prazer no momento.

Qualquer que seja a estratégia, se pretendemos mudar, devemos passar por seis etapas, os seis passos simples que terão como resultado a descoberta de um meio mais direto e fortalecedor de se livrar da dor e alcançar o prazer, meios que serão mais eficazes e melhores. Esses seis passos do NAC lhe mostrarão como criar um caminho direto para sair da dor e chegar ao prazer, sem desvios enfraquecedores. São os seguintes:

PASSO UM

Decida o que você realmente quer e o que o impede de ter agora

Você ficaria surpreso se soubesse quantas pessoas me procuravam para um trabalho terapêutico particular, e quando eu lhes perguntava o que queriam, passavam vinte minutos me dizendo o que não queriam, ou relatando as coisas que não mais desejavam experimentar. Temos de nos lembrar que obtemos o que focalizamos na vida. Se insistimos em focalizar o que não queremos, teremos mais disso. *O primeiro passo para criar qualquer mudança é decidir o que você de fato quer, a fim de ter algo para o qual avançar.* Quanto mais específico puder ser a respeito do que você quer, mais clareza terá, e mais poder vai dispor para alcançar o que quer mais depressa.

Também devemos aprender o que nos impede de ter o que queremos. Invariavelmente, o que nos impede de efetuar a mudança é o fato de vincularmos mais dor a promover uma mudança do que a permanecer onde estamos. Ou temos uma convicção como "Se eu mudar, terei dor", ou tememos o desconhecido que a mudança pode acarretar.

PASSO DOIS

Use uma alavanca: associe uma dor intensa a não mudar agora, e um prazer imenso à experiência da mudança agora!

A maioria das pessoas sabe que deseja mesmo mudar, mas não é capaz de fazê-lo! *A mudança em geral não é uma questão de capacidade; é quase sempre uma questão de motivação.* Se alguém aponta um revólver para a nossa cabeça e diz: "É melhor você sair desse estado de depressão, e comece a se sentir feliz agora", aposto que qualquer um de nós poderia encontrar um meio de mudar o estado emocional no momento, nessas circunstâncias.

Mas o problema, como eu já disse, é que a mudança muitas vezes é um *deve,* e não um *tem de ser.* Ou é um tem de ser, só que para "um dia desses". *A única maneira de efetuar uma mudança agora é criar um senso de urgência tão intenso que somos compelidos a seguir em frente.* Se queremos criar a mudança, temos de compreender que não se trata de uma questão se *podemos fazê-lo,* mas sim se o *faremos.* Se faremos ou não depende do nível de motivação, o que por sua vez depende dos poderes gêmeos que moldam nossa vida, a dor e o prazer.

Cada mudança que você realizou em sua vida é o resultado da mudança das neuroassociações sobre o que significa dor e o que significa prazer. Com bastante frequência, porém, temos dificuldades para mudar porque temos emoções mistas sobre a mudança. Por um lado, queremos mudar. Não queremos adquirir câncer por fumar. Não queremos perder os relacionamentos pessoais por causa de nosso temperamento explosivo. Não queremos que nossos filhos se sintam rejeitados porque somos rigorosos demais com eles. Não queremos nos sentir deprimidos pelo resto de nossas vidas por causa de alguma coisa que aconteceu no passado. Não queremos mais nos sentir como vítimas.

Por outro lado, tememos a mudança. Especulamos: "E se eu parar de fumar e morrer de câncer de qualquer maneira, depois de renunciar ao prazer que o cigarro me proporcionava?" Ou: "E se eu perder esse sentimento negativo em relação ao estupro, e me acontecer de novo?" Temos *emoções mistas,* em que ligamos tanto a dor quanto o prazer à mudança, o que deixa o cérebro indeciso sobre o que fazer e nos impede de utilizar os plenos recursos de que dispomos para promover o tipo de mudanças que poderiam literalmente ocorrer de um momento para outro, se cada fibra de nosso ser estivesse empenhada.

Como invertemos essa situação? Uma das coisas que faz praticamente qualquer pessoa dar uma virada é alcançar um *limiar da dor*. Significa experimentar dor num nível tão intenso que você sabe que *tem de mudar agora* — um ponto em que seu cérebro diz: "Já chega; não posso mais passar outro dia, nem sequer um momento, vivendo ou me sentindo assim."

Você já experimentou isso num relacionamento pessoal, por exemplo? Persistia, era doloroso, não se sentia feliz, mas continuava mesmo assim. Por quê? Racionalizou que ia melhorar, sem fazer nada para que melhorasse. Se sentia tanta dor, por que não foi embora? Embora fosse infeliz, o medo do desconhecido era uma força motivadora ainda maior. "É verdade, sou infeliz agora", você pode ter pensado, "mas o que aconteceria se eu deixasse essa pessoa e nunca mais encontrasse outra? Pelo menos sei como lidar com a dor que sinto agora".

É esse tipo de pensamento que impede as pessoas de efetuarem mudanças. Um dia, porém, a dor de permanecer no relacionamento negativo se tornou maior do que o medo do desconhecido, e assim você alcançou o limiar e promoveu a mudança. Talvez tenha feito a mesma coisa com seu corpo, quando finalmente decidiu que não poderia passar mais um dia sem tomar uma providência em relação a seu excesso de peso. É possível que a experiência que o levou a isso tenha sido o fracasso em conseguir espremer-se na seu *jeans* predileto, ou a sensação das coxas grossas roçando uma na outra ao subir uma escada! Ou apenas a visão das dobras de excesso de carne pendendo para o lado do corpo!

A DIETA ESPECIAL

Uma mulher que compareceu a um seminário recente me contou a estratégia infalível que desenvolvera para se livrar dos quilos indesejáveis. Ela e uma amiga assumiram várias vezes o compromisso de emagrecer, mas sempre fracassavam no cumprimento da promessa. As duas acabaram chegando a um ponto em que emagrecer era imperativo. Baseadas no que lhes ensinei, precisavam de alguma alavanca para superar o impasse. Precisavam dar um jeito para que o não cumprimento da promessa fosse mais doloroso do que qualquer outra coisa que pudessem imaginar.

Decidiram assumir o compromisso uma com a outra, e com um grupo de amigas, de que, se falhassem desta vez, cada uma teria de comer uma lata inteira de carne para cachorro! Para evitar qualquer anseio, essas duas mulheres de iniciativa contaram a todo mundo e mantinham as latas bem à vista, em todas as ocasiões, como um constante lembrete. Ela me contou que, quando sentiam pontadas de fome, pegavam a lata e liam o rótulo. Com "pedaços de carne de cavalo" entre os ingredientes, as duas logo descobriram que não era tão difícil assim cumprir a promessa. Alcançaram o objetivo sem problemas!

Uma alavanca é um artifício que utilizamos para levantar ou deslocar uma tremenda carga, o que não poderíamos fazer de outra forma. A alavanca é absolutamente crucial para criar qualquer mudança, para você se libertar de fardos de comportamento como fumar, beber, comer demais, praguejar, ou de padrões emocionais, como depressão, preocupação, medo, sentir-se inadequado... pode escolher. A mudança exige mais do que apenas estabelecer o conhecimento de que você deve mudar. É o conhecimento ao nível emocional mais profundo e sensorial mais básico do que você *tem* de mudar. Se já tentou muitas vezes promover uma mudança e fracassou, isso significa apenas que *o nível de dor por fracassar na mudança não é bastante intenso.* Você não alcançou o limiar, a suprema alavanca.

Quando eu fazia terapia particular, era imperativo que encontrasse o ponto de maior pressão de alavanca, a fim de ajudar as pessoas a efetuarem numa única sessão as mudanças que anos de terapia não haviam conseguido promover. Iniciava cada sessão com a declaração de que não podia trabalhar com alguém que não estivesse disposto a mudar agora. Um dos motivos era o fato de que eu cobrava 3 mil dólares por sessão, e não queria que as pessoas investissem seu dinheiro se não fossem capazes de obter os resultados que desejavam *hoje, nesta única sessão.* Muitas vezes, essas pessoas haviam voado de outras partes do país. A perspectiva de que eu os mandasse de volta sem cuidar do problema motivava os clientes a passarem pelo menos meia hora me convencendo de que estavam de fato empenhados, e fariam qualquer coisa para mudar agora. Com esse tipo de alavanca, criar a mudança tornava-se uma coisa lógica. Para parafrasear o filósofo Nietzsche: "Aquele que tem um porquê bastante forte pode suportar quase que qualquer como." Descobri que vinte por cento de qualquer mudança é saber *como;* mas oitenta por cento é saber *por quê.* Se reunirmos um conjunto bastante forte de razões para mudar, podemos mudar em um *minuto* algo que levamos anos sem conseguir mudar.

"Dê-me uma alavanca bastante comprida e um ponto de apoio bastante forte, e sozinho moverei o mundo."

— ARQUIMEDES

O maior sistema de alavanca que você pode criar para si mesmo é a dor que vem do interior, não a externa. Saber que não conseguiu corresponder aos padrões que fixou para sua vida é a dor suprema. Se não conseguimos agir de acordo com a visão que temos de nós mesmos, se nossos comportamentos são incoerentes com nossos padrões — com a identidade que nos atribuímos —, então o abismo entre as ações e o que somos nos leva a promover uma mudança.

O sistema de alavanca criado pela verificação de uma incoerência entre os padrões de alguém e seu comportamento pode ser extremamente eficaz para levá-lo à mudança. Não é apenas a pressão aplicada pelo mundo exterior, mas também a pressão acumulada por dentro. *Uma das forças mais vigorosas na personalidade humana é o ímpeto para preservar a integridade de nossa identidade.*

O motivo pelo qual tantos de nós parecem contradições ambulantes é o fato de que nunca reconhecemos as incoerências pelo que são. Se você quer ajudar alguém, não vai promover esse tipo de alavanca se apontar seus erros ou mostrar como é incoerente, mas sim fazendo perguntas que levam a pessoa a compreender por si mesma suas incoerências. É uma alavanca muito mais poderosa do que atacar alguém. Se você tentar exercer apenas uma pressão externa, a pessoa vai reagir, mas é quase impossível resistir à pressão interna.

Esse tipo de pressão é um instrumento valioso para usar em você mesmo. A complacência gera a estagnação; a menos que esteja extremamente insatisfeito com seu atual padrão de comportamento, você não será motivado a promover as mudanças necessárias. Vamos encarar a verdade: o animal humano reage à pressão.

Então por que alguém não muda quando sente e sabe que deve mudar? *É que as pessoas associam mais dor a promover a mudança do que a não mudar.* Para mudar alguém, inclusive a nós mesmos, devemos simplesmente inverter isso, para que *não* mudar se torne doloroso demais (doloroso além do limite de tolerância), e a ideia de mudança seja atraente e agradável!

Para obter a pressão de alavanca genuína, faça a si mesmo *perguntas que induzem a dor:* "O quanto vai me custar se eu *não* mudar?" A maioria das pessoas permanece ocupada demais a avaliar o preço da mudança. Mas qual é o preço de não mudar? "Em última análise, o que faltará em minha vida se eu não efetuar a mudança? O quanto já me custa, em termos mentais, emocionais, físicos, financeiros, espirituais?" Faça com que a dor de não mudar lhe pareça tão real, intensa e imediata que não poderá adiar a ação por mais tempo.

Se isso não criar bastante força de alavanca, então focalize como isso afeta as pessoas que você ama, seus filhos, parentes, amigos. Muitas pessoas fazem mais pelos outros do que por si mesmas. Assim, projete com os detalhes mais nítidos como o seu fracasso em mudar terá um impacto negativo sobre as pessoas que lhe são mais caras.

O segundo passo é usar as *perguntas de associação de prazer* para ajudá-lo a vincular essas sensações positivas à ideia de mudança. "Se eu mudar, como isso fará com que me sinta em relação a mim mesmo? Que tipo de impulso poderia criar se mudasse isso em minha vida? Que outras coisas poderia realizar se efetuasse essa mudança hoje? Como minha família e meus amigos vão se sentir? O quanto serei mais feliz agora?"

A chave é obter *muitas razões,* ou melhor ainda, *razões bastante fortes,* para que a mudança ocorra *imediatamente,* não em um dia qualquer do futuro. Se você não se sentir compelido a promover a mudança agora, então não terá uma autêntica alavanca.

Agora que você já vinculou a dor por não mudar seu sistema nervoso, e o prazer por efetuar a mudança, é impelido a criar uma mudança, e pode passar para o terceiro passo do NAC...

PASSO TRÊS

Interrompa o padrão limitador

A fim de nos sentirmos sistematicamente de uma determinada maneira, desenvolvemos padrões característicos de pensamento, focalizando as mesmas imagens e ideias, formulando para nós as mesmas perguntas. O problema é que a maioria das pessoas deseja um resultado, mas continua a agir da mesma maneira. Ouvi uma ocasião que a definição de insanidade é "fazer sempre as mesmas coisas, e esperar um resultado diferente".

Por favor, não me entenda mal. Não há nada de errado em você; não precisa ser "consertado". (E sugiro que evite qualquer pessoa que use essas metáforas para descrevê-lo!) Os recursos de que precisa para mudar qualquer coisa em sua vida estão *dentro de você neste momento.* Acontece apenas que possui um conjunto de neuroassociações que habitualmente o levam a não aproveitar toda a sua capacidade. O que você deve fazer é reorganizar seus caminhos neurais, a fim de que o guiem de uma forma sistemática na direção de seus desejos, em vez de suas frustrações e medos.

A fim de obter novos resultados em nossa vida, não basta apenas saber o que queremos e ter uma alavanca apropriada. Podemos estar muito motivados à mudança, mas se continuamos a fazer as mesmas coisas, a manter os mesmos padrões impróprios, nossa vida não vai mudar, e só experimentaremos mais e mais dor e frustração.

Já reparou numa mosca aprisionada numa sala? Procura de imediato pela claridade, por isso voa para a janela, bate contra o vidro muitas e muitas vezes, até por horas a fio. Já notou que as pessoas também fazem isso? Estão motivadas para a mudança; e têm uma alavanca poderosa. Mas nem toda a motivação do mundo será capaz de ajudar se você tentar escapar por meio de uma janela fechada. Tem de mudar seu curso. A mosca só tem uma chance se recuar e procurar por outra saída.

Se mantivermos o mesmo padrão antigo, obteremos os mesmos resultados antigos. Os discos criam sempre os mesmos sons por causa de seu padrão, o sulco contínuo em que os sons foram codificados. Mas o que aconteceria se um dia eu pegasse seu disco e usasse uma agulha para arranhá-lo de um lado para outro, dezenas de vezes? Se eu fizer isso com bastante força, haverá um ponto em que o padrão será interrompido tão fundo que o disco nunca mais tocará da mesma forma. Assim também a simples interrupção do padrão de comportamento ou emoção limitadores de alguém pode mudar completamente sua vida, porque às vezes também cria uma força de alavanca, e só com esses dois passos se pode mudar quase tudo. Os passos adicionais do NAC são apenas um meio de fazer com que as mudanças *durem,* e lhe permitir desenvolver novas opções, agradáveis e fortalecedoras.

Criei um curioso padrão de interrupção, em um dos meus seminários de três dias de Poder Ilimitado™ (Poder sem Limites™), em Chicago. Um homem alegou que queria se livrar do seu hábito de comer chocolate, mas ficou patente para mim que ele recebia muito prazer de sua identidade como um "viciado em chocolate". Até usava uma camisa com a frase "Eu quero o mundo, mas me contentarei comendo chocolate". Era uma prova incontestável de que aquele homem, embora pudesse ter o desejo de parar de comer chocolate, também tinha muito "ganho secundário" para manter o hábito.

Às vezes as pessoas querem criar mudança, porque um comportamento ou padrão emocional lhes cria dor. Mas podem também extrair um benefício da própria coisa que tentam mudar. Se uma pessoa fica doente, por exemplo, e de repente todos a envolvem, dispensando a maior atenção, pode descobrir que a doença não cura tão depressa quanto deveria. Ao mesmo tempo em que deseja superar a dor, pode também querer, inconscientemente, mais do prazer de saber que os outros se importam.

Você pode fazer tudo direito, mas se o ganho secundário for muito forte, vai se descobrir voltando aos meios antigos. Alguém com um ganho secundário tem emoções mistas sobre a mudança. Diz que quer mudar, mas com frequência acredita subconscientemente que manter o antigo comportamento ou padrão emocional lhe proporciona algo que não poderia obter de outra forma. Assim, não se mostra disposto a renunciar à depressão, embora isso seja doloroso. Por quê? Porque a depressão atrai atenção, por exemplo. A pessoa não quer se sentir deprimida, mas quer desesperadamente atrair atenção. Ao final, a necessidade de atenção prevalece, e ela permanece deprimida. A necessidade de atenção é apenas uma forma de ganho secundário. A fim de resolver isso, temos de oferecer à pessoa uma alavanca bastante poderosa para que promova a mudança, mas também devemos indicar um novo caminho para atender às suas necessidades.

Tenho certeza de que aquele homem sabia, em algum nível, que precisava se livrar do hábito de comer chocolate, mas também tenho certeza de que ele sabia que podia usar essa oportunidade para atrair atenção. Sempre que há um ganho secundário envolvido, é preciso aumentar a pressão da alavanca; por isso, concluí que um padrão de interrupção intenso criaria o impulso necessário, e lhe disse:

— Declara que está disposto a renunciar ao chocolate. Isso é ótimo. Só há uma coisa que eu quero que faça antes de eliminarmos o antigo padrão para sempre.

— Que coisa? — perguntou ele.

— Para deixar seu corpo nas condições certas, durante os próximos nove dias você não deve comer *qualquer outra coisa além de chocolate.* Só chocolate pode passar por seus lábios.

As pessoas na audiência começaram a rir, e o homem me fitou com uma expressão indecisa.

— Posso beber alguma coisa? — indagou ele.

— Pode beber água. Quatro copos por dia... mas isso é tudo. O resto será chocolate.

Ele deu de ombros, sorriu.

— Muito bem, Tony, se é isso o que você quer. Posso fazer isso sem mudar. E vou detestar fazê-lo bancar o tolo.

Limitei-me a sorrir, e continuei com o seminário. Vocês deviam ter visto o que aconteceu em seguida! Como que por magia, dezenas de barras de chocolate e bombons surgiram dos bolsos, pastas e bolsas das pessoas, e foram entregues a ele. No intervalo para o almoço, ele estava inundado por todo o chocolate que havia naquele auditório. Encontrou-se comigo no saguão.

— Obrigado, Tony! — disse ele, enquanto abria uma barra de chocolate e a metia na boca. — Isso vai ser maravilhoso!

O homem estava determinado a me "vencer". Só que não percebia que não era comigo que estava competindo... mas consigo mesmo! Eu apenas recrutava seu corpo como um aliado para obter a alavanca necessária e romper seu padrão.

Você sabe até que ponto o açúcar deixa uma pessoa com sede? Ao final do dia, a garganta do homem estava ressequida... e ele perdera a paixão por chocolate, enquanto as pessoas continuavam a lhe oferecer mais e mais barras e bombons. No segundo dia, ele já perdera o senso de humor, mas ainda não se mostrava disposto a ceder. Insisti para que comesse mais um pouco de chocolate; ele desembrulhou uma barra, fitando-me com uma expressão furiosa.

Na terceira manhã, ao entrar no auditório, ele parecia um homem que passara a noite inteira em suplício.

— Como foi o desjejum? — indaguei.

— Não muito bom — admitiu ele, no maior desânimo.

— Coma mais um pouco.

Ele pegou outra barra de chocolate que alguém sentado atrás lhe estendeu, mas não a abriu, nem sequer olhou.

— Qual é o problema? Não aguenta mais?

O homem acenou com a cabeça, e eu insisti:

— Ora, coma mais um pouco! Afinal, chocolate não é a melhor coisa do mundo? Que tal um chocolate crocante? Ou uma caixa de bombons com nozes? Não pode sentir o gosto? Não sente a boca aguada?

Quanto mais eu falava, mais verde ele se tornava.

— Vamos, pode comer!

Ele acabou explodindo:

— VOCÊ NÃO PODE ME OBRIGAR!

A audiência desatou a rir, enquanto o homem percebia o que dissera.

— Muito bem, jogue o chocolate fora, e sente-se.

Mais tarde, ajudei-o a selecionar alternativas fortalecedoras ao chocolate, abrindo-lhe novos e mais fortalecedores caminhos para o prazer, que não exigiam que consumisse algo que ele sabia que não era bom para seu organismo. Aprofundei o trabalho, condicionando as novas associações e ajudando-o a substituir o vício antigo por uma variedade de comportamentos saudáveis: respiração de poder, exercícios, alimentos ricos em água, combinações de alimentos apropriados, e assim por diante.*

Eu criara uma alavanca para esse homem? Pode apostar que sim! Se você pode causar dor ao corpo de alguém, isso é uma alavanca inegável. A pessoa faz qualquer coisa para se livrar da dor e alcançar o prazer. Ao mesmo tempo, consegui romper seu padrão. Todos os outros tentavam fazer com que ele *parasse* de comer chocolate. Eu exigi que ele *comesse!* Era algo que ele nunca esperara, e foi uma tremenda interrupção em seu padrão. O homem passou a vincular sensações tão dolorosas à ideia de comer chocolate que um novo caminho neural surgiu de um momento para outro, e o "curso do bombom" anterior foi destruído além de qualquer possibilidade de reconhecimento.

Quando eu conduzia terapias particulares, as pessoas me procuravam, sentavam em meu consultório e começavam a me contar qual era o seu problema. Diziam: "Meu problema é...", e depois desatavam a chorar, perdendo o controle. Assim que isso acontecia, eu me levantava, e gritava "COM LICENÇA!" As pessoas tinham um sobressalto, e eu acrescentava: "Ainda nem começamos!" Em geral respondiam: "Oh, desculpe!" No instante seguinte, mudavam o estado emocional, recuperavam o controle. Era puro histerismo. Aquelas pessoas que achavam que não tinham controle sobre suas vidas demonstravam logo que já sabiam exatamente como mudar o que sentiam!

---

* Descubra mais sobre esses princípios em meu seminário de Saúde Viva, ou leia *Poder sem limites*, Capítulo 10, "Energia: O Combustível da Excelência".

Uma das melhores maneiras de interromper o padrão de alguém é fazer coisas que a pessoa não espera, coisas que são radicalmente diferentes de tudo o que já experimentaram antes. Pense em alguns meios de interromper seus próprios padrões. Tire um momento para pensar em alguns dos meios mais agradáveis e vigorosos para interromper um padrão de se sentir frustrado, preocupado ou sufocado.

Na próxima vez em que começar a se sentir deprimido, levante-se de um pulo, olhe para o céu, e grite no seu tom mais idiota: "ALELUIA! Meus pés não estão fedendo hoje!" Uma ação tola como essa vai desviar sua atenção, mudar seu estado, e com certeza alterar o estado de todos ao seu redor, quando as pessoas perceberem que você não está mais deprimido... apenas enlouqueceu!

Se você come demais, numa base regular, e quer parar, eu lhe darei uma técnica que vai funcionar, sem a menor sombra de dúvida, se estiver disposto a se empenhar. Na próxima vez em que se descobrir comendo demais num restaurante, levante-se de um pulo, recue dois ou três passos, aponte para sua cadeira, e grite o mais alto que puder: "PORCO!" Garanto que se fizer isso três ou quatro vezes, à vista de uma porção de pessoas, nunca mais vai comer demais! Passará a vincular uma dor intensa a esse comportamento. Basta se lembrar de uma coisa: quanto mais clamorosa for sua maneira de romper um padrão, mais eficaz será.

Uma das distinções fundamentais para se interromper um padrão é a necessidade de fazê-lo no momento em que o padrão se torna recorrente. Interrupções de padrões nos acontecem todos os dias. Quando você diz: "Acabei de perder a seqüência de pensamento", está indicando que algo ou alguém interrompeu seu padrão de concentração. Alguma vez já esteve profundamente absorvido numa conversa com um amigo, alguém interrompeu-o por um momento, e depois você retomou o diálogo especulando: "Onde é mesmo que estávamos?" Claro que isso já lhe aconteceu, e é um exemplo clássico de interrupção de padrão.

Basta se lembrar que, se queremos criar uma mudança, e aprendemos no passado a obter prazer de um curso indireto, que inclui uma série de conseqüências negativas, precisamos romper esse padrão. Precisamos desmontá-lo além do reconhecimento, encontrar um novo padrão (esse é o passo seguinte) e condicioná-lo várias vezes, até que se torne o enfoque consistente.

COMO ROMPER PADRÕES LIMITADORES DE SENTIMENTO E AÇÃO

Com frequência é verdade que interromper um padrão muitas vezes pode mudar praticamente qualquer pessoa. Uma maneira simples de romper um padrão é *distorcer as sensações* que vinculamos às nossas memórias. A única razão para ficarmos transtornados é o fato de representarmos as coisas em nossas mentes de uma determinada maneira. Por exemplo, se seu chefe grita com você e mentalmente reconstitui a experiência pelo resto do dia, imaginando-o a gritar de novo, muitas e muitas vezes, vai se sentir cada vez pior. Por que permitir que a experiência continue a afetá-lo? Por que não pegar o registro em sua mente, e riscá-lo tantas vezes que não mais será capaz de experimentar aqueles sentimentos? Talvez até você possa fazer com que isso se torne divertido!

Experimente isso agora, fazendo o seguinte: pense numa situação que o faz se sentir triste, frustrado, ou furioso. Agora, faça os dois primeiros passos do NAC, que já analisamos. Se você se sente mal agora por causa da situação, como gostaria de ser capaz de se sentir? Por que quer se sentir assim? São as sensações que vinculou a essa situação que o impedem de se sentir como deseja. Não seria maravilhoso se pudesse se sentir bem? Agora, aplique em si mesmo alguma pressão de alavanca. Se não mudar como se sente em relação à situação, como continuará a se sentir? Muito mal, posso apostar! Quer pagar esse preço e carregar sempre essas sensações negativas em relação à pessoa ou situação? Se pudesse mudar agora, não se sentiria melhor?

O PADRÃO DE DISTORÇÃO

Você já dispõe de alavanca suficiente; agora, distorça os padrões enfraquecedores, até que não mais aflorem. Depois de ler isto, dê os passos seguintes:

1) Veja em sua mente a situação que tanto o incomodava. Projete-a como se fosse um filme. Não fique transtornado com isso; apenas assista uma vez registrando tudo o que aconteceu.

2) Transforme a experiência num desenho animado. Acomode-se em sua cadeira, com um sorriso largo e tolo, respire fundo, e projete a imagem de trás para a frente, o mais depressa que puder, vendo tudo acontecer ao inverso. Se alguém disse alguma coisa, observe-o engolindo as próprias palavras! Deixe o filme correr para trás bem depressa, depois projete-o para a frente ainda mais depressa. Mude agora as cores das imagens, a fim de que os rostos de todos tenham as cores do arco-íris. Se há alguém em particular que o transtorne, faça com que suas orelhas se tornem enormes, como as de Mickey Mouse, e que seu nariz cresça como o do Pinóquio.

Faça isso pelo menos uma *dúzia* de vezes, para a frente e para trás, para os lados, riscando o registro das imagens com tremenda velocidade e humor. Crie alguma música em sua mente ao fazer isso. Pode ser a sua música predileta, ou alguma melodia típica de desenho animado. Vincule esses sons estranhos à imagem antiga que tanto o transtornava. Isso vai com certeza mudar as sensações. A chave de todo o processo é a velocidade com que você faz o filme voltar, e o nível de humor e exagero que consegue associar.

3) Pense agora na situação que o incomodava, e verifique como se sente agora. Se foi feito com eficácia, você terá rompido o padrão tantas vezes, e com tanta facilidade, que achará difícil, ou mesmo impossível, retornar a esses sentimentos negativos. Isso pode ser feito com coisas que o vêm incomodando *há anos*. É com frequência um método muito mais eficaz do que tentar analisar as razões de uma situação, o que não muda as sensações que você vincula à situação.

Por mais simplista que possa parecer, a distorção eficaz de uma situação funcionará na maioria dos casos, mesmo quando há trauma envolvido. *Por que funciona? Porque todos os nossos sentimentos estão baseados nas imagens que focalizamos na mente e em sons e sensações que vinculamos a essas imagens específicas.* À medida que mudamos as imagens e sons, mudamos como sentimos. Efetuando-se esse condicionamento várias vezes, fica difícil voltar ao padrão antigo.

Uma maneira de romper o padrão *é simplesmente parar* de fazer uma coisa. Se você deixa de manter um padrão, o caminho neural se dissipará pouco a pouco. Depois que uma conexão neural é estabelecida, o cérebro sempre terá um caminho aberto, mas este torna-se mais ou menos obstruído se não for usado. Como qualquer outra coisa, se você não usar, começa a perder.

Agora que você já rompeu o padrão que o continha, tem o espaço aberto para...

PASSO QUATRO

Crie uma alternativa fortalecedora

Este quarto passo é *absolutamente essencial* para se consolidar a mudança a longo prazo. Na verdade, *o fracasso da maioria das pessoas em encontrar um caminho alternativo para sair da dor e assumir os sentimentos de prazer é causa principal para que suas tentativas de mudança sejam apenas temporárias.* Muitas pessoas chegam ao ponto em que têm de mudar, em que a mudança é imperativa, porque vinculam muita dor ao padrão antigo e muito prazer à ideia de mudar. Até interrompem seus padrões. Depois disso, no entanto, nada têm para substituir o padrão antigo!

Lembre-se de que todos os seus padrões neurológicos são projetados para ajudá-lo a se livrar da dor e alcançar o prazer. Esses padrões são bem estabelecidos; podem ter efeitos colaterais negativos, mas se você aprendeu que um hábito pode livrá-lo da dor, voltará a assumi-lo, repetidas vezes, se não encontrou um meio melhor de obter os sentimentos que deseja.

Se você seguiu cada um dos passos descritos, tem uma noção clara do que queria e do que o impedia de alcançar o objetivo, dispõe de uma alavanca para si mesmo, interrompeu o padrão, e agora precisa preencher a lacuna com um novo conjunto de opções, que lhe proporcionarão os mesmos sentimentos agradáveis, sem os efeitos colaterais negativos. A partir do momento em que deixa de fumar, você deve ter um novo meio, ou vários novos meios, de substituir os benefícios, quaisquer que fossem, que costumava obter do antigo comportamento; os benefícios dos antigos sentimentos ou comportamentos devem ser preservados pelos novos comportamentos ou sentimentos, ao mesmo tempo em que se elimina os efeitos colaterais. Pelo que você pode substituir a preocupação? Que tal a ação intensa num plano para alcançar seus objetivos? A depressão pode ser substituída pelo foco em como ajudar outras pessoas necessitadas.

Se você não sabe direito como se livrar da dor e sentir prazer como um substituto ao fumo, bebida, preocupação, ou outra emoção ou comportamento negativo, *pode encontrar as respostas seguindo o exemplo de pessoas que mudaram sua situação.* Procure pessoas que efetuaram mudanças permanentes; garanto que vai descobrir que elas tiveram uma alternativa para substituir o comportamento antigo.

Um bom exemplo disso é o meu amigo Fran Tarkenton. Quando Fran e eu começamos a fazer os meus programas de Poder Pessoal na televisão, ele tinha um hábito que me surpreendeu. Era viciado em mascar tabaco. Eu estava numa reunião com Fran, e de repente ele virava a cabeça e cuspia. Não combinava com a imagem daquele homem vigoroso e elegante. Mas há mais de vinte anos que ele fazia isso.

Como Fran me diria depois, mascar tabaco era um de seus maiores prazeres na vida. Era como seu melhor amigo. Se estava viajando e sentia-se sozinho, podia mascar tabaco, e a solidão acabava. Ele chegou a comentar para alguns amigos que, se tivesse de optar entre sexo e mascar tabaco, *escolheria mascar tabaco!* O que acham disso como uma falsa neuroassociação? Ele abrira um caminho para sair da dor e alcançar o prazer com o ato de mascar tabaco. Depois de anos de uso e reforço contínuos, criara uma linha-tronco neural do tabaco para o prazer; portanto, esse era seu caminho predileto de mudança.

O que lhe aconteceu para mudar o comportamento? Ao final, ele acabou obtendo uma alavanca bastante forte para si mesmo. Um dia, com uma pequena ajuda de "um amigo", Fran começou a perceber que mascar tabaco era uma tremenda incongruência com a qualidade do homem que se tornara. Representava uma falta de controle sobre sua vida, e como o comando da vida é um dos valores mais altos para Fran, esse era um padrão que não podia deixar de romper. Era doloroso demais se encontrar nessa posição. Começou a orientar o foco da mente para a possibilidade de câncer na boca. Imaginou isso com extrema nitidez, até que foi se afastando da ideia de mascar tabaco. O gosto passou a repugná-lo. As imagens ajudaram-no a criar uma alavanca para si mesmo e interromperam o padrão que ele usava antes, vinculando prazer ao uso de tabaco.

O passo seguinte mais importante foi a descoberta de novos meios de obter prazer muito mais eficazes do que o tabaco. Ele se empenhou no trabalho como nunca antes e começou a produzir resultados que tornaram a sua empresa, a Knowledge Ware, numa das mais bem-sucedidas companhias de software de Wall Street. Com um vigor ainda maior, agora que precisava de uma nova companhia, decidiu atrair uma pessoa real, e encontrou a mulher de seus sonhos, aprendeu a obter do relacionamento todos os tipos de emoções e sentimentos que nunca fora capaz de obter de qualquer outra fonte.

Muitas vezes, se apenas rompemos os padrões antigos, o cérebro procura automaticamente por um padrão substituto para nos proporcionar os sentimentos que desejamos. É por isso que as pessoas que rompem o padrão de fumar podem às vezes engordar: o cérebro procura por um novo meio de criar os mesmos tipos de sentimentos agradáveis e leva as pessoas a comer em grandes quantidades para obtê-los. A chave, portanto, é escolhermos conscientemente os novos comportamentos ou sentimentos com que vamos substituir os antigos.

ESTUDOS DE TRANSFORMAÇÃO

A pesquisadora Nancy Mann realizou um estudo estatístico para avaliar o nível de reabilitação em usuários de drogas reformados, e *a adoção de um comportamento substituto parece desempenhar um importante papel,* mesmo nesse complexo campo de mudança.* O primeiro grupo no estudo foi obrigado a renunciar ao vício por alguma pressão externa, muitas vezes aplicada pelo sistema judiciário. Como já ressaltamos na parte sobre alavanca, *a pressão externa raramente tem um impacto duradouro.* Como era de se prever, esses homens e mulheres voltaram ao vício antigo assim que a pressão foi suspensa, ou seja, assim que saíram da prisão.

Um segundo grupo desejava realmente largar o vício e tentou por iniciativa própria. Sua alavanca era basicamente interna. Em decorrência, as

* Mann, Nancy: "A Diagnostic Tool with Important Implications for Treatment of Addiction: Identification of Factors Underlying Relapse and Remission Time Distributions", *The International Journal of the Addictions (1984).*

mudanças de comportamento duraram muito mais, em alguns casos até por dois anos depois do empenho inicial. O que acabava acarretando uma recaída era o surgimento de uma quantidade significativa de estresse. Quando isso ocorria, as pessoas retornavam com frequência ao vício das drogas, como um meio de se livrar da dor e alcançar o prazer. Por quê? Porque não haviam encontrado um *substituto* para o antigo caminho neural.

O terceiro grupo substituiu o vício por uma nova alternativa, algo que lhes proporcionava os sentimentos que haviam procurado originalmente... ou talvez algo que fizesse com que se sentissem ainda melhor. Muitos encontraram relacionamentos satisfatórios, esclarecimento espiritual, uma carreira em que podiam se empenhar com afinco. Em consequência, *muitos nunca voltaram ao vício antigo, e a maioria resistiu em média por mais de oito anos,* antes que ocorresse algum retrocesso.

As pessoas que conseguiram se livrar do vício em drogas seguiram os primeiros quatro passos do NAC, e foi por isso que obtiveram tanto êxito. Algumas, no entanto, só se mantiveram firmes durante oito anos. Por quê? Porque não utilizaram o quinto e crucial passo do NAC.

PASSO CINCO

Condicione o novo padrão até que seja consistente

O condicionamento é a maneira de garantir que uma mudança criada por você seja consistente e persista a longo prazo. O modo mais simples de condicionar algo é simplesmente ensaiá-lo várias vezes, até que haja um caminho neurológico. Se você encontrar uma alternativa fortalecedora, imagine-se a fazê-la até constatar que pode sair da dor e entrar no prazer num instante. Seu cérebro passará a associar isso a um novo meio de produzir esse resultado, numa base sistemática. Se você não fizer isso, voltará ao antigo padrão.

Se ensaiar a alternativa nova e fortalecedora muitas vezes, com tremenda *intensidade emocional,* vai abrir uma trilha, e usando ainda mais repetição e emoção, logo se tornará uma estrada para esse novo meio de alcançar resultados, e passará a ser uma parte de seu comportamento habitual. *Lembre-se de que seu cérebro não pode distinguir a diferença entre algo que você imagina de uma forma vívida e algo que de fato experimenta.* O condicionamento assegura que você percorrerá automaticamente o novo curso, que se avistar uma das "rampas de saída", que antes sempre costumava pegar, agora seguirá em frente a toda velocidade... e até será *difícil* pegá-las.

O poder do condicionamento não pode deixar de ser superestimado. Li que o grande Larry Bird, do Boston Celtics, estava fazendo um comercial de refrigerante em que deveria errar um arremesso. Ele fez nove cestas seguidas, antes de conseguir errar uma vez! Isso demonstra a força com que ele se condicionou ao longo dos anos. Quando a bola chega em suas mãos, ele inicia automaticamente um padrão para colocá-la na cesta. Tenho certeza de que, se examinássemos a parte do cérebro de Larry Bird vinculada a esse movimento, encontraríamos um substancial caminho neural. Compreenda que todos nós podemos condicionar *qualquer* comportamento em nós se usarmos bastante repetição e intensidade emocional.

O passo seguinte é fixar um programa para *reforçar* seu novo comportamento. Como você pode se recompensar pelo sucesso? Não espere ter passado um ano sem fumar. Assim que passar *um dia,* dê uma recompensa a si mesmo! Não espere até perder trinta quilos. Não espere até perder um quilo que seja. No instante em que for capaz de empurrar o prato para o lado ainda com comida, trate de se congratular. Determine uma série de objetivos a curto prazo, de pequenos marcos, e à medida que alcançar cada um, trate de se recompensar *imediatamente.* Se esteve deprimido ou preocupado, agora, a cada vez que agir, em vez de se preocupar, ou a cada vez que sorrir quando alguém lhe perguntar como vai, e responder "Muito bem", procure se recompensar por já ter começado a efetuar as mudanças necessárias para garantir seu sucesso a longo prazo. Assim, o sistema nervoso aprende a vincular grande prazer à mudança. As pessoas que querem emagrecer nem sempre *veem* resultados imediatos — em geral, perder um quilo não transforma ninguém, milagrosamente, numa Elle McPherson ou num Mel Gibson. Portanto, é importante se recompensar assim que tomar algumas ações específicas, ou fizer qualquer progresso emocional positivo, como optar em correr ao redor do quarteirão em vez de correr para o McDonald's mais próximo. Se não fizer isso, você pode se ver pensando: "Muito bem, perdi um quilo até agora, mas ainda estou gordo. Isso vai durar para sempre. O caminho a percorrer é tão longo..." Com isso, você pode usar essas avaliações a curto prazo como desculpas para se empanturrar.

A compreensão do poder de *reforço* vai acelerar o processo de condicionar um novo padrão. Tive o prazer de ler um excelente livro, que recomendo às pessoas que desejem fazer um estudo meticuloso sobre o condicionamento. É *Don't Shoot the Dog!*, de Karen Pryor. O livro apresenta algumas distinções simples sobre a modificação do comportamento animal que se comparam com as minhas próprias distinções, adquiridas ao longo de anos, sobre a moldagem do comportamento humano.

O fascinante é constatar como os animais e os seres humanos são parecidos em termos de forças que impulsionam nossas ações. O conhecimento dos fatores fundamentais do condicionamento nos permite assumir o controle dessas forças e criar o destino que escolhermos. Podemos viver como animais, manipulados pelas circunstâncias e pelas pessoas que nos cercam... ou podemos aprender com essas leis, usando-as para aproveitar ao máximo todo o nosso potencial. Pryor analisa em seu livro como aprendeu a utilizar a dor para treinar animais ao longo dos anos: chicotes e uma cadeira para leões, o freio para cavalos, a coleira para cachorros. Mas enfrentou dificuldades quando começou a trabalhar com golfinhos, porque eles simplesmente nadavam para longe quando tentava lhes aplicar alguma dor! Isso levou-a a desenvolver uma compreensão mais profunda da dinâmica do *treinamento de reforço positivo.*

"Não há nada que o treinamento não possa fazer. Nada está além de seu alcance. Pode transformar a moral ruim em boa; pode destruir maus princípios e recriar os bons; pode elevar homens e anjos."

— MARK TWAIN

O primeiro princípio organizador de qualquer tipo de "Condicionamento de Sucesso" é o poder do reforço. Devemos saber que, para produzir de uma forma sistemática qualquer comportamento ou emoção, devemos criar um padrão condicionado. Todos os padrões são os resultados de reforço; de forma mais específica, a chave para criar a consistência em nossas emoções e comportamentos é o condicionamento.

A LEI DO REFORÇO

Qualquer padrão de emoção ou comportamento que seja reforçado de um modo contínuo se tornará uma reação automática e condicionada. Qualquer coisa que deixamos de reforçar acabará por se dissipar.

Podemos reforçar nosso comportamento ou o de outra pessoa por meio do reforço positivo; ou seja, a cada vez que produzimos o comportamento que desejamos, damos uma recompensa. Essa recompensa pode ser um elogio, um presente, um novo privilégio etc. Ou podemos usar um reforço negativo. Pode ser uma cara amarrada, um barulho qualquer, até uma punição física. É fundamental compreender que o reforço não é a mesma coisa que punição e recompensa. *Reforço é a reação a um comportamento* imediatamente *depois que ocorre, enquanto a punição e recompensa podem ocorrer muito tempo depois.*

O MOMENTO É TUDO

O *momento* apropriado é absolutamente fundamental para o condicionamento eficaz. Se um técnico grita "Sensacional!" quando seu time de basquete executa uma jogada perfeita, o impacto é muito maior do que se esperasse até a reunião no vestiário. Por quê? Porque sempre queremos vincular as sensações de reforço ao padrão que está ocorrendo.

Um dos problemas de nosso sistema judiciário é que as pessoas que cometem atos criminosos muitas vezes só são punidas anos depois. Em termos intelectuais, podem saber o motivo para a punição, mas o padrão de comportamento que gerou esse problema permanece intacto — não foi interrompido, não teve qualquer dor vinculada.

Essa é a única maneira de mudar de fato nossos comportamentos e nossas emoções a longo prazo. Devemos treinar o cérebro para fazer as coisas que são eficazes, não em termos intelectuais, mas sim neurológicos. O desafio, sem dúvida, é que a maioria das pessoas não compreende que sempre estamos todos condicionados uns aos outros e moldando os comportamentos uns dos outros; e com frequência, condicionamos as pessoas de uma forma negativa em vez de positiva.

Um exemplo simples ocorreu com o ex-namorado de minha filha Jolie. Ela andava muito ocupada com a escola, as aulas de dança e uma peça em que participava. Ele queria que Jolie lhe telefonasse todos os dias; e quando ela deixou de ligar por alguns dias, o namorado causou-lhe muita dor no telefonema seguinte. Era evidente que ele queria que Jolie o procurasse com mais frequência, mas sua estratégia para o reforço foi pressioná-la e censurá-la quando ela ligou.

Alguma vez você já foi culpado disso? Se quer que seu namorado, namorada, cônjuge, ou outra pessoa significativa o procure com mais frequência, acha que seria eficaz pressionar para esse contato? E quando a pessoa finalmente liga, você atende com declarações como "Ah, finalmente você se lembrou de que o telefone existe! É um milagre! Por que tenho sempre de tomar a iniciativa de ligar para você?"

O que você está fazendo, no fundo, é condicionar a pessoa a *não* ligar para você! Está causando dor pela própria coisa que tanto deseja. O que acontecerá em consequência? A dor ficará vinculada a telefonar para você; a pessoa passará a evitar ainda mais no futuro. No caso de Jolie, esse padrão era contínuo, persistindo por meses, até que ela sentiu que não poderia vencer. Se não telefonasse, teria dor. Se telefonasse, teria dor. Como vocês podem imaginar, esse padrão de reforço negativo impregnou muitos aspectos do relacionamento dos dois e acabou levando ao seu encerramento.

Se você deseja mesmo que alguém o procure, então precisa responder com satisfação quando a pessoa telefona. Se disser que sente saudade, que a ama, como fica feliz por falar com ela, não acha que a pessoa se tornará mais propensa a ligar de novo? Lembre-se de que deve vincular prazer a qualquer comportamento que deseja que alguém repita.

Em minhas consultas a empresas, nos Estados Unidos, já notei que a maioria tenta motivar seus empregados pelo uso de reforço negativo como estratégia primária, usando o medo da punição como o elemento fundamental. Isso pode dar certo a curto prazo, mas não a longo prazo. Mais cedo ou mais tarde, as empresas se deparam com o mesmo problema da Europa Oriental: as pessoas só vivem no medo por algum tempo, e depois se revoltam.

A segunda grande estratégia usadas pelas empresas é o incentivo financeiro. Embora seja uma excelente ideia, em geral apreciada, há um limite para sua eficácia. Sempre surge um ponto de retorno decrescente, em que nem todos os incentivos adicionais induzem a uma maior qualidade no trabalho das pessoas. A verdade é que a maioria das empresas descobre que há um limite ao que se pode fazer nessa área. Se alguém reforça constantemente com dinheiro, as pessoas passam a esperar um retorno econômico imediato quando fazem algo de grande valor. Começaram a trabalhar apenas pela recompensa financeira e não farão coisa alguma se não a obtiveram, reduzindo a capacidade da empresa de atender às demandas econômicas dos empregados.

A terceira e mais eficaz maneira de motivar as pessoas é por meio do desenvolvimento pessoal. Ajudando-se os empregados a crescerem e se expandirem em termos pessoais, eles passam a se sentir mais entusiasmados pela vida, pelas pessoas e seus empregos. Isso faz com que queiram contribuir ainda mais. Agem assim por um senso de orgulho pessoal, em vez de qualquer pressão exterior. Isso não significa que não se deva ter um programa de incentivos econômicos; apenas é preciso cuidar para se ter também o mais poderoso de todos os incentivos, que é o de ajudar as pessoas a se expandirem e crescerem.

"O bem e o mal, recompensa e punição, são os únicos motivos para uma criatura racional: constituem a espora e o freio pelos quais toda a humanidade é impulsionada e guiada."

— JOHN LOCKE

Programe o reforço para a mudança perdurar!

Quando você começa a instituir um novo comportamento ou um novo padrão emocional, é muito importante que reforce a si mesmo, ou a alguma outra pessoa para a qual tenta estabelecer esses novos padrões. No início, sempre que efetuar o comportamento desejado (por exemplo, empurrar para longe um prato ainda com comida), você precisa oferecer um reconhecimento a si mesmo — um reforço agradável de um tipo que possa apreciar e desfrutar. Mas se reforçar o comportamento em cada ocasião subsequente, as recompensas acabarão por não ter mais efeito, deixarão de ser apreciadas. O que num momento foi uma surpresa única e agradável, vai se tornar uma norma esperada.

Por causa do meu compromisso de ajudar os necessitados, sempre que passo por aeroportos dou dinheiro às pessoas que me pedem. Nunca esquecerei um homem em particular, que esmolava num ponto determinado de um terminal que eu frequentava. Mas uma manhã eu estava com pressa e não tinha qualquer dinheiro no bolso. Ao passar por ele, sorri e disse:

— Olá! Lamento muito, mas hoje estou sem dinheiro!

Ele ficou furioso, porque eu deixara de lhe dar uma coisa que outrora se sentia emocionado ao receber.

Devemos lembrar que o elemento de surpresa agradável é uma das experiências mais apreciáveis que um ser humano pode ter. É muito mais importante do que a maioria das pessoas percebe. É o próprio motivo pelo qual, se você quer que um comportamento perdure a longo prazo, é fundamental que compreenda e utilize o que é conhecido como um *programa variável de retorno.*

Deixem-me dar um exemplo simples, o do treinamento de golfinhos. No começo, para ensinar um golfinho a saltar, os treinadores esperam que salte por sua própria iniciativa. Pegam o animal fazendo a coisa, e o recompensam com um peixe. Fazendo-se isso cada vez que o golfinho salta por conta própria, ele acaba criando a neuroassociação de que ganhará um peixe se saltar. Essa associação de prazer a um comportamento desejado permite que o treinador condicione o golfinho a saltar várias vezes.

Depois de algum tempo, porém, o treinador só dará o peixe se o golfinho saltar mais alto. Ao elevar lentamente os padrões, o treinador pode moldar o comportamento do golfinho. Aqui está a chave: *se o golfinho for sempre recompensado, pode se tornar habituado, e não mais dará cem por cento.* Assim, no futuro, o golfinho é às vezes recompensado depois do primeiro salto, talvez depois do quinto, ou do segundo. O golfinho nunca sabe com certeza de que salto será recompensado. Esse senso de expectativa de que uma recompensa *pode* ser concedida, somado à incerteza sobre o salto em que isso ocorrerá, sempre leva o golfinho a empenhar sistematicamente o máximo de esforço. A recompensa nunca é considerada um fato consumado.

Essa é a mesma força que impele as pessoas ao jogo. A partir do momento em que jogaram e foram recompensadas — e vincularam um prazer intenso à recompensa —, o excitamento e a expectativa as levam a continuar. Quando não são recompensadas por algum tempo, experimentam com frequência um senso ainda mais forte de que *desta vez* a recompensa virá. O que impulsiona um jogador é a possibilidade de ganhar de novo. Se uma pessoa tivesse de jogar sem receber qualquer recompensa, logo desistiria. Contudo, basta receber algumas pequenas recompensas, ganhar algumas mãos e recuperar uma parte do dinheiro para manter as pessoas na expectativa de que podem tirar a sorte grande.

É por isso que as pessoas que interrompem um hábito nocivo (como fumar ou jogar) por um período de meses, e depois decidem "experimentar só mais uma vez", estão na verdade reforçando o próprio padrão que tentavam romper e tornando muito mais difícil a libertação do hábito pelo resto da vida. Se você fuma mais um cigarro, estimula o sistema nervoso a esperar que, no futuro, volte a se recompensar dessa maneira. Mantém essa neuroassociação ativa, e até fortalece o próprio hábito que tenta romper!

Se você deseja reforçar o comportamento de uma pessoa a longo prazo, pode querer utilizar o que é conhecido como *programa fixo de reforço.* Em seu livro, Karen Pryor descreve o treinamento de um golfinho para dar dez saltos. Para se ter certeza de que o golfinho vai pular dez vezes, você precisará recompensá-lo no décimo salto, em todas as ocasiões. Não se pode exigir comportamentos demais antes do reforço ocorrer, mas se o golfinho só for recompensado no décimo salto, logo aprende que não precisa fazer muito esforço nos nove saltos anteriores, e a qualidade declina.

E a mesma reação que podemos observar em pessoas que recebem um cheque de pagamento a cada quinzena. Os empregados sabem que há certas coisas que se esperam dele, pelas quais recebem uma compensação regular. O problema é que muitas pessoas aprendem a fazer apenas o mínimo necessário para receberem a recompensa, porque não há surpresa. No trabalho, o pagamento é esperado, sem dúvida. Mas se for a única recompensa, então os trabalhadores farão apenas o que se espera deles, e o mínimo possível pelo pagamento.

Mas se houver surpresas ocasionais — como reconhecimento, gratificações, promoções e outros incentivos — eles farão o esforço extra, na esperança e expectativa de que serão recompensados e reconhecidos. Lembre-se de que essas surpresas não devem ser *previsíveis,* ou se tornam ineficazes, consideradas como certas — a expectativa é que impulsionará o comportamento. Varie as recompensas, e obterá melhores resultados ao efetuar a mudança em si mesmo, ou em qualquer pessoa sob a sua supervisão.

Há um terceiro instrumento para o reforço que também pode ser usado: é conhecido como o *jackpot,* o prêmio acumulado, ou grande prêmio. *Um jackpot* pode ajudá-lo a ampliar o reforço. Se, por exemplo, você dá de vez em quando a um golfinho não apenas um peixe, mas *três ou quatro,* por seu comportamento, isso o leva a esperar ainda mais, cria a expectativa de que em troca do esforço extra pode haver uma enorme recompensa. Com o golfinho a sempre se empenhar ao máximo.

Os seres humanos reagem de forma similar. Nas empresas, com frequência, quando as pessoas recebem recompensas muito maiores do que esperavam, isso pode criar uma grande motivação para continuarem a prestar grandes serviços no futuro, na expectativa de receberem uma recompensa ainda maior. O mesmo princípio pode funcionar como mágica com seus filhos!

CRIE UM "SALTO INICIAL"

O princípio do *jackpot* pode também ser usado com alguém que não está motivado a produzir quaisquer resultados. Mais uma vez, se os treinadores têm um golfinho que parecem não conseguir motivar, podem às vezes lhe dar uma dúzia de peixes, mesmo que o animal não tenha feito nada para merecer. O prazer que isso cria pode ser suficiente para romper o antigo padrão o golfinho, levando-o a tamanho estado de prazer que depois se mostrará isposto a ser treinado. Os seres humanos também são assim. Se alguém que arece não ter feito nada certo recebe de repente uma recompensa, apenas or compaixão e interesse, isso pode estimulá-lo a assumir novos níveis e pos de comportamento e desempenho.

A coisa mais importante para se lembrar sobre o condicionamento, no ntanto, é reforçar o comportamento desejado imediatamente. No instante m que você se descobrir a reagir com jovialidade ao que antes costumava rritá-lo, trate de se reforçar. Faça-o de novo, e crie ainda mais prazer. Ria astante. Lembre-se de que cada vez que você cria uma sensação emocional orte, seja positiva ou negativa, está criando uma conexão em seu sistema ervoso. Se repetir esse padrão muitas vezes, visualizando a mesma imagem ue o faz se sentir forte, ou o faz rir, descobrirá que é mais fácil ser forte ou ir no futuro. O padrão ficará consolidado.

No instante em que você, ou qualquer outra pessoa que queira reforçar, izer algo certo, crie uma recompensa imediata. Reforce sistematicamente om o tipo de recompensa que você, ou a outra pessoa, mais deseja. Dê i si mesmo a recompensa emocional de tocar sua música predileta, sorrir, u se ver alcançando seus objetivos. *O condicionamento é fundamental. É ssim que produzimos resultados consistentes. Mais uma vez, lembre-se de ue qualquer padrão de comportamento emocional que for reforçado ou recompensado numa base sistemática se tornará condicionado e automático. Qualquer padrão que deixamos de reforçar acabará por se dissipar.*

Agora que você já deu os cinco primeiros passos, vamos passar para o passo final...

PASSO SEIS

Experimente!

Vamos revisar o que você realizou: determinou o novo padrão de emoção ou o comportamento que deseja; providenciou uma alavanca pessoal para a mudança; interrompeu o padrão antigo; descobriu uma nova alternativa; e se condicionou até se tornar consistente. O único passo que resta é experimentá-lo para ter certeza de que vai funcionar no futuro.

Uma das maneiras de se fazer isso, ensinada na Programação Neurolinguística, é a "sondagem do futuro". Isso significa que você deve imaginar a situação que costumava frustrá-lo, por exemplo, e verificar se de fato ainda causa alguma frustração, ou se já foi substituída por seu novo padrão de se sentir "fascinado". Se normalmente você ainda tem o impulso de fumar cada vez que se sente aflito, imagine-se numa situação angustiante, e verifique se em vez do desejo de fumar sente o impulso de ler, correr, ou qualquer nova alternativa a que se condicionou. Imaginando os mesmos estímulos que costumavam desencadear sua antiga emoção ou comportamento, e constatando com certeza que sua nova alternativa fortalecedora é automática, você saberá que esse novo padrão funcionará no futuro.

Além disso, você deve testar a ecologia da mudança que acabou de efetuar. A palavra "ecologia" implica no estudo das consequências. Qual será o impacto dessas mudanças que você efetuou em si mesmo nas pessoas ao redor? Elas vão apoiar suas iniciativas e seus relacionamentos pessoais? Certifique-se de que esse novo padrão será apropriado, baseado em seu atual estilo de vida, convicções e valores.

Apresento a seguir uma lista de conferência simples, que você pode usar para se ajudar a ter certeza de que seu novo padrão de sucesso vai durar, e é apropriado.

A VERIFICAÇÃO ECOLÓGICA

1. **Certifique-se de que a dor está plenamente associada ao antigo padrão.**
   Quando você pensa em seu antigo comportamento ou sentimento, imagina e sente coisas que agora são dolorosas, em vez de agradáveis?
2. **Certifique-se de que o prazer está plenamente associado ao novo padrão.**
   Quando você pensa em seu novo comportamento ou sentimento, imagina e sente coisas que agora são agradáveis, em vez de dolorosas?

(continua)

3. **Alinhe-se com seus valores, convicções e regras.**
   O novo comportamento ou sentimento é coerente com os valores, convicções e regras em sua vida? (Analisaremos essa questão em capítulos posteriores.)
4. **Certifique-se de que os benefícios do antigo padrão foram mantidos.**
   O novo comportamento ou sentimento ainda vai lhe permitir obter os benefícios e sensações de prazer que o antigo padrão costumava lhe proporcionar?
5. **Sondagem futura — Imagine-se a assumir esse novo comportamento no futuro.**
   Imagine a coisa que seria desencadeada se você adotasse o antigo padrão. Adquira a certeza de que pode usar o novo padrão, em vez do antigo.

Se sua tentativa de criar esse padrão não durar, você precisa voltar ao Passo Um. *Possui mesmo uma definição do que deseja, e por que deseja?*

Revise o Passo Dois; a maioria das pessoas que tentou em vão fazer uma mudança geralmente não tinha pressão de alavanca suficiente. Talvez você precise assumir um compromisso público, a fim de *obter mais alavanca para si mesmo.* Fale com pessoas que não vão deixá-lo esquecer!

Se você sente que há alavanca suficiente, verifique o Passo Três: se sabe o que quer, e dispõe de alavanca suficiente, é bem possível que seja como a mosca, batendo repetidamente contra o vidro da janela. Fez as mesmas coisas muitas e muitas vezes, *com mais e mais intensidade, mas não mudou seu enfoque.* Você tem de interromper seu padrão.

Se sente que todos esses passos estão certos, passe para o Passo Quatro. Se seus esforços ainda não produziram uma mudança, é evidente que está omitindo esse passo. *Encontre uma nova alternativa fortalecedora para sair da dor e entrar no prazer, tão poderosa e conveniente quanto seu antigo enfoque.* Tudo isso significa que você tem agora uma oportunidade de explorar

"Ei, valentão... estou cansado de suplicar."

a possibilidade de ser um pouco mais criativo. Procure um modelo — alguém que conseguiu eliminar esse hábito ou conjunto de emoções negativas que você quer mudar.

Se começou a efetuar uma mudança, mas depois não continuou, é óbvio que não reforçou o padrão com prazer suficiente. Use o Passo Cinco, o condicionamento. *Utilize tanto o programa variável quanto o fixo de reforço para garantir a permanência de seu novo padrão fortalecedor.*

Os seis passos no NAC podem ser usados para qualquer coisa: dificuldades nos relacionamentos, problemas no trabalho, empacar num padrão de berrar com os filhos. Digamos que você se preocupa demais com coisas sobre as quais não tem nenhum controle. Como pode usar os seis passos para mudar esse padrão enfraquecedor?

1) Pergunte a si mesmo: "O que eu quero fazer em vez de me preocupar?"

2) Providencie uma alavanca e compreenda o que a preocupação faz para destruir sua vida. Leve ao limiar; verifique o quanto custaria à sua vida, em última análise, para que não deseje mais pagar esse preço. Imagine a alegria de se livrar dessa angústia, e ser realmente livre, de uma vez por todas!

3) Interrompa o padrão! Cada vez que se preocupar, trate de romper o padrão, de uma maneira afrontosa. Enfie o dedo no nariz, arrote, ou grite bem alto "Que linda manhã!"

4) Crie uma alternativa fortalecedora. O que fará em vez de se preocupar? Pegue sua agenda e escreva um programa do que pode fazer de imediato. Talvez deva sair para correr um pouco; e durante esse exercício, poderá pensar em novas soluções.

5) Condicione o novo padrão; imagine e ensaie de uma forma vívida esse novo padrão, com tremenda intensidade emocional e repetição, até que o novo pensamento, comportamento ou padrão emocional se torne automático. Reforce com o primeiro passo: imagine-se a alcançar o êxito, muitas e muitas vezes. Ver os resultados com antecedência pode lhe proporcionar o prazer que deseja. Use a repetição e a intensidade emocional para condicionar o novo padrão, até que seja consistente.

6) Verifique se funciona. Pense na situação que costumava preocupá-lo, e observe se já não o preocupa mais.

Você pode usar esses seis passos do NAC até para negociar um contrato.

1) O primeiro passo é fixar as bases. Defina o que quer, e o que impediu-o de conseguir. O que a outra parte quer? Quais os benefícios para ambos? Como saber que tem um bom contrato?

2) Crie uma alavanca, levando a outra pessoa a vincular dor a não fechar o negócio, e prazer a realizá-lo.

3) Interrompa o padrão de qualquer convicção ou ideia que esteja impedindo a consumação do negócio.

4) Crie uma alternativa em que nenhum dos dois pensou antes, e que atenderá às necessidades de ambos.

5) Reforce essa alternativa com um reforço constante do seu prazer e impacto positivo.

6) Verifique se será favorável a todos, uma situação em que todos ganham. Se assim for, negocie uma conclusão bem-sucedida.

Os mesmos princípios podem ser usados para levar as crianças a arrumarem seus quartos, melhorar a qualidade do casamento, estimular o nível de qualidade de sua empresa, obter mais satisfação do trabalho e tornar seu país um lugar melhor para viver.

Diga-se de passagem, às vezes os filhos usam os mesmos seis passos conosco, numa forma abreviada. Lembre-se do que eu disse: se você tiver alavanca suficiente e interromper o padrão de alguém com a força necessária, a pessoa vai encontrar e condicionar um novo padrão. Um amigo meu tentou quase tudo que conhecia para deixar de fumar. Seu padrão finalmente foi rompido. Como? A filha de 6 anos entrou um dia na sala no momento em que ele acendia um cigarro. A menina sabia o que queria, tinha alavanca suficiente e interrompeu o padrão do pai ao gritar:

— Por favor, papai, pare de se matar!

— Mas do que você está falando, querida? Qual é o problema?

Ela repetiu, e o pai protestou:

— Ora, meu bem, não estou me matando.

A menina balançou a cabeça, apontou para o cigarro, e soluçou:

— Por favor, papai, pare de se matar! Quero que você esteja presente... quando eu *casar!*

Esse homem já tentara parar de fumar dezenas de vezes, e nada dera certo... até aquele momento. O cigarro foi abandonado naquele dia, e ele nunca mais fumou desde então. Com o coração do pai bem firme em suas mãos, ela obteve no mesmo instante o que desejava. Ele encontrou muitas alternativas para o cigarro que proporcionavam as mesmas sensações agradáveis.

Se você der apenas os três primeiros passos do NAC, pode ser o suficiente para criar uma tremenda mudança. A partir do momento em que decidiu o que quer, obteve uma alavanca e interrompeu o padrão, a vida com frequência proporciona novos meios de olhar para as coisas. E se a alavanca for bastante forte, você será compelido a encontrar um novo padrão e condicioná-lo... e pode muito bem contar com o mundo para lhe dar o resto.

Agora você tem o NAC da mudança! O fundamento é usá-lo. Mas não o fará, a menos que saiba para que o está usando. Você precisa saber o que realmente deseja; deve descobrir...

7

Como conseguir o que você realmente quer

"São puras todas as emoções que aglutinam e elevam você; é impura a emoção que toma apenas uma parte do seu ser, e assim o distorce."

— **Rainer Maria Rilke**

Dê-me o primeiro ataque.* — Elvis Presley sempre pedia a primeira dose assim, cumprindo um bizarro ritual diário, destinado a providenciar para que dormisse depois de uma noite de extenuante desempenho. O assistente de Elvis abria o primeiro envelope e lhe dava "o de sempre": um sortimento multicolorido de barbitúricos (Amytal, Carbrital, Nembutal ou Seconal), Quaaludes, Valium e Placidyl, seguindo-se três doses de Demerol, injetadas logo abaixo das escápulas.

Antes que Elvis dormisse, o pessoal da cozinha, que se mantinha de plantão 24 horas por dia, punha-se a trabalhar. Apostava-se quanta comida ele conseguiria consumir antes de pegar no sono. Tipicamente, ele comia três *cheeseburgers* e seis ou sete *banana splits* antes de apagar. Muitas vezes, seus assistentes tinham de remover alimentos de sua traqueia, para que ele não sufocasse até a morte. Elvis dormia durante cerca de quatro horas, antes de voltar a se agitar.

Tão tonto que tinha de ser carregado para o banheiro, ele fazia o segundo pedido com um débil puxão na camisa do assistente. Elvis era incapaz de to-

* Goldman, Albert, "Down at the End of Lonely Street", revista *Life*, junho de 1990.

mar as drogas sozinho, e por isso o assistente enfiava as pílulas em sua boca e despejava água para que descessem pela garganta.

Elvis quase nunca conseguia pedir o terceiro ataque. Em vez disso, como uma questão de rotina, um assistente ministrava a dose e deixava-o dormir até o meio da tarde, quando o inchado astro do *rock* impulsionava o corpo com Dexedrine e chumaços de algodão com cocaína metidos nas narinas, antes de aparecer outra vez no palco.

No dia de sua morte, Elvis permaneceu lúcido e saltou todos os "ataques" para tomar uma dose fatal. Por que um homem assim, adorado pelos fãs no mundo inteiro e parecendo ter tudo, abusava tanto de seu corpo, e ao final acabou com a própria vida, de uma maneira horrível? Segundo David Stanley, meio-irmão de Elvis, era porque ele preferia ficar drogado e entorpecido a se sentir consciente e angustiado.*

Infelizmente, não é difícil lembrar outras pessoas famosas — pessoas no topo de suas profissões, nas artes ou nos negócios — que também provocaram a própria morte, de uma forma direta ou indireta. Basta pensar em escritores como Ernest Hemingway e Sylvia Plath, atores como William Holden e Freddie Prinze, cantoras como Mama Cass Elliot e Janis Joplin. O que essas pessoas têm em comum? Primeiro, não estão mais conosco, e todos sentimos sua perda. Segundo, todas foram iludidas por uma promessa de que "Algum dia, alguém, de alguma forma, alguma coisa... e então eu serei feliz". Mas quando alcançaram o sucesso, quando chegaram ao auge, e puderam ver de perto o Sonho Americano, descobriram que a felicidade ainda se esquivava. E, assim, continuaram a persegui-la, mantendo a angústia da existência à distância com a bebida, o fumo, comida em excesso, até que encontraram o fim por que tanto ansiavam. Nunca descobriram a verdadeira fonte da felicidade.

O que ficou demonstrado por essas pessoas é algo bastante familiar para muita gente: 1) não sabiam o que realmente queriam da vida, e por isso se distraíram com uma variedade de ânimos artificiais alterantes; 2) desenvolveram não apenas trilhas neurológicas mas *vias expressas* para a dor. E seus hábitos as levavam a percorrer esses caminhos numa base regular.

---

* Goldman, Albert, "Down at the End of Lonely Street", revista *Life*, junho de 1990.

Apesar de alcançarem o nível de sucesso com que outrora haviam apenas sonhado, e apesar de cercadas pelo amor e admiração de milhões de fãs, tinham muito mais referências para a dor. Tornaram-se eficientes em gerá-la, depressa e com facilidade, porque haviam criado linhas-troncos para alcançá-la. 3) Não sabiam como fazer para se sentirem bem. Tinham de recorrer a alguma força exterior para ajudá-las a lidar com o presente. 4) Nunca aprenderam as engrenagens de como orientar conscientemente o foco de suas mentes. Permitiram que a dor e o prazer do ambiente as controlasse, em vez de assumirem o controle.

Agora, compare essas histórias com uma carta que recebi de uma mulher que utilizou meu trabalho para mudar de um jeito total e absoluto a qualidade de sua vida:

Prezado Tony:

Fui bastante maltratada durante toda minha vida, desde a infância até a morte de meu segundo marido. Em decorrência dos abusos e traumas profundos, desenvolvi uma doença mental conhecida como Distúrbio de Múltipla Personalidade, com 49 personalidades diferentes. Nenhuma delas tinha conhecimento das outras, ou o que acontecera em cada uma de suas vidas.

O único alívio que eu tinha, em 49 anos de existência como uma múltipla, assumia a forma de um comportamento autodestrutivo. Sei que parece estranho, mas a automutilação me proporcionava algum alívio. Depois de uma das minhas muitas tentativas de suicídio, fui internada num hospital e entregue aos cuidados de um médico. A fim de integrar as personalidades, eu precisava voltar ao trauma original que criara cada personalidade. Esse trauma devia ser lembrado, revivido, sentido. Cada um dos meus álteres cuidava de uma função específica, uma capacidade seletiva de recordação, e em geral tinha um único tom emocional. Trabalhei com um especialista no campo da MPD, e ele me ajudou a integrar todas as 49 personalidades em uma só. O que me sustentou ao longo de todos os diferentes processos que usamos foi o sentimento de que muitas das minhas personalidades eram bastante infelizes, e que minha vida se tornara tão caótica (um alter não sabia o que o outro fazia, e nos descobríamos em todos os tipos de lugares e situações, a tal ponto que não tinha a menor lembrança depois que ocorria a troca). Pensamos que seríamos felizes ao nos tornarmos uma só — o supremo objetivo.

Essa foi minha concepção errada. E que tremendo choque! Vivi um ano de inferno. Descobri-me extremamente infeliz e lamentando por cada uma das minhas personalidades. Sentia saudade de cada uma das minhas pessoas e, às vezes, as queria de volta, do jeito como eram antes. O que era muito difícil, e cometi mais três tentativas de suicídio naquele ano, até ser outra vez internada num hospital.

Durante o último ano, assisti por acaso seu programa na TV e encomendei sua série de fitas para trinta dias, Poder Pessoal. Escutei-as muitas vezes, absorvendo qualquer coisa que pudesse usar. Minha abertura surgiu quando comecei a escutar suas POWER-TALK mensais. Aprendi com você coisas como um ser único que nunca aprendera como uma múltipla. Aprendi, pela primeira vez em cinquenta anos, que a felicidade vem de dentro. Como um ser único, tenho agora as lembranças dos horrores que cada uma das 49 personalidades sofreu. Quando essas lembranças afloram, sou capaz de contemplá-las, e se por acaso se tornam insuportáveis, posso agora mudar o foco, como aprendi com você, e não de uma forma dissociativa, como fazia antes. Não preciso mais entrar num transe de amnésia e assumir outra personalidade.

Estou aprendendo mais e mais sobre mim mesma, e também aprendendo a viver como um ser único. Sei que tenho um longo caminho a percorrer e muita exploração a realizar. Comecei a definir meus objetivos e a planejar como alcançá-los. Por enquanto, já estou emagrecendo, e pretendo atingir meu peso ideal no Natal (um belo presente para mim). Também sei que gostaria de ter um relacionamento com um homem saudável, sem abusos. Antes de ser internada no hospital, eu trabalhava na IBM, e tive quatro pequenas empresas. Hoje, estou dirigindo uma nova empresa, muito satisfeita *com o aumento nas vendas que consegui promover depois que recebi alta do hospital. Passei a conhecer melhor meus filhos e netos, mas, ainda mais importante, passei a conhecer a mim mesma!*[*]

Atenciosamente,
Elizabeth Pietrzak

O QUE VOCÊ QUER?

Pergunte a si mesmo o que realmente deseja na vida. Quer um casamento amoroso, o respeito de seus filhos? Quer muito dinheiro, carros velozes, um empreendimento próspero, visitar lugares exóticos, ver pessoalmente monumentos históricos? Quer ser idolatrado por milhões de pessoas como artista do *rock,* ou se tornar uma celebridade com sua estrela no Hollywood Boulevard? Quer deixar sua marca para a posteridade como o inventor de uma máquina de viajar no tempo? Quer trabalhar como Madre Teresa para salvar o mundo, ou assumir um papel ativo na criação de um impacto ecológico?

Qualquer que seja a coisa que você queira ou anseie, deve perguntar a si mesmo: "*Por que* eu quero isso?" Não deseja belos carros, por exemplo, porque no fundo anseia pelos sentimentos de realização e prestígio que acha que acarretariam? Por que deseja uma vida familiar maravilhosa? É porque acha que lhe proporcionará sentimentos de amor, intimidade, afeição? Quer salvar o mundo por causa dos sentimentos de contribuição e fazer uma diferença que acredita que isso lhe trará? Em suma, *não é verdade que no fundo você quer apenas mudar a maneira como se sente? Tudo se resume ao fato de que você quer essas coisas ou resultados porque as encara como um meio de alcançar determinados sentimentos, emoções ou estados que deseja.*

Quando beija alguém, o que o faz se sentir bem naquele momento? É o tecido úmido em contato com tecido humano que desencadeia o sentimento? Claro que não! Se fosse verdade, beijar seu cachorro proporcionaria a mesma coisa! Todas as nossas emoções nada mais são do que uma agitação

---

[*] Publicada com permissão. Essa corajosa mulher não apenas voltou a trabalhar, mas também faz serviços voluntários num hospital.

de tempestades bioquímicas no cérebro... e podemos acioná-las a qualquer momento. *Mas primeiro devemos aprender a assumir o controle consciente delas, em vez de viver em reação.* A maioria das reações emocionais são adquiridas do ambiente. Modelamos deliberadamente algumas e tropeçamos em outras.

A mera consciência desses fatores é a base para a compreensão do poder do *estado.* Sem a menor dúvida, tudo o que fazemos é para evitar a dor ou obter prazer, mas podemos mudar de imediato aquilo que *acreditamos* que vai levar à dor ou ao prazer, pela orientação do foco e pela mudança dos estados mental-emocional-fisiológico. Como eu disse no Capítulo 3 de *Poder sem limites:*

> *Um estado pode ser definido como a soma de milhões de processos neurológicos acontecendo dentro de nós — a soma total de nossas experiências em qualquer momento determinado. A maioria dos estados ocorre sem qualquer orientação consciente de nossa parte. Vemos algo e reagimos com o ingresso num estado. Pode ser um estado fértil e útil, ou pode ser um estado árido e limitador, mas não há muito que a maioria das pessoas possa fazer para controlá-lo.*

Você já se descobriu incapaz de recordar o nome de um amigo? Ou como soletrar uma palavra "difícil"... como "sonho"? Como não foi capaz? Sabia a resposta, com certeza. Porque é estúpido? Não, porque se encontrava num *estado* de estupidez? *A diferença entre uma atuação medíocre ou brilhante não se baseia na sua capacidade, mas sim no estado de sua mente e/ou corpo em qualquer momento determinado.* Você pode ser talentoso, com a coragem e determinação de Marva Collins, a graciosidade e elegância de Fred Astaire, a força e resistência de Nolan Ryan, a compaixão e inteligência de Albert Einstein... mas se submergir continuamente em estados negativos, nunca realizará essa promessa de excelência.

Mas se conhecer o segredo do acesso a seus estados mais férteis, poderá literalmente fazer maravilhas. O estado em que você se encontra em qualquer momento específico determina suas percepções da realidade, e em consequência suas decisões e seus comportamento. Em outras palavras *seu comportamento não é o resultado de sua capacidade, mas do estado em que se encontra no momento.* Para mudar sua capacidade, mude seu estado. Para aproveitar os incontáveis recursos que existem dentro de você, ingresse num estado de aproveitamento e expectativa ativa... e observe os milagres ocorrerem!

Mas como podemos mudar nossos estados emocionais? Pense em seus estados como a operação de um aparelho de televisão. Para ter "cores firmes, com um som incrível", é preciso ligar o aparelho. Ligar sua fisiologia é como dar ao aparelho a eletricidade de que precisa para operar. Se você não tem o essencial, não terá imagem, nem som, apenas uma tela vazia. Da mesma forma, se você não se ligar, usar todo o seu corpo, em suma, sua *fisiologia,* pode se descobrir incapaz de soletrar "sonho". Alguma vez já acordou para cambalear ao redor, incapaz de pensar com clareza ou funcionar direito, até que se movimentou o suficiente para o sangue fluir melhor? Depois que a estática acaba, você está "ligado", e as ideias passam a fluir. Se você se encontra no estado errado, não vai obter qualquer recepção, mesmo que tenha as ideias certas.

Depois que você está ligado, é claro, precisa sintonizar com o canal certo, a fim de alcançar o que realmente deseja. Mentalmente, deve focalizar aquilo que o fortalece. Não importa o que você focalize — qualquer coisa em que sintonizar —, vai sentir com mais intensidade. Portanto, se não gosta do que está fazendo, talvez seja o momento de mudar o canal.

Há sensações ilimitadas, meios ilimitados de encarar praticamente qualquer coisa na vida. Se o que você faz não funciona, mude o canal e sintonize com algo que lhe proporcionará as sensações que sempre desejou. Todas as sensações por que você anseia estão disponíveis durante todo o tempo, basta sintonizar o canal certo. Há dois meios primeiros, portanto, de mudar seu estado emocional: pela mudança da maneira como usa seu *corpo físico,* ou pela mudança do *foco.*

FISIOLOGIA: O PODER DO MOVIMENTO

Uma das distinções mais importantes que tenho feito é simplesmente a seguinte: *a emoção é criada pelo movimento.* Tudo o que sentimos é o resultado da maneira como usamos nossos corpos. Até mesmo mudanças mínimas nas expressões faciais ou gestos mudarão a maneira como nos sentimos em qualquer momento determinado, e por conseguinte a maneira como avaliamos nossa vida... a maneira como pensamos e como agimos.

Experimente algo ridículo por um segundo. Finja que é um maestro um tanto entediado e sisudo, balançando os braços num movimento ritmado. Faça-o bem d-e-v-a-g-a-r. Não se excite; faça-o como uma r-o-t-i-n-a, e cuide para que seu rosto reflita um estado de tédio. Repare como se sente. Agora, levante as mãos, bata palmas com toda força, estique os braços para trás o mais *depressa* que puder, com um sorriso tolo no rosto! Intensifique isso, acrescentando o movimento vocal de um som alto e explosivo — o movimento do ar por seu peito, garganta e boca vai mudar como se sente de uma forma ainda mais radical. Esse movimento e a rapidez com que o criou, tanto no corpo quanto nas cordas vocais, mudarão no mesmo instante o modo como se sente.

Cada emoção tem uma fisiologia específica vinculada: postura, respiração, padrões de movimento, expressões faciais. Na depressão, isso é óbvio. Em *Poder sem limites,* falei sobre os atributos físicos da depressão onde seus olhos se focalizam, qual é a sua postura e assim por diante. A partir do momento em que aprende a usar o corpo quando se encontra em determinados estados emocionais, você pode retornar a esses estados, ou evitá-los, pela simples mudança de sua fisiologia. O problema é que a maioria das pessoas se limita a apenas uns padrões usuais de fisiologia. Nós os assumimos de forma automática, sem compreender como é grande o papel que desempenham na determinação de nosso comportamento de um momento para o outro.

Cada um de nós tem mais de oitenta músculos diferentes no rosto, e se esses músculos se acostumam a expressar depressão, tédio ou frustração, então esse padrão muscular habitual começa literalmente a determinar nossos estados, para não mencionar o caráter físico. Sempre peço às pessoas em meu seminário *Encontro com o Destino*™ (Date With Destiny™) que anom todas as emoções que sentem numa semana média. Entre as incontáveis ›ssibilidades, descobri que a média é de *menos de uma dúzia*. Por quê? Por- ıe a maioria das pessoas tem *padrões limitados de fisiologia*, o que resulta n *padrões limitados de expressão*.

EMOÇÕES QUE UMA PESSOA PODE SENTIR NUMA SEMANA

Estresse
Frustração
Fúria
Insegurança
Solidão
Tédio
Angústia
Felicidade
Alívio
Amor
Animação
Alegria

É um cardápio bem curto de opções emocionais, quando se considera os nilhares de atraentes estados disponíveis. Tome cuidado para não se limitar ı uma lista tão curta! Sugiro que aproveite todo o bufê — experimente coisas ıovas e cultive um paladar refinado. Que tal experimentar mais entusiasmo, ascínio, jovialidade, intriga, sensualidade, desejo, gratidão, encantamento, uriosidade, criatividade, capacidade, confiança, indignação, ousadia, refle- ıão, bondade, gentileza, humor... Por que não organizar sua própria lista onga?

Você pode *experimentar qualquer dessas coisas* pela simples mudança la maneira como usa seu corpo! Pode se sentir forte, pode sorrir, pode mu- lar qualquer coisa num instante com uma simples risada. Você já deve ter ouvido o adágio antigo: "Algum dia você vai olhar para trás e rir disso." Se é verdade, por que não olhar para trás e rir agora? Por que esperar? Desperte seu corpo; aprenda a pô-lo em estados agradáveis, não importa o que possa ter acontecido. Como? Crie energia pela maneira como pensa em alguma coisa de modo reiterado e mudará as sensações que vinculará a essa situação no futuro.

Se repetidamente usar o corpo de maneira fraca, se arriar os ombros numa base regular, se andar como se estivesse cansado, você vai mesmo se *sentir* cansado. Como poderia fazer o contrário? *O corpo segue suas emoções.* O estado emocional começa a afetar o corpo e se torna uma espécie de círculo vicioso. Repare na maneira como está sentado neste momento. Trate de se empertigar, crie mais energia em seu corpo, enquanto continua não apenas a ler, mas também a absorver esses princípios.

Quais são as coisas que você pode fazer imediatamente para mudar seu estado, e com isso a maneira como sente o seu desempenho? Aspire fundo, pelo nariz, exale com força pela boca. Ponha um enorme sorriso no rosto, sorria para seus filhos. Se quer de fato mudar sua vida, assuma o compromisso, para os próximos sete dias, de passar um minuto, cinco vezes por dia, sorrindo de orelha a orelha, diante do espelho. Vai se sentir meio idiota, mas lembre-se de que com esse ato físico estará acionando a parte correspondente do cérebro, e criando um caminho neurológico para o prazer que se tornará habitual. Portanto, faça isso... e divirta-se!

Melhor ainda, saia para trotar, em vez de correr. É uma maneira poderosa de mudar seu estado, porque acarreta quatro coisas: 1) é um excelente exercício; 2) exigirá menos esforço do corpo que a corrida; 3) você não conseguirá manter uma expressão séria; e 4) vai divertir todo mundo que passar! Ou seja, estará mudando também os estados de outras pessoas, fazendo-as rir.

E que coisa poderosa é o riso! Meu filho Joshua tem um amigo chamado Matt que ri com tanta facilidade que se torna contagiante, e todos ao redor desatam a rir também. Se você quer realmente melhorar sua vida, *aprenda a rir.* Além dos cinco sorrisos por dia, obrigue-se a rir sem qualquer motivo, três vezes por dia, durante sete dias. Numa pesquisa recente, realizada pela revista *Entertainment Weekly,* descobriu-se que 82 por cento das pessoas que vão ao cinema querem rir, sete por cento querem chorar, e três por cento querem gritar. Isso dá uma ideia do quanto prezamos as sensações de riso, acima de muitas outras coisas. E se você leu os livros de Norman Cousins, ou do Dr. Deepak Chopra, ou do Dr. Bernie Siegel, ou se estudou alguma coisa de psiconeuroimunologia, sabe o que o riso pode fazer pelo corpo físico, estimulando o sistema imunológico.

Por que não encontrar alguém que ria, e imitá-lo? Divirta-se um pouco. Diga: "Pode me fazer um favor? Você tem uma risada sensacional. Gostaria de imitá-lo. Pode me ensinar?" Garanto que vão rir um do outro no processo! Respire da maneira como a outra pessoa respirar: assuma a mesma postura, os mesmos movimentos do corpo; use as mesmas expressões faciais; emita os mesmos sons. Vai se sentir um idiota quando começar, mas depois de algum tempo pegará o jeito, e logo os dois estarão rindo histericamente, por parecerem tão tolos. No processo, porém, você começará a abrir a rede neurológica para criar o riso numa base regular. À medida que fizer isso, muitas e muitas vezes, vai descobrir que rir se torna mais fácil, e com certeza se divertirá.

"Conhecemos muito, sentimos pouco. Ou pelo menos sentimos bem pouco das emoções criativas de que uma boa vida deriva."

— BERTRAND RUSSELL

Qualquer um pode continuar a se sentir bem, se *já* se sente bem; não é preciso muito esforço para conseguir isso. Mas o fundamental na vida é ser capaz de se fazer sentir bem, quando a pessoa não se sente bem, ou quando nem mesmo *quer* se sentir bem. Saiba que você pode fazer isso num instante, usando o corpo como um instrumento para mudar de estado. Depois de identificar a fisiologia ligada a um estado, você pode usá-la para criar à vontade os estados que deseja. Trabalhei há alguns anos com John Denver, um homem que me impressiona não apenas por seu talento musical, mas também porque sua personalidade particular tem uma consonância absoluta com a imagem pública. O motivo para o seu êxito é evidente: trata-se de um homem excepcionalmente simpático e solícito.

Trabalhamos juntos porque ele estava experimentando o bloqueio do criador. Identificamos as ocasiões em que escreveu suas melhores canções, e descobrimos que a inspiração surgira quando fazia algo físico. Em geral, uma canção inteira fluía por sua mente depois que esquiava por uma montanha abaixo, voava em seu jato ou bimotor, andava em seu carro esporte em alta velocidade. Quase sempre havia a velocidade envolvida e o fluxo de adrenalina, junto à experiência de focalizar a beleza da natureza, desempenhavam um papel importante em sua estratégia criativa. Na ocasião, ele experimentava algumas frustrações em certas áreas de sua vida, e não mantinha a mesma atividade intensa ao ar livre. Bastou efetuar essa mudança, com a recuperação de uma fisiologia forte, para que ele conseguisse restaurar a certeza e fluxo de sua criatividade sem demora. *Todos nós temos a capacidade de promover mudanças assim, em qualquer ocasião.* Apenas mudando nossa fisiologia, podemos mudar o nível de desempenho. Nossa capacidade sempre existe, e o que temos de fazer é ingressarmos nos estados em que se torna acessível.

A chave para o sucesso, portanto, é *criar padrões de movimento que criem confiança, um senso de força, flexibilidade, um senso de poder pessoal e diversão.* Compreenda que a estagnação decorre de falta de movimento. Pode pensar num velho, alguém que "não circula muito"? Envelhecer não é uma questão de idade; é uma ausência de movimento. E a suprema ausência de movimento é a morte.

Se avistar crianças andando por uma calçada depois da chuva, e houver uma poça à frente, o que elas farão quando lá chegarem? Vão pular a poça! E também vão rir, se molhar, e se divertir. O que faz uma pessoa mais velha? Contorna a poça? Não, não se limita a contorná-la... pois vive sempre se queixando! Você quer viver de uma maneira diferente. Quer viver com o vigor em seus passos, um sorriso no rosto. Por que não converter a jovialidade numa nova prioridade sua? Faça com que se sentir bem seja sua expectativa. Não precisa ter um motivo para se sentir bem — está vivo; pode se sentir bem *sem nenhum motivo!*

FOCO: O PODER DA CONCENTRAÇÃO

Se você quisesse, não poderia ficar deprimido de um momento para outro? Pode apostar que sim, *só por focalizar* alguma coisa em seu passado que foi horrível. Não temos todos uma experiência lamentável no passado? Se você focalizá-la o suficiente, imaginá-la, pensar a respeito, logo começará a senti-la. Já assistiu a um filme horrível? Voltaria para assistir esse filme centenas de vezes? Claro que não. Por quê? Porque não se *sentiria bem* ao fazer isso. Então por que voltar aos filmes horríveis *em sua cabeça* numa base regular? Por que se assistir nos seus papéis de que menos gosta, contracenando com a artista que menos aprecia? Por que projetar de novo desastres financeiros ou péssimas decisões em sua carreira? Esses filmes de classe "B", é claro, não se limitam à sua experiência passada. Você pode focalizar neste momento alguma coisa que *pensa* que lhe faz falta, e se sentir mal. Melhor ainda, pode focalizar algo que ainda nem aconteceu *e se sentir mal a respeito de antemão!* Você pode rir disso agora, mas infelizmente é o que a maioria das pessoas faz todos os dias.

Se quisesse sentir como se estivesse em êxtase neste momento, não seria possível? Você pode fazê-lo com a mesma facilidade. É capaz de focalizar ou recordar um momento em que experimentou um êxtase total e absoluto? É capaz de focalizar como seu corpo se sentiu? É capaz de lembrar com detalhes tão vívidos que se torne de novo plenamente associado a esses sentimentos? Pode apostar que sim. E você também é capaz de focalizar as coisas em sua vida com que se sente extasiado neste momento, em tudo o que sente que é maravilhoso em sua vida. E pode focalizar as coisas que ainda não aconteceram, *e se sentir bem a respeito de antemão.* Esse é o poder que os objetivos oferecem, e o motivo pelo qual vamos focalizá-los no Capítulo 11.

TUDO O QUE FOCALIZAMOS SE TORNA NOSSA IDEIA DA REALIDADE

A verdade é que bem poucas coisas são absolutas. De um modo geral, como você se sente sobre as coisas, e o significado de uma experiência em particular, tudo dependerá do seu foco. Elizabeth, a mulher com o Distúrbio de Múltipla Personalidade, estivera em dor constantemente. Seu caminho de fuga foi criar uma nova personalidade para cada incidente que tinha de enfrentar emocionalmente. Isso lhe permitia mudar o foco, ver o problema através dos olhos de "outra pessoa". Contudo, ela ainda sentia dor, mesmo depois da integração. Só depois que aprendeu a controlar seu estado, pela mudança consciente de sua fisiologia e foco, é que se tornou capaz de assumir o controle de sua vida.

O foco não é a verdadeira realidade, porque é a visão de uma pessoa; é apenas uma percepção do modo como as coisas realmente são. Pense nessa visão — o poder do nosso foco — como sendo a lente de uma câmera. A lente mostra apenas a imagem e o ângulo que você focalizou. Por isso, as fotografias que você tira podem com a maior facilidade distorcer a realidade, apresentando apenas uma parcela mínima da imagem ampla.

Vamos supor que você foi a uma festa com a sua câmera, sentou num canto, focalizou um grupo de pessoas discutindo. Como essa festa seria representada? Seria projetada como uma festa desagradável e frustrante, em que ninguém se divertiu, e todos brigaram. E é importante para nós lembrar que a maneira como representamos as coisas na mente vai determinar como sentimos. Mas o que aconteceria se você focalizasse sua câmera em outro ponto da sala, onde as pessoas riam, contavam piadas, se divertiam? Mostraria ter sido a melhor das festas, com todo mundo se divertindo demais!

É por isso que há tanta repercussão com as biografias "não autorizadas": são apenas a percepção de uma pessoa sobre a vida de outra pessoa. E, com frequência, essa visão é oferecida por pessoas cuja inveja lhes proporciona um interesse velado em distorcer as coisas. O problema é que a visão da biografia se limita apenas ao "ângulo de câmera" do autor, e todos sabemos que as câmeras distorcem a realidade, que um *close* pode fazer as coisas parecerem maiores do que são na verdade. E quando manipulada com habilidade, uma câmera pode atenuar ou ofuscar partes importantes da realidade. Parafraseando Ralph Waldo Emerson, cada um de nós vê nos outros o que temos em nossos corações.

O SIGNIFICADO É MUITAS VEZES UMA QUESTÃO DE FOCO

Se você marcou uma reunião de negócios e alguém não chega na hora, a maneira como se sente baseia-se rigorosamente no que focaliza. Representa em sua mente que a pessoa não apareceu na hora marcada porque não se importa, ou interpreta o fato como algum problema grave e inesperado que surgiu? Qualquer que seja, o foco vai com certeza afetar suas emoções. E se você se irritar com a pessoa, e o verdadeiro motivo para o atraso ter sido um esforço de última hora para lhe oferecer uma proposta melhor? Lembre-se de que tudo o que focalizamos vai determinar como nos sentimos. Talvez não devêssemos tirar conclusões precipitadas; precisamos escolher com todo cuidado o que vamos focalizar.

O foco determina se você percebe sua realidade como boa ou má, se se sente feliz ou triste. Uma metáfora fantástica para o poder do foco é encontrada nos carros de corrida — uma verdadeira paixão para mim. Guiar um carro de corrida pode às vezes fazer com que voar num helicóptero pareça uma experiência das mais relaxantes! Num carro de corrida, não se pode permitir que o foco se desvie do resultado por um instante sequer. Sua atenção não pode se limitar ao lugar em que se encontra; também não pode se manter no passado, nem se fixar muito longe no futuro. Embora plenamente consciente do lugar em que você está, precisa *antecipar* o que vai acontecer no futuro próximo.

Essa foi uma das primeiras lições que aprendi quando ingressei na escola de pilotos. Os instrutores puseram-me no que chamam de *skid car* — um carro que tem um computador embutido, com elevadores hidráulicos que podem levantar qualquer roda do chão a um comando do instrutor. A regra fundamental que eles ensinam é a seguinte: *Focalize para onde você quer ir, não o que você teme.*

Se você começa a derrapar, o carro fora de controle, a tendência é olhar para o muro que se aproxima. Mas se continuar a focalizá-lo, é exatamente lá que vai parar. Os pilotos sabem que você vai para onde olha; viaja na direção de seu foco. Se resistir ao medo, tiver fé e focalizar para onde quer ir, suas ações o levarão nessa direção, e se for possível se desviar, você vai conseguir... mas não terá a menor chance se focalizar o que teme. Invariavelmente, as pessoas dizem: "Mas você não ia bater de qualquer maneira?" A resposta é que você *aumenta suas chances* ao focalizar o que quer. Focalizar a solução sempre redunda em seu benefício. Se você tem impulso demais na direção do muro, então focalizar o problema pouco antes da batida não vai ajudar de qualquer maneira.

Quando os instrutores me explicaram isso pela primeira vez, balancei a cabeça e pensei: "Mas é claro! Já sei de tudo isso! Afinal, ensino essas coisas!" Na primeira vez em que saí da pista, com o instrutor, ele apertou de repente, sem que eu soubesse, o botão que levantava uma roda. Comecei a derrapar, incapaz de controlar o carro. E onde acha que meus olhos se fixaram? Pode apostar! No muro! Nos segundos finais, fiquei apavorado, porque sabia que ia bater. O instrutor pegou minha cabeça, virou-a para a esquerda, forçando-me a olhar na direção que eu precisava ir. O carro continuou a derrapar, eu tinha certeza de que ia bater, mas fui forçado a olhar apenas para a direção que queria seguir. E olhando para essa direção, não pude deixar de virar o volante de acordo. O carro virou no último instante, e evitamos a batida. Podem imaginar o meu alívio!

Uma coisa que é útil saber a respeito de tudo isso: quando você muda seu foco, muitas vezes não muda de direção *imediatamente*. Isso não acontece também na vida? Há com frequência um lapso de tempo entre o momento em que você redireciona seu foco e o instante em que seu corpo e sua experiência de vida o acompanham. O que representa mais motivo ainda para começar a focalizar logo o que você quer e não esperar com o problema por mais tempo.

Aprendi a lição? Não. Eu tivera uma experiência, mas não criara uma neuroassociação bastante forte. Precisava me condicionar ao novo padrão. Na vez seguinte em que me aproximei do muro, o instrutor teve de gritar para me lembrar do meu objetivo. Na terceira vez, porém, virei a cabeça, deliberado e consciente. Confiei, e deu certo. Depois de fazer isso muitas vezes, quando entro agora num *skid car*, minha cabeça vira para onde quero ir, o volante vira também, e o carro acompanha. Isso garante que sempre conseguirei controlar meu foco? Não. Mas aumenta minhas chances? Em cem vezes!

O mesmo acontece na vida. Em capítulos posteriores, você aprenderá alguns meios de assegurar que o condicionamento de seu foco seja positivo. Por enquanto, compreenda que precisa disciplinar sua mente. Uma mente fora de controle pode lhe fazer qualquer coisa. Dirigida, é sua maior amiga.

"Pedi, e dar-se-vos-á; buscai, e achareis; batei, e abrir-se-vos-á."

— MATEUS 7:7

A maneira mais poderosa de controlar o foco é com o uso de perguntas. Pois a qualquer coisa que você perguntar, seu cérebro oferecerá uma resposta; e qualquer coisa que procurar, haverá de encontrar. Se indagar: "Por que essa pessoa está se aproveitando de mim?", focaliza que alguém se aproveita de você, quer seja ou não verdade. Se indagar "Como posso inverter essa situação?", obterá uma resposta mais fortalecedora. As perguntas constituem um instrumento tão poderoso para mudar sua vida que reservei o capítulo seguinte para falar exclusivamente a respeito. São um dos meios mais poderosos e simples para mudar a maneira como você se sente em relação a praticamente qualquer coisa, e assim mudar o rumo de sua vida, de um momento para outro. As perguntas proporcionam a chave para abrir nosso potencial ilimitado.

Uma das melhores ilustrações disso é a história de um jovem que foi criado no Alabama. Há cerca de 15 anos, um valentão da sétima série provocou-o para uma briga, esmurrou-o no nariz e deixou-o desmaiado. Quando recuperou os sentidos, o rapaz jurou que se vingaria, matando o valentão. Foi em casa, pegou o revólver calibre 22 da mãe e saiu à procura de seu alvo. Naquele momento, seu destino pairava na balança.

Com o valentão na mira da arma, ele podia disparar, e o colega se tornaria história. Mas foi nesse instante que ele se fez uma pergunta: "O que acontecerá comigo se puxar o gatilho?" E outra imagem entrou em foco, a mais dolorosa que se podia imaginar. Naquela fração de segundo, em que a vida do rapaz poderia seguir por dois rumos muito diferentes, ele visualizou, com uma lucidez assustadora, como seria ir para a cadeia. Pensou em ter de passar a noite inteira acordado para evitar que os outros presos o estuprassem. Essa dor em potencial foi maior do que a expectativa da vingança. Ele desviou a arma e atirou numa árvore.

Esse rapaz era Bo Jackson, e pela maneira como descreve a cena em sua biografia, não resta a menor dúvida de que nesse momento fundamental de sua vida a dor associada com a prisão foi uma força mais poderosa do que o prazer que ele pensava que matar o outro rapaz lhe proporcionaria. Uma mudança de foco, uma decisão sobre dor e prazer, provavelmente fez a diferença entre um garoto sem futuro e uma das maiores histórias de sucesso nos esportes do nosso tempo.

> ***"Assim como o armeiro apara e deixa a flecha reta, o mestre orienta seus pensamentos desgarrados."***
>
> — Buda

Não é apenas o que você focaliza, mas como...

Nossa experiência do mundo é criada pela coleta de informações, com o uso dos cinco sentidos. Cada um de nós, no entanto, tende a desenvolver um modo de foco predileto, ou uma modalidade, como muitas vezes se chama. Algumas pessoas, por exemplo, recebem um impacto maior do que veem; o sistema visual tende a ser predominante. Para outras, os sons são o gatilho para as grandes experiências da vida, enquanto para alguns o tato é a base de tudo.

Mesmo dentro de cada um desses modos de experiência, porém, há elementos específicos de imagens, sons ou outras sensações que podem ser mudados para aumentar ou diminuir a intensidade da experiência. Esses ingredientes básicos são chamados de *submodalidades*.* Por exemplo, você

---

* Para uma análise mais detalhada da submodalidade, ver *Poder sem limites*, Capítulos 6 e 8.

pode pegar uma imagem em sua mente, e depois pegar qualquer aspecto dessa imagem (uma submodalidade) e mudá-lo, para mudar seus sentimentos a respeito. Pode dar mais brilho à imagem, mudando no mesmo instante a quantidade da intensidade com que sente a experiência. Isso é conhecido como mudar uma submodalidade. Provavelmente o maior conhecedor de submodalidades é Richard Bandler, cofundador da Programação Neurolinguística. A linhagem de estudiosos desse assunto data do trabalho básico sobre os cinco sentidos de Aristóteles, que divide em categorias os modelos de percepção.

Você pode elevar ou baixar radicalmente sua intensidade de sentimento em relação a qualquer coisa pela manipulação das submodalidades. Elas afetam como você se sente em relação a tudo, se experimenta alegria, frustração, admiração ou desespero. Compreendê-las permite não apenas mudar como se sente em relação a qualquer experiência em sua vida, mas também *mudar* o que significa para você, e com isso *o que pode fazer a respeito.*

Uma imagem que descobri ser muito útil é pensar nas submodalidades como os códigos de barras dos produtos comerciais, aquelas pequenas linhas pretas que substituíram as etiquetas de preços em quase todos os supermercados americanos. Os códigos parecem insignificantes, mas quando passados pelo *scanner* na caixa registradora informam ao computador qual é o produto, quanto custa, como sua venda afeta o estoque, e assim por diante. As submodalidades funcionam da mesma maneira. Quando acionadas por meio do *scanner* do computador que chamamos cérebro, informam qual é a coisa, como se sentir a respeito, e o que fazer. Você possui seus próprios códigos de barras, e há uma lista surgindo junto às perguntas a formular, para determinar qual deles vai usar.

Por exemplo, se você tende a focalizar as modalidades visuais, a quantidade de satisfação que obtém de uma lembrança específica é provavelmente uma consequência direta das submodalidades de tamanho, cor, brilho, distância e quantidade de movimento na imagem visual que projetou. Se representa para si mesmo com submodalidades auditivas, então como se sente depende do volume, ritmo, tonalidade e outros fatores similares que atribui. Por exemplo, algumas pessoas, para se sentirem motivadas, precisam *primeiro* sintonizar um determinado canal. Se o seu canal predileto é visual, então focalizar os elementos visuais de uma determinada situação lhe proporciona mais intensidade emocional. Para outras pessoas, os canais importantes são o auditivo ou cinestético. E para algumas, a melhor estratégia funciona como uma combinação para se abrir um cofre. Primeiro, a tranca visual deve ser alinhada, depois a auditiva, em seguida a cinestética. Todos os três indicadores precisam ficar alinhados no ponto certo e na ordem certa para o cofre se abrir.

A partir do momento em que você tiver consciência disso, vai perceber que as pessoas estão constantemente usando palavras em sua linguagem cotidiana para indicar em que sistema e em que submodalidades se encontram sintonizadas. Escute as maneiras como descrevem suas experiências e aceite literalmente. (Por exemplo, nas duas últimas frases usei os termos "sintonizadas" e "escute" — é evidente que são indicações auditivas.)

Quantas vezes já ouviu alguém dizer: "Não posso me imaginar a fazer isso"? Estão dizendo qual é o problema: se pudessem se imaginar a fazer, entrariam num estado em que sentiriam que poderiam fazer acontecer. Alguém pode ter lhe dito uma ocasião: "Você está exagerando as coisas." Se você estava transtornado demais, é bem possível que a pessoa tivesse razão. Talvez você estivesse absorvendo as imagens em sua mente e tornando-as muito maiores, o que tende a intensificar a experiência. Se alguém diz: "Isso está me sufocando", você pode ajudar a fazer com que a pessoa se sinta menos angustiada com a situação, levando-a assim a um estado melhor para cuidar do problema. Se alguém diz: "Estou me desligando", você pode ajudá-lo a sintonizar de novo, a fim de que ele possa mudar de estado.

Nossa capacidade de mudar a maneira como sentimos depende da capacidade de mudar as submodalidades. Devemos aprender a assumir o controle dos vários elementos com que representamos as experiências, e mudá-los de uma maneira que apoie os resultados desejados. Por exemplo, você já se descobriu a dizer que precisa ficar "à distância" de um problema? Se isso já aconteceu, eu gostaria que tentasse uma coisa. Pense numa situação que o esteja desafiando no momento. Faça uma imagem em sua mente, depois pense que está empurrando essa imagem para mais e mais longe. Paire por cima, contemple o problema lá embaixo, com uma nova perspectiva. O que acontece com sua intensidade emocional? Para a maioria das pessoas, dimi-

EXPRESSÕES COMUNS BASEADAS EM

Submodalidades visuais:

Isso deixa o meu dia mais claro.
Isso põe as coisas numa perspectiva melhor.
Isso tem alta prioridade.
Esse cara tem um passado negro.
Vamos ver o quadro mais amplo.
Esse problema continua a me encarar de frente.

Submodalidades auditivas:

Ele vive emitindo estática.
O problema é gritar comigo.
Estou ouvindo direito.
Parei tudo o que fazíamos com um ranger de pneus.
O cara está fora do ritmo.
Isso soa maravilhoso.

Submodalidades cinestéticas:

Esse cara é escorregadio.
A pressão aumenta e diminui.
Essa coisa está pesando em mim.
Sinto que carrego todo o peso nas costas.
Esse concerto é mesmo quente!
Estou totalmente imerso nesse projeto.

nui. E se a imagem se torna mais indistinta e menor? Agora, pegue a imagem do problema e torne-a maior, mais nítida e mais próxima. Para a maioria das pessoas, isso a intensifica. Empurre a imagem para trás, observe o sol a derretê-la. Uma mudança simples em qualquer um desses elementos é como mudar os ingredientes numa receita. Vão com certeza alterar o que você experimenta no corpo. Embora eu tenha discorrido a fundo sobre as submodalidades em *Poder sem limites,* volto ao assunto aqui porque quero ter certeza de que você vai absorver essa distinção. É fundamental para a compreensão de muito do trabalho que faremos neste livro.

Lembre-se: a maneira como você se sente em relação às coisas é instantaneamente alterada por uma alteração nas submodalidades. Por exemplo, pense em algo que aconteceu ontem. Apenas por um instante, imagine essa experiência. Tire a imagem da memória e projete-a para trás de você. Pouco a pouco, empurre-a para trás, até que fique a *quilômetros* de distância, pequena, apenas um ponto vago na escuridão. A impressão é de que aconteceu ontem ou há muito tempo? Se a lembrança é agradável, traga-a de volta. Caso contrário, deixe-a lá atrás! Quem precisa focalizar uma lembrança assim? Em contraste, você teve algumas experiências maravilhosas em sua vida. Pense numa agora, uma experiência que tenha acontecido há muito tempo. Recorde as imagens dessa experiência. Traga-as do fundo da memória; ponha-as na sua frente. Faça com que sejam grandes, nítidas, coloridas; torne-as tridimensionais. Entre no corpo que tinha na ocasião, e sinta a experiência neste momento como se estivesse lá. Parece que aconteceu há muito tempo, ou é algo que você desfruta agora? Como pode perceber, até sua experiência de tempo pode ser mudada pela mudança das submodalidades.

CRIE SUA PRÓPRIA PLANTA

A descoberta de suas submodalidades é um processo divertido. Você pode querer fazer isso sozinho, embora talvez constate que é mais divertido fazê-lo com outra pessoa. Isso o ajudará na acurácia, e se a outra pessoa também leu este livro, terá muito sobre o que conversar, e ainda uma testemunha do seu compromisso em assumir o controle pessoal. Agora, bem depressa, pense num momento de sua vida em que teve uma experiência bastante agradável, e faça o seguinte: classifique sua satisfação numa escala de 0 a 100, em que 0 é a total ausência de satisfação, e 100 o nível máximo de contentamento que poderia desfrutar. Digamos que você chegou a 80 nessa escala de intensidade emocional. Agora, passe para a Lista de Possíveis Submodalidades (páginas 206 e 207), e vamos descobrir que elementos são propensos a criar ais satisfação em sua vida do que outros, mais sentimentos de prazer do ie sentimentos de dor.

Comece a avaliar cada uma das perguntas contidas na lista de acordo om sua experiência. Por exemplo, ao lembrar a experiência e focalizar as ibmodalidades *visuais*, pergunte a si mesmo: "É um filme ou uma imagem arada?" Se for um filme, verifique qual é a sensação. É agradável? Agora, ude para o oposto. Transforme numa imagem parada e veja o que acontece. eu nível de satisfação diminui? Cai de uma maneira significativa? Em que orcentagem? Ao converter numa imagem parada, caiu de 80 para 50, por xemplo? Anote o impacto que essa mudança causou, e assim poderá usar sa distinção no futuro.

Restabeleça a forma inicial da imagem; ou seja, faça com que seja um lme de novo, se assim era, a fim de sentir que voltou a 80. Agora, passe ara a pergunta seguinte na lista. É em cores, ou preto e branco? Se era em reto e branco, verifique a sensação. Passe para o oposto. Apresente cor, veja o que acontece. Isso eleva sua intensidade emocional acima de 80? note o impacto emocional. Se o leva a 95, pode ser um elemento valioso ara lembrar no futuro. Por exemplo, ao pensar numa tarefa que geralmen- e evita, se acrescentar cor à imagem que faz dela, vai descobrir que sua ntensidade emocional positiva aumenta no mesmo instante. Agora, volte imagem a preto e branco, observe o que acontece com sua intensidade mocional, e que grande diferença isso faz. Lembre-se de terminar sem- re com a restauração do estado original, antes de passar para a pergunta eguinte. Devolva as cores; torne *mais brilhante* do que era antes, até se entir envolto por cores vívidas.

O brilho é uma submodalidade importante para a maioria das pessoas; lar mais brilho às coisas intensifica sua emoção. Se você pensar na expe- iência agradável neste momento, e tornar a imagem mais e mais brilhante, rovavelmente vai se sentir melhor, não é? Há exceções, é claro. Se você sa- orear a lembrança de um momento romântico, e de repente todas as luzes se acenderem, isso pode não ser muito apropriado. E se você tornar a imagem ndistinta, escura, e desfocada? Para a maioria das pessoas, isso a torna quase depressiva. Portanto, torne-a sempre cada vez mais brilhante!

Continue pela lista, verificando qual dessas submodalidades visuais muda mais sua intensidade emocional. Ao recriar a experiência dentro de sua cabeça, como soa? O aumento do volume altera o nível de prazer que você sente? Como a aceleração do ritmo afeta seu contentamento? Até que ponto? Registre tudo, e altere tantos outros elementos quantos puder pensar. Se o que está imaginando é o som da voz de alguém, experimente com diferentes inflexões e sotaques, e note o que isso influi ao nível de contentamento que experimenta. Se mudar a qualidade do som de suave e macio para áspero e estridente, o que acontece? Lembre-se de terminar com a restauração dos sons à sua forma auditiva original, a fim de que todas as qualidades continuem a criar prazer para você.

Ao final, focalize as submodalidades cinestéticas. Ao recordar a experiência agradável, a mudança dos vários elementos cinestéticos intensifica ou diminui o prazer? O aumento da temperatura faz com que se sinta mais confortável, ou o deixa irritado? Focalize sua respiração. Como está respirando? Se mudar a qualidade da respiração, de rápida e superficial para longa e profunda, como isso afeta a qualidade de sua experiência? Note que diferença isso faz, e escreva. E a textura da imagem? Altere isso; passe de macia e fofa para úmida e escorregadia, viscosa e pegajosa.

Ao passar por todas essas mudanças, como seu corpo se sente? Anote tudo. Depois que fizer experiências com toda a lista de submodalidades, volte e ajuste, até que aflore a imagem mais agradável; faça com que seja bastante real, a fim de poder tirar o máximo de proveito!

Ao efetuar esses exercícios, vai constatar que algumas dessas submodalidades são muito mais poderosas para você do que outras. Todos somos diferentes, e cada um tem os seus meios preferidos de representar suas experiências. O que você acaba de fazer, na verdade, foi criar uma planta que indica como seu cérebro está sintonizado. Mantenha-a e use-a; vai ser útil algum dia... talvez até hoje! Sabendo que submodalidades o acionam, você saberá como aumentar as emoções positivas e diminuir as emoções negativas.

Por exemplo, se você sabe que projetar algo grande e brilhante, e trazê-lo para bem perto, pode intensificar sua emoção de forma considerável, é capaz de se motivar a fazer uma determinada coisa pela mudança de suas imagens, de forma a que atendam a esses critérios. Também saberá que *não* deve tornar seus problemas grandes, brilhantes e próximos, caso contrário intensificará também as emoções negativas! Saberá como se livrar depressa

LISTA DE POSSÍVEIS SUBMODALIDADES

Visuais

1.	Filme/ imagem parada	É um filme ou uma imagem parada?
2.	Cor/ preto e branco	É colorida ou em preto e branco?
3.	Esquerda/ direita/ centro	A imagem está à esquerda, direita ou centro?
4.	Alto/ meio/ embaixo	A imagem está no alto, no meio ou embaixo?
5.	Brilhante/ distinta/ escura	A imagem é brilhante, indistinta ou escura?
6.	Tamanho natural/ menor/ maior	A imagem tem tamanho natural, é maior ou menor?
7.	Proximidade	O quanto você está próximo da imagem?
8.	Rápida/ média/ lenta	A velocidade da imagem é rápida, média ou lenta?
9.	Foco específico?	Um elemento em particular é focalizado de forma sistemática?
10.	Dentro da imagem	Você está dentro da imagem ou assiste à distância?
11.	Moldura/ panorâmica	A imagem está dentro de uma moldura ou é panorâmica?
12.	3D/ 2D	A imagem é tridimensional ou bidimensional?
13.	Cor específica	Há uma cor que lhe causa mais impacto?
14.	Ponto de vista	Você está olhando de baixo, de cima, do lado etc.?
15.	Gatilho especial	Há alguma outra coisa que desencadeie sentimentos fortes?

Auditivas

1.	Você/ outros	Está dizendo alguma coisa para si mesmo ou ouvindo de outra pessoa?
2.	Conteúdo	O que especificamente você diz, ou ouve?
3.	Como é dito	Como você diz ou ouve?
4.	Volume	É muito alto?
5.	Tonalidade	Qual é a tonalidade?
6.	Ritmo	É muito depressa?
7.	Localização	De onde vem o som?
8.	Harmonia/ cacofonia	O som está em harmonia ou é cacofônico?
9.	Regular/ irregular	O som é regular ou irregular?
10.	Inflexão	Há alguma inflexão na voz?
11.	Certas palavras	Certas palavras são enfatizadas?
12.	Duração	Quanto tempo o som dura?
13.	Singularidade	O que há de singular no som?
14.	Gatilho especial	Há alguma outra coisa que desencadeie sentimentos fortes?

Cinestéticos

1.	Mudança de temperatura	Houve uma mudança de temperatura? Para quente ou frio?
2.	Mudança de textura	Houve uma mudança de textura? Para áspero ou liso?
3.	Rígida/ flexível	É rígida ou flexível?
4.	Vibração	Há vibração?

(continua)

5.	Pressão	Houve um aumento ou redução na pressão?
6.	Localização da pressão	Onde a pressão estava localizada?
7.	Tensão/ relaxamento	Houve um aumento de tensão ou relaxamento?
8.	Movimento/ direção/ velocidade	Houve movimento? Se houve, qual a direção e velocidade?
9.	Respiração	Qualidade da respiração? Onde começou/ acabou?
10.	Peso	É pesada ou leve?
11.	Constante/ intermitente	Os sentimentos são constantes ou intermitentes?
12.	Mudança de tamanho/ forma	Mudou de tamanho ou forma?
13.	Direção	Os sentimentos entravam ou saíam do corpo?
14.	Gatilho especial	Há alguma outra coisa que desencadeie sentimentos fortes?

de um estado limitador, e ingressar num estado energizante e fortalecedor. E pode se tornar mais bem equipado para continuar em seu caminho para o poder pessoal.

Conhecer o importante papel que as submodalidades desempenham em sua experiência da realidade é fundamental para enfrentar os desafios. Por exemplo, é uma questão de submodalidades se você se sente confuso ou no caminho certo. Se pensar numa ocasião em que se sentiu confuso, procure se lembrar se representou a experiência como uma imagem parada ou um filme. Depois, compare com uma ocasião em que sentiu que compreendia alguma coisa. Muitas vezes as pessoas se sentem confusas porque têm uma série de imagens na cabeça, empilhadas, numa mistura caótica, porque alguém andou falando muito depressa ou muito alto. Já outras pessoas ficam confusas se as coisas lhes são ensinadas devagar demais. Essas pessoas precisam ver imagens em forma de filme, ver como as coisas se relacionam entre si; caso contrário, o processo também se torna dissociado. Percebe como compreender as submodalidades de outra pessoa pode ajudá-lo a ensinar de uma forma muito mais eficaz?

O problema é que a maioria das pessoas aceita os padrões limitadores, faz com que se tornem grandes, brilhantes, próximos, ruidosos ou pesados — quaisquer que sejam as submodalidades com que estamos mais sintonizados — e depois especula por que se sente sufocada! Se algum dia ingressou nesse estado e conseguiu sair, provavelmente porque você ou outra pessoa pegou essa imagem, e mudou-a, reorientando o foco. Até que você finalmente disse: "Ora, não era uma coisa tão grande assim!" Ou trabalhou num determinado aspecto, e ao fazê-lo, no entanto, acabou chegando à conclusão de que não parecia um projeto tão grande, afinal. Todas essas estratégias são simples, e muitas foram apresentadas em *Poder sem limites.* Neste capítulo, estou esperançado que você aguce seu apetite, e passe a ter conhecimento de sua existência.

MUDE SEUS ESTADOS, E MUDE SUA VIDA

Você pode agora mudar seu estado de muitas maneiras, e todas são bem simples. Pode mudar sua fisiologia imediatamente, apenas mudando a respiração. Pode mudar o foco ao determinar o que focalizar, ou a ordem das coisas que focaliza, ou como focaliza. Pode mudar suas submodalidades. Se tem focalizado de uma forma sistemática o pior que pode acontecer, não há desculpa para continuar a fazer isso. Comece agora a focalizar o melhor.

O segredo na vida é ter tantos meios de orientá-la que se torna uma arte. O problema da maioria das pessoas é dispor apenas de uns poucos meios de mudar seu estado: comem demais, bebem demais, dormem demais, fumam, ou consomem drogas — nada disso nos fortalece, e tudo pode ter consequências desastrosas e trágicas. O maior problema é que muitas dessas consequências são cumulativas, e por isso nem percebemos o perigo, até que já é tarde demais. Foi o que aconteceu com Elvis Presley, e infelizmente é o que também ocorre todos os dias com muitas pessoas. Imagine uma desafortunada rã numa panela, sendo fervida até a morte. Se fosse largada com a água já fervendo, o choque do calor faria com que pulasse de volta ao mesmo instante... mas, com o calor aumentando pouco a pouco, ela não nota que corre perigo, até que já é tarde demais para pular fora.

A viagem para a queda fatal começa quando você não controla seus estados, porque, se não controla seus estados, não é capaz de controlar seu comportamento. Se há coisas que precisa realizar, mas não se torna motivado, compreenda que seu estado não é o apropriado. Isso não é uma desculpa, porém é uma ordem! É uma ordem para *fazer qualquer coisa que seja neces-*

sária para mudar seu estado, quer seja por meio da mudança da fisiologia ou do foco. Em determinada ocasião, eu me pus num estado de ser *pressionado* a escrever meu livro; não é de admirar que eu sentisse que era impossível! Tive de encontrar um meio de mudar meu estado; caso contrário, você não estaria lendo isto hoje. Tive de entrar num estado de criatividade, de excitamento. Se você quer fazer uma dieta, não vai dar certo se estiver num estado de apreensão, preocupação, ou frustração. *Você precisa assumir um estado de determinação para alcançar o êxito.* Ou, se quer ter um desempenho melhor em seu trabalho, compreenda que a inteligência é muitas vezes um fator do estado. Pessoas que supostamente possuem uma capacidade limitada descobrirão seu talento explodindo se assumirem um novo estado. Já demonstrei isso muitas vezes com disléxicos. A dislexia é uma função das faculdades visuais, mas também é uma função dos estados mental e emocional. As pessoas disléxicas não invertem letras e palavras cada vez que leem alguma coisa. Podem fazer isso na maior parte do tempo, mas não fazem durante todo o tempo. A diferença entre os momentos em que podem ler direito e as ocasiões em que invertem as letras decorre do estado em que se encontram. Se você muda seu estado, muda no mesmo instante o desempenho. Qualquer pessoa disléxica ou com qualquer outra dificuldade baseada nos estados pode usar essas estratégias para alterar a situação.

Como o movimento pode mudar de forma instantânea como nos sentimos, faz sentido criar uma porção de maneiras de mudar nosso estado com um único e singular movimento. Uma das coisas que mudou minha vida mais profundamente foi algo que aprendi há muitos anos. Encontrei no Canadá um homem que estava partindo madeira ao estilo de caratê. Em vez de passar um ano e meio ou dois anos para aprender isso, com um treinamento em artes marciais, simplesmente descobri o que ele focalizava, como focalizava (o brilho e assim por diante) em sua cabeça, quais eram suas convicções, e qual a estratégia física — como usava o corpo para partir a madeira.

Pratiquei muitas e muitas vezes os movimentos físicos, de forma idêntica, com tremenda intensidade emocional, transmitindo para o cérebro profundas sensações de certeza. E durante todo o tempo o instrutor me corrigia os movimentos. Pam! Parti um pedaço de madeira; depois, dois, três e quatro. O que eu fizera para conseguir isso? 1) Elevara meus padrões, e tornara partir a madeira um imperativo — algo que antes aceitaria como uma limitação; 2) mudei a convicção limitadora sobre minha capacidade de fazer isso, ao mudar o estado emocional para o de certeza; e 3) projetei uma estratégia eficaz para obter o resultado.

Esse ato transformou meu senso de poder e certeza por todo o meu corpo. Passei a usar o mesmo senso de certeza de "partir madeira" para realizar outras coisas que nunca imaginara que poderia alcançar, rompendo a barreira da protelação e alguns dos meus medos com a maior facilidade. Ao longo dos anos, continuei a usar e reforçar essas sensações. E depois de alguns anos, comecei a ensinar a outros, até a crianças, meninas de 11 e 12 anos, mostrando-lhes como aumentar seu amor-próprio através de uma experiência que não pensavam que era possível. Mais tarde, comecei a usar isso como parte de meus seminários de Poder Ilimitado, baseados em vídeo, conduzidos pelas pessoas a quem concedo franquias, nossos consultores de Desenvolvimento Pessoal no mundo inteiro. Essas pessoas levam os participantes a superarem seus medos, em 30 minutos ou menos, e a aprenderem como romper qualquer coisa que os contêm na vida. Depois de partirem a madeira, aprendem a usar essa experiência para obterem o senso de certeza que é necessário na busca de qualquer coisa que desejam realizar na vida. É sempre fascinante ver um homem enorme que pensa que pode fazê-lo apenas com a força bruta subir no palco e fracassar, e depois observar uma mulher com metade do seu tamanho e massa muscular partir a madeira num instante, porque desenvolveu a certeza em sua fisiologia.

"Experiência não é o que acontece com um homem; é o que um homem faz com o que lhe acontece."

— ALDOUS HUXLEY

Você tem de compreender que deve assumir o controle consciente da orientação de sua própria mente. Tem de fazê-lo de forma deliberada; caso contrário, ficará à mercê de qualquer coisa que acontecer ao seu redor. A primeira habilidade que deve dominar é a capacidade de mudar seu estado *instantaneamente,* não importa qual seja o ambiente, não importa quão assustado ou frustrado esteja. É uma das habilidades básicas que as pessoas desenvolvem em meus seminários. Aprendem como mudar depressa seu estado, do medo e "saber" que não podem fazer coisa alguma, para saber que podem fazer algo, e serem capazes de tomar uma ação efetiva. O desenvolvimento de experiências assim, em que você pode mudar de um instante para outro, proporciona um tremendo poder em sua vida — algo que você não pode avaliar plenamente, até tentar.

A segunda habilidade é a capacidade de mudar de estado de forma sistemática *em qualquer ambiente* — talvez num ambiente que antes o deixava constrangido, mas em que pode agora mudar seu estado sempre que quiser, condicionando-se até se sentir *bem,* independentemente do lugar em que se encontre. A terceira habilidade é estabelecer um conjunto de padrões habituais para usar sua fisiologia e foco, a fim de se sentir *sistematicamente* bem, sem qualquer esforço consciente. Minha definição de sucesso *é viver sua vida de uma maneira que o leve a sentir toneladas de prazer e quase nenhuma dor* — e por causa de seu estilo de vida, fazer com que as pessoas ao seu redor sintam muito mais prazer do que dor. Alguém que realizou muita coisa, mas vive em dor emocional durante todo o tempo, ou se encontra cercado por pessoas em dor durante todo o tempo, não é realmente bem-sucedido. O quarto objetivo é possibilitar que *outros* mudem seu estado de um momento para outro, mudem seu estado em qualquer ambiente, e mudem seu estado pelo resto da vida. É isso o que meus representantes aprendem a fazer em seminários e no trabalho individual com pacientes.

Portanto, o que você precisa para lembrar deste capítulo? *Tudo o que você realmente quer na vida é mudar como se sente. Mais uma vez, todas as suas emoções não passam de tempestades bioquímicas em seu cérebro,* e você pode controlá-las a qualquer momento que quiser. Pode sentir o êxtase *agora,* ou pode sentir dor ou depressão — tudo depende de você. Não precisa de drogas ou qualquer outra coisa externa para conseguir isso. Há meios muito mais eficazes e, como você já aprendeu no capítulo sobre convicções, as drogas podem ser sobrepujadas pelas substâncias químicas que você cria *em seu próprio corpo,* ao mudar o foco e a maneira como usa sua fisiologia.

Essas substâncias químicas são muito mais poderosas do que virtualmente qualquer substância externa.

> ***"Cada momento grandioso nos anais do mundo é o triunfo de algum entusiasmo."***
>
> — RALPH WALDO EMERSON

VOCÊ SABE COMO PODE FAZER SE SENTIR BEM?

Numa viagem de negócios a Toronto, eu me sentia fisicamente estressado, por causa de uma intensa dor nas costas. Enquanto o avião descia, comecei a pensar no que precisava fazer ao chegar ao hotel. Já seriam 22h30, e teria de levantar cedo na manhã seguinte, a fim de conduzir meu seminário. Poderia comer alguma coisa — afinal, não comera nada durante o dia inteiro — mas já era muito tarde. Poderia organizar meus papéis e assistir ao noticiário da TV. Nesse instante, compreendi que todas essas ações não passavam de estratégias para sair da dor e alcançar algum nível de prazer. Contudo, nenhuma delas era tão compulsiva assim. Precisava expandir minha lista de meios de experimentar prazer, independentemente da hora ou do lugar.

Você sabe como fazer para se sentir bem? Parece uma pergunta estúpida, não é mesmo? Mas você possui de fato um conjunto de meios específicos e fortalecedores para fazer se sentir bem de um momento para outro? Pode conseguir isso sem o uso de comida, álcool, drogas, cigarro, ou outras fontes viciantes? Tenho certeza de que você dispõe de alguns meios assim, mas vamos expandir a lista. Neste momento, tratemos de identificar algumas das opções positivas que você já tomou para fazê-lo se sentir bem. *Sente agora e escreva uma lista de coisas que já faz para mudar como se sente.* E já que está fazendo uma lista, por que não acrescentar algumas coisas novas que talvez não tenha experimentado antes e que podem também mudar de uma forma positiva o seu estado?

LISTA DE MEIOS DE MUDAR COMO ME SINTO, PARA IR DA DOR AO PRAZER, E ME SENTIR BEM IMEDIATAMENTE

1. ______
2. ______
3. ______
4. ______
5. ______
6. ______
7. ______
8. ______
9. ______
10. ______
11. ______
12. ______
13. ______
14. ______
15. ______
16. ______
17. ______
18. ______
19. ______
20. ______
21. ______
22. ______
23. ______
24. ______
25. ______

Não pare enquanto não tiver um mínimo de 15 meios para se sentir bem instantaneamente, e o ideal seria ter pelo menos 25. Este é um exercício a que você pode querer voltar, até ter cem meios!

Quando fiz minha lista, constatei que tocar música era um dos meios mais poderosos que eu podia usar para mudar meu estado num instante. Ler era outro meio de me sentir bem, porque mudava meu foco, e adoro aprender — em particular a leitura de alguma coisa instrutiva e informativa, algo que posso aplicar de imediato em minha vida. Mudar os movimentos do corpo é algo que posso fazer a qualquer momento para romper um estado limitador e entrar num estado criativo: os exercícios do meu StairMaster™ com música tocando a toda, pular numa cama elástica, correr 8 quilômetros em aclive, nadar.

Aqui estão outros meios: dançar, cantar junto aos meus CDs prediletos, assistir a uma comédia, ir a um concerto. Entrar numa Jacuzzi, tomar um banho quente. Fazer amor com minha esposa. Ter um jantar de família, com todos sentados à mesa, conversando sobre o que é mais importante para nós. Abraçar e beijar meus filhos, abraçar e beijar Becky. Levá-la para assistir a um filme como *Ghost,* em que nos desmanchamos em lágrimas. Criar uma nova ideia, uma nova companhia, um novo conceito. Refinar ou melhorar qualquer coisa que eu esteja fazendo no momento. Criar qualquer coisa. Contar piadas para os amigos. Fazer qualquer coisa que me leve a sentir que estou contribuindo. Conduzir qualquer dos meus seminários, em particular os *enormes* (uma de minhas submodalidades prediletas). Aprofundar minhas recordações, lembrar com nitidez uma experiência maravilhosa que tive recentemente, ou no passado, dentro de meu diário.

SE VOCÊ NÃO TEM UM PLANO PARA O PRAZER, TERÁ DOR

Todo o segredo aqui é criar uma *imensa* lista de meios para se fazer sentir bem, a fim de não precisar recorrer a meios que sejam destrutivos. Se vincular dor aos hábitos destrutivos, e mais e mais prazer aos novos e fortalecedores, vai descobrir que a maioria destes é acessível na maior parte do tempo. Torne essa lista uma realidade; desenvolva um *plano para o prazer em cada um e todos os dias.* Não se limite a acalentar a esperança de que o prazer vai surgir de alguma forma; prepare-se para o êxtase. *Abra espaço para o prazer!*

Estamos falando aqui, mais uma vez, sobre o condicionamento do sistema nervoso, corpo e foco mental, para uma busca incessante, a fim de que tudo em sua vida o beneficie. Basta lembrar que, se você continua a ter um padrão emocional limitador, é porque está usando o corpo de uma maneira habitual, ou ainda focaliza de um meio enfraquecedor. Se é o seu foco que precisa ser alterado, há um instrumento incrível que pode mudá-lo num instante. Você deve saber que...

8

As perguntas são a resposta

"Aquele que faz perguntas não pode evitar as respostas."

— Provérbio da República de Camarões

Eles não precisavam de uma razão. Foram até lá apenas porque ele era de descendência judia. Os nazistas invadiram sua casa, prenderam-no e a toda sua família. Foram conduzidos como gado, embarcados num trem e enviados para o infame campo de extermínio de Auschwitz. Seus pesadelos mais terríveis nunca poderiam prepará-lo para ver toda a família fuzilada diante de seus olhos. Como poderia sobreviver ao horror de ver as roupas do filho em outra criança, porque o filho morrera em decorrência de um "banho de chuveiro"?

Mas, de alguma forma, ele continuou. Um dia, contemplou o pesadelo ao seu redor e confrontou uma verdade inevitável: se permanecesse ali por mais um dia sequer, também morreria. Tomou a *decisão* de que precisava escapar, e de que a fuga devia ocorrer imediatamente! Não sabia como, apenas sabia que tinha de escapar. Durante semanas, perguntara aos outros prisioneiros: "Como podemos escapar deste lugar horrível?" As respostas pareciam ser sempre a mesma: "Não seja tolo! Não há escapatória! Formular tal pergunta só servirá para torturar sua alma. Limite-se a trabalhar com afinco e rezar para sobreviver." Mas ele não podia aceitar isso — *e não aceitaria!* Tornou-se obcecado pela ideia de fugir, e mesmo quando as respostas não faziam qualquer sentido, continuou a se perguntar, muitas e muitas vezes: "Como posso fugir? Tem de haver um meio. Como posso sair daqui, vivo saudável, *hoje*?"

Dizem que quem pede, receberá. E por algum motivo, naquele dia ele obteve sua resposta. Talvez fosse a intensidade com que formulou a pergunta, ou talvez fosse o seu senso de certeza de que "agora chegou o momento". Ou talvez fosse apenas o impacto de focalizar de forma incessante a resposta a uma pergunta veemente. Seja qual for o motivo, o poder gigantesco da mente e do espírito humano despertou naquele homem. A resposta surgiu por intermédio de uma fonte improvável: o cheiro repulsivo de carne humana em decomposição. A poucos passos do lugar em que trabalhava, ele viu uma enorme pilha de cadáveres, na traseira de um caminhão — homens, mulheres e crianças que haviam sido retirados da câmara de gás. As obturações de ouro já tinham sido arrancadas dos dentes; tudo o que possuíam — quaisquer joias, até mesmo as roupas — fora retirado. Em vez de perguntar: "Como os nazistas podem ser tão infames, tão destrutivos? Como Deus pode permitir uma coisa tão monstruosa? Por que Deus fez isso comigo?", Stanislaw Lec fez uma pergunta diferente. Perguntou: "*Como posso usar isso para escapar?*" E, no mesmo instante, ele obteve a resposta.

Ao final do dia, quando o grupo de trabalho voltava para os alojamentos, Lec escondeu-se atrás do caminhão. Numa fração de segundo, quando ninguém olhava, tirou as roupas, e se meteu na pilha de cadáveres. Fingiu que estava morto, permanecendo absolutamente imóvel, mesmo quando mais tarde foi quase esmagado, ao jogarem mais cadáveres por cima dele.

O cheiro fétido de carne em decomposição o envolvia por completo. Ele esperou e esperou, torcendo para que ninguém percebesse que havia um corpo vivo naquela pilha da morte, torcendo para que mais cedo ou mais tarde o caminhão saísse dali.

Ouviu finalmente o som do motor do caminhão sendo ligado. Sentiu o caminhão estremecer. E naquele momento, no meio dos mortos, sentiu um brilho de esperança. Depois de algum tempo, o caminhão parou com um solavanco, e despejou sua macabra carga — dezenas de mortos, e um homem vivo fingindo ser um cadáver — numa enorme cova, aberta fora do campo de extermínio. Lec permaneceu ali por horas, até o anoitecer. Quando teve certeza de que não havia ninguém por perto, saiu da montanha de cadáveres, e correu nu por 70 quilômetros, até alcançar a liberdade.

Qual era a diferença entre Stanislaw Lec e tantos outros que pereceram nos campos de concentração? *Claro que houve muitos fatores, mas uma di-*

rença crítica foi o fato de ele formular uma pergunta diferente. Perguntou m persistência, perguntou com a expectativa de receber uma resposta, e u cérebro ofereceu uma resposta que lhe salvou a vida. As perguntas que e se fez naquele dia em Auschwitz levaram-no a tomar decisões em frações segundo, produzindo ações que tiveram um impacto significativo em seu stino. Mas antes que ele pudesse obter a resposta, tomar as decisões, e trar em ação, teve de formular para si mesmo as *perguntas* certas.

Ao longo deste livro, você aprendeu como as convicções afetam nossas cisões, ações, o rumo de nossa vida, e assim o nosso supremo destino. Mas das essas influências são um produto do *pensamento* — da maneira como u cérebro *avaliou* e *criou significado* ao longo de toda a sua vida. Portanto, ara chegar ao fundo de como criamos nossa realidade, numa base cotidiana, *recisamos responder à pergunta "Como exatamente pensamos?"*

NOSSAS PERGUNTAS DETERMINAM NOSSOS PENSAMENTOS

Jm dia eu estava pensando sobre acontecimentos importantes em minha ida e nas vidas de pessoas que encontrara ao longo do caminho. Conhecera uitas pessoas, felizes e infelizes, bem-sucedidas e fracassadas, e queria aber o que permitia a pessoas bem-sucedidas realizarem grandes coisas, nquanto outros, com condições similares ou até melhores, perdiam-se pelo aminho. Por isso, perguntei a mim mesmo: "*O que realmente faz a maior iferença em minha vida, em quem me tornei, em quem eu sou como uma essoa, e para onde estou indo?*" Já partilhei com vocês a resposta que encontrei: *Não são os acontecimentos que moldam minha vida e determinam omo me sinto e ajo, mas sim a maneira como* interpreto e avalio *minhas experiências na vida.* O *significado* que atribuo a um evento vai determinar as *decisões* que tomo, as *ações* que realizo e, portanto, meu *destino* final. "Mas omo faço essa avaliação?", perguntei a mim mesmo. "E o que é exatamente ma avaliação?"

Pensei: "Não estou avaliando neste momento? Claro, tento *avaliar* como descrever o que é uma avaliação. O que estou fazendo agora?" E foi então que percebi que acabara de me fazer uma série de *perguntas*, que eram as seguintes:

Como faço essa avaliação?
O que é exatamente uma avaliação?
Não estou avaliando neste momento?
O que estou fazendo agora?

Pensei em seguida: "É possível que as avaliações não passem de perguntas?" Desatei a rir e pensei: "Ora, isso não é uma pergunta?"

Comecei a compreender que pensar é nada mais que o processo de fazer e responder perguntas. Se depois de ler o que acabei de escrever você pensa: "Isso é verdade" ou "Isso não é verdade", teve de se fazer antes — de forma consciente ou inconsciente — uma pergunta, e essa pergunta foi "Isso é verdade?". Mesmo que você pense: "Preciso pensar a respeito", o que no fundo está dizendo é que "Preciso me fazer algumas perguntas a respeito, considerar o assunto por um momento". Ao considerar, começará a fazer perguntas. Precisamos compreender que a maior parte do que fazemos, dia após dia, é fazer e responder perguntas. Portanto, se queremos mudar a qualidade de nossas vidas, devemos mudar nossas *perguntas habituais*. Essas perguntas dirigem nosso foco, e assim como pensamos e sentimos.

Os mestres em fazer perguntas, é claro, são as crianças. Com quantos milhões de perguntas nos bombardeiam a todo instante, enquanto crescem? Por que você acha que isso ocorre? Apenas para nos levar à loucura? Precisamos compreender que as crianças fazem constantes avaliações sobre o que as coisas significam, e o que devem fazer. Estão começando a criar as neuroassociações que guiarão seu futuro. São máquinas de aprender, e o caminho para aprender, pensar e efetuar novas correlações é iniciado por perguntas — sejam as que fazemos a nós mesmos, sejam as que fazemos aos outros.

Todo este livro e o trabalho de minha vida são o resultado de fazer perguntas sobre o que faz com que todos nós façamos o que fazemos, e como podemos promover mudanças mais depressa e com mais facilidade do que jamais ocorreu antes. As perguntas constituem o meio primário pelo qual aprendemos praticamente qualquer coisa. Na verdade, todo o método socrático (um meio de ensinar que remonta ao antigo filósofo grego Sócrates) baseia-se no mestre se limitando a *fazer perguntas,* orientando o foco dos discípulos, e levando-os a encontrarem suas próprias respostas.

Quando compreendi o incrível poder das perguntas para moldar nossos pensamentos, e literalmente cada reação a nossas experiências, iniciei uma "busca por perguntas". Passei a verificar com que frequência as perguntas apareciam em nossa cultura. Os jogos baseados em perguntas estavam na moda. *The Book of Questions* — um livro inteiro dedicado apenas a perguntas, para fazê-lo pensar em sua vida e em seus valores — era um best seller. Comerciais na TV e anúncios em jornais e revistas indagavam: "O que mais se torna um mito?", ou "Ainda é sopa?". Spike Lee pergunta a Michael Jordan: "São esses os sapatos?" num comercial de TV dos sapatos de basquete Nike's Air Jordan.

Não apenas eu queria saber que perguntas estávamos fazendo como uma sociedade, mas também queria descobrir as perguntas que faziam uma diferença na vida das pessoas. Perguntava aos participantes de meus seminários, em aeroportos, em reuniões; perguntava a todos que encontrava, de altos executivos a pessoas sem teto nas ruas, tentando descobrir as perguntas que criavam sua experiência da vida cotidiana. Constatei que a principal diferença entre as pessoas que pareciam ser bem-sucedidas — em qualquer área! — e as que não alcançavam o sucesso era o fato de que *as pessoas bem-sucedidas faziam melhores perguntas, e assim obtinham melhores respostas.* Obtinham respostas que lhes proporcionavam o poder de saber exatamente o que fazer em qualquer situação, a fim de alcançar os resultados desejados.

Perguntas de qualidade criam uma vida de qualidade. Você precisa gravar essa ideia no cérebro, porque é tão importante quanto qualquer outra coisa que aprenderá neste livro. As empresas são bem-sucedidas quando as pessoas que tomam as decisões que controlam seus destinos formulam as perguntas certas sobre mercado, estratégias e linhas de produtos. Os relacionamentos se desenvolvem quando as pessoas fazem as perguntas certas sobre os conflitos em potencial, e como se apoiaram uma à outra, em vez de se destruírem. Os políticos ganham eleições quando as perguntas que levantam — de forma explícita ou implícita — proporcionam respostas que funcionam para eles *e sua comunidade.*

Quando o automóvel se encontrava em sua infância, centenas de pessoas pensaram em fabricá-lo, mas Henry Ford perguntou: "Como posso produzi-los em massa?" Milhões de pessoas se irritavam com o comunismo, mas Lech Walesa perguntou: "Como posso elevar o padrão de vida de todos os trabalhadores?" *As perguntas desencadeiam um efeito processional que tem um impacto além de nossa imaginação. Questionar nossas limitações é o que derruba as muralhas na vida — nos negócios, nos relacionamentos, entre países. Creio que todo o progresso humano é precedido por novas perguntas.*

O PODER DAS PERGUNTAS

"Alguns homens veem as coisas como são, e dizem 'Por quê?" Eu sonho com as coisas que nunca foram e digo 'Por que não?"

— George Bernard Shaw

A maioria das pessoas, quando depara com alguém de extraordinária capacidade, ou alguém que parece ter condições sobre-humanas de enfrentar os desafios da vida, pensa coisas assim: "Como é afortunado! Como tem talento! Deve ter nascido assim." A realidade é que o cérebro humano possui a capacidade de produzir respostas mais depressa do que o computador "mais esperto" do mundo, mesmo levando-se em consideração a microtecnologia de hoje, com computadores que calculam em gigassegundos (bilionésimos de um segundo). Seriam necessários dois prédios imensos para abrigar toda a capacidade de seu cérebro! Essa massa de matéria cinzenta, com pouco mais de um quilo, pode lhe proporcionar mais poder de fogo instantaneamente, apresentando soluções para desafios e criando poderosas sensações emocionais, do que qualquer coisa no vasto arsenal de tecnologia do homem.

Mas como um computador que possui uma tremenda capacidade, a capacidade do cérebro nada significa sem a compreensão de como recuperar e utilizar tudo o que foi registrado. Tenho certeza de que você conhece alguém (talvez até seja o próprio) que adquiriu um novo sistema de computador, mas nunca o usou porque não sabia como. Se você quer ter acesso aos arquivos de informações valiosas num computador, deve compreender como recuperar os dados, usando os comandos apropriados. Da mesma forma, o que lhe permite obter qualquer coisa que quiser do seu banco de dados pessoal é o poder de comando de fazer perguntas.

"Sempre há bela resposta a quem faz uma pergunta ainda mais bela."

— E. E. CUMMING

Estou aqui para lhe dizer que a *diferença entre as pessoas é a diferença nas perguntas que fazem sistematicamente.* Algumas pessoas se mostram deprimidas numa base regular. Por quê? Como mostramos no capítulo anterior, parte do problema deriva de seus estados limitados. Conduzem suas vidas com movimentos limitados e fisiologia incapacitada, mas ainda mais importante, focalizam coisas que as tornam sobrecarregadas e sufocadas. O padrão de foco e avaliação limita a um ponto considerável a experiência emocional de vida. Essas pessoas poderiam mudar como se sentem de um momento para outro? Pode apostar que sim... basta mudar seu foco mental.

E qual é o meio mais rápido de mudar o foco? Basta *fazer uma nova pergunta.* É mais do que provável que tais pessoas se sintam deprimidas apenas porque se fazem perguntas enfraquecedoras numa base regular, perguntas como: "De que adianta? Por que sequer tentar, já que as coisas parecem que nunca dão certo? Por que logo eu, meu Deus?" *Lembre-se: peça e receberá. Se fizer uma pergunta terrível, terá uma resposta terrível. Seu computador mental está sempre pronto a servi-lo, e a qualquer pergunta que lhe fizer pode estar certo de que obterá uma resposta.* Portanto, se você pergunta "Por que nunca consigo ter sucesso?", o cérebro vai responder... mesmo que tenha de inventar alguma coisa! Pode dar uma resposta como "Porque você é idiota", ou "Porque você não merece se sair bem".

Mas onde há um exemplo de perguntas brilhantes? Que tal o meu bom amigo W. Mitchell? Se você leu *Poder sem limites,* conhece sua história. Como acha que ele foi capaz de sobreviver a ter dois terços do corpo queimado e ainda se sentir bem com a vida? Como pôde suportar um acidente de avião anos depois, perder o uso das pernas, e ficar confinado a uma cadeira de rodas... e *ainda assim* encontrar um meio de desfrutar sua contribuição a outras pessoas? *Ele aprendeu a controlar seu foco, fazendo as perguntas certas.*

Quando se descobriu no hospital, com o corpo queimado além do reconhecimento, e cercado por vários outros pacientes na enfermaria sentindo pena de si mesmos, os pacientes que se perguntavam "Por que eu? Como Deus pôde fazer isso comigo? Por que a vida é tão injusta? De que adianta viver como um aleijado?", Mitchell preferiu em vez disso se perguntar: "*Como posso aproveitar o que me aconteceu? Por causa disso, como serei capaz de contribuir para os outros?*" São perguntas assim que criam a diferença no destino: "Por que logo eu?" raramente produz um resultado positivo, enquanto "Como posso aproveitar isso?" em geral nos leva na direção de converter as dificuldades numa força propulsora, que melhora o mundo e a nós mesmos. Mitchell compreendeu que se sentir ressentido, furioso e frustrado não mudaria sua vida; por isso, em vez de procurar o que não tinha, disse a si mesmo: "*O que ainda tenho? Quem eu sou realmente? Sou apenas o meu corpo, ou sou algo mais? De que sou capaz agora, ainda mais do que antes?*"

Depois do acidente de avião, no hospital, paralítico da cintura para baixo, ele conheceu uma jovem muito atraente, uma enfermeira, chamada Annie. Mesmo com todo o rosto queimado, o corpo paralisado da cintura para baixo, ele ainda teve a ousadia de perguntar: "Como eu poderia sair com ela?" Os amigos disseram: "Você é louco. Está se iludindo." Um ano e meio depois, ele e Annie mantinham um relacionamento, e hoje estão casados. Essa é a beleza de fazer perguntas fortalecedoras: proporcionam-nos um recurso insubstituível, as perguntas e soluções.

As perguntas determinam tudo o que você faz na vida, de suas habilidades aos relacionamentos e rendimentos. Por exemplo, muitas pessoas não conseguem manter um relacionamento porque insistem em fazer perguntas que criam dúvidas: "E se houver alguém melhor do que eu? E se eu assumir um compromisso agora, e depois sofrer?" Mas que perguntas enfraquecedoras! Isso alimenta o medo de que a grama do vizinho é sempre mais verde, e o impede de ser capaz de desfrutar o que já possui em sua própria vida. Essas pessoas às vezes destroem os relacionamentos que já têm com perguntas ainda mais terríveis: "Como você *sempre* faz isso comigo? Por que não me aprecia? E se eu fosse embora agora... como você se sentiria?" Compare essas perguntas com "Como pude ser tão afortunado por ter você em minha vida? O que eu mais amo em minha esposa/marido? O quanto nossas vidas serão mais ricas em decorrência deste relacionamento?"

Pense nas perguntas que costuma fazer a si mesmo na área financeira. Invariavelmente, se uma pessoa não vai bem em termos financeiros é porque está criando muito medo em sua vida... um medo que a impede de investir ou controlar suas finanças antes de mais nada. Fazem perguntas como "Que passatempos quero neste momento?", em vez de "Que plano preciso formular para alcançar meus principais objetivos financeiros?". As perguntas que você faz determinarão onde focaliza, como pensa, como sente e o que faz. Se queremos mudar nossas finanças, temos de nos projetar para padrões superiores, mudar as convicções sobre o que é possível e desenvolver uma estratégia melhor. Uma das coisas que já verifiquei, ao estudar os grandes financistas de hoje, é que eles sempre fazem perguntas diferentes das massas... perguntas que muitas vezes opõem-se até mesmo à mais amplamente aceita "sabedoria" financeira

Não há como negar que Donald Trump enfrenta algumas dificuldades financeiras. Por quase dez anos, no entanto, ele foi sem dúvida um mago das finanças. Como conseguiu? Houve muitos fatores, mas um sobre o qual quase todos concordam é que, em meados dos anos 1970, quando a cidade de Nova York enfrentava a ameaça de falência e a maioria dos incorporadores se afligia, indagando "Como vamos sobreviver se esta cidade afundar?", Trump fez uma pergunta diferente: "Como posso enriquecer enquanto todos os outros estão com medo?" Essa pergunta ajudou a moldar muitas de suas decisões de investimentos, e levou-o com certeza à sua posição de predominância econômica.

Trump não parou aí. Também fez outra grande pergunta, uma pergunta que todos deveriam formular também, antes de qualquer investimento financeiro. Depois que se convencia de que um projeto tinha um tremendo potencial de ganho econômico, ele perguntava: "Qual é o inverso? O que poderia acontecer de pior, e como eu poderia aguentar?" Sua convicção era a de que se soubesse que poderia enfrentar o pior, então deveria fechar o negócio, porque o melhor se faria por si mesmo. Se ele fazia perguntas tão sagazes, o que lhe aconteceu?

Trump realizou negócios que ninguém mais arriscaria, durante aquele período de crise econômica. Assumiu o controle do velho prédio Commodore, e transformou-o no Grand Hyatt (seu primeiro grande sucesso econômico). E quando a maré virou, ele ganhou ainda mais. Contudo, acabou sofrendo dificuldades econômicas. Por quê? Muitos dizem que ele mudou o que focalizava ao fazer investimentos. Passou a fazer perguntas como "O que posso gostar de possuir?", em vez de "Qual é o negócio mais lucrativo?". Pior ainda, ele deixou de fazer perguntas sobre o "pior". Essa única mudança em seu processo de avaliação — nas perguntas que se fazia — pode ter lhe custado uma boa parte de sua fortuna. *Lembre-se: não são apenas as perguntas que você faz, mas também as que deixa de fazer, que moldam seu destino.*

Se há uma coisa que aprendi, ao estudar as estratégias e convicções básicas das mentes mais eminentes de nosso tempo, é que *a avaliação superior cria uma vida superior.* Nós todos possuímos a capacidade de avaliar a vida num nível que produz resultados eminentes. O que você pensa quando ouve a palavra "gênio"? Se é como eu, o que aflora no mesmo instante em sua mente é uma imagem de Albert Einstein. Mas como Einstein passou da reprovação no curso secundário ao reino dos grandes pensadores? Não resta a menor dúvida de que foi porque ele fez as perguntas mais bem formuladas.

Como foi o primeiro a explorar a ideia da relatividade do tempo e espaço. Einstein perguntou: "É possível que coisas que parecem simultâneas na verdade não o são?" Por exemplo, se você está a alguns quilômetros de um estrondo sônico, por acaso pode ouvi-lo no exato momento em que ocorre no espaço? Einstein conjecturou que não, que aquilo que você experimenta como ocorrendo naquele momento não está *realmente* acontecendo então, mas sim ocorreu um momento antes. Na vida cotidiana, ele raciocinou, o tempo é relativo, dependendo de como você ocupa sua mente.

Einstein disse numa ocasião: "Quando um homem senta com uma moça bonita durante uma hora, parece que foi um minuto. Mas deixe-o sentar num fogão quente por um minuto, e vai parecer que foi mais de uma hora. Isso é relatividade." Ele conjeturou ainda mais fundo no reino da física, e acreditando que a velocidade da luz é fixa, descobriu-se a fazer a seguinte pergunta: "E se você pusesse a luz dentro de um foguete? Sua velocidade aumentaria?" No processo de responder a essas fascinantes perguntas e outras similares, Einstein formulou a sua famosa teoria da relatividade.

"O importante é não parar de questionar. A curiosidade tem sua própria razão para existir. Uma pessoa não pode deixar de se sentir reverente ao contemplar os mistérios da eternidade, da vida, da maravilhosa estrutura da realidade. Basta que a pessoa tente apenas compreender um pouco mais desse mistério a cada dia. Nunca perca uma sagrada curiosidade."

— ALBERT EINSTEIN

As grandes descobertas de Einstein resultaram de uma série de perguntas. Eram simples? Claro. Eram eficazes? Com toda certeza. *Que poder você poderia desencadear ao fazer algumas perguntas igualmente simples, mas eficazes?* As perguntas são indubitavelmente um instrumento mágico que permite ao gênio em nossas mentes atender a nossos desejos; são o toque de despertar de nossa capacidade de gigante. Permitem-nos realizar nossos desejos, se ao menos as formularmos na forma de um pedido específico e definido. *Uma genuína qualidade de vida deriva de perguntas de qualidade e consistentes.* Lembre-se de que seu cérebro, como o gênio, lhe dará tudo o que pedir. Portanto, tome cuidado com o que pede — tudo o que procura, acabará encontrando.

Assim, com todo esse poder entre nossas orelhas, por que não há mais pessoas "felizes, saudáveis, ricas e sábias"? Por que há tantos frustrados, sentindo que não há soluções em suas vidas? Uma resposta é de que tais pessoas, quando fazem perguntas, carecem da certeza que leva as respostas a aflorarem; e ainda mais importante, deixam de fazer conscientemente perguntas fortalecedoras a si mesmas. Passam às cegas por esse processo crítico, sem qualquer reflexão prévia ou sensibilidade para o poder de que estão abusando ou deixando de acionar por falta de fé.

Um exemplo clássico é uma pessoa que quer emagrecer, e "não pode" Não é que não possa: acontece apenas que não conta com o apoio de seu plano atual de avaliação do que comer. Faz perguntas como "O que faria me sentir mais satisfeita?", ou "Qual o alimento mais doce e mais rico que posso comer sem problemas?". Isso leva a pessoa a selecionar alimentos com gordura e açúcar — uma garantia de mais infelicidade. E se, em vez disso, a pessoa fizesse perguntas como "O que é realmente nutritivo para mim?", "Qual o alimento leve que posso comer e me proporcionaria mais energia?", ou "Isso vai me purificar ou me empanturrar?". Melhor ainda, poderia perguntar "Se eu comer isso, a que terei de renunciar para ainda assim alcançar meus objetivos? Qual é o preço final que terei de pagar se me permitir essa indulgência agora?". Ao fazer perguntas assim, você associará dor a comer demais, e seu comportamento mudará imediatamente. A fim de mudar sua vida para melhor, você deve mudar suas perguntas habituais. Lembre-se de que os padrões de perguntas que você formula sistematicamente criarão irritação ou contentamento, indignação ou inspiração, angústia ou magia. Faça as perguntas que animarão seu espírito e siga pelo caminho da excelência humana.

Como as perguntas funcionam

As perguntas realizam três coisas específicas:

1. As perguntas mudam imediatamente o que focalizamos e, em consequência, como sentimos. Se você insiste em se perguntar "Como posso estar tão deprimido?", ou "Por que ninguém gosta de mim?", vai focalizar, procurar e encontrar referências para sustentar a ideia de que há um motivo para você se sentir deprimido e rejeitado. Em decorrência, você permanecerá nesses estados estéreis. Se, em vez disso, perguntar "Como posso mudar meu estado, a fim de me sentir feliz e ser mais amado?", vai focalizar soluções. Mesmo que o cérebro responda a princípio "Não há nada que eu possa fazer", se você persistir, como Stanislaw Lec ou W. Mitchell, com um senso de certeza e expectativa, apesar de tudo, vai acabar obtendo as respostas de que precisa e merece. Encontrará razões genuínas para se sentir melhor e, ao focalizá-las, será logo acompanhado por seu estado emocional.

Há uma grande diferença entre uma afirmação e uma pergunta. Quando você diz para si mesmo "Eu sou feliz; eu sou feliz; eu sou feliz", isso pode levá-lo a se sentir feliz, se produzir bastante intensidade emocional, mudar sua fisiologia, e por conseguinte seu estado. Mas, na realidade, você pode fazer afirmações durante o dia inteiro, sem conseguir mudar como se sente. O que realmente mudará a maneira como se sente é *perguntar:* "Com o que sou feliz agora? Com o que poderia me sentir feliz, se quisesse? Como isso me faria sentir?" Se você continuar a fazer perguntas assim, encontrará referências concretas, que o levarão a começar a focalizar as razões que existem de fato para que se sinta feliz. Terá certeza de que é feliz.

Em vez de apenas "animá-lo", as perguntas proporcionam *razões* concretas para *sentir* a emoção. *Podemos mudar como nos sentimos num instante, pela simples mudança do foco.* A maioria das pessoas não compreende o poder da administração da memória. Não é verdade que você tem momentos acalentados em sua vida, que se os focalizasse e pensasse a respeito haveria de se sentir maravilhoso outra vez? Talvez tenha sido o nascimento de uma criança, o dia de seu casamento, o início do primeiro namoro. As perguntas são o guia para esses momentos. Se você faz perguntas como "Quais são as minhas lembranças mais apreciadas?", ou "O que é realmente maravilhoso em minha vida neste momento?", e se for capaz de pensar a sério na pergunta, começará a pensar nas experiências que o fazem se sentir fenomenal. E nesse estado emocional fenomenal, você não apenas se sentirá melhor, mas também será capaz de contribuir mais para as pessoas ao seu redor.

O problema, como você talvez já tenha adivinhado, é que a maioria das pessoas vive no piloto automático. Ao deixar de controlar conscientemente as perguntas habituais que formulamos, limitamos de forma considerável nosso âmbito emocional, e por conseguinte a capacidade de utilizar os recursos disponíveis. A solução? Como analisamos no Capítulo 6, o primeiro passo é tomar consciência do que você quer e descobrir seu antigo padrão limitador. Providencie uma alavanca: pergunte "Se eu não mudar isso, qual será o preço final? Quanto me custará a longo prazo?", e também "Como toda a minha vida seria transformada se eu fizesse isso agora?"; interrompa o padrão (se alguma vez já sentiu dor, depois se distraiu e parou de sentir, sabe como isso é eficaz); crie uma alternativa nova e fortalecedora, com um conjunto de perguntas melhores; condicione pelo ensaio, até que se torne uma parte sistemática de sua vida.

UMA HABILIDADE DE PODER

Aprender a fazer perguntas fortalecedoras em momentos de crise é uma habilidade fundamental, que me sustentou em alguns dos momentos mais difíceis de minha vida. Nunca esquecerei a ocasião em que descobri um ex-associado promovendo um seminário e reivindicando o crédito pelo material que eu desenvolvera, palavra por palavra. Meu primeiro impulso foi de perguntar coisas assim: "Como ele ousou? Como teve a desfaçatez de fazer isso?" Mas logo compreendi que me envolver nesses tipos de perguntas sem respostas só poderia me levar ao frenesi, criando um círculo vicioso interminável, do qual parecia não haver escapatória. O homem fez o que fez — concluí que deveria simplesmente permitir que meus advogados aplicassem o princípio prazer-dor para endireitá-lo —, então por que eu deveria permanecer num estado de fúria? Decidi seguir adiante e desfrutar minha vida, mas enquanto continuasse a perguntar "Como ele pôde fazer isso comigo?", ficaria num estado negativo. O meio mais rápido de mudar meu estado seria formular uma série de novas perguntas. Portanto, perguntei-me: "O que eu respeito nesse homem?" A princípio, meu cérebro bradou "Nada!", mas indaguei em seguida: "O que eu *poderia* respeitar nele, se quisesse?" Acabei deparando com uma resposta: "Tenho de admitir que ele não está sentado de braços cruzados, passivo; e *pelo menos* tem usado o que lhe ensinei!" Isso me fez rir, e rompeu de vez o meu padrão, permitindo-me mudar meu estado, reavaliar minhas opções e me sentir bem em sua busca.

Um dos meios que descobri para aumentar minha qualidade de vida é *copiar as perguntas habituais de pessoas que realmente respeito.* Se você encontra alguém que se mostra muito feliz, posso lhe garantir que há um motivo para isso. É que essa pessoa focaliza de forma sistemática as coisas que a fazem feliz, e isso significa que se faz perguntas sobre a felicidade. Descubra as perguntas, use-as, e começará a se sentir do mesmo modo que a pessoa.

Algumas perguntas nem devem ser consideradas. Walt Disney, por exemplo, recusava-se a admitir quaisquer perguntas sobre as perspectivas de êxito ou não de suas organizações. Mas isso não significa que o criador do Reino Mágico não usasse as perguntas de formas mais engenhosas. Meu avô, Charles Shows, foi um escritor que trabalhou com Disney, e partilhou uma informação comigo: sempre que trabalhavam em um novo projeto, roteiro, ou ideia, Disney tinha um meio singular de solicitar dados adicionais. Descrevia o projeto num quadro numa parede, e todos na companhia deviam responder a uma pergunta: "Como podemos melhorar isso?" As pessoas escreviam soluções, cobrindo o quadro com sugestões. Depois, Disney analisava as respostas de todos à pergunta que formulara. Dessa maneira, Walt Disney tinha acesso aos recursos de cada pessoa na companhia, e acabava produzindo resultados de acordo com a qualidade das respostas.

As respostas que recebemos dependem das perguntas que estamos dispostos a fazer. Por exemplo, se você se sente furioso, e alguém indaga "O que há de tão importante nisso?", você pode não se mostrar disposto a responder. Mas se preza o que pode aprender, talvez se torne disposto a responder a perguntas suas: "O que posso aprender com essa situação? Como posso aproveitar essa situação?" O desejo de novas conquistas o levará a encontrar tempo para responder às suas perguntas, e no processo mudará seu foco, seu estado, e os resultados que pode obter.

Faça a si mesmo, neste exato momento, algumas perguntas fortalecedoras. *Com que se sente realmente feliz em sua vida agora?* O que é maravilhoso em sua vida hoje? *Pelo que se sente sinceramente agradecido?* Tire um momento para pensar nas respostas e verifique como é bom sentir que sabe que tem razões legítimas para se sentir bem agora.

2. As perguntas mudam o que suprimimos. Os seres humanos são maravilhosas "criaturas de supressão". Há milhões de coisas acontecendo ao nosso redor que podemos focalizar num determinado momento, do sangue fluindo por nossos ouvidos ao vento que pode estar soprando em nossos braços. Contudo, só podemos focalizar ao mesmo tempo apenas uma pequena quantidade de coisas. *Inconscientemente,* a mente pode registrar todos os tipos de coisas, mas conscientemente há uma limitação para o número de coisas que podemos focalizar ao mesmo tempo. Por isso, o cérebro passa uma boa parte do tempo tentando definir prioridades sobre o que prestar atenção; e ainda mais importante, o que *não* prestar atenção, ou o que "suprimir".

Se você se sente triste, só há um motivo: é porque *está suprimindo todas as razões que pode ter para se sentir bem.* E se você se sente bem, é porque está suprimindo todas as coisas ruins que poderia estar focalizando. Assim, quando faz uma pergunta a alguém, você muda o que a pessoa focaliza, e o que está suprimindo. Se alguém lhe pergunta "Sente-se tão frustrado quanto eu com esse projeto?", mesmo que você não estivesse frustrado antes, pode começar a focalizar o que até então suprimia, e passar a se sentir mal também. Se alguém indaga "O que é desprezível em sua vida?", *você pode ser compelido a responder, apesar do absurdo da pergunta.* Se não responde conscientemente, então a pergunta pode persistir em sua mente de forma inconsciente.

Ao contrário, se alguém pergunta "O que é maravilhoso em sua vida?", e você focalizar a resposta, pode se descobrir a se sentir muito bem no mesmo instante. Se alguém diz: "Você sabe que este projeto é realmente sensacional; já pensou no impacto que vamos causar com o que estamos criando aqui?", você pode se tornar inspirado para um projeto que antes parecia desinteressante. *As perguntas são o* laser *da percepção humana. Concentram nosso foco e determinam o que fazemos e o que sentimos.* Pare por um momento, corra os olhos pelo lugar em que se encontra, e se faça uma pergunta: "O que nesta sala é marrom?" Torne a olhar ao redor, e verifique: marrom, marrom, marrom. Agora, abaixe os olhos para esta página. Bloqueando a visão periférica, pense em tudo que é... verde. Se está numa sala que conhece bem, é provável que possa responder com alguma facilidade, mas se estiver numa sala estranha, as chances são de que se lembrará de muito mais coisas marrons do que verdes. Agora, olhe ao redor outra vez, e verifique o que é verde: verde, verde, verde. Vê mais verde desta vez? Se o ambiente lhe for desconhecido, tenho certeza que a resposta é sim. O que isso nos ensina? O que quer que procuremos, vamos encontrar.

Assim, se você está zangado, uma das melhores coisas que pode fazer perguntar a si mesmo: "*Como posso aprender com esse problema, a fim que isso nunca mais torne a acontecer?*" Este é um exemplo de uma rgunta de qualidade, na medida em que o afastará do problema atual, para contrar recursos que possam evitar que sinta a repetição dessa dor no futu-. Até formular essa pergunta, você está suprimindo a possibilidade de que problema seja na verdade uma oportunidade.

O PODER DA PRESSUPOSIÇÃO

s perguntas têm o poder de afetar nossas convicções, e com isso o que con-deramos possível ou impossível. Como aprendemos no Capítulo 4, fazer erguntas penetrantes pode enfraquecer as pernas de referência de convic-ões enfraquecedoras, permitindo-nos desmontá-las e substituí-las por ou-as, mais fortalecedoras. Mas você já percebeu que as palavras específicas ue selecionamos e a própria ordem das palavras que usamos numa pergun- podem nos levar a nem sequer considerar determinadas coisas, enquanto ceitamos outras como algo incontestável? Isso é conhecido como o poder a *pressuposição,* algo de que você deve ficar bem consciente.

As pressuposições nos programam para aceitar coisas que podem ou ão ser verdadeiras, e podem ser usadas sobre nós por outros, ou até mesmo, e forma subconsciente, por nós mesmos. Por exemplo, se você se pergunta Por que eu sempre me saboto?", depois que alguma coisa termina de modo esapontador, prepara-se para mais disso, e aciona um movimento de pro-ecia autorrealizável. Por quê? Porque, como já ressaltamos, seu cérebro bediente encontrará uma resposta para qualquer coisa que lhe perguntar. Assumirá como certo que você tem sabotado as coisas, por estar focalizando o *por que* faz isso, e não no *se* faz mesmo.

Um exemplo correu durante a eleição presidencial de 1988, pouco depois que George Bush anunciou Dan Quayle como seu companheiro de chapa. Uma rede de televisão realizou uma pesquisa nacional, pedindo às pessoas que ligassem para um telefone gratuito e respondessem à seguinte pergunta: "Incomoda-o que Dan Quayle tenha usado a influência de sua família para ingressar na Guarda Nacional, e assim escapar do Vietnã?" A pressuposição evidente, embutida nessa pergunta, era a de que Quayle usara de fato a influência da família para obter uma vantagem injusta — algo que nunca fora comprovado. Contudo, as pessoas responderam como se fosse uma coisa líquida e certa. Nunca *questionaram,* apenas aceitaram automaticamente. Pior ainda, muitas pessoas ligaram para dizer que sentiam a mais profunda irritação. Só que a alegação nunca foi confirmada! Infelizmente, esse processo ocorre com uma frequência demasiada; fazendo isso com nós mesmos e com as outras pessoas, durante todo o tempo. Não caia na armadilha de aceitar as pressuposições enfraquecedoras de outra pessoa, ou mesmo as suas. Encontre referências para apoiar novas convicções que o fortaleçam.

3. As perguntas mudam os recursos à nossa disposição. Cheguei a um ponto crítico em minha vida, quando voltei de uma extenuante excursão para descobrir que um dos meus funcionários desviara um quarto de milhão de dólares e deixara a companhia com uma dívida de 758 mil dólares. As perguntas que deixara de fazer, ao contratar esse homem, levaram-me a essa situação, e agora meu destino dependia das novas perguntas que tinha de formular. Todos os meus assessores declararam que eu só tinha uma opção: precisava declarar a falência.

Começaram no mesmo instante a fazer perguntas como "O que devemos vender primeiro?", e "Quem vai comunicar os empregados?". Mas recuseime a aceitar a derrota. Resolvi que, não importava o que fosse necessário, *encontraria um meio* de manter a companhia em funcionamento. Ainda estou no negócio, não por causa dos grandes conselhos que recebi das pessoas ao meu redor, mas porque me fiz uma pergunta melhor: "*Como posso inverter a situação?*"

Depois, formulei uma pergunta ainda mais inspiradora: "Como posso inverter a situação, levar minha companhia a um nível superior, e obter um impacto ainda maior do que no passado?" Eu sabia que se fizesse uma pergunta melhor, obteria uma resposta melhor.

A princípio, não obtive a resposta que queria. Era sempre "Não há como inverter a situação", mas insisti na pergunta, com intensidade e expectativa. Expandi a pergunta para "Como posso acrescentar ainda mais valor, e ajudar mais pessoas, mesmo enquanto durmo? Como posso alcançar as pessoas de uma maneira que não esteja limitada à minha presença física?" Com essas perguntas, veio a ideia das operações de franquia, em que mais pessoas poderiam me representar, em todos os Estados Unidos. Dessas mesmas perguntas, um ano depois, surgiu a ideia de produzir um comercial para a televisão.

Desde essa época, prosperamos no mundo inteiro. Porque fiz uma pergunta com intensidade, obtive uma resposta que me ajudou a desenvolver relacionamentos com pessoas no mundo inteiro, pessoas que de outra forma eu nunca teria a oportunidade de encontrar, conhecer, ou manter qualquer tipo de contato.

No reino dos negócios, em particular, as perguntas abrem novos mundos, e nos dão acesso a recursos que de outra forma poderíamos não saber que se achavam disponíveis. Na Ford Motor Company, o presidente aposentado Donald Petersen era conhecido por suas insistentes perguntas: "O que você acha? Como seu trabalho pode ser melhorado?" Numa ocasião, Petersen fez uma pergunta que sem dúvida lançou a lucratividade da Ford no caminho do sucesso. Perguntou ao projetista Jack Telnack: "Você gosta dos carros que projeta?" Ao que Telnack respondeu: "Para ser franco, não." E Petersen acrescentou a pergunta crítica: "Por que não ignora as determinações da administração e projeta um carro que adoraria possuir?"

O projetista acatou ao pé da letra as palavras do presidente e pôs-se a trabalhar no Ford Thunderbird 1983, um carro que inspirou os modelos posteriores do Taurus e Sable. Em 1987, sob a orientação de Petersen, o mestre das perguntas, a Ford já superara a General Motors em lucratividade, e o Taurus se destacou como um dos melhores carros de todos os tempos.

Donald Petersen é um grande exemplo de alguém que utilizava o incrível poder das perguntas. Com uma única pergunta, ele mudou por completo o destino da Ford Motor Company. *Nós temos esse mesmo poder à nossa disposição, em cada momento do dia. Em qualquer ocasião, as perguntas que nos formulamos podem moldar nossa percepção de quem somos, do que somos capazes, e do que estamos dispostos a fazer para realizar nossos sonhos.* Aprender a controlar conscientemente as perguntas que você faz o aproximará ainda mais do seu supremo destino, mais do que qualquer outra coisa que eu conheça. Muitas vezes nossos recursos são limitados apenas pelas perguntas que nos fazemos.

Uma coisa importante a lembrar é que nossas convicções afetam as perguntas que sequer vamos considerar. Muitas pessoas nunca perguntariam "Como posso inverter a situação?", simplesmente porque todos ao redor diziam que era impossível. Achariam um desperdício de tempo e energia. Tome cuidado para não ter perguntas limitadas, ou só encontrará respostas limitadas. A única coisa que limita suas perguntas é a convicção sobre o que é possível. Uma convicção básica que moldou meu destino pessoal e profissional é a de que, se continuar a fazer qualquer pergunta, acabarei obtendo uma resposta. Tudo o que precisamos fazer é criar uma pergunta melhor, e assim teremos uma resposta melhor. Uma metáfora que uso às vezes é a de que a vida não passa de um jogo em que todas as respostas existem... você só precisa encontrar as perguntas certas para vencer.

Perguntas que resolvem problemas

O segredo, portanto, é desenvolver um padrão de perguntas consistentes que o fortaleçam. Todos sabemos que não importa aquilo com que nos envolvemos na vida, sempre haverá ocasiões em que vamos nos defrontar com as coisas que costumamos chamar de "problemas": os bloqueios ao progresso pessoal e profissional. Cada pessoa, independentemente da posição na vida que alcançou, tem de lidar com essas "dádivas" especiais.

A questão não é se você vai ter problemas, mas sim como vai enfrentá-los quando surgirem. Todos precisamos de uma maneira sistemática de cuidar dos desafios. Por isso, compreendendo o poder das perguntas para mudar de imediato meu estado, e me proporcionar acesso a recursos e soluções, comecei a entrevistar pessoas e perguntar como se livraram de problemas. Descobri que há algumas perguntas que parecem ser sistemáticas. Aqui está uma lista das cinco perguntas que uso para qualquer tipo de problema que aparece, e posso assegurar que mudaram totalmente a qualidade da minha vida. Se decidir usá-las, elas podem fazer a mesma coisa por você.

AS PERGUNTAS QUE RESOLVEM PROBLEMAS

1. O que há de tão grande neste problema?
2. O que ainda não está perfeito?
3. O que estou disposto a fazer para que fique do jeito que quero?
4. O que estou disposto a não mais fazer para que fique do jeito que quero?
5. Como posso desfrutar o processo, enquanto faço o que é necessário para que fique do jeito que quero?

Jamais esquecerei uma das primeiras ocasiões em que usei essas perguntas para mudar meu estado. Foi depois que eu passara quase cem dias viajando. Sentia-me totalmente exausto. Encontrei uma pilha de memorandos "urgentes" de executivos das minhas diversas companhias que tinha de responder e uma lista de mais de cem telefonemas a que teria de retribuir pessoalmente. Não eram ligações de pessoas que queriam me visitar, mas telefonemas importantes para alguns dos meus maiores amigos, associados e parentes. E me perdi por completo! Comecei a me fazer algumas perguntas incrivelmente enfraquecedoras: "Como é possível que eu nunca tenha tempo para mim mesmo? Por que não me deixam em paz? Será que não compreendem que não sou uma máquina? Por que nunca tenho uma folga?" Você pode imaginar o tipo de estado emocional em que eu me encontrava a essa altura.

Por sorte, no meio desse turbilhão, consegui me controlar. Rompi o padrão e compreendi que me irritar ainda mais em nada contribuiria para melhorar a situação; ao contrário, só serviria para agravá-la. Meu estado me levava a fazer perguntas terríveis. Precisava mudar o estado, fazendo perguntas melhores. Peguei minha lista de perguntas que resolvem problemas, e comecei:

1. "O que há de tão grande nesse problema?" Minha primeira resposta, como em muitas outras ocasiões, foi "Absolutamente nada!". Mas pensei a respeito por um momento, e concluí que apenas oito anos antes daria qualquer coisa para ter vinte associados e amigos querendo se encontrar comigo, nem podia imaginar as cem pessoas de tanta qualidade e impacto nacional representadas naquela lista. Ao compreender isso, comecei a rir de mim mesmo, rompi o padrão e passei a me sentir grato por haver tantas pessoas a quem respeito e amo querendo passar algum tempo em minha companhia.

2. "O que ainda não está perfeito?" Era evidente que minha agenda precisava de mais que um pouco de sintonia. Sentia que não dispunha de tempo para mim mesmo e que minha vida alcançara um ponto desproporcional. Notem a pressuposição dessa pergunta: indagar "O que ainda não está perfeito?" insinua claramente que as coisas se tornarão perfeitas. Essa pergunta não apenas proporciona novas respostas, mas também tranquiliza ao mesmo tempo.

3. "O que estou disposto a fazer para que fique do jeito que quero?" Decidi naquele momento que estava disposto a organizar minha vida e minha agenda, a fim de que houvesse um equilíbrio maior, e que estava disposto a assumir o controle e dizer não a determinadas coisas. Também compreendi que precisava contratar um novo diretor-executivo para uma das minhas companhias, alguém que pudesse assumir uma parte de minha carga de trabalho. Isso me daria mais tempo de folga para passear com a família.

4. "O que estou disposto a não mais fazer para que fique do jeito quc quero?" Eu sabia que não podia mais lamentar e me queixar da injustiça da situação, nem me sentir abusado, quando as pessoas na verdade tentavam me apoiar.

5. "Como posso desfrutar o processo, enquanto faço o que é necessário para que fique do jeito que quero?" Quando fiz essa última pergunta, a mais importante de todas, olhei ao redor, à procura de um meio de torná-la divertida. Pensei: "Como posso desfrutar a necessidade de dar cem telefonemas?" Sentado ali, à minha escrivaninha, não parecia haver qualquer atrativo mental e emocional. Até que, de repente, tive uma ideia: há seis meses que não entrava em minha banheira Jacuzzi. Vesti um calção, peguei meu computador portátil e o telefone com alto-falante, fui para a Jacuzzi. Instalei-me com todo o conforto, comecei a fazer as ligações. Telefonei para alguns dos meus associados em Nova York, e brinquei com eles, dizendo: "Faz muito frio aí? Pois aqui na Califórnia as coisas não estão nada fáceis. Estou ligando para você da minha Jacuzzi." Todos nos divertimos, e consegui transformar toda a "tarefa" numa brincadeira. (Mas acabei tão enrugado que parecia ter 400 anos quando cheguei ao final da lista!)

A Jacuzzi sempre esteve no mesmo lugar, mas você deve ter notado que foi preciso a *pergunta* certa para descobri-la como um recurso. Tendo essa lista de cinco perguntas a sua frente, numa base regular, você dispõe de um padrão para lidar com os problemas que no mesmo instante mudará seu foco, e lhe dará acesso aos recursos de que precisa.

"Aquele que não pode perguntar, não pode viver."

— PROVÉRBIO ANTIGO

Todas as manhãs, ao acordarmos, nós nos fazemos perguntas. Quando o despertador toca, que pergunta você se faz? "Por que tenho de me levantar agora?" "Por que não há mais horas num dia?" "E se eu desligar o despertador para dormir *só mais um pouquinho?*" Ao entrar no chuveiro, o que você se pergunta? "Por que tenho de sair para trabalhar hoje?" "O tráfego estará muito ruim hoje?" "Que tipo de trabalho vão largar na minha mesa hoje?" E se todos os dias, conscientemente, você passasse a formular um padrão de perguntas para assumir o estado de espírito certo, e fazê-lo lembrar como se sente grato, feliz e animado? Como acha que seria o seu dia com esses estados emocionais positivos que assumiria? É óbvio que isso afetaria como você se sente praticamente em relação a tudo.

Compreendendo isso, decidi que precisava de um "ritual de sucesso", e criei uma série de perguntas que me faço todas as manhãs. A coisa maravilhosa em se fazer essas perguntas pela manhã é a possibilidade de cuidar disso enquanto toma um banho de chuveiro, faz a barba, enxuga os cabelos, e assim por diante. Você já faz mesmo perguntas, então por que não formular as perguntas certas? Cheguei à conclusão de que há determinadas emoções que todos precisamos cultivar a fim de sermos pessoas felizes e bem-sucedidas. Caso contrário, você pode ganhar, mas sentir que perde, se não mantém uma contagem, nem tira um tempo para sentir como é afortunado. Portanto, tire esse tempo agora para analisar as perguntas seguintes. Não se apresse, para poder experimentar profundamente os sentimentos de cada uma.

AS PERGUNTAS DE PODER DA MANHÃ

Nossa experiência de vida baseia-se naquilo que focalizamos. As perguntas seguintes são projetadas para levá-lo a experimentar mais felicidade, excitamento, orgulho, gratidão, alegria, empenho e amor, em todos os dias de sua vida. Lembre-se de que as perguntas de qualidade criam uma vida de qualidade.

Encontre duas ou três respostas para todas essas perguntas, e sinta uma associação plena. Se tiver dificuldade para descobrir uma resposta, acrescente simplesmente a palavra "poderia". Exemplo: "Pelo que eu poderia ser mais feliz em minha vida agora?

1. **Pelo que sou feliz em minha vida agora?**
   O que me deixa feliz? Como isso me faz sentir?
2. **Pelo que me sinto excitado em minha vida agora?**
   O que me deixa excitado? Como isso me faz sentir?
3. **Pelo que me sinto orgulhoso em minha vida agora?**
   O que me deixa orgulhoso? Como isso me faz sentir?
4. **Pelo que me sinto grato em minha vida agora?**
   O que me deixa grato? Como isso me faz sentir?
5. **O que mais desfruto em minha vida agora?**
   O que eu desfruto? Como isso me faz sentir?
6. **Em que me empenho em minha vida agora?**
   O que me faz ter empenho? Como isso me faz sentir?
7. **Quem eu amo? Quem me ama?**
   O que me faz amar? Como isso me faz sentir?

(continua)

Ao anoitecer, às vezes me faço as Perguntas da Manhã, e às vezes acrescento três perguntas. São as seguintes:

AS PERGUNTAS DE PODER DA NOITE

1. **O que eu contribuí hoje?**
   De que maneira contribuí para os outros hoje?
2. **O que aprendi hoje?**
   Como o dia de hoje aumentou a qualidade de minha vida, ou de que modo posso aproveitar o dia de hoje como um investimento em meu futuro?
   Repita as Perguntas da Manhã (Opcional).

Se você quer de fato criar uma mudança em sua vida, faça com que isso seja parte de seu ritual diário para o sucesso pessoal. Ao formular sistematicamente essas perguntas, encontrará o acesso aos seus estados emocionais mais fortalecedores numa base regular e passará a criar os caminhos para as emoções de felicidade, excitamento, orgulho, gratidão, alegria, empenho e amor. Muito em breve descobrirá que essas perguntas afloram automaticamente, por hábito, no momento em que abre os olhos. Estará assim condicionado a formular o tipo de perguntas que lhe permitirão experimentar maiores riquezas na vida.

DÊ O PRESENTE DAS PERGUNTAS

A partir do momento em que sabe como formular as perguntas fortalecedoras, você não apenas pode ajudar a si mesmo, mas também aos outros. Pode dá-las como um presente para as pessoas. Uma ocasião, na cidade de Nova York, encontrei-me para almoçar com um amigo e associado nos negócios. Um proeminente advogado na área literária, eu admirava sua sagacidade profissional e a firma que desenvolvera desde que era jovem. Naquele dia, porém, ele sofrera o que encarava como um golpe devastador — seu sócio saíra da firma, deixando-o com muitos problemas e poucas ideias para inverter a situação.

Lembre-se de que aquilo que focalizamos determina o significado. Em qualquer situação, você pode focalizar o que é enfraquecedor, ou o que é fortalecedor, e sempre encontrará o que procura. O problema era que meu amigo se fazia as perguntas erradas: "Como meu sócio pôde me abandonar desse jeito? Será que ele não se importa? Não compreende que isso está destruindo minha vida? Não percebe que não posso continuar sem ele? Como explicarei aos clientes que não posso mais continuar com a firma?" Todas essas perguntas estavam eivadas de pressuposições sobre a destruição de sua vida.

Eu tinha muitos meios para interferir, mas decidi que podia apenas lhe fazer umas poucas perguntas. E disse a ele:

— Criei recentemente uma tecnologia de perguntas simples. Quando as apliquei a mim mesmo, descobri que o impacto é extraordinário. Tirou-me de algumas situações muito difíceis. Haveria de se importar se eu fizesse algumas perguntas, a fim de verificar se também funciona com você?

Ele respondeu:

— Claro, mas acho que nada poderia me ajudar neste momento.

Comecei por fazer as Perguntas da Manhã, e segui com as Perguntas que Resolvem Problemas. A primeira:

— Pelo que você se sente feliz? Sei que parece estúpido e ridículo, ao melhor estilo Poliana, mas com o que você se sente feliz agora?

— Nada — foi sua reação inicial.

— Com o que você poderia se sentir feliz neste momento, se assim desejasse?

— Eu me sinto muito feliz com minha esposa, porque ela vai muito bem na vida, e nosso relacionamento é profundo.

— Como isso o faz sentir, ao pensar no relacionamento?

— É uma das dádivas especiais da minha vida.

— Ela é uma mulher muito especial, não é?

Ele começou a focalizar a esposa, e passou a se sentir muito bem. Você pode dizer que eu apenas o distraía. Não, eu o ajudava a ingressar num estado melhor, e num estado melhor sempre se encontra meios melhores de enfrentar os desafios. Primeiro, tínhamos de romper o padrão e deixá-lo num ambiente emocional positivo.

Perguntei com que mais ele se sentia feliz. Meu amigo passou a falar sobre como *deveria* se sentir feliz por ter ajudado um escritor a fechar o contrato para seu primeiro livro. Disse-me que deveria se sentir orgulhoso, mas isso não acontecia. Perguntei:

— Se por acaso se sentisse orgulhoso, qual seria sua sensação?

Ele passou a pensar como isso seria maravilhoso, e seu estado começou a mudar no mesmo instante.

— De que se orgulha? — indaguei.

— Tenho o maior orgulho dos meus filhos. São de fato especiais. Não apenas são bem-sucedidos em suas atividades profissionais, mas também se preocupam com as pessoas. Tenho orgulho de quem se tornaram ao crescerem, de saber que são meus filhos. São parte do meu legado.

— Como se sente por saber que causou todo esse impacto?

Subitamente, um homem que antes acreditava que sua vida acabara se mostrou muito animado. Perguntei pelo que se sentia grato. Ele respondeu que se sentia grato por ter superado os tempos difíceis quando era um jovem advogado, por ter desenvolvido sua carreira lá de baixo, por ter vivido o Sonho Americano.

— O que o deixa realmente excitado agora? — perguntei.

— Para ser franco, sinto-me excitado com a oportunidade que tenho neste momento de fazer uma mudança.

Foi a primeira vez que ele pensou a respeito, e isso só ocorreu porque seu estado mudara de forma tão radical.

— Quem você ama, e quem ama você?

Ele passou a falar sobre a família, da grande união de todos. Perguntei em seguida:

— O que é tão importante na saída de seu sócio?

— O que poderia ser muito importante é o fato de que eu detesto vir para a cidade de Nova York. Adoro ficar em minha casa em Connecticut.

Depois de um momento, ele acrescentou:

— E mais importante ainda é o fato de que agora tenho de olhar tudo por um novo ângulo.

Isso abria toda uma série de possibilidades, e ele decidiu instalar um novo escritório em Connecticut, a menos de cinco minutos de carro de sua casa, chamar o filho para trabalhar na firma e contratar um serviço telefônico para atender suas ligações em Manhattan. Sentia-se tão excitado que deixou o restaurante para procurar imediatamente um novo escritório.

Em poucos minutos, o poder das perguntas efetuara sua magia. Ele sempre contara com os recursos para enfrentar a situação, mas as perguntas enfraquecedoras que formulara haviam tornado esse poder inacessível, levando-o a se considerar como um "velho que perdera tudo o que construíra". Na realidade, a vida lhe oferecera uma imensa dádiva, mas a verdade fora suprimida, até que ele passara a fazer as perguntas de qualidade.

UMA QUESTÃO DE DESTINO

Uma de minhas pessoas prediletas — e um dos homens mais apaixonados que já conheci — é Leo Buscaglia, autor de *Amor** e muitos outros livros extraordinários na área das relações humanas. Uma das coisas sensacionais em Leo é a contínua persistência em se fazer uma pergunta que o pai lhe incutiu desde que era pequeno. Todos os dias, à mesa do jantar, o pai indagava: "*Leo, o que você aprendeu hoje?*" Leo tinha de apresentar uma resposta, e de qualidade. Se naquele dia não aprendera nada de interessante na escola, pegava a enciclopédia para estudar algo que pudesse partilhar. Diz ele que até hoje não vai para a cama até aprender algo novo e de valor. Como resultado, ele está sempre estimulando sua mente, e uma grande parte de sua paixão e amor pelo saber deriva dessa pergunta, formulada repetidamente, há várias décadas.

Quais as perguntas que seriam úteis para você se fazer numa base regular? Duas das minhas prediletas são as mais simples. Ajudam-me a inverter quaisquer problemas que possam surgir em minha vida. São: "O que há de tão importante nisso?" e "Como posso aproveitar isso?". Ao perguntar o que

---

* Publicado no Brasil pela Editora Nova Era.

há de tão importante em qualquer situação, em geral descubro algum significado poderoso e positivo, e ao indagar como posso aproveitar, consigo enfrentar qualquer problema e convertê-lo num benefício. Mas quais são as duas perguntas que você pode usar para mudar seus estados emocionais, ou adquirir os recursos que mais deseja? Acrescente duas às perguntas da manhã padronizadas que já relacionei e adapte-as para que atendam a suas necessidades pessoais e emocionais.

Algumas das perguntas mais importantes que faremos na vida são: "O que é realmente minha vida?", "O que estou procurando?", "Por que estou aqui?" e "Quem sou eu?". Trata-se de perguntas excepcionalmente poderosa, mas se você esperar para obter a resposta perfeita, vai se descobrir em grandes dificuldades. Muitas vezes, a primeira resposta que você obtém para qualquer pergunta, uma resposta emocional, visceral, é aquela em que deve confiar e basear sua ação. Esse é o aspecto final que quero ressaltar. *Há um ponto em que você deve parar de fazer perguntas, a fim de conseguir algum progresso.* Se continuar a fazer perguntas, você vai se tornar indeciso, e só ações decididas produzem resultados decididos. *Em determinado ponto, você tem de parar de avaliar, e começar a fazer.* Como? Decide finalmente o que é mais importante para você, pelo menos no momento, e usa o seu poder pessoal para seguir em frente e começar a mudar a qualidade de sua vida.

Deixe-me lhe fazer uma pergunta. Se houvesse uma ação que você pudesse tomar de imediato para mudar a qualidade de suas emoções e de seus sentimentos, em cada um e todos os dias de sua vida, gostaria de conhecê-la? Neste caso, passe depressa para...

9

O VOCABULÁRIO DO SUPREMO SUCESSO

"A palavra certa é um agente poderoso. Sempre que encontramos uma dessas palavras intensamente certas... o efeito resultante é físico e espiritual, além de imediato."

— MARK TWAIN

PALAVRAS... SÃO USADAS para nos fazer rir ou chorar. Podem ferir ou curar. Oferecem-nos esperança ou desolação. Com palavras, podemos expressar nossas intenções mais nobres, e também nossos desejos mais profundos.

Ao longo da história humana, nossos maiores líderes e pensadores usaram o poder da palavra para transformar nossas emoções, recrutar-nos para suas causas e moldar o curso do destino. As palavras podem não apenas criar emoções, mas também criam ações. E de nossas ações fluem os resultados de nossas vidas. Quando Patrick Henry se levantou diante dos outros delegados americanos no século XVIII e declarou "Não sei que curso os outros podem seguir, mas quanto a mim, deem-me a liberdade, ou deem-me a morte!", suas palavras atearam uma tempestade de fogo que impulsionou o compromisso de nossos antepassados em extinguir a tirania que os reprimira por tanto tempo.

A herança privilegiada que os americanos partilham hoje, as opções que temos porque vivemos nos Estados Unidos, foram criadas por homens que escolheram palavras que moldariam as ações de gerações subsequentes.

> Quando, no curso dos eventos humanos, torna-se necessário para um povo dissolver os vínculos políticos que o ligavam a outro...

ssa simples Declaração de Independência, essa reunião de palavras, tornou-se o veículo de mudança para uma nação.

O impacto das palavras, é claro, não se limita aos Estados Unidos da mérica. Durante a Segunda Guerra Mundial, quando a própria sobrevivêna da Grã-Bretanha se encontrava em jogo, as palavras de um homem ajudam a mobilizar a vontade do povo inglês. Já se disse uma vez que Winston hurchill possuía a singular capacidade de enviar a língua inglesa à batalha. eu famoso chamado a todos os britânicos para tornarem aquela sua "melhor ora" resultou em coragem incomparável, e acabou com a ilusão de Hitler obre a invencibilidade de sua máquina de guerra.

A maioria das convicções é formada por palavras... e pode também ser udada pelas palavras. A visão norte-americana da igualdade racial foi sem úvida moldada por ações, mas essas ações foram inspiradas por palavras rrebatadas. Quem pode esquecer a comovente exortação de Martin Luther ing Jr. ao partilhar sua visão: "Eu tive um sonho de que um dia esta nação averá de se elevar e viver o verdadeiro significado de seu credo..."

Muitas pessoas conhecem o papel poderoso que as palavras desempenharam na história, do poder dos grandes oradores para nos emocionar, as poucos conhecem o seu próprio poder para usar as mesmas palavras fim de desafiar, ousar e fortalecer seu espírito, levar à ação, e procurar as iquezas maiores dessa dádiva a que chamamos vida.

Uma seleção eficaz de palavras para descrever a experiência de nossas idas pode expandir nossas emoções mais fortalecedoras. Uma seleção de alavras inferior pode nos destruir, com a mesma certeza e rapidez. A maioia das pessoas faz opções inconscientes nas palavras que usa; avançamos omo sonâmbulos pelo labirinto de possibilidades à nossa disposição: *compreenda agora o poder que suas palavras comandam, se apenas as escolher om sensatez.*

Que dádivas são esses símbolos simples! Transformamos essas formas singulares a que chamamos letras (ou sons, no caso da palavra falada) uma excepcional e rica tapeçaria de experiência humana. Proporcionam nos um veículo para expressar e partilhar nossa experiência com outras pessoas; contudo, a maioria não compreende que *as palavras que você habitualmente escolhe também afetam como se comunica consigo mesmo, e assim o que experimenta.*

As palavras podem ferir o ego ou inflamar o coração — podemos instantaneamente mudar qualquer experiência emocional pela simples escolha de novas palavras para descrever a nós mesmos o que sentimos. Se, no entanto, deixamos de dominar as palavras e permitimos que sua seleção seja determinada estritamente pelo hábito inconsciente, podemos denegrir toda a nossa experiência de vida. Se você descreve uma experiência magnífica como sendo "muito boa", a textura rica será alisada e reduzida pelo uso limitado do vocabulário. *As pessoas com um vocabulário empobrecido levam uma vida emocional empobrecida; as pessoas com um vocabulário rico possuem uma palheta multicolorida para pintar suas experiências, não apenas para os outros, mas também para si mesmas.*

A maioria das pessoas, porém, não é desafiada pelo *tamanho* do vocabulário que compreende conscientemente, mas sim pelas palavras que *escolhe* para usar. Muitas vezes, usamos as palavras como "atalhos", mas com frequência esses atalhos também provocam um *atalho emocional*. Para controlar nossa vida de forma consciente, precisamos conscientemente avaliar e melhorar nosso vocabulário sistemático, a fim de termos certeza de que nos leva na direção que desejamos, em vez do curso que queremos evitar. Devemos compreender que qualquer língua possui uma porção de palavras que, além de sua acepção numa determinada frase, transmitem uma intensidade emocional distinta. Por exemplo, se você desenvolveu hábito de dizer que "odeia" as coisas — "odeia" seus cabelos, "odeia" seu trabalho, "odeia" ter de fazer alguma coisa —, não acha que isso aumenta a intensidade de estados emocionais negativos mais do que se usasse uma frase como "Eu *prefiro* alguma coisa"?

Usar palavras emocionalmente carregadas pode transformar de uma maneira mágica seu próprio estado ou o de outra pessoa. Pense na palavra "cavalheirismo". Não projeta imagens diferentes e tem mais impacto emocional do que palavras como "polidez" ou "gentileza"? Para mim, isso é um fato. Cavalheirismo me faz pensar num bravo cavaleiro montado num corcel branco, defendendo sua donzela de cabelos negros; transmite nobreza de espírito, uma enorme távola redonda, a que sentam homens de honra, toda a ética arturiana — em suma, a maravilha de Camelot. Ou como as palavras "impecável" e "integridade" se comparam com "bem feito" e "honestidade"? As palavras "busca da excelência" criam mais intensidade do que "tentar melhorar as coisas".

Observei durante anos o poder de mudar apenas uma palavra-chave na comunicação com alguém, e constatar como isso muda no mesmo instante a maneira como a pessoa se sente... e muitas vezes até o modo como se comporta posteriormente. Depois de trabalhar com centenas de milhares de pessoas, posso lhe dizer algo que sei sem a menor sombra de dúvida, algo que à primeira vista pode parecer difícil de acreditar: *apenas pela mudança de seu vocabulário habitual — as palavras que você usa sistematicamente para descrever as emoções de sua vida — você pode no mesmo instante mudar como pensa, como sente, e como vive.*

A experiência que me desencadeou essa percepção ocorreu há vários anos, numa reunião de negócios. Eu estava com dois homens, um deles o diretor-executivo de uma das minhas companhias, o outro um associado e amigo comum. No meio da reunião, recebemos notícias péssimas. Alguém com quem negociávamos na ocasião estava obviamente "tentando tirar uma vantagem injusta", violara a integridade de nosso acordo e parecia ter o controle da situação. Para dizer o mínimo, isso me irritou e perturbou. Apesar disso, no entanto, não pude deixar de notar como os dois reagiram de forma diferente à mesma informação

Meu diretor-executivo ficou fora de si, dominado pela raiva e fúria, enquanto meu associado mal parecia perturbado com o problema. Como podíamos todos os três tomar conhecimento daquelas ações, que deveriam causar um impacto igual (os três tinham o mesmo interesse na negociação), mas reagir de maneiras tão radicalmente diferentes? Para ser franco, a intensidade da reação de meu diretor-executivo à situação parecia até para mim desproporcional ao que ocorrera. Ele continuou a dizer como se sentia "furioso" e com "raiva", enquanto seu rosto ficava vermelho, e as veias na testa e pescoço se distendiam.

Era evidente que ele vinculava a projeção de raiva à eliminação de dor ou aquisição de prazer. Quando lhe perguntei o que significava para ele ficar com raiva, por que se permitia tamanha intensidade a propósito da situação, meu diretor-executivo explicou, por entre os dentes semicerrados:

— Se você está com raiva, torna-se mais forte, e quando é forte, pode fazer as coisas acontecerem... pode inverter qualquer situação!

Ele considerava a emoção de raiva como um recurso para sair da experiência de dor e ingressar no prazer de sentir que assumira o controle. Pensei na pergunta seguinte: por que meu amigo reagia à situação sem quase nenhuma emoção? E disse a ele:

— Você não parece transtornado pelo que aconteceu. Não se sente irritado?

E meu diretor-executivo acrescentou:

— Isso não o deixa FURIOSO?

Meu amigo respondeu simplesmente:

— Não. Não vale a pena se transtornar por causa disso.

Quando ele falou, compreendi que em vários anos de conhecimento nunca o vira transtornado por coisa alguma. Perguntei o que significa para ele ficar aborrecido, e meu amigo respondeu:

— Se você fica transtornado, então perde o controle.

"Interessante", pensei.

— O que acontece se você perde o controle?

Ele respondeu calmamente:

— Então o outro vence.

Eu não poderia pedir um contraste maior: uma pessoa vinculava o prazer de assumir o controle a ficar com raiva, enquanto a outra vinculava a dor de perder o controle à mesma emoção. *Era evidente que o comportamento dos dois refletia suas convicções.* Comecei a examinar meus próprios sentimentos. Em que eu acreditava a respeito? Durante anos, acreditara que poderia lidar com qualquer coisa se ficasse com raiva, mas também acredito que não precisava sentir raiva para conseguir isso. Posso ser igualmente eficiente num estado de auge de felicidade. Em consequência, não evito a raiva — uso-a, se entro nesse estado —, mas também não a procuro, já que posso ter acesso à minha força sem me tornar "furioso". *O que realmente me interessou foi a diferença nas palavras que todos usamos para descrever aquela experiência.* Eu usara as palavras "irritou" e "perturbou", meu diretor-exe cutivo usara as palavras "furioso" e "raiva" e meu amigo dissera que sentia "um pouco aborrecido" com a situação. Não dava para acreditar! *Aborrecido?* Virei-me para ele e disse:

— Isso é tudo o que sente, ficou apenas um pouco aborrecido? Deve sentir raiva ou ficar transtornado em alguma ocasião.

— Não. É preciso muita coisa para isso acontecer, e quase nunca ocorre.

— Lembra da ocasião em que o Serviço da Receita Federal tirou um quarto de milhão de dólares do seu dinheiro, e *o erro era deles?* Não levou dois anos e meio para recuperar o dinheiro? Isso não o deixou bastante furioso?

Meu diretor-executivo interveio:

— Não o deixou ENFURECIDO?

— Não, não me deixou tão transtornado assim. Talvez eu tenha ficado apenas um pouco desgostoso.

Desgostoso? Achei que era a palavra mais estúpida que eu já ouvira! Nunca teria usado uma palavra assim para descrever minha intensidade emocional. Como aquele executivo rico e bem-sucedido podia usar uma palavra como "desgostoso" e manter a cara mais limpa do mundo? A resposta é que ele *não* mantinha a cara limpa! Parecia quase gostar de falar sobre coisas que teriam me levado à loucura.

Comecei a especular: "Se eu usasse essa palavra para descrever minhas emoções, como passaria a me sentir? Eu me descobriria sorrindo nos momentos em que antes ficava estressado? Quem sabe? Talvez isso justifique uma análise interior." Durante dias continuei intrigado pela ideia de usar os padrões de linguagem de meu amigo e verificar quais seriam as consequências para minha intensidade emocional. O que poderia acontecer se, ao me sentir furioso, virasse para alguém e dissesse: "Isso realmente me desgosta!"? Só de pensar a respeito eu desatava a rir — era ridículo demais. Por diversão, resolvi experimentar.

Tive a oportunidade de usar depois de um longo voo noturno, quando cheguei ao hotel. Porque um dos meus assessores esquecera de confirmar a reserva, tive o privilégio de ficar parado na recepção por 15 ou 20 minutos além do necessário, fisicamente exausto, no limiar emocional. O recepcionista parecia se arrastar, foi bater meu nome no computador com um ritmo que deixaria uma lesma impaciente. Senti "um pouco de raiva" aflorando dentro de mim, por isso disse ao recepcionista:

— Sei que a culpa não é sua, mas neste momento estou exausto, e preciso chegar ao meu quarto depressa, pois se ficar mais tempo esperando aqui, receio que me tornarei um pouco *DESGOSTOSO.*

O recepcionista fitou-me com uma expressão um tanto perplexa, e depois se desmanchou num sorriso. Retribuí ao sorriso; meu padrão fora rompido. O vulcão emocional que vinha aumentando dentro de mim esfriou no mesmo instante, e duas coisas ocorreram em seguida. Passei a gostar de ficar ali com o recepcionista por alguns momentos... e ele acelerou seu trabalho. A aplicação de um novo rótulo às minhas sensações teria sido suficiente para romper meu padrão, e mudar de fato a experiência? Poderia mesmo ser tão fácil assim? Que conceito!

Durante a semana seguinte, tentei várias vezes minha nova palavra. Em cada caso, descobri que pronunciá-la tinha o impacto de baixar minha intensidade emocional. Às vezes me fazia rir, mas no mínimo impedia que o ímpeto de ficar transtornado me levasse a um estado de raiva. Em duas semanas, eu nem precisava trabalhar para usar a palavra: tornou-se habitual. Passou a ser *a primeira opção* ao descrever minhas emoções, e descobri que não mais entrava nos estados de raiva extrema. Tornei-me mais e mais fascinado por esse instrumento, com o qual deparara por acaso. Compreendi que ao mudar meu vocabulário habitual também transformava a experiência; estava usando o que mais tarde chamaria de "*Vocabulário Transformacional*"™ (Transformational Vocabulary™). Pouco a pouco, passei a experimentar outras palavras e constatei que se encontrava palavras bastante poderosas, podia abaixar ou aumentar minha intensidade no mesmo instante, em relação a praticamente qualquer coisa.

Como esse processo funciona? Pense da seguinte maneira: imagine que os cinco sentidos canalizam uma série de sensações para o cérebro. Você recebe estímulos visuais, auditivos, cinestéticos, olfativos e gustativos, e todos são traduzidos pelos órgãos sensoriais em sensações internas. Depois, devem ser organizados em categorias. Mas como sabemos o que essas imagens, sons e outras sensações significam? Um dos meios mais poderosos que o homem aprendeu para decidir no mesmo instante o que as sensações significam (é dor ou prazer?) é criar rótulos para elas, e esse rótulos são os que conhecemos como "palavra".

Aqui está o desafio: todas as sensações chegam através desse funil, como *sensação líquida* despejada por um esguicho fino em vários moldes, chamados palavras. No desejo de tomar decisões depressa, em vez de usar todas as palavras disponíveis e encontrar a descrição mais acurada e apropriada, muitas vezes forçamos a experiência para um molde enfraquecedor. Formamos os prediletos habituais: moldes que definem e transformam nossa experiência de vida. Infelizmente, a maioria das pessoas não avaliou de maneira consciente o impacto das palavras que se acostumou a usar. O problema ocorre quando começamos a despejar sistematicamente qualquer forma de sensação negativa no molde-palavra de "furioso", "deprimido", "humilhado" ou "inseguro". E essa palavra pode não refletir com precisão a experiência concreta. No momento em que ajustamos esse molde em torno da experiência, a etiqueta que fixamos torna-se a própria experiência. O que era "um pouco aflitivo", passa a ser "devastador".

Por exemplo, meu diretor-executivo usou "furioso" e "raiva", eu falara "irritou" e "perturbou", e meu amigo despejara a experiência no molde de "aborrecido" e "desgostoso". O mais interessante, como descobri, é que todos nós usamos os mesmos padrões de palavras para descrever as mais diversas experiências frustrantes. Precisamos saber que todos podemos ter as mesmas sensações, mas a maneira pela qual as organizamos — o molde ou a palavra que lhes atribuímos — *torna-se nossa experiência.* Mais tarde descobri que usando o molde de meu amigo (as palavras "aborrecido" ou "desgostoso") conseguia no mesmo instante mudar a intensidade da experiência. *Essa é a essência do Vocabulário Transformacional: as palavras que atribuímos à experiência tornam-se nossa experiência.* Assim, devemos *conscientemente* escolher as palavras que usamos para descrever nossos estados emocionais, ou sofrer a penalidade de criar uma dor maior do que é justificado ou apropriado.

Literalmente, as palavras são usadas para representar o que é a nossa experiência de vida. Nessa reapresentação, alteram nossas percepções e nossos sentimentos. Lembre-se: se três pessoas podem ter a mesma experiência, mas uma sente raiva, outra sente irritação, e a terceira sente apenas aborrecimento, então é evidente que as sensações estão sendo mudadas *pela tradução de cada pessoa.* Como as palavras constituem nosso instrumento primário para interpretação ou tradução, a maneira como rotulamos a experiência imediatamente muda as sensações no sistema nervoso. Devemos compreender que as palavras criam de fato um efeito bioquímico.

Se você duvida disso, eu gostaria que considerasse sinceramente se existem ou não palavras que, se usadas por alguém, criam no mesmo instante uma reação emocional. Se alguém lança contra você uma injúria racial, como vai se sentir? Ou se alguém o xinga com um palavrão, por exemplo, isso não pode mudar seu estado?

Não produziria um nível diferente de tensão em seu corpo se alguém o chamasse de "anjo"? Ou de "gênio"? Todos vinculamos tremendos níveis de dor a determinadas palavras. Quando entrevistei o Dr. Leo Buscaglia, ele partilhou comigo as descobertas de uma pesquisa numa universidade americana do leste, ao final dos anos 1950. Perguntaram às pessoas: "Como você define o comunismo?" Uma quantidade espantosa de pesquisadores se mostrou aterrorizada com a mera pergunta, mas não muitos foram capazes de oferecer uma definição objetiva... mas todos sabiam que era uma coisa horrível! Uma mulher chegou ao ponto de dizer: "Não sei realmente o que isso significa, mas é melhor que não haja nenhum em Washington." Um homem disse que sabia tudo o que era necessário saber sobre os comunistas, e o que se precisava fazer era matá-los! Mas não foi capaz de sequer explicar o que eram os comunistas. Não há como negar o poder dos rótulos para criar sensações e emoções.

"As palavras formam os fios com os quais tecemos nossas experiências."

— ALDOUS HUXLEY

Enquanto começava a explorar o poder do vocabulário, ainda resistia à ideia de que algo tão simplista quanto mudar as palavras que usamos pudesse fazer alguma diferença radical em nossa experiência de vida. Ao aprofundar o estudo da linguagem, no entanto, deparei com fatos surpreendentes, que começaram a me convencer de que as palavras sem dúvida *filtram e trans formam* a experiência. Por exemplo, descobri que, segundo a *Compton's Encyclopedia*, o inglês contém pelo menos 500 mil palavras, e depois li em outras fontes que o total pode estar próximo de 750 mil! O inglês, com toda certeza, é a língua que possui mais palavras em todo o mundo hoje, com o alemão num distante segundo lugar, possuindo mais ou menos a metade.

O que achei tão fascinante foi o fato de que, com um número tão imenso de palavras à disposição, *nosso vocabulário habitual seja extremamente limitado.* Vários linguistas partilharam comigo a informação de que o vocabulário médio de um trabalhador se situa entre 2 mil e 10 mil palavras. Na estimativa moderada de que o inglês possui meio milhão de palavras, isso significa que usamos regularmente *apenas menos de meio por cento a dois por cento da língua!* Quer uma tragédia maior? Dessas palavras, quantas você acha que descrevem emoções? Consegui descobrir mais de 3 mil palavras relacionadas com a emoção humana ao estudar algumas enciclopédias. O que mais me impressionou foi a proporção de palavras que descrevem emoções negativas, em comparação com as positivas. Pela minha contagem, 1.051 palavras descrevem emoções positivas, enquanto 2.086 (quase o dobro!) descrevem emoções negativas. Apenas como um exemplo, encontrei 264 palavras para descrever a emoção de tristeza — palavras como "melancólico", "tristonho", "infeliz", "pesaroso", "aflito", "deprimido", "consternado" — mas apenas 105 para descrever alegria, como "contente", "satisfeito", "esfuziante". Não é de admirar que as pessoas se sintam mais mal do que bem!

Como descrevi no Capítulo 7, quando os participantes do meu seminário "Encontro com o Destino" fazem a lista das emoções que sentem numa semana, a maioria só relaciona cerca de uma dúzia. Por quê? Porque todos tendemos a experimentar as mesmas emoções muitas e muitas vezes: determinadas pessoas tendem a se sentir frustradas durante todo o tempo, ou furiosas, ou inseguras, ou assustadas, ou deprimidas. Um dos motivos é o fato de usarem constantemente as *mesmas* palavras para descrever sua experiência. Se analisássemos de forma mais crítica as sensações em nosso corpo e fôssemos mais criativos na avaliação das coisas, poderíamos atribuir um novo rótulo à nossa experiência, e assim mudar a experiência emocional relacionada.

Lembro que li há alguns anos uma pesquisa realizada numa prisão. Tipicamente, constatou-se que os presos, ao experimentarem dor, um dos poucos meios pelos quais podiam se expressar era a ação física — o vocabulário limitado restringia o âmbito emocional, canalizando até os menores sentimentos de desconforto para níveis elevados de raiva violenta. Que contraste com alguém como William F. Buckley, cuja erudição e domínio da língua lhe permitem pintar um quadro tão amplo das emoções, e assim representar dentro de si mesmo uma variedade de sensações! *Se queremos mudar nossa vida e moldar nosso destino, precisamos conscientemente selecionar as palavras que vamos usar, e precisamos nos empenhar sempre para expandir nosso nível de opções.*

Para que você tenha uma perspectiva mais ampla, a Bíblia em inglês usa 7.200 palavras diferentes; os textos do poeta e ensaísta John Milton incluíram 17 mil palavras; e dizem que William Shakespeare usou mais de 24 mil palavras em suas obras, sendo que 5 mil apenas uma vez. Na verdade, ele é responsável por criar ou projetar muitas das palavras inglesas que são comumente usadas hoje.

Os linguistas já demonstraram, além de qualquer sombra de dúvida, que, em termos culturais, somos moldados por nossa linguagem. Não faz sentido que a língua inglesa seja tão orientada para o verbo? Afinal, como uma cultura, somos muito ativos, e nos orgulhamos do foco em *entrar em ação.* As palavras que usamos sistematicamente afetam a maneira como avaliamos, e assim como pensamos. Em contraste, a cultura chinesa atribui um alto valor ao que não muda, um fato refletido nos muitos dialetos com uma predominância de substantivos em vez de verbos. Pela perspectiva chinesa, os substantivos representam coisas que vão durar, enquanto os verbos (como as ações) estarão aqui hoje e terão partido amanhã.

Portanto, é importante compreender que as palavras moldam nossas convicções, têm um impacto sobre nossas ações. As palavras são o tecido com que se confeccionam todas as perguntas. Como ressaltamos no último capítulo, ao se mudar uma palavra numa pergunta, podemos instantaneamente mudar a resposta que obteremos para a qualidade de nossa vida. Quanto mais eu procurava uma compreensão do impacto das palavras, mais me tornava impressionado com o seu poder de influenciar a emoção humana, não apenas dentro de mim mesmo, mas também nos outros.

"Sem conhecer a força das palavras, é impossível conhecer os homens."

— CONFÚCIO

Um dia, passei a compreender que essa ideia, por mais simples que fosse, não era uma mera possibilidade, que o Vocabulário Transformacional era uma realidade, e que pela mudança de nossas palavras habituais podíamos, literalmente, mudar os padrões emocionais de nossa vida. E, com isso, podíamos também moldar as ações, direções e destino final de nossa vida. Partilhei essas noções com um amigo antigo, Bob Bays. Ao fazê-lo, percebi que ele se iluminava como uma árvore de Natal. Bob me disse que tinha mais uma noção a me oferecer. Passou a relatar uma experiência recente por que passara. Também andara viajando, com uma agenda cheia, atendendo às necessidades de incontáveis pessoas. Ao voltar para casa, queria apenas ter o seu próprio "espaço". Ele mora à beira do mar, em Malibu, mas é uma casa bem pequena, não projetada para ter um hóspede, muito menos três ou quatro.

Ao entrar, descobriu que a esposa convidara o irmão para se hospedar com eles, e que sua filha, Kelly, que deveria fazer uma visita de duas semanas, decidira passar dois meses. Para agravar a situação, alguém desligara o videocassete, que ele armara para gravar uma partida de futebol americano que estava ansioso em assistir! Como se pode imaginar, Bob alcançou seu "limiar emocional". Ao descobrir que o aparelho fora desligado pela filha, ele lhe passou uma descompostura, gritando uma porção de palavrões. Era a primeira vez que ele alteava a voz com a filha, e ainda por cima usando aquela linguagem. Kelly desatou a chorar.

Testemunhando a cena, a esposa de Bob, Brandon, desatou a rir. Como era uma explosão muito diferente do comportamento normal do marido, ela presumiu que se tratava de uma interrupção de padrão maciça e chocante. Na realidade, ele bem que gostaria que fosse uma interrupção de padrão. Depois que a poeira começou a assentar, e ela compreendeu que Bob estava mesmo furioso, ficou preocupada e tratou de lhe fornecer um feedback valioso.

— Bob, você está agindo de modo estranho. Nunca age assim. E notei uma coisa: insiste em usar uma palavra que nunca a ouvi usar antes. Em geral, quando se sente estressado, você diz que está com uma *sobrecarga*, mas ultimamente sempre o escuto dizer que se sente *sufocado*. Kelly é que costuma usar esse termo, e quando isso acontece, demonstra esse mesmo tipo de raiva, e se comporta como você acaba de fazer.

Depois que Bob me contou a história, não pude deixar de pensar: "*Será possível que, ao adotar o vocabulário habitual de outra pessoa, você passe a adotar também seus padrões emocionais?*" E isso não é ainda mais verdade se você adotou não apenas as palavras, mas também o volume, a intensidade e a tonalidade?

"*No princípio era o Verbo...*"

— João 1:1

Tenho certeza que um dos motivos pelos quais nos tornamos com frequência como as pessoas com as quais passamos mais tempo é o fato de herdarmos alguns de seus padrões emocionais, ao adotarmos uma parte de seu vocabulário habitual. As pessoas que passam mais tempo comigo logo se descobrem a usar palavras como "apaixonado", "chocante" e "espetacular" para descrever suas experiências. Você pode imaginar a diferença que isso produz em seus estados positivos, em comparação com alguém que diz apenas que se sente "bem"? Pode imaginar como o uso da palavra "paixão" é capaz de levá-lo a se elevar na escala emocional? É uma palavra que transforma, e como a uso sistematicamente, em todas as suas formas, minha vida tem mais essência emocional.

O Vocabulário Transformacional pode nos permitir uma intensificação ou redução de qualquer estado emocional, positivo ou negativo. Isso significa que nos proporciona o poder de pegar os sentimentos mais negativos em nossa vida e diminuir sua intensidade, ao ponto de não mais nos incomodarem, e pegar as experiências mais positivas e projetá-las para altitudes ainda maiores de prazer e poder.

Mais tarde, naquele mesmo dia, Bob e eu fomos almoçar e nos absorvemos numa série de projetos em que trabalhávamos juntos. Em determinado momento, ele me disse:

— Tony, não posso acreditar que alguma pessoa no mundo possa jamais se sentir entediada.

Eu tinha de concordar.

— Entendo o que está querendo dizer. Parece um absurdo, não é mesmo?

— Claro. O tédio nem mesmo consta no meu vocabulário.

— O que foi mesmo que disse? O tédio é uma palavra que não existe em seu vocabulário... Lembra a nossa conversa anterior? Não consta no seu vocabulário, e você não experimenta o sentimento. Hum... Será possível que não experimentamos determinadas emoções porque não temos uma palavra para representá-las?

AS PALAVRAS QUE VOCÊ SELECIONA SISTEMATICAMENTE MOLDARÃO SEU DESTINO

Já ressaltei antes que a maneira como representamos as coisas na mente determina como nos sentimos em relação à vida. Uma noção relacionada é que, *se você não tem um meio de representar alguma coisa, não pode experimentá-la.* Embora seja verdade que você pode projetar alguma coisa sem ter uma palavra para ela, ou que pode representá-la por meio de som ou sensação, não há como negar que ser capaz de articular uma coisa proporciona uma dimensão e substância adicionais e, com isso, um senso de *realidade.* As palavras constituem um instrumento básico de representar as coisas para nós mesmos, e muitas vezes, se não existe nenhuma palavra, não há como pensar sobre a experiência. Por exemplo, algumas línguas de nativos americanos não têm qualquer palavra para "mentira" — esse conceito simplesmente não faz parte da língua. Também não é parte do pensamento ou do comportamento desses nativos. Sem uma palavra para expressá-lo, o conceito parece não existir. A tribo Tasadai, nas Filipinas, não tem palavras para "detestar", "odiar" ou "guerra"... que maravilha!

Voltando à questão inicial, se Bob nunca se sente entediado, e não tem essa palavra em seu vocabulário, tive de fazer outra pergunta: "Qual é a palavra que eu nunca uso para descrever como estou me sentindo?" A resposta que encontrei logo foi "depressão". Posso me sentir frustrado, zangado, curioso, contrariado ou estressado, mas nunca fico deprimido. Por quê? Sempre foi assim? Não. Há oito anos, eu me encontrava numa situação em que me sentia deprimido durante todo o tempo. Essa depressão exauria toda a vontade de mudar minha vida e, na ocasião, me levava a considerar os problemas como permanentes, abrangentes e pessoais. Felizmente, tive bastante dor para sair dessa fossa, e assim vinculei uma dor intensa à depressão. Passei a acreditar que me sentir deprimido era a coisa mais próxima de estar morto. Como meu cérebro associava uma dor intensa ao próprio conceito de depressão, automaticamente a bani de meu vocabulário, sem sequer percebê-lo, e assim não havia meio de representar, ou mesmo de sentir. De um só golpe, eu expurgara meu vocabulário de uma linguagem enfraquecedora, e por conseguinte me livrara de um sentimento que pode arrasar até mesmo com o mais forte dos corações. *Se um conjunto de palavras que você está usando cria estados que o enfraquecem, livre-se dessas palavras e as substitua por outras que o fortalecem!*

A esta altura, você pode estar dizendo: "Não é apenas uma questão de semântica? Que diferença faz esse jogo com as palavras!" A resposta é que, se *tudo o que você fizer for mudar a palavra,* então a experiência não muda. Mas se o uso da palavra o levar a *romper seus padrões emocionais habituais,* então *tudo muda.* Usar de forma efetiva o Vocabulário Transformacional — o vocabulário que transforma nossa experiência emocional — *rompe padrões estéreis, faz-nos sorrir, produz sentimentos totalmente diferentes, muda nossos estados e permite-nos fazer perguntas mais inteligentes.*

Por exemplo, minha esposa e eu somos pessoas apaixonadas, que sentem profundamente as coisas. No início de nosso relacionamento, nos metíamos com frequência no que chamávamos de "discussões bastante acaloradas". Mas depois que descobrimos o poder dos rótulos atribuídos à experiência para alterá-la, concordamos em nos referir a essas "conversas" como "debates animados". Isso mudou toda a nossa percepção. Um "debate animado" tem regras diferentes de uma discussão, e sem dúvida proporciona uma insidade emocional diferente. Em sete anos, nunca voltamos àquele nível bitual de intensidade emocional que antes associávamos às nossas "dis-ssões".

Também comecei a compreender que podia atenuar ainda mais a inten-lade emocional pelo uso de *modificadores*; por exemplo, dizendo "Estou *enas um pouco* aborrecido", ou "Estou me sentindo mais ou menos como *1a criança"*. Uma das coisas que Becky faz agora, se começa a se sentir um uco frustrada, é dizer "Estou começando a ficar *um pouquinho excêntri-*". Ambos rimos, porque isso rompe o nosso padrão. O novo padrão é fazer 1a piada dos sentimentos enfraquecedores, antes que atinjam o ponto de nos nstornar — ou seja, "matamos o monstro quando ainda é pequeno".

Quando partilhei essa tecnologia do Vocabulário Transformacional com eu bom amigo Ken Blanchard, ele me deu exemplos de várias palavras que a para mudar seu estado. Adotou uma dessas palavras quando se encontra-na África, num safári, e o caminhão em que viajava quebrou. Ele virou-se ra a esposa, Marge, e disse:

— Isto é um tanto *inconveniente.*

Funcionou tão bem, mudando o estado de ambos, que passaram a usar a lavra em base regular. No campo de golfe, se uma tacada não sai do jeito mo quer, ele diz:

— Essa tacada *não me impressiona.*

Pequenas alterações desse tipo mudam a direção emocional, e com isso qualidade de nossa vida.

VOCÊ PODE USAR O VOCABULÁRIO TRANSFORMACIONAL PARA AJUDAR OUTRAS PESSOAS

partir do momento em que você compreende o poder das palavras, torna-: extremamente sensível não apenas para as que usa, mas também para as adas pelas pessoas ao seu redor. Em decorrência de minha nova compreen-io do Vocabulário Transformacional, descobri-me a ajudar outras pessoas. unca esquecerei a primeira vez em que comecei a usar essa tecnologia forma consciente. Foi para ajudar um amigo chamado Jim, um executivo bem-sucedido, mas que passava por momentos difíceis. Lembro-me que nunca o vira tão desanimado.

Enquanto ele falava, notei que descrevia como se sentia deprimido, ou como as coisas eram deprimentes, pelo menos uma dúzia de vezes, num período de 20 minutos. Decidi verificar quão depressa o Vocabulário Transformacional poderia ajudá-lo a mudar seu estado, e por isso perguntei:

— Sente-se realmente deprimido, ou apenas um pouco frustrado?

— Estou me sentindo *muito* frustrado.

— Pois tenho a impressão de que você está na verdade fazendo algumas mudanças bastante positivas, que levarão a um progresso considerável.

Como se ele concordasse, expliquei o impacto que suas palavras poderiam estar exercendo em seu estado emocional, e pedi:

— Pode me fazer um favor? Quero que me prometa que nos próximos dez dias não usará a palavra "deprimido" nem uma única vez. Se começar a usá-la, trate de substituí-la no mesmo instante por uma palavra mais fortalecedora. Em vez de "deprimido", diga "Estou me sentindo um pouco por baixo". E acrescente: "Estou melhorando", ou "Já começo a inverter a situação".

Ele concordou em se empenhar nesse sentido, como uma experiência, e você pode adivinhar o que aconteceu: uma única alteração no vocabulário alterou o padrão por completo. Ele não mais se projetou ao mesmo nível de dor, e com isso permaneceu em estados mais criativos. Dois anos depois, quando contei a Jim que descreveria sua experiência neste livro, ele me disse que nunca mais se sentira deprimido, nem uma única vez, desde aquela ocasião, *porque nunca usa essa palavra para descrever sua experiência.*

Lembre-se de que a beleza do Vocabulário Transformacional é sua extrema simplicidade. É um conhecimento verdadeiramente profundo — algo tão simples e de aplicação tão universal que pode aumentar sua qualidade de vida no instante em que usa.

Um grande exemplo da transformação possível quando se muda uma única palavra foi o que ocorreu há vários anos no PIE, um serviço nacional de transporte por caminhão. Seus executivos descobriram que 60 por cento de todos os contratos de transporte estavam errados, e isso custava mais de um quarto de milhão de dólares por ano. O Dr. W. Edwards Deming foi contratado para descobrir a causa. Ele efetuou um estudo intensivo, e constatou que 56 por cento dos erros decorriam da identificação equivocada de containers por seus próprios trabalhadores. Com base nas recomendações do Dr. Deming, os executivos da PIE decidiram que deveriam mudar o nível de empenho pela qualidade da companhia, e que a melhor maneira seria mudar como seus trabalhadores se consideravam. Em vez de trabalhadores ou caminhoneiros, eles passaram a se referir a si mesmos como *artesãos.*

A princípio, as pessoas estranharam; afinal, que diferença podia fazer a mudança do título da função? No fundo, nada mudara, não é mesmo? Mas não demorou muito para que, em decorrência do uso regular da palavra, os trabalhadores passassem a se considerar "artesãos", e em menos de trinta dias PIE reduziu os embarques errados de 60 por cento para menos de 10 por cento, poupando assim quase um quarto de milhão de dólares por ano.

Isso ilustra uma verdade fundamental: *as palavras que usamos como uma cultura corporativa e como indivíduos exercem um efeito profundo sobre nossa experiência da realidade.* Um dos motivos pelos quais criei o termo *CANI!*, em vez de tomar emprestada a palavra japonesa *kaizen* ("melhoria"), foi para embutir em uma só expressão a filosofia e os padrões de pensamento de constante e incessante melhoria. Assim que você começa a usar sistematicamente uma palavra, isso afeta o que considera e como pensa. As palavras que usamos possuem significado e emoção. As pessoas estão sempre inventando palavras; é uma maravilha de todas as línguas, principalmente do inglês, que sempre se apressa em adotar novas palavras e novos conceitos. Se você examinar um dicionário em inglês atualizado, vai encontrar as contribuições de muitas línguas estrangeiras, em particular de todos os tipos de grupos de interesses especiais.

Por exemplo, as pessoas na cultura do surfe criaram palavras como "tubular" e "*rad*" para traduzir sua experiência das ondas para a vida cotidiana. O linguajar particular adquiriu uma aceitação tão ampla que se tornou parte do jargão comum, e com isso da maneira como pensamos. Isso levanta outra vez a questão de que precisamos ser conscientes das palavras que adotamos das pessoas ao redor, ou daquelas que nós mesmos selecionamos. Se você usa frases como "Sou um suicida", eleva sua dor emocional a um nível que pode ameaçar sua qualidade de vida. Ou se está num relacionamento romântico e diz à parceira (ou parceiro) "Vou embora", cria a possibilidade real de que o relacionamento esteja prestes a terminar. Se, no entanto, dissesse "Sinto a maior frustração" ou "Estou zangado", tem uma chance muito maior de resolver o problema.

A maioria das profissões possui um determinado conjunto de palavras que descrevem seu trabalho e as coisas específicas de seu tipo de trabalho. Muitos artistas, por exemplo, pouco antes de entrarem no palco experimentam uma sensação de tensão no estômago. A respiração muda, a pulsação dispara, e começam a suar. Alguns consideram que se trata de uma parte natural do preparativo para uma performance, enquanto outros encaram como evidência de que vão fracassar. Essas sensações, que Carly Simon chamou de "pavor do palco", impediram-na de se apresentar ao vivo por muitos anos. Bruce Springsteen, por outro lado, experimenta o mesmo tipo de tensão no estômago, só que rotula essa sensações como "excitamento"! Ele sabe que está prestes a ter a experiência excepcionalmente poderosa de entreter milhares de pessoas, e fazer com que o amem. Mal pode esperar para entrar no palco. Para Bruce Springsteen, a tensão no estômago é uma aliada; para Carly Simon, uma inimiga.

DO FORMIGAMENTO À ALTA ENERGIA

Como seria sua vida se você pudesse pegar todas as emoções negativas que já sentiu e baixar sua intensidade, a fim de que não tenham um impacto tão poderoso, o que lhe permitirá se manter sempre no comando? Como seria sua vida se pudesse pegar as emoções mais positivas e intensificá-las, levando, assim, sua vida para um nível superior? Aqui está sua primeira missão.

Tire um momento agora e anote três palavras que usa atualmente, numa base regular, para se fazer sentir horrível (entediado, frustrado, desapontado, irritado, humilhado, magoado, triste e assim por diante). Quaisquer que sejam as palavras que você escolheu, certifique-se de que são aquelas que usa regularmente para se enfraquecer. Para descobrir algumas das palavras de que precisa para se fortalecer, pergunte a si mesmo: "Quais são alguns dos sentimentos negativos que tenho numa base sistemática?"

PEGUE OS MIQUINHOS DE QUINTAL E LIVRE-SE DO RECHEIO DE MÃE!

Aqui estão alguns exemplos divertidos de Vocabulário Transformacional usados na vida cotidiana...

Crianças

Miquinho de quintal: Uma criança ativa em idade pré-escolar. Uso: "Pelo menos a sua está na escola. Eu tenho um miquinho de quintal para aguentar."

Cola-tudo: Miquinho de quintal histérico que não quer largar os pais.

Bolinhos de Chernobyl: Uma fralda repugnante: "Ei, meu bem, é melhor você avisar a Escandinávia."

Pingo verde: As narinas escorrendo de um miquinho de quintal.

Recheio de mãe: A sujeira nas fraldas.

Tropa de Choque

Avon chama: Arrombar uma porta com uma espingarda.

Advogados

Comprista: Cônjuge dependente financeiro, sem rendimentos pessoais, como: "Ela vai precisar de uma tonelada de pensão. É uma comprista."

Bombardeiros: Advogados de divórcio que procuram destruir o cônjuge oposto, pegando todos os bens para seu cliente.

Em seguida, depois de identificar essas três palavras, divirta-se um pouco. *Assuma um estado furioso e afrontoso e procure algumas novas palavras que ache que poderia usar para romper seu padrão, ou pelo menos abaixar sua intensidade emocional de alguma forma.* Deixe-me dar uma indicação sobre a maneira de selecionar palavras que realmente serão benéficas para você a longo prazo. Lembre-se de que seu cérebro adora qualquer coisa que o tire da dor e o leve ao prazer, por isso escolha uma palavra que você vai querer usar no lugar da antiga e limitadora. Um dos motivos pelos quais usei "desgostoso" ou "um pouco aborrecido", em vez de "irritado", é que parecem termos ridículos. É uma total interrupção de padrão para mim, e também para qualquer pessoa que esteja me escutando, e como adoro romper padrões, obtenho muito prazer e diversão com o uso de palavras assim. A partir do momento em que você obtiver resultados desse tipo, garanto que também ficará viciado no processo. Para ajudá-lo a começar, aqui estão alguns exemplos de palavras simples e ridículas que pode usar imediatamente para reduzir sua intensidade:

Emoção/expressão negativa		**Transforma-se em**
Estou me sentindo...	*para*	*Estou me sentindo...*
zangado	para	**desencantado**
com medo	para	inquieto
ansioso	para	um pouco preocupado
ansioso	para	expectante
confuso	para	curioso
deprimido	**para**	**calmo antes da ação**
deprimido	para	não no topo
deprimido	para	prestes a dar a virada
destruído	para	em desvantagem
isso fede	**para**	**é um pouco aromático**
furioso	**para**	**contrariado**
desapontado	para	desinteressado
desapontado	para	indiferente
aborrecido	para	surpreso
receio	para	desafio
embaraçado	para	consciente
embaraçado	para	estimulado
exausto	para	recarregando a bateria
exausto	para	um pouco abatido
fracasso	para	tropeço
fracasso	para	**aprendendo**
fracasso	para	me instruindo
medo	para	espanto

assustado	para	curioso
frustrado	para	fascinado
furioso	para	arrebatado
humilhado	para	constrangido
humilhado	para	surpreso
magoado	para	incomodado
magoado	para	aturdido
Eu odeio	para	**Eu prefiro**
impaciente	para	na expectativa
inseguro	para	questionando
insultado	para	mal-entendido
insultado	para	mal-interpretado
irritado	**para**	**estimulado**
irritado	para	excitado
ciumento	para	transbordando de amor
preguiçoso	para	acumulando energia
solitário	para	disponível
solitário	para	temporariamente por conta própria
perdido	para	procurando
nervoso	para	energizado
sobrecarregado	para	com muitas atribuições
sufocado	para	algum desequilíbrio
sufocado	para	ocupado
sufocado	para	desafiado
sufocado	para	em demanda
sufocado	para	muitas oportunidades
sufocado	**para**	**elevado**
sufocado	para	avançado
angustiado	para	contrafeito
rejeitado	para	desviado
rejeitado	para	aprendendo
rejeitado	para	ignorado
rejeitado	para	subapreciado
rejeitado	**para**	**mal-compreendido**
triste	para	definindo meus pensamentos
apavorado	para	excitado
mas que merda	para	mas que coisa

estressado	para	ocupado
estressado	para	afortunado
estressado	para	energizado
doente	para	purificando
estúpido	para	descobrindo
estúpido	para	árido
estúpido	para	aprendendo
horrível	**para**	**diferente**

Tenho certeza de que você pode fazer uma lista melhor; assim, *determine três palavras que usa habitualmente e que criam sentimentos negativos em sua vida, e depois escreva uma lista de alternativas,* para romper seu padrão, fazendo-o rir por serem ridículas, ou pelo menos reduzindo a intensidade.

Palavra Antiga, Enfraquecedora	**Palavra Nova, Fortalecedora**
1. ____________	1. ____________
2. ____________	2. ____________
3. ____________	3. ____________

Como pode adquirir certeza de realmente usar essas palavras? A resposta é simples: recorra ao NAC. Lembra-se do Condicionamento Neuroassociativo? Lembra-se dos dois primeiros passos?

Passo Um: Decida que deseja ter muito mais prazer em sua vida e muito menos dor. Compreenda que uma das coisas que o tem impedido de conseguir isso é o uso de linguagem que intensifica a emoção negativa.

Passo Dois: Obtenha uma alavanca para si mesmo, a fim de usar essas três novas palavras. Um meio de fazer isso é pensar no absurdo de entrar em frenesi, quando tem a opção de se sentir bem! Talvez um meio ainda mais poderoso de obter a alavanca seja fazer a mesma coisa que eu: procure três amigos e partilhe com eles as palavras que você deseja mudar. Por exemplo, já me descobri frustrado em muitas ocasiões na vida, mas decidi me sentir "fascinado" em vez disso. Também dizia com frequência: "*Tenho* de fazer isso", e me sentia estressado. Como eu queria um lembrete do quanto sou afortunado, e porque isso realmente transformava minha experiência, passei a dizer: "*Posso* fazer isso." Não *tenho* mais de fazer coisa alguma! E em vez de ficar "zangado", eu queria me sentir "contrariado", "desgostoso", ou "um pouco preocupado".

Durante os dez dias subsequentes, se me surpreendia a usar a palavra antiga, eu imediatamente rompia o padrão e a substituía pela palavra nova. *Ao me proporcionar prazer pelo empenho e realização, estabeleci um novo padrão.* Meus amigos, porém, sempre se mantinham disponíveis para me ajudar se eu saía dos trilhos. Perguntavam-me no mesmo instante: "Tony, está zangado, ou apenas *desgostoso?*"; "*Sente-se frustrado, ou fascinado?*" Deixei bem claro para eles que não deveriam usar isso como uma arma, e sim como instrumento de apoio. Em pouco tempo, esses novos padrões de linguagem tornaram-se meu ângulo sistemático.

Isso significa que nunca me sinto "zangado"? Claro que não. A raiva pode ser às vezes uma emoção muito útil. Só não queremos que as emoções negativas sejam os instrumentos a que primeiro recorremos. Queremos aumentar nosso nível de opção. Queremos ter mais moldes para despejar o líquido das sensações da vida, a fim de termos maior número e qualidade de emoções na vida.

Se você quer mesmo efetuar essa mudança, procure três amigos, explique o que está fazendo, que palavras deseja, e peça que lhe perguntem, com todo respeito: "Você está *(palavra antiga)* ou *(palavra nova)?*" Assuma também o empenho de romper seus padrões, sempre que possível. Dê a si mesmo um prazer imediato sempre que usar a nova alternativa, e assim desenvolverá um novo nível de opção para sua vida.

Claro que o uso do Vocabulário Transformacional não se limita à redução da intensidade negativa; também nos oferece a oportunidade de intensificar com extremo vigor a intensidade de emoções positivas. Quando alguém lhe perguntar como tem passado, em vez de responder "Bem" ou "Mais ou menos", surpreenda a pessoa ao exclamar "*Eu me sinto espetacular!*" *Por mais simplista que isso possa parecer, cria um novo padrão em sua neuro-*

logia — um novo caminho neural para o prazer. Por isso, agora, escreva três expressões que você usa para descrever como se sente ou como tem passado, numa base regular, que são "apenas corretas" em sua orientação — "Estou me sentindo bem", "Estou ótimo", "As coisas caminham". Depois, encontre novas, que o inspirem de uma forma absoluta. Se quer algumas sugestões, examine a lista seguinte e circule as palavras que acha que seria divertido acrescentar a seu vocabulário, a fim de dar tempero à sua atual experiência de vida:

Boa Palavra		**Grande Palavra**
Estou me sentindo	para	*Estou me sentindo...*
alerta	para	energizado
muito bem	para	magnífico
atraente	para	deslumbrante
desperto	para	ansioso por fazer
satisfeito	**para**	**esplêndido**
satisfeito	para	espetacular
confiante	para	absolutamente seguro
contente	para	sereno
curioso	para	fascinado
determinado	**para**	**absolutamente seguro**
ativo	para	energizado
animado	para	entusiasmado
excitado	para	extasiado
excitado	para	apaixonado
fantástico	para	fabuloso
rápido	**para**	**vertiginoso**
sentindo bem	para	com uma energia cósmica
sentindo bem	para	maravilhoso
ótimo	para	espetacular
focalizado	para	energizado
afortunado	**para**	**abençoado**
divertido	para	na maior animação
contente	para	nas nuvens
satisfeito	para	melhor do que excelente
satisfeito	para	não podia ser melhor

satisfeito	para	vibrante
satisfeito	para	exuberante
satisfeito	para	exultante
satisfeito	**para**	**fenomenal**
feliz	para	extasiado
feliz	para	explodindo de felicidade
interessado	**para**	**fascinado**
interessante	para	cativante
amado	para	adorado
amando	para	irradiando amor
amando	**para**	**apaixonado**
motivado	para	compelido
avançando	para	avançando a toda
sem problemas	para	feliz
nada mal	para	não podia ser melhor
prestando atenção	para	focalizado
tranquilo	para	sereno
perfeito	para	extraordinário
agradável	para	monumental
vigoroso	para	invencível
ágil	**para**	**explosivo**
engenhoso	para	brilhante
seguro	para	centrado
seguro	para	confiante
seguro	para	ousado
seguro	para	fortalecido
esperto	**para**	**talentoso**
estimulado	para	elétrico
forte	**para**	**invencível**

Palavra Antiga, Medíocre	Palavra Nova, Intensificada
1. ______________	1. ______________
2. ______________	2. ______________
3. ______________	3. ______________

Use o mesmo sistema de procurar três amigos para ajudá-lo a usar essas palavras novas, poderosas e positivas, e divirta-se no processo!

Atenue seu enfoque da dor com os outros

É difícil superestimar o impacto do nosso Vocabulário Transformacional em nós mesmos e nos outros. Precisamos lembrar o valor de usar o que eu chamo de *atenuadores* e *intensificadores;* eles nos proporcionam um grau maior de precisão nos contatos com outras pessoas, quer seja um relacionamento romântico, profissional, ou de qualquer outro tipo.

Anos atrás, quando eu achava que havia algo "errado" em meu empreendimento, chamava a pessoa apropriada e dizia: "Estou muito preocupado com isso", ou "Isso me deixou perturbado". Sabe o que acontecia? Meu padrão de linguagem automaticamente provocava uma reação na pessoa, mesmo quando não era essa a minha intenção; muitas vezes ela tendia a cair na defensiva, algo que impedia a nós dois de encontrar uma solução para o desafio.

Acabei aprendendo a me expressar de uma maneira diferente (mesmo quando sinto com mais intensidade): "Estou um pouco apreensivo com uma coisa. Pode me ajudar?" Em primeiro lugar, falar assim reduzia minha intensidade emocional. O que beneficiava a mim e à pessoa com quem me comunicava. Por quê? Porque "apreensivo" é uma palavra muito diferente de "preocupado". Se você diz que está preocupado com alguma coisa, pode transmitir a impressão de que não tem fé na capacidade da outra pessoa. E segundo, acrescentar "um pouco" abranda a mensagem de maneira significativa. Assim, pela redução de minha intensidade, eu permitia que a pessoa reagisse de uma posição de força e também realçava meu nível de comunicação.

Dá para você perceber como isso também melhoraria suas interações em casa? Como se comunica habitualmente com seus filhos? Não compreendemos muitas vezes o poder de nossas palavras sobre as crianças. Da mesma forma que os adultos, as crianças tendem a absorver as coisas em termos pessoais, e precisamos ser sensíveis aos possíveis desdobramentos de comentários impensados. Em vez de explodir em protestos impacientes, como "Você é tão estúpido!", ou "Você é tão desastrado!", um padrão que pode em alguns casos solapar bem fundo o senso de valor próprio de uma criança, trate de romper esse padrão, dizendo algo como "Estou ficando um pouco desgostoso com o seu comportamento; venha até aqui para conversarmos a respeito". Não apenas isso rompe o padrão, permitindo a ambos o acesso a um estado em que podem comunicar seus sentimentos e desejos de modo objetivo, mas também transmite à criança a mensagem de que o problema não é com ela como uma pessoa, e sim *com seu comportamento* — algo que pode ser mudado. Isso pode construir o que eu chamo de Ponte da Realidade™* (Reality Bridge™), a base para uma comunicação mais poderosa e positiva entre duas pessoas — e ter um impacto mais poderoso e positivo em seus filhos.

A solução, em qualquer dessas situações, é ser capaz de romper seu padrão; de outro jeito, em seu estado árido, poderá dizer coisas de que se arrependerá depois. É exatamente assim que muitos relacionamentos são destruídos. Num estado de ira, podemos dizer coisas que magoam os sentimentos de alguém e levam-no a querer retaliar, ou faz com que se sinta tão magoado que nunca mais vai querer se abrir conosco. Portanto, temos de compreender o poder de nossas palavras, tanto para criar quanto para destruir.

"O povo alemão não é uma nação guerreira. É um povo militar, o que significa que não deseja uma guerra, mas também não a teme. Ama a paz, mas também ama sua honra e liberdade."

— ADOLF HITLER

* A Ponte da Realidade é uma estratégia de comunicação que nossa companhia, Robbins Success System, usa em programas de treinamento empresarial para aprofundar a interação entre administração e empregados, e também entre membros da equipe executiva.

As palavras têm sido usadas por demagogos ao longo dos séculos para assassinar e subjugar, como ocorreu quando Hitler perverteu as frustrações de uma nação em ódio contra um pequeno grupo de pessoas, e em sua ânsia de território persuadiu o povo alemão a ir à guerra. Saddam Hussein rotulou sua invasão do Kuwait e as hostilidades subsequentes de *Jihad,* ou "Guerra Santa", o que transformou por completo as percepções dos cidadãos iraquianos sobre a justiça de sua causa.

Numa extensão menor, podemos encontrar na história americana recente muitos exemplos do uso cuidadoso das palavras para redefinir uma experiência. Durante a Guerra do Golfo Pérsico, o jargão dos militares era extremamente complexo, mas serviu para atenuar o impacto da destruição que estava ocorrendo. Durante a administração Reagan, o míssil MX foi rebatizado para "Guardião da Paz". A administração Eisenhower referia-se sistematicamente à Guerra da Coreia como uma "ação policial".

Devemos ser precisos nas palavras que usamos porque contêm um significado não apenas para nós, sobre nossa própria experiência, mas também para os outros. Se você não gosta dos resultados que vem obtendo em sua comunicação com outras pessoas, analise mais a fundo as palavras que tem usado e torne-se mais seletivo. *Não estou sugerindo que você se torne tão sensível a ponto de não usar uma palavra.* Mas é fundamental escolher palavras que o *fortaleçam.*

Também é sempre proveitoso baixar a intensidade de nossas emoções negativas? A resposta é não. Às vezes precisamos entrar num estado de raiva a fim de criar alavanca suficiente para promover uma mudança. Todas as emoções humanas têm seu lugar, como explicaremos no Capítulo 11. Contudo, é preciso ter certeza de que o acesso inicial não será aos estados mais negativos e intensos. Assim, por favor, não me interprete mal; não estou lhe pedindo que leve uma vida sem sensações ou emoções negativas. Há circunstâncias em que podem ser muito importantes. Falaremos a respeito de uma delas no capítulo seguinte. Compreenda que o nosso objetivo é sistematicamente sentir menos dor em nossa vida e mais prazer. O domínio do Vocabulário Transformacional é um dos passos mais simples e poderosos para alcançar esse objetivo.

E AGORA, UMA PAUSA PARA O PATROCINADOR...

Há ocasiões em que o vocabulário é ainda mais transformacional do que se deseja... um fato que pode ser confirmado por vários grandes anunciantes. Depois de traduzir seu *slogan* "Pepsi dá vida" para o chinês, os executivos da companhia descobriram que estavam gastando milhões de dólares para anunciar "Pepsi Traz Seus Ancestrais de Volta da Sepultura". A Chevrolet, surpresa com as poucas vendas de seu compacto Nova na América Latina, acabou descobrindo que o nome do carro em espanhol significava "Não vá".

Tome cuidado com os rótulos que podem limitar sua experiência. Como encionei no primeiro capítulo, trabalhei com um rapaz que foi outrora rolado como "incapacitado para o aprendizado", e agora é avaliado como um ênio. Você pode imaginar o quanto essa mudança nas palavras transformou .dicalmente sua percepção de si mesmo, e quanto de sua capacidade ele gora explora. Quais são as palavras pelas quais *você* quer ser conhecido? ual a palavra ou frase característica que deseja que os outros identifiquem om você?

Devemos ser muito cuidadosos na aceitação dos rótulos dos outros, porue assim que atribuímos um rótulo a uma coisa, criamos uma emoção corespondente. Em nenhuma outra área isso é tão verdade quanto nas doenças. udo o que já estudei no campo da psiconeuroimunologia reforça a ideia de ue as palavras que usamos produzem poderosos efeitos bioquímicos. Numa ntrevista com Norman Cousins, ele me falou sobre o trabalho que realizara os últimos 12 anos com mais de 2 mil pacientes. Muitas vezes ele constatou ue, no momento em que um paciente era diagnosticado — ou seja, tinha um *ótulo* atribuído a seus sintomas —, seu estado se agravava. Rótulos como câncer", "esclerose múltipla" e "doença cardíaca" tendiam a produzir pânio nos pacientes, levando-os ao desamparo e a depressão, que acarretavam ma deterioração da eficácia do sistema imunológico do corpo.

Por outro lado, os estudos demonstraram que, se os pacientes pudessem se libertar da depressão produzida por determinados rótulos, havia uma melhoria automática em seus sistemas imunológicos. *"As palavras podem produzir doença; as palavras podem matar"*, disse-me Cousins. "Por isso, os médicos sensatos são muito cuidadosos pela maneira com que se comunicam." Esse é um dos motivos pelos quais, em Fortunate Management™, nossa companhia de administração médica, trabalhamos com os médicos não apenas para ajudá-los a desenvolver suas clínicas, mas também para ensiná-los a aprofundar sua sensibilidade emocional, o que lhes permite oferecer uma contribuição maior. **Se você está numa profissão em que trabalha com pessoas, é imperativo que compreenda o poder das palavras de causar impacto em todos ao seu redor.**

Se você continua cético, sugiro que teste o Vocabulário Transformacional consigo mesmo e veja o que acontece. Muitas vezes, em seminários, as pessoas dizem coisas como "Estou furioso com o que fulano fez comigo!" Pergunto no mesmo instante: "Estou furioso, ou magoado?" A pergunta as leva a reavaliarem a situação. Quando escolhem uma nova palavra e dizem "Acho que estou magoado", dá para perceber que sua fisiologia reflete uma queda na intensidade. É muito mais fácil lidar com a mágoa do que com a raiva.

Da mesma forma, você pode reduzir sua intensidade emocional em áreas que talvez nunca tenha imaginado. Por exemplo, em vez de usar a frase "Estou *morto* de fome", por que não experimenta dizer "Sinto um pouco de fome"? Ao usá-la, vai descobrir, como aconteceu comigo, que pode literalmente baixar a intensidade de seu apetite em questão de instantes. Às vezes as pessoas comem demais apenas por causa de um padrão habitual de se levarem a um frenesi emocional. Parte disso começa com a linguagem que usam de modo sistemático.

Num recente seminário de Encontro com o Destino, temos um exemplo extraordinário do poder de usar as palavras para a mudança instantânea do estado de uma pessoa. Uma das participantes voltou do jantar absolutamente radiante. Contou-nos que antes do jantar experimentara um impulso intenso de chorar e saíra correndo da sala, angustiada.

— Tudo estava muito confuso — disse ela. — Tinha a sensação de que ia explodir. Pensei que ia ter um colapso. Mas depois disse a mim mesma:

"Nada disso! Você está tendo um rompimento!" O que me fez rir. E depois ainda pensei: "Mais do que um rompimento, é uma abertura!"

Apenas pela mudança das palavras, ela assumira o controle de seu processo de rotulação (vocabulário), e com isso mudara por completo seu estado e a percepção de sua experiência... e assim transformara sua realidade.

Agora é a sua oportunidade. *Assuma o controle.* Verifique as palavras que usa habitualmente e substitua-as por outras que o fortaleçam, elevando ou baixando a intensidade emocional, conforme for mais apropriado. Comece hoje. Acione esse processo. Anote suas palavras, assuma seu compromisso, tenha persistência e saiba que o poder deste instrumento simples vai se manifestar sem necessidade de qualquer outra coisa.

Agora, vamos analisar algo que é também divertido e simples, dando-lhe forças para administrar suas emoções sistematicamente. Juntos, vamos abrir uma trilha de possibilidades e explorar o pleno impacto de...

10

O PODER DAS METÁFORAS DA VIDA: DESTRUIR OS BLOQUEIOS, DERRUBAR O MURO, LARGAR A CORDA E DANÇAR A CAMINHO DO SUCESSO

"A metáfora talvez seja uma das mais proveitosas potencialidades do homem. Sua eficácia beira a magia, e parece um instrumento para a criação que Deus esqueceu dentro de uma de suas criaturas quando a fez."

— JOSÉ ORTEGA Y GASSET

"Estou no fim da linha."
"Não consigo passar pelo muro."
"Minha cabeça parece que vai explodir."
"Estou numa encruzilhada."
"Empaquei."
"Estou flutuando no ar."
"Estou me afogando."
"Estou feliz como um passarinho."
"Cheguei a um beco sem saída."
"Estou carregando o mundo nos ombros."
"A vida é um poço sem fundo."

No capítulo anterior, falamos sobre o poder que as palavras têm de moldar nossa vida e dirigir nosso destino. Agora, vamos analisar determinadas palavras que podem conter ainda mais significado e intensidade emocional: as metáforas. A fim de compreender as metáforas, devemos primeiro compreender os símbolos. O que cria um impacto mais imediato, a palavra "cristão" ou a imagem de uma cruz? Se você é como muitas pessoas, a cruz tem mais poder de produzir emoções positivas imediatas. Literalmente, não passa de duas linhas cruzadas, mas tem o poder de comunicar um padrão e um sistema de vida para milhões de pessoas. Agora, pegue essa cruz, transforme-a numa suástica e compare com a palavra "nazista". O que tem mais poder de influenciá-lo negativamente? Mais uma vez, se você é como a maioria, a suástica tende a produzir sensações mais fortes e mais imediatas do que a palavra. Ao longo da história humana, os símbolos têm sido empregados para desencadear reações emocionais, e moldar o comportamento dos homens. Muitas coisas servem como símbolo: imagens, sons, objetos, ações e também palavras. Se as palavras são simbólicas, então as metáforas são símbolos intensificados.

O que é uma metáfora? *Sempre que explicamos ou comunicamos um conceito pela comparação com outra coisa, estamos usando uma metáfora.* As duas coisas podem ter pouca semelhança concreta entre si, mas nossa familiaridade com uma permite adquirir uma compreensão da outra. As metáforas são símbolos, e como tais podem criar intensidade emocional ainda mais depressa e de forma mais completa do que as palavras tradicionais que usamos. As metáforas podem nos transformar *instantaneamente.*

Como seres humanos, estamos sempre pensando e falando em metáforas. Muitas vezes as pessoas dizem que estão entre "o fogo e a frigideira". Sentem-se "no escuro", ou "lutando para manter a cabeça acima d'água". Você acha que pode ficar um pouco mais estressado se pensar em enfrentar seu desafio em termos de "lutar para manter a cabeça acima d'água", em vez de "galgar a escada do sucesso"? Você se sentiria diferente na hora de fazer um teste se pensasse em "navegar" através, em vez de se "debater"? Sua percepção e experiência do tempo mudaria se falasse do tempo se "arrastando", em vez do tempo "voando"? Pode apostar que sim!

Um dos meios primários de aprendizado é por meio das metáforas. Aprender é o processo de fazer novas associações na mente, criar novos significados, e as metáforas são idealmente apropriadas para isso. Quando não compreendemos algo, uma metáfora proporciona um meio de perceber como o que *não* compreendemos é parecido com algo que compreendemos. A metáfora ajuda-nos a vincular um relacionamento. Se X é como Y, e compreendemos X, subitamente compreendemos Y. Se, por exemplo, alguém tenta explicar a eletricidade, usando termos como "ohms", "ampères", "watts" e "resistência elétrica", as possibilidades são de confundi-lo totalmente, porque é provável que você não tenha compreensão dessas palavras, não tenha *referências* para elas, e assim se torna difícil compreender o relacionamento.

Mas o que aconteceria se eu explicasse a eletricidade pela comparação com algo que você já conhece? E se eu desenhasse um cano e perguntasse: "Já viu água correndo por um cano?" Você diria que sim. Depois, eu diria: "E se houvesse uma pequena saliência que poderia reduzir a quantidade de água passando pelo cano? Essa pequena saliência é o que uma resistência faz numa unidade elétrica." Você saberia agora o que é uma resistência? Pode apostar que sim... e saberia no mesmo instante. Por quê? Porque eu lhe disse como isso era *parecido* com uma coisa que você já compreendia.

Todos os grandes mestres — Buda, Maomé, Confúcio, Lao-tsé — usaram metáforas para transmitir suas mensagens ao homem comum. Independentemente de crença religiosa, a maioria concorda que Jesus Cristo foi um mestre extraordinário, cuja mensagem de amor perdurou, não apenas por causa do que ele disse, mas também pela maneira como disse. Ele não procurou os pescadores e lhes disse que queria que recrutassem cristãos; não haveria referências para o recrutamento. Por isso, Jesus lhes disse que queria que se tornassem "pescadores de homens".

No instante em que Jesus usou a metáfora, eles compreenderam o que precisavam fazer. Essa metáfora lhes proporcionou um processo por analogia, passo a passo, sobre o modo de atrair outros para a fé. Ao apresentar suas parábolas, Jesus transmitiu ideias complexas em imagens simples, que transformavam qualquer um que absorvesse a mensagem no coração. Mas, na verdade, Jesus não apenas foi um mestre como contador de histórias, mas também usou toda a sua vida como uma metáfora para ilustrar a força do amor de Deus e a promessa de redenção.

As metáforas podem nos fortalecer, pela expansão e enriquecimento da experiência de vida. Infelizmente, porém, se não tomarmos cuidado, ao adotarmos uma metáfora podemos também assumir muitas convicções limitadoras que a acompanham. Durante anos, os físicos usaram a metáfora do sistema solar para descrever o relacionamento dos eléctrons com os prótons e nêutrons, dentro do núcleo de um átomo. O que era sensacional nessa metáfora? Ajudava os estudantes a compreender o relacionamento entre o átomo e algo que já entendiam. Eles podiam imediatamente imaginar o núcleo como o sol e os eléctrons como planetas girando ao redor. O desafio era o fato de que, pela adoção dessa metáfora, os físicos — sem o perceberem — adotavam um sistema de convicção de que os eléctrons permaneciam em órbitas equidistantes do núcleo, da mesma maneira que os planetas permaneciam em órbitas basicamente equidistantes do sol. Era uma pressuposição inacurada e limitadora. Encerrou os físicos, por vários anos, num padrão de irresolução de muitas questões atômicas, tudo por causa de um falso conjunto de pressuposições, adotado em decorrência dessa metáfora. Sabemos hoje que os eléctrons não mantêm órbitas equidistantes; suas órbitas *variam* em distância do núcleo. Essa nova compreensão só foi adotada depois que se abandonou a metáfora do sistema solar. O resultado foi um salto qualitativo na compreensão da energia atômica.

METÁFORAS GLOBAIS

Lembra-se do meu furioso diretor-executivo? No mesmo dia em que fiz as distinções que levaram à criação da tecnologia do Vocabulário Transformacional, descobri o valor do que chamo de *metáforas globais*. Sabia que meu diretor-executivo usou palavras que intensificavam sua emoção, e me perguntei o que o fazia ter, em primeiro lugar, aqueles sentimentos negativos. Como já sabemos, tudo o que fazemos baseia-se no estado em que nos encontramos, e nosso estado é determinado pela fisiologia e a maneira como representamos as coisas na mente.

Perguntei-lhe por que estava tão transtornado, ao que ele respondeu: "É como se *eles nos metessem numa caixa, com uma arma encostada em nossas cabeças.*" Acha que você reagiria com toda intensidade se acreditasse ou representasse em sua mente que se encontrava acuado numa situação assim? Não é difícil imaginar por que ele sentia tanta raiva. Durante muitos anos, sem percebê-lo, eu ajudara pessoas a mudarem como se sentiam pela interrupção de seus padrões *e pela mudança de suas metáforas.* Apenas não me achava consciente do que fazia. (Isso é parte do poder de criar um rótulo: depois que tem um rótulo para o que você faz, pode produzir um comportamento sistemático.)

Perguntei ao meu diretor-executivo:

— De que cor é a pistola de esguichar água?

Ele fitou-me em estado de perplexidade.

— Como?

Repeti a pergunta:

— De que cor é a pistola de esguichar água?

Isso rompeu seu padrão. A fim de responder, sua mente teve de focalizar minha estranha pergunta, o que mudou imediatamente seu foco interno. Quando ele começou a imaginar uma pistola de esguichar água, não acha que sua emoção mudou em decorrência? Pode apostar que sim! Ele desatou a rir. Praticamente qualquer pergunta que formulamos com insistência, a pessoa acabará definindo uma resposta, mudando seu foco ao apresentá-la. Por exemplo, se eu lhe disser várias vezes: "Não pense na cor azul", qual é a cor em que você vai pensar? A resposta, sem dúvida, é "azul". E aquilo sobre o que você pensa, é o que vai sentir.

Levando-o a pensar na situação em termos de uma pistola de esguichar água, destruí no mesmo instante sua imagem enfraquecedora, e assim mudei seu estado emocional no momento. E a caixa? Cuidei dessa parte de uma maneira diferente, porque sabia que ele era competitivo; limitei-me a dizer:

— Quanto a essa ideia de caixa, não posso falar a seu respeito, mas sei que ninguém jamais poderia construir uma caixa forte o bastante para me conter.

Pode imaginar a rapidez com que isso destruiu a ideia da caixa. Esse homem sente uma intensidade regular porque opera com metáforas agressivas.

Se você se sente realmente mal com alguma coisa, verifique as metáforas que está usando para descrever seu sentimento, ou por que não progride, ou o que o atrapalha. Muitas vezes você vem usando uma metáfora que intensifica seus sentimentos negativos. Quando as pessoas experimentam dificuldades, dizem com frequência como "Sinto o peso do mundo nas minhas costas", ou "Tem um muro na minha frente, e não consigo ultrapassá-lo". Mas as metáforas enfraquecedoras podem ser mudadas com a mesma rapidez com que foram criadas. Você optou por representar a metáfora como real; pode mudá-la com a mesma presteza. Portanto, se alguém me diz que sente como se estivesse com o peso do mundo em suas costas, eu direi no mesmo instante: "Pois largue o mundo e siga em frente." A pessoa me lança um olhar surpreso, mas para compreender o que acabei de dizer, efetua uma mudança em seu foco e, por conseguinte, como se sente. Ou se alguém me diz que não consegue fazer nenhum progresso, que está sempre esbarrando num muro, digo para deixar de bater, e tratar de abrir um buraco no muro. Ou para escalá-lo, fazer um túnel por baixo, contorná-lo, abrir a porta e passar.

Por mais simplista que isso possa parecer, você ficaria surpreso ao observar a rapidez com que a pessoa reage. Repito: no momento em que você representa as coisas de uma maneira diferente em sua mente, muda imediatamente a maneira como se sente. Se alguém me diz: "Estou no fim da linha", eu respondo: "Pois então mude de ônibus, e siga em frente". Muitas vezes as pessoas pensam em como se sentem "empacadas" numa situação. Você nunca está empacado! Pode se sentir um pouco frustrado, pode não ter as respostas claras, mas não está empacado. No instante em que representa a situação para si mesmo como se estivesse empacado, porém, é exatamente assim que vai se sentir. Devemos ter muito cuidado com as metáforas que nos permitimos usar.

É preciso tomar cuidado também com as metáforas que os outros propõem. Li um artigo sobre o fato de Sally Field estar completando 44 anos. O artigo dizia que ela começa a "descer pela encosta escorregadia da meia-idade". Que modo horrível e enfraquecedor de representar sua sabedoria em expansão! Se você se sente no escuro, basta acender as luzes. Se você se sente se afogando num mar de confusão, vá até a praia e relaxe na ilha de compreensão. Sei que isso pode parecer pueril, mas o que é realmente pueril é nos permitir a escolha inconsciente de metáforas que nos enfraquecem, numa base sistemática. *Devemos assumir o comando de nossas metáforas,* não apenas para evitar as metáforas problemáticas, mas também para podermos *adotar as metáforas fortalecedoras.*

A partir do momento em que se torna sensibilizado para as metáforas que você e as outras pessoas usam, fazer uma mudança se torna muito fácil. Você só precisa perguntar a si mesmo: "*É isso mesmo o que estou querendo dizer? É assim mesmo, ou esta metáfora é imprecisa?*" Lembre-se: sempre que você diz: "Eu me sinto como" ou "Isto é como", a palavra "como" é muitas vezes o gatilho para o uso de uma metáfora. Portanto, faça a si mesmo uma pergunta fortalecedora. Indague: "Qual seria uma metáfora *melhor?* O que mais é assim?" Por exemplo, se perguntasse o que a vida significa para você, ou qual é a sua metáfora para a vida, poderia dizer: "A vida é como uma batalha constante" ou "A vida é uma guerra". Se você adotasse essa metáfora, passaria a adotar também uma série de convicções que a acompanham. Como o exemplo do átomo e do sistema solar, você começaria a conduzir seu comportamento baseado num conjunto de convicções inconscientes, contido nessa metáfora.

Todo um conjunto de regras, ideias e noções preconcebidas acompanham qualquer metáfora que você adota. Assim, se acredita que a vida é uma guerra, como isso influencia as suas percepções da vida? Pode dizer: "É dura, e acaba com a morte." Ou "Serei eu contra todo mundo". Ou "É lobo comendo lobo". Ou "Se a vida é de fato uma batalha, então posso sair machucado". Todos esses filtros têm um impacto em suas convicções inconscientes sobre as pessoas, possibilidades, trabalho, esforço, e a própria vida. Essa metáfora afetará suas decisões sobre como pensar, como sentir, e o que fazer. Moldará suas ações e, com isso, seu destino.

A VIDA É UM JOGO

Pessoas diferentes têm metáforas globais diferentes. Por exemplo, lendo as entrevistas de Donald Trump, percebi que ele se refere com frequência à vida como um "teste". Ou você ganha o primeiro lugar, ou perde... não há posição intermediária. Pode imaginar o estresse que isso deve criar em sua vida, ao interpretá-la dessa maneira? Se a vida é um teste, talvez seja difícil; talvez seja melhor você estar preparado; talvez você possa ser reprovado (ou "colar"). Para algumas pessoas, a vida é uma competição. Isso pode ser divertido, mas também pode significar que há outras pessoas que você precisa vencer, que só pode haver um vencedor.

Para algumas pessoas, a vida é um jogo. Como isso pode influenciar suas percepções? A vida pode ser divertida... que grande conceito! Pode ser um tanto competitiva. Pode ser uma oportunidade para você jogar e desfrutar muito mais. Algumas pessoas dizem: "Se é um jogo, então haverá perdedores." Outras indagam: "Haverá necessidade de muita habilidade?" Tudo depende das *convicções* que você associa à palavra "jogo"; mas com essa metáfora, você também passa a ter uma série de filtros, que afetarão sua maneira de pensar e sentir.

Com toda certeza, a metáfora de Madre Teresa para a vida é a de que é sagrada. E se você acreditasse que a vida é sagrada? Se fosse essa a sua metáfora primária, poderia ter mais reverência pela vida... ou pensar que não tem permissão para se divertir tanto. E se você acredita que a vida é uma dádiva? De repente, torna-se uma surpresa, algo divertido, algo especial. E se você pensa que a vida é uma dança? Não seria sensacional? Seria lindo, algo que faria com outras pessoas, algo com graça, ritmo e alegria. Qual dessas metáforas representa propriamente a vida? Provavelmente *todas* são úteis, em diferentes ocasiões, para ajudá-lo a interpretar o que precisa fazer para promover mudanças. Mas não se esqueça de que todas as metáforas contêm benefícios em algum contexto e limitações em outros.

À medida que me tornei mais sensível às metáforas, passei a acreditar que *ter apenas uma metáfora é um grande meio de limitar sua vida.* Não haveria nada de errado com a metáfora do sistema solar se um físico tivesse também muitos outros meios de descrever os átomos. Portanto, se queremos expandir nossa vida, devemos expandir as metáforas que usamos para descrever o que é nossa vida, ou o que são nossos relacionamentos, ou mesmo quem somos como seres humanos.

Estamos limitados a metáforas sobre a vida ou sobre átomos? Claro que não. Temos metáforas para quase todas as áreas de nossa experiência. Pegue o trabalho, por exemplo. Algumas pessoas dirão: "Trabalho como um burro de carga", ou "É um trabalho de escravo". Como acha que essas pessoas se sentem em relação a seus empregos? Alguns empresários que conheço usam metáforas globais como "meu patrimônio" para descrever sua empresa, e "meu passivo" para descrever os empregados. Como acha que isso afeta a maneira como tratam as pessoas? Outros encaram suas empresas como uma horta que é preciso cuidar e melhorar todos os dias, e ao final se colherá a recompensa. Ainda outros consideram o trabalho como uma oportunidade de conviver com amigos, de participar de uma equipe vencedora. Quanto a mim, penso em minhas empresas como famílias. Isso nos permite transformar a qualidade das relações que partilhamos.

"A vida é como pintar um quadro, não fazer uma soma."

— OLIVER WENDELL HOLMES, JR.

Você pode agora perceber como a mera mudança de uma metáfora global, de "A vida é uma competição" para "A vida é um jogo", pode no mesmo instante mudar sua experiência de vida em muitas áreas ao mesmo tempo? Seus relacionamentos mudariam se encarasse a vida como uma dança? Poderia mudar a maneira como opera seus negócios? Pode apostar que sim! Este é um exemplo de *ponto fundamental*, uma mudança global, em que efetuar essa única mudança transformaria a maneira como você pensa e sente, em diversas áreas de sua vida. Não estou dizendo que há uma maneira certa ou errada de encarar as coisas. Compreenda apenas que *mudar uma metáfora global pode imediatamente transformar a maneira como você considera toda a sua vida.* Assim como acontece com o Vocabulário Transformacional, o poder das metáforas está em sua simplicidade.

Conduzi há alguns anos um programa de Confirmação em Scottsdale, Arizona. No meio do seminário, um homem levantou-se de um pulo e começou a cutucar as pessoas ao redor com a mão, como se empunhasse uma faca, ao mesmo tempo em que berrava:

Estou apagando! Estou apagando!

Um psiquiatra, sentado duas filas à sua frente, gritou:

— Oh, não! Ele está tendo um colapso psicótico!

Por sorte, não aceitei o rótulo de Vocabulário Transformacional do psiquiatra. Ainda não desenvolvera o conceito de metáforas globais; fiz apenas o que melhor sabia fazer. Interrompi o padrão do homem. Aproximei-me, e disse:

— Então se acenda! Trate de se acender agora!

Ele ficou aturdido por um momento. Parou o que fazia, e todos observaram, à espera do que aconteceria em seguida. Em poucos segundos, o rosto e o corpo do homem mudaram, ele passou a respirar de um modo diferente. Insisti:

— Acenda-se todo.

Perguntei depois como ele se sentia agora, e a resposta foi:

— Assim é muito melhor.

Mandei que ele sentasse, e continuei com o seminário. Todos pareciam desconcertados, e confesso que eu também me sentia um pouco surpreso pela manobra ter dado certo com tanta facilidade. Dois dias depois, o homem me procurou e disse:

— Não sei o que deu em mim, mas completei 40 anos naquele dia, e de repente me senti completamente perdido. Tive vontade de cutucar as pessoas, porque me senti na escuridão, que ameaçava me apagar por completo. Mas quando você disse para eu me acender, tudo se iluminou. E me senti todo diferente. Passei a ter novos pensamentos, e hoje me sinto muito bem.

E ele continuou a se sentir bem... apenas pela mudança de uma metáfora simples. Até aqui, falamos apenas sobre a maneira de *reduzir* nossa intensidade emocional negativa por meio do uso do Vocabulário Transformacional e metáforas globais. Contudo, *às vezes é útil e importante sentirmos emoções negativas com uma grande intensidade.* Por exemplo, conheço um casal que tem um filho viciado em drogas e álcool. Eles sabiam que precisavam fazer alguma coisa para levá-lo a mudar seus padrões destrutivos, mas ao mesmo tempo tinham associações mistas sobre a interferência na vida do filho. O que finalmente levou-os à pressão máxima, e proporcionou-lhes alavanca suficiente para agirem, foi uma conversa que tiveram com um ex-viciado, que lhes disse:

— *Há* duas balas *apontadas para a cabeça de seu filho neste momento. Uma são as drogas, a outra é o álcool. Uma ou outra vai matá-lo... é apenas uma questão de tempo... se vocês não o detiverem agora.*

Quando a situação foi representada desse jeito, eles foram compelidos a ação. Subitamente, a falta de ação significaria permitir que o filho morresse, enquanto antes eles representavam o problema do rapaz como um mero desafio. Até adotarem essa nova metáfora, careciam da potência emocional para fazer qualquer coisa que fosse necessária. Sinto-me feliz em informar que eles conseguiram ajudar o filho a inverter a situação. Não se esqueça de que as metáforas que usamos determinarão nossas ações.

SELECIONE SUAS METÁFORAS GLOBAIS

Enquanto desenvolvia "antenas" para me tornar sensível às metáforas globais dos outros, li uma entrevista da antropóloga Mary Catherine Bateson, em que ela disse: "Poucas coisas são mais debilitantes do que uma metáfora tóxica."* É uma percepção extraordinária com a qual eu logo adquiriria uma experiência direta.

Em um dos meus seminários de Encontro com o Destino, quase todos se queixavam de uma determinada mulher, antes mesmo que a programação começasse. Ela criara uma confusão na área de registro, e assim que entrou no auditório começou a se queixar de tudo o que era possível e imaginável: primeiro, era muito quente, depois, fazia frio demais; irritou-se com o homem sentado na sua frente, porque ele era alto demais; e assim por diante. Quando comecei a falar, não se passaram cinco minutos sem que ela me interrompesse, tentando descobrir como não podia funcionar o que eu acabara de dizer, ou alegando que não era bem verdade, ou afirmando que havia exceções.

Tentei romper seu padrão, mas focalizava o efeito, em vez da causa. Mas compreendi de repente que ela devia ter alguma convicção global ou metáfora global sobre a vida que a tornavam tão fanática para os detalhes, e quase desdenhosa em seu enfoque. Perguntei-lhe:

---

* Moyers, Bill, *A Word of Ideas*, Nova York: Doubleday, 1989.

— O que está tentando ganhar ao fazer isso? Sei que deve ter intenções ›sitivas. Qual é a sua convicção sobre a vida, ou sobre detalhes, ou sobre se coisas são certas ou erradas?

Ao que ela respondeu:

— *Acho que* os pequenos vazamentos afundam o navio.

Se você pensasse que ia se afogar, não seria também fanático para des-brir qualquer possibilidade de vazamento? Era assim que aquela mulher carava a vida!

De onde vinha aquela metáfora? Descobri que a mulher experimentara rias situações na vida em que pequenas coisas haviam lhe custado mui-. Atribuía seu divórcio a pequenos problemas que não conseguira superar problemas de que nem mesmo tivera conhecimento. Da mesma forma, ntia que suas dificuldades financeiras eram o resultado de causas também quenas. Adotara aquela metáfora para não ter de experimentar de novo na dor igual no futuro. Era evidente que ela não se mostrava muito ansio-em mudar de metáforas, sem que eu lhe proporcionasse uma alavanca. partir do momento em que a fiz perceber a dor que essa metáfora criava nstantemente em sua vida, e o prazer imediato que poderia experimentar m a mudança, pude ajudá-la a romper seu padrão e a mudar sua metáfora, iando uma série de novos meios de considerar a si mesma e a vida.

Ela combinou uma variedade de metáforas globais — a vida como um go, a vida como uma dança —, e você deveria ter visto a transformação, ão apenas no modo como passou a tratar as outras pessoas, mas também) jeito como começou a tratar a si mesma, porque antes sempre encontrava mbém pequenos vazamentos em sua própria pessoa. Essa única mudança fetou a maneira como ela encarava tudo, e é um grande exemplo de como udar uma única metáfora global pode transformar todas as áreas de sua ida, do amor-próprio aos relacionamentos e como você lida com o mundo m geral.

Com todo o poder que as metáforas exercem sobre nossa vida, o mais as-ustador é que *a maioria das pessoas nunca selecionou conscientemente as ıetáforas com que representa as coisas para si mesma.* De onde você tirou uas metáforas? Provavelmente pegou-as de pessoas ao seu redor, de pais, rofessores, colegas de trabalho, amigos. Aposto que não pensou no impacto dessas metáforas, ou talvez nem sequer tenha pensado nelas, e depois simplesmente se tornaram um hábito.

"Toda percepção da verdade é a detecção de uma analogia."

— HENRY DAVID THOREAU

As pessoas me perguntaram durante anos o que eu fazia exatamente. Em diversas ocasiões, experimentei metáforas diferentes — "Sou um professor", "Sou um estudioso", "Sou um caçador da excelência humana", "Sou um orador", "Sou autor de livros de sucesso", "Sou consultor", "Sou um terapeuta", "Sou um conselheiro" —, mas nenhuma transmitia o sentimento certo. As pessoas me concediam uma abundância de metáforas. Eu era conhecido por muitos na imprensa como um "guru". Essa é uma metáfora que eu evitava, porque sentia que a pressuposição que a acompanhava era a de que as pessoas se tornavam dependentes de mim para criar suas mudanças... o que nunca as fortaleceria. Como acredito que todos devemos ser responsáveis por nossas próprias mudanças, evitava essa metáfora.

Um dia, porém, encontrei finalmente a resposta: *"Sou um treinador"*, pensei. O que é um treinador'? Para mim, um treinador é alguém que se torna seu amigo, alguém que se importa realmente com você. Um treinador está empenhado em ajudá-lo a alcançar o melhor de sua capacidade. Um treinador vai desafiá-lo, nunca o deixará se acomodar. O treinador possui conhecimento e experiência, porque já passou por tudo aquilo antes. Não é melhor do que a pessoa que está treinando (o que acabava com minha necessidade de ter de ser perfeito para a pessoa a quem eu "ensinava"). Na verdade, a pessoa a quem ele treina pode ter habilidades naturais superiores a sua. Mas porque um treinador concentrou seu poder numa área específica durante anos, é capaz de ensinar algumas noções, que podem transformar seu desempenho numa questão de momentos.

Às vezes o treinador pode lhe transmitir novas informações, novas estratégias e habilidades; mostra-lhe como obter resultados consideráveis. Às vezes um treinador nem mesmo ensina coisas novas, mas apenas lembra o que você precisa fazer no momento certo e o estimula a isso. Pensei: "No fundo, sou um treinador do sucesso. Ajudo a treinar as pessoas para alcançarem o que querem, mais depressa e com mais facilidade." E todos precisam de um treinador, quer seja um executivo de alto nível, um estudante de pós-graduação, um construtor de casas ou o presidente dos Estados Unidos! Assim que passei a usar essa metáfora, mudei a maneira como me sentia em relação a mim mesmo. Senti-me menos estressado, mais relaxado; senti-me mais próximo das pessoas. Não precisava ser "perfeito", nem "melhor". Passei a me divertir mais, e meu impacto sobre as pessoas se multiplicou por muitas vezes.

UMA METÁFORA SALVOU SUA VIDA

Martin e Janet Sheen são duas pessoas que Becky e eu temos o privilégio de incluir entre os nossos amigos. Estão casados há quase trinta anos, e uma das coisas que mais respeito neles é o apoio total que concedem um ao outro, à família e a qualquer um em necessidade. Por mais que o público conheça Martin como um homem generoso, não tem ideia do quanto ele e Janet fazem juntos pelos outros, todos os dias. Esses dois são a própria epítome da integridade. Sua metáfora para a humanidade é a de "uma gigantesca família", e assim sentem a mais profunda preocupação e compaixão até mesmo por estranhos.

Lembro quando Martin partilhou comigo a história comovente de como sua vida mudou, há alguns anos, quando filmava *Apocalypse Now.* Antes dessa ocasião, ele encarava a vida como algo a temer. Agora, considera-a como um desafio fascinante. Por quê? *Sua nova metáfora é a de que a vida é um mistério*. Ele adora o mistério de ser um ser humano, a maravilha e o senso de possibilidade que se expande com sua experiência de cada novo dia.

O que mudou sua metáfora? A dor intensa. O filme foi realizado nas selvas das Filipinas. As filmagens se prolongavam normalmente de segunda a sexta-feira. Na noite de sexta-feira, Martin e Janet faziam uma viagem de duas horas e meia de carro até um "refúgio" de fim de semana em Manilha

Num fim de semana, porém, Martin teve de ficar para uma filmagem adicional na manhã de sábado. (Janet já programara uma ida à cidade, a fim de comprar um olho de vidro para um trabalhador que era tão pobre que não tinha condições de pagá-lo, e não adiou a viagem.) Naquela noite, Martin descobriu-se sozinho, virando de um lado para outro na cama, suando muito, e começando a experimentar uma dor intensa. Pela manhã, começou a sofrer um ataque cardíaco maciço. Partes do corpo ficaram dormentes e paralisadas. Ele caiu no chão, e pela sua força de vontade conseguiu rastejar até a porta, e gritou por socorro. Estendido ali, teve a experiência de morrer. Subitamente, tudo parecia tranquilo. Podia se ver atravessando o lago distante. Pensou: "Então morrer é assim." Foi nesse instante que compreendeu que *não tinha medo de morrer, que na verdade vivera com medo da vida!* Naquele momento, percebeu que a própria vida era o verdadeiro desafio. E tomou a decisão de viver. Reuniu o pouco de energia que ainda lhe restava, estendeu o braço para agarrar a grama. Como um foco total, levantou lentamente a relva até o nariz. Mal podia sentir qualquer coisa. No momento em que cheirou a relva, a dor voltou, e ele teve certeza que continuava vivo. Continuou a lutar.

Quando o pessoal da equipe técnica o encontrou, todos ficaram convencidos de que ele morreria. Suas expressões e seus comentários levaram Martin a questionar sua própria capacidade de sobreviver. Começou a perder as forças. Compreendendo que não havia tempo a perder, o piloto principal do filme arriscou a própria vida, voando de lado contra ventos de trinta e quarenta nós, para levá-lo ao hospital na cidade. Ao chegar, ele foi posto numa maca e conduzido à sala de pronto-socorro, onde continuou a receber mensagens subliminares e ostensivas de que ia morrer. Tornava-se mais fraco a cada momento que passava. E foi então que Janet apareceu. Ela fora informada apenas de que o marido sofrera um infarto, mas os médicos lhe falaram agora sobre a gravidade de seu estado. Janet recusou-se a aceitar como um fato inevitável. Sabia que Martin precisava de força; sabia também que precisava romper o padrão de medo do marido, além do seu próprio. Entrou em ação no mesmo instante e conseguiu tudo com uma única declaração. Quando Martin abriu os olhos, ela exibiu um sorriso jovial, e disse:

— *É apenas um filme, meu bem! É apenas um filme!*

Martin disse que nesse instante soube que ia sobreviver, e começou a ficar curado. Que grande metáfora! De repente, o problema já não parecia tão grave — era algo que ele podia controlar. "Não vale a pena ter um infarto por causa de um filme" — essa era a mensagem implícita, mas creio que, subliminarmente, a metáfora era ainda mais profunda. Afinal, a dor que você experimenta quando faz um filme nunca dura. Não é real, e em algum momento o diretor vai gritar "Corta!". O uso por Janet dessa brilhante interrupção de padrão, essa única metáfora, ajudou Martin a mobilizar seus recursos, e até hoje ele acredita que salvou sua vida.

As metáforas não apenas nos afetam como indivíduos; afetam também nossa comunidade e o mundo. As metáforas que adotamos culturalmente podem talhar nossas percepções e ações... ou falta de ação. Nas últimas décadas, com o advento das missões lunares, começamos a adotar a metáfora da "Espaçonave Terra". Embora essa metáfora parecesse sensacional, nem sempre funcionou bem na criação de uma reação emocional para lidar com os desafios ecológicos. Por quê? É difícil se tornar emocional em relação a uma espaçonave; é uma coisa dissociada. Compare isso com os sentimentos criados pela metáfora "Mãe Terra". Você não se sente diferente em proteger sua "mãe", em vez de manter limpa uma "espaçonave"? Pilotos e marinheiros muitas vezes descrevem seus aviões ou navios como lindas mulheres. Dizem que "Ela é uma beleza". Por que não dizem "Ele é uma beleza"? Porque provavelmente seriam muito mais bruscos com o avião ou navio se o imaginassem como um cara enorme e gordo chamado Joe, em vez de uma princesa esguia e sedutora deslizando pelo ar ou mar.

Usamos metáforas constantemente durante a guerra. Qual foi o nome dado à primeira parte da operação na Guerra do Golfo Pérsico? Antes da guerra ser declarada, era chamada de "Operação Escudo do Deserto". Mas assim que foi dada a ordem de combate, a Operação Escudo do Deserto tornou-se "Tempestade no Deserto". Pense em como essa mudança de metáfora mudou o significado da experiência para todos. Em vez de defender o restante dos árabes de Saddam Hussein, nas palavras do General Norman Schwarzkopf, as tropas tornaram-se a "tempestade da liberdade", expulsando do Kuwait as forças iraquianas de ocupação.

"Uma cortina de ferro desceu pelo continente."

— WINSTON CHURCHILL

Pense na mudança radical na Europa Oriental nos últimos anos. A "Cortina de Ferro" foi uma metáfora que moldou a experiência pós-Segunda Guerra Mundial durante décadas. O Muro de Berlim serviu como um símbolo físico para a imponente barreira que dividia a Europa. Quando o Muro de Berlim caiu, em novembro de 1989, mais do que apenas um muro de pedra foi derrubado. A destruição desse símbolo proporcionou uma nova metáfora, que mudou as convicções de milhões de pessoas sobre o que era possível acontecer em suas vidas. Por que as pessoas se divertiram tanto em demolir um muro velho, quando havia tantos portões por onde poderiam passar? Porque derrubar o muro foi uma metáfora universal para as possibilidades, liberdade e a superação de barreiras.

AJUSTE A PALAVRA AO FATO

Ter consciência do vasto poder contido em metáforas inclui saber como usálas num contexto apropriado. O desafio é que muitas pessoas têm metáforas que as ajudam no trabalho, mas criam problemas em casa. Conheço uma advogada que se descobriu tentando aplicar em casa as mesmas metáforas antagônicas que lhe serviam tão bem no trabalho. O marido iniciava uma conversa absolutamente inocente, e um momento depois tinha a sensação de que era uma testemunha sendo reinquirida no tribunal! Isso não dá certo num relacionamento pessoal, não é mesmo? Ou vamos supor que alguém seja um policial com plena dedicação. Se não for capaz de se desligar do trabalho ao chegar em casa, não acha que poderia se manter sempre alerta à violação das normas por outras pessoas?

Um dos melhores exemplos de uma metáfora imprópria é a de um homem tão dissociado que a esposa e os filhos não sentiam qualquer ligação com ele. Ressentiam-se por ele nunca expressar seus verdadeiros sentimentos, e do fato de que parecia estar sempre dirigindo-os. Sabe qual era a sua profissão? Ele era um controlador de tráfego aéreo! No trabalho, tinha de se manter neutro. Mesmo que houvesse uma emergência, precisava manter a voz absolutamente calma, a fim de não alarmar os pilotos que orientava. Essa atitude dissociada era admissível na torre de controle, mas não dava certo em casa. Tome cuidado para não levar as metáforas que são apropriadas em um contexto, como o ambiente em que você trabalha, para outro contexto, como o relacionamento com sua família ou amigos.

Quais são algumas das metáforas que as pessoas usam para seus relacionamentos pessoais? Há quem chame a pessoa com quem mantém um relacionamento de "o velho", ou "a megera". Outros chamam de "o ditador", ou "a carcereira". Uma mulher até chamava o marido de "Príncipe das Trevas"! Quais são algumas alternativas mais fortalecedoras? Muitas pessoas chamam o cônjuge de "paixão", a "metade melhor", "parceira na vida", "companheira de equipe", "alma gêmea". Por falar nisso, até a mudança de uma ligeira nuance de uma metáfora mudará a maneira como você percebe o relacionamento. Você pode não se sentir arrebatado por uma "parceira", mas com certeza se sentiria por uma "paixão".

TUDO O QUE EU QUERO DE NATAL...

Um dos meus amigos, que obviamente não tem filhos, costumava chamar as crianças de "diabinhos". Enquanto ele manteve essa metáfora, dá para imaginar como as crianças reagiam à sua pessoa, não é mesmo? Porém, ele assumiu um emprego de Papai Noel numa loja de departamentos — vários de nós insistimos para que o fizesse — e teve de aceitar que centenas de "diabinhos" sentassem em seu colo. Essa experiência proporcionou-lhe uma visão totalmente nova das crianças, e mudou sua metáfora para sempre. Agora, ele chama as crianças de "ursinhos"! Acha que isso mudou a maneira como ele sente? Claro que sim! Chamar seus filhos de "pirralhos" não o deixa com vontade de cuidar deles. Procure a metáfora apropriada que o apoie ao lidar com seus filhos... e lembre-se de que as crianças escutam tudo, aprendem com você.

Acha que as metáforas que você usa na representação de seu relacionamento, para si mesmo e para os outros, pode afetar a maneira como se sente, e o jeito como se relaciona? Pode apostar que sim! Uma mulher que compareceu a um seminário de Encontro com o Destino sempre se referia ao marido como "aquele tolo com quem estou casada". Notei que o marido, ao se referir a ela, sempre a chamava de "o amor" de sua vida, sua "melhor metade", ou sua "dádiva de Deus". Quando ressaltei isso para a mulher, ela ficou chocada, porque é muito afetuosa, e não percebera como uma metáfora adotada de forma indiferente podia ser tóxica. Juntos, selecionamos metáforas mais apropriadas para seu relacionamento com o marido.

Uma das metáforas globais mais fortalecedoras, que me ajudou ao longo de tempos difíceis, é uma história partilhada por muitos oradores no campo do desenvolvimento pessoal. É a história simples de um operário de cantaria. Como ele faz para partir um bloco gigantesco? Começa com um martelo grande, e bate na pedra com toda a força de que é capaz. Na primeira vez em que bate, não há qualquer arranhão, não sai nenhuma lasca — absolutamente nada. Ele bate de novo, e outra vez... cem, duzentas, trezentas vezes, sem fazer nenhum arranhão.

Depois de todo esse esforço, é impossível que o bloco não apresente nenhuma rachadura, mas ele continua a bater. As pessoas às vezes passam e riem dele por persistir, quando é óbvio que suas ações não surtem qualquer efeito. Mas ele é muito inteligente. Sabe que só porque não se vê resultados imediatos das ações atuais, isso não significa que não se esteja fazendo progresso. Ele continua a bater, em diferentes pontos da pedra, muitas e muitas vezes, até que em algum momento — talvez quando ele chega a seiscentas ou setecentas batidas, talvez na milésima — a pedra não apenas é lascada, mas literalmente se parte ao meio. Foi aquele único golpe que partiu a pedra? Claro que não. Foi a constante e contínua pressão aplicada ao desafio. Para mim, a aplicação sistemática da disciplina do *CANI!* é o martelo que pode partir qualquer pedra que esteja bloqueando o caminho do seu progresso.

Anos atrás, um dos meus primeiros mentores, Jim Rohn, ajudou-me a encarar a vida de uma nova maneira, ao pensar em termos da metáfora das estações. Muitas vezes, quando as coisas se tornam desoladoras, as pessoas pensam: "Isso vai durar para sempre." Em vez disso, eu digo: "*A vida tem suas estações,* e estou no inverno agora." O melhor de tudo, se você adotar essa metáfora: o que sempre se segue ao inverno? A primavera! O sol aparece, você não se sente mais congelado, e de repente pode plantar novas sementes. Começa a perceber toda a beleza da natureza, vida nova e crescimento. Depois, vem o verão. Faz calor, você cuida de suas plantinhas, protege-as para que não fiquem queimadas. O outono em seguida, quando você pode colher suas recompensas. Às vezes não dá certo — uma tempestade de granizo destrói sua colheita. Mas se você confia no ciclo das estações, sabe que terá outra chance.

Um grande exemplo do poder da metáfora de transformar a vida de uma pessoa foi apresentado por um homem em um de meus seminários do Encontro com o Destino. Seu apelido era "Maestro". (Sempre peço às pessoas para escolherem um nome que seja uma metáfora da maneira como querem ser tratadas durante o fim de semana. Até mesmo esse exercício simples pode criar algumas mudanças interessantes nas pessoas, ao começarem a corresponder a seu novo "rótulo". Você não acha que agiria diferente se seu nome fosse "Raio", "Amor", "Dançarino", ou "O Mago"?) Maestro era um homem maravilhoso, com quase 80 quilos de excesso de peso. Enquanto eu trabalhava com ele, ficou evidente que associava ser gordo a ser espiritual. Sua convicção era a de que, se alguém tinha um grande excesso de peso, só as pessoas espirituais o procurariam, porque seriam as únicas que não se sentiriam repelidas pela gordura. As pessoas sinceras tentariam fazer contato; as superficiais, não espirituais, se mostrariam tão repelidas que nunca teria de lidar com elas. Ele comentou:

— Sei que isso não faz o menor sentido, mas sinto que é real: se você é gordo, então é espiritual. Afinal, pense em todos os gurus gordos do mundo. Acho que Deus ama os gordos.

Ao que eu respondi:

— Acho que Deus ama todo mundo... mas o que ele faz com os gordos é metê-los num espeto, e assá-los no fogo do inferno!

Você devia ter visto a cara do homem! Claro que não acredito nisso, mas era uma grande interrupção de padrão, que criava uma imagem bastante intensa em sua cabeça. Perguntei-lhe em seguida:

— Como é seu corpo?

— Não é nada, apenas um veículo.

— Um veículo de qualidade?

— Não importa que seja um veículo de qualidade, desde que o leve até lá.

Era evidente que havia necessidade de uma mudança de metáfora. Ele já era um lindo ser espiritual, por isso ajudei-o a adotar uma nova metáfora, em consonância com suas convicções. Indaguei como trataria seu corpo se compreendesse que não era apenas um veículo para transportá-lo, *mas era na verdade o templo de sua alma.* Nesse momento, ele balançou a cabeça, e deu para perceber que acreditava sinceramente que seu corpo era isso. Com uma simples alteração de percepção, ele efetuou todas as mudanças necessárias em suas regras inconscientes sobre o que comer, quando comer, como comer e como tratar seu corpo, naquele momento. Uma metáfora global mudou praticamente tudo o que ele sempre pensara sobre seu corpo.

— Como *você* trataria um templo? Meteria lá dentro enormes quantidades de alimentos gordurosos? O senso de reverência por seu corpo transformou Maestro. No momento em que escrevo sua história, transcorreram seis meses desde seu comparecimento ao seminário, e *ele já perdeu 60 quilos pela simples adoção dessa metáfora,* vivendo de acordo todos os dias. Tornou-se a metáfora *habitual,* que molda seu pensamento e suas ações. Agora, ao fazer compras num supermercado, ele se pergunta: "Eu poria isto num templo?" De vez em quando, muito raramente, quando se descobre no corredor do supermercado que contém todas as comidas perniciosas que antes costumava consumir, ele imagina seu corpo num espeto por cima do inferno, e é o suficiente para fazê-lo sair dali. Maestro também costumava ouvir música tão alto que todos ao seu redor receavam que acabaria estourando os tímpanos. Agora, nem mesmo escuta a mesma música, e explica:

— Preciso cuidar do meu templo.

Ficou patente agora o incrível poder das metáforas globais para mudar quase todas as áreas de sua vida ao mesmo tempo?

A METAMORFOSE DE LAGARTA PARA BORBOLETA

Um dia, quando meu filho Joshua tinha 6 ou 7 anos, chegou em casa num choro histérico, porque um dos seus amigos caíra de um brinquedo no recreio da escola e morrera. Sentei com Josh e disse:

— Querido, sei como se sente. Está com saudade dele, e deve mesmo ter esses sentimentos. Mas deve também compreender que se sente assim porque é uma lagarta.

— Como?

Eu já conseguira romper um pouco o seu padrão.

— Está pensando como uma lagarta.

Ele perguntou o que isso significava.

— Há um momento em que a maioria das lagartas pensa que morreu. Acha que a vida acabou. Quando isso acontece?

— Quando aquela coisa começa a se enrolar em torno delas.

— Isso mesmo. Logo toda a lagarta fica envolta pelo casulo. E quer saber de uma coisa? Se você abrisse o casulo, descobriria que a lagarta não está mais ali. Há apenas uma papa, uma substância viscosa. E a maioria das pessoas, inclusive a lagarta, pensa que é a morte. Na verdade, porém, está apenas começando a transformação. Está me entendendo? É passar de uma coisa para outra. E não demora muito a virar o quê?

— Uma borboleta! — respondeu Josh.

— As outras lagartas pequenas no chão podem ver que aquela lagarta se transformou numa borboleta?

— Não.

E o que uma lagarta faz quando sai do casulo?

— Voa.

— Isso mesmo, Josh. Sai do casulo, a luz do sol seca as asas e começa a voar. É ainda mais linda do que antes, quando era uma lagarta. E é mais livre ou menos livre?

— Muito mais livre.

— Acha que vai se divertir mais?

— Claro... tem menos pernas para se sentir cansada.

— Exatamente, Josh. Não precisa mais de pernas, pois tem asas. Acho que seu amigo agora tem asas. Não cabe a nós decidir quando alguém se torna uma borboleta. Achamos que é errado, mas creio que Deus tem uma noção melhor do momento certo. Agora é inverno, e você gostaria que fosse verão, mas Deus tem um plano diferente. Às vezes temos simplesmente de confiar que Deus sabe como fazer as borboletas melhor do que nós. E quando somos lagartas, às vezes nem sequer percebemos que as borboletas existem, porque estão acima de nós... mas talvez devêssemos sempre lembrar que estão lá.

Joshua sorriu, deu-me um abraço apertado, e disse:

— Aposto que ele é uma linda borboleta.

As metáforas podem mudar o significado que você associa a qualquer coisa, mudar aquilo a que você vincula dor e prazer, e transformar sua vida de forma tão eficaz quanto transforma sua linguagem. Selecione-as com todo cuidado, selecione com inteligência, selecione para que aprofundem e enriqueçam sua experiência de vida e a das pessoas com quem se importa. Torne-se um "detetive das metáforas". Sempre que ouvir alguém usar uma metáfora que acarreta limitações, trate de interferir, rompa seu padrão e ofereça uma nova. Faça isso pelos outros, e faça também por si mesmo.

Experimente o seguinte exercício:

1. O que é a vida? Escreva as metáforas que você já escolheu: "A vida é como..." O quê? Projete tudo em que puder pensar, porque é bem provável que tenha mais de uma metáfora para a vida. Quando se encontrar num estado de aridez, provavelmente dirá que é uma batalha ou uma guerra, e quando se sentir num bom estado, talvez pense que é uma dádiva. Anote tudo. Depois, faça uma revisão de sua lista, e pergunte a si mesmo: "Se a vida é isso e aquilo, o que isso significa para mim?" Se a vida é sagrada, o que isso significa para mim? Se a vida é um sonho, o que isso significa para mim? Se o mundo inteiro é um palco, o que isso significa para mim? Cada uma de suas metáforas o fortalece, e ao mesmo tempo o limita. "O mundo inteiro é um palco" pode ser sensacional porque significa que você pode sair por aí, fazer diferença, ser ouvido. Mas também pode significar que você é alguém que está sempre representando, em vez de partilhar seus verdadeiros sentimentos. Portanto, analise as metáforas que pôs à sua disposição. Quais são as vantagens e desvantagens? Que novas metáforas pode aplicar a sua vida, a fim de se sentir mais feliz, livre e fortalecido?

2. Faça uma lista de todas as metáforas que vincula a relacionamentos ou casamento. Estão fortalecendo-o ou enfraquecendo-o? Lembre-se de que só a percepção consciente pode transformar suas metáforas, porque seu cérebro começa a dizer: "Isso não funciona... *isso é ridículo!*" E você pode adotar uma nova metáfora com facilidade. A beleza dessa tecnologia é a sua simplicidade.

3. Escolha outra área de sua vida que mais lhe cause impacto — pode ser sua atividade profissional, seus pais, seus filhos, sua capacidade de aprender — *e descubra suas metáforas* para essa área. Escreva essas metáforas e analise seu impacto. Escreva: "Aprender é como brincar." Se estudar é como "arrancar dentes", você pode imaginar a dor que está proporcionando a si mesmo! Essa pode ser uma boa metáfora para mudar — e mudar *agora*! Mais uma vez, verifique as consequências positivas e negativas de cada uma de suas metáforas. Explorá-las pode criar novas opções para sua vida.

4. Crie metáforas novas e mais fortalecedoras para cada uma dessas áreas. Decida que daqui por diante você vai pensar na vida como quatro ou cinco coisas novas para começar, no mínimo. A vida não é uma guerra. A vida não é um teste. A vida é um jogo, a vida é uma dança, a vida é sagrada, a vida é uma dádiva, a vida é um piquenique — qualquer coisa que crie e intensidade emocional mais positiva para você.

5. Finalmente, decida que você vai viver com essas metáforas novas e fortalecedoras pelos próximos trinta dias.

Convido-o a permitir que a radiância de suas novas metáforas o façam sentir que "flutua pelo ar", até alcançar a "Nuvem Nove". Enquanto você se encontra "por cima do mundo", pode olhar para baixo e se sentir satisfeito, sabendo que a quantidade de alegria que experimenta neste momento é apenas "a ponta do *iceberg*". *Assuma o controle de suas metáforas agora, e crie um novo mundo para si mesmo: um mundo de possibilidades, de riqueza, de maravilha e alegria.*

Agora que você dominou a arte criativa de elaborar metáforas, transformar vocabulário e fazer perguntas fortalecedoras, está pronto para controlar...

11

As dez emoções de poder

"Não pode haver transformação das trevas em luz e da apatia em movimento sem emoção."

— Carl Jung

Eu gostaria de apresentá-lo a um sujeito chamado Walt. É um ser humano bom e decente, que sempre tenta fazer a coisa certa. Reduziu sua vida a uma ciência: tudo no lugar apropriado e na ordem correta. Nos dias úteis, ele se levanta exatamente às 6h30, toma um banho de chuveiro e faz a barba, toma um café, pega sua lancheira com o sanduíche de salsichão e biscoitos, sai correndo pela porta às 7h10, passa 45 minutos no tráfego. Chega à sua escrivaninha às 8h, onde senta para fazer o mesmo trabalho que vem realizando há vinte anos.

Às 15h vai para casa, abre uma "geladinha" e pega o controle remoto da TV. A esposa chega em casa uma hora depois, os dois decidem comer as sobras, ou põem uma pizza no forno de micro-ondas. Depois do jantar, ele assiste ao noticiário da TV enquanto a esposa dá banho no filho e o leva para a cama. Não mais tarde que 9h30, ele já está na cama. Dedica os fins de semana a trabalhar ao quintal, na manutenção do carro e dormir. Walt e sua nova esposa estão casados há três anos. Ele pode não descrever o relacionamento como "inflamado pela paixão", mas é tranquilo... embora ultimamente pareça repetir muitos dos mesmos padrões de seu primeiro casamento.

Você conhece alguém que seja parecido com Walt? Talvez seja alguém que conhece *intimamente*... alguém que nunca sofre as profundezas da angústia e do desânimo, mas que também nunca se deleita com os auges de paixão e alegria. Já ouvi dizer que a única diferença entre a rotina e a sepultura é se nter de pé ou deitado. Há mais de um século, Emerson comentou que "a ssa dos homens leva vidas de tranquilo desespero". Ao nos aproximarmos próximo século, essa frase, infelizmente, se torna mais aplicável do que nca. Se há uma coisa que tenho notado nas incontáveis cartas que recebi sde que escrevi *Poder sem limites*, é a prevalência absoluta desse tipo de *sociação* na vida das pessoas — algo que simplesmente "aconteceu" por desejo de evitar a dor — e a ânsia com que aproveitam uma oportunida- de se sentirem mais vivas, mais apaixonadas, mais elétricas. Pela minha rspectiva, viajando pelo mundo inteiro, conhecendo centenas de milhares pessoas, todos parecemos compreender instintivamente o risco da "linha a" emocional e procuramos desesperados por meios de estimular de novo ssos corações.

Muitas pessoas sofrem da ilusão de que as emoções escapam por com- eto a seu controle, que são algo que ocorre espontaneamente, em reação s eventos em nossa vida. Muitas vezes tememos as emoções, como se ssem vírus que nos atacam quando somos mais vulneráveis. Às vezes pen- mos nelas como "primas inferiores" de nosso intelecto e descontamos sua lidade. Ou presumimos que as emoções afloram em reação ao que os ou- os nos dizem ou fazem. Qual é o elemento comum em todas essas convic- ões globais? É o conceito equivocado de que não temos controle sobre essas isas misteriosas chamadas emoções.

Pela necessidade de evitar sentir certas emoções, as pessoas se em- nham em esforços enormes, até mesmo ridículos. Recorrem às drogas, cool, comer demais, o jogo; caem em depressões debilitantes. A fim de itar "magoar" uma pessoa amada (ou serem magoadas), suprimem *todas* emoções, acabam como androides emocionais, e ao final destroem todos s sentimentos de conexão que os uniu em primeiro lugar, assim *devastan- o* aquele que mais amam.

Creio que há quatro meios básicos pelos quais as pessoas lidam com as moções. Qual desses você usou hoje?

1. Abstenção. Todos queremos evitar as emoções dolorosas. Em con- equência, a maioria das pessoas tenta evitar qualquer situação que possa evar às emoções que temem — ou pior, algumas pessoas tentam não sentir bsolutamente nenhuma emoção! Se, por exemplo, temem a rejeição, procuram evitar qualquer situação que possa levar à rejeição. Esquivam-se aos relacionamentos. Não se candidatam a empregos desafiadores. Lidar com emoções assim é a suprema armadilha, porque ao evitar situações negativas você pode se proteger a curto prazo, mas isso o impedirá de sentir o próprio amor, intimidade e união que tanto deseja. E, *em última análise, você não pode se abster de sentir.* Um meio muito mais eficaz é aprender a descobrir o significado oculto e poderoso nessas coisas que você outrora pensava que eram emoções negativas.

2. Negação. Uma segunda maneira de lidar com a emoção é a estratégia da *negação.* As pessoas tentam com frequência se *dissociarem* de seus sentimentos, dizendo: "Não é tão ruim assim." Ao mesmo tempo, mantêm as chamas acesas dentro de si, pensando como as coisas são horríveis, ou como alguém se aproveitou delas, ou como fizeram tudo direito, mas mesmo assim as coisas saíram erradas, e por que isso sempre acontece com *elas?* Em outras palavras, nunca mudam seu foco ou sua fisiologia, e continuam a formular as mesmas questões enfraquecedoras. Experimentar uma emoção e tentar fingir que não existe só cria mais dor. Ignorar as mensagens que suas emoções tentam lhe transmitir não vai melhorar a situação. *Se a mensagem que suas emoções tentam transmitir é ignorada, as emoções simplesmente aumentam sua pressão; intensificam-se, até que você acabe prestando atenção.* Tentar negar suas emoções não é a solução. Compreendê-las e usá-las é a estratégia que você aprenderá neste capítulo.

3. Competição. Muitas pessoas param de lutar contra suas emoções negativas e se entregam a elas. Em vez de aprenderem a mensagem positiva que a emoção tenta lhes transmitir, intensificam-na, fazem com que se torne ainda pior do que é. Passa a ser um "emblema de coragem", e as pessoas passam a competir com as outras, dizendo: "Você acha que foi ruim para *você?* Pois deixe-me lhe dizer o quanto foi pior *para mim!*" Torna-se literalmente parte de sua identidade, um meio de ser diferente; começam a se orgulhar de se encontrarem em pior situação do que qualquer outra pessoa. Como você pode imaginar, essa é uma armadilha das mais mortíferas. Devemos evitar isso a qualquer custo, porque se transforma numa profecia inevitável, em que a pessoa acaba fazendo um investimento em se sentir mal, numa base regular... e assim se torna mesmo acuada. Um meio muito mais poderoso e saudável de lidar com as emoções que julgamos dolorosas é compreender que servem a um propósito positivo, e que representa...

4. Aprendizado e Uso. Se quer que sua vida realmente se desenvolva, *deve* fazer com que as emoções trabalhem por você. Não pode escapar delas; não pode desligá-las; não pode banalizá-las, ou se iludir sobre seu significado. Também não pode permitir que controlem sua vida. As emoções, mesmo aquelas que parecem dolorosas a curto prazo, são na verdade como uma bússola interna, que o aponta na direção das ações que deve efetuar para alcançar seus objetivos. Sem saber como usar essa bússola, você ficará para sempre à mercê de qualquer tempestade psíquica que soprar.

Muitas disciplinas terapêuticas começam com a pressuposição equivocada de que as emoções são nossas inimigas, ou que o bem-estar emocional está enraizado em nosso passado. A verdade é que podemos passar do choro ao riso num instante se o padrão de nosso foco mental e fisiologia for interrompido com força suficiente. A psicanálise freudiana, por exemplo, procura pelos "segredos profundos e sombrios" em nosso passado para explicar as dificuldades atuais. Mas todos sabemos que qualquer coisa que você procura continuamente, acabará encontrando. Se procura pelos motivos por que seu passado prejudicou seu presente, ou por que se sente tão "amarrado", o cérebro vai atendê-lo, fornecendo referências para apoiar seu pedido e gerar as emoções negativas apropriadas. Seria muito melhor adotar a convicção global de que "seu passado não representa seu futuro"!

O único meio eficaz de usar suas emoções é compreender que todas lhe servem. Você deve aprender com suas emoções e usá-las para criar os resultados que deseja, a fim de ter uma qualidade de vida melhor. *As emoções que você outrora considerava negativas são apenas um chamado à ação.* Na verdade, em vez de chamá-las de emoções negativas, daqui por diante, neste capítulo, diremos que são *Sinais de Ação.* A partir do momento em que você estiver familiarizado com cada sinal e sua mensagem, as emoções deixam de ser suas inimigas, tornam-se aliadas. Passam a ser suas amigas, mentoras, treinadoras; começam *a guiá-lo* por meio dos altos mais fascinantes da vida, e também das profundezas mais desmoralizantes. Aprender a usar esses sinais o liberta de seus medos e permite experimentar todas as riquezas de que os seres humanos são capazes. Para chegar a esse ponto, porém, você *deve* mudar suas convicções globais sobre o que são as emoções. Não são predadoras, substitutos para a lógica, ou produtos dos caprichos de outras pessoas. São Sinais de Ação, tentando *guiá-lo* para a promessa de uma qualidade de vida melhor.

Se você se limita a reagir às suas emoções por meio de um padrão de abstenção, perderá a mensagem valiosa que elas têm a lhe oferecer. Se continuar a perder a mensagem e deixar de controlar as emoções no momento em que aparecem, elas se transformarão em crises profundas. Todas as nossas emoções são importantes e valiosas nas quantidades, nos momentos e contextos apropriados.

Compreenda que as emoções que está sentindo neste exato momento constituem uma dádiva, uma orientação, um sistema de apoio, um chamado à ação. Se você suprime suas emoções e tenta bani-las de sua vida, ou se as amplia e permite que assumam o controle de tudo, então está esbanjando um dos recursos mais preciosos da vida.

Mas qual é a fonte das emoções? *Você é a fonte de todas as suas emoções; é você quem as cria.* Muitas pessoas acham que devem esperar por determinadas experiências a fim de sentirem as emoções que desejam. Por exemplo, não se concedem permissão para se sentirem amadas, confiantes ou felizes, a menos que seja atendido um conjunto específico de expectativas. Estou aqui para lhe dizer que *você pode sentir qualquer coisa que quiser, em qualquer momento.*

Nos seminários que promovo perto de minha casa, em Del Mar, Califórnia, criamos uma âncora divertida para nos lembrar quem é realmente responsável por nossas emoções. Esses seminários são realizados num refinado hotel de quatro estrelas, o Inn L'Auberge, que fica à beira do mar, e próximo da estação ferroviária. Cerca de quatro vezes por dia, pode-se ouvir o apito do trem na passagem. Alguns participantes do seminário irritavam-se com a interrupção (lembre-se de que eles ainda não conheciam o Vocabulário Transformacional!), e por isso decidi que aquela era a oportunidade perfeita para transformar frustração em diversão; e declarei:

— Daqui por diante, vamos celebrar sempre que ouvirmos o trem apitar. Quero saber até que ponto podem se sentir bem ao ouvirem o trem. Estamos sempre esperando que apareça a pessoa certa, ou a situação certa, antes de nos sentirmos bem. Mas quem determina se é a pessoa ou situação certa? Quando você se sente bem, quem o está fazendo se sentir bem? Você *mesmo*! Mas tem uma regra que diz que deve esperar até que A, B ou C ocorra, antes de se permitir sentir bem. Por que esperar? Por que não estipular uma regra de que vai se sentir maravilhoso sempre que ouvir o apito de um trem? A boa notícia é que o apito do trem provavelmente é mais consistente e previsível do que a pessoa por cujo aparecimento você espera para se sentir bem!

Agora, sempre que ouvimos o trem passar, há uma enorme exultação. As pessoas se levantam, gritam e aclamam, agem como doidos, inclusive médicos, advogados, executivos, pessoas que supostamente eram inteligentes antes de chegarem ali! Enquanto todos tornam a sentar, seguem-se risadas estrondosas. Qual é a lição? Você não precisa esperar por qualquer coisa ou alguém! *Não precisa de nenhuma razão especial para se sentir bem — pode decidir se sentir bem agora, simplesmente porque está vivo, simplesmente porque quer.*

Portanto, se você é a fonte de todas as suas emoções, por que não se sente bem durante todo o tempo? É porque as chamadas emoções negativas estão lhe transmitindo uma mensagem. *Qual é a mensagem desses Sinais de Ação? Estão lhe dizendo que tudo o que faz no momento não está dando certo, que o motivo para ter dor é a maneira como percebe as coisas, ou os procedimentos que usa: em termos mais específicos, a maneira como comunica suas necessidades e seus desejos às pessoas, ou as ações que realiza.*

O que você vem fazendo não produz o resultado que deseja, e deve *mudar de curso*. Lembre-se de que suas percepções são controladas pelo que focaliza e pelos significados que interpreta das coisas. E você pode mudar sua percepção num instante, apenas pela mudança da maneira como usa sua fisiologia, ou se fazendo uma pergunta melhor.

Seus procedimentos incluem o estilo de comunicação. Talvez você esteja sendo muito severo no modo como se comunica, ou talvez seu procedimento nem mesmo comunique suas necessidades, mas fica esperando que as outras pessoas *saibam* o que precisa. Isso pode criar muita frustração, raiva e mágoa em sua vida. *Talvez esse Sinal de Ação de se sentir magoado esteja tentando lhe dizer que precisa mudar sua maneira de se comunicar, a fim de não voltar a se sentir magoado no futuro. O sentimento de depressão é outro chamado à ação, dizendo-lhe que precisa mudar a percepção* de que seus problemas atuais são permanentes, ou escaparam ao seu controle. Ou que você precisa iniciar alguma ação física para controlar uma área de sua vida, a fim de se lembrar que detém o controle.

Essa é a verdadeira mensagem de todos os seus Sinais de Ação. Tentam apenas apoiá-lo na ação para mudar a maneira como pensa, mudar a maneira como percebe as coisas, ou mudar seus procedimentos para se comunicar ou se comportar. Esses chamados à ação servem para lembrá-lo de que não quer ser como a mosca que insiste em bater no vidro da janela, tentando passar — se não mudar seu enfoque, nem toda a persistência do mundo dará resultado. Seus Sinais de Ação estão lhe sussurrando (talvez gritando!), por meio da experiência de dor, que precisa mudar o que vem fazendo.

Seis passos para o controle emocional

Descobri que, ao sentir uma emoção dolorosa, há seis passos que posso dar, bem depressa, para romper meus padrões limitadores, encontrar o benefício dessa emoção e me preparar, a fim de que no futuro possa extrair a lição da emoção e eliminar a dor com maior rapidez. Vamos analisá-los brevemente.

PASSO UM

Identifique o que você realmente sente

As pessoas se sentem às vezes tão sobrecarregadas que nem mesmo *sabem* o que estão sentindo. Sabem apenas que são "atacadas" por todos os sentimentos e emoções negativos.

Em vez de se sentir sobrecarregado, recue por um momento e pergunte a si mesmo: "O que estou realmente sentindo neste momento?" Se pensar, a princípio, "Eu me sinto zangado", faça-se outra pergunta: "Estou realmente me sentindo zangado? Ou é outra coisa? Talvez o que eu sinta de fato seja *mágoa*. Ou sinto como se tivesse *perdido* alguma coisa." Compreenda que um sentimento de mágoa ou de perda não é tão intenso quanto o sentimento de raiva. Só por tirar um momento para identificar o que de fato sente e começar a questionar suas emoções, você pode conseguir abaixar a intensidade emocional que experimenta, e assim lidar com a situação muito mais depressa e com maior facilidade.

Se, por exemplo, você diz: "Eu me sinto rejeitado neste momento", pode perguntar a si mesmo: "Estou me sentindo rejeitado ou apenas experimento um sentimento de *separação* da pessoa que amo? Estou me sentindo rejeitado ou *desapontado?* Estou me sentindo rejeitado ou um pouco *apreensivo?"* Lembre-se do poder do Vocabulário Transformacional de baixar imediatamente sua intensidade. Ao identificar o que de fato sente, você pode baixar a intensidade ainda mais, o que torna muito mais fácil aprender com a emoção.

PASSO DOIS

Reconheça e aprecie suas emoções, sabendo que o apoiam

Você nunca quer tornar suas emoções erradas. A ideia de que qualquer coisa que sente pode ser "errada" é uma ótima maneira de destruir a comunicação honesta consigo mesmo e também com as outras pessoas. Seja grato por existir uma parte do cérebro que lhe envia um sinal de apoio, um chamado à ação para efetuar uma mudança em sua percepção de algum aspecto da vida ou em suas ações. Se você está disposto a confiar em suas emoções, sabendo que pode não compreendê-las no momento, mas que cada uma e todas que experimenta existem para apoiá-lo a promover uma mudança positiva, vai acabar com a guerra que antes travava consigo mesmo. Em vez disso, vai sentir que se encaminha para soluções simples. Tornar uma emoção "errada" raramente fará com que seja menos intensa. Qualquer coisa a que você resiste, tende a persistir. *Cultive o sentimento de apreciação por todas as emoções* e, como uma criança que precisa de atenção, vai descobrir suas emoções se "acalmando", quase que no mesmo instante.

PASSO TRÊS

Seja curioso sobre a mensagem que a emoção está lhe oferecendo

Lembra o poder de mudar estados emocionais? Se você se coloca num estado mental em que sente uma curiosidade genuína para aprender algo, isto constitui uma interrupção de padrão imediato para qualquer emoção e lhe permite descobrir muita coisa a seu respeito. *Ficar curioso o ajuda a dominar a emoção, resolver o desafio e evitar que o mesmo problema ocorra no futuro.*

Ao começar a sentir a emoção, fique curioso sobre o que tem realmente a lhe oferecer. O que precisa fazer neste momento para melhorar a situação? Se, por exemplo, se sente solitário, fique curioso e pergunte: "É possível que eu esteja apenas interpretando a situação de forma equivocada para significar que estou sozinho, quando na realidade tenho todos os tipos de amigos? Se deixar que eles saibam que quero visitá-los, não adorariam me visitar também? Minha solidão está transmitindo a mensagem de que preciso entrar em ação, me projetar mais, me ligar mais às pessoas?"

Aqui estão quatro perguntas que você pode se fazer para se tornar curioso sobre suas emoções:

O que eu quero realmente sentir?

Em que eu teria de acreditar para me sentir da maneira como venho me sentindo?

O que estou disposto a fazer para criar uma solução e dominar a situação agora?

O que posso aprender com isso?

Ao ficar curioso sobre suas emoções, você aprenderá distinções importantes sobre elas, não apenas hoje, mas também no futuro.

PASSO QUATRO

Seja confiante

Seja confiante de que poderá controlar a emoção imediatamente. *O meio mais rápido, mais simples e mais poderoso que conheço para controlar qualquer emoção é lembrar uma ocasião em que sentiu uma emoção similar, e compreender que você já teve sucesso ao controlar essa emoção antes.* Como a controlou no passado, com certeza pode também controlá-la hoje. A verdade é que, se já teve esse Sinal de Ação antes e foi capaz de agir, você já possui uma *estratégia* sobre a maneira de mudar seus estados emocionais.

Portanto, pare agora e pense na ocasião em que sentiu as mesmas emoções e como as tratou de um modo positivo. Use isso como um exemplo ou como uma lista do que pode fazer agora para mudar a maneira como se sente. O que você fez no passado? Mudou o que focalizava, as perguntas que se fazia, suas percepções? Ou efetuou alguma ação diferente? Decida fazer a mesma coisa agora, com a confiança de que dará resultado, como ocorreu antes.

Se você se sente deprimido, por exemplo, e já foi capaz de inverter essa situação antes, pergunte-se: "O que fiz naquela ocasião?" Efetuou alguma ação nova, como sair para fazer uma corrida, ou deu alguns telefonemas? Depois que definir o que fez no passado, faça as mesmas coisas agora e descobrirá que os resultados serão similares.

PASSO CINCO

Tenha certeza de que pode controlar não apenas hoje, mas também no futuro

Você quer ter *certeza* de que poderá controlar essa emoção com facilidade no futuro, contando com um grande plano para isso. Um meio de consegui-lo é simplesmente lembrar como controlou no passado e *ensaiar* como manipular as situações em que esse Sinal de Ação surgirá no futuro. Veja, escute e se sinta controlando a situação com facilidade. As repetições, com intensidade emocional, criarão dentro de você um caminho neural de certeza que lhe permitirá lidar com esses desafios.

Além disso, anote num pedaço de papel três ou quatro outros meios de mudar sua percepção quando ocorrer um Sinal de Ação, ou meios para mudar agora como comunica seus sentimentos e suas necessidades, ou meios para mudar as ações que adota nessa situação específica.

PASSO SEIS

Fique animado, e entre em ação

Agora que você já terminou os cinco primeiros passos — identificou o que realmente sentia, apreciou a emoção em vez de combatê-la, ficou curioso sobre o que de fato significava e a lição que lhe oferecia, definiu como mudar a situação pelo exemplo de estratégias bem-sucedidas no passado para controlar a emoção, e ensaiou como lidar em situações futuras e adquiriu um senso de certeza — o passo final é óbvio: *Fique animado, e entre em ação!* Fique animado por saber que pode dominar com facilidade a emoção e efetue uma ação imediata para provar que a controlou. Não fique empacado nas emoções limitadoras que experimenta. Expresse-se pelo uso do que ensaiou interiormente para criar uma mudança em suas percepções ou ações. Lembre-se de que as novas definições que acabou de fazer mudarão a maneira como se sente não apenas hoje, mas também como vai lidar com essa emoção no futuro.

Com esses seis passos simples, você pode dominar praticamente qualquer emoção que surgir em sua vida. Se descobrir que vem lidando com a mesma emoção muitas e muitas vezes, este método de seis passos o ajudará a identificar o padrão e mudá-lo num curto período.

Portanto, pratique o uso deste sistema. Como acontece com qualquer outra coisa nova, a princípio pode parecer um pouco difícil. Mas quanto mais você o fizer, mais fácil se tornará o uso, e logo se descobrirá capaz de navegar pelo que antes julgava como turbulências emocionais. Em vez disso, verá um campo livre, com treinadores pessoais a guiá-lo em cada passo do caminho, indicando para onde precisa ir, a fim de alcançar seus objetivos.

Lembre-se de que a melhor ocasião para controlar uma emoção é o momento em que começa a senti-la. É muito mais difícil interromper um padrão emocional depois que se torna plenamente desenvolvido. Minha filosofia é "Mate o monstro enquanto ainda é pequeno". Use esse sistema depressa, assim que o Sinal de Ação se manifestar, e se descobrirá capaz de controlar num instante virtualmente qualquer emoção.

Os dez sinais de ação

Só com os seis passos você já pode mudar a maioria das emoções. Mas para evitar a necessidade de usar os seis passos, pode ser útil ter uma noção consciente da mensagem positiva que cada uma das principais emoções ou Sinais de Ação tenta lhe transmitir. Nas páginas seguintes, partilharei com você as dez emoções primárias que a maioria das pessoas tenta evitar, mas que em vez disso você usará para entrar em ação.

A leitura dessa lista de Sinais de Ação não lhe dará o domínio instantâneo de suas emoções. Você tem de *usar essas noções sistematicamente* para colher os benefícios. Sugiro que releia esta parte várias vezes, sublinhando as áreas mais significativas para você, e depois anote os Sinais de Ação num cartão que possa levar sempre, lembrando a si mesmo o significado real da emoção no seu caso e que ação deve encetar para aproveitá-la. Prenda um desses cartões no quebra-sol de seu carro, não apenas para revisá-lo ao longo do dia, mas também para a possibilidade de ficar retido num engarrafamento e começar a "ferver de raiva", o que lhe permitirá lembrar a si mesmo da natureza positiva das mensagens que está recebendo.

Vamos começar pelo chamado à ação mais básica, a emoção de...

1. DESCONFORTO. As emoções de desconforto não possuem uma tremenda carga de intensidade, mas nos incomodam e criam a sensação inoportuna de que as coisas não estão muito bem.

A Mensagem:

Tédio, impaciência, apreensão, aflição ou um embaraço brando transmitem a mensagem de que algo não está muito certo. Talvez a maneira como você percebe as coisas esteja desviada, ou as ações que efetua não produzem os resultados desejados.

A Solução:

É muito simples lidar com as emoções de desconforto:
1) use as habilidades que você já aprendeu neste livro para mudar seu estado;
2) defina o que você quer; e
3) aprimore suas ações. Experimente um enfoque um pouco diferente e verifique se não consegue imediatamente mudar a maneira como se sente em relação à situação e/ou a qualidade dos resultados que vem obtendo.

Como todas as emoções, se não forem tratadas, os sentimentos de desconforto se intensificarão. O desconforto é um tanto doloroso, mas a expectativa da possível dor emocional é muito mais intensa do que o desconforto que pode sentir no momento. Precisamos lembrar que nossa imaginação pode tornar as coisas dez vezes mais intensas do que tudo o que podemos experimentar na vida real. Há até um ditado no xadrez e nas artes marciais: "A ameaça de ataque é maior do que o próprio ataque." Quando temos a expectativa de dor, em particular em níveis intensos, começamos a desenvolver o Sinal de Ação de...

2. MEDO. As emoções de medo incluem tudo, dos níveis mais baixos de preocupação e apreensão à preocupação intensa, ansiedade, pavor, e até mesmo terror. O medo serve a um propósito, e sua mensagem é simples.

HAGAR O HORRÍRVEL

A Mensagem:

O medo é simplesmente a mensagem de que é preciso se preparar para algo que vai acontecer em breve. Nas palavras do lema dos escoteiros, esteja "*Sempre alerta*". Precisamos nos preparar para lidar com a situação ou fazer alguma coisa para mudá-la. A tragédia é que a maioria das pessoas tenta ignorar seu medo, ou se espoja nele. Nenhum desses meios respeita a mensagem que o medo tenta transmitir, e assim continuará a pressioná-lo, no empenho para que você receba o recado.

Você não vai querer se entregar ao medo e amplificá-lo, passando a pensar no pior que poderia acontecer, e também não quer fingir que não existe.

A Solução:

Analise aquilo de que sente medo e avalie o que deve fazer para se preparar mentalmente. Calcule que ações precisa efetuar para lidar com a situação da melhor maneira possível. Às vezes fazemos todos os preparativos que podíamos para alguma coisa; não há mais nada que possamos fazer... mas ainda assim o medo persiste. Esse é o ponto em que você deve usar o *antídoto para o medo: deve assumir uma decisão de ter fé,* sabendo que fez tudo o que podia se preparando para aquilo que teme, e que a maioria dos medos na vida raramente se realiza. Se isso acontecer, você pode experimentar...

3. MÁGOA. Se há uma emoção específica que parece dominar os relacionamentos humanos, tanto pessoais quanto profissionais, é a emoção de mágoa. *Os sentimentos de mágoa são geralmente gerados por um senso de perda.* Quando as pessoas se sentem magoadas, costumam descarregar nas outras. Precisamos escutar a verdadeira mensagem que a mágoa nos transmite.

A Mensagem:

A mensagem que o sinal de mágoa nos transmite é a de que temos uma expectativa que não foi correspondida. Muitas vezes esse sentimento surge quando esperamos que alguém cumpra sua palavra, e isso não acontece (mesmo que você não lhe tenha revelado sua expectativa de que, por exemplo, não partilhasse com outras pessoas o que lhe contou). Neste caso, você sente uma perda de intimidade com a pessoa, talvez uma perda de confiança. É esse senso de perda que cria o sentimento de mágoa.

A Solução:

1) *Compreenda que na realidade você pode não ter perdido coisa alguma. Talvez o que precise perder seja a falsa percepção* de que essa pessoa está tentando feri-la ou magoá-la. Talvez a pessoa não perceba o impacto de suas próprias ações na sua vida.

2) Tire um momento para reavaliar a situação. *Pergunte a si mesmo: "Houve mesmo uma perda aqui? Ou estou julgando a situação de forma precipitada e com excessivo rigor?"*

3) *Uma terceira solução que pode ajudá-lo a sair de um senso de mágoa é comunicar, de um jeito elegante e apropriado, seu sentimento de perda à pessoa envolvida.* Diga a essa pessoa: "No outro dia, quando aconteceu isso ou aquilo, interpretei de maneira equivocada, como se significasse que você não se importava, e experimentei um senso de perda. Pode me esclarecer o que realmente aconteceu?" Pela simples mudança de seu estilo de comunicação e pelo esclarecimento do que ocorreu de fato, você descobrirá com frequência que a mágoa desaparece numa questão de momentos.

Contudo, se a mágoa não for resolvida, muitas vezes é ampliada, e se transforma em...

4. RAIVA. As emoções de raiva incluem tudo, da irritação ligeira à raiva propriamente dita, ressentimento e fúria.

A Mensagem:

A mensagem da raiva é a de que uma norma ou um padrão importante que você sustentou por toda vida foi violado por alguém, ou talvez até mesmo por você. (Falaremos mais a respeito no Capítulo 16, sobre normas.) Quando você recebe a mensagem de raiva, precisa compreender que pode literalmente mudar essa emoção num instante.

A Solução:

Você deve:

1) Compreender que pode ter interpretado de forma equivocada a situação, que sua raiva por aquela pessoa ter violado suas normas pode ser baseada no fato de que ela não sabia o que é mais importante para você (embora você ache que ela deveria saber).

Compreender que mesmo que uma pessoa viole um de seus padrões, suas *rmas não são necessariamente as normas "certas", apesar de todo o seu* *te sentimento a respeito.*

Fazer para si mesmo uma pergunta mais fortalecedora, como "A longo *azo, é verdade que essa pessoa realmente se importa comigo?" Interrom-* *a raiva ao se perguntar: "O que posso aprender com isso? Como posso* *municar a importância desses padrões que mantenho à pessoa, de uma* *rma que a leve a querer me ajudar e não voltar a violar meus padrões no* *turo?"*

Por exemplo, *se você está com raiva, mude sua percepção* — talvez a ssoa não conhecesse realmente suas normas. *Ou mude seu procedimento* talvez você não tenha comunicado de um jeito eficaz suas reais necessi- des. Ou *mude seu comportamento* — diga à pessoa, com toda franqueza, r exemplo: "Isto é particular. Por favor, prometa que não vai partilhar com nguém; é muito importante para mim."

Para muitas pessoas, a raiva sistemática, ou o fracasso em corresponder suas próprias normas e padrões, leva à...

FRUSTRAÇÃO. A frustração pode vir por muitos caminhos. A qualquer omento em que sentimos que nos encontramos cercados por bloqueios em ssas vidas, quando enviamos um esforço incessante mas não recebemos compensas, tendemos a sentir a emoção de frustração.

Mensagem:

A mensagem da frustração é um sinal animador. Significa que seu cé- *bro acredita que poderia estar se saindo melhor do que no momento.* A ustração é muito diferente do desapontamento, que é o sentimento de que xiste algo na vida que você quer, mas nunca vai alcançar. *A frustração, ao* *ontrário, é um sinal bastante positivo.* Significa que a solução para o pro- lema está ao seu alcance, mas que tudo o que você fez agora não funciona, e recisa mudar seu tratamento para alcançar o objetivo. É um sinal para você tornar mais flexível! Como você lida com a frustração?

A Solução:

Simplesmente:

1) *Compreenda que a frustração é sua amiga, e procure novos meios de obter resultado. Como você pode tornar flexível seu enfoque?*

2) Obtenha algumas informações sobre a maneira como lidar com a situação. Encontre um modelo, alguém que tenha encontrado um meio de alcançar o que você deseja. Peça informações a essa pessoa sobre o modo mais eficaz de produzir o resultado que você deseja.

3) Torne-se fascinado pelo que você pode aprender para ajudá-lo a controlar esse desafio, não apenas hoje, mas também no futuro, de uma maneira que consuma bem pouco tempo ou energia e que crie alegria.

Muito mais devastadora do que a frustração, no entanto, é a emoção de...

6. DESAPONTAMENTO. O desapontamento pode ser uma emoção bastante destrutiva, se você não lidar com ela o mais depressa possível. O desapontamento é o sentimento devastador de ser "deixado na mão", de que você vai perder alguma coisa para sempre. Tudo que o faz se sentir triste ou derrotado em decorrência de esperar mais do que recebe é desapontamento.

A Mensagem:

A mensagem que o desapontamento lhe oferece é a de que uma expectativa que você tinha — um objetivo pelo qual se empenhava — provavelmente não vai acontecer, e por isso é tempo de mudar suas expectativas para torná-las mais apropriadas à situação e iniciar uma ação para alcançar de imediato um novo objetivo. E *é essa* a solução.

A Solução:

A solução para o desapontamento é:

1) Determinar imediatamente algo que você pode aprender com a situação, a fim de ajudá-lo no futuro a alcançar a própria coisa que você procurava em primeiro lugar.

2) Fixar um novo objetivo, algo que será ainda mais inspirador, e algo para o qual possa fazer um progresso imediato.

3) Compreender que seu julgamento pode ser prematuro. Muitas vezes as coisas com as quais você se desaponta são apenas desafios temporários, muito parecidos com a história de Billy Joel, no Capítulo 2. Como eu disse, devemos lembrar que os adiamentos de Deus não são negativas de Deus. É possível que você esteja apenas no que eu chamo de "tempo de espera". As pessoas procuram com frequência o desapontamento ao se fixarem expectativas completamente irrealistas. Se você sair de casa hoje e plantar uma semente, não pode esperar voltar amanhã para encontrar uma árvore.

4) Uma quarta solução para lidar com o desapontamento é *compreender que uma situação ainda não acabou, e desenvolver mais paciência. Faça uma reavaliação completa do que você realmente quer e comece a desenvolver um plano ainda mais eficaz para obter os resultados.*

5) O antídoto mais poderoso para a emoção de desapontamento é *cultivar uma atitude de expectativa positiva sobre o que acontecerá no futuro, independentemente do que ocorreu no passado.*

O supremo desapontamento que podemos experimentar quase sempre se expressa como a emoção de...

7. CULPA. As emoções de culpa, arrependimento e remorso estão entre os sentimentos que os seres humanos mais evitam na vida, e isso é valioso. São emoções dolorosas para experimentarmos, mas também servem a uma função valiosa, que se torna evidente depois que ouvimos a mensagem.

A Mensagem:

A culpa lhe diz que você violou um dos seus padrões mais elevados, e que deve fazer alguma coisa imediatamente *para garantir que não tornará a violar esse padrão no futuro.* Se está lembrado, eu disse no Capítulo 6 que uma pessoa tem acesso à alavanca quando começa a vincular dor a alguma coisa. Com dor suficiente vinculada a um comportamento, a pessoa acabará por mudá-lo; e a alavanca mais forte é a dor que podemos infligir a nós mesmos. A culpa é a suprema alavanca para muitas pessoas mudarem um comportamento. Contudo, algumas tentam lidar com seu sentimento de culpa pela negação e supressão. Infelizmente, isso quase nunca dá certo. A culpa não desaparece; apenas volta mais forte.

O outro extremo é se entregar e se espojar na culpa, quando começamos a aceitar a dor, e experimentamos o desamparo adquirido. Esse não é o propósito da culpa. O desígnio é nos levar à ação, a fim de criar uma mudança.

As pessoas não compreendem isso, e com frequência sentem remorso por algo que fizeram um dia, e assim se permitem se sentirem inferiores pelo resto de suas vidas! Essa não é a mensagem da culpa. Existe para garantir que você evite comportamentos pela certeza de que levarão à culpa, ou, se você já violou seu padrão, serve para induzir dor suficiente, a fim de que retome o compromisso com um padrão superior. Mas depois que tratou do comportamento antigo pelo qual se sente culpado, e foi sincero e sistemático, siga adiante.

A Solução:

1) Reconheça que você violou mesmo um padrão crítico que defende para si mesmo.

2) Assuma o compromisso absoluto de que esse comportamento não tornará a ocorrer no futuro. Ensaie em sua mente como, se tiver de viver tudo de novo, poderia lidar com a mesma situação pela qual se sente culpado, de uma maneira coerente com seus padrões pessoais mais elevados. Ao assumir o compromisso, sem a menor sombra de dúvida, de que nunca mais permitirá que o comportamento ocorra, você tem o direito de se livrar da culpa. Nesse caso, a culpa já terá servido a seu propósito de levá-lo a um padrão superior no futuro. Tire proveito da culpa; não se espoje nela!

Algumas pessoas conseguem derrotar a si mesmas, mental e emocionalmente, porque sempre deixam de corresponder aos padrões que se fixaram, em quase todas as áreas da vida. Em consequência, a maioria dessas pessoas experimenta um sentimento de...

8. INADEQUAÇÃO. Esse sentimento de desmerecimento ocorre sempre que não conseguimos fazer alguma coisa que deveríamos fazer. O desafio, sem dúvida, é que *temos com frequência uma regra completamente injusta para determinar se somos inadequados ou não.* Primeiro, trate de compreender a mensagem que a inadequação está lhe transmitindo.

A Mensagem:

A mensagem é de que você não possui no momento um nível de habilidade necessária para a tarefa pertinente. Está lhe dizendo que precisa de mais informação, compreensão, estratégias, instrumentos ou confiança.

A Solução:

1) Pergunte a si mesmo: "É de fato uma emoção apropriada para eu sentir nesta situação? Sou mesmo inadequado, ou tenho de mudar a maneira como percebo as coisas?" Talvez você tenha se convencido de que, para se sentir adequado, deve sair para a pista de dança e superar Michael Jackson. Esta é provavelmente uma percepção imprópria.

Se seu sentimento é justificado, a mensagem de inadequação é a de que precisa encontrar um meio de fazer algo melhor do que fez antes. A solução, neste caso, também é óbvia:

2) Sempre que se sentir inadequado, aprecie o estímulo para melhorar. Lembre-se de que não é "perfeito", e que não precisa ser. Com essa compreensão, *você pode começar a se sentir adequado no momento em que decidir se empenhar em CANI!™ — uma melhoria constante e incessante nessa área.*

3) Encontre um modelo — alguém que seja eficaz na área em que você se sente inadequado — e obtenha algum treinamento dele. O mero processo de decidir dominar essa área de sua vida, efetuando algum progresso, por menor que seja, transformará uma pessoa que é inadequada em alguém que está aprendendo. Essa emoção é crítica, porque quando alguém se sente inadequado, tende a cair na armadilha do desamparo adquirido e começa a encarar seu problema como permanente. Você não poderia dizer uma mentira maior a si mesmo. Não é inadequado. Pode ser destreinado ou inábil numa área específica, mas não é inadequado. A capacidade para a grandeza em qualquer coisa existe dentro de você neste momento.

Quando começamos a sentir que os problemas são permanentes ou difusos, ou que temos mais coisas com que lidar do que podemos imaginar, tendemos a sucumbir às emoções de...

9. SOBRECARGA OU SUFOCO. Pesar, depressão e desamparo não passam de manifestações de se sentir sobrecarregado ou sufocado. O pesar acontece quando você sente que não há nenhum significado fortalecedor para algo que ocorreu, ou que sua vida sofra o impacto negativo de pessoas, eventos ou forças além de seu controle. As pessoas nesse estado tornam-se sobrecarregadas, e muitas vezes começam a sentir que nada pode mudar a situação, que o problema é grande demais — é permanente, difuso e pessoal. As pessoas entram nesses estados emocionais sempre que percebem seu mundo de uma maneira que as faz sentirem que há mais coisas ocorrendo do que podem absorver, isto é, o ritmo, a quantidade ou intensidade das sensações parecem sufocantes.

A Mensagem:

A mensagem de se sentir sufocado é a de que *você precisa reavaliar o que é mais importante para você nessa situação.* O motivo para se sentir sobrecarregado é o fato de estar tentando lidar com coisas demais ao mesmo tempo, estar tentando mudar tudo da noite para o dia. O sentimento de estar sobrecarregado ou sufocado perturba e destrói mais as vidas das pessoas do que qualquer outra emoção isolada.

A Solução:

Você deve imediatamente desenvolver um senso de controle sobre a sua vida. Para fazer isso, basta:

1) Decidir, entre todas as coisas com que lida em sua vida, qual é a mais importante para focalizar.

2) *Agora, escreva todas as coisas que são importantes para você realizar, e determine uma ordem de prioridade. O simples fato de pô-las no papel lhe permitirá começar a experimentar um senso de controle sobre o que está acontecendo.*

3) *Ataque a primeira coisa em sua lista e continue a agir até dominá-la.* Assim que dominar uma área específica, você começará a desenvolver impulso. Seu cérebro passará a compreender que está no comando e que não se encontra sobrecarregado, sufocado ou deprimido, que o problema não é permanente e que você sempre pode encontrar uma solução.

4) *Quando sentir que é oportuno se desligar de uma emoção sufocante como o pesar, passe a focalizar o que pode controlar e compreenda que deve haver algum significado fortalecedor em tudo aquilo, mesmo que ainda não possa percebê-lo.*

Nosso amor-próprio está com frequência vinculado à capacidade de controlar nosso ambiente. *Quando criamos um ambiente dentro da mente que tem exigências muito intensas e simultâneas, é claro que vamos nos sen-*

tir sobrecarregados. Mas também temos o poder de mudar isso, focalizando o que podemos controlar e lidar num passo de cada vez.

É bem provável que a emoção que as pessoas mais temem, no entanto, seja aquele sentimento de isolamento, também conhecido como...

10. SOLIDÃO. Qualquer coisa que nos faz sentir sozinhos, apartados ou separados dos outros pertence a essa categoria. Alguma vez já se sentiu realmente solitário? Não creio que haja alguma pessoa viva que nunca tenha se sentido assim.

A Mensagem:

A mensagem da solidão é a de que você precisa de uma ligação com as pessoas. Mas o que essa mensagem significa? As pessoas costumam presumir que significa uma ligação sexual ou uma intimidade imediata. Depois, sentem-se frustradas, porque ainda se sentem solitárias mesmo depois de alcançarem a intimidade.

A Solução:

1) A solução para a solidão é compreender que você pode se projetar e estabelecer uma ligação imediatamente, acabando com a solidão. Há pessoas interessadas em toda parte.

2) Identifique de que tipo de ligação você precisa. Precisa de uma ligação íntima? Talvez precise apenas de uma amizade básica, de alguém para conversar, escutá-lo, uma pessoa com quem possa rir. Mas tem de identificar quais são suas verdadeiras necessidades. Quando se sente solitário, um terceiro e poderoso meio de mudar seu estado emocional é

3) Lembrar a si mesmo que a coisa sensacional em ser solitário é o fato de que significa que "Eu realmente me importo com as pessoas e adoro ter companhia. Preciso descobrir que tipo de ligação necessito neste momento, e depois entrar em ação para fazer com que aconteça".

4) Entre em ação para se projetar e estabelecer uma ligação com alguém.

É esta a lista dos dez Sinais de Ação. Como pôde constatar, cada uma dessas emoções está lhe oferecendo mensagens fortalecedoras, e uma convocação para mudar suas percepções falsas e enfraquecedoras, seus procedimentos impróprios, isto é, seu estilo de comunicação ou ações. Para utilizar plenamente essa lista, lembre-se de revisá-la muitas vezes, e a cada repetição procure e sublinhe as mensagens positivas que cada sinal lhe transmite, assim como as soluções que poderá usar no futuro. Quase todas as emoções "negativas" baseiam-se nessas dez categorias, e algumas são híbridas. Mas você pode lidar com qualquer emoção da maneira como analisamos antes: dando os seis passos, tornando-se curioso, e descobrindo o significado fortalecedor que lhe oferece.

"Devemos cultivar nosso jardim."

— Voltaire

Pense em sua mente, suas emoções e seu espírito como o supremo jardim. A maneira de garantir uma colheita abundante é plantar sementes como amor, ternura e apreciação em vez de sementes como desapontamento, raiva e medo. É como pensar nesses Sinais de Ação como as ervas daninhas em seu jardim. Uma erva daninha não é um chamado à ação? Está lhe dizendo: "Você tem de tomar uma providência; precisa arrancar tudo isso, a fim de abrir espaço para o crescimento das plantas melhores e mais saudáveis." Continue a cultivar os tipos de plantas que você deseja e arranque as ervas daninhas assim que notá-las.

Deixe-me oferecer dez sementes emocionais que você pode plantar em seu jardim. Se cuidar bem dessas sementes, focalizando o sentimento que quer ter cada dia, você vai se projetar para um padrão de grandeza. Essas sementes criam uma vida que floresce e realiza seu potencial mais elevado. Vamos analisá-las juntos agora, compreendendo que cada uma dessas emoções representa um antídoto para qualquer das emoções "negativas" que você pode ter sentido antes.

AS DEZ EMOÇÕES DE PODER

1. AMOR E TERNURA. A manifestação sistemática de amor parece ser capaz de derreter quase que qualquer emoção negativa com que entra em contato. Se alguém está zangado com você, você pode com a maior facilidade continuar a amar a pessoa, adotando uma convicção básica tão maravilhosa quanto esta que se encontra no livro *A Course in Miracles: toda comunicação é uma reação de amor, ou um grito por socorro.* Se alguém o procura num estado de mágoa ou raiva, e você reage sistematicamente com amor e ternura, o estado da pessoa acabará por mudar, sua intensidade vai se dissipar.

"Se você pode amar o bastante, poderia se tornar a pessoa mais poderosa do mundo."

— EMMET FOX

2. APREÇO E GRATIDÃO. Creio que todas as emoções mais poderosas são alguma expressão de amor, cada uma dirigida por meios diferentes. Para mim, apreço e gratidão são duas das emoções mais espirituais, expressando por meio do pensamento e ação meu reconhecimento e amor por todas as dádivas que a vida me concedeu, que as pessoas me concederam, que a experiência me concedeu. Viver neste estado emocional vai intensificar sua vida mais do que quase todas as outras coisas que conheço. Cultivar isso é cultivar a vida. Viva com uma atitude de gratidão.

3. CURIOSIDADE. Se você quer realmente crescer em sua vida, aprenda a ser tão curioso quanto uma criança. As crianças sabem como especular — é por isso que são tão cativantes. *Se você quer curar o tédio, seja curioso. Se é curioso, nada é uma tarefa;* é automático — você *quer* estudar. Cultive a curiosidade, e a vida se torna como um interminável estudo de alegria.

4. EXCITAMENTO E PAIXÃO. Excitamento e paixão podem acrescentar tempero a qualquer coisa. A paixão pode transformar qualquer desafio numa tremenda oportunidade. *Paixão é poder desenfreado para avançar nossas vidas num ritmo mais rápido do que em qualquer outra ocasião anterior.* Parafraseando Benjamin Disraeli, o homem só é grande quando age por paixão. Como "obtemos" paixão? Da mesma maneira que "obtemos" amor, ternura, reconhecimento, gratidão e curiosidade — *decidimos senti-la!* Use sua fisiologia: fale mais depressa, visualize imagens mais depressa, desloque seu corpo na direção para onde quer ir. Não se limite a sentar e pensar. Você não pode estar transbordando de paixão se fica derrotado sobre sua escrivaninha, com a respiração superficial e a língua enrolada.

5. DETERMINAÇÃO. Todas as emoções acima são valiosas, mas há uma que você precisa ter se pretende criar um valor duradouro neste mundo. Ditará como você lida com dificuldades e desafios, com desapontamento e desilusões. *A determinação significa a diferença entre ficar empacado e ser atingido pelo poder de raio do empenho.* Se você quer emagrecer, fazer aqueles telefonemas de negócios ou dar seguimento a qualquer coisa, "pressionar-se" não vai adiantar. Só terá resultados se entrar num estado de determinação. Todas as suas ações derivarão dessa fonte, e você passará a realizar automaticamente o que for necessário para alcançar seu objetivo. Agir com determinação significa tomar uma decisão condizente e congruente, pela qual corta-se qualquer outra possibilidade.

> ***"A determinação é o toque de despertar para a vontade humana."***
>
> — Anthony Robbins

Com determinação, você pode realizar qualquer coisa. Sem isso, você está condenado à frustração e ao desapontamento. Nossa disposição em fazer o que for necessário, em agir apesar do medo, é a base da coragem. E a coragem é a fundação da qual nasce a determinação. A diferença entre se sentir realizado ou sentir desânimo é o cultivo do músculo emocional da determinação. Contudo, apesar de toda a determinação à sua disposição, você deve também romper seu padrão e mudar seu enfoque. Por que arremeter contra um muro se você pode desviar os olhos um pouco para a esquerda e encontrar uma porta? Às vezes a determinação pode ser uma limitação; você precisa cultivar...

6. FLEXIBILIDADE. Se há uma semente importante a plantar para garantir o sucesso, é a capacidade de mudar seu enfoque. Na verdade, todos esses Sinais de Ação — essas coisas que você costumava chamar antes de emoções negativas — são apenas mensagens para ser mais flexível! Optar por ser flexível é optar por ser feliz. Ao longo de sua vida, haverá ocasiões em que surgirão coisas que não será capaz de controlar, e a capacidade de ser flexível em suas regras, no significado que atribui as coisas e em suas ações determinará o sucesso ou o fracasso a longo prazo, para não mencionar seu nível de alegria pessoal. O junco que se curva sobreviverá ao vento de tempestade, enquanto o poderoso carvalho se partirá. Se você cultivar todas as emoções acima, então com certeza vai desenvolver...

7. CONFIANÇA. Confiança inabalável é o senso de certeza que todos queremos ter. O único meio pelo qual você pode sistematicamente experimentar confiança, mesmo em ambientes e situações com que nunca se defrontou antes, é por meio do poder da fé. Imagine e sinta certeza sobre as emoções que você merece ter agora, em vez de esperar que apareçam espontaneamente algum dia, no futuro distante. Quando está confiante, você se torna disposto a experimentar, a se pôr na linha de frente. Um meio de desenvolver fé e confiança é simplesmente praticar o uso. Se eu perguntasse se está confiante que é capaz de amarrar os cordões de seus sapatos, tenho certeza que poderia me responder com absoluta confiança que sim. Por quê? Apenas porque já fez isso milhares de vezes! Portanto, pratique a confiança usando-a sistematicamente, e ficará espantado com os dividendos que vai colher em todas as áreas de sua vida.

A fim de se preparar para fazer qualquer coisa, é indispensável exercitar a confiança, em vez do medo. A tragédia na vida de muitas pessoas é que evitam fazer as coisas porque têm medo; sentem-se mal em relação às coisas *com antecedência*. Mas lembre-se: a fonte do sucesso para os realizadores eminentes muitas vezes tem sua origem num conjunto de convicções acalentadas, para as quais a pessoa não tinha referências! A capacidade de agir com base na fé é o que faz a raça humana progredir.

Outra emoção que você experimentará automaticamente, assim que conseguir cultivar todas as anteriores, é a...

8. ALEGRIA. Quando acrescentei a alegria à minha lista de valores mais importantes, houve pessoas que comentaram: "Há algo diferente em você. Parece muito feliz." Compreendi que eu era feliz, mas não informara minha cara sobre isso! Há uma grande diferença entre ser feliz por dentro e ser alegre por fora. A alegria intensifica seu amor-próprio, torna a vida mais divertida e faz com que as pessoas ao seu redor também se sintam mais felizes. A alegria tem o poder de eliminar os sentimentos de medo, mágoa, raiva, frustração, desapontamento, depressão, culpa e inadequação de sua vida. Você alcançou a alegria no dia em que compreende que não importa o que esteja acontecendo ao seu redor, não vai melhorar se você se sentir outra coisa que não alegre.

Ser alegre não significa que você é Poliana, ou que encara o mundo através de lentes cor de rosa e se recusa a admitir os desafios. *Ser alegre significa que você é excepcionalmente inteligente, porque sabe que se viver a vida num estado de prazer — tão intenso que transmite um senso de alegria às pessoas ao seu redor — pode ter o impacto para enfrentar praticamente qualquer desafio que surgir em seu caminho.* Cultive a alegria e não precisará de tantos Sinais de Ação "dolorosos" para atrair sua atenção!

Facilite para si mesmo se sentir alegre, plantando a semente da...

9. VITALIDADE. É essencial controlar essa área. Se você não cuida de seu corpo físico, é mais difícil ser capaz de desfrutar essas emoções. Cuide para que a vitalidade física esteja disponível; lembre-se de que todas as emoções são dirigidas de seu corpo. Se está se sentindo emocionalmente indisposto, precisa verificar os elementos básicos. Como está respirando? Quando as pessoas ficam estressadas, param de respirar, minando sua vitalidade. Aprender a respirar direito é o caminho mais importante para a boa saúde. Outro elemento crítico para a vitalidade física é garantir que você tenha um nível abundante de energia nervosa.

Como se consegue isso? Compreenda que dia a dia você consome energia nervosa, por meio de suas ações; e por mais óbvio que isso possa parecer, precisa descansar e recarregar. Por falar nisso, por quanto tempo você costuma dormir? Se registra regularmente de oito a dez horas de sono, provavelmente está dormindo *demais*! Seis a sete horas é considerado o ideal para a maioria das pessoas. Ao contrário da crença popular, sentar quieto não preserva energia. A verdade é que geralmente é essa a ocasião em que você se sente mais cansado. O sistema nervoso humano precisa de *movimento* para ter energia. Até certo ponto, consumir energia lhe proporciona um senso maior de energia. Ao se mover, o oxigênio flui por seu organismo, e esse nível físico de saúde cria o senso emocional de vitalidade, que pode ajudá-lo a lidar com qualquer desafio negativo que possa encontrar na vida.* *Assim, compreenda que um senso de vitalidade física é uma emoção crítica para se cultivar, a fim de controlar praticamente todas as emoções que surgirem em sua vida,* para não mencionar o recurso crítico de experimentar uma paixão sistemática.

Depois que seu jardim estiver repleto dessas emoções poderosas, então você poderá partilhar sua abundância, por meio da...

10. CONTRIBUIÇÃO. Lembro que há anos, num dos períodos mais difíceis de minha vida, eu guiava por uma estrada, no meio da noite. Não parava de me perguntar. "O que preciso para mudar minha vida?" E de repente me ocorreu uma percepção, acompanhada por uma emoção tão intensa que fui obrigado a parar o carro no acostamento e escrever uma frase fundamental em minha agenda: "*O segredo da vida é doar.*"

Não conheço outra emoção mais rica na vida do que o senso de quem você é como uma pessoa, algo que disse ou fez acrescentou mais do que apenas a sua própria vida, que de alguma forma valorizou a experiência da vida para alguém com quem você se importa, ou talvez alguém que nem mesmo conhece. As histórias que me comovem mais profundamente são sobre as pessoas que seguem a emoção espiritual mais elevada de se importar de for-

---

* Para mais informações sobre o modo de intensificar sua vitalidade física, veja *Poder sem limites*, Capítulo 10, "Energia: O Combustível da Excelência".

ma incondicional, e agir em benefício dos outros. Quando assisti ao musical *Os Miseráveis,* fiquei bastante comovido com o personagem Jean Valjean, porque ele era um bom homem, que queria dar muito aos outros. Devemos cultivar todos os dias esse senso de contribuição, focalizando não apenas a nós mesmos, mas também aos outros.

Não caia na armadilha, no entanto, de tentar contribuir para os outros à sua própria custa — *bancar o mártir não vai lhe proporcionar um genuíno senso de contribuição.* Mas se você pode dar a si mesmo e aos outros numa escala mensurável que lhe permita saber que sua vida teve importância, então terá um senso de ligação com as pessoas, e um senso de orgulho e amor-próprio que nenhum dinheiro, realizações, fama ou reconhecimento jamais poderá lhe conceder. Um senso de contribuição faz com que toda a vida valha a pena. Imagine como o mundo seria melhor se todos nós cultivássemos um senso de contribuição!

Plante essas emoções diariamente e observe toda sua vida crescer, com uma vitalidade com que nunca sonhou antes. Aqui, para sua revisão, estão os Dez Sinais de Ação e as Dez Emoções de Poder. Não tenho palavras para enfatizar o suficiente a importância de aprender a usar as emoções negativas pelo que são — chamados à ação — e se empenhar em cultivar as emoções positivas. Lembra do cartão que você criou, no qual escreveu todas as mensagens e soluções que seus Sinais de Ação estão lhe oferecendo? Consulte-o com frequência, ao longo do dia. Ao examiná-lo agora, você pode notar que as emoções positivas são grandes antídotos para os Sinais de Ação. Em outras palavras, se você está sentindo uma emoção de desconforto, então amor e ternura farão com que a mudança dessa emoção seja muito mais simples. Se você se sente amedrontado, um senso de gratidão apaga essa emoção. Se você sente mágoa, e se torna curioso sobre o que está acontecendo, isso substitui o senso de mágoa. Se você sente raiva, e transforma essa intensidade emocional em excitamento e paixão dirigidos, pense no que pode realizar! A frustração pode ser rompida pelo uso da determinação. A culpa desaparece no instante em que você se torna confiante que vai manter seus novos padrões. A inadequação vai embora quando você se sente alegre; não haverá mais espaço para isso. Um senso de sobrecarga some com um senso de poder pessoal e vitalidade. A solidão se desvanece no momento em que você projeta como contribuir para os outros.

OS DEZ SINAIS DE AÇÃO	AS DEZ EMOÇÕES DE PODER
1. DESCONFORTO	1. AMOR E TERNURA
2. MEDO	2. APREÇO E GRATIDÃO
3. MÁGOA	3. CURIOSIDADE
4. RAIVA	4. EXCITAMENTO E PAIXÃO
5. FRUSTRAÇÃO	5. DETERMINAÇÃO
6. DESAPONTAMENTO	6. FLEXIBILIDADE
7. CULPA	7. CONFIANÇA
8. INADEQUAÇÃO	8. ALEGRIA
9. SOBRECARGA, SUFOCO	9. VITALIDADE
10. SOLIDÃO	10. CONTRIBUIÇÃO

Eu gostaria que você cumprisse agora uma missão que vai associá-lo enamente aos instrumentos simples e poderosos das emoções.

Durante os dois próximos dias, *a qualquer momento que sentir uma noção enfraquecedora ou negativa, siga os seis passos do controle emoonal.* Identifique a que categoria pertence, e reconheça seu valor de lhe ansmitir a mensagem de que precisa. Descubra se o que precisa ser mudado o as suas percepções ou as ações. Torne-se confiante, tenha certeza, fique iimado.

Os Sinais de Ação servem a uma importante função, mas não seria referível se não tivesse de senti-los com tanta frequência? Além das Emoões de Poder, *cultive as convicções globais que ajudam a atenuar sua cperiência das emoções negativas.* Por exemplo, eliminei o sentimento abandono (solidão) de minha vida porque adotei a convicção de que unca poderia ser realmente abandonado. Se alguém que eu amo algum ia tentasse me "abandonar", eu simplesmente seguiria a pessoa! (Outras onvicções fortalecedoras incluem "Isto também vai passar!"; "O amor é o nico imperativo em minha vida; tudo o mais é um dever"; e "Há sempre m jeito, se eu me empenhar".)

Utilize essas Emoções de Poder diariamente, e use os seis passos para o controle emocional, a fim de transformar seus Sinais de Ação em ação positiva. Lembre-se: *Cada sentimento que você tem — bom ou mau — baseia-se em sua interpretação do que as coisas significam.* Sempre que começar a se sentir mal, faça-se essa pergunta: "O que mais isso pode significar?" É o primeiro passo para assumir o controle de suas emoções.

O que espero que você obtenha com este capítulo é uma compreensão de todas as suas emoções e um senso de excitamento por saber que lhe proporcionam a oportunidade de aprender alguma coisa para melhorar sua vida, de um momento para outro. Nunca mais precisará sentir as emoções dolorosas que são suas inimigas. Todas existem para servi-lo, como um sinal de que é preciso efetuar alguma mudança. Assim que refinar sua capacidade de aproveitar esses Sinais de Ação, passará a cuidar deles logo no início, quando ainda são pequenos, em vez de esperar que se transformem em crises profundas. Por exemplo, tratará de uma situação enquanto estiver apenas aborrecendo-o, em vez de enfurecê-lo... como cuidar do problema de peso quando notar o primeiro quilo extra, em vez de esperar até ter 15 quilos além do normal.

Durante as duas próximas semanas, concentre-se em desfrutar o processo de aprender com todas as suas emoções. Pode experimentar o caleidoscópio inteiro, em qualquer momento que escolher. Não tenha medo... anda na montanha-russa! Experimente alegria, paixão a sensação de todas as emoções, e saiba que está no controle! É a sua vida, suas emoções, seu destino.

Descobri que algumas pessoas podem saber como fazer uma coisa, mas talvez não apliquem o que sabem. O que precisamos realmente é de um *motivo* para usar o poder de nossas decisões, mudar nossas convicções, obter uma alavanca pessoal e interromper padrões, fazer perguntas melhores e nos sensibilizarmos para nosso vocabulário e metáforas. A fim de termos uma motivação em base sistemática, precisamos desenvolver...

12

A MAGNÍFICA OBSESSÃO — CRIAR UM FUTURO IRRESISTÍVEL

"Nada acontece a menos que sonhemos antes."

— CARL SANDBURG

VOCÊ ESTÁ PRONTO AGORA para se divertir um pouco? Sente-se disposto a ser criança outra vez e deixar sua imaginação à solta? Quer mesmo controlar sua vida e dela extrair todo o poder, a paixão e o "suco" que sabe que podem ser seus?

Já lhe apresentei uma porção de coisas. Cobrimos uma quantidade monumental de material nos capítulos anteriores, a maior parte do qual você pode aplicar imediatamente. Alguma coisa, porém, ficará guardada num canto de seu cérebro, armazenada até chegar o momento certo. Trabalhamos juntos para levá-lo à posição de tomar novas decisões, decisões que podem fazer a diferença entre uma vida a sonhar e uma vida a fazer.

Muitas pessoas sabem *o que* devem fazer mas *nunca fazem.* O motivo é carecerem do ímpeto que só um *futuro irresistível* pode proporcionar. Este capítulo é a sua oportunidade de se soltar e sonhar no mais alto nível, explorar as possibilidades mais delirantes e, no processo, possivelmente descobrir algo que impulsionará sua vida para o nível seguinte. *Vai ajudá-lo a criar energia e impulso.*

Se você se dedicar à leitura deste capítulo com uma atitude ativa, em vez de passiva, se fizer os exercícios e entrar em ação, então as páginas seguintes o recompensarão com uma visão para o seu futuro, que vai atraí-lo como um ímã, nos momentos mais difíceis. É um capítulo que tenho certeza que você vai adorar, voltando a ele muitas vezes, sempre que precisar de uma renovada inspiração para sua vida.

Esta é a sua oportunidade de realmente se divertir um pouco e experimentar sua verdadeira paixão!

O que vou lhe pedir para fazer, nas páginas seguintes, é soltar sua imaginação, esquecer por completo o "bom senso e agir como se fosse outra vez uma criança — uma criança que pode literalmente ter qualquer coisa que quiser, uma criança que só precisa expressar o desejo em seu coração para que se realize no mesmo instante. Lembra dos contos árabes conhecidos coletivamente como As *Mil e Uma Noites?* Pode adivinhar qual foi a minha história predileta? Isso mesmo: A Lâmpada de Aladim. Creio que todos nós, em um momento ou outro, já ansiamos em ter nas mãos essa lâmpada mágica. Tudo o que se precisa fazer é esfregá-la, e um gênio poderoso aparece, para atender a seus desejos. Estou aqui para lhe dizer que *você possui uma lâmpada que não está limitada a três desejos!*

Este é o momento para dominar essa força poderosa dentro de você. Depois que *decidir* despertar esse gigante, nada será capaz de detê-lo na criação de abundância mental, emocional, física, financeira e espiritual, além de suas fantasias mais delirantes. Quer seus sonhos se materializem no mesmo instante ou só se definam pouco a pouco, ao longo do tempo, saiba que o único limite que pode ter em sua vida é a dimensão de sua imaginação e o nível do empenho que você aplica para que tudo se torne real.

GRANDES OBJETIVOS PRODUZEM UMA GRANDE MOTIVAÇÃO

Ouço as pessoas dizerem com frequência: "Tony, de onde você tira sua energia? Com toda essa intensidade, não é de admirar que seja bem-sucedido. Não tenho o seu ímpeto: acho que não me sinto motivado, sou meio preguiçoso." Minha resposta é sempre a mesma: "Você não é preguiçoso! *Apenas tem objetivos impotentes!*"

Muitas vezes recebo um olhar confuso como reação, e neste ponto explico que meu nível de animação e ímpeto deriva de meus objetivos. Todas as manhãs, ao despertar, mesmo quando me sinto fisicamente exausto por ter dormido mal, ainda encontro o ímpeto necessário, porque meus objetivos são muito excitantes. Fazem-me levantar cedo, dormir tarde, inspiram-me a mobilizar meus recursos e usar tudo o que posso encontrar, dentro de minha esfera de influência, para fazer com que se realizem. A mesma energia e senso de missão está a sua disposição agora, mas nunca serão despertados por objetivos insignificantes. O primeiro passo é desenvolver objetivos maiores, mais inspirados, mais desafiadores.

As pessoas costumam me dizer: "Meu problema é que não tenho realmente *nenhum* objetivo." Essa convicção demonstra uma falta de compreensão do funcionamento dos objetivos. A mente humana está sempre procurando alguma coisa, quanto menos não seja a capacidade de reduzir ou eliminar a dor, ou evitar qualquer coisa que possa levar à dor. O cérebro também adora nos guiar na busca de qualquer coisa que possa levar à criação de prazer. O problema, como já ressaltei em quase todos os capítulos até agora, é que *somos inconscientes no uso desses recursos.*

Os objetivos da maioria das pessoas são "pagar as drogas das contas", equilibrar o orçamento, sobreviver, chegar ao final do dia — em suma, estão presas na armadilha de ganhar a vida, em vez de *projetar uma vida.* Acha que esses objetivos vão lhe proporcionar a capacidade de explorar a vasta reserva de poder que existe dentro de você? É muito difícil! Devemos lembrar que nossos objetivos nos afetam, *quaisquer que sejam.* Se não plantarmos conscientemente as sementes que desejamos no jardim de nossa mente, acabaremos como ervas daninhas! As ervas daninhas são automáticas; você não precisa se empenhar para tê-las. Se queremos descobrir as possibilidades ilimitadas dentro de nós, devemos encontrar um objetivo bastante grande e nobre para nos desafiar a *ir além de nossos limites* e alcançar nosso verdadeiro potencial. Lembre-se de que suas condições atuais não refletem seu supremo potencial, mas sim a dimensão e a qualidade dos objetivos que você focaliza no momento. *Devemos todos descobrir ou criar uma Magnífica Obsessão!*

Os objetivos levam-no além de seus limites, a um mundo de poder sem limites

No início, quando nós fixamos grandes objetivos, eles podem parecer impossíveis de se alcançar. Mas a coisa mais importante na fixação de objetivos é encontrar um que seja bastante grande para inspirá-lo, algo que o levará a desencadear seu poder. De um modo geral, sei que fixei o objetivo certo quando parece impossível, mas ao mesmo tempo me proporciona o maior senso de excitamento só de pensar na possibilidade de alcançá-lo. A fim de encontrar a inspiração e realizar esses objetivos impossíveis, devemos suspender o sistema de convicções sobre o que somos capazes de fazer.

Nunca esquecerei a história verdadeira de um menino que nasceu na pobreza, num bairro miserável de São Francisco, e como seus objetivos pareciam impossíveis para todos, exceto para ele. Esse menino era fã de Jim Brown, o lendário astro do futebol americano, que na ocasião jogava no Cleveland Browns. Apesar de afetado pelo raquitismo, em decorrência da desnutrição, e aos 6 anos ficar com as pernas permanentemente tortas, com as panturrilhas tão atrofiadas que seu apelido era "Pernas de Lápis", ele fixou o objetivo de um dia se tornar um astro, como o seu herói. Não tinha dinheiro para assistir às partidas, e por isso sempre que os Browns jogavam contra os 49ers, o time de São Francisco, ele esperava fora do estádio, até que o pessoal da manutenção abrisse os portões, ao final do quarto tempo. Entrava então no estádio, claudicando, e se deliciava com o final da partida.

Aos 13 anos, ele teve um encontro com que sonhara por toda a sua vida. Entrou numa sorveteria, depois de uma partida dos Browns contra os 49ers, e deparou com seu ídolo! Aproximou-se do grande astro, e declarou:

— Sr. Brown, sou o seu maior fã!

Gentil, Brown agradeceu. O rapaz insistiu:

— Quer saber de uma coisa, Sr. Brown?

Brown tornou a se virar para ele.

— O que é, filho?

— Conheço todos os recordes que já bateu, cada *touchdown* que já marcou.

— Isso é ótimo.

Jim Brown voltou a se concentrar em sua conversa, mas o rapaz não desistiu:

Sr. Brown! Sr. Brown!

Jim Brown tornou a se virar para ele. O rapaz fitou-o nos olhos, com a maior intensidade, e disse:

— Sr. Brown, um dia ainda vou bater todos os seus recordes!

O astro do futebol americano sorriu.

— Isso é maravilhoso, garoto. Qual é o seu nome?

O rapaz sorriu de orelha a orelha.

— Orenthal, senhor. Orenthal James Simpson... Meus amigos me chamam de O.J.

"Somos o que somos e estamos onde estamos porque primeiro o imaginamos."

— DONALD CURTIS

O.J. Simpson acabou quebrando mesmo os recordes de Jim Brown, e marcou alguns novos! Como os objetivos criam esse incrível poder de moldar o destino? Como podem levar um menino afligido pelo raquitismo a se tornar um mito esportivo? *Fixar objetivos é o primeiro passo para transformar o invisível em visível — a fundação para todo o sucesso na vida.* É como se a Inteligência Infinita preenchesse qualquer molde que você criasse, usando a impressão de seus pensamentos com grande intensidade emocional. Em outras palavras, você pode esculpir sua própria existência, pelos pensamentos que projeta sistematicamente em cada momento de sua vida. A concepção dos objetivos é o plano-mestre que guia todo o pensamento.

Você criará uma obra-prima ou interpretará a vida por meio dos quadros dos outros? Vai usar um dedal para coletar as experiências de sua vida, ou um enorme barril? As respostas a essas perguntas já foram dadas pelos objetivos que você procura sistematicamente.

TRANSFORMANDO O INVISÍVEL EM VISÍVEL

Olhe ao seu redor agora. O que você vê? Está sentado num sofá, cercado por obras de arte, assistindo a um programa de televisão numa tela grande ou ouvindo música em um iPod? Ou se encontra sentado a uma escrivaninha, onde há um telefone e um computador? Todos esses objetos foram outrora apenas ideias na mente de alguém. Se eu lhe dissesse há cem anos que ondas invisíveis ao redor do mundo podiam ser captadas do ar e transmitidas para uma caixa, a fim de gerar sons e imagens, você não me consideraria louco? Hoje, no entanto, quase todos os lares possuem pelo menos um aparelho de televisão (a média é dois!). Alguém teve de *criá-los*, e para que isso acontecesse, alguém teve de *imaginá-los com precisão.*

Isso só ocorre com os objetos materiais? Não, aplica-se também a todos os tipos de atividades e processos: um carro só funciona porque algumas pessoas empreendedoras imaginaram como controlar o processo de combustão interna. A resposta para os nossos desafios de energia atuais se encontra na imaginação e na engenhosidade dos físicos e dos engenheiros de hoje. E a solução para nossas crises sociais, como a alarmante proliferação dos grupos de ódio racial, o desabrigo e a fome, só pode derivar da inventividade e compaixão de pessoas dedicadas, como você e eu.

POR QUE NEM TODOS FIXAM OBJETIVOS?

Você pode estar pensando neste momento: "Tudo isso parece muito inspirador, mas é certo que o simples fato de fixar um objetivo não faz com que aconteça." Pois saiba que concordo plenamente. *Toda fixação de objetivo deve ser imediatamente acompanhado pelo desenvolvimento de um plano, e também por uma ação maciça e sistemática para sua realização.* Você já possui o poder para agir. Se não tem sido capaz de acioná-lo, é apenas porque não fixou objetivos que o inspirassem.

O que o detém? Já esteve exposto, com toda certeza, ao poder de fixar objetivos, antes da leitura deste livro. *Mas tem uma lista de objetivos definidos com clareza para os resultados que produzirá em sua vida, em termos mentais, emocionais, físicos, espirituais e financeiros?* O que o tem detido? Para muitos, é o medo inconsciente do desapontamento. Algumas pessoas fixaram objetivos no passado e não conseguiram alcançá-los; pararam de fixar objetivos, em decorrência do desapontamento e do medo do futuro. Não querem ter expectativas que possam ser frustradas. Outras pessoas fixam objetivos, mas abusam de si mesmas ao vincularem todo seu nível de felicidade pessoal à capacidade de alcançar objetivos que podem estar além de seu controle. Ou carecem da flexibilidade para perceber que, à medida que avançam na direção de seus objetivos, há objetivos melhores e mais dignos ao seu redor.

O processo de fixar objetivos funciona de uma forma muito parecida com a visão. Quanto mais você se aproxima de seu destino, mais clareza adquire, não só do próprio objetivo, mas também dos detalhes de tudo ao redor. Quem sabe? Você pode decidir que gosta ainda mais de uma das outras possibilidades, que o inspira com um vigor maior, e mudar de direção! Às vezes, como mostraremos em mais profundidade adiante, deixar de alcançar um objetivo na verdade o aproxima do verdadeiro propósito de sua vida.

O ímpeto para realizar e contribuir se apresenta sob muitas formas. Para algumas pessoas, é gerado pelo desapontamento, ou até mesmo pela tragédia. Para outros, é acionado pela súbita compreensão, um dia qualquer, de que a vida está passando, e a qualidade de sua vida diminui a cada momento. Para alguns, a inspiração é a fonte da motivação. Constatar o que é possível, antecipar o melhor roteiro possível ou compreender que se está de fato efetuando um progresso significativo pode ajudar as pessoas a desenvolverem um tremendo impulso para realizarem ainda mais.

É frequente não percebermos até que ponto já avançamos, por estarmos absorvidos no processo da realização. Uma boa metáfora para isso é a de um amigo lhe dizer que seu filho cresceu um bocado e você murmurar, com uma surpresa sincera: "É mesmo?" Vinha acontecendo diante de você, e por isso não percebeu. É ainda mais difícil perceber o seu próprio crescimento, e por isso eu gostaria de partilhar com você um processo simples. Por favor, tire um momento para fazer isso agora. Vai ajudá-lo a explorar uma ou ambas as forças motivacionais descritas acima.

ONTEM, HOJE E AMANHÃ

Às vezes é fácil perder a noção do quanto você já avançou... ou quanto ainda precisa avançar na vida. Utilize as páginas seguintes para fazer uma avaliação acurada das posições em que se encontrava nestas dez áreas críticas há cinco anos. Para ser mais específico, *ao lado de cada categoria, marque a sua contagem pessoal, de 0 a 10, 0 significando que você nada tinha nessa área, e 10 indicando que correspondia de forma absoluta ao desejo de sua vida.*

O segundo passo, depois de se dar uma nota, *é escrever uma frase ao lado de cada categoria para descrever como você era antes.* Por exemplo, como você era fisicamente há cinco anos? Pode escrever "Eu era um 7", e depois acrescentar "Estava em boa forma, mas sem dúvida precisava de uma melhoria. Três quilos de excesso de peso, corria duas vezes por semana, mas ainda não tinha uma alimentação saudável. Níveis medíocres de energia".

Tire de 5 a 10 minutos, e faça esse exercício agora. Vai descobrir que é bastante esclarecedor!

Há cinco anos	**Nota**	**Frase**
Físico	________	______________________________
Mental	________	______________________________
Emocional	________	______________________________
Simpatia	________	______________________________
Relacionamentos	________	______________________________
Ambiente de vida	________	______________________________
Social	________	______________________________
Espiritual	________	______________________________
Carreira	________	______________________________
Financeira	________	______________________________

Agora, para verificar o contraste, vamos ver até que ponto você progrediu — ou deixou de progredir — em cada uma dessas categorias. Responda às mesmas perguntas, só que com base hoje. Em outras palavras, primeiro *dê a si mesmo uma nota de 0 a 10* para o que você é hoje em cada uma dessas categorias, e depois *escreva uma frase ou duas descrevendo o que você é hoje em cada uma dessas áreas.*

Hoje	**Nota**	**Frase**
Físico	________	______________________________
Mental	________	______________________________
Emocional	________	______________________________
Simpatia	________	______________________________
Relacionamentos	________	______________________________
Ambiente de vida	________	______________________________
Social	________	______________________________
Espiritual	________	______________________________
Carreira	________	______________________________
Financeira	________	______________________________

O que você aprendeu, até aqui, ao fazer isso? Que distinções adquiriu? Melhorou mais do que imaginava em algumas categorias? Percorreu um longo caminho? Não acha que isso é maravilhoso? Se não foi tão longe quanto gostaria, ou se acha que se saía melhor em algumas áreas há cinco anos do que agora, isso constitui também uma importante mensagem, que pode levá-lo a promover mudanças antes que muitos anos mais se passem. Lembre-se de que a insatisfação pode ser um importante caminho para o sucesso.

Tire um momento agora e escreva algumas frases explicativas para descrever o que aprendeu com essa comparação:

____

____

____

____

Complete agora o exercício, projetando como será daqui a cinco anos. *Outra vez, dê uma nota a si mesmo e escreva uma frase descrevendo como será em cada uma dessas categorias fundamentais.*

Daqui a cinco anos	**Nota**	**Frase**
Físico	________	____________________
Mental	________	____________________
Emocional	________	____________________
Simpatia	________	____________________
Relacionamentos	________	____________________
Ambiente de vida	________	____________________
Social	________	____________________
Espiritual	________	____________________
Carreira	________	____________________
Financeira	________	____________________

O SEGREDO PARA ALCANÇAR OS OBJETIVOS

Ao se fixar um objetivo, você assumiu um compromisso com *CANI*! *Reconheceu a necessidade que todos os seres humanos têm de uma melhoria constante e incessante.* Há poder na pressão da insatisfação, na tensão do desconforto temporário. Este é o tipo de dor que você *quer* em sua vida, o tipo de dor que você transforma imediatamente em novas ações positivas.

Esse tipo de pressão é conhecido como *eutresse,* em oposição a *estresse.* O eutresse pode ser uma força impulsionadora positiva, que o leva para a frente, em busca de uma constante melhoria de vida, para si mesmo e para as pessoas que têm o privilégio de manter contato com você. Pense a respeito; use essa força para progredir. Muitas pessoas tentam evitar as pressões, mas a ausência de qualquer pressão ou tensão em geral cria um sentimento de tédio e a insipidez na experiência de vida de que tantas pessoas reclamam. Na verdade, quando nos sentimos excitados, experimentamos um senso de pressão ou tensão interior. Só que o nível dessa pressão não é sufocante, mas sim *estimulante.*

Há uma diferença entre ficar estressado e controlar o estresse. *Use* o estresse (eutresse) para guiá-lo na direção que deseja; pode gerar uma tremenda transformação interior. Aprendendo a utilizar a pressão e torná-la sua amiga em vez de inimiga, você pode desenvolver um instrumento que o ajuda a viver a vida em toda a sua plenitude. Além do mais, precisamos lembrar que o nosso nível de estresse é autoinduzido. Portanto, vamos induzi-lo de maneira inteligente.

Um dos meios mais simples de usar a pressão como aliada é recrutar a ajuda das pessoas que você respeita, ao se empenhar na consecução de seus objetivos. Ao declarar publicamente que fará tudo o que for necessário para realizar seus desejos mais profundos e sinceros, você descobrirá ser mais difícil se desviar do caminho quando surgirem a frustração ou o desafio. Muitas vezes, quando você fica cansado ou indeciso, e começa a sentir que as coisas não estão dando certo, a lembrança do anúncio público pode forçá-lo a persistir, seus amigos o ajudarão a procurar um padrão mais alto. Você pode descobrir que esse é um instrumento útil para fazê-lo seguir em frente, mesmo quando o caminho se torna todo esburacado.

O FRACASSO EM ALCANÇAR SEU OBJETIVO PODE SIGNIFICAR A REALIZAÇÃO DE SEUS VERDADEIROS OBJETIVOS

Há alguns anos, um amigo me procurou e falou sobre uma fantasia sua, de viver numa ilha paradisíaca, em Fiji. Eu já ouvira esse sonho muitas vezes e adorava o conceito, em princípio. Mas era um homem prático: ter uma ilha paradisíaca em Fiji era apenas uma oportunidade de investimento. Justifiquei para mim mesmo: se algum dia o mundo sofresse um cataclismo, seria um bom lugar para onde minha família poderia escapar. Assim, programei uma "viagem de negócios e lazer", combinei examinar com Becky várias propriedades nas ilhas, a fim de avaliar se seria um investimento viável.

Passamos um dia maravilhoso visitando diversos lugares, inclusive a "Lagoa Azul" (do filme do mesmo nome), antes de chegarmos a uma praia isolada, numa ilha ao norte do arquipélago. Alugamos o único carro disponível na ilha e percorremos durante as três horas seguintes uma estradinha de terra, com cocos espalhados por toda parte, conhecida como "Estrada dos Hibiscos".

E de repente, no que parecia ser o meio do nada, deparamos à beira da estrada com uma garota fijiana, de cabelos vermelhos espetados. Becky e eu nos sentimos fascinados e queríamos tirar seu retrato, mas também achamos que devíamos manter todo o respeito. Por isso, procuramos seus pais, a fim de pedir permissão para bater a foto.

Acabamos encontrando uma pequena aldeia à beira do mar. Ao nos aproximarmos, fomos avistados por vários aldeões, e um enorme fijiano veio correndo em nossa direção. Cumprimentou-nos com um sorriso efusivo, não em algum dialeto tribunal, mas no inglês da Rainha, com uma voz trovejante:

— Oi! Meu nome é Joe. Por favor, juntem-se a nós para um pouco de *kava*.

Ao entrarmos na aldeia, fomos saudados por incontáveis sorrisos, e muitos risos exuberantes. Fui convidado a entrar numa cabana enorme, para participar de uma cerimônia de *kava* com cerca de trinta homens fijianos, enquanto Becky era convidada a permanecer do lado de fora, conversando com as mulheres, como determina a cultura tradicional das ilhas.

Fiquei impressionado com o entusiasmo daquela gente. Sua alegria espontânea era espantosa. Dentro da cabana, os fijianos não paravam de sorrir, felizes por terem um visitante, e me saudaram com gritos de "Bula, bula, bula!", que significa mais ou menos "Seja bem-vindo, seja feliz, nós amamos você!" Os homens vinham encharcando *yanggona* (uma espécie de raiz picante) numa tigela com água há várias horas, preparando orgulhosos uma bebida não alcoólica que chamavam de *kava* (e que me pareceu como água lamacenta). Convidaram-me a beber, numa cabaça, e enquanto eu partilhava a *kava* (o gosto era tão bom quanto a aparência), os homens riam e gracejavam comigo e uns com os outros. Depois de alguns momentos de confraternização com aquelas pessoas, comecei a acalentar um senso de paz que nunca experimentara antes. Admirado com tanta alegria e senso de diversão, perguntei-lhes:

— Na opinião de vocês, qual é o propósito da vida?

Eles me fitaram como se eu tivesse dito uma piada cósmica, e responderam, aparentemente em uníssono:

— Ser feliz, é claro. O que mais poderia ser?

— É verdade; vocês todos parecem muito felizes aqui em Fiji.

Ao que um homem comentou:

— Tem razão. Acho que aqui em Fiji somos as pessoas mais felizes do mundo... mas é claro que nunca estive em qualquer outro lugar!

Isso desencadeou outra explosão de risos desenfreados. Depois, eles decidiram passar por cima de suas próprias regras e convidaram Becky a entrar na cabana. Trouxeram o único lampião de querosene da aldeia, assim como guitarras havaianas e bandolins. Não demorou muito para que a *bure* ficasse lotada com toda a aldeia, e homens, mulheres e crianças cantaram para nós, na linda harmonia fijiana. Foi uma das experiências mais profundas e comoventes de nossas vidas. O mais incrível naquelas pessoas é que *nada queriam de nós, exceto partilhar a felicidade abundante que sentiam pela vida.*

Muitas horas mais tarde, depois de longas despedidas, deixamos a aldeia renovados, com um profundo senso de paz e equilíbrio em nossas vidas. Voltamos depois do escurecer para um balneário mágico, com uma percepção aguçada e gratidão pela beleza ao nosso redor. Ali estávamos, naquele cenário magnífico, dentro de um pequeno chalé com teto de colmo, no alto de uma elevação de lava, cercados por uma vegetação viçosa, os coqueiros iluminados pelo luar, o marulho das ondas lá embaixo. Fora um dia incrível e sentíamos nossas vidas profundamente enriquecidas pelos moradores daquela pequena aldeia. Sabíamos que não alcançáramos o objetivo fixado para o dia, mas em sua busca deparáramos com uma dádiva ainda maior, *uma dádiva de valor incomparável.*

Voltamos a Fiji três ou quatro vezes por ano, durante os últimos seis anos. Esperávamos realizar nosso objetivo de grande investimento na primeira viagem, mas foram necessárias cerca de vinte viagens a Fiji para finalmente efetuarmos uma aquisição — não apenas um investimento, mas também a oportunidade de partilhar a alegria de Fiji com nossos amigos. Em vez de comprar apenas um terreno, adquirimos Namale, o requintado hotel em que nos hospedamos na primeira viagem! Queríamos aquele lugar de magia — 50 hectares e 8 quilômetros de praia — para melhorá-lo ainda mais e partilhá-lo com nossos amigos e outras pessoas especiais.

Possuir Namale me proporciona a mesma alegria que experimento ao conduzir seminários em que observo as pessoas transformarem sua capacidade de desfrutar a vida. Quando as pessoas chegam em Namale, a mesma transformação ocorre, só que não tenho de fazer coisa alguma para isso! Apenas sento e observo, enquanto pessoas de todos os escalões da vida, de casais em lua-de-mel a aposentados e altos executivos, sobrecarregados pelo ritmo frenético dos grandes negócios, se soltam e redescobrem o que é ser de novo uma criança. Esquivam-se felizes aos borrifos de cinco metros pela extraordinária abertura nos recifes, jogam vôlei com os habitantes locais, andam a cavalo pela praia, ou participam da cerimônia nativa de *kava.*

Adoro ver o espanto em seus olhos ao descobrirem outro mundo no fundo do mar, ou absorverem um pôr do sol que rivaliza com os de suas fantasias mais delirantes, ou seus sorrisos refletirem a ligação espiritual com os fijianos depois do serviço religioso da manhã de domingo, na igreja da aldeia. Jamais imaginei, ao me empenhar no objetivo de um "investimento", que em vez disso encontraria um lugar que faria todos se lembrarem do que é mais importante na vida. *Não é apenas alcançar um objetivo que importa, mas também a qualidade de vida que você experimenta ao longo do caminho.*

VIVER O SONHO

Muitas pessoas passam pela vida adiando toda sua alegria e felicidade. Para elas, fixar objetivos significa que "algum dia", depois que realizarem algo, só depois serão capazes de desfrutar a vida em toda a sua plenitude. A verdade é que, se tomarmos a decisão de sermos felizes agora, automaticamente alcançaremos mais. Embora os objetivos proporcionem uma magnífica direção e um meio de focalizar, devemos nos empenhar constantemente para viver cada dia em sua plenitude, extraindo toda a alegria que pudermos tirar de cada momento. Em vez de medir seu sucesso ou fracasso na vida pela capacidade de realizar um objetivo individualizado e específico, lembre-se de que *a direção que seguimos é mais importante do que os resultados individuais.* Se continuarmos a seguir na direção certa, podemos não apenas alcançar os objetivos que desejamos, mas também muito mais!

Um homem cuja vida eu creio que representa o poder de um futuro irresistível para mudar as habilidades de uma pessoa, e que também nos lembra de que não alcançar o objetivo pretendido pode nos levar a alcançar outro ainda maior, é o falecido Michael Landon. Por que esse homem foi tão amado por tantos? Ele representou muitos dos valores mais altos dentro de nossa cultura: um forte senso de família, fazer a coisa certa, coerência e integridade, e persistência diante da adversidade, além de um senso de profundo amor e preocupação com os outros.

Esse homem, que iluminou tantas vidas, tornou-se um herói cultural por meio de um curso um tanto indireto. Cresceu num ambiente desfavorável, em termos físicos e emocionais, com os pais empenhados em brigas constantes, o pai sendo judeu (e odiando os católicos), e a mãe, católica (e também antissemita). A mãe encenava com frequência melodramáticas tentativas de suicídio, e muitas vezes perseguia Michael até o ponto de encontro dos adolescentes locais, saltando de um táxi para espancá-lo com um cabide. Com um problema crônico de urinar na cama até ingressar na escola secundária, Michael era afligido por incontroláveis tiques faciais e emitia arrotos involuntários. Era muito magro, cheio de medo. Não parece nada com o patriarca tranquilo e confiante da família Ingalls que ele representou no filme de TV *Little House on the Prairie,* não é mesmo? O que mudou sua vida?

Um dia, em seu segundo ano na escola secundária, o professor de ginástica levou a turma para o campo de futebol americano, a fim de praticarem o lançamento de uma lança velha e enferrujada. Michael estava prestes a ter uma experiência que mudaria para sempre sua visão de si mesmo. Quando sua vez chegou, ele pegou a lança com o mesmo medo e falta de confiança com que fazia tudo em sua vida, até aquele momento.

Mas naquele dia um milagre aconteceu. Michael arremessou a lança, que voou além da pista de corrida, 10 metros mais longe do que qualquer outro conseguira lançar até então. Nesse momento, Michael compreendeu que tinha um futuro. Como ele diria mais tarde, numa entrevista à revista *Life*: "Naquele dia eu descobri uma coisa que podia fazer melhor do que os outros, algo em que podia me agarrar. E tratei de me agarrar. Pedi ao treinador que me deixasse levar a lança para casa, durante o verão, e ele permitiu. E eu arremessei e arremessei e arremessei a lança."*

Michael descobrira seu futuro irresistível e procurou-o com uma tenaz intensidade. Os resultados foram absolutamente espantosos. Ao voltar das férias de verão, seu corpo já começara a se transformar. Passou a fazer exercícios para desenvolver a parte superior do corpo. No último ano da escola, quebrou o recorde americano de arremesso de lança de estudantes secundários, ganhando uma bolsa de estudos atlética para a Universidade da Califórnia Meridional. Reproduzindo suas palavras, o "camundongo" se "transformara num leão". Que tal essa metáfora?

A história não termina aqui. Parte da força de Michael emanava de uma convicção que ele adquiriu ao assistir a um filme sobre Sansão e Dalila. Acreditava que seria forte se deixasse os cabelos compridos. Na verdade, deu certo enquanto ele estava na escola secundária. Infelizmente, sua convicção teria um brusco despertar quando ingressou na universidade, na era de cabelos curtos dos anos 1950. Alguns atletas de cabelos curtos derrubaram-no no chão e cortaram sua juba de leão. Embora intelectualmente soubesse que isso não fazia a menor diferença, sua força desapareceu no mesmo instante. Seu arremesso da lança diminuiu em mais de 10 metros. Ao se empenhar para recuperar o desempenho anterior, ele sofreu uma lesão grave, que o afastou do atletismo pelo resto do ano. O departamento atlético tornou sua vida tão difícil que ele foi obrigado a deixar a universidade. A fim de se sustentar, foi trabalhar como carregador numa fábrica. Parecia que seu sonho morrera. Como poderia algum dia cumprir sua visão de se tornar um astro do atletismo internacional?

Por sorte, um dia ele foi descoberto por um caçador de talentos de Hollywood, que o convidou a fazer um teste para o papel de Little Joe Cartwright, no que seria o primeiro *western* em cores para a televisão, *Bonanza*. Depois disso, ele não mais olhou para trás. A carreira de Michael como ator, e mais tarde como diretor e produtor, deslanchara. *Perder o sonho lhe proporcionara seu futuro.* Mas a busca dos objetivos originais e a direção

---

* Darrach, Brad. "I Want to See My Kids Grow Up", revista *Life*, junho de 1991.

por onde o levaram esculpiram tanto seu corpo físico quanto o caráter, dois dos elementos de crescimento que eram necessários para prepará-lo para seu supremo futuro. *Às vezes precisamos confiar que nossos desapontamentos podem ser na verdade oportunidades disfarçadas.*

A CHAVE PARA ALCANÇAR OBJETIVOS

Isso significa que se você perseguir seus objetivos e se defrontar no início com fracasso e frustração, deve seguir adiante, e fazer outra coisa? Claro que não. Ninguém jamais alcançou um objetivo por estar *interessado* em sua realização. É preciso se tornar *empenhado.* Ao estudar a fonte do sucesso das pessoas, descobri que a persistência prevalece até sobre o talento como o recurso mais valioso e eficaz para criar e moldar a qualidade de vida. A maioria das pessoas desiste a *três passos* do objetivo!

Creio que, a vida nos testa constantemente, para determinar nosso nível de empenho. As maiores recompensas da vida estão reservadas para aqueles que demonstram um empenho interminável de agir até obter o êxito. Esse nível de determinação pode mover montanhas, mas deve ser constante e consistente. Por mais simplista que isso possa parecer, ainda é o denominador comum separando os que vivem seus sonhos daqueles que vivem em pesar.

Sou um estudioso das pessoas que aprenderam a pegar o invisível e torná-lo visível. É por isso que respeito poetas, escritores, atores e empreendedores — pessoas que pegaram uma ideia e lhe deram vida. Uma das pessoas que, em minha opinião, é um exemplo eminente de criatividade, sucesso e crescimento pessoal incessante é Peter Guber, presidente do conselho de administração e principal executivo da Sony Entertainment Inc. (a antiga Columbia Pictures). Aos 48 anos de idade, Peter tornou-se um dos homens mais poderosos e respeitados na indústria do cinema. Ele e seu sócio, Jon Peters, obtiveram um total de 52 indicações para o Oscar. Seu trabalho inclui filmes como *Midnight Express* (Expresso da meia-noite), *Missing* (Desaparecido), *Rain Man* e *Barman.* Em 1989, a empresa dos dois, Guber-Peters Entertainment Company, foi adquirida pela Sony por mais de 200 milhões de dólares, a fim de permitir que a dupla assumisse o comando do império da Columbia Pictures. Como alguém tão jovem consegue tamanho impacto numa indústria tão competitiva? A resposta é através da visão e da persistência absoluta e incessante.

Tive um dia o privilégio de receber um telefonema de Guber, e descobri que ele era um grande fã do meu programa gravado em fita de Poder Pessoal™ (Personal Power™). Todas as manhãs, enquanto fazia ginástica, ele escutava as fitas, a fim de que, enquanto mantinha o corpo em forma, pudesse também manter a mente em forma! Queria me agradecer, porque nunca tivera antes uma aquisição assim da televisão, e não costumava escutar fitas desse tipo. Em decorrência dessa conversa, tive a oportunidade de conhecer Peter pessoalmente, e nos tornamos amigos.

Descobri que um ingrediente fundamental de seu incrível sucesso é a capacidade de nunca desistir depois que se fixa num objetivo. Em 1979, ele e Jon Peters compraram os direitos de *Batman,* mas só em 1988 é que puderam iniciar a produção. Ao longo do caminho, quase todos tentaram liquidar o filme. Executivos do estúdio proclamaram que não havia mercado para um filme assim, que só seria assistido por crianças e por fanáticos de histórias em quadrinhos (que se mostraram entusiasmados quando Michael Keaton foi escolhido para o papel de Batman). Apesar de incessante desapontamento, frustração e considerável risco, a equipe de Guber e Peters transformou *Batman* num dos maiores sucessos de todos os tempos, com a receita do fim de semana de lançamento superando a de qualquer outro filme. Os lucros do filme e produtos subsidiários foram calculados em mais de um bilhão de dólares!

Outro exemplo da persistência de Guber foi produzir o filme *Rain Man.* Esse filme nunca deveria ter sobrevivido. Em diversos estágios, o roteiro foi trabalhado por cinco escritores, e três diretores abandonaram o projeto, inclusive Steven Spielberg. Alguns queriam que Peter Guber alterasse o roteiro, acrescentando alguma ação, alguns assassinatos, ou pelo menos um pouco de sexo. Argumentaram que ninguém jamais assistiria a um filme que mostrava apenas dois homens sentados num carro, viajando pelo país, ainda mais quando um deles era "retardado".

Mas Peter compreende o poder da emoção; sempre opta por produzir filmes que comovam o espírito humano. Sabe o que afeta a alma das pessoas e recusou-se a fazer qualquer alteração, dizendo a todos que o filme era sobre um relacionamento, que aquela história de dois irmãos se conhecendo era toda a ação de que o filme precisava e que *Rain Man* acabaria ganhando um Oscar. As melhores mentes tentaram dissuadi-lo, inclusive Spielberg, mas ele não cedeu. Ao final, em 1988, o filme obteve quatro Oscar, de Melhor Filme, Melhor Ator, Melhor Diretor e Melhor Roteiro. A persistência compensa. Guber acredita nisso a cada filme que inicia, que em Hollywood você é apenas tão bom quanto seu último filme. Tal situação não cria muito medo? Pode apostar que sim! Mas ele diz que usa o medo e a pressão do ambiente não para se deixar paralisar, sim para *impeli-lo para a frente.*

Com bastante frequência, as pessoas nem começam a buscar um objetivo por medo do fracasso. Ou pior, iniciam a luta pelo objetivo, mas desistem cedo demais. Podem entrar na pista para alcançar o que desejam, mas não conseguem manter a paciência do homem que trabalha com a pedra. Porque não recebem um retorno imediato, desistem cedo demais. Se há uma competência que sempre encontro em campeões — pessoas que realizaram de fato os seus maiores desejos — é um nível incrível de persistência. Eles *mudam seu enfoque* de acordo com as necessidades, mas nunca abandonam sua visão final.

ACIONE O PODER DO SISTEMA DE ATIVAÇÃO RETICULAR PARA ALCANÇAR SEUS OBJETIVOS

Qual é o poder que um Peter Guber ou um Michael Landon utilizam?

Qual é essa percepção aparentemente extrassensorial que eles têm para notar tudo e qualquer coisa que se relacione com seu objetivo, ou que pode ser usada para a realização de seus desejos? Creio que, em cada caso, essas pessoas aprenderam a usar um mecanismo em seus cérebros conhecido como Sistema de Ativação Reticular.

Parece complexo e sem dúvida o processo concreto o é, mas a função do seu SAR é simples e profunda: determina o que você vai notar, em que vai prestar atenção. É o sistema de projeção em sua mente. Lembre-se de que seu consciente pode focalizar apenas uma quantidade limitada de elementos, em qualquer momento específico, e por isso o cérebro despende muito esforço decidindo em que *não* prestar atenção. Há incontáveis estímulos a bombardeá-lo neste momento, mas seu cérebro suprime a maior parte, e focaliza apenas o que você considera importante. O mecanismo para efetuar isso é o SAR. Portanto, o SAR é o responsável direto pelo quanto da realidade você experimenta conscientemente.

Deixe-me apresentar um exemplo. Já comprou uma roupa nova ou um carro, e de repente passou a notar um similar por toda parte? Por que isso acontece? Tais coisas não existiam antes? Claro que existiam, mas você passou a notá-las agora porque a aquisição do produto foi uma clara demonstração para seu SAR de que tudo o que se relaciona com o objeto é agora significativo, e precisa ser notado. Você começa a ter uma percepção imediata e aguçada de algo que, na verdade, sempre esteve ao seu redor.

Essa mudança de postura mental lhe proporciona um alinhamento mais preciso com seus objetivos. A partir do momento em que decide que algo é prioritário, você lhe concede uma tremenda intensidade emocional, e com o foco contínuo, qualquer recurso que ajudar na realização se tornará evidente. Portanto, não é crucial compreender exatamente *como* você alcançará seus objetivos, no momento de fixá-los. Confie que o SAR vai indicar o que você precisa saber, ao longo do caminho.

"Suba alto; suba longe. Seu objetivo é o céu;
Seu alvo, as estrelas."

— INSCRIÇÃO NO WILLIAMS COLLEGE

Em 1983, fiz um exercício que criou um futuro tão irresistível que toda a minha vida mudou em decorrência. Como parte do processo global de elevar meus padrões, estabeleci todo um novo conjunto de objetivos, anotando as coisas com as quais não mais me contentaria, além do que estava empenhado em ter na minha vida. Pus de lado todas as convicções limitadoras, e sentei na praia com meu diário.

Escrevi sem parar por três horas, formulando cada possibilidade do que imaginava que podia fazer, ser, ter, criar, experimentar ou contribuir. O prazo que me concedi para alcançar esses objetivos foi de o dia seguinte aos próximos vinte anos. Nunca me detive para pensar se poderia ou não alcançar aqueles objetivos. Apenas captei toda e qualquer possibilidade que me inspirasse, e anotei-a.

A partir desse início, refinei o processo seis meses mais tarde, quando fui convidado, junto de um grupo de parapsicólogos, a visitar a União Soviética, a fim de estudar fenômenos psíquicos por todo o país, com especialistas universitários. Passei muitas horas viajando de trem, de Moscou para a Sibéria, e de volta a Leningrado. Sem nada em que escrever, a não ser o verso de um velho mapa russo, anotei todos os objetivos a longo prazo para meus destinos espiritual, mental, emocional, físico e financeiro, e depois criei uma série de marcos para cada, trabalhando para trás.

Por exemplo, para alcançar meu maior objetivo espiritual daqui a dez anos, que tipo de pessoa eu teria de ser, e que coisas precisaria realizar em nove, oito, sete anos e assim por diante, voltando até hoje? *Que ação específica eu poderia efetuar hoje que me levasse à estrada para o destino de minha opção?*

Naquele dia, fixei objetivos específicos que transformaram minha vida. Descrevi a mulher dos meus sonhos, detalhando como ela seria mental, emocional, física e espiritualmente. Descrevi como meus filhos seriam, os enormes rendimentos que teria e a casa em que viveria, inclusive com a área circular de escritório no terceiro andar, dando para o mar.

Um ano e meio depois, a revista *Life* estava em minha casa, entrevistando-me para saber como eu conseguira produzir mudanças tão extraordinárias em minha vida. Quando peguei o mapa para mostrar todos os objetivos que escrevera, foi espantoso constatar o quanto eu realizara. Conhecera a mulher que eu descrevera e casara com ela. Encontrara e comprara a casa que eu imaginara, nos menores detalhes, inclusive com o escritório numa torre no terceiro andar, com vista para o mar. Ao fixá-los no papel, eu não tinha a menor garantia de que esses objetivos poderiam ser alcançados. Mas estava *disposto a suspender o julgamento por um curto prazo, para fazer com que funcionasse.*

DÊ O PRIMEIRO PASSO AGORA!

O que vamos fazer agora é dar o primeiro passo para converter o invisível, para transformar seus sonhos em realidade. Ao terminarmos, você terá criado para si mesmo uma expectativa tão grande, um futuro tão irresistível, que não poderá deixar de dar os primeiros passos hoje.

Cobriremos quatro áreas:

1) objetivos de desenvolvimento pessoal;

2) objetivos profissionais/econômicos;

3) objetivos de diversão/aventura, e;

4) *objetivos de contribuição.*

Para cada área, você terá um prazo para pensar. Escreva depressa — mantenha a caneta sempre em movimento, não se censure, ponha tudo no papel. Pergunte-se constantemente: *o que eu gostaria para minha vida se soubesse que posso ter da maneira como desejo? O que eu faria se soubesse que não poderia fracassar?* Suspenda a necessidade de saber com precisão o *como.* Basta descobrir qual é o seu verdadeiro anseio. Faça isso sem questionar ou duvidar de sua capacidade.

Lembre-se: se tiver inspiração suficiente, o poder interior que você vai desencadear sempre encontrará um meio de manifestar seu desejo. Além disso, no início, não desperdice tempo em detalhes específicos sobre as coisas, como "Quero uma casa em Nob Hill, San Francisco, com móveis contemporâneos brancos, e algumas manchas de cor aqui e ali... e também não posso esquecer o roseiral vitoriano". Escreva apenas "Casa dos sonhos. Jardim grande. San Francisco". Preencherá os detalhes depois.

Agora, ponha-se num estado mental de fé absoluta e expectativa total de que pode criar qualquer coisa que quiser. Gostaria que imaginasse que é outra vez uma criança, na véspera do Natal. Está numa loja de departamentos, prestes a sentar no colo de Papai Noel. Lembra qual era a sensação? Se conversar com crianças antes do Natal, vai descobrir que elas não demonstram a menor dificuldade para apresentar uma lista imensa; vão lhe dizer: "Sei muito bem o que quero. Quero uma piscina. Ou melhor, quero *duas* piscinas, uma para você, outra para mim." Um adulto provavelmente responderia: "O quê? Terá muita sorte se conseguir uma banheira no quintal dos fundos!" Seremos práticos mais tarde, mas por enquanto o importante é ser criança: conceda a si mesmo a liberdade de explorar as possibilidades da vida sem limites.

I. Objetivos de desenvolvimento pessoal

Passo 1: No espaço previsto (ou em folhas de papel adicionais, se precisar de mais espaço), *escreva tudo o que gostaria de melhorar em sua vida relacionado com seu próprio crescimento pessoal.* Como gostaria de melhorar seu corpo físico? Quais são os seus objetivos para o desenvolvimento mental e social? Gostaria, por exemplo, de aprender a falar outra língua? Saber leitura dinâmica? Haveria algum valor em ler todas as obras de Shakespeare? Emocionalmente, o que gostaria de experimentar, alcançar ou controlar em sua vida? Talvez queira adquirir a capacidade de romper padrões de frustração ou rejeição. Talvez queira sentir compaixão pelas pessoas contra as quais antes sentia raiva. Quais são alguns de seus objetivos espirituais? Quer experimentar um sentimento maior de união com seu Criador? Ou ter um sentimento ampliado de compaixão pelo próximo?

O importante ao escrever esses objetivos é registrar tudo e qualquer coisa que possa imaginar, sem deixar a mente parar. Podem ser objetivos a curto prazo — algo que você quer realizar esta semana, este ano — ou objetivos a longo prazo, algo que deseja alcançar em qualquer momento entre agora e daqui a vinte anos. *Imagine as coisas por um mínimo de cinco minutos. Não pare de escrever em momento algum.* Seja tolo, seja absurdo, seja criança — às vezes uma ideia esquisita leva a um grande destino! Aqui estão algumas perguntas que você pode querer analisar antes de começar; mas depois de analisá-las, entre em ação e comece a fixar seus objetivos imediatamente!

O que gostaria de aprender?

Quais são algumas habilidades que deseja adquirir? Quais são alguns traços de caráter que gostaria de desenvolver?

Quais são os amigos que deseja ter?

Quem você quer ser?

O que pode fazer por seu bem-estar físico?
Fazer uma massagem por semana? Todos os dias?
Criar o corpo de seus sonhos?
Ingressar numa academia de ginástica... e aproveitá-la ao máximo?
Contratar uma cozinheira vegetariana?
Completar o Triatlon Iron Man em Honolulu?

Gostaria de dominar o seu medo de voar?
Ou de falar em público?
Ou de nadar?
O que gostaria de aprender?
Falar francês?
Estudar os Pergaminhos do mar Morto?
Dançar e/ou cantar?
Estudar com o virtuose do violino Itzhak Perlman?
Com quem mais gostaria de estudar?
Gostaria de ser um estudante de intercâmbio no exterior?

Passo 2: Agora que você tem uma lista de objetivos para o seu desenvolvimento pessoal com a qual pode se animar, *tire um minuto para fixar um prazo para cada um.* Neste estágio, não é importante saber como você vai alcançar esses objetivos. Basta determinar um prazo, a partir do qual vai se empenhar. *Lembre-se de que objetivos são sonhos com uma data marcada.* O simples ato de decidir quando alcançará um objetivo aciona forças conscientes e inconscientes para fazer com que os objetivos se tornem uma realidade. Assim, se você decidir realizar um objetivo dentro de um ano ou menos, ponha o número 1 ao lado. Se quer realizar em três anos, ponha 3, e assim por diante, em cinco, dez e vinte anos.

Passo 3: Agora, *o objetivo específico de um ano mais importante nessa categoria* — um objetivo que, se realizá-lo neste ano, lhe proporcionará a maior animação e fará com que sinta que o ano foi bem investido. *Tire dois minutos para escrever um parágrafo sobre os motivos pelos quais está absolutamente empenhado em alcançar esse objetivo dentro de um ano.* Por que isso é compulsivo para você? O que ganhará por alcançá-lo? O que perderia *se não* o alcançasse? Esses motivos são bastante fortes para levá-lo a persistir? Se não, procure um objetivo melhor, ou melhores motivos.

A constatação mais importante que fiz sobre objetivos, anos atrás, foi a de que se tivesse algum bastante grande para me levar a fazer alguma coisa — um forte conjunto de motivos — sempre poderia imaginar *como* alcançá-lo. Os objetivos por si sós podem inspirar, mas conhecer os motivos mais profundos pelos quais os deseja, em primeiro lugar, pode proporcionar o ímpeto permanente e a motivação necessária para persistir e conseguir.

OBJETOS DE DESENVOLVIMENTO PESSOAL

II. OBJETIVOS PROFISSIONAIS/ECONÔMICOS

passo seguinte é fixar seus *objetivos profissionais/econômicos.*
sso 1: *Escreva tudo o que deseja para sua vida profissional ou financeira.*
ie níveis de abundância financeira você quer alcançar? A que posição deseja
bir? *Tire cinco minutos para criar uma lista que vale um milhão de dólares!*

Você quer ganhar:
- 50 mil dólares por ano?
- 100 mil dólares por ano?
- 500 mil dólares por ano?
- 1 milhão de dólares por ano?
- 10 milhões de dólares por ano?
- Tanto que nem poderia contar?

Que objetivos você tem para sua companhia?
- Gostaria que se tornasse uma empresa de capital aberto?
- Gostaria que se tornasse a líder em seu setor?

Quanto você gostaria de ter como patrimônio líquido?
- Quando você quer se aposentar?
- Quanto rendimento de investimentos você gostaria de ter para não precisar mais trabalhar?
- Com que idade deseja alcançar a independência financeira?

Quais são seus objetivos de administração financeira?
- Precisa:
- Equilibrar seu orçamento?
- Equilibrar sua conta bancária?
- Arrumar um treinador financeiro?
- Que investimentos gostaria de fazer?
- Gostaria de:
  - Financiar um empreendimento novo?
  - Comprar uma coleção de moedas?
  - Iniciar um serviço de distribuição de fraldas?

Aplicar num fundo mútuo?
Fazer uma carteira de ações?
Contribuir para um plano de pensão?

Quanto você quer poupar para proporcionar a seus filhos uma instrução universitária?

Quanto você quer ser capaz de gastar em viagens e aventuras?
Quanto você quer ser capaz de gastar em novos brinquedos?

Quais são os seus objetivos profissionais?

Com o que gostaria de contribuir para sua companhia?
Que oportunidades gostaria de criar?
Gostaria de se tornar um supervisor? Um gerente? Um diretor-executivo?
Gostaria de ser reconhecido por todos em sua profissão?
Que tipo de impacto gostaria de ter?

Passo 2: Agora que você já escreveu todos os seus objetivos profissionais e econômicos mais irresistíveis, *tire um minuto para fixar um prazo para cada um*, como fez com os objetivos de desenvolvimento pessoal. Se estiver decidido a realizar esse objetivo em um ano ou menos, escreva o número 1 ao lado. Se estiver decidido a alcançá-lo nos próximos cinco anos, escreva 5, e assim por diante. Lembre-se de que o importante não é se você sabe como vai alcançar esse objetivo, ou se o prazo é razoável, e sim se você está *absolutamente determinado* a alcançá-lo.

Passo 3: Em seguida, *escolha o principal objetivo de um ano na categoria profissional e econômica e tire 2 minutos para escrever um parágrafo a respeito*, explicando por que está absolutamente determinado a alcançar esse objetivo dentro de um ano. Acumule tantos motivos quantos puder para alcançar esse objetivo. Escolha motivos que o impulsionem de verdade, que o tornem apaixonado e animado com o processo. Se esses motivos não foram bastante compulsivos para levá-lo em frente, então procure motivos melhores, ou um objetivo melhor.

OBJETIVOS PROFISSIONAIS/ECONÔMICOS

III. Objetivos de diversão/aventura

Se não houvesse limitações econômicas, quais são algumas das coisas que gostaria de ter? Quais são algumas das coisas que gostaria de fazer? Se o gênio da lâmpada estivesse na sua frente para atender a qualquer desejo que formulasse, o que você mais gostaria de ter no mundo?

Passo 1: *Tire cinco minutos para escrever tudo o que você sempre desejou ter, fazer ou experimentar na vida.* Aqui estão algumas perguntas para ajudá-lo:

Gostaria de construir, criar ou comprar um:

Chalé?
Castelo?
Casa na praia?
Barco a vela?
Iate particular?
Ilha?
Um carro esporte Lamborghini?
Guarda-roupa de Chanel?
Helicóptero?
Avião a jato?
Estúdio dc música?
Coleção de arte?
Zoológico particular, com girafas, crocodilos e hipopótamos?

Gostaria de comparecer:

À estreia de uma peça na Broadway?
Ao lançamento internacional de um filme em Cannes?
A um concerto de Bruce Springsteen?
A uma produção do teatro Kabuki, em Osaka, Japão?

Gostaria de:

Disputar as próximas 500 Milhas de Indianápolis?

Jogar tênis com profissionais?
Ser o lançador na decisão do campeonato americano de beisebol?
Carregar a tocha olímpica?
Jogar na NBA?
Nadar com golfinhos rosas nos mares do Peru?
Disputar uma corrida de camelos entre as pirâmides do Egito com seu melhor amigo? E *ganhar?*
Escalar os Himalaias com os Sherpas?

Gostaria de:
Estrelar uma peça na Broadway?
Beijar um astro no cinema?
Coreografar um balé moderno com Mikhail Barishnikov?

Que lugares exóticos gostaria de visitar?
Gostaria de:
Velejar ao redor do mundo como Thor Heyerdahl na *Kon-Tiki?*
Visitar a Tanzânia e estudar os chimpanzés com Jane Goodall?
Refestelar-se nas areias da Riviera Francesa?
Navegar pelas ilhas gregas num iate?
Participar de um Festival do Dragão na China?
Participar de uma dança das sombras em Bangkok?
Mergulhar em Fiji?
Meditar num mosteiro budista?
Conhecer o Museu do Prado em Madri?
Adquirir uma passagem no próximo voo do ônibus espacial?

Passos 2 e 3: Outra vez, *marque um prazo para cada um, escolha o principal objetivo de um ano nesta categoria e tire dois minutos para escrever um parágrafo explicando por que está absolutamente determinado a alcançá-lo* *dentro do próximo ano.* Apoie-se em fortes motivos; e se esses motivos não forem bastante compulsivos para levá-lo em frente, procure melhores motivos, ou um objetivo melhor.

OBJETIVOS DE DIVERSÃO/AVENTURA

IV. Objetivos de contribuição

Estes podem ser os objetivos mais inspiradores e irresistíveis, porque *esta é a sua oportunidade de deixar uma marca, criar um legado que fará uma diferença verdadeira na vida das pessoas.* Pode ser algo tão simples como dar o dízimo a sua igreja, ou empenhar sua família num programa de reciclagem, ou tão amplo quanto instituir uma fundação para oferecer oportunidades a pessoas deficientes.

Passo 1: *Tire cinco minutos para explorar todas as possibilidades.*

Como você poderia contribuir? Pode?

Ajudar a construir um abrigo para os sem-teto?
Adotar uma criança?
Trabalhar como voluntária numa cozinha comunitária?
Ler para os cegos?
Visitar um homem ou mulher cumprindo a pena de prisão?
Servir nos Voluntários da Paz por seis meses?
Visitar um asilo de velhos?

Como você pode ajudar a:

Proteger a camada de ozônio?
Limpar os oceanos?
Eliminar a discriminação racial?
Impedir a destruição das florestas tropicais?

O que você poderia criar? Poderia:

Inventar uma máquina de movimento perpétuo?
Projetar um carro que funciona com lixo?
Criar um sistema para distribuir alimentos aos famintos?

Passos 2 e 3: Como antes, *fixe um prazo para cada objetivo, escolha o principal objetivo de um ano nessa categoria e tire dois minutos para escrever um parágrafo* explicando por que está absolutamente determinado a alcançá-lo no próximo ano.

"Não há nada como o sonho para criar o futuro. Utopia hoje, carne e osso amanhã."

— VICTOR HUGO

OBJETIVOS DE CONTRIBUIÇÃO

Você já deve ter agora quatro objetivos principais de um ano, que o animam e inspiram absolutamente, com motivos sólidos e compulsivos para apoiá-los. Como se sentiria se dentro de um ano os tivesse dominado e alcançado? Como se sentiria em relação a si mesmo? Como se sentiria em relação a sua vida? Devo insistir na importância de desenvolver razões bastante fortes para alcançar esses objetivos. Ter um *porquê* bastante poderoso lhe proporcionará o necessário *como.*

Não deixe de pensar nesses quatro objetivos *diariamente.* Ponha-os num lugar em que possa ver *todos os dias,* como a sua agenda, a mesa no escritório, o espelho do banheiro, enquanto faz a barba ou se maquila. Se apoiar seus objetivos com um sólido empenho de *CANI!*, uma incessante e constante melhoria em cada uma dessas áreas, então pode estar certo de que terá progressos diários. Tome a decisão agora de buscar esses objetivos, começando *imediatamente.*

COMO TORNAR REAIS SEUS OBJETIVOS

Agora que você tem um conjunto de objetivos irresistível e motivos definidos para realizá-los, o processo para fazer com que os objetivos se tornem reais já começou. Seu SAR se tornará sensibilizado à medida que recapitular os objetivos e motivos, e atrairá para você qualquer recurso de valor para realizar seu desejo definido com clareza. A fim de assegurar a consecução absoluta de seus objetivos, você deve condicionar seu sistema nervoso *de antemão* para sentir o prazer que com certeza lhe proporcionarão. Em outras palavras, *pelo menos duas vezes por dia você deve ensaiar e desfrutar emocionalmente a experiência de alcançar cada um dos seus objetivos mais valiosos.* Cada vez que fizer isso, você cria mais alegria emocional, enquanto se vê, sente e ouve vivendo seu sonho.

Esse foco contínuo criará um caminho neural entre o ponto em que você se encontra e o lugar para onde quer ir. Por causa desse condicionamento intenso, você se descobrirá experimentando um senso de certeza absoluta de que realizará seus desejos, e essa certeza se traduzirá numa qualidade de ação que garantirá o sucesso. A confiança lhe permitirá atrair os treinadores apropriados e os exemplos que o guiarão nas ações mais eficazes, a fim de produzir resultados mais depressa, em vez do método tradicional de tentativa e erro, que pode demorar décadas ou mais. Não espere outro dia para iniciar esse processo. Comece hoje mesmo!

O PROPÓSITO DO OBJETIVO

Muitas vezes, ao perseguirmos nossos objetivos, deixamos de perceber seu verdadeiro impacto no ambiente ao redor. Pensamos que a realização do objetivo é um fim por si mesma. Mas se tivéssemos uma compreensão maior, perceberíamos que, com frequência, na busca de nossos objetivos desencadeamos *efeitos processuais,* com consequências muito mais amplas do que jamais tencionamos. Afinal, a abelha é deliberada na maneira como propaga as flores? Claro que não, mas no processo de extrair o néctar das flores, uma abelha invariavelmente recolhe o pólen nas pernas, voa para a flor seguinte e aciona uma corrente de polinização, que resultará na encosta de uma colina iluminada por cores profusas. O executivo busca o lucro e, no processo, pode criar empregos que oferecem às pessoas uma oportunidade de crescimento pessoal e um aumento na qualidade de vida. O processo de ganhar a vida permite às pessoas atingir objetivos, como proporcionar aos filhos uma instrução superior. Os filhos, por sua vez, contribuem ao se tornarem médicos, advogados, artistas, executivos, cientistas e pais. A corrente jamais acaba.

Os objetivos constituem um meio para um fim, não o supremo propósito de nossas vidas. São apenas um instrumento para concentrar nosso foco e nos fazer avançar numa direção determinada. O único motivo para perseguirmos objetivos é o de expandir e crescer. *Alcançar objetivos, por si só, nunca nos fará felizes a longo prazo; é quem você se torna, como supera os obstáculos necessários para alcançar os objetivos, que pode lhe proporcionar o mais profundo e duradouro senso de realização.* Por isso, talvez a pergunta fundamental que devemos formular seja a seguinte: "*Que tipo de pessoa terei de me tornar para realizar tudo o que desejo?*" Essa pode ser a pergunta mais importante que você fará a si mesmo, pois a resposta determinará a direção que precisa seguir pessoalmente.

Por favor, tire um momento agora e *escreva um parágrafo descrevendo todos os traços de caráter, habilidades, faculdades, atitudes e convicções que você precisaria desenvolver para realizar todos os objetivos que definiu antes.* É certo que terá de entrar em ação para alcançar esse objetivos. Mas que qualidades precisará ter como pessoa para transformar esse conjunto invisível de empenhos na sua realidade visível? Antes de continuar, faça uma pausa agora, e escreva esse parágrafo.

O TIPO DE PESSOA QUE EU PRECISO ME TORNAR PARA ALCANÇAR TUDO O QUE QUERO:

____
____
____
____
____
____
____
____

O PASSO MAIS IMPORTANTE

Durante anos, fixei objetivos, mas não fui em frente. Sentia-me inspirado no momento, na maior animação, mas três semanas depois notava que não dava seguimento a nada do que escrevera. Registrar um objetivo é sem dúvida o primeiro passo, e a maioria das pessoas nem sequer faz isso; a simples ação de transmitir suas ideias para o papel já começa a fazer com que se tornem mais reais.

Mas a coisa mais importante que você pode fazer para alcançar seus objetivos é cuidar para que, assim que fixá-los, *comece imediatamente a criar ímpeto.* As regras mais importantes que já adotei para me ajudarem a alcançar meus objetivos foram as que aprendi com um homem bem-sucedido, que me ensinou primeiro a escrever meu objetivo e, depois, *nunca deixar o local em que o objetivo foi fixado sem primeiro efetuar alguma forma de ação positiva para sua realização.*

Como enfatizei no Capítulo 2, uma decisão verdadeira é aquela que o leva à ação, e ainda mais a que o leva à ação *agora.* Use o impulso que acumulou ao definir os quatro objetivos principais de um ano. O meio mais poderoso de continuar esse impulso é *efetuar uma ação imediata, assim que terminar a leitura deste capítulo.* Até mesmo o menor passo — um telefonema, o esboço de um plano inicial — já o fará avançar. Depois, formule uma lista de coisas simples que você pode fazer durante os próximos dez dias. Posso lhe prometer que dez dias de pequenas ações na direção de seus objetivos começarão a criar uma corrente de hábitos, que vão assegurar o sucesso a longo prazo.

Se seu principal objetivo de desenvolvimento pessoal para o próximo ano for aprender a dançar *jazz,* por exemplo, "deixe seus dedos percorrerem" as páginas amarelas hoje mesmo. Ligue para a academia de dança e matricule-se num curso.

Se o seu principal objetivo de diversão e aventura para o próximo ano for um Mercedes-Benz, ligue para o revendedor local para pegar um folheto, ou visite-o *esta tarde* para fazer um teste de direção. Não estou dizendo que você precisa comprá-lo hoje, mas pelo menos descubra quanto custa, ou experimente guiá-lo, para que se torne mais real. O desejo intensificado o ajudará a começar a definir um plano.

Se o seu principal objetivo econômico para o próximo ano for ganhar 100 mil dólares, comece a *avaliar agora os passos necessários.* Quem já ganha esse dinheiro e pode lhe ensinar o segredo para o sucesso? Precisa de um segundo emprego para obter esse rendimento? Que habilidades precisa desenvolver? Deve começar a poupar mais do que gasta e investir a diferença, a fim de que possa ter rendimentos de outra fonte além do trabalho? Precisa iniciar um novo empreendimento? Que recursos precisa realmente acumular?

Lembre-se de que você precisa experimentar a sensação de alcançar ıs objetivos principais de um ano, em cada uma das quatro categorias, lo menos uma vez por dia. O ideal é contemplá-los uma vez pela manhã, ›utra à noite. Faça uma revisão de toda a lista a cada seis meses, para ve-ıcar se os objetivos permanecem vitais. Pode querer reproduzir o processo definição, a fim de criar alguns novos objetivos, e tenho certeza de que i querer acrescentar ou suprimir objetivos à medida que sua vida assume ntornos novos e excitantes.

Uma noção adicional, fundamental para o sucesso a longo prazo, é a que *alcançar nossos objetivos pode ser uma maldição, a menos que já ıhamos fixado um novo conjunto de objetivos superiores, antes de reali-rmos os primeiros.* Assim que se descobrir prestes a alcançar um objetivo, ›cê precisa providenciar imediatamente a definição dos objetivos seguintes. ıso contrário, você experimentará algo que todos precisamos evitar: pas-r à frente de nossos objetivos. Quantas vezes já lemos sobre pessoas que cançaram seus supremos objetivos na vida só para dizerem "Isso é tudo?", ›rque sentiram que não tinham mais nenhum lugar para onde irem?

Um exemplo clássico é o de vários astronautas das missões Apollo, que : prepararam durante toda a vida para a suprema viagem: o pouso na Lua. icaram eufóricos quando finalmente o conseguiram, mas alguns, depois ıe voltaram à Terra, desenvolveram um nível de depressão emocional além ɔ que a maioria das pessoas poderia imaginar. Afinal, não havia agora nada ıais que pudessem ansiar. O que poderia ser um objetivo maior do que che-ar à lua, realizar o impossível e explorar o espaço exterior? Talvez a respos-. seja explorar a fronteira igualmente desconhecida do *espaço interior* de ossas mentes, corações e almas.

Já ouvi falar de moças que planejam seu casamento por meses, às vezes nos, empenhando toda a sua criatividade, seus recursos, e até mesmo sua *lentidade,* para uma perfeita fantasia de conto de fadas. Concentram todas s suas esperanças e sonhos no que esperam ser o acontecimento único na ida. Depois que o brilho se desvanece, a jovem esposa, como o astronauta, ente-se decepcionada. Como suceder ao momento máximo de sua vida? Ela recisa ansiar pela aventura mais importante e interminável de construir um elacionamento.

Como as pessoas realizam seu desejo mais profundo, e ainda sentem a mesma animação e paixão que deriva de lutar por um objetivo? *Ao se aproximarem do que buscaram por tanto tempo, imediatamente fixam um novo conjunto de objetivos irresistíveis.* Isso garante uma suave transição da consecução à nova inspiração e um empenho continuado pelo crescimento. Sem esse compromisso, faremos o que for necessário para nos sentirmos satisfeitos, mas nunca nos arriscaremos além de nossas zonas de conforto. É quando perdemos o ímpeto: perdemos o desejo de expandir e começamos a estagnar. Muitas vezes as pessoas sofrem mortes emocional e espiritual antes mesmo de deixarem seus corpos físicos.

O meio de romper essa armadilha é compreender que *a contribuição pode ser o supremo objetivo.* Encontrar um meio de ajudar os outros — aqueles com que nos importamos mais profundamente — pode nos inspirar pela vida inteira. Há sempre um lugar no mundo para as pessoas dispostas a doar tempo, energia, capital, criatividade e empenho.

Pense em Robin Williams, por exemplo. Eis aqui um homem que leva uma grande vantagem sobre seu falecido amigo John Belushi, porque descobriu um meio para nunca carecer de objetivos. Robin e seus amigos Whoopi Goldberg e Billy Crystal encontraram uma missão que sempre vai explorar seus maiores recursos: ajudar os sem-teto. Arnold Schwarzenegger encontrou uma recompensa emocional similar em seu relacionamento com os Jogos Olímpicos Especiais e com o Conselho de Capacidade Física. Todas essas pessoas bem-sucedidas aprenderam que não há nada tão irresistível quanto um sentimento de contribuição sincera.

Cuide para que o seu próximo nível de sonhos o leve continuamente para a frente, numa busca constante e incessante da melhoria. Um empenho por CANI! é de fato a apólice de seguro universal para a felicidade vitalícia. Lembre-se de que *um futuro irresistível é o alimento com que nossas almas vicejam* — todos precisamos de um senso permanente de crescimento emocional e espiritual.

PROGRAME-SE PARA O SUCESSO

Agora que você tem objetivos que o inspiram de verdade, que o levarão para a frente, precisa torná-los tão irresistíveis que pareçam reais em seu sistema nervoso. Como desenvolver esse sentimento de certeza inabalável? Primeiro, remova quaisquer bloqueios, calculando com antecedência o que poderia impedi-lo e cuidando desses obstáculos *agora,* em vez de esperar para fazê-lo 100 quilômetros adiante. Depois, assuma compromissos com pessoas que você sabe que insistirão em seu padrão superior. Reforce os novos caminhos neurais pelo ensaio constante, com repetição e intensidade emocional. Imagine seus objetivos, com absoluta nitidez, muitas e muitas vezes. Incorpore os elementos visuais, auditivos e cinestéticos que transformarão seu objetivo numa realidade!

A SUPREMA LIÇÃO

A lição mais importante neste capítulo é a de que um futuro irresistível cria um senso dinâmico de crescimento. Sem isso, só estamos vivos pela metade. Um futuro irresistível não é um acessório, mas uma *necessidade.* Permite-nos não apenas alcançar, mas também partilhar o sentimento profundo de alegria, contribuição e crescimento que dá sentido à vida.

"Onde não há visão, as pessoas perecem..."

— PROVÉRBIOS, 29:18

Lembro de ter lido sobre a quantidade espantosa de pessoas que morrem nos Estados Unidos dentro de três anos depois da aposentadoria, o que demonstra para mim que, se você perde o senso de que está produzindo ou contribuindo, de algum forma, literalmente perderá a vontade de viver, e que se tiver um motivo para se enforcar, acabará por fazê-lo. Estudos comprovaram que pessoas idosas ou doentes, próximos da morte, muitas vezes cometem suicídio logo após os feriados de fim de ano. Enquanto contam com alguma coisa como o Natal ou a visita da família para ansiar, possuem um motivo para viver; mas depois que passa, não existe mais um futuro irresistível. Esse fenômeno não ocorre apenas nos Estados Unidos; já foi constatado em outras culturas, no mundo inteiro. Na China, por exemplo, o índice de mortes cai imediatamente antes e durante os grandes festivais, e volta a crescer assim que acabam.

Não importa se você tem 18 ou 80 anos — sempre vai precisar de alguma coisa que o projete para a frente. A inspiração que procura se encontra dentro de você mesmo, esperando para ser mobilizada por um desafio imprevisto ou um pedido inspirado. O Coronel Harlan Sanders descobriu-a aos 65 anos, quando recebeu o cheque minguado de sua pensão. A raiva levou-o à ação. Não precisamos esperar por um evento para ter inspiração. Podemos *projetá-la.*

O respeitável comediante George Burns compreendeu a importância e o poder de um futuro irresistível. Uma ocasião, quando lhe pediram para resumir sua filosofia de vida, ele respondeu:

— É preciso ter alguma coisa para sair da cama. Além do mais, não posso fazer nada na cama. A coisa mais importante é ter um alvo, uma direção para seguir.*

Aos 90 anos, ele ainda mantinha seu espírito irônico, participando de projetos de cinema e televisão. Dizem que chegou a marcar uma apresentação no Palladium de Londres para o ano 2000, quando estaria com 104 anos de idade... o que acha disso como criação de um futuro irresistível?!

Use seu poder. Sabe agora o que fazer para se inspirar. Pois é tempo de fazê-lo! Se leu este capítulo passivamente até agora, volte e faça os exercícios. São divertidos, e também são fáceis. Primeiro, elabore sua lista de quatro principais objetivos de um ano. Segundo, defina o "porquê". Terceiro, desenvolva o ritual de revisar seus objetivos e ensaiar a alegria da realização, diariamente, durante dez dias. Quarto, cerque-se de exemplos, de pessoas que possam ajudá-lo a desenvolver um plano para fazer com que tudo se tor-

* George Burns entrevistado por Arthur Cooper, revista *Playboy*, junho de 1978.

ne real. Cada um desses passos o ajudará a programar seu SAR e a sensibilizá-lo para todos os recursos possíveis que poderá incorporar para alcançar seus objetivos. Essa revisão sistemática também lhe proporcionará o senso de certeza de que precisa para entrar em ação.

Agora, vamos passar para o capítulo seguinte. Deixe-me partilhar com você um meio de superar quaisquer obstáculos que poderiam detê-lo, promovendo...

13

O DESAFIO MENTAL DE DEZ DIAS

"O hábito é o melhor dos servos, ou o pior dos amos."

— NATHANIEL EMMONS

CONSISTÊNCIA... Não é isso o que todos procuramos? Não queremos criar resultados *apenas de vez em quando*. A marca de um campeão é a consistência... e a verdadeira consistência é estabelecida por nossos hábitos.

Tenho certeza de que você já compreendeu a esta altura que não escrevi este livro só para ajudá-lo a fazer algumas distinções. Também não foi projetado para inspirá-lo com algumas histórias, ou partilhar com você informações interessantes, a serem usadas de vez em quando, a fim de criar um pequeno "desenvolvimento pessoal". Este livro — e toda a minha vida — é dedicado a produzir um aumento considerável na qualidade de nossas vidas.

Isso só pode ser realizado por meio de um novo padrão de ação maciça. O verdadeiro valor para uma pessoa de qualquer nova estratégia ou habilidade decorre em proporção direta da frequência de seu uso. Como eu já disse o suficiente, saber o que fazer não é suficiente: você deve *fazer o que sabe*. Este capítulo visa a ajudá-lo a instituir hábitos de excelência — os padrões de foco que o ajudarão a ampliar o impacto que tem em si mesmo e nos outros.

A fim de levar nossas vidas para o próximo nível, no entanto, devemos compreender que *o mesmo padrão de pensamento que nos levou ao ponto em que estamos não nos levará ao ponto para onde queremos ir*. Um dos maiores desafios, tanto em pessoas como em empresas, é o de resistirem à mudança (sua maior aliada), justificando suas ações com o argumento de que o atual comportamento levou-as ao nível de sucesso de que desfrutam agora. Isso é absolutamente verdadeiro, mas *um novo nível de pensamento é necessário agora, a fim de se experimentar um novo nível de sucesso pessoal e profissional.*

Para isso, devemos romper, de uma vez por todas, as barreiras de nosso medo e assumir o controle do foco da mente. Os antigos padrões de permitir que a mente seja escravizada por problemas do momento devem ser rompidos para sempre. Em seu lugar, devemos estabelecer o compromisso vitalício de focalizar as soluções e desfrutar o processo. Ao longo deste livro, você aprendeu uma profusão de poderosos instrumentos e estratégias para tornar sua vida mais rica, mais plena, mais alegre e excitante. Mas se apenas leu este livro e deixou de usá-lo, é como comprar um novo e potente computador e nunca tirá-lo da caixa, ou comprar uma Ferrari e deixá-la na garagem, acumulando poeira e fuligem.

Assim, deixe-me lhe oferecer um plano simples para interromper antigos padrões de pensamento, sentimento e comportamento, um meio que pode ajudá-lo a condicionar as alternativas novas e fortalecedoras e torná-las absolutamente consistentes.

Há alguns anos, eu me descobri absorvido num padrão de frustração e raiva. Parecia ter problemas por todos os lados para que me virava. A esta altura, pensar positivamente não figurava no alto da minha lista de soluções. Afinal, eu era "inteligente", e pessoas inteligentes não fazem as coisas parecerem positivas quando não são! Havia muitas pessoas ao meu redor que concordavam com essa ideia (e também se sentiam frustradas com suas vidas!).

Na realidade, eu era incrivelmente negativo na ocasião, e via as coisas piores do que eram. Usava meu pessimismo como um escudo. Era uma débil tentativa de me proteger da dor das expectativas fracassadas: faria qualquer coisa para não ficar desapontado outra vez. Ao adotar esse padrão, no entanto, a mesma barreira me evitava a dor, mas também me afastava do prazer. Impedia-me de encontrar as soluções e me encerrava numa tumba de morte emocional, onde nunca se experimenta dor demais, nem prazer demais, e onde sempre se justificam as ações limitadas com o argumento de estar "sendo apenas realista".

Na verdade, a vida é uma balança. Se nos permitimos virar o tipo de pessoas que se recusam a ver as ervas daninhas que se enraízam em nosso jardim, as ilusões vão nos destruir. Também destrutivas, porém, são as pessoas que, por medo, constantemente imaginam o jardim invadido pelo mato, sufocado por ervas daninhas irremediáveis. O caminho do líder é de equilíbrio. Ele nota as ervas daninhas com um sorriso, sabendo que a visita delas ao jardim está praticamente encerrada — porque as avistou, ele pode e vai agir imediatamente para removê-las.

Não precisamos nos sentir negativos por causa das ervas daninhas. São parte da vida. Precisamos vê-las, reconhecê-las, focalizar a solução e, prontamente, fazer o que for necessário para eliminar sua influência de nossas vidas. Fingir que não existem não vai melhorar as coisas, nem se inflamar em ira por sua presença, nem se deixar dominar pelo medo. A persistente tentativa das ervas daninhas de serem parte de seu jardim é um fato da vida. Trate simplesmente de *removê-las.* E faça isso num estado emocional de jovialidade, caso contrário passará o resto da vida transtornado, porque posso lhe garantir uma coisa: sempre haverá mais "ervas daninhas" surgindo. E a menos que você queira viver em reação ao mundo, cada vez que problemas aparecem, precisa lembrar que elas são de fato uma parte importante da vida. Mantêm você vigoroso e forte, atento para o que é preciso fazer para manter o jardim de sua vida saudável e rico.

Precisamos praticar esse mesmo tratamento ao limparmos o jardim de nossa mente. Devemos ter a capacidade de notar quando começamos a ter um padrão negativo — sem nos desesperarmos por isso, e também sem ficarmos remoendo — e tratar de romper os padrões assim que os descobrimos, substituindo-os pelas novas sementes do sucesso mental, emocional, físico, financeiro, espiritual e profissional. Como rompemos esses padrões no momento em que aparecem? Basta lembrar os passos do NAC que você aprendeu no Capítulo 6.

1) Você precisa decidir o que quer. Se realmente deseja ter um senso de paixão, alegria e controle sobre sua vida — o que obviamente é o caso, já que está lendo isso agora —, então saiba o que quer.

2) Precisa ter uma alavanca pessoal. Se lesse todo este livro e não instituísse novos padrões, não seria um incrível desperdício de tempo? Em con-

traste, como vai se sentir ao usar o que aprendeu para assumir o controle imediato de sua mente, corpo, emoções, finanças e relacionamentos? Deixe que o seu desejo de evitar a dor e alcançar um prazer intenso o leve a efetuar as mudanças necessárias para conduzir sua vida ao próximo nível agora. A fim de conseguir isso, você deve...

3) Interromper o padrão limitador. A melhor maneira que conheço para fazer isso é iniciar uma "*Dieta Mental*", isto é, assumir o controle consciente de todos os seus pensamentos por um prazo determinado. Uma Dieta Mental é uma oportunidade de eliminar os padrões negativos e destrutivos de pensamento e sentimento que inevitavelmente derivam de viver uma vida de reação emocional e indisciplina mental. Eu me empenhei nessa purificação mental há quase oito anos, e descobri que era um processo profundo e valioso.

4) Deparei com a ideia num pequeno folheto de Emmet Fox.* Discorria sobre o valor de passar sete dias sem acalentar nenhum pensamento negativo. A ideia parecia tão Poliana, tão absurdamente simples, que a princípio achei que todo o conceito era um total desperdício de tempo. Mas à medida que fui estudando as regras que ele indicava para purificar o sistema mental, comecei a compreender que podia ser mais difícil do que eu imaginava. O desafio me atraiu, e os resultados finais me surpreenderam. Eu gostaria de ampliar o desafio que o Sr. Fox criou em 1935 e expandi-lo como um meio de ajudá-lo a integrar os principais instrumentos de mudança que você aprendeu até agora neste livro, começando hoje mesmo.

Aqui está sua oportunidade de realmente aplicar todas as novas disciplinas que aprendeu nos capítulos anteriores. Meu desafio para você é o seguinte:

Durante os próximos dez dias, a partir de agora, assuma o controle total de suas faculdades mentais e emocionais, decidindo *neste momento que não vai se entregar nem remoer pensamentos ou emoções áridos por dez dias consecutivos.*

Não parece fácil? E tenho certeza que poderia ser. Mas as pessoas que começam se surpreendem com frequência ao descobrirem quantas vezes seu

---

* Fox, Emmet, *The Seven-Day Mental Diet*, Marina del Rey: De Vorss and Co. Publishers, ©1935.

cérebro se empenha em pensamento improdutivo, temeroso, preocupado ou destrutivo.

Por que devemos nos permitir tantos padrões mentais e emocionais que criam tensões desnecessárias em nossa vida? A resposta é simples: pensamos que isso ajuda! Muitas pessoas vivem num estado de preocupação. A fim de consumar esse estado, costumam focalizar e se fixar no pior roteiro possível. Por que fazem isso? Porque acreditam que tal atitude os levará a fazerem alguma coisa — a entrarem em ação. Mas a verdade é que a preocupação geralmente deixa a pessoa num estado emocional de extrema aridez. Não nos fortalece para entrar em ação, e tende a nos deixar sufocado pela frustração ou pelo medo.

Contudo, usando alguns dos instrumentos mais simples neste livro, você pode mudar seu estado preocupado imediatamente, ao *focalizar uma solução.* Pode fazer a si mesmo uma pergunta melhor, como "O que preciso fazer neste momento para melhorar a situação?" Ou pode mudar seu estado pela mudança do vocabulário que usa para descrever as sensações que experimenta: de "preocupado" para "um pouco apreensivo".

Em suma, se você decidir aceitar meu Desafio de Dez Dias, significa que se comprometeu a se colocar e se manter num estado intensamente positivo, não importa o que possa acontecer. Significa que, se de repente se descobrir em qualquer estado emocional árido, vai no mesmo instante mudar sua fisiologia ou seu foco para um estado fértil, independentemente de seus desejos no momento. Por exemplo, se alguém faz alguma coisa que acha destrutiva ou até mesmo odiosa com você, e começa a se descobrir com raiva, deve imediatamente mudar seu estado emocional, apesar da situação, durante esses dez dias consecutivos.

Mais uma vez, lembre-se de que você dispõe de diversas estratégias para mudar seu estado. Pode fazer a si mesmo uma pergunta mais fortalecedora, como "O que eu poderia aprender com isso?", ou "O que é ótimo nessa situação, e o que ainda não é perfeito?". Essas perguntas o levarão a estados férteis, nos quais encontrará soluções, em vez de ficar remoendo e aprisionado no ciclo de raiva e frustração crescentes. Por quantos outros meios você poderia mudar seu estado se estivesse realmente empenhado?

Lembre-se de que nosso objetivo não é ignorar os problemas da vida, mas sim o de nos colocarmos em melhores estados mentais e emocionais, nos quais poderemos não apenas encontrar soluções, mas também agir com base nelas. Essas pessoas que focalizam o que não podem controlar se tornam permanentemente enfraquecidas.

É verdade que não podemos controlar o tempo, a chuva e outros caprichos, mas podemos ajeitar as velas de um jeito que nos permita determinar a direção a seguir.

Quando pensei em fazer a dieta mental de Fox, achava que permanecer positivo me seria prejudicial. Afinal, já fora positivo no passado, e minhas expectativas não se haviam consumado. Sentira-me arrasado. Ao final, porém, acabei descobrindo que, pela mudança do foco, era capaz de assumir mais controle da minha vida, evitando o estado problemático ao focalizar no mesmo instante a solução. Meus pedidos para uma resposta interior eram logo atendidos quando me encontrava num estado fértil.

Cada pessoa bem-sucedida que conheço partilha a capacidade de permanecer concentrada, lúcida e vigorosa em meio a "tempestades" emocionais. Como conseguem isso? A maioria tem uma regra fundamental: *Na vida, jamais gaste mais de 10 por cento do seu tempo com o problema, e consuma pelo menos 90 por cento do seu tempo com a solução.* Ainda mais importante: *Não se aflija por pequenas coisas... e lembre-se de que tudo é coisa pequena!*

Se você decidir que vai aceitar meu Desafio de Dez Dias — e tenho a impressão de que aceitará, já que chegou a este ponto do livro — então compreenda que pelos próximos dez dias vai consumir 100 por cento do seu tempo em soluções, e *nenhum* tempo com os problemas!

Mas isso não fará com que os problemas se agravem? "Se eu não me preocupar com meus problemas, não é possível que escapem ao controle?" Duvido muito. Dez dias a focalizar apenas as soluções, o que é maravilhoso na vida, o que dá certo, e como você é afortunado, não agravarão seus problemas. Mas esses novos padrões podem torná-lo tão forte que é possível que desapareça o que você antes julgava um problema, à medida que assumir a nova identidade de um ser humano determinado e alegre.

Há quatro regras simples, mas importantes, para esse Desafio de Dez Dias. Assim, se você vai aceitá-lo, lembre-se do seguinte:

DESAFIO MENTAL DE DEZ DIAS — REGRAS DO JOGO

Regra 1: Nos próximos dez dias consecutivos, recuse-se a remoer qualquer pensamento ou sentimento árido. Recuse qualquer indulgência com perguntas enfraquecedoras ou vocabulário ou metáforas desvitalizadores.

Regra 2: Quando se perceber a começar a focalizar o negativo — e pode ter certeza de que isso vai acontecer — use imediatamente as técnicas que aprendeu para redirecionar o foco para um estado emocional melhor. Especificamente, use as Perguntas de Solução de Problemas* como sua primeira linha de ataque; por exemplo: "O que há de sensacional nisso? O que ainda não é perfeito?" Lembre-se de que, ao formular uma pergunta assim, "O que ainda não é perfeito?", você está pressupondo que as coisas serão perfeitas. Isso mudará seu estado. Não ignora o problema, mas mantém você no estado certo, enquanto identifica o que precisa ser mudado.

Além disso, prepare-se para o sucesso todas as manhãs, durante os próximos dez dias, fazendo-se as Perguntas de Poder Matutinas. Pode formulá-las antes de sair da cama, ou enquanto toma um banho de chuveiro, mas não deixe de fazê-las imediatamente. Isso o focalizará, todos os dias, ao despertar, na direção de consolidar padrões mentais e emocionais fortalecedores. Ao final do dia, use as Perguntas de Poder Noturnas, ou quaisquer outras perguntas que achar que o deixarão num estado sensacional, antes de dormir.

Regra 3: Durante os próximos dez dias consecutivos, cuide para que todo o seu foco na vida esteja nas *soluções*, e não nos problemas. No instante em que perceber um possível desafio, focalize imediatamente qual pode ser a solução.

---

*As Perguntas de Solução de Problemas, Perguntas de Poder Matutinas e Perguntas de Poder Noturnas estão relacionadas no Capítulo 8.

Regra 4: Se sofrer um retrocesso — isto é, se por acaso se descobrir a se entregar ou remoer um pensamento ou sentimento árido — não se desespere. Não há problema com isso, desde que você mude no mesmo instante. Mas **se continuar a remoer pensamentos ou sentimentos áridos por um prazo considerável**, você deve esperar até a manhã seguinte, e reiniciar os dez dias. O objetivo deste programa é de *dez dias consecutivos* sem acalentar ou remoer qualquer pensamento negativo. Esse processo de reinício deve ocorrer independentemente dos dias consecutivos em que você já realizou a tarefa.

Você pode perguntar: "Por quanto tempo posso focalizar o negativo antes que seja considerado 'remoer'?" Para mim, um minuto de foco contínuo, com alguma intensidade emocional, ao que é errado, já constitui remoer. Um minuto é tempo mais do que suficiente para nos controlarmos e criarmos uma mudança. Com toda certeza, você saberá se está sendo negativo em relação a alguma coisa num prazo de 20 a 40 segundos.

Se eu fosse você, no entanto, daria a mim mesmo um máximo de 2 minutos para perceber o desafio e começar a mudar seu estado. Dois minutos, sem dúvida, é suficiente para identificar que se encontra num estado negativo. Rompa o padrão. Se permitir que se prolongue por 5 minutos ou mais, descobrirá que o Desafio Mental não cumprirá sua função; em vez disso, aprenderá apenas a descarregar suas emoções mais depressa. O objetivo é resolver o problema no nascedouro, antes mesmo que você entre num estado emocional negativo.

Quando experimentei esse exercício pela primeira vez, depois de três dias me senti com raiva por algum motivo, e me permiti por 5 minutos as emoções negativas, antes de perceber o que fazia. Tive de começar tudo de novo. Na segunda tentativa, esbarrei em alguns tremendos desafios no sexto dia, mas a esta altura já estava determinado. Não recomeçaria tudo de novo! Por isso, descobri-me a focalizar imediatamente a solução. O benefício, como você pode imaginar, não foi apenas permanecer na dieta mental, mas também o de começar a me condicionar para um padrão tremendo e vitalício de permanecer num estado mental positivo, mesmo quando havia desafios ao meu redor, e focalizar a maior parte da minha energia nas soluções.

Até hoje, mesmo quando ouço falar em problemas, como você já deve ter notado, tenho a tendência a chamá-los de desafios. Não fico remoendo, e no mesmo instante focalizo como posso converter o desafio numa oportunidade.

"Primeiro fazemos nossos hábitos, depois nossos hábitos nos fazem."

— JOHN DRYDEN

Você pode decidir, enquanto está fazendo este Desafio Mental, que deseja também purificar seu corpo. Em *Poder sem limites*, apresentei um desafio físico de dez dias. Combinar o Desafio de Viver com Saúde e Vitalidade* de dez dias com o Desafio Mental de dez dias pode produzir resultados extraordinários, capaz de levar sua vida a outro nível nos próximos dez dias.

Ao aceitar e cumprir esse Desafio Mental, você proporcionará a si mesmo um rompimento com os hábitos limitadores e flexionará os músculos do fortalecimento. Transmitirá a seu cérebro uma nova mensagem, *ordenando* novos resultados. *Você exigirá emoções fortalecedoras, pensamentos enriquecedores e perguntas inspiradoras.*

Como uma ideia definida de renovação (a dor de recomeçar), transmite sinais fortes ao cérebro para procurar padrões fortalecedores. Ao fixar um padrão mais alto para os pensamentos que permitirá a sua mente remoer, vai começar a perceber o lixo e padrões destrutivos que costumava aceitar de si mesmo, por cegueira ou indolência. E como resultado, achará muito difícil retornar aos hábitos antigos. A perfeição desse método o levará a lembrar esses padrões no futuro e tornará difícil uma volta aos padrões antigos.

Uma palavra de advertência: *Não inicie esse compromisso de dez dias se não tiver certeza de que vai cumpri-lo durante todo o tempo.* Se não come-

* Ver *Poder sem limites*, "Energia: O Combustível da Excelência"

· com um senso de determinação, é certo que não conseguirá levá-lo por z dias. Não é um desafio para os fracos de ânimo. É apenas para aqueles e estão realmente determinados a condicionar seu sistema nervoso para drões emocionais novos e fortalecedores, que podem levar suas vidas ao óximo nível.

Já decidiu se vai aceitar o desafio? Pense a respeito com todo cuidado tes de se comprometer, porque depois que o fizer precisa se ater a sua pala-, a fim de experimentar a alegria que acompanha um esforço disciplinado. sua resposta é sim, pelos próximos dez dias pegará as coisas que até agora rendeu intelectualmente e irá convertê-las em parte de sua experiência de da cotidiana. Esses dez dias o ajudarão a usar a tecnologia do NAC para se ndicionar ao sucesso. Fará novas perguntas, usando o Vocabulário Trans-rmacional e metáforas globais mais fortalecedoras e mudará no mesmo stante seu foco e fisiologia.

Vamos encarar a verdade: todos temos nossas indulgências na vida. Se ocê tem excesso de peso, suas indulgências podem ser sundaes de chocolate pizza. Quando faz dieta, diz a si mesmo: "*Cheguei ao limite. É por aqui ue eu paro.*" Apega-se a um padrão superior, e desfrute o amor-próprio que riva de um ato disciplinado. Mas todos temos também nossas indulgências entais. Algumas pessoas sentem pena de si mesmas. Algumas ficam com iva, de uma maneira que prejudica seus melhores interesses. Outras dei-am de focalizar as coisas que precisam de atenção. Meu desafio para você decidir que por dez dias não vai se permitir nenhuma dessas indulgências entais destrutivas.

O que o impede de bani-las? Três coisas, para ser preciso. Uma é a *in-olência.* Muitas pessoas sabem o que devem fazer, mas jamais conseguem unir a energia suficiente para fazer. Muitas sabem que suas vidas podiam r diferentes, mas continuam sentadas diante da televisão, comendo alimen-os prejudiciais, privando suas mentes e seus corpos do combustível de que recisam para desencadear um novo crescimento.

O segundo obstáculo é o *medo. Com uma frequência excessiva, a se-urança de um presente medíocre é mais confortável do que* a *aventura de ntar ser mais no futuro.* Incontáveis pessoas chegam ao fim da vida especu ando o que poderiam ter sido — não deixe que isso aconteça com você.

O terceiro desafio é a *força do hábito.* Temos nossos antigos padrões emocionais: a força embotadora da rotina. Como um avião no piloto automático, nosso cérebro procura as mesmas reações que sempre teve. Deparamos com um obstáculo e vemos um problema, em vez da solução. Sofremos um revés e sentimos pena de nós mesmos, em vez de aprendermos com isso. Cometemos um erro e o consideramos como uma espécie de julgamento funesto sobre o que não podemos fazer, em vez de decidir aprender com isso e seguir em frente. *Este exercício é um meio de passar além dessas três coisas, e produzir mudanças duradouras, com benefícios que podem se multiplicar ao longo do tempo.* Esta é a sua oportunidade de assumir um verdadeiro compromisso com *CANI!*

Este Desafio de Dez Dias não é fácil. Se você habitualmente sente pena de si mesmo, não é fácil parar. Se focalizar a pressão financeira, agir com base no medo não vai melhorar a situação. Se culpa a pessoa com quem vive por tudo o que vai errado na sua vida, o mais fácil é continuar a fazê-lo. Se disfarça suas inseguranças com uma constante manifestação de raiva, se gosta de se espojar na culpa, se culpa sua aparência, situação financeira ou criação por todos os seus problemas, não é fácil mudar. *Mas você já dispõe de muitos instrumentos para melhorar sua vida. O meu desafio para você é começar a usá-los.*

Pode estar certo de que é espantoso o poder inerente a este pequeno exercício. Se persistir, fará quatro coisas por você. **Primeiro,** fará com que passe a ter uma *percepção profunda* de todos os padrões mentais habituais que o impedem de progredir. **Segundo,** fará seu cérebro procurar *alternativas fortalecedoras* para eles. **Terceiro,** proporcionará a você uma incrível injeção de ânimo, ao constatar que pode promover *reviravolta em sua vida.* **Quarto,** e mais importante, *criará novos hábitos, novos padrões e novas expectativas,* que o ajudarão a se expandir mais do que jamais julgou possível.

O sucesso é decorrência de um processo. É o resultado de uma série de pequenas disciplinas, levando-nos a padrões de sucesso que não mais exigirão vontade ou esforço sistemáticos. Como um trem de carga adquirindo velocidade, este exercício para *fazer as coisas certas* conscientemente, para apagar os padrões que o contêm e instituir novos que podem impeli-lo para a frente, vai lhe proporcionar um senso de impulso como bem poucas outras coisas poderiam fazer em sua vida.

A grande notícia a respeito é o fato de que, ao contrário de uma dieta em que passa fome e acaba tendo de voltar a comer, *seu antigo padrão de encontrar o negativo é algo a que nunca mais terá de voltar.* Ao final, pode não ser um exercício de dez dias. É realmente uma oportunidade para você se tornar um "viciado" no foco positivo pelo resto de sua vida. Mas se depois de banir os padrões mentais tóxicos por dez dias você quiser voltar, fique à vontade. A verdade é que, se experimentar a vida nesse estado mental positivo e cheio de vitalidade, a volta vai lhe causar a maior repugnância. Mas se algum dia descobrir que está descarrilando, você dispõe dos instrumentos para retornar aos trilhos no mesmo instante.

Lembre-se, no entanto, que só você pode avocar esse trabalho de dez dias do Desafio Mental. Só *você* pode assumir o compromisso de cumpri-lo de fato. Talvez queira considerar a possibilidade de uma alavanca extra para dar seguimento. Um meio de se proporcionar um incentivo extra é anunciar às pessoas ao redor o que decidiu fazer, ou encontrar alguém para fazer o Desafio Mental de Dez Dias com você. Além disso, seria ótimo se mantivesse um diário durante o Desafio Mental de dez dias, escrevendo suas experiências a cada dia, registrando como superou os diversos obstáculos. Acho que descobrirá que uma revisão posterior desse diário é bastante útil.

Finalmente, um dos instrumentos mais valiosos para criar uma mudança é não apenas interromper seu antigo padrão, mas também substituí-lo por algo novo. Você pode decidir assumir o compromisso de fazer uma coisa que eu sempre fiz, numa base permanente, ao longo de toda a minha vida: *tornar-se um leitor.*

LÍDERES SÃO LEITORES

Há muitos anos, um professor meu, Jim Rohn, ensinou-me que ler algo de substância, algo de valor, algo que alimentasse a mente e ensinasse novas noções, era mais importante que comer. Ele me conquistou para a ideia de ler pelo menos 30 minutos por dia: "Perca uma refeição, mas não perca sua leitura." Descobri que essa foi uma das lições mais importantes que aprendi na vida. Assim, enquanto você purifica seu sistema do antigo, pode querer fortalecê-lo pela leitura do novo. E há muitas páginas de valiosas informações e estratégias a sua frente, que você pode utilizar durante esses dez dias.

Se alguma coisa você aprendeu com este livro, foi o poder das decisões. Você se encontra num ponto crítico da jornada que efetuamos juntos. Já aprendeu uma variedade de estratégias e distinções fundamentais, que agora podem ser usadas para moldar sua vida de uma maneira vigorosa e positiva. *Minha pergunta para você neste momento é a seguinte: já tomou a decisão de usar tudo isso?* Não deve a si mesmo o empenho de tirar o máximo proveito do que este livro tem a oferecer? Este é um dos meios mais importantes de dar seguimento a tudo o que aprendeu. Assuma agora o compromisso de fazer isso imediatamente, da mesma forma como assumiu o compromisso de alcançar a qualidade de vida com que sonhou.

Assim, compreenda que este capítulo é o meu desafio pessoal para você. É uma oportunidade e um convite para exigir mais de si mesmo do que as outras pessoas jamais esperariam, e colher as recompensas que derivam desse empenho. É tempo de pôr em prática o que você aprendeu. Mas é também um tempo de decidir se você está disposto a assumir o compromisso de promover algumas melhorias em sua vida, simples mas poderosas. Sei que é justamente isso o que você deseja. Se precisa de alguma prova de que *pode* fazer isso, acredito sinceramente que este capítulo vai lhe proporcionar... *se* você estiver disposto a se empenhar a fundo.

A esta altura, você já se encontra preparado para passar à próxima seção deste livro. Já aprendeu os instrumentos fundamentais para moldar sua vida, tomando decisões. Mas agora vamos estudar o Sistema Central, que controla cada decisão que você toma, ao longo de toda a sua vida. A compreensão da base de sua filosofia pessoal pode ser alcançada pela utilização...

PARTE DOIS

ASSUMINDO O CONTROLE — O SISTEMA CENTRAL

14

A SUPREMA INFLUÊNCIA: SEU SISTEMA CENTRAL

"Elementar, meu caro Watson..."

— COM UM PEDIDO DE DESCULPAS A SIR ARTHUR CONAN DOYLE

UMA DAS COISAS que eu mais amo na minha atividade é a oportunidade de decifrar o mistério do comportamento humano e, assim, oferecer soluções que façam uma diferença real na qualidade de vida das pessoas. Sou fascinado pela exploração abaixo da superfície para descobrir o "porquê" por trás do comportamento de uma pessoa, encontrar suas convicções, perguntas, metáforas, referências e seus valores básicos. Como meu ponto forte é a capacidade de produzir resultados imediatos e mensuráveis, tive de aprender, por necessidade, a localizar depressa os pontos de alavanca, a fim de facilitar a mudança. Todos os dias, devo viver o papel de Sherlock Holmes, investigando detalhes mínimos para juntar o quebra-cabeça da experiência singular de cada pessoa — creio que se pode dizer que sou um detetive muito particular! Há pistas denunciadoras do comportamento humano tão evidentes quanto um revólver fumegante.

Às vezes, porém, as pistas são um pouco mais sutis, e é preciso uma investigação mais profunda para descobri-las. Contudo, por mais diversificado que seja o comportamento humano, uma das coisas que me permitiu fazer o que eu faço com tanto sucesso é o fato de que, em última análise, tudo se resume a determinados padrões, constituídos por elementos básicos específicos. Se tivermos a noção desses princípios organizacionais, passamos a ter condições não apenas de influenciar as pessoas para uma mudança positiva, mas também para *compreender por que* elas fazem o que fazem.

Você deve compreender que o estudo do Sistema Central, que dirige todo o comportamento humano, é uma ciência, tanto quanto a química e a física, governado por leis previsíveis e padrões de ação e reação. Pense em seu Sistema Central — os cinco componentes que determinam como você *avalia* tudo o que acontece em sua vida — como uma espécie de Tabela Periódica, detalhando os elementos do comportamento humano. Assim como toda a matéria física se decompõe para as mesmas unidades básicas, o mesmo acontece com o processo do comportamento humano, para quem sabe o que procurar. São a combinação e estrutura — *como usamos esses elementos* — que tornam cada um de nós singular. Algumas misturas são voláteis e produzem resultados explosivos. Outras combinações neutralizam, algumas catalisam, e algumas paralisam.

Bombardeados como somos por incontáveis coisas que nos acontecem todos os dias, a maioria nem mesmo percebe que tem uma filosofia pessoal, muito menos o poder de orientar a avaliação do que as coisas significam para nós. A segunda parte deste livro é dedicada a ajudá-lo a assumir o controle direto do seu *Sistema Central de avaliação* — a força que controla a maneira como você se sente e o que faz em cada momento de sua vida.

A compreensão do Sistema Central dos outros lhe permite determinar imediatamente a essência de uma pessoa, quer seja cônjuge, filho, patrão, sócio, ou qualquer outra pessoa com quem se encontra todos os dias. Não seria um dos maiores dons que poderia ter, ser capaz de saber o que impulsiona as pessoas mais importantes para você... *inclusive você próprio?* Não seria maravilhoso ir além dos transtornos ou desafios com alguém e compreender por que ele se comporta assim... e depois, sem julgamento, ser capaz de imediatamente se religar com quem a pessoa *realmente é?*

Com as crianças, em geral nos lembramos que o mau humor indica a necessidade de um cochilo, em vez de uma disposição azeda. No casamento, é muito importante a capacidade de ver por meio das tensões cotidianas, a fim de que um possa apoiar o outro, e fortalecer o vínculo que os uniu. Se um cônjuge sente a pressão do trabalho e descarrega a frustração, isso não significa que o casamento acabou; em vez disso, é um sinal para a pessoa se tornar mais atenta e concentrar seu foco no apoio a quem ama. Afinal, você não julgaria o mercado de ações baseado apenas num dia em que o índice médio caiu vinte pontos. Da mesma forma, não se pode julgar o caráter de uma pessoa por um incidente isolado. *As pessoas não são seus comportamentos.*

A chave para compreender as pessoas é compreender seus Sistemas Centrais, a fim de se conhecer a maneira sistemática individual de raciocinar. *Todos nós possuímos um sistema ou procedimento a que recorremos, a fim de determinar o que as coisas significam para nós e o que precisamos fazer em relação a elas, praticamente em qualquer situação da vida.* Precisamos lembrar que coisas diferentes são importantes para pessoas diferentes, e que elas avaliarão o que está acontecendo de maneiras diferentes, baseadas em suas perspectivas e em seus condicionamentos.

Imagine-se a jogar tênis e ter um péssimo serviço. Pela sua perspectiva, você errou. Pela perspectiva de ser adversário, foi um grande serviço... para ele. Pela perspectiva do juiz de linha, o serviço não foi bom nem mau; foi apenas "dentro" ou "fora". O que acontece depois que fazemos um lance ruim? As pessoas começam a *generalizar...* e quase sempre de uma maneira enfraquecedora. "Mas que péssimo serviço" torna-se "Eu não seria capaz dar um bom serviço hoje nem para salvar minha vida". É bem provável que os serviços seguintes sejam também abaixo da crítica. Depois, o trem da generalização aumenta a velocidade, passando de "Eu não seria capaz de dar um bom serviço hoje nem para salvar minha vida" para "Nunca tive um bom serviço", "Não sou na verdade um bom tenista", "Parece que nunca sou capaz de fazer qualquer coisa bem" e "Sou uma pessoa horrível". Parece absurdo, explicado assim, mas não é exatamente o que acontece em tantas áreas de nossa vida? Se deixamos de assumir o controle, nosso processo de avaliação literalmente se descontrola e nos arrebata para o padrão cada vez mais intenso de autorrecriminação.

AVALIAÇÕES SUPERIORES CRIAM VIDAS SUPERIORES

Ao estudar as pessoas mais bem-sucedidas em nossa cultura, um denominador comum que sempre encontro é a capacidade de efetuarem *avaliações superiores*. Pense em alguém que você considera um mestre de qualquer coisa, no mundo dos negócios, política, direito, artes, relacionamentos, saúde física, espiritualidade. O que levou pessoas assim a atingirem o auge pessoal? O que fez o promotor Gerry Spence ganhar quase todos os casos em que atuou nos últimos 15 anos? Por que Bill Cosby parece deliciar a audiência cada vez que entra no palco? O que torna a música de Andrew Lloyd Weber tão perfeita?

Tudo se resume ao fato de essas pessoas efetuarem avaliações superiores em suas áreas de atividade. Spence desenvolveu uma compreensão superior do que influencia a emoção e decisão humana. Cosby passou anos aprimorando as referências, convicções e regras básicas sobre como usar qualquer coisa em seu ambiente como material para provocar o riso das pessoas. O domínio da melodia, orquestração, arranjos e outros elementos permite a Weber compor uma música que nos comove ao nível mais profundo.

Pense em Wayne Gretzky, do Los Angeles Kings. Ele já marcou mais tentos que qualquer outro jogador na história da Liga Nacional de Hóquei. O que o torna tão eficiente? Por que é o jogador maior, mais forte ou mais rápido da liga? Como ele próprio disse, a resposta a essas três coisas é não. Contudo, ele foi sistematicamente o maior goleador da liga. Quando lhe perguntaram por que é tão eficiente, Gretzky respondeu que a maioria dos jogadores patina para o lugar em que está o disco, enquanto ele segue *para onde o disco vai*. Em qualquer momento, sua capacidade de antecipar — avaliar a velocidade do disco, sua direção, as atuais estratégias e impulso físico dos outros jogadores — permite-lhe se colocar na posição ideal para marcar.

Um dos maiores administradores de dinheiro do mundo foi Sir John Templeton, decano do investimento internacional, cuja atuação foi incomparável. Dez mil dólares aplicados no Fundo Templeton em seu início, em 1954, valeriam nos anos 1990 2,2 milhões de dólares! Para tê-lo trabalhando pessoalmente em sua carteira, você deveria investir um mínimo de 10 milhões de dólares; seu maior cliente confiou-lhe mais de um bilhão de dólares para investir. O que tornou Templeton um dos maiores assessores de investimentos de todos os tempos? Quando lhe fiz essa pergunta, ele não hesitou ao responder:

— Minha capacidade de avaliar o *verdadeiro valor* de um investimento.

Ele foi capaz de fazer isso mesmo com os caprichos das tendências e oscilações de curto prazo do mercado.

A RIQUEZA É O RESULTADO DE AVALIAÇÕES EFICAZES

Estudei no ano passado outros destacados assessores de investimentos, inclusive Peter Lynch, Robert Prechter e Warren Buffet. Para ajudá-lo em suas avaliações financeiras, Buffet usa uma poderosa metáfora que aprendeu com seu amigo e mentor Ben Graham: "[Como uma metáfora para acompanhar as flutuações no mercado, trate de imaginá-las] como partindo de um sujeito extremamente amoldável, Mister Mercado, que é seu sócio num empreendimento particular... As cotações de Mister Mercado são qualquer coisa menos (estáveis). Por quê? Pelo lamentável motivo do pobre coitado sofrer problemas emocionais incuráveis. Às vezes ele se sente eufórico, e só podemos perceber os aspectos favoráveis que afetam o negócio; e quando ele se encontra nesse ânimo, fixa um preço de compra e venda muito alto, porque receia que você possa abocanhar seus interesses e privá-lo de ganhos iminentes. Em outras ocasiões, ele fica deprimido, e só vê problemas a sua frente, tanto para o negócio quanto para o mundo. Quando isso acontece, ele fixa um preço muito baixo pelo pavor de que você descarregue tudo em cima dele... Mas, como Cinderela no baile, você precisa dar atenção a um aviso, ou tudo se transformará em abóboras e camundongos. *Mister Mercado está ali para servi-lo, não para guiá-lo.* É sua carteira, não sua sabedoria, que será útil para você. Se ele aparecer algum dia numa disposição particularmente absurda, você tem toda liberdade para ignorá-lo ou para se aproveitar desse comportamento, mas será desastroso se cair sob sua influência. *Na verdade, se você não tem certeza de que compreende e pode valorizar seu negócio muito melhor do que Mister Mercado, então não pertence ao jogo."**

---

* Buffet, Warren, Relatório Anual Berkshire, 1987, por James Hansberger, *A Guide to Excellence in Investing*, 1976.

É evidente que Buffet avalia suas decisões de investimento de uma maneira muito diferente daqueles que se preocupam demais quando o mercado cai, ou ficam eufóricos quando sobe. E porque avalia de maneira diferente, ele produz uma qualidade de resultado diferente. *Se alguém está se saindo melhor do que nós, em qualquer área da vida, é apenas porque possui um meio melhor de avaliar o que as coisas significam, e o que se deve fazer a respeito.* Nunca devemos esquecer que o impacto das avaliações vai muito além do hóquei ou finanças. Como avalia o que vai comer cada noite pode determinar a extensão e qualidade de sua vida. Avaliações deficientes sobre a educação dos filhos podem criar o potencial para um sofrimento vitalício. A falta de compreensão dos procedimentos de avaliação de outra pessoa pode destruir um relacionamento lindo e afetuoso.

O objetivo, portanto, é ser capaz de avaliar tudo em sua vida de uma maneira que o oriente sistematicamente para fazer opções que produzam os resultados que deseja. O desafio é o fato de que raramente assumimos o controle do que parece ser um processo complexo. Mas desenvolvi meios de simplificá-los, a fim de pegarmos o timão e começarmos a guiar nossos procedimentos de avaliação e, por conseguinte, nossos destinos. Apresento a seguir uma breve análise dos cinco elementos de avaliação, alguns dos quais você já conhece, e os demais serão explicados nos capítulos seguintes. A seguir, você encontrará uma flecha apontando para alvos gêmeos. Esse diagrama demonstra como o nosso Sistema Central de avaliação funciona. Vamos analisar os cinco elementos, um de cada vez, e acrescentá-los ao diagrama no decorrer do processo.

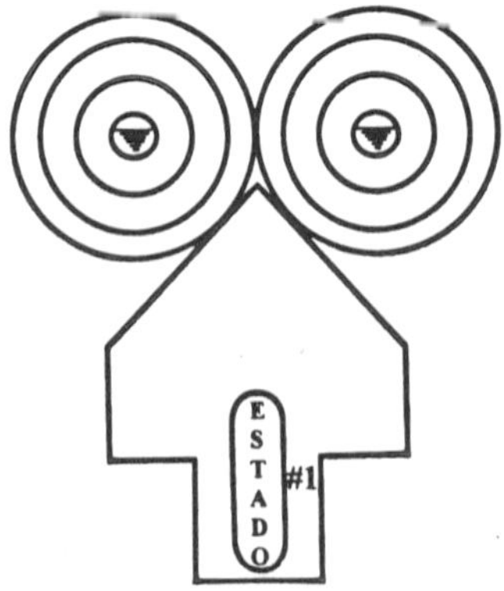

1) O primeiro elemento que afeta todas as nossas avaliações é o *estado* mental e emocional em que você se encontra ao efetuar uma avaliação. Há ocasiões em sua vida em que alguém pode lhe dizer uma coisa que o fará chorar, enquanto em outras o mesmo comentário o fará rir. Qual é a diferença? Pode ser simplesmente o estado em que você se encontra. Quando você se encontra num estado apreensivo e vulnerável, o som de passos além da janela à noite, acompanhado pelo ranger de uma porta se abrindo, vai lhe parecer e significar algo totalmente diferente do que ocorreria se estivesse num estado de excitamento e expectativa positiva. Se você estremece sob as cobertas, ou se levanta da cama de um pulo, e corre para a porta com os braços estendidos, é o resultado das *avaliações* que fez sobre os sons. Um ponto importante para efetuar *avaliações* superiores, portanto, é ter certeza de que, ao tomar decisões sobre o que as coisas significam e o que fazer a respeito, estejamos num estado mental e emocional extremamente fértil, em vez de um ânimo de sobrevivência.

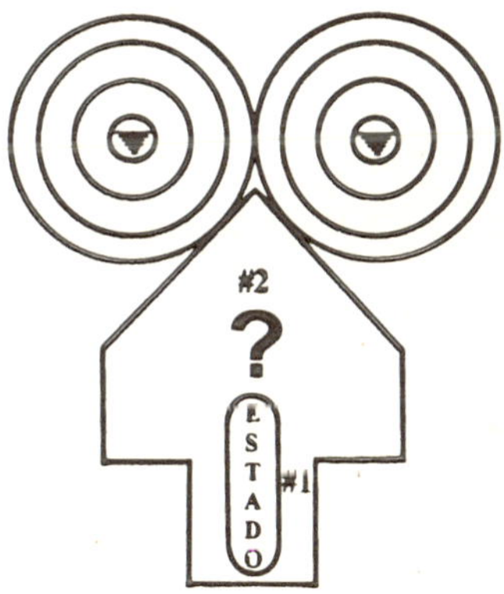

2) O segundo bloco do nosso Sistema Central é constituído pelas *perguntas* que fazemos. As perguntas criam a forma inicial das avaliações. Lembre-se de que seu cérebro, em reação a qualquer coisa que ocorra em sua vida, avalia perguntando: "O que está acontecendo? O que esta situação significa? Significa dor ou prazer? O que posso fazer agora para evitar, reduzir ou eliminar a dor, ou obter algum prazer?" O que determina se você convida alguém para sair? Suas avaliações são profundamente afetadas pela pergunta específica que faz a si mesmo ao considerar a abordagem dessa pessoa. Se

:ê se pergunta "Não seria maravilhoso conhecer melhor essa pessoa?", é n provável que se sinta motivado a abordá-la. Se, no entanto, habitual-nte se faz perguntas como "E se a pessoa me rejeitar? E se ficar ofendida ando eu a abordar? E se eu sair magoado?", então é óbvio que essas per-ntas o levarão por um conjunto de avaliações que resultarão na perda da ortunidade de se relacionar com alguém por quem tanto se interessa.

O que determina o tipo de alimento que você porá em seu prato no jantar nbém depende das perguntas que se faz. Se você se pergunta sistematica-ente, ao olhar para a comida, "O que eu poderia comer depressa que me oporcionaria um ânimo imediato?", tenderá a escolher alimentos proces-dos de conveniência. Mas se, em vez disso, perguntasse "O que eu poderia mer agora que seja nutritivo?", é mais provável que opte por grupos de imentos como sucos, frutas, legumes e saladas. A diferença entre tomar n refrigerante numa lanchonete, numa base regular, ou tomar um copo de co de fruta espremido na hora vai determinar a qualidade de seu corpo ico, um resultado da maneira como você avaliou. Suas perguntas habituais sempenham um papel da maior importância nesse processo.

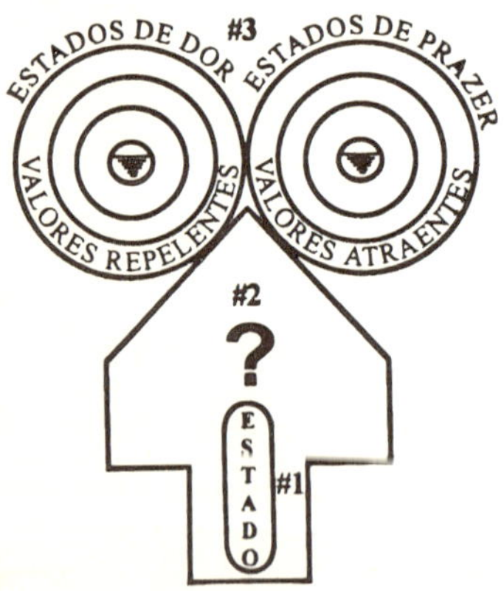

3) O terceiro elemento que afeta suas avaliações é a hierarquia de *valo-es*. Cada um de nós, ao longo da vida, aprendeu a valorizar determinadas moções mais do que outras. Todos queremos nos sentir bem, isto é, ter razer, e evitar nos sentir mal, isto é, ter dor. Mas a experiência de vida en-inou a cada um de nós um sistema de codificação singular para o que repre-

senta dor e o que representa prazer. Isso pode ser encontrado no sistema de orientação de nossos valores. Por exemplo, uma pessoa pode ter aprendido a vincular prazer à ideia de se sentir segura, enquanto outra pode ter vinculado *dor* à mesma ideia, porque a obsessão de sua família com a segurança fez com que nunca experimentasse um senso de liberdade. Algumas pessoas tentam alcançar o êxito, mas ao mesmo tempo evitam a rejeição a qualquer custo. Está entendendo como esse conflito de valores pode levar uma pessoa a se sentir frustrada ou imobilizada?

Os valores escolhidos por você vão moldar cada decisão que tomar na vida. Há dois tipos de valores sobre os quais você aprenderá no capítulo seguinte: os estados emocionais de prazer em cuja direção estamos sempre tentando avançar — valores como amor, alegria, compaixão e excitamento — e os estados emocionais de dor, que sempre tentamos evitar ou nos afastar — como humilhação, frustração, depressão e raiva. A dinâmica criada por esses dois alvos determinará a direção de sua vida.

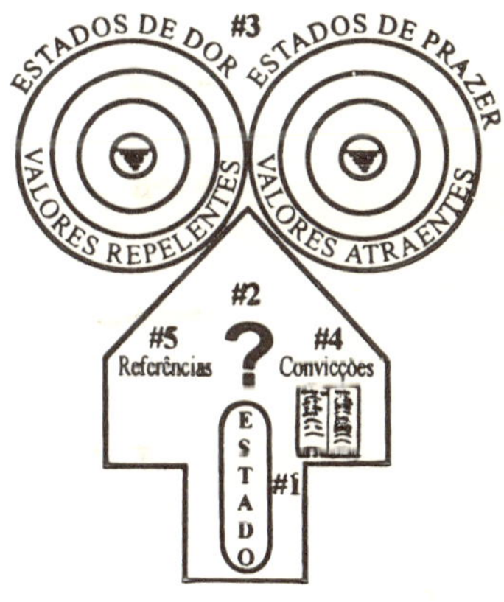

4) As *convicções* são o quarto elemento do Sistema Central. As *convicções globais* nos proporcionam um senso de certeza sobre como sentir e o que esperar de nós mesmos, da vida e das pessoas; nossas *regras* são as convicções que assumimos sobre o que tem de acontecer para sentirmos que nossos valores foram satisfeitos. Por exemplo, algumas pessoas acreditam "Se você me ama, *então* nunca levante a voz". Essa regra levará a pessoa a avaliar uma voz alteada como prova de que não há amor no relacionamento.

isso pode não se basear em fatos, mas a regra dominará a avaliação e, assim, as percepções e a experiência sobre o que é verdadeiro da pessoa. Outras regras limitadoras similares podem ser ideias como "*Se* você é bem-sucedido, *então* ganha milhões de dólares", ou "*Se* você é um bom pai, *então* nunca tem conflitos com seus filhos".

As convicções globais determinam nossas expectativas, e muitas vezes controla até o que nos dispomos a avaliar em primeiro lugar. Juntas, as forças dessas convicções determinam quando nos entregamos a uma experiência de dor ou prazer, e constituem um elemento fundamental em todas as avaliações que fizermos.

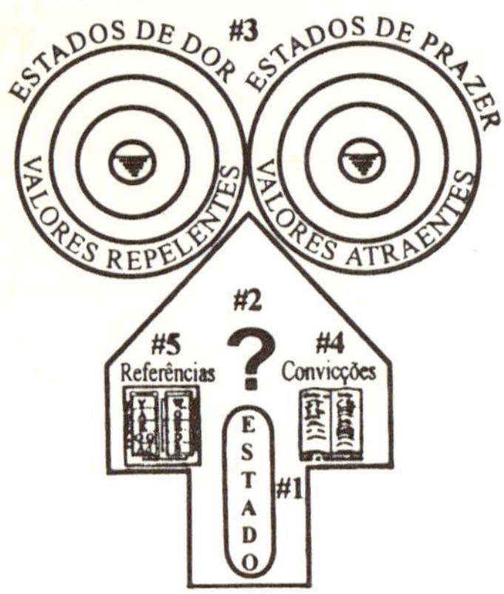

5) O quinto elemento do Sistema Central é a miscelânea de *experiências de referência* a que você pode ter acesso, no gigantesco arquivo a que chama de cérebro. Nele, você guardou tudo que já experimentou na vida... e também, diga-se de passagem, tudo o que já imaginou. Essas referências constituem a matéria-prima que usamos para produzir nossas convicções e guiar nossas decisões. A fim de decidir o que alguma coisa significa para nós, temos de compará-la com outra; por exemplo, esta situação é boa ou má? Pense no exemplo do tênis citado no início deste capítulo: é boa ou má em comparação com o quê? É boa comparada com o que seus amigos fazem ou têm? É má comparada com a pior situação de que você já ouviu falar? Você dispõe de referências ilimitadas que pode usar ao tomar qualquer decisão. As referências que escolher determinarão o significado que você extrai

de qualquer experiência, como se sente a respeito, e também, até certo ponto, o que fará.

Sem qualquer dúvida, as referências moldam nossas convicções e nossos valores. Pode perceber como faria diferença, por exemplo, se fosse criado num ambiente em que se sentisse sistematicamente explorado, em oposição a ser criado sentindo um amor incondicional? Como isso poderia influenciar suas convicções e seus valores, a maneira como encarou a vida, as pessoas e as oportunidades?

Se, por exemplo, você aprendeu a saltar de paraquedas em queda livre quando tinha 16 anos, pode desenvolver valores diferentes sobre a ideia de aventura do que alguém que foi rejeitado cada vez que experimentou uma nova habilidade, conceito ou ideia. Muitas vezes, os mestres são apenas pessoas que possuem um pouco mais de referência do que você sobre o que leva ao sucesso ou à frustração, em qualquer situação determinada. É evidente que John Templeton, depois de quarenta anos como investidor, tem mais referências para ajudá-lo a decidir o que é um excelente investimento do que alguém que está efetuando sua primeira operação.

As referências adicionais nos oferecem o potencial para o domínio da situação. Contudo, independentemente da experiência ou sua falta, temos meios ilimitados de organizar nossas referências em convicções e regras que nos fortalecem ou enfraquecem. A cada dia, temos a oportunidade de absorver novas referências, que podem nos ajudar a reforçar as convicções, refinar os valores, formular novas perguntas, ter acesso aos estados que nos impulsionam na direção que queremos seguir, e realmente moldar nosso destino para melhor.

> ***"Os homens são sábios não na proporção de sua experiência, mas sim de sua capacidade para a experiência."***
>
> — GEORGE BERNARD SHAW

Há vários anos, comecei a ouvir histórias sobre o incrível sucesso de um homem chamado Dwayne Chapman em procurar e capturar criminosos que se haviam esquivado à justiça por muito tempo. Conhecido pela maioria das pessoas como "Dog", ele se tornou famoso como o maior caçador de recompensas dos Estados Unidos. Fiquei fascinado, quis conhecê-lo pessoalmente e descobrir o que o torna tão eficiente. Dog é um homem muito espiritual, e seu objetivo não é apenas capturar o criminoso, mas também ajudá-lo a promover mudanças em sua vida. De onde veio esse desejo? De sua própria dor.

Quando jovem, Dog fazia avaliações ruins sobre as pessoas que escolhia para fazer amizade. Por seu desejo de pertencer a um grupo, ingressou numa gangue de motociclistas, os Discípulos do Diabo. Um dia, no meio de uma transação de tóxicos que saiu errada, um membro da gangue deu um tiro e atingiu mortalmente um homem que se encontrava no local. Seguiu-se o pânico; os membros da gangue trataram de fugir. Dog não cometera o assassinato, mas naquela situação não havia diferença entre ser cúmplice e o homem que de fato puxara o gatilho. Ele acabou cumprindo uma sentença de vários anos de trabalhos forçados, nos termos do sistema penitenciário do Texas. A prisão lhe causou tanta dor que ele reavaliou toda a sua filosofia de vida. Começou a compreender que suas convicções, suas regras e seus valores básicos haviam lhe criado dor. Passou a se fazer novas perguntas e a focalizar as experiências na prisão (referências) como sendo o efeito das opções que fizera com sua filosofia de vida anterior. Isso levou-o ao ponto em que concluiu que deveria mudar sua vida, de uma vez por todas.

Nos anos subsequentes a sua libertação, Dog empenhou-se em diversas carreiras alternativas, até que acabou abrindo uma agência de investigação particular. Foi processado pelo atraso nos pagamentos de pensão alimentícia (pagamentos que não pudera efetuar quando estava na prisão, e no período de aperto financeiro depois de sua libertação). O juiz ofereceu a Dog uma oportunidade de ganhar dinheiro, em vez de exigir um pagamento que ele sabia que nunca poderia ser feito. Sugeriu que Dog procurasse um estuprador que atacara muitas mulheres na região de Denver. Também sugeriu que ele utilizasse as noções que aprendera na prisão para calcular o que aquele criminoso poderia estar fazendo, e onde teria se escondido. Há mais de um ano que as autoridades policiais vinham procurando em vão pelo estuprador, mas Dog conseguiu localizá-lo em apenas três dias!

Para dizer o mínimo, o juiz ficou impressionado. Foi o início de uma brilhante carreira. Mais de 3 mil prisões depois, Dog tem um dos melhores registros dos Estados Unidos, se não o melhor. Ele alcançou uma média de 360 prisões por ano — *essencialmente, uma prisão por dia.* Um fator crítico, com toda certeza, é a avaliação que ele faz. Dog entrevista os parentes ou amigos de sua presa, e por diversos meios obtém as informações de que precisa. Descobre alguns dos valores, convicções e regras habituais do homem ou mulher que está perseguindo. Passa a compreender suas referências de vida, o que lhe permite pensar da *mesma maneira* que a pessoa, e *antecipar* seus movimentos, com uma fantástica precisão. Ele compreende os Sistemas Centrais dos foragidos, e os resultados falam por si.

Dois tipos de mudança

Se queremos mudar qualquer coisa em nossa vida, é invariavelmente uma de duas coisas: *como estamos sentindo* ou *nosso comportamento.* Sem dúvida, podemos aprender como mudar nossas emoções ou nossos sentimentos *dentro de um contexto.* Por exemplo, se você se sente apreensivo ou rejeitado como um ator, eu posso ajudá-lo a se condicionar para que não mais se sinta amedrontado. Ou podemos efetuar o segundo tipo de mudança: uma *mudança global.* Uma metáfora para isso poderia ser a seguinte: se quisermos mudar a maneira como seu computador está processando os dados, posso mudar o software que você usa, e assim, quando bater nas teclas, o que vai aparecer na tela estará formatado de modo diferente. Ou se realmente quero efetuar uma mudança que afetará não apenas esse tipo de arquivo, mas ambientes múltiplos, posso mudar o sistema de operação do computador. Pela mudança do Sistema Central, podemos mudar sua interação numa variedade de circunstâncias.

Assim, em vez de apenas se condicionar a se sentir diferente em relação à rejeição e eliminar os comportamentos de medo, você pode adotar uma nova convicção global, que diria o seguinte: "*Sou a fonte de todas as minhas emoções. Nada e ninguém pode mudar como me sinto, a não ser eu. Se me descubro em reação a alguma coisa, posso mudar isso no mesmo instante.*" Se você adota essa convicção para valer, não em termos intelectuais, mas sim emocionalmente, onde a sente com certeza absoluta, pode perceber como isso eliminaria não apenas seu medo de rejeição, mas também seus sentimentos de raiva, frustração ou inadequação. Subitamente, você se torna o dono de seu destino.

Ou podemos mudar seus *valores* e fazer com que o valor mais alto seja o de contribuir. Neste caso, você não se incomodaria se alguém o rejeitasse: ainda haveria de querer contribuir, e por meio da constante contribuição se descobriria não sendo mais rejeitado pelas pessoas. Também se descobrirá impregnado por um senso de alegria e contato que talvez nunca tenha experimentado antes em outras áreas de sua vida. Ou podemos mudar seus sentimentos condicionados em relação ao fumo ao levá-lo a deslocar saúde e vitalidade para o alto de sua lista de prioridades. A partir do momento em que se torna a maior prioridade de sua vida, o comportamento de fumar vai desaparecer; e ainda mais importante, pode ser substituído por outros comportamentos que sustentarão seu novo valor de saúde e vitalidade: comer diferente, respirar diferente e assim por diante. Os dois tipos de mudanças são valiosos.

O foco da segunda parte deste livro é como criar essas mudanças globais, em que *uma única alteração num dos cinco elementos do Sistema Central afetará profundamente a maneira como você pensa, sente e se comporta em diversas áreas de sua vida, ao mesmo tempo.* Se você muda um único elemento em seu Sistema Central, há certas considerações que passará a ignorar, certas perguntas que não vai mais formular, certas convicções que o computador nem mesmo aceitará. Esse processo de criar uma mudança global pode ser uma força poderosa para moldar o destino.

"Elimine a causa, e o efeito cessa."

— MIGUEL DE CERVANTES

Há uma história que adoro contar, de um homem que se encontra parado na beira de um rio, e de repente avista alguém sendo arrastado pela correnteza impetuosa na direção de rochedos, e o ouve gritando por socorro. Ele mergulha no rio, leva o homem se afogando para a segurança, aplica a respiração boca a boca, cuida dos ferimentos e pede ajuda médica. Ainda está recuperando o fôlego quando ouve mais dois gritos partindo do rio. Torna a entrar na água, efetua outra arriscada operação de salvamento, desta vez de duas moças. Antes de sequer ter tempo de pensar, ouve mais quatro pedidos de socorro.

Não demora muito, e o homem está exausto, tendo salvado uma vítima depois da outra, e ainda assim os gritos continuam. Se ao menos ele tivesse percorrido uma curta distância rio acima, poderia descobrir quem estava jogando todas aquelas pessoas na água, em primeiro lugar! Pouparia muito esforço, cuidando do problema na causa, em vez do efeito. Da mesma forma, a compreensão do Sistema Central lhe permite eliminar a causa, em vez de se esgotar a combater os efeitos.

Um dos melhores programas que já planejei é o meu seminário Encontro com o Destino, de três dias. Em vez dos habituais 2 mil participantes, limito esse programa a duzentas pessoas. No Encontro com o Destino, trabalhamos juntos para ajudar cada pessoa a compreender exatamente como seu Sistema Central é formado. Essa compreensão transforma as pessoas: descobrem de repente *por que* sentem as coisas que sentem e fazem as coisas que fazem. Também aprendem a mudar praticamente qualquer coisa em suas vidas. Mais importante ainda, fazemos com que projetem o que o Sistema Central de cada uma precisa para que possam alcançar seu supremo propósito na vida. Como podem se organizar para que, sem esforço, sejam levados na direção de seus desejos, em vez de serem dilacerados por um senso de valores, convicções ou regras conflitantes?

Algumas das perguntas mais importantes que fazemos nesse programa são “Quais são os valores que estão me controlando?”, e “Como sei quando meus valores estão sendo atendidos... e quais são meu valores?”. O seminário Encontro com o Destino tem contado com a participação não apenas de senadores e deputados federais americanos, executivos das quinhentas maiores empresas relacionadas pela revista *Fortune* e artistas de cinema, mas também com pessoas de todos os escalões da vida. Todos temos em comum alguns desafios. Como lidar com desapontamento, frustração, fracasso, e determinados eventos em nosso ambiente que não podemos controlar, por mais bem-sucedidos que nos tornemos?

As emoções que sentimos e as ações que realizamos se baseiam no modo como avaliamos as coisas. E, no entanto, a maioria das pessoas não instituiu um sistema de avaliação próprio. As profundas mudanças que as pessoas experimentam nesse programa, em apenas três dias, são indescritíveis. As pessoas literalmente mudam em questão de momentos a maneira como pensam, o que sentem em relação a suas vidas, porque assumem o comando da parte do cérebro que controla a experiência de vida. As mudanças acabam se tornando emocionais, até mesmo físicas, à medida que o cérebro fixa novas prioridades para o que é mais importante. Embora este livro não seja um substituto para o Encontro com o Destino, quero oferecer os mesmos instrumentos básicos que usamos nesse programa para o seu uso imediato. Com os capítulos subsequentes, você pode produzir os mesmos tipos de mudanças em sua vida, a partir de *agora.*

TESTE O QUE APRENDEU

A fim de estimular seu pensamento sobre o funcionamento do Sistema Principal, farei algumas perguntas provocantes, que devem abrir as comportas de seu pensamento e ajudá-lo a identificar como partes diferentes de seu sistema são usadas para tomar decisões.

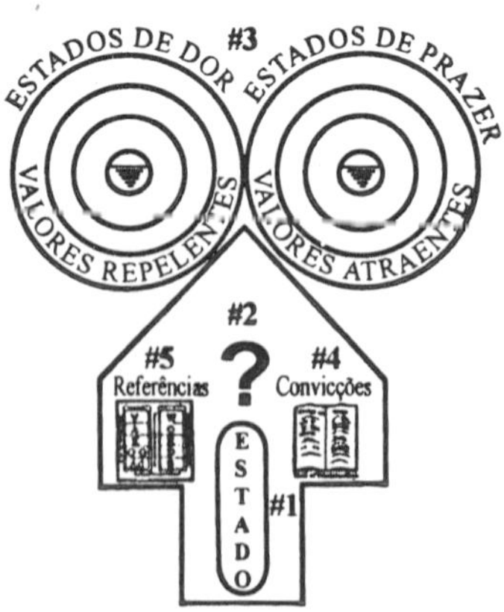

RESPONDA A ESTAS PERGUNTAS ANTES DE CONTINUAR A LER:

1. Qual é a sua lembrança mais apreciada?
2. Se pudesse acabar com a fome no mundo hoje matando uma única pessoa inocente, você o faria? Por que sim, ou por que não?
3. Se batesse num Porsche vermelho, deixando-o amassado, e não houvesse ninguém por perto, você deixaria um bilhete? Por que sim ou por que não?
4. Se pudesse ganhar 10 mil dólares comendo um prato cheio de baratas vivas, você o faria? Por que sim, por que não?

Agora, vamos analisar como você respondeu a cada uma dessas perguntas.

Consultando o diagrama do Sistema Central, *qual das cinco áreas de avaliação você usou para responder à primeira pergunta?* Com toda certeza, fez uma *pergunta* a si mesmo, a fim de iniciar a avaliação — provavelmente repetiu a pergunta que eu formulei. A resposta, no entanto, foi extraída de suas *referências,* não é mesmo? Verificou as incontáveis experiências que teve ao longo da vida, e escolheu uma como a sua lembrança mais apreciada. Ou talvez não tenha selecionado uma porque acalenta uma *convicção* de que "Todas as experiências na vida são valiosas", ou "Escolher uma em detrimento de outra vai denegrir alguma experiência de vida". Essas convicções o impediriam de responder à pergunta. Ou seja, o Sistema Central de avaliação não apenas determina o que avaliamos e como avaliamos, mas até mesmo *o que estamos dispostos a avaliar.*

Vamos passar para a segunda pergunta, que eu li em *The Book of Questions: Se pudesse acabar com a fome no mundo hoje matando uma única pessoa, você o faria?*

Quando faço essa pergunta às pessoas, recebo sempre as respostas mais intensas. Algumas pessoas dizem "Claro que sim", com o argumento de que a vida de muitos supera a vida de um único indivíduo. Por essa visão, se uma pessoa estivesse disposta a sofrer para acabar com todo o sofrimento do mundo, o fim justificaria os meios. Outros se mostram consternados com tal pensamento. Acreditam que cada vida humana é valiosa. O que também se baseia num conjunto e *convicções,* não é mesmo? Outros possuem uma *convicção global* de que tudo na vida é exatamente como deveria ser, e que todas as pessoas que passam fome estão recebendo lições valiosas para sua próxima encarnação. E algumas pessoas respondem: "Claro que eu o faria, mas tiraria minha própria vida." É interessante como as pessoas reagem de maneiras tão diversas à mesma pergunta, baseadas em qual dos cinco elementos de avaliação usam e o conteúdo que armazenaram.

Passemos à terceira pergunta: *se batesse num Porsche vermelho e o deixasse amassado, e não houvesse ninguém por perto, você deixaria um bilhete?* Algumas pessoas respondem "Claro que sim". Por quê? Seu *valor* mais alto é a honestidade. Outras pessoas também dizem "Claro que sim", mas por um motivo diferente, porque uma das coisas que mais evitam no mundo é a culpa. Não deixar um bilhete faria com que se sentissem culpadas, e isso é também doloroso. Outras dirão: "Eu não deixaria um bilhete"; e quando indagamos por que, explicam: "Já me aconteceu várias vezes, e ninguém me deixou um bilhete." Ou seja, estão dizendo que possuem *referências* pessoais que as levaram a desenvolver a convicção de que se deve "fazer aos outros aquilo que fizeram com você".

Agora, a quarta pergunta: *se pudesse ganhar 10 mil dólares comendo um prato cheio de baratas, você o faria?* Invariavelmente, recebo bem poucas respostas afirmativas. Por quê? *As referências* da maioria das pessoas para baratas — as imagens e sensações que guardaram em seus corpos — são intensamente negativas. Baratas não são algo que querem pôr em seus organismos. Depois, no entanto, aumenta a oferta: *Quantos de vocês fariam isso por 100 mil dólares?* Pouco a pouco, ocorre uma mudança; pessoas que antes disseram não começam a levantar a mão. Por que de repente se mostram dispostas a fazê-lo por 100 mil dólares? O que aconteceu com seu sistema de avaliação? Duas coisas: fiz uma pergunta diferente, mudando uma palavra; e segundo, as pessoas têm a convicção de que 100 mil dólares poderiam eliminar muita dor em suas vidas, talvez alguma dor a longo prazo, que seria mais difícil de lidar do que a dor a curto prazo de ter baratas vivas descendo pela garganta.

E que tal um milhão de dólares? Ou 10 milhões? Agora, a maioria das pessoas na sala levanta a mão. Acreditam que o prazer a longo prazo que 10 milhões de dólares proporcionariam, a si mesmas e a outros, superaria em muito a dor a curto prazo. Ainda assim, algumas pessoas não comeriam baratas vivas por dinheiro algum. Quando indagadas por que não, respondem coisas como: "Eu nunca seria capaz de matar uma coisa viva." Outras pessoas dizem: "Eu mato baratas o tempo todo só porque estão no meu caminho." Um homem chegou a dizer que poderia comê-las com a maior facilidade, e que o faria por prazer, não pelo dinheiro! Por quê? Foi criado num lugar em que baratas e outros insetos são considerados uma iguaria. Pessoas diferentes têm referências diferentes, e meios diferentes de avaliar as coisas — não é interessante?

Chega um momento...

Ao estudarmos os cinco elementos do Sistema Central, há um outro tema que precisamos ter sempre em mente: é possível haver uma superavaliação. Os seres humanos adoram analisar as coisas à saciedade. Há um momento, porém, em que temos de parar de avaliar e *entrar em ação*. Por exemplo, algumas pessoas fazem tantas avaliações que até uma pequena decisão se transforma numa grande produção: talvez não sejam capazes de fazer exercícios como parte regular de seu estilo de vida. Por quê? Encaram como uma grande produção. Pela maneira como "englobam" a decisão, o jeito como a consideram, há tantas que se sentem intimidadas.

A fim de fazerem exercício, as pessoas devem 1) levantar; 2) encontrar uma roupa de ginástica em que não pareçam muito gordas; 3) escolher os sapatos apropriados; 4) meter tudo do que precisam numa bolsa de ginástica; 5) ir ao ginásio; 6) arrumar uma vaga; 7) subir a escada; 8) matricular-se; 9) entrar no vestiário; 10) vestir a roupa de ginástica; 11) finalmente fazer a aula, pedalar na bicicleta ergométrica, e malhar ao máximo. E depois de tudo isso; 12) devem fazer as mesmas coisas ao contrário. Claro que essas

NAC — O SISTEMA CENTRAL

A Psicologia da Mudança

CONTATO CONTATO CONTATO

OS SEIS PASSOS BÁSICOS PARA MUDAR

I. DECIDIR O QUE VOCÊ REALMENTE QUER, E O QUE O IMPEDE DE TER AGORA

II. OBTER UMA ALAVANCA: ASSOCIE DOR INTENSA A NÃO MUDAR *AGORA*, E UM PRAZER INTENSO À EXPERIÊNCIA DE MUDAR *AGORA*!

III. INTERROMPA O PADRÃO LIMITADOR

IV. CRIE UMA ALTERNATIVA NOVA E FORTALECEDORA

V. CONDICIONE O NOVO PADRÃO ATÉ QUE SE TORNE SISTEMÁTICO

VI. EXPERIMENTE!

CONTATO CONTATO CONTATO

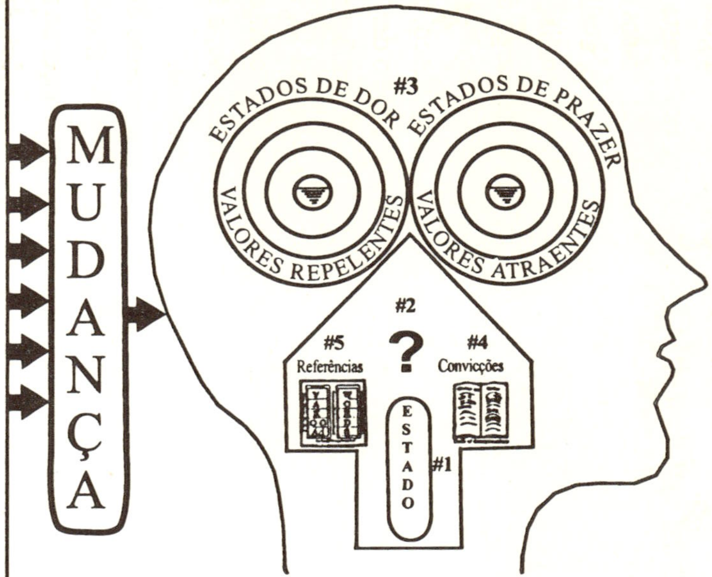

AS CINCO ÁREAS DE INTERVENÇÃO

mesmas pessoas não encontram a menor dificuldade quando chega o momento de irem à praia. Já estão com a disposição! Se alguém perguntar por que, responderão sem hesitação: "Ora, para ir à praia basta entrar no carro e partir." Não param para avaliar cada um e todos os passos ao longo do caminho; encaram tudo como um único passo gigantesco, avaliando apenas se vão ou não, sem se preocuparem com os detalhes. A avaliação excessiva de detalhes pode às vezes acarretar a sensação de sobrecarga ou sufoco. Uma das coisas que aprenderemos aqui, portanto, será como "englobar" muitos passos pequenos, convertendo-os num só passo gigantesco, de tal forma que você obterá o resultado que deseja no instante em que o der.

Nesta parte, vamos analisar nosso sistema de avaliação, explicá-lo de uma maneira que faça sentido e, depois, começar a usá-lo, em vez de ficar deliberando a respeito. Ao ler os capítulos seguintes, compreenda que tem uma oportunidade de criar uma alavanca para si mesmo, a fim de produzir mudanças que nunca antes julgou que seriam possíveis.

Mas vamos aos fatos. Serei seu treinador no processo de revelar qual é o seu atual sistema de avaliação e de instituir um novo Sistema Central que seja consistentemente fortalecedor. Você já conhece o poder do estado e das perguntas, e agora passaremos para a terceira área de avaliações. Analisemos os...

15

VALORES DA VIDA: SUA BÚSSOLA PESSOAL

"Nada de esplêndido jamais foi realizado, exceto por aqueles que ousaram acreditar que algo dentro deles era superior às circunstâncias."

— BRUCE BARTON

CORAGEM, DETERMINAÇÃO, perseverança, dedicação... Enquanto conduzia a tensa reunião em Dallas, Ross Perot via essas qualidades refletidas nos rostos dos homens que escolhera para uma extraordinária missão de resgate. Nos primeiros dias de 1979, a turbulência civil e a histeria antiamericana elevavam-se para um auge febril no Irã. Apenas dois dias antes, dois executivos de Perot em Teerã haviam sido inexplicavelmente presos. A fiança fora fixada em *13 milhões de dólares.*

Como as negociações diplomáticas de alto nível não obtinham êxito, Perot chegou à conclusão de que só havia um meio de tirar seus homens de lá: teria de cuidar do problema pessoalmente. Recorrendo à competência do lendário coronel do exército Arthur "Bull" Simons para liderar a audaciosa expedição, Perot reuniu uma equipe de elite de altos executivos seus para participarem da operação. Todos foram escolhidos porque já haviam estado em Teerã e tinham experiência militar. Chamou a seus homens de "Águias", significando "homens que voavam muito alto, tinham capacidade de iniciativa e realizavam o trabalho, em vez de inventarem desculpas".

As recompensas seriam altas se eles fossem bem-sucedidos, mas os riscos eram ainda maiores: não havia nenhuma autorização oficial para a missão, e não apenas o fracasso era uma possibilidade, mas também a morte. O que levou Ross Perot a empenhar todos os seus recursos, assumir os riscos, e desafiar as chances em contrário? Com toda certeza, é um homem que vive por seus valores. Coragem, lealdade, amor, compromisso e determinação são valores que lhe proporcionam uma extraordinária capacidade de se importar com os outros, e uma força de vontade que já se tornou lendária. Esses mesmos valores foram a força que o levou a desenvolver sua companhia, a EDS (Eletronic Data Systems Corporation), de um investimento de mil dólares para um empreendimento que vale bilhões de dólares. Ele subiu ao topo por causa de sua capacidade de avaliar e selecionar os homens certos. Sempre os escolheu com base num rigoroso código de valores, e sabia que, com as pessoas certas, as que tinham padrões elevados, bastava lhes dar o emprego e sair do caminho.

Agora, teria o supremo teste do pessoal que selecionara, ao convocar seus executivos para mobilizarem seus melhores recursos e resgatarem uns poucos membros da "família" empresarial presos em Teerã. A história da missão e dos desafios encontrados pode ser lida no livro *O voo da águia.** Basta dizer aqui que, apesar de todos os obstáculos que pareciam insuperáveis, a heroica missão de resgate de Perot foi coroada de êxito e trouxe de volta seu patrimônio mais valioso: seus homens.

"O caráter de um homem é sua divindade guardiã."

— Heráclito

Os valores guiam cada decisão que tomamos e, assim, o nosso destino. Os que conhecem seus valores e vivem de acordo tornam-se os líderes de nossa sociedade. São exemplificados por pessoas eminentes em todos os Estados Unidos, das salas de diretoria às salas de aula. Você viu por acaso o filme *Stand and Deliver?* Contava a história do professor de matemática Jaime Escalante.

* Publicado no Brasil pela Editora Record.

Você se sentiu tão inspirado quanto eu pelos seus esforços heroicos em transmitir aos alunos sua paixão pelo saber? Levou-os a associarem no sistema nervoso, em seu nível mais profundo, um senso de orgulho pela capacidade de dominar informações que outros tinham certeza que nunca seriam capazes de aprender. Seu exemplo de empenho ilustrou para aqueles jovens o poder dos valores. Aprenderam com ele a disciplina, confiança, importância da equipe, flexibilidade e o poder da determinação absoluta.

Ele não falava com aqueles garotos sobre o que deveriam fazer com suas vidas; era uma demonstração ao vivo, uma nova definição do que era possível. Conseguiu não apenas fazer seus alunos passarem em testes de matemática, de uma forma que todos julgavam impossível, mas também levou-os a mudarem suas convicções sobre quem eram e do que eram capazes, se quisessem se empenhar sistematicamente em alcançar um padrão superior.

Se queremos o nível mais profundo de realização na vida, só podemos alcançá-lo de um modo, pelo mesmo caminho seguido por esses dois homens: decidindo o que mais prezamos na vida, quais são nossos valores superiores, e depois nos empenhando em viver por eles, todos os dias. Infelizmente, essa ação é muito rara na sociedade atual. Com uma frequência excessiva, as pessoas não têm uma noção definida do que é importante para elas. Confundem-se com a questão; o mundo parece uma massa cinzenta; nunca assumem uma posição definitiva por qualquer coisa ou alguém.

Se não somos objetivos sobre o que é mais importante em nossas vidas — o que realmente defendemos —, então como podemos fixar as fundações para o amor-próprio, ou, ainda, adquirir a capacidade de tomar decisões eficazes? Se algum dia você já se descobriu na situação de ter dificuldades para tomar uma decisão sobre qualquer coisa, o motivo é não ter sido objetivo sobre o que mais preza dentro da situação. *Devemos lembrar que toda tomada de decisão se resume a uma definição de valores.*

Quando sabe o que é mais importante para você, a decisão é bem mais simples. A maioria das pessoas, no entanto, é indefinida sobre o que é mais importante em sua vida, e com isso a tomada de decisão se torna uma forma de tortura interior. O que já não acontece com aqueles que definiram claramente os princípios mais altos de suas vidas. Não foi difícil para Ross Perot saber o que fazer. Seus valores *determinaram* tudo. Atuaram como uma bússola pessoal para guiá-lo por meio de uma situação eivada de perigo. Escalante deixou o sistema educacional de Los Angeles em que trabalhava e se mudou para o norte da Califórnia. Por quê? Não podia mais ser parte de uma organização em que não havia, como acreditava, padrões para o desempenho de um professor.

Quem são as pessoas mais universalmente admiradas e respeitadas em nossa cultura? Não são aqueles que possuem uma sólida noção de seus próprios valores, pessoas que não apenas professam seus padrões, mas também vivem de acordo? Todos nós respeitamos as pessoas que defendem aquilo em que acreditam, mesmo que não concordemos com suas ideias sobre o que é certo ou errado. Há poder em indivíduos que levam vidas congruentes, em que suas filosofias e ações são a mesma coisa.

Com bastante frequência, reconhecemos esse estado singular da condição humana como uma pessoa íntegra. Em termos culturais, essas pessoas surgem sob muitas formas, dos John Waynes e Ross Perots aos Bob Horpes e Jerry Lewises, aos Martin Sheens e Ralph Naders, aos Norman Cousinses e Walter Cronkites. O fato puro e simples é que aqueles que percebemos como coerentes em seus valores possuem uma tremenda capacidade de influência em nossa cultura.

Incontáveis americanos se lembram dos noticiários noturnos com Walter Cronkite. Ele esteve conosco em todos os dias mais importantes da vida do país: durante tragédias e triunfos, quando John F. Kennedy foi assassinado, e quando Neil Armstrong se tornou o primeiro homem a pisar na lua. Walter era parte da família de cada um. Os americanos confiavam nele, implicitamente.

No início da Guerra do Vietnã, ele a relatou da maneira normal, com uma visão objetiva do envolvimento americano. Depois de visitar o Vietnã, no entanto, sua visão mudou, e seus valores de integridade e honestidade exigiram que, certo ou errado, comunicasse sua desilusão. Independentemente de concordar ou não com ele, o impacto de suas palavras pode ter sido a gota d'água que levou muitos americanos a começarem a questionar a guerra pela primeira vez. Agora, não eram apenas alguns estudantes radicais que protestavam contra o Vietnã, mas o próprio "Tio Walt".

O conflito no Vietnã foi na verdade um conflito de valores dentro da cultura americana. A percepção das pessoas sobre o que era certo e errado, o que podia fazer diferença, foi a batalha travada nos Estados Unidos, enquanto os soldados derramavam seu sangue, arriscavam a vida, alguns sem saberem por quê. Uma incoerência de valores entre os líderes americanos tem sido uma das grandes fontes de dor em nossa cultura. Watergate, sem dúvida, feriu a fundo muitos americanos. Contudo, ao longo de tudo isso, o país continuou a crescer e se expandir, porque há pessoas que sempre se destacam para demonstrar o que é possível e nos estimular a um padrão mais alto — quer seja Bob Geldof focalizando a atenção do mundo para a fome na África, ou Ed Roberts mobilizando as forças políticas necessárias para mudar a qualidade de vida dos fisicamente desafiados.

> ***"Cada vez que um valor nasce, a existência assume um novo significado; cada vez que um valor morre, uma parte desse significado desaparece."***
>
> — JOSEPH WOOD KRUTCH

Precisamos compreender que a direção de nossas vidas é controlada pela pressão magnética de nossos valores. São a força à nossa frente, sistematicamente nos levando a tomar decisões que criam o rumo e supremo destino de nossas vidas. Isso é verdade não apenas para nós, indivíduos, mas também para empresas, organizações e a nação da qual somos parte. Não resta a menor dúvida de que os valores dos fundadores dos Estados Unidos moldaram o destino da nação: os valores da liberdade, direito de opção, igualdade, um senso de comunidade, trabalho firme, individualidade, desafio, competição, prosperidade e respeito pelos que têm força para superar a adversidade sempre definiram a experiência da vida americana, e por conseguinte nosso destino comum. Esses valores fizeram com que os Estados Unidos se tornassem um país em permanente expansão, que inova e oferece uma visão de possibilidade para os povos do mundo inteiro.

Um conjunto de valores nacionais e culturais teria moldado o país de uma forma diferente? Pode apostar que sim! E se o valor considerado mais importante por nossos antepassados fosse a estabilidade? Ou o conformismo? Como isso mudaria a face dos Estados Unidos? Na China, por exemplo, um dos valores mais altos da cultura é o valor do grupo *versus* o do indivíduo, a ideia de que as necessidades do indivíduo devem se subordinar às necessidades do grupo. Como isso moldou a vida chinesa diferente da vida americana? O fato é que, dentro dos Estados Unidos, há constantes mudanças ocorrendo nos valores da cultura como um todo. Embora haja determinados valores básicos, *eventos emocionais significativos podem criar mudanças nos indivíduos e, em decorrência, nas empresas, organizações e países que eles constituem. As mudanças na Europa Oriental são obviamente as mais profundas alterações de valores que já ocorreram na comunidade internacional em nossas vidas.*

O que acontece com países e indivíduos também ocorre com empresas. A IBM é um exemplo de uma empresa cujos rumo e destino foram fixados por seu fundador, Tom Watson. Como? Ele definiu com clareza o que a companhia representava, o que seria mais importante para todas as pessoas experimentarem, independentemente dos produtos, serviços ou circunstâncias financeiras que surgiriam no futuro. Orientou a "Big Blue" para ser uma das maiores e mais bem-sucedidas empresas do mundo.

O que podemos aprender com tudo isso? Em nossa vida pessoal e profissional, assim como na frente global, devemos *ser objetivos sobre o que é mais importante em nossa vida e decidir que viveremos por esses valores, não importa o que aconteça.* Essa coerência deve ocorrer independentemente de haver ou não recompensas do ambiente por vivermos de acordo com os nossos padrões. Devemos viver por nossos princípios mesmo em meio às tempestades, mesmo quando ninguém nos concede o apoio de que precisamos. *O único meio de termos a felicidade a longo prazo é vivermos por nossos ideais mais altos* e agirmos sistematicamente em consonância com o que acreditamos ser fundamental em nossa vida.

Mas não poderemos fazer isso se não soubermos claramente quais são nossos valores! Essa é a maior tragédia na vida da maioria das pessoas: *muitas pessoas sabem o que querem ter, mas não fazem ideia do que querem ser.* Conseguir "coisas" apenas não vai satisfazê-lo. Só viver e fazer o que você acredita ser a "coisa certa" é que lhe proporcionará o senso de força interior que todos merecemos.

Lembre-se de que seus valores — quaisquer que sejam — são a bússola que o guiam para seu supremo destino. Estão criando o caminho de sua vida ao orientá-lo a tomar determinadas decisões e determinadas ações *sistematicamente.* Não usar a sua bússola interior de forma inteligente resulta em frustração, desapontamento, falta de realização e o sentimento incômodo de que a vida poderia ser mais, se ao menos, de algum modo, *alguma coisa* fosse diferente. Por outro lado, há um incrível poder em viver por seus valores: um senso de certeza, uma paz interior, uma total harmonia, que poucas pessoas jamais experimentam.

SE VOCÊ NÃO CONHECE SEUS VERDADEIROS VALORES, PREPARE-SE PARA A DOR

O único meio pelo qual podemos nos sentir felizes e realizados, a longo prazo, é vivermos de acordo com nossos verdadeiros valores. Se isso não acontecer, é certo que vamos experimentar uma dor intensa. Com uma frequência excessiva, as pessoas desenvolvem padrões de comportamento habituais que as frustram e têm o potencial de destruí-las: fumar, beber, comer demais, consumir drogas, tentar controlar ou dominar os outros, assistir à televisão por horas a fio e assim por diante.

Qual é o verdadeiro problema? Esses comportamentos são na verdade o resultado de frustração, raiva e o vazio que as pessoas sentem, porque não há um senso de realização em suas vidas. Tentam se distrair desses sentimentos de vazio, preenchendo a lacuna com o comportamento que produz uma rápida e temporária mudança de estado. Esse comportamento acaba se tornando um padrão, e as pessoas muitas vezes focalizam apenas a mudança do comportamento, sem cuidarem da causa. Não têm apenas um problema de bebida, por exemplo; têm um problema de *valores.* Só bebem para tentar mudar seu estado emocional, porque não gostam da maneira como se sentem. Não sabem o que é mais importante para elas em suas vidas.

O consolo é que experimentamos, sempre que vivemos por nossos padrões mais elevados, sempre que atendemos a nossos valores, uma imensa alegria. Não precisamos de comida ou bebida em excesso. Não precisamos entrar num estado de estupor, porque a vida já é incrivelmente rica sem esses excessos. Distrair-nos desses piques excepcionais seria como tomar pílulas para dormir na manhã de Natal.

Adivinhe qual é o desafio! Como sempre, já estávamos dormindo quando a essência do que moldaria nossas vidas foi definida. Éramos crianças que não compreendiam a importância de ter uma noção clara dos próprios valores, ou adultos lidando com as pressões da vida, já tão distraídos que não podíamos direcionar a formação de nossos valores. Devo reiterar que *cada decisão é guiada por esses valores e, na maioria dos casos, não fomos nós que os fixamos.*

Se eu lhe pedisse para fazer uma lista de seus dez valores principais, escrevendo-os na ordem exata de importância, posso apostar que apenas uma em cada 10 mil pessoas seria capaz. (E essa uma em 10 mil teria participado de meu seminário Encontro com o Destino!) Mas se você não conhece a resposta a essa pergunta, como pode tomar decisões objetivas? Como pode fazer opções que sabe que, a longo prazo, atenderão a suas necessidades emocionais mais profundas? É difícil atingir o alvo quando nem se sabe qual é! Conhecer seus valores é fundamental para ser capaz de viver de acordo.

Sempre que você tiver dificuldade para tomar uma decisão importante, pode ter certeza de que é o resultado da indefinição sobre seus valores. O que faria se lhe pedissem para se mudar para o outro lado do país, a fim de assumir um novo emprego? Se soubesse que haveria algum risco envolvido, mas a remuneração seria melhor, e o trabalho mais interessante, o que você faria? Sua resposta a essa pergunta dependerá do que é mais importante para você: o crescimento pessoal ou a segurança? A aventura ou o conforto?

Por falar nisso, o que determina se você preza a aventura mais do que o conforto? Seus valores derivam de uma mistura de experiências, de condicionamento ao longo da vida, por meio de punição e recompensa. Seus pais lhe davam os parabéns e o apoio quando fazia coisas que condiziam com os valores deles; e quando entrava em conflito com esses valores, era punido em termos físicos ou verbais, ou por meio da dor de ser ignorado. Seus professores também encorajavam e aplaudiam quando fazia coisas com que concordavam, e aplicavam formas similares de punição quando você violava

"Mandei as crianças para a cama. Não quero que assistam a essas porcarias."

suas posições mais arraigadas. Esse ciclo foi perpetuado por seus amigos e empregadores. Você copiou os valores de seus heróis, e talvez também alguns de anti-heróis.

Hoje, novos fatores econômicos entram em cena. Com a maioria das famílias, tendo tanto o pai quanto a mãe trabalhando fora, não há mais o modelo tradicional de valores em casa. A lacuna foi preenchida por escolas, igrejas e, pelo lado menos agradável, televisão. Na verdade, a televisão tornou-se a babá mais conveniente, a média de horas que as pessoas passam assistindo televisão é de *sete horas* por dia! Estou sugerindo que a estrutura familiar "tradicional" é o único meio de criar filhos com valores fortes? Claro que não. Minha sugestão é que ensinemos aos filhos nossa filosofia de vida, sendo modelos vigorosos, conhecendo nossos valores, e vivendo de acordo.

O QUE SÃO VALORES?

Prezar alguma coisa significa atribuir-lhe importância; qualquer coisa que você muito preza pode ser considerada um "valor". Neste capítulo, me refiro especificamente aos valores da vida, às coisas que são mais importantes para você. Há dois tipos desses valores: os *fins* e os *meios*. Se eu lhe perguntar "Quais são as coisas a que dá mais valor?", você pode responder "Amor, família, dinheiro..." Desses, o amor é o valor final que você procura; em outras palavras, o estado emocional que deseja. Por outro lado, família e dinheiro são apenas valores que servem como meios. Em outras palavras, servem para você acionar os estados emocionais que realmente deseja.

Se eu perguntar "O que a família lhe dá?", você pode responder: "Amor, segurança, felicidade." O que de fato preza — *os fins que procura* — é amor, segurança e felicidade. O mesmo acontece com o dinheiro. Eu poderia perguntar: "O que o dinheiro realmente significa para você? O que lhe proporciona?" Você poderia responder: "Liberdade, impacto, a capacidade de contribuir, um senso de segurança." Como pode perceber, o dinheiro é apenas um meio para alcançar um conjunto de valores muito mais profundos, um conjunto de emoções que deseja experimentar numa base sistemática, ao longo de sua vida.

O desafio na vida é que a maioria das pessoas não compreende muito bem a diferença entre valores meios e valores fins, e com isso experimenta muita dor. *As pessoas tanto se empenham na busca dos valores meios que não alcançam seu verdadeiro desejo: os valores fins.* Os valores fins são aqueles que o tornam realizado, fazem sua vida rica e compensadora. Um dos maiores desafios, a meu ver, é o fato de as pessoas fixarem objetivos sem saberem o que realmente prezam na vida, e assim acabam indagando, ao alcançarem seus objetivos: "Isso é tudo?"

Por exemplo, digamos que os valores mais altos de uma mulher são a preocupação com os outros e a contribuição. Resolve tornar-se advogada, porque conheceu um advogado que muito a impressionou, por ser capaz de fazer diferença, ajudando as pessoas por meio de seu trabalho. O tempo passa, e ela fica absorvida no turbilhão do exercício da advocacia, querendo se tornar sócia da firma. Enquanto se empenha para conquistar essa posição, seu trabalho assume um foco inteiramente diferente. Passa a controlar e dirigir a firma, torna-se uma das mulheres mais bem-sucedidas que conhece, mas sente-se infeliz, porque não tem mais contato com os clientes. Sua posição criou um relacionamento diferente com os outros advogados, e passa a maior parte do tempo em reuniões, determinando protocolos e procedimentos. **Ela alcançou seu objetivo, mas não realizou o desejo de sua vida.** Alguma vez você já caiu nessa armadilha de procurar os meios *como se fossem o fim que desejava?* Para encontrar a felicidade, devemos conhecer a diferença, e buscar sempre o fim.

VALORES ATRAENTES

Embora seja absolutamente verdadeiro que somos sempre motivados a avançar para os estados emocionais agradáveis, também é verdade que prezamos algumas emoções mais que outras. Por exemplo, quais são os estados emocionais que você mais aprecia na vida? Quais são as emoções que acha que lhe proporcionarão mais prazer? Amor ou sucesso? Liberdade ou intimidade? Aventura ou segurança?

Eu chamo esses estados agradáveis que mais prezamos de valores *atraentes,* porque são os estados emocionais que tentaremos alcançar com mais empenho. Quais são alguns dos sentimentos mais importantes para você experimentar em sua vida, numa base sistemática? Quando essa pergunta é apresentada em seminários, os participantes invariavelmente respondem com palavras como:

Amor	**1.** ________________
Sucesso	**2.** ________________
Liberdade	**3.** ________________
Intimidade	**4.** ________________
Segurança	**5.** ________________
Aventura	**6.** ________________

Poder	**7.** ____________________
Paixão	**8.** ____________________
Conforto	**9.** ____________________
Saúde	**10.** ____________________

É mais do que provável que você preze todas essas emoções, e que todas são importantes para sentir. Mas não seria justo dizer que não preza a todas *igualmente? É evidente que há alguns estados emocionais pelos quais você se empenhará mais que por outros.* Na verdade, todos nós temos uma *hierarquia de valores.* Cada pessoa que examinar essa lista vai considerar alguns estados emocionais mais importantes que outros. Algumas pessoas prezam o conforto acima da paixão, ou a liberdade acima da segurança, ou a intimidade acima do sucesso.

Faça uma pausa neste momento e determine quais os valores que mais preza nessa lista. O meio de fazer isso é simplesmente o de reescrever a lista em sua ordem de importância, o 1 sendo o estado emocional que você considera mais importante, e o 10 sendo o menos importante. Por favor, faça a pausa agora e preencha as linhas em branco na sua ordem de importância.

> ***"Preocupe-se mais com seu caráter do que com sua reputação, porque seu caráter é o que você realmente é, enquanto a reputação é apenas o que os outros pensam que você é."***
>
> — JOHN WOODEN

O que você aprendeu ao elaborar sua lista? Se eu estivesse sentado ao seu lado, provavelmente poderia lhe oferecer algum retorno de qualidade. Por exemplo, saberia muita coisa a seu respeito se o valor número um fosse a liberdade, seguido por paixão, aventura e poder. Sei que tomará decisões diferentes de pessoas que têm como valores principais a segurança, conforto, intimidade e saúde. Acha que uma pessoa cujo valor principal é aventura toma decisões da mesma maneira que alguém que preza a segurança acima de tudo? Acha que essas pessoas guiariam o mesmo tipo de carro? Partiriam em férias da mesma maneira? Procurariam a mesma profissão? De jeito nenhum!

Lembre-se de que seus valores, quaisquer que sejam, afetam a direção de sua vida. Todos aprendemos por meio da experiência de vida que determinadas emoções nos proporcionam mais prazer que outras. Por exemplo, algumas pessoas aprenderam que o meio de ter as emoções mais agradáveis na vida é possuir um senso de controle, e por isso o buscam com um vigor inacreditável. Torna-se o foco dominante de todas as suas ações: determina com quem terão relacionamentos e como viverão. Também as leva, como você pode muito bem imaginar, a se sentirem desconfortáveis em qualquer ambiente em que não estejam no comando.

Por outro lado, algumas pessoas vinculam dor à ideia de controle. O que desejam, mais do que qualquer outra coisa, é um senso de liberdade e aventura. Portanto, tomam decisões completamente diferentes. Outras obtêm o mesmo nível de prazer por meio de uma emoção diferente: a contribuição. Esse valor leva a pessoa a indagar sempre: "O que posso dar? Como posso fazer uma diferença?" Isso, com toda certeza, as enviaria num rumo diferente de alguém que tem o controle como o valor mais alto.

A partir do momento em que você sabe quais são seus valores, pode compreender claramente por que segue nas mesmas direções de forma sistemática. Além disso, ao constatar a hierarquia de seus valores, você pode perceber por que às vezes tem dificuldade para tomar decisões, ou por que pode haver conflitos em sua vida. Por exemplo, se o valor número um de uma pessoa é a liberdade, e o número dois, a intimidade, esses dois valores incompatíveis se encontram tão próximos que haverá desafios frequentes.

Lembro-me de um homem que aconselhei numa ocasião. Ele sentia essa constante pressão de um lado para outro. Procurava pela autonomia, mas quando a alcançava, sentia-se solitário e ansiava pela intimidade. Depois, ao buscar a intimidade, ficava com receio de perder a liberdade e, por isso, sabotava o relacionamento. Um relacionamento em particular foi suspenso e retomado várias vezes, enquanto ele oscilava entre esses dois valores. Depois que o ajudei a efetuar uma mudança simples em sua hierarquia de valores, o relacionamento e sua vida mudaram imediatamente. A mudança de prioridades produz poder.

O conhecimento de seus valores ajuda-o a ter mais lucidez sobre os motivos por que faz o que faz, e como pode viver de um modo mais coerente, mas o conhecimento dos valores dos outros também é importante. Não seria valioso conhecer os valores de alguém com quem mantém um relacionamento, ou de um associado profissional? Conhecer os valores de uma pessoa oferece uma indicação de sua bússola pessoal e permite a percepção da maneira como toma uma decisão.

O conhecimento de sua hierarquia também é absolutamente essencial, porque seus valores principais são os que lhe proporcionarão maior prazer. O que você realmente deseja, sem dúvida, *é dar um jeito de satisfazer a todos os seus valores todos os dias.* Se não o fizer, experimentará o que parece ser um sentimento inexplicável de vazio ou infelicidade.

Minha filha, Jolie, leva uma vida excepcionalmente rica, em que seus valores mais altos são quase sempre atendidos. É também uma maravilhosa atriz, dançarina e cantora. Aos 16 anos, participou de uma audição para se apresentar na Disneylândia (sabia que isso preencheria seu valor de realização, se conseguisse). Por mais incrível que possa parecer, superou outras setecentas moças, e conquistou um papel no Desfile da Luz Elétrica no famoso parque de diversões.

No início, Jolie ficou extasiada. Nós também, assim como seus amigos, ficamos deliciados e orgulhosos e com frequência íamos até lá nos fins de semana para assistir seu desempenho. O trabalho, porém, era muito cansativo. Jolie tinha de se apresentar também todas as noites durante a semana, além dos fins de semana, e a escola ainda não entrara nas férias de verão. Tinha de ir de San Diego a Orange County de tarde, no período de tráfego mais intenso, ensaiar e se apresentar por várias horas, voltava para casa de madrugada e se levantava cedo na manhã seguinte para ir à escola. Como você pode muito bem imaginar, a viagem e as longas horas de trabalho logo transformaram a experiência numa terrível provação, para não mencionar o traje bastante pesado que era obrigada a usar e a deixava com dores nas costas.

Ainda pior, no entanto, pela perspectiva de Jolie, era o fato de que o trabalho intenso reduzia drasticamente sua vida pessoal, impedindo-a de pas-

algum tempo com a família e com os amigos. Comecei a notar que ela rava a todo instante em estados emocionais bastante áridos. Chorava por alquer coisa, passou a se queixar das coisas numa base sistemática. O que nca fora seu hábito. A gota d'água final ocorreu quando toda a família se parava para passar três semanas no Havaí, no programa de Confirmação à exceção de Jolie, que teria de permanecer em casa para continuar em u trabalho na Disneylândia.

Uma manhã ela chegou ao seu limite e me procurou em lágrimas, indesa e confusa. Sentia-se frustrada, infeliz e irrealizada, apesar de ter alcando o que parecia ser um objetivo incrível apenas seis meses antes. A Disylândia se tornara uma coisa dolorosa para ela. Por quê? Porque passara ser um obstáculo a sua capacidade de desfrutar a companhia das pessoas e mais amava. Além disso, Jolie sempre achara que o tempo que passava programa de Confirmação, no qual participava como treinadora, a ajudaa crescer, mais do que qualquer outra coisa em sua vida. Muitos de seus nigos de outras partes do país compareciam ao programa todos os anos, a Disneylândia começava a lhe parecer frustrante, porque sentia que não tava crescendo nem se expandindo ali. Sentiria dor se decidisse nos acomnhar ao Havaí (porque não queria ser uma pessoa que desiste facilmente), também se continuasse a trabalhar na Disneylândia, porque isso acarretaria perda de coisas que considerava muito importantes.

Sentamos para conversar, e pude ajudá-la a examinar os quatro valores incipais de sua vida. Eram os seguintes: 1) amor; 2) saúde e vibração; 3) escimento; e 4) realização. Ao constatar seus valores, compreendi que poeria ajudá-la a encontrar a lucidez necessária para decidir o que seria certo ara ela. Por isso, perguntei-lhe:

— O que o trabalho na Disneylândia proporciona a você? O que há de io importante em trabalhar na Disneylândia?

Ela me disse que se animara originalmente porque o considerava uma portunidade de fazer novos amigos, receber o reconhecimento por seu trabalho, divertir-se e experimentar um tremendo senso de realização.

Agora, no entanto, não havia mais o senso de realização, porque sentia ue não estava mais crescendo, e sabia que haveria outras coisas que poderia azer para acelerar sua carreira. Jolie disse ainda:

— Sinto que estou me consumindo. Acho que não estou mais saudável e sinto uma tremenda falta de convivência com a família.

Indaguei então:

— O que representaria uma mudança nessa área de sua vida? Se deixasse a Disneylândia, passasse algum tempo em casa e depois fosse para o Havaí com a gente, o que isso lhe proporcionaria?

Ela se animou no mesmo instante, sorriu, e disse:

— Teria mais tempo para ficar com vocês. Poderia me encontrar mais com meu namorado. Iria me sentir livre outra vez. Poderia descansar um pouco, e depois voltar a fazer ginástica, para recuperar a forma. Voltaria a tirar boas notas na escola. Poderia encontrar outros meios de crescer e me realizar. Eu seria feliz!

Sua resposta para o que fazer era óbvia. A fonte de sua infelicidade também era evidente. Antes de começar a trabalhar na Disneylândia, ela estava realizando seus três valores principais: sentia-se *amada,* era muito *saudável* e tinha certeza de que estava *crescendo.* Por isso, saiu em busca do valor seguinte em sua lista: a realização. Ao fazer isso, no entanto, criou um ambiente em que tinha a realização, mas carecia dos outros três valores principais.

Essa é uma experiência muito comum. Todos precisamos compreender que devemos primeiro satisfazer nossos valores mais altos — os que têm a mais absoluta prioridade. E devemos lembrar também que há sempre um meio de realizar todos os nossos valores simultaneamente, e que não podemos nos contentar com menos.

Ainda restava um derradeiro obstáculo para a decisão de Jolie: ela também vinculava dor a deixar a Disneylândia. Uma das coisas que mais evitava na vida era desistir de algo por que se empenhava. Com toda certeza, eu contribuíra para essa posição, pois acredito que nada jamais é alcançado por aqueles que desistem quando as coisas se tornam difíceis. Assim, ela encarava sua saída da Disneylândia como uma desistência. Assegurei-lhe que tomar uma decisão de viver de acordo com seus valores não é uma desistência, assim como a persistência tola não é uma virtude. Eu seria a primeira pessoa a insistir para que ela continuasse, se achasse que estava desistindo só porque o trabalho era árduo demais. Mas não era o caso, e ofereci-lhe a oportunidade de converter a transição num presente para outra pessoa, dizendo:

— Jolie, pode imaginar como você se sentiria se fosse a segunda colocada, e de repente a vencedora resolvesse se afastar, dando-lhe uma chance de entrar no desfile? Por que não dá esse presente a alguém?

Como a definição de amor para Jolie é contribuição, a sugestão se ligava a seu valor mais elevado. Ela deixou de vincular dor a deixar a Disneylândia e passou a vincular prazer à decisão.

Ela nunca esqueceu essa lição sobre valores, e o mais estimulante foi que encontrou um novo meio de satisfazer a todos os seus valores, que começou a encaminhá-la com mais precisão na direção de seus objetivos. Não apenas passou a experimentar mais diversão e felicidade, mas pouco depois obteve seu primeiro emprego, numa produção de Starlight Theater, em San Diego.

LIÇÕES DE DOR

Assim como há emoções que desejamos experimentar porque são agradáveis, e é por isso que sempre nos encaminhamos para elas, também temos uma lista de emoções pela qual faríamos quase que qualquer coisa para nos afastarmos. No início da carreira, quando eu começava a desenvolver minha primeira empresa, experimentava uma tremenda frustração por ter de viajar tanto e tentar dirigir os negócios ao mesmo tempo. Em determinada ocasião, parecia que uma pessoa que me representava não agira com uma honestidade absoluta. Quando se lida, como ocorre comigo, com centenas de milhares de pessoas, e literalmente milhares de acertos de negócios, a lei das probabilidades indica que umas poucas pessoas tentarão se aproveitar de você. Infelizmente, são essas que tendem a se destacar em nossa mente, em vez das centenas ou mesmo milhares que superam em muito nossas melhores expectativas.

Em decorrência dessa situação tão dolorosa, procurei um novo executivo, um homem que eu achava que poderia dirigir minha companhia da melhor forma possível. Armado com meu novo instrumento, a capacidade de conhecer os valores de alguém, perguntei a cada um dos candidatos: "Qual é a coisa mais importante para você em sua vida?" Alguns responderam coisas como "sucesso", "realização", ou "ser o melhor". Mas um homem usou a palavra mágica: "Honestidade."

Não o aceitei apenas por sua palavra; claro que falei com diversas pessoas com as quais ele trabalhara. Todos confirmaram que ele era muito honesto e que às vezes poderia até pôr de lado as próprias necessidades se houvesse uma questão de integridade. Pensei: "Esse é o tipo de homem que quero que me represente." E ele fez um excelente trabalho. Não demorou muito, porém, para que se tornasse evidente que precisávamos de um associado adicional para ajudar a dirigir os negócios em rápida expansão. Meu executivo recomendou alguém que achava que poderia se tornar seu companheiro, com os dois dirigindo em conjunto a minha organização. Isso me pareceu sensacional.

Conheci esse homem, a quem chamarei de Sr. Smith (tenho trocado nomes para proteger pessoas não tão inocentes), e ele fez uma apresentação espetacular, demonstrando para mim como poderia utilizar todas as habilidades que desenvolvera ao longo dos anos para levar minha companhia ao nível seguinte. Poderia liberar meu tempo, o que me permitiria promover seminários ainda maiores e causar impacto em mais pessoas, sem ter de viver em viagem. Na ocasião, eu passava quase 150 dias por ano longe de casa, conduzindo meus seminários. Além de todo o resto, ele não queria ser remunerado até produzir resultados! Parecia quase bom demais para ser verdade. O Sr. Smith e meu honesto executivo dirigiriam a companhia.

Um ano e meio depois, despertei para descobrir que era mesmo bom demais para ser verdade. É verdade que meus seminários haviam se tornado maiores, mas agora eu passava quase 270 dias por ano viajando. Minha eficácia e meu impacto haviam aumentado, ajudava mais pessoas do que em qualquer outra ocasião anterior, mas subitamente fui informado de que devia 758 mil dólares, depois de ter dado mais do que jamais tivera em toda a minha vida. Como era possível? Bem, a administração é tudo, tanto nas empresas como em nossas vidas. E era evidente que eu não tinha os administradores certos.

Pior ainda, o Sr. Smith, ao longo daqueles 18 meses, se apropriara de mais de um quarto de milhão de dólares de nossos cofres. Tinha uma nova casa, um carro novo... e eu presumira que comprara tudo graças a suas outras atividades profissionais. Puxa, foi uma surpresa e tanto! Dizer que fiquei furioso ou arrasado por essa experiência seria, sem dúvida, usar o Vocabulário Transformacional para reduzir a intensidade de meus sentimentos. As metáforas que usei na ocasião foram coisas como "Eu me senti apunhalado pelas costas" e "Ele tentou assassinar meu primogênito". O que acha disso como intensidade emocional?

Contudo, o que mais me deixou perplexo foi o fato de meu executivo honesto ter testemunhado tudo aquilo, sem me alertar para o que estava acontecendo. Pois ele sabia de tudo o que ocorria! Foi nessa ocasião que comecei a compreender que *as pessoas não apenas procuram o prazer, mas também se afastam da dor.* Meu executivo honesto *tentara* me dizer que estava preocupado com seu colega. Procurara-me logo depois que eu passara três meses consecutivos em viagem. No meu primeiro dia em casa, visitara-me para dizer que tinha dúvidas sobre a integridade do Sr. Smith. Fiquei preocupado no mesmo instante, e perguntei por quê. Ele respondeu:

— Quando nos mudamos para o novo escritório, ele fez questão de ficar com a sala maior.

Era algo tão mesquinho que fiquei irritado, e disse, antes de interromper abruptamente a reunião:

— Foi você quem o indicou para o cargo. Portanto, cuide dele pessoalmente.

Eu deveria ter compreendido naquele dia que causara dor a esse homem quando ele tentava me transmitir uma informação. Em meu estado de exaustão e estresse, não fui capaz de avaliar o significado mais profundo do que vinha acontecendo. Como se isso já não fosse bastante ruim, meu executivo honesto tornou a me procurar para dar um retorno similar. Declarei que ele não estava sendo totalmente honesto ao falar comigo, em vez de conversar com o Sr. Smith. Fui até a sala do outro diretor, e comuniquei:

— Ele me disse isso e aquilo a seu respeito. Vocês dois resolvam isso!

Pode imaginar a dor que ele obteve do Sr. Smith? Recordando a experiência agora, posso compreender claramente por que ele não me contou toda a verdade. Dizer a verdade — que indicara alguém que desviara mais de um quarto de milhão de dólares da companhia — parecia-lhe, a curto prazo, ser mais doloroso do que simplesmente adiar e tentar encontrar algum outro meio de lidar com o problema mais tarde.

Na verdade, ao recordar todas as dificuldades que sempre tive com esse executivo, invariavelmente se reduziam a ocasiões em que ele não fazia as coisas que precisava fazer apenas porque *queria evitar o sentimento de confrontação.* Essa era a dor suprema para ele. Embora a honestidade fosse importante, evitar a confrontação era ainda mais importante. Por isso, nada me comunicou e racionalizou que estava sendo honesto, porque eu nunca lhe perguntei se o Sr. Smith desviava dinheiro da empresa. Se eu tivesse indagado, ele responderia.

Por mais furioso que a situação me deixasse, e por mais dolorosa em termos financeiros e emocionais, proporcionou-me uma das mais valiosas lições de minha vida, porque me ofereceu uma das peças finais no quebra-cabeça para a compreensão do comportamento humano. Compreender essas duas forças gêmeas de dor e prazer ajudou-me não apenas a exercer uma influência positiva sobre mim mesmo e minha família, mas também sobre pessoas no mundo inteiro, com maior precisão.

VALORES REPELENTES

Devemos lembrar, portanto, que em qualquer momento em que tomamos uma decisão sobre o que fazemos, o cérebro primeiro avalia se essa ação pode levar a estados de prazer ou dor. O cérebro está sempre pesando as alternativas, a fim de determinar o impacto, baseado em sua hierarquia de valores. Se, por exemplo, eu lhe pedisse para saltar de paraquedas em queda livre, e a emoção número um que você tenta evitar a qualquer custo é o senso de medo, então é óbvio que você não fará essa ação, não é mesmo? Se, no entanto, o valor número um que você quer evitar a qualquer custo é um sentimento de rejeição, e acha que eu posso rejeitá-lo se *não* me atender, você pode tomar a decisão de pular do avião, apesar do seu medo. *Os níveis relativos de dor que associamos a certas emoções afetarão todas as nossas decisões.*

Quais são algumas das emoções que você acha mais importante evitar, numa base sistemática? Muitas vezes, quando faço essa pergunta às pessoas nos seminários, a lista apresentada é mais ou menos a seguinte:

Rejeição	1. ____________
Raiva	2. ____________
Frustração	3. ____________
Solidão	4. ____________
Depressão	5. ____________
Fracasso	6. ____________
Humilhação	7. ____________
Culpa	8. ____________

Seria justo dizer que todas essas emoções são estados que você gostaria de evitar ter de sentir? Claro, porque são dolorosos. Não seria verdade dizer também que pode querer evitar todas essas emoções, mas algumas são mais dolorosas para você do que outras? Que você possui também uma hierarquia de valores repelentes? *Que valor na lista anterior seria o que mais evitaria ter de sentir?* Rejeição, depressão, humilhação? A resposta a essa pergunta determinará seu comportamento praticamente em qualquer ambiente.

Faça uma pausa antes de continuar, escreva sua lista nas linhas em branco, começando pelos estados que mais tentará evitar, ao menos.

> ***"Espero que possamos fazer uma universidade de que nosso time de futebol americano se orgulhe."***
>
> — UNIVERSIDADE DE OKLAHOMA

O que lhe diz um exame de sua lista? Se, por exemplo, você põe no topo da lista que a emoção que mais deseja evitar é a humilhação, pode perceber como evita sistematicamente ingressar em situações em que poderia ser julgado com mais rigor? Se a solidão é a emoção que deseja evitar acima de tudo, isso pode levá-lo a se tornar uma pessoa protetora, projetando-se para os outros, e tentando ser generoso numa base regular, a fim de que queiram sua companhia, e se encontre sempre cercado por muitos amigos agradecidos.

A fonte da autossabotagem: conflitos de valores

Agora, vamos examinar a dinâmica criada por sua hierarquia de valores. Se você selecionou o *sucesso*, por exemplo, como seu primeiro valor atraente e a *rejeição* como o principal valor repelente, percebe alguns possíveis desafios que essa hierarquia pode criar em sua vida? Posso lhe garantir que uma pessoa que tenta alcançar o prazer do sucesso sem jamais experimentar a dor da rejeição nunca terá êxito a longo prazo. Na verdade, essa pessoa vai sabotar a si mesma, antes de ser bem-sucedida em grande escala.

Como posso fazer tal alegação? Lembre-se do princípio organizacional básico de que falamos aqui com tanta frequência: *As pessoas farão mais para evitar a dor do que para alcançar o prazer.* Se você quer realmente ter o sucesso ao nível mais alto, não deve estar disposto a arriscar a rejeição? Não deve estar disposto a experimentá-la? Não é verdade que mesmo que você seja honesto e sincero, e dê tudo aos outros todos os dias, ainda assim há pessoas que interpretam de forma errada suas ações e o julgam sem jamais tê-lo conhecido pessoalmente? Quer você seja um escritor, um cantor, um orador, quer um executivo, o potencial de rejeição sempre existe. Como o cérebro sabe que para ter sucesso é preciso correr o risco de rejeição, e já concluiu que os sentimentos de rejeição são os níveis supremos de dor, tomará a decisão de que o prazer do sucesso não vale o preço, e o levará a sabotar seu comportamento, antes mesmo que alcance a posição!

Muitas vezes encontro pessoas que dão gigantescos passos para a frente, apenas para recuar misteriosamente no último instante. Ou dirão ou farão coisas que sabotam o próprio sucesso pessoal, emocional ou físico que procuram. Invariavelmente, o motivo é um conflito de valores. Parte do cérebro diz "Vá atrás!", enquanto outra parte diz que "Se você o fizer, vai sofrer muita dor". Assim, tais pessoas dão dois passos para a frente e um para trás.

Durante a campanha eleitoral de 1988, eu costumava chamar esse tipo de "Síndrome de Gary Hart". Era um homem de bem que parecia sinceramente preocupado com as pessoas e com a sociedade, mas cujos conflitos de valores estavam expostos para todos verem. Gary Hart era um homem horrível? Duvido muito. Era apenas alguém que tinha valores num tremendo conflito. Foi criado numa igreja que o ensinara que cometia um pecado se sequer dançasse. Ao mesmo tempo, foi exposto a modelos de vida como Warren Beatty. É evidente que esses desejos conflitantes desempenharam um papel importante em sua derrocada política.

Você acha que uma pessoa tão inteligente quanto Gary Hart diria aos repórteres "Se vocês têm dúvidas a meu respeito, podem me seguir", e imediatamente após sairia dali para visitar a amante? É claro que isso era a maneira que seu cérebro tinha de livrar-se da dor de estar numa posição em que tinha de jogar pelas regras dos outros. Pode chamar isso de psicologia popular, se quiser, mas não faz sentido que, se você é atraído em duas direções diferentes, não será capaz de servir a ambos os amos? Algo tem de ceder. Faremos qualquer coisa que for necessária, consciente ou inconscientemente, para não experimentar nossos níveis mais intensos de dor.

Todos já conhecemos pessoas públicas que experimentaram a dor de conflitos de valores, mas, em vez de julgarmos, precisamos compreender que cada um de nós também tem seus conflitos de valores. Por quê? Repito mais uma vez, apenas porque nunca fomos nós que determinamos o sistema. Permitimos que o ambiente nos moldasse, mas podemos começar a mudar isso agora. Como? Basta dar dois passos:

O **Passo Um** é adquirir a noção de seus valores atuais, a fim de compreender por que você faz o que faz. Quais são os estados emocionais para os quais é atraído, e quais são os estados de que se sente repelido? Ao analisar suas listas lado a lado, você será capaz de ter uma compreensão da força que está criando seu presente e futuro.

Passo Dois: Você pode então tomar decisões conscientes sobre que valores deseja viver, a fim de moldar a qualidade de vida e o destino que realmente deseja e merece.

COMO DESCOBRIR SEUS ATUAIS VALORES

Vamos começar. Você já fez a sua lista de valores, em ordem hierárquica, baseadas nas que eu apresentei. O que precisa fazer agora é *começar de novo, fazendo suas próprias listas.* Tudo o que tem de fazer para descobrir seus valores é responder a uma pergunta simples: "*O que é mais importante para mim na vida?"* Pense bem antes de responder. É paz de espírito? Impacto? Amor?

Agora, ponha seus valores em ordem, do mais ao menos importante. Tire um momento para fazer isso agora...

O QUE É MAIS IMPORTANTE NA VIDA PARA MIM:

Quando criei minha primeira lista de valores atraentes, foi isto o que escrevi, na ordem em que me ocorreu:

MINHA ANTIGA LISTA DE VALORES ATRAENTES

Paixão
Amor
Liberdade
Contribuição
Ser Capaz
Crescimento
Realização
Felicidade
Diversão
Saúde
Criatividade

Ao analisar minha lista, compreendi por que fazia o que fazia. Era um indivíduo intenso; por todas as descrições, tinha um temperamento explosivo. Considerava isso minha *paixão*. Meu *amor* pela família e pelos amigos, assim como o desejo de partilhar em seminários, eram evidentes. Minha vontade era *libertar* as pessoas, e achava que se libertasse os que se encontravam ao meu redor, e lhes desse uma *contribuição,* haveria de sentir que era *capaz* de fazer qualquer coisa. Eu *cresceria* e me *realizaria,* teria *diversão,* seria *saudável* e *criativo.* O conhecimento de minha lista de valores ajudou-me a persistir no caminho, de uma forma coerente com o que era mais importante para mim. Durante anos, experimentei o maior senso de congruência em minha vida.

Mas logo eu faria outra definição que transformaria a qualidade de minha vida para sempre.

MUDE SEUS VALORES, E MUDE SUA VIDA

Depois de minha experiência com o infame Sr. Smith, fui a Fiji para escapar de tudo. Precisava recuperar o equilíbrio emocional e adquirir alguma perspectiva e objetividade sobre a situação. Mais importante ainda, precisava decidir o que faria e como promoveria uma reviravolta. Na primeira noite, antes de dormir, fiz a mim mesmo uma pergunta muito importante. Em vez de "Por que tudo isso me aconteceu?", formulei uma pergunta melhor: "Qual é a fonte de todo o comportamento humano? O que leva as pessoas a fazerem o que fazem?"

Quando acordei, às 8h da manhã seguinte, sentia um turbilhão de ideias aflorando em minha cabeça. Peguei minha agenda e comecei a escrever sem parar, sentado na cabana principal. As pessoas entraram e saíram durante o dia inteiro, e continuei a escrever, das 8h às 18h30. Meu braço estava doído, os dedos dormentes. Não estava apenas pensando calmamente e escrevendo; as ideias literalmente *explodiam* dentro de mim. A partir desse rio impetuoso de ideias, projetei as Tecnologias do Destino™, e uma boa parte da ciência do Condicionamento Neuroassociativo™. Quando peguei as anotações para revisá-las, no entanto, não consegui ler uma só palavra!

Mas as ideias e os sentimentos estavam arraigados dentro de mim. Percebi imediatamente o potencial do que criara: um programa que possa ajudar as pessoas a reformularem as prioridades de vida de seu sistema nervoso, permitindo redirecionar o processo de como pensar, como sentir, o que fazer em quase todas as áreas de suas vidas!

Passei a pensar no que aconteceria se, em vez de apenas ensinar às pessoas quais eram seus valores e esclarecê-los, levasse as pessoas a selecionar ou reformular conscientemente a ordem e conteúdo de seu sistema hierárquico de valores. E se eu pegasse alguém cujo valor número um fosse a segurança, e tivesse como valor número 15 a aventura, e *trocasse a ordem,* não apenas em termos intelectuais, mas de tal forma que a aventura se tornasse a maior prioridade em seu sistema nervoso? Que tipo de mudança você acha que isso poderia promover na vida de alguém? Uma pequena mudança, ou uma grande?

Mas seria possível? Concluí que a melhor pessoa para testar a possibilidade era eu mesmo, é claro. Examinei minha lista de valores. A princípio, pensei: "Meus valores são sensacionais! Adoro meus valores. Afinal, isso é quem eu sou." Mas lembrei a mim mesmo que *não somos nossos valores. Somos muito mais que nossos valores.* Aqueles valores não eram o resultado de opções inteligentes e um plano mestre. O que eu conseguira até agora fora apenas descobrir que prioridades estavam condicionadas em minha vida, e escolhera conscientemente viver de acordo com o sistema de dor e prazer para o qual me programara. Mas se eu fosse realmente projetar minha vida, se quisesse criar um conjunto de valores que moldariam o destino supremo que desejava, o que eles precisariam ser?

"Não o fizemos nem do céu nem da terra,
Nem mortal nem imortal,
Para que possa, com o livre-arbítrio e com honra,
Como se fosse o criador de si mesmo,
Moldar sua vida em qualquer forma que preferir.
Pelo julgamento de sua alma, você tem o poder
De renascer nas formas superiores,
Que são divinas."

— Discurso de Deus a Adão, na Oração sobre a Dignidade do Homem, de Pico Della Mirandola

Eu me senti profundamente inspirado quando comecei a compreender que naquele momento estava prestes a tomar decisões que mudariam a direção de minha vida para sempre. Passei a examinar meus valores e a fazer a pergunta: "*O que meus valores precisam ser para criar meu supremo destino, a fim de ser a melhor pessoa que eu puder, a fim de causar o maior impacto durante a minha vida?*"

Pensei: "Os valores que tenho neste momento estão me ajudando." Mas logo pensei também: "*Que outros valores precisaria acrescentar?*" Constatei que uma das coisas que não estava na minha lista era *inteligência.* Claro que eu era uma pessoa inteligente, mas não fizera de ser *inteligente* uma prioridade tão alta quanto ser apaixonado. Na verdade, em minha paixão, eu fizera algumas opções bem estúpidas... inclusive quem seria meu executivo!

Concluí que, se não convertesse a inteligência em uma prioridade consciente de meu sistema nervoso (isto é, se não aprendesse a tirar um momento ou dois para avaliar conscientemente e com antecedência as consequências de minha tomada de decisão), continuaria a fracassar, sem alcançar meus desejos mais profundos. Não havia agora a menor dúvida de que a inteligência precisava ser colocada no alto da minha lista. Descobri em seguida uma série adicional de valores a acrescentar e decidi onde precisavam entrar em minha hierarquia.

Depois, fiz uma pergunta que nunca formulara antes: "*Que valores devo eliminar de minha lista para alcançar meu destino supremo?*" Comecei a compreender que, pelo foco constante em como ser *livre,* eu estava perdendo a liberdade de que já desfrutava. Compreendi que não havia qualquer possibilidade de ser mais livre do que já era naquele momento. Talvez meus sentimentos fossem diferentes se vivesse num país em que não existissem as opções que tenho nos Estados Unidos; para mim, no entanto, não há possibilidade de ter mais liberdade do que já desfruto hoje. Por isso, decidi retirá-la de minha lista, e não mais me preocupar. Foi espantosa a *liberdade* que experimentei ao retirar a liberdade de minha lista!

Em seguida, passei a avaliar cada valor individualmente, quanto ao mérito. Comecei a perguntar: "*Que benefício obtenho ao colocar este valor nesta posição em minha lista?*" Analisei primeiro a paixão, e indaguei: "Que benefício tenho por colocar a paixão aqui?" Pensei: "Proporciona-me ímpeto, excitamento, energia e o poder de causar impacto nas pessoas, de modo positivo. Torna a minha vida suculenta."

Depois, fiz uma pergunta que me assustou um pouco, uma pergunta que nunca formulara antes: "*O que pode ter me custado a inclusão da paixão no topo de minha lista?*" Nesse momento, a resposta tornou-se óbvia. Eu acabara de voltar de um seminário em Denver, onde me sentira, pela primeira vez em anos, muito doente. A saúde sempre figurava na minha lista de valores; era importante. Mas não estava nos primeiros lugares da lista.

Diga-se de passagem que você sempre considera importante qualquer coisa que tem na sua lista de valores, porque há centenas de coisas que poderiam estar incluídas, e não estão. Mas minha ideia de saúde era comer direito. Não fazia exercícios e não descansava o suficiente. Finalmente, meu corpo começava a ceder, sob a minha constante demanda de energia ilimitada. Lembrei-me que naquele dia, quando senti que não tinha saúde, exigi o máximo de mim e realizei o seminário assim mesmo. Mas não me sentia apaixonado, não me sentia amando, não sentia que podia causar algum impacto. Comecei a compreender que ter a paixão como o valor mais alto na minha lista me levaria a me consumir, com o potencial de custar o próprio destino que eu procurava.

Acabei formulando a última pergunta: "*Em que ordem meus valores precisam estar para que eu alcance meu destino supremo?*" Não "O que é importante para mim?", mas sim "O que eles precisam ser?". Ao iniciar esse processo, minha lista começou a evoluir, a se tornar a seguinte:

MINHA NOVA LISTA DE VALORES ATRAENTES

Saúde/Vitalidade
Amor/Ternura
Inteligência
Alegria
Honestidade
Paixão
Gratidão
Diversão/Felicidade
Fazer uma diferença
Aprender/Crescer
Realizar
Ser o melhor
Investir
Contribuição
Criatividade

ssas mudanças podem parecer sutis para você, mas foram profundas no npacto emocional que me causaram. A simples criação dessa nova lista de rioridades de vida acarretou em alguns momentos muita luta e um medo in- nso. É bem provável que o mais difícil tenha sido a mudança da ordem en- e realização e felicidade. Se você está lembrado, em minha lista anterior eu nha de sentir *paixão, amor, liberdade, contribuição, ser capaz, crescimento realização, com ser feliz* numa prioridade baixa. Comecei a pensar: "O que conteceria se eu tornasse a felicidade uma prioridade? O que aconteceria se u a tornasse uma prioridade maior do que a realização?"

Para ser sincero, essa foi outra pergunta que me incutiu medo. Pensei: "Se or fácil para mim me sentir feliz, talvez eu perca o ímpeto. Talvez não queira nais realizar. Talvez não queira causar o mesmo impacto. Talvez não ontribua tanto para as outras pessoas." Afinal, eu vinculava minha identi- ade à capacidade de fazer diferença. Levei quase duas horas para tomar a decisão de optar pelo que me parecia melhor, e decidi me fazer feliz. Que absurdo!

Mas depois de trabalhar com dezenas de milhares de pessoas no Encontro com o Destino, a maioria das quais seria considerada grandes realizadoras, posso garantir que esse é um dos maiores medos que elas têm. *Geralmente receiam perder seu poder ou ímpeto se antes se sentirem felizes.* Estou aqui para lhe dizer que o que aconteceu em minha vida foi que, *em vez de realizar para ser feliz, comecei a ser feliz por realizar*, e a diferença na qualidade de minha vida é tão profunda que não dá para descrever em palavras. Não perdi o ímpeto — muito ao contrário, passei a me sentir tão bem que queria fazer ainda mais!

Quando minha lista ficou completa, experimentei uma emoção que não podia sequer lembrar de ter sentido antes: um senso de calma. Havia um senso de certeza que não conhecera antes, porque agora eu sabia que cada parte de mim seria atraída na direção certa dos meus sonhos. Não mantinha mais um cabo-de-guerra comigo mesmo. Ao deixar de me empenhar constantemente pela liberdade, eu poderia ter ainda mais intimidade e amor — e poderia me sentir ainda mais livre. Agora, seria feliz por realizar. Seria saudável, dinâmico, cheio de vitalidade. Com a decisão de mudar as prioridades de minha vida, pude sentir no mesmo instante as mudanças em meu corpo físico.

Também comecei a compreender que havia determinados estados emocionais que eu deveria evitar, se queria ser bem-sucedido. Um deles, sem qualquer dúvida, era a preocupação. Eu me sentia arrasado, física e emocionalmente, pela dor de tentar imaginar como faria para manter minha companhia em funcionamento, com todas as portas abertas. Na ocasião, eu acreditava que, se ficasse preocupado, poderia me tornar mais motivado, mas descobri que *a preocupação me deixava menos fértil.* Por isso, decidi que não poderia mais me preocupar. Teria um interesse legítimo, mas passaria a focalizar, o que era mais importante, as ações que efetuaria para fazer com que tudo desse certo. Depois que decidi que a preocupação angustiante destruiria meu destino, passei a evitá-la a qualquer custo. Obviamente, tornou-se uma emoção muito dolorosa para que me entregasse a ela. Comecei a formular uma lista de repelentes.

Voei de volta aos Estados Unidos, depois de projetar meu destino. Puxa, que surpresa para meus amigos e associados! No primeiro dia no escritório, as pessoas me procuravam e perguntavam: "O que aconteceu com você? Parece tão diferente? Tão relaxado!" Comecei a descarregar minha tecnologia inteiramente nova, por horas a fio, em cada pessoa, até que compreendi que precisava refiná-la e incluí-la num seminário. Foi assim que nasceu o Encontro com o Destino.

Escrevi este livro pelo desejo de divulgar a tecnologia Destino-NAC para tantas pessoas quanto puder atingir. Espero que você a use agora. *Lembre-se de que podemos realmente projetar quem nos tornamos.*

"Dê-me beleza na alma interior; que o homem exterior e interior sejam um só."

— SÓCRATES

Mas como você pode assumir o controle desse terceiro elemento de seu Sistema Central conhecido como valores? Dê os dois passos simples seguintes:

Passo 1: Descubra quais são os seus valores atuais e classifique-os na ordem de importância. Isso lhe proporcionará uma percepção sobre o que mais quer experimentar — seus valores atraentes — e o que mais quer evitar em sua vida — seus valores repelentes. Passará a ter uma compreensão de por que faz o que faz. Também lhe oferecerá uma oportunidade, se quiser, de experimentar sistematicamente mais prazer em sua vida, pela compreensão do sistema dor-prazer que já está embutido em você.

Passo 2: Se está disposto a pegar o touro a unha, você tem uma oportunidade de redirecionar seu destino. **Faça a si mesmo uma nova pergunta: "Quais precisam ser meus valores para alcançar o destino que desejo e mereço?" Faça uma lista. Ponha-os na ordem. Verifique de que valores pode querer se livrar, e que valores pode acrescentar, a fim de criar a qualidade de vida que deseja.**

Você pode estar especulando: "Mas, afinal, qual é o meu destino?" Se esbarrar nisso, volte ao Capítulo 12. Nele, perguntei que tipo de pessoa você teria de ser para alcançar tudo o que deseja. A fim de ser essa pessoa, quais precisariam ser seus valores? Que valores você precisaria acrescentar ou eliminar?

Por exemplo, como sua capacidade de lidar com sentimentos como medo, frustração e rejeição seria afetada pela decisão de colocar a coragem no alto de sua lista de valores atraentes? Ou qual poderia ser o impacto de conceder uma alta prioridade à jovialidade? Poderia lhe permitir ter mais diversão na vida, talvez desfrutar todas as experiências à medida que surgirem, tornar-se mais chegado a seus filhos, e ser para eles mais do que apenas um "provedor"?

O que você realizou ao criar sua nova lista de valores? Não é apenas um aglomerado de palavras num pedaço de papel? A resposta é sim — se você não se *condicionar* a usá-los como sua nova bússola. Se o fizer, no entanto, eles se tornam a sólida fundação de cada decisão que você tomar. É difícil apresentar neste livro toda a gama de instrumentos de condicionamento que uso em seminários, mas deixe-me lembrá-lo do poder da alavanca. Muitas pessoas que participaram do Encontro com o Destino afixaram seus valores em posições proeminentes no trabalho, em casa, *em qualquer lugar em que serão vistos por pessoas que os farão se aterem a esse padrão novo e superior.*

Portanto, use o mesmo tipo de alavanca para fortalecer seu compromisso com os novos valores. Na próxima vez em que se descobrir gritando com as crianças, talvez alguém que o ame possa se aproximar e dizer: "A compaixão não é o valor número um em sua lista?"

"Eu toco o futuro; eu ensino."

— ANÔNIMO

Observar as pessoas assumirem o controle de suas hierarquias de valores no Encontro com o Destino é tão compensador por causa do enorme contraste entre como eram na manhã de sexta-feira e quem se tornaram na noite de domingo. À medida que as transformações ocorrem, surge a magia. Lembro que um homem que foi arrastado pela esposa para o programa, e não queria estar ali. Ao começarmos a conversar sobre valores e a possibilidade de efetuar mudanças nessa área, ele proclamou:

— Não preciso mudar nenhum dos meus valores.

Seu valor número um, diga-se de passagem, era liberdade! Ele resistia à ideia de ser "forçado" a mudar qualquer coisa em sua vida que não quisesse alterar; tornou-se uma questão de controle, enquanto ele se recusava com firmeza a promover qualquer mudança. Acabei lhe dizendo:

— Sei que você não precisa fazer qualquer mudança. Também sei que é livre. Assim, tenho certeza de que é *livre* para acrescentar uns poucos valores. Que valores poderiam ser úteis para você acrescentar, a fim de aumentar a qualidade de sua vida, e talvez mesmo causar impacto em seu destino supremo?

Depois de pensar por um momento, ele respondeu:

— Talvez *flexibilidade* pudesse ser um bom valor a acrescentar.

A audiência aplaudiu.

— Isso é ótimo — declarei. — Em que lugar de sua lista poria a flexibilidade?

Começamos de baixo e fomos subindo, e acabou sendo o valor número quatro em sua lista. No momento em que o homem decidiu que esse era mesmo o lugar certo para seu novo valor, outro participante — um quiroprático — que estava sentado logo atrás dele indagou:

— Vocês viram isso?

Era tão evidente que várias outras pessoas na sala também haviam notado. A fisiologia do homem começara a mudar literalmente diante de nossos olhos. À medida que ele absorvia a flexibilidade em seu sistema de valores, toda a sua postura pareceu relaxar, tornar-se mais descontraída. Ele sentou na cadeira de uma maneira diferente, e parecia respirar com muito mais liberdade. Até mesmo a expressão mudou, os músculos do rosto liberando a tensão. Com a flexibilidade como uma nova prioridade, o sistema nervoso obviamente recebera a mensagem.

— Há outros valores que você gostaria de acrescentar a sua lista? — indaguei em seguida.

O homem pensou por um momento.

— Talvez... perdão?

Havia um tom de indagação em sua voz. O grupo desatou a rir. Ali estava um que começara eriçado em hostilidade e tensão, e agora completara uma volta de 180 graus. Enquanto ele calculava como incluir o perdão em sua hierarquia de valores, foi maravilhoso observar as mudanças adicionais que ocorreram em sua postura, respiração, em seus músculos faciais e gestos. Durante o resto do fim de semana, as pessoas continuaram espantadas com as drásticas mudanças promovidas por dois simples acréscimos aos seus valores. Ele falava com mais suavidade na voz, o rosto parecia se "abrir" com mais expressão, e se relacionava com as pessoas de uma forma como nunca acontecera antes. Agora, três anos mais tarde, a liberdade nem mesmo consta de sua lista, e sua intimidade com a esposa se expandiu a um ponto extraordinário.

"Somos aquilo que fazemos repetidamente."

— ARISTÓTELES

A vida sempre encontra um meio de testar o compromisso que temos com nossos valores. Meu teste ocorreu quando embarcava num avião... e lá estava o ilustre Sr. Smith! Senti a raiva e a hostilidade aflorarem, com uma intensidade como não experimentara durante dois anos, basicamente porque não o vira. Ele entrou apressado no avião e foi sentar lá no fundo. Ao me instalar em meu lugar, sabendo que ele se encontrava por trás de mim, as perguntas surgiam em disparada na minha cabeça: o que eu deveria fazer? Deveria confrontá-lo? Deveria apenas me aproximar, parar na sua frente e fitá-lo sem falar nada, até que ele se contorcesse em aflição? Não me orgulho dessas perguntas, mas como a honestidade é um dos meus valores mais altos, não posso deixar de relatar o que realmente pensei.

Logo, no entanto, os valores guiaram minha ações. Por quê? Abri minha agenda para anotar alguma coisa e deparei com minhas hierarquias de valores, colocadas bem na frente. Lá no alto estava escrito que "O mais importante na vida para mim é ser *amoroso* e *afetuoso*". Hum... "Ser inteligente." Hum... "Ser alegre. Ser honesto. Ser apaixonado. Ser agradecido. Divertir-me. Fazer uma diferença..." Como você pode muito bem imaginar, meu estado mudou de uma forma radical. É óbvio que meu padrão fora rompido. Um lembrete de quem sou de fato me contemplava. E tornou-se evidente o que fazer.

Quando o avião pousou, procurei-o com sinceridade e cordialidade, disse-lhe que não apreciava nem aprovava seu comportamento passado, mas decidira que não manteria um nível de intenso ressentimento contra ele, e até lhe desejava tudo de bom. Minha última lembrança do Sr. Smith é de seu rosto aturdido, enquanto eu virava as costas e me afastava. Puxa! Que emoção! Mesmo num ambiente de tensão, eu fizera o que acreditava que era certo. Nada na vida pode se comparar à realização de saber que você fez o que acredita ser a coisa certa.

Dê a si mesmo o presente de assumir o comando dessa força que molda seu destino. Não deixe de fazer os exercícios que podem definir as prioridades de sua vida.

É possível ter valores e sentir que não se está vivendo de acordo? Você pode ter um grande sistema de valores, que proporciona a sua vida uma direção magnífica, mas ainda se sentir infeliz, a menos que compreenda o poder das...

16

Regras: se você não é feliz, eis o motivo!

"Considere-se responsável por um padrão superior ao que todos os outros esperam de você."

— Henry Ward Beecher

Ao escrever estas palavras, estou contemplando o azul profundo do Pacífico, de meu quarto no Hyatt Regency Waikoloa, na Big Island do Havaí. Acabei de observar uma coisa que não tornará a acontecer na América do Norte até o ano 2017: um eclipse total do sol. Becky e eu levantamos às 5h30, a fim de testemunharmos, junto a milhares de outros visitantes, esse raro evento astronômico.

Enquanto uma multidão se concentrava no ponto de observação, comecei a me distrair com a diversidade de pessoas que viera até ali para partilhar a ocasião: de altos executivos a famílias em férias, de cientistas com as lunetas mais potentes e excursionistas que haviam armado suas barracas durante a noite, até crianças, que só sabiam que se tratava de um evento porque os pais haviam comentado. Ali estavam incontáveis pessoas que tinham voado de todas as partes do mundo, a um custo de milhares de dólares, apenas pela oportunidade de assistirem algo que duraria apenas quatro minutos! O que fazíamos ali? Queríamos ficar numa sombra! Não somos uma espécie muito interessante?

Às 6h28, o espetáculo começou. Havia ansiedade no ar, não apenas pela expectativa de assistir ao eclipse, mas também pelo medo de desapontamento. Pois naquela manhã única, as nuvens surgiram do horizonte, e o céu começara a se tornar nublado. Foi interessante registrar como as pessoas lidavam com a possibilidade de que suas expectativas não fossem atendidas. Não estavam ali para testemunhar apenas uma breve passagem de uma lasca da lua na frente do sol, mas sim um eclipse total de quatro minutos — quando a sombra da lua bloquearia por completo os raios do sol, e nos envolveria na escuridão. Havia até um nome para isso: *totalidade!*

Às 7h10, as nuvens haviam se expandido, tornavam-se mais densas a cada minuto. Subitamente, o sol apareceu através de uma abertura nas nuvens, e por um momento todos pudemos observar um eclipse parcial. A multidão aplaudiu excitada, mas logo as nuvens tornaram a se fechar, mais e mais densas, bloqueando a vista por completo. Ao se aproximar o momento da totalidade — a escuridão completa —, tornou-se óbvio que não poderíamos assistir a lua bloqueando o sol.

Subitamente, milhares de pessoas correram para a frente de um aparelho de televisão de tela grande, instalado ali por uma das muitas equipes de TV. Ficaram observando o eclipse pela transmissão de uma rede de televisão, como milhares de outras pessoas no resto do mundo! Naquele momento, tive a oportunidade de observar um âmbito ilimitado da emoção humana. Cada pessoa reagiu de acordo com *suas regras: suas convicções sobre o que tinha de acontecer para se sentirem bem com a experiência*. Um homem atrás de mim comentou, irritado:

— Gastei 4 mil dólares, e viajei tão longe só para poder assistir a esses quatro minutos pela *televisão?*

Uma mulher, a poucos passos de distância repetiu várias vezes:

— Não posso acreditar que tenhamos perdido!

A filha pequena, radiante e entusiasmada, lembrou:

— Mas está acontecendo neste momento, mamãe!

Outra mulher, sentada à minha direita, disse:

— Não é incrível? Eu me sinto tão afortunada por estar aqui!

Foi nesse instante que algo dramático ocorreu. Enquanto assistíamos pela TV à última lasca do sol desaparecer por trás da lua, fomos engolfados pela escuridão. Era muito diferente do anoitecer, quando o céu escurece gradativamente. Aquilo foi imediato, e uma escuridão total! No início, a multidão aclamou, mas depois houve silêncio. Os passarinhos voaram para as árvores e também permaneceram em silêncio. Foi um momento espantoso. Foi então que algo histórico ocorreu. Enquanto a multidão sentava em silêncio, olhando para o eclipse na tela da televisão, algumas das pessoas que haviam trazido suas câmeras, e estavam determinadas a conseguir o que desejavam, começaram a tirar fotos do aparelho! Logo ficamos outra vez inundados pela luz — não por causa do sol, mas pelos *flashes* das câmeras!

Quase que no mesmo instante em que começou, porém, a totalidade acabou. O momento mais dramático de todo o evento, para mim, foi quando uma lasca do sol saiu de trás da lua, trazendo a luz do dia de uma forma instantânea. Ocorreu-me nessa ocasião que *não é preciso muita luz para dissipar a escuridão.*

Pouco depois do retorno da luz do sol, muitas pessoas se levantaram, começaram a se retirar. Fiquei perplexo. Afinal o *eclipse ainda estava acontecendo.* A maioria murmurava queixas de que "viajara para tão longe e perdera a grande experiência de uma vida". Uns poucos fascinados, no entanto, ali permaneceram, para aproveitarem cada minuto, sentindo o maior excitamento e alegria. O mais irônico de toda a situação foi que o vento começou a soprar, cerca de 15 ou 20 minutos depois, afastando todas as nuvens do céu. Ficou claro e azul, e o eclipse foi revelado, para todos assistirem. Mas bem poucas pessoas persistiram, a maioria já fora embora para seus quartos, desapontada. Continuaram a se proporcionar as sensações de dor, porque suas expectativas não foram correspondidas.

Como costumo fazer, comecei a entrevistar as pessoas. Queria descobrir como haviam sentido a experiência do eclipse. Muitas disseram que fora a mais incrível experiência espiritual de suas vidas. Uma mulher grávida massageou a barriga enorme, e me contou que o eclipse, de alguma forma, criara um sentimento de vínculo mais forte com a criança por nascer, e que aquele era o lugar certo da Terra para ela estar naquele momento. Que contraste de convicções e regras notei hoje!

O que me pareceu mais engraçado foi o fato das pessoas se mostrarem tão excitadas e emocionais com algo assim, que era apenas uma sombra de quatro minutos. Se a gente pensar bem a respeito, a conclusão é de que o evento não é mais milagroso do que o sol nascer todas as manhãs. Pode imaginar se todas as manhãs as pessoas do mundo inteiro se levantassem cedo para assistir ao nascimento do sol? E se as agências noticiosas cobrissem com entusiasmo o evento, acompanhando a ascensão do sol pelo céu, e todas as pessoas passassem a manhã comentando esse milagre? Pode imaginar o tipo de dias que teríamos? E se a rede de televisão CNN iniciasse as suas transmissões com "Bom dia. Mais uma vez o milagre aconteceu... o sol nasceu!"? Por que não reagimos assim? Não seria possível? Pode apostar que sim. Mas o problema é que já nos tornamos *habituados*. Estamos tão acostumados aos milagres que ocorrem ao nosso redor todos os dias que nem mesmo os consideramos mais como milagres.

Para a maioria das pessoas, as regras sobre o que é valioso determina que cobicemos coisas que são escassas, em vez de apreciarmos os milagres que abundam. *O que determinou as diferenças nas reações daquelas pessoas* de um homem que ficou tão transtornado que destruiu sua câmera, aos que não apenas experimentaram a alegria hoje, mas também continuarão a experimentá-la cada vez que contarem aos outros sobre o eclipse, nas próximas semanas, meses e anos?

Nossa experiência daquela realidade nada tinha a ver com a realidade, mas foi interpretada pela força controladora das convicções: de um modo mais específico, as regras que tínhamos sobre *o que devia acontecer para que nos sentíssemos bem. Chamo de convicções específicas as que determinam quando formulamos regras para obter dor e obter prazer.* A incompreensão de seu poder pode destruir qualquer possibilidade de felicidade vitalícia, e uma plena compreensão e utilização podem transformar sua vida tanto quanto qualquer outra coisa que analisamos neste livro.

Quero lhe fazer uma pergunta antes de continuarmos. *O que tem de acontecer para você se sentir bem?* Precisa que alguém o abrace, beije, faça amor com você, diga o quanto o respeita e aprecia? Deve ganhar um milhão de dólares? Tem de se tornar um exímio golfista? Tem de ser reconhecido por seu chefe? Tem de alcançar todos os seus objetivos? Tem de guiar o carro certo, ir às festas certas, ser conhecido pelas pessoas certas? Tem de ser espiritualmente evoluído, ou esperar até atingir o esclarecimento total? Tem de correr 8 quilômetros por dia? O que realmente precisa acontecer para você se sentir bem?

A verdade é que nada tem de acontecer para que você se sinta bem. Não precisa de um eclipse para se sentir bem. Pode se sentir bem neste momento, sem precisar absolutamente de *nenhuma razão*! Pense a respeito. Se você ganha um milhão de dólares, o dinheiro não lhe proporciona nenhum prazer. É sua *regra* que diz: "Quando alcançar essa marca, *então* darei a mim mesmo permissão para me sentir bem." Nesse momento, quando decide se sentir bem, você envia uma mensagem ao cérebro para mudar as reações nos músculos do rosto, peito e resto do corpo, para mudar sua respiração e mudar a bioquímica do sistema nervoso, o que o leva a experimentar as sensações que chama de prazer.

Quem você acha que teve o pior tempo naquele dia do eclipse? As pessoas com as regras mais intensas sobre o que tinha de acontecer para se sentirem bem! Não resta a menor dúvida de que os cientistas, assim como os turistas que se viam como cientistas, provavelmente tiveram mais dor. Muitos tinham enormes agendas que queriam concluir naqueles quatro minutos, antes de se sentirem bem.

Não interprete da forma errada; não há nada de errado em se empenhar em realizar e alcançar tudo o que você puder. Anos atrás, porém, formulei uma definição que mudou a qualidade de minha vida para sempre: *enquanto estruturarmos nossas vidas de uma maneira em que a felicidade seja dependente de algo que não podemos controlar, então vamos experimentar dor.* Como eu não estava mais disposto a viver com o medo de que a dor pudesse continuar a me abalar, e me considerava um ser inteligente, reformulei minhas regras; assim, tenho dor e prazer *sempre que sinto que é apropriado, baseado na capacidade de dirigir minha própria mente, meu corpo e minhas emoções.* Para ser mais específico, Becky e eu desfrutamos ao máximo o eclipse. De qualquer forma, estávamos no Havaí por outro motivo — para conduzir meu programa Comando™ (Mastery™), de três semanas; por isso, chegar uns poucos dias antes para assistir ao eclipse era uma bonificação para nós.

Mas o verdadeiro motivo para desfrutarmos tanto foi o fato de não termos grandes expectativas; apenas aguardávamos ansiosos. O segredo para a nossa felicidade pode ser encontrado numa regra básica que partilhamos: *decidimos* que nossa regra para o dia era *desfrutar o evento, não importando o que acontecesse.* Não que não tivéssemos expectativas; apenas decidimos que não importava o que pudesse acontecer, haveríamos de encontrar um meio de desfrutar.

Se você adotasse e aplicasse de uma forma sistemática essa regra em sua própria vida, pode perceber como isso mudaria praticamente tudo o que experimenta! Quando falo às pessoas sobre essa regra, algumas respondem: "Tudo bem, mas você está apenas baixando seus padrões." Nada poderia estar mais longe da verdade! Adotar essa regra *é elevar seus padrões.* Significa que você manterá um padrão superior de desfrute, apesar das condições do momento. Significa que se comprometeu a ser bastante inteligente, bastante flexível e bastante criativo para dirigir seu foco e suas avaliações de uma maneira que lhe permita experimentar a verdadeira riqueza da vida — talvez *essa* seja a suprema regra.

No último capítulo, você começou a projetar sua hierarquia de valores, a fim de refinar e definir o rumo de sua vida. Precisa compreender que *sentir ou não que está realizando seus valores, depende exclusivamente de suas regras* — suas convicções sobre o que tem de acontecer para que se sinta bem-sucedido, feliz ou experimentando o amor. Pode decidir que a felicidade tem prioridade, mas se sua regra para a felicidade é a de que tudo deve acontecer como planejou, garanto que *não* vai experimentar esse valor numa base sistemática. *A vida é um evento variável,* e por isso nossas regras devem ser organizadas de maneira a permitir a adaptação, crescimento e satisfação. É fundamental compreender essas convicções inconscientes que controlam quando nos proporcionamos dor ou prazer.

JUIZ E JÚRI

Todos temos regras e padrões diferentes que governam não apenas a maneira como nos sentimos sobre as coisas que acontecem em nossas vidas, mas também como vamos nos comportar e reagir a uma determinada situação. Em suma, o que fazemos e o que nos tornamos depende do rumo a que somos levados por nossos valores. Mas também importante, talvez até mais, nossas emoções e nossos comportamentos serão determinados pelas *convicções sobre o que é bom e o que é ruim, o que podemos fazer e o que temos de fazer. Esses padrões e critérios específicos constituem o que chamo de regras.*

As regras são o gatilho para qualquer dor ou prazer que você sente no sistema nervoso, em qualquer momento. É como se tivéssemos um sistema judiciário em miniatura dentro do cérebro. *Nossas regras pessoais são o supremo juiz e júri.* Determinam se um certo valor é atendido ou não, se vamos nos sentir bem ou mal, se daremos a nós mesmos dor ou prazer. Se eu lhe perguntasse, por exemplo, "Você tem um grande corpo?", como responderia? Dependeria, se acha que corresponde a um determinado conjunto de critérios que usa para julgar um grande corpo.

Aqui está outra pergunta: "Você é um grande amante?" Sua resposta estará baseada nas regras do que é exigido para ser um grande amante, os padrões que adota. Se você respondesse "Sim, sou um grande amante", eu *descobriria suas regras* ao fazer a pergunta básica: "*Como sabe que é um grande amante? O que tem de acontecer para você sentir que é um grande amante?*"

Pode responder algo assim: "Sei que sou um grande amante porque a outra pessoa costuma dizer que foi sensacional." Outros podem dizer: "Sei que sou um grande amante porque minha amante me diz isso." Ou: "Sei que sou um grande amante por causa das reações que obtenho de minha parceira." Outras pessoas podem dizer ainda: "Sei que sou um grande amante porque me sinto bem quando faço amor." (As reações da parceira não têm a menor importância? Hum...) Ou sua resposta pode ser apenas: "Pergunte por aí."

Por outro lado, algumas pessoas não sentem que são grandes amantes. Isso acontece porque *não* são grandes amantes? Ou é porque suas regras são *impróprias?* Essa é uma pergunta importante para se responder. Em muitos casos, a pessoa não sente que é grande amante porque a parceira — ou parceiro — não lhe diz isso. A outra pessoa pode reagir com ardor, mas porque não atende a essa regra específica, ela tem certeza de que não é grande amante.

Essa situação de não sentir as emoções que merecemos não se limita aos relacionamentos ou ato de amor. A maioria das pessoas tem regras que são igualmente impróprias para definir o sucesso, fazer uma diferença, segurança, inteligência ou qualquer outra coisa. *Tudo em nossas vidas, do trabalho à diversão, é presidido por esse sistema de juiz e júri.*

O ponto aqui é simples: nossas regras controlam as reações em cada momento que vivemos. E, é claro, como você já adivinhou, foram instituís de uma maneira totalmente arbitrária. Como tantos outros elementos do stema Central que dirige nossas vidas, nossas regras resultaram de uma tonteante colagem de influência a que fomos expostos. O mesmo sistema punição e recompensa que molda nossos valores também molda as regras. a verdade, ao desenvolvermos novos valores, também desenvolvemos conções sobre o que será preciso para que esses valores sejam atendidos, e sim as regras aumentam sempre. E com o acréscimo de mais regras, muitas zes tendemos a distorcer, generalizar e suprimir o passado. Desenvolveos regras em conflito. Para algumas pessoas, as regras são formadas pelo sejo de se *rebelar* contra as regras pelas quais foram criadas.

As regras que guiam sua vida hoje ainda são apropriadas para quem ocê se tornou? Ou você tem de se apegar a regras que o ajudaram no passdo, mas o prejudicaram no presente? Mantém quaisquer regras impróprias a infância?

"Qualquer tolo pode fazer uma regra —
E todo tolo se guiará por ela."

— HENRY DAVID THOREAU

s regras são um atalho para o cérebro. Ajudam-nos a ter um senso de certea para as consequências de nossas ações; assim, permitem-nos tomar decies rápidas sobre o que as coisas significam, e o que devemos fazer.

Quando alguém sorri para você, se tivesse de se empenhar numa longa tediosa série de cálculos para calcular o que isso significa, sua vida seria ustrante. Em vez disso, porém, você tem uma regra que diz que se uma pesoa lhe sorri, *isso* significa que está feliz, é cordial, ou talvez goste de você. *e alguém amarra a cara para você, isso* desencadeia outra série de regras ara o que as coisas significam, e o que deve fazer. Para algumas pessoas, e alguém amarra a cara, *isso* significa que o outro se encontra num estado uim, e deve ser evitado. Outras pessoas, no entanto, podem ter uma regra ue diz: "*Se* alguém se encontra num estado ruim, então preciso *mudar* seu stado."

VOCÊ É DESARRUMADO OU PERFEITO?

Li uma história no livro *Steps to an Ecology of Mind,* de Gregory Bateson. Era a transcrição de uma conversa que ele tivera com a filha, anos atrás, e vou reproduzi-la aqui. Um dia, ela o procurou e fez uma pergunta interessante:

— Papai, por que as coisas se tornam desarrumadas com tanta facilidade?

— O que está querendo dizer com "desarrumadas", querida? — perguntou ele.

— Sabe como é, papai. Quando as coisas não são perfeitas. Olhe para a minha escrivaninha agora. Está cheia de coisas. Desarrumada. E ontem à noite me esforcei ao máximo para deixar tudo perfeito. Mas as coisas não permanecem perfeitas. Tornam-se desarrumadas com a maior facilidade!

Bateson pediu à filha:

— Mostre-me como é quando as coisas ficam perfeitas.

Ela arrumou cada coisa nas posições determinadas, e depois disse:

— Aí está, papai, agora ficou perfeito. Mas não continuará assim.

— E se eu deslocar esta caixa de tinta para cá, por cerca de um palmo? O que acontece?

— Ora, papai, agora ficou desarrumado. Além do mais, teria de estar reta, e não torta, como você deixou.

— E se eu mudasse este lápis para cá?

— Está desarrumado outra vez.

— E se deixasse este livro aberto?

— Também fica desarrumado!

Bateson declarou então para a filha:

— Querida, não é que as coisas fiquem desarrumadas com mais facilidade. Acontece apenas que você tem *mais meios* para desarrumar as coisas, e só tem um meio para deixar tudo perfeito.

A maioria das pessoas cria numerosos meios de se sentir mal, e apenas uns poucos meios de se sentir realmente bem. Nunca deixo de me espantar com a incrível quantidade de pessoas cujas regras as preparam para a dor. É como se tivessem uma vasta e complexa rede de caminhos neurais levando ao próprio estado que tentam evitar, ao mesmo tempo em que só dispõem de uns poucos caminhos neurais ligados ao prazer.

Um exemplo clássico disso é um homem que participou de um dos meus seminários Encontro com o Destino. Era um famoso executivo, incluído na lista dos quinhentos de *Fortune,* amado pela comunidade por suas contribuições, muito ligado aos cinco filhos e à esposa, um homem em excelentes condições físicas — um maratonista. Perguntei-lhe:

— Você é bem-sucedido?

Para surpresa de todos os presentes, ele respondeu, muito sério:

— Não.

— *O que tem de acontecer* para que você se sinta bem-sucedido?

Essa é a pergunta fundamental que se deve sempre fazer para descobrir suas regras ou as de qualquer outra pessoa. O que se seguiu foi uma litania de regras rígidas e exigências que ele achava que devia cumprir, a fim de ser bem-sucedido na vida. Tinha de ganhar um salário de 3 milhões de dólares por ano (ganhava na ocasião, como salário, apenas um milhão e meio, e recebia mais 2 milhões em bonificações — só que isso não contava), precisava ter apenas 8 por cento de gordura no corpo (estava com 9 por cento), e nunca ficar frustrado com os filhos (lembre-se de que ele tinha cinco, e todos seguindo por rumos diferentes na vida). Em sua opinião, quais as possibilidades desse homem se sentir bem-sucedido, quando tinha de atender ao mesmo tempo a todos esses critérios intensos e um tanto irracionais? É possível que algum dia ele se sinta bem-sucedido?

Em contraste, havia outro homem que parecia em constante ebulição, como todos notaram, porque tinha muita energia. Parecia desfrutar o seminário e a vida ao máximo. Fiz-lhe a mesma pergunta:

— Você é bem-sucedido?

A expressão dele era radiante.

— Claro!

— O que tem de acontecer para *você* se sentir bem-sucedido?

Ele explicou com um largo sorriso:

— É muito fácil. Tudo o que preciso fazer é levantar, olhar para baixo, e constatar que estou acima do chão!

A audiência delirou, e ele acrescentou:

— Cada dia acima do chão é um grande dia!

Essa regra tornou-se uma das prediletas da equipe de Encontro com o Destino. Agora, é apresentada em cada programa, para nos lembrar como somos bem-sucedidos no momento em que nos levantamos todas as manhãs.

Como o executivo que não satisfazia as próprias regras, *você pode ganhar e sentir que está perdendo, porque o boletim que usa é injusto.* Não é injusto apenas com você, mas também com seu cônjuge e seus filhos, com as pessoas com que trabalha todos os dias e com todos os outros com cujas vidas mantém algum contato. Se instituiu um sistema de regras que o leva a se sentir frustrado, zangado, magoado ou fracassado — ou não tem regras definidas para se saber o quanto é feliz, bem-sucedido e assim por diante —, essas emoções afetam a maneira como trata as pessoas ao seu redor, assim como elas também sentem quando se aproximam de você. Além disso, quer você esteja ou não consciente, é bastante frequente julgar os outros por um conjunto de regras que talvez nunca tenha expressado — mas todos esperamos que os outros obedeçam às nossas regras, não é mesmo? Se você está sendo exigente consigo mesmo, é bem provável que também seja com os outros.

Por que alguém imporia regulamentos tão rigorosos a si mesmo e às pessoas que ama? Em grande parte, isso se relaciona com o condicionamento cultural. Muitas pessoas receiam que, se não tiverem regras exigentes, então não serão impelidas ao sucesso, não serão motivadas a trabalhar com afinco e alcançar o êxito. A verdade é que você não precisa ter regras absurdamente difíceis para manter seu ímpeto! Se uma pessoa formula regras muito exigentes, muito dolorosas, logo vai descobrir que não pode vencer, não importa o que faça, e passa a experimentar o desamparo adquirido. Claro que queremos usar o poder dos objetivos, *a atração de um futuro irresistível*, para nos projetar para a frente, mas devemos ter certeza de que no fundo de tudo existem regras que nos permitem ser felizes *em qualquer momento que quisermos*.

SUAS REGRAS O FORTALECEM OU ENFRAQUECEM?

Queremos desenvolver regras que nos levem a entrar em ação, que nos façam sentir alegria, que nos permitam dar seguimento às coisas — não regras que nos obriguem a parar em pouco tempo. Descobri que há uma quantidade espantosa de homens e mulheres que instituem regras para os relacionamentos que tornam absolutamente *impossível* o êxito nessa área de suas vidas. Por exemplo, a regra de algumas pessoas para o amor é "Se você me ama, então fará tudo o que eu quiser". Ou "Se você me ama, posso me lamentar, queixar e importunar, e você deve simplesmente aceitar". São regras apropriadas? Claro que não! Seriam injustas com as pessoas com quem você estaria partilhando um relacionamento.

Uma mulher que participou do Encontro com o Destino disse-me que queria realmente ter um relacionamento íntimo com um homem, mas parecia não ser capaz de manter um relacionamento com ninguém, passada a fase inicial da "emoção de caçada". Perguntei-lhe:

— O que tem de acontecer para que você se sinta atraída por um homem?

Suas regras ajudaram a nós dois a compreender no mesmo instante qual era o seu desafio. Para que ela se sentisse atraída por um homem, ele tinha de assediá-la constantemente, embora continuasse a rejeitá-lo. Se o homem insistisse, tentando superar a barreira, isso a levava a sentir uma intensa atração por ele; significava que era um homem muito poderoso.

Sua segunda regra era ainda mais interessante. Se ele persistia por mais de um mês, a mulher perdia o respeito, e com isso a atração. Pode adivinhar o que costumava acontecer? Uns poucos homens absorviam sua rejeição e continuavam a assediá-la, mas é claro que a maioria desistia depois de um breve período. Assim, ela nunca teria um relacionamento com tais homens. Os poucos que persistiam contavam com seu favor secreto por algum tempo, mas depois de um período arbitrário de cerca de um mês, ela perdia por completo o interesse. Descobria-se incapaz de permanecer atraída por qualquer homem durante mais de um mês, porque nenhum homem era capaz de prever sua complexa escala.

Quais as suas regras que são também inatingíveis? Algumas pessoas, para se sentirem no controle de qualquer situação, precisam saber com antecedência o que vai acontecer. Outras, para se sentirem confiantes em alguma área, precisam ter a experiência de fazer. Se fosse essa a minha regra para a confiança, eu não conseguiria realizar a maior parte do que fiz na vida!

Muito do meu sucesso deriva da capacidade de sentir certeza de que podia alcançar algo, embora não tivesse referências a respeito. Minha regra para a confiança é a seguinte: "Se decido ser confiante, então vou me sentir assim em relação a qualquer coisa, e minha confiança me ajudará a ter êxito."

A competência é outra regra interessante. Algumas pessoas têm esta regra para a competência: "Se eu fizer alguma coisa com perfeição, ao longo de alguns anos, então sou competente." A regra de outras: "Se eu fizer de forma eficaz uma vez, então sou competente." E para outros ainda, competência é "Se eu fiz algo parecido, então sei que posso dominar isso também, e, portanto, sou competente".

Pode perceber o impacto que regras assim teriam em sua confiança, felicidade, senso de controle, qualidade de suas ações e de sua vida?

FAÇA O JOGO PARA PODER VENCER

No último capítulo, dedicamos bastante tempo à definição dos valores. Mas como já declarei, se você não formular regras acessíveis, nunca sentirá que esses valores estão sendo atendidos. Quando comecei a desenvolver minhas ideias sobre a projeção do destino, tinha apenas o conceito de valores, não o de regras; assim, era completamente arbitrário determinar se uma pessoa se encontrava ou não em seu caminho. No dia em que descobri as regras, comecei a compreender a fonte de dor e prazer em nossas experiência. Compreendi que as regras são o mecanismo que dispara a emoção humana, e passei a avaliar como podia usar as regras de maneira mais eficaz.

Como já mencionei antes, logo tornou-se evidente para mim que a maioria das pessoas está sintonizada para a dor. Suas regras fazem com que seja muito difícil se sentir bem, e muito fácil se sentir mal. Darei um exemplo impressionante. Aqui estão os valores de uma mulher a que chamaremos de Laurie, que participou de um dos meus primeiros seminários de Encontro com o Destino:

ANTIGOS VALORES ATRAENTES DE LAURIE

Amor
Saúde
Segurança
Liberdade
Sucesso
Aceitação
Excelência
Harmonia
Respeito
Integridade
Honestidade
Diversão

À primeira vista, esses valores não parecem maravilhosos? Qualquer um pensaria que essa pessoa é provavelmente afetuosa, saudável, orientada para a liberdade. A um exame mais atento, porém, já podemos perceber uns poucos desafios. O terceiro valor de Laurie é a segurança, e o quarto valor é a liberdade. Esses dois se combinam?

A realidade era que essa mulher se encontrava sintonizada para uma dor intensa. Sentia-se frustrada em todos os sentidos da palavra, e estava se tornando literalmente uma reclusa, escondendo-se das pessoas. Procurava vários terapeutas, mas nenhum conseguira descobrir o motivo. Todos trabalhavam em seus comportamentos, medos e em suas emoções, em vez de examinarem seu Sistema Central de avaliar cada evento e experiência para que sua vida estava sintonizada.

Comecei a definir suas regras para cada um dos valores: "*O que tem de acontecer para você se sentir————?*" Para sentir amor, sua resposta foi "Tenho de sentir que o mereci. *Tenho de sentir que todas as minhas convicções são aceitas e aprovadas* <u>por todas as pessoas que conheço.</u> Não posso sentir que sou amada se não for perfeita. Tenho de ser uma grande mãe, uma grande esposa", e assim por diante.

No mesmo instante, começamos a perceber o problema. O *amor* era o valor no topo de sua lista, a maior fonte de prazer que podia sentir no corpo. Contudo, suas regras não lhe permitiam se entregar a esse prazer, a menos que atendesse a complexos critérios, que *ela não podia controlar!* Se qualquer um de nós tornasse sua capacidade de se sentir amado dependente da aceitação de nossas opiniões por todos, não sentiríamos o amor com muita frequência, não é mesmo? Há muitas pessoas com ideias e convicções diferentes, e por conseguinte muitos meios de nos sentirmos mal.

Como sabemos se uma regra nos fortalece ou enfraquece? Há três critérios primários:

1. É uma regra enfraquecedora se é *impossível atendê-la.* Se seus critérios são tão variados, complexos e rígidos que você não pode nunca vencer no jogo da vida, é evidente que você tem uma regra enfraquecedora.

2. Uma regra é enfraquecedora se *algo que você não pode controlar determina se a regra foi atendida ou não.* Por exemplo, se outras pessoas têm de reagir a você de uma determinada maneira, ou se o ambiente deve ser de uma determinada maneira, então é evidente que se trata de uma regra enfraquecedora. Um exemplo clássico é o das pessoas esperando para ver o eclipse, e que não poderiam ser felizes a menos que o tempo — algo que não podiam controlar — correspondesse a suas expectativas específicas.

3. Uma regra é enfraquecedora se *proporciona apenas alguns meios de se sentir bem, e numerosos meios de se sentir mal.*

Laurie não conseguia preencher esses três critérios para as regras enfraquecedoras? Ter de sentir que todas as suas convicções eram aceitas e aprovadas pelas pessoas era um critério impossível. Era preciso o ambiente externo, algo que ela não podia controlar — as opiniões dos outros — para que se sentisse bem.

Aqui estão algumas outras regras de Laurie para sua hierarquia de valores:

ANTIGOS VALORES E REGRAS ATRAENTES DE LAURIE

Amor: Tenho de sentir que o mereci, que todas as minhas convicções são aceitas e aprovadas. Não posso sentir que sou amada se não for *perfeita*. Tenho de ser uma grande mãe e esposa.

Saúde: Tenho de sentir que minha dieta é perfeita, por meus padrões rigorosos. Tenho de estar completamente livre da dor física. Devo sentir que sou mais saudável do que todas as outras pessoas que conheço e servir como um exemplo.

Segurança: Todos devem gostar de mim. Devo sentir que todos que conheço tenham certeza de que sou uma boa pessoa. Devo ter certeza de que *não haverá uma guerra nuclear*. Devo ter muito mais dinheiro em minha poupança do que já possuo.

Liberdade: Devo estar no controle das demandas profissionais, horários, remuneração, opiniões etc. Devo ter bastante segurança financeira para não viver sob a tensão de pressões econômicas.

Quais as probabilidades, em sua opinião, de que Laurie atenda a uma de suas regras? Reparou em suas regras para a saúde? "Tenho de sentir que minha dieta é *perfeita,* por meus padrões rigorosos." Ela não apenas era vegetariana, mas também só comia os alimentos crus, e nem assim se sentia perfeita! Quais são as suas possibilidades de ser mais saudável do que qualquer outra pessoa que conheça? Não muitas, a menos que se interne numa unidade de tratamento intensivo!

ANTIGOS VALORES E REGRAS REPELENTES DE LAURIE

Rejeição: Eu me sinto rejeitada se alguém *não* partilhar minhas convicções, se alguém parece saber mais do que eu.

Fracasso: Sinto fracasso se alguém não acredita que sou uma boa pessoa. Sinto fracasso se acho que não apoio o suficiente a mim mesma ou a minha família.

Raiva: Sinto raiva quando acho que não é apreciado o que faço, quando as pessoas me julgam antes de me conhecerem.

Essas regras repelentes também são imobilizantes. Repare como é fácil se sentir mal, e como é difícil se sentir bem. Se tudo o que é necessário para que ela se sinta rejeitada é alguém não partilhar de suas convicções, então ela está fadada a sofrer muito. E quais são as chances em sua vida das pessoas julgarem-no antes de virem a conhecê-lo? Apenas cerca de 100 por cento! Com essas regras, pode imaginar como seria viver no corpo de Laurie? Ela era devastada pela dor, e uma das maiores fontes, a se avaliar por suas regras, eram as pessoas. Sempre que se encontrava com os outros, arriscava a possibilidade de que não pudessem partilhar de suas convicções, ou poderiam não gostar dela, ou poderiam julgá-la. Não era de admirar que ela se escondesse! Acabei comentando:

— Tenho a impressão de que uma pessoa com tais valores e regras acaba desenvolvendo uma úlcera.

Ao que ela respondeu:

— Já estou com uma.

A experiência de Laurie, infelizmente, não é singular. É verdade que algumas de suas regras são mais intensas do que outras. Mas você ficará surpreso ao descobrir como suas próprias regras são injustas, quando começar a analisá-las! No Encontro com o Destino, contamos com a participação de algumas das pessoas bem-sucedidas dos Estados Unidos — pessoas com um nível incomparável de competência e influência na cultura. E, no entanto, embora bem-sucedidas por fora, muitas carecem da felicidade e satisfação que merecem. Invariavelmente, isso acontece por causa de conflitos de valores ou regras impróprias.

A SOLUÇÃO

A solução é muito simples. Tudo o que temos de fazer para nossas vidas funcionarem a contento é instituir um sistema de avaliação que inclua regras que sejam *viáveis,* que *tornem fácil se sentir bem e difícil se sentir mal,* que sempre nos atraiam para a direção que queremos seguir. Claro que é útil ter algumas regras que nos causem dor. Precisamos ter limites; precisamos ter alguma espécie de pressão para nos impulsionar. Não posso saborear o suco de laranja se não tiver um copo, algo com limites para conter o suco. Todos temos limites, tanto como uma sociedade quanto como indivíduos. Para começar, no entanto, devemos pelo menos mudar a sintonia para podermos experimentar prazer na vida de um modo mais sistemático. Quando as pessoas se sentem bem durante todo o tempo, tendem a tratar melhor aos outros, tendem a tirar o proveito máximo de seu potencial como seres humanos.

Sendo assim, qual é o nosso objetivo? A partir do momento em que projetamos nossos valores, devemos decidir que evidência precisamos ter antes de nos entregarmos ao prazer. Precisamos projetar regras que nos levem na direção de nossos valores, que sejam viáveis, usando critérios que podemos controlar pessoalmente, a fim de podermos tocar a campainha, em vez de esperar que o mundo exterior o faça.

Com base nesses requisitos, Laurie mudou a ordem de alguns de seus valores, e mudou por completo as regras para alcançá-los. Aqui estão seus novos valores e novas regras:

NOVOS VALORES E REGRAS ATRAENTES DE LAURIE

Amor: Experimento amor sempre que expresso amor, dou amor aos outros, ou me permito receber amor.

Saúde: Sou saudável quando reconheço como já me sinto maravilhosa!

Diversão: Estou me divertindo quando encontro prazer e alegria no processo.

Gratidão:Sinto-me grata quando aprecio todas as coisas que tenho em minha vida neste momento.

Liberdade: Sinto-me livre quando vivo de acordo com as minhas convicções, e aceito a opção de criar a felicidade para mim mesma.

Observe que a diversão é agora uma prioridade. Isso transformou sua experiência de vida, para não mencionar o relacionamento com a filha e o marido. Mas ainda mais vigorosas foram as mudanças que ela efetuou em suas regras. A mudança de valores teria um impacto limitado se as regras permanecessem inviáveis.

O que essa mulher fez? Mudou a sintonia de sua vida inteira e agora tem o controle. *Precisamos lembrar que a autoestima está vinculada à capacidade de sentir que estamos no controle dos eventos em nosso ambiente.* Essas regras permitem a Laurie manter sempre o controle, sem sequer se esforçar.

Suas novas regras para o *amor* são viáveis? Pode apostar que sim! Quem está no controle? *Ela* está! A qualquer momento, pode decidir ser amorosa consigo mesma e com os outros, e agora terá permissão para proporcionar a si mesma a emoção chamada amor. Saberá que está atendendo a seus valores mais elevados. Com que frequência ela pode fazer isso? *Todos os dias de sua vida!* Há muitos meios de fazer isso, porque há muitas pessoas às quais ela pode devotar seu amor: ela própria, família, amigos, estranhos. E sua nova regra para a *saúde?* O melhor de tudo é que não apenas ela tem o comando — pode reconhecer como se sente maravilhosa em qualquer momento — e não apenas é viável, mas também não é verdade que se reconhecer de um modo regular que se sente bem, reforçará o padrão de se tornar mais saudável?

Além disso, Laurie adotou alguns novos valores repelentes. Selecionou emoções que sabia que tinha de evitar para alcançar o êxito: negativismo e procrastinação. Lembre-se de que *queremos reverter o processo de como a maioria está sintonizada. Queremos tornar difícil se sentir mal, e fácil se sentir bem.*

NOVOS VALORES E REGRAS REPELENTES DE LAURIE

Negativismo: Evito sistematicamente *depender da aceitação dos outros* para minha suprema felicidade e sucesso.

Procrastinação: Evito sistematicamente esperar a perfeição de mim mesma e dos outros.

Com suas novas regras repelentes, Laurie não depende mais da aceitação dos outros. Sua regra para a procrastinação se baseia na compreensão de que esperar pela perfeição criava dor, e ela não queria antes iniciar projetos que criassem dor, e por isso sempre os protelava. Essas mudanças nos valores e as regras mudaram a direção de sua vida para um nível além de qualquer coisa que ela poderia ter imaginado.

Agora, aqui está uma tarefa para você: baseado nos novos valores que instituiu para si mesmo no capítulo anterior, *crie um conjunto de regras para seus valores atraentes que facilite se sentir bem, e um conjunto de regras para os valores repelentes que dificulte se sentir mal. Em termos ideais, crie um amplo cardápio de possibilidades, com muitos meios de se sentir bem.* Aqui estão alguns dos meus:

UMA AMOSTRA DE MEUS VALORES E REGRAS ATRAENTES

Saúde e Vitalidade: Sempre que me sinto centrado, vigoroso e equilibrado; sempre que faço qualquer coisa que aumenta minha força, flexibilidade ou resistência; sempre que faço qualquer coisa que me aproxima de um senso de bem-estar físico; sempre que como alimentos ricos em água, ou vivo de acordo com minha filosofia de saúde.

Amor e Afeto: Sempre que sou afetuoso e apoio os amigos, família ou estranhos; sempre que focalizo em como ajudar; sempre que sou afetuoso comigo mesmo; sempre que me expando, ou me torno mais eficaz; sempre que aplico qualquer coisa que eu saiba de uma maneira positiva.

Realização: Sempre que focalizo o valor de minha vida como já é; sempre que projeto um resultado, e o faço acontecer; sempre que estou aprendendo alguma coisa, ou criando valor, para mim mesmo ou para os outros.

Você pode dizer. "Não é apenas um jogo? Eu não poderia instituir uma regra para a saúde que me exigisse apenas *respirar*?" Claro que pode se basear em alguma coisa simples assim. Em termos ideais, porém, deve projetar suas regras de tal forma que, ao persegui-las, terá *mais* do que deseja em sua vida. Você pode dizer também: "Não perderei meu ímpeto para o sucesso se não houver a motivação da dor?" Confie em mim. A vida lhe proporcionará dor suficiente por sua própria iniciativa. Não precisa aumentá-la, criando um conjunto de regras que o farão se sentir mal durante todo o tempo.

Em sociologia, há um conceito conhecido como "etnocentrismo", que significa acreditar que os valores, as regras e as convicções de nossa cultura são os únicos válidos. É uma mentalidade extremamente limitadora. Cada pessoa ao seu redor tem regras e valores diferentes dos seus, e não são melhores nem piores. A questão fundamental não é se as regras são certas ou erradas, mas sim se o *fortalecem ou enfraquecem.* Na verdade...

CADA TRANSTORNO É UM TRANSTORNO DE REGRAS

nse sobre a última vez em que você ficou transtornado com alguém. Foi almente com a pessoa, ou por causa de *alguma coisa que ela fez, disse, ou ixou de fazer?* Irritou-se com a pessoa, ou irritou-se porque ela *violou uma suas regras? Por trás de cada transtorno emocional que você já teve com tro ser humano, há um transtorno de regras.* Alguém fez alguma coisa, deixou de fazer, e isso violou suas convicções sobre o que a pessoa deve ou m de fazer.

Por exemplo, a regra de algumas pessoas para o respeito *é "Se* você me speita, *então* nunca levante a voz". Se uma pessoa com quem você man-m um relacionamento começa de repente a gritar, você vai sentir que não respeitado, se for a sua regra. E se irritará porque foi violada. Mas a re-a da outra pessoa pode ser "Se sou respeitoso, então devo ter sinceridade n todos os meus sentimentos e emoções — bons, maus e indiferentes — expressá-los no momento com toda a minha intensidade". Já imaginou o onflito que essas duas pessoas podem ter?

Esse foi o roteiro desempenhado entre mim e Becky, quando começamos desenvolver nosso relacionamento. Tínhamos regras radicalmente diferen-s sobre como demonstrar respeito por outra pessoa. Por quê? Fui criado um ambiente em que se tinha muita dor quando não se era honesto. Se você iía da sala no meio de uma conversa, nunca mais poderia se redimir. A regra úmero um era permanecer ali e expressar suas emoções honestas, sabendo ue poderia estar errado, mas persistia até que tudo ficasse esclarecido.

Becky, por sua vez, foi criada numa família em que as regras eram bas-nte diferentes, mas igualmente claras. Ela aprendeu: "Se você não tem algo e bom para dizer, então não diga nada; se tem respeito por alguém, então unca eleve a voz para essa pessoa; se outra pessoa eleva a voz, a única ma-eira de manter o autorrespeito é se levantar e sair da sala."

Com esse tipo de conflito em nossas regras sobre respeito, Becky e eu evávamos à loucura um ao outro. Quase não casamos por causa disso. As egras determinam tudo — para onde vamos, o que usamos, quem somos, o ue é aceitável para nós, o que é inaceitável, quem temos como amigos, e se omos felizes ou tristes, praticamente em qualquer situação.

A regra de algumas pessoas para lidar com os transtornos é "Se você gosta de mim, então me deixe sozinho, e resolverei tudo à minha maneira". A regra de outras pessoas é "Se alguém está transtornado, e você gosta da pessoa, deve interferir para tentar ajudar". Isso cria um tremendo conflito. *As duas partes estão tentando realizar a mesma coisa,* que é demonstrar respeito e interesse uma pela outra, mas suas regras determinam comportamentos diferentes, e as regras de interpretação farão com que as ações pareçam adversas, em vez de apoio.

Portanto, se você se sente zangado ou transtornado com alguém, lembre-se de que são as suas próprias regras que o estão transtornando, não o comportamento da outra pessoa. Isso o ajudará a parar de culpá-la. Pode superar seu transtorno num instante, fazendo uma pausa e se perguntando: "Estou *reagindo à* situação de uma forma inteligente?" Depois, tenha uma comunicação direta com a pessoa, dizendo algo assim: "Lamento ter reagido dessa maneira. Acontece apenas que você e eu temos regras diferentes sobre o que precisamos fazer nessa situação. Minhas expectativas são de que se você me respeita, fará ______ e ________. Sei que não são essas as suas regras. Assim, por favor, diga-me quais são as *suas* regras. Como você expressa respeito (amor, interesse, preocupação etc.)?"

Assim que ambos souberem com clareza o que a outra pessoa quer, é possível chegar a um acordo. Pergunte: "Estaria disposta a fazer ________ para que eu me sinta respeitado? Estou disposto a fazer ________ por você." Qualquer relacionamento — profissional ou pessoal — pode ser transformado num instante pela definição das regras e por um acordo a respeito. Afinal, como você espera ganhar um jogo se nem mesmo conhece as regras?

O DESAFIO DE MUDAR AS REGRAS

Você já se encontrou alguma vez numa situação em que sabia quais eram as regras, mas de repente começaram a surgir exceções? As pessoas possuem uma excepcional capacidade de invocar sub-regras, que podem estar em conflito com todas as suas outras regras. Uma boa metáfora para isso poderia ser a de uma partida de beisebol que resolvemos jogar. Eu pergunto a você:

"Conhece as regras do beisebol?" Você responde "Claro", e depois indica as regras básicas: "Vamos jogar nove turnos, a pessoa que completar mais circuitos ganha, é preciso tocar em todas as bases, tem direito a três tentativas, e assim por diante. Se você rebater uma bola dentro do campo, e eu a pegar antes de cair no chão, você está fora. Se eu largar, você está salvo."

Começamos o jogo. Tudo vai muito bem até o final do último turno. A partida está empatada. Tenho dois homens dentro, e um fora, rebato uma bola alta para dentro do campo. Minhas regras dizem que se você pegar a bola, eu estou fora, e o jogo acaba. Mas se você largar, eu estou seguro, e os homens nas bases têm a possibilidade de marcar, e ainda posso vencer. Corro para a base; você corre para a bola, mas não consegue pegá-la. Fico emocionado, meu companheiro de equipe marca, e acho que ganhamos o jogo.

Mas você se aproxima e diz: "Não, você saiu!" E eu respondo: "Mas que história é essa? Você não segurou a bola! As regras dizem que estou seguro se você não pega a bola!" E você declara: "Isso é verdade, *exceto* quando há dois homens dentro, e um fora. Nesse caso, mesmo que eu não pegue a bola, você está fora. Essa é a única exceção."

Ainda protesto: "Você não pode inventar as regras à medida que jogamos!" E você responderia: "Não inventei nada. É a chamada *regra da bola alta dentro da parte interna do campo.* Todo mundo a conhece." Viro-me para meus companheiros, e eles dizem que tal regra não existe. Viro-me para os jogadores adversários, e todos dizem que é essa a regra... e terminamos brigando por causa das regras.

Já experimentou essa situação num relacionamento pessoal? Estava jogando de acordo com todas as regras, e de repente a outra pessoa diz: "Isso é verdade, exceto nessa única situação." E você vira uma fera. As pessoas sentem com a maior intensidade em relação a suas regras. Todo mundo sabe que as *suas* regras são as regras *certas.* As pessoas se irritam em particular quando acham que os outros estão inventando regras, ou mudando-as no meio do jogo. Contudo, essa dinâmica é parte da maioria das interações com outros seres humanos.

PROVÉRBIOS PARADOXAIS

Olhe antes de saltar.	Aquele que hesita está perdido.
Cozinheiros demais estragam o caldo.	Duas cabeças pensam melhor do que uma.
A ausência torna o coração mais afetuoso.	Longe da vista, longe do coração.
Não se pode ensinar truques novos a cachorro velho.	Nunca é tarde demais para aprender.
O gramado do vizinho é sempre mais verde.	Não há lugar como o lar.
Vintém poupado, vintém ganho.	Do mundo nada se leva.

Na verdade, o paradoxo das regras e convicções conflitantes é um dos motivos pelos quais as pessoas experimentam tanta frustração em suas vidas. Num relacionamento, uma pessoa diz: "Eu amo você, exceto quando deixa aberta a pasta de dentes." Ou então: "Eu amo você, exceto quando levanta a voz para mim." Algumas dessas sub-regras parecem totalmente triviais, mas podem ser bastante perniciosas. A melhor maneira de lidar com isso é se lembrar que suas regras não se baseiam na realidade. São puramente arbitrárias. Só porque você as tem usado, e possui um forte sentimento a respeito, isso não significa que sejam as melhores regras, ou as regras certas. As regras devem ser projetadas para *fortalecer* nossos relacionamentos, não para destruí-los. A qualquer momento que uma regra atrapalhar, a pergunta que precisamos fazer é a seguinte: "*O que é mais importante, meu relacionamento ou minhas regras?*"

Vamos supor que sua confiança foi violada num relacionamento romântico, e agora sente medo de se ligar a qualquer outra pessoa. Tem agora uma regra que diz: "Se você ficar muito ligado, vai se machucar." Ao mesmo tempo, seu valor mais alto é o amor, e sua regra é de que deve ter intimidade com outra pessoa para sentir o amor. Aí está um grande conflito: suas regras e seus valores se encontram em absoluta oposição. O que você pode fazer nessa situação? O primeiro passo é compreender que tem regras conflitantes. O segundo passo *é vincular bastante dor a qualquer regra que não lhe sirva e substituí-la por uma regra que sirva.* Mais importante ainda, se você quer ter relacionamentos de qualidade com outras pessoas, na vida profissional ou pessoal, então deve...

COMUNICAR SUAS REGRAS

Se você quer assumir o controle de sua vida, se quer se sair bem no trabalho, se quer ser um grande negociador, se quer ser capaz de causar impacto em seus filhos, se quer ser íntimo da parceira, então trate de descobrir as regras da outra pessoa para um relacionamento, e comunique também as suas. *Não espere que as outras pessoas vivam de acordo com as suas regras, se você não comunicar expressamente quais são.* E não espere que as pessoas vivam de acordo com suas regras se você não estiver disposto a fazer concessões, e também viver de acordo com algumas regras alheias.

Por exemplo, no início de qualquer relacionamento, uma das minhas primeiras providências é deixar que a outra parte conheça minhas regras para a situação, e tentar descobrir tantas das suas regras quanto for possível. Pergunto coisas assim: "O que será preciso para você saber que nosso relacionamento está dando certo? Com que frequência temos de nos comunicar? O que será necessário?"

Conversei uma ocasião com um amigo famoso, e ele comentou que achava que não tinha muitos amigos. E eu lhe disse:

— Tem certeza de que não tem muitos amigos? Sempre o vejo cercado por muitas pessoas que realmente se interessam por você. Será que é porque *tem regras* que eliminam muitos que poderiam se tornar seus amigos?

— Apenas sinto que não são meus amigos.

— O que tem de acontecer para que você sinta que eles são seus amigos?

— Acho que nem mesmo sei, conscientemente, quais são minhas regras.

Ele pensou um pouco a respeito e identificou uma de suas principais regras para a amizade: se você é um amigo, então fale com ele pelo menos duas ou três vezes por semana. "É uma regra bem interessante", pensei. "Tenho amigos no mundo inteiro, pessoas que amo com absoluta sinceridade. Mas às vezes, até com meus maiores amigos, pode passar um mês ou mais sem que tenhamos uma oportunidade de nos falar, por causa de nossos inúmeros compromissos. Muitas vezes trabalho em seminários do início da manhã até tarde da noite, e posso receber até cem telefonemas durante o dia. Não há possibilidade física de falar com todas essas pessoas! Contudo, todos sabem que são meus amigos."

— Acha que *eu* sou seu amigo? — perguntei a ele.

— Intelectualmente, sei que é, mas às vezes sinto que não, pois quase não nos falamos.

— Mas eu nunca soube disso! Nunca imaginaria que era tão importante para você, se você não tivesse me comunicado. Aposto que tem uma porção de amigos que adorariam conhecer suas regras para a amizade, *se ao menos soubessem quais são.*

Minha definição para amizade é muito simples: se você é um amigo, gosta de uma pessoa incondicionalmente, e fará qualquer coisa que puder para apoiá-la. Se a pessoa o procura quando se encontra em dificuldades ou em grande necessidade, você está sempre disposto a ajudar. Os meses podem passar, mas a amizade nunca enfraquece, depois que você decide que alguém é de fato seu amigo. E ponto final! Você jamais questiona a amizade. Creio que tenho muitos amigos porque minhas regras para a amizade são tão fáceis de satisfazer! Tudo o que você precisa fazer é se preocupar comigo e me amar, e eu vou me preocupar com você e amá-lo, e agora somos amigos.

É da maior importância comunicar suas regras para qualquer situação na vida, quer seja amor, amizade, ou trabalho. Mais uma coisa: mesmo que esclareça todas as regras de antemão, ainda podem ocorrer mal-entendidos? Pode apostar que sim! Às vezes você esquecerá de comunicar uma de suas regras, ou pode não saber conscientemente quais são algumas de suas regras. Por isso é tão importante a comunicação permanente. *Nunca presuma em se tratando de regras. Comunique.*

HÁ ALGUMAS REGRAS QUE VOCÊ NÃO PODE VIOLAR!

Quanto mais eu estudava o comportamento das pessoas e o impacto de suas regras, mais me interessava por uma dinâmica que notava de forma sistemática: há determinadas regras que as pessoas *nunca* violavam, e outras que eram sempre violadas — sentiam-se mal a respeito em cada ocasião, mas mesmo assim faziam. Qual era a diferença?

Depois de alguma pesquisa, a resposta tornou-se evidente: temos uma *hierarquia de regras,* assim como existe a de valores. Há certas regras cuja violação nos causaria tanta dor que nem sequer consideramos a possibilidade. Raramente as violamos, se é que alguma vez o fazemos. Chamo essas regras de *regras do limiar.* Por exemplo, se eu lhe pedisse para dizer uma coisa que nunca faria, você responderia com uma regra de limiar. Diria uma regra que jamais violaria. Por quê? Porque vincula dor demais a isso.

Por outro lado, temos algumas regras que não queremos violar. Eu as chamo de *padrões pessoais.* Se as violamos, não nos sentimos bem a respeito, mas dependendo dos motivos, estamos dispostos a violá-las, a curto prazo. A diferença entre esses dois conjuntos de regras pode ser formulada com as palavras *deve* e *tem* ou *pode.* Há certas coisas que *devemos* fazer, certas coisas que *não devemos* fazer, certas coisas que *temos* de fazer, certas coisas que *nunca podemos* fazer. As regras do "temos" e do "nunca podemos" são as regras de limiar; as regras do "devemos" e "não devemos" são as de padrões pessoais. Todas elas proporcionam uma estrutura às nossas vidas.

Regras imperativas em excesso podem tornar a vida insuportável. Assisti certa ocasião a um programa que apresentou vinte famílias de quíntuplos. Perguntaram aos pais: "Qual é a coisa mais importante que vocês aprenderam para manter a sanidade?" Uma resposta se repetiu: não ter regras demais. Com tantos corpos em movimento, tantas personalidades diferentes, você vai enlouquecer se tiver regras em demasia. A lei das probabilidades diz que suas regras serão constantemente violadas, e com isso você viveria em tensão permanente, reagindo a tudo.

Esse tipo de tensão afeta você e as pessoas ao redor. Pense nas regras que temos hoje para as mulheres, em nossa sociedade. Há até um nome para isso: a "Síndrome da Supermulher". As mulheres de hoje parecem ter de fazer tudo, e ainda por cima com *perfeição*. Não apenas têm de cuidar de marido, filhos, pais e amigos, mas também devem manter um corpo perfeito, sair às ruas para mudar o mundo, evitar a guerra nuclear, e ainda por cima ser a eficiente executiva. Acha que isso pode criar um pouco de tensão na vida, ter tantos imperativos para se sentir bem-sucedida?

Claro que as mulheres não são as únicas na sociedade que passam por isso — também os homens e as crianças de hoje sofrem uma tremenda tensão, por causa do aumento de expectativas. Se somos sobrecarregados com muitos imperativos que temos de satisfazer, perdemos o entusiasmo e o gosto pela vida; e não queremos mais continuar no jogo. O amor-próprio deriva de saber que você *tem o controle* sobre os acontecimentos, não são os acontecimentos que o controlam. E quando você tem muitas regras imperativas, aumentam as possibilidades de violação.

Qual seria uma regra de "nunca pode" num relacionamento? Muitas pessoas responderiam: "Meu marido ou esposa *nunca pode* ter uma relação extraconjugal." Para outras pessoas, no entanto, isso é apenas uma regra de deve: "Meu marido ou esposa nunca *deve* ter uma ligação extraconjugal." Essa diferença nas regras encerra o potencial de criar problemas ao longo do caminho? É bem possível. Na verdade, quando as pessoas têm transtornos em seus relacionamentos, invariavelmente é porque nunca definiram, embora tenham concordado sobre as regras em geral, o que é uma regra de "nunca *deve*", e outra de "nunca *pode*". É necessário não apenas compreender as regras da outra pessoa, mas também ter em mente que as duas espécies de regras são apropriadas.

A fim de alcançar determinados resultados, é importante ter uma abundância de regras imperativas, para ter certeza de que daremos seguimento, entraremos em ação. Por exemplo, tenho uma amiga que desfruta de uma magnífica condição física. O mais interessante é o conjunto de regras para si mesma na área da saúde: há bem poucos "deve", e uma porção de "tem" e "nunca pode". Perguntei a ela:

— O que você nunca pode fazer se quiser ser saudável?

— Nunca posso fumar. Nunca posso violar meu corpo com drogas. Nunca posso me empanturrar de comida. Nunca posso deixar passar mais de um dia sem ginástica.

— E o que *tem* de fazer para ser saudável?

A lista foi longa:

Tenho de fazer exercício todos os dias, meia hora no mínimo. Tenho de comer os tipos certos de alimentos. Tenho de comer apenas frutas pela manhã. Tenho de combinar os alimentos da forma apropriada. Tenho de andar de bicicleta pelo menos 80 quilômetros por semana.

E a lista continuava. Ao final, perguntei quais eram as suas regras de "deve". Ao que ela respondeu:

— Devo fazer mais exercício.

Essa mulher tem uma amiga com excesso de peso. Quando lhe perguntei o que nunca podia fazer para ser saudável, ela me fitou aturdida. Não tinha regras de "nunca pode" na área da saúde! Mas tinha algumas regras imperativas: *tinha* de comer, e *tinha* de dormir. Indaguei se tinha alguma regra de "deve", e a mulher disse:

— Claro. Devo comer melhor, devo fazer exercício, devo cuidar melhor do meu corpo.

Ela também tinha uma lista de regras de "não deve", como "Não devo comer carne, não devo comer demais", e assim por diante. Havia muitas coisas que ela sabia que devia fazer, mas como tinha bem poucas regras imperativas, nunca alcançou a posição de se proporcionar uma dor intensa por fazer coisas que não eram saudáveis. Assim, não era difícil compreender por que ela nunca conseguira emagrecer.

Se você alguma vez já adiou qualquer coisa, não estaria usando algumas regras de "deve", como "Devo iniciar este projeto" ou "Devo começar um programa de exercícios"? O que aconteceria se, em vez disso, você decidisse "*Tenho* de iniciar este projeto", ou "*Tenho* de começar um programa de exercícios", e depois desse seguimento, pelo condicionamento em seu sistema nervoso?

Lembre-se de que todos precisamos de alguma estrutura. Algumas pessoas não têm regras definidas para o momento em que se tornam bem-sucedidas. As regras podem oferecer o contexto para criarmos o valor adicional. As regras podem nos motivar a dar seguimento; podem nos levar a crescer e expandir. Seu objetivo é apenas criar um equilíbrio entre as regras imperativas e as regras do "deve", e utilizar os dois tipos de regras no contexto apropriado.

REALINHAMENTO DE REGRAS

Agora, comece a assumir o controle de suas regras, escrevendo as respostas para as perguntas seguintes. Formule as respostas da maneira mais meticulosa possível.

1. **O que é preciso para você se sentir bem-sucedido?**
2. **O que é preciso para você se sentir amado — pelos filhos, pela esposa, pelos pais, e por qualquer outra pessoa que seja importante para você?**
3. **O que é preciso para você se sentir confiante?**
4. **O que é preciso para você sentir que é excelente em qualquer área de sua vida?**

Agora, examine essas regras e pergunte a si mesmo: "*São apropriadas? Fiz com que se tornasse difícil me sentir bem, e fácil me sentir mal?*" Precisa que aconteçam 129 coisas antes de se sentir amado? Precisa de apenas uma ou duas coisas para se sentir rejeitado?

Se isso é verdade, mude seus critérios e formule regras que o fortaleçam. O que suas regras precisam ser para que se sinta feliz e bem-sucedido nesse empenho? Aqui está uma noção fundamental: *projete suas regras para ter o controle, para que o mundo exterior não tenha que determinar se você se sente bem ou mal. Faça com que seja extremamente fácil para você se sentir bem, e extremamente difícil se sentir mal.*

Para as regras que governam seus valores atraentes, use a frase **"Sempre que eu..."**. Em outras palavras, crie diversos meios para se sentir bem. Por exemplo: "Sinto que sou amado *sempre que eu* dou amor, ou *sempre que eu* passo algum tempo com as pessoas que amo, ou *sempre que eu* sorrio para alguém novo, ou *sempre que eu* converso com um velho amigo, ou *sempre que eu* observo alguém fazendo alguma coisa boa por mim, ou *sempre que eu* aprecio os que já me amam." Percebeu o que fez? Armou o jogo do vencer, ajeitando o baralho ostensivamente em seu favor!

Encontre *toneladas* de meios de satisfazer suas regras para sentir amor; faça com que seja extremamente fácil experimentar esse prazer, e trate de incluir muitos critérios que estejam sob o seu exclusivo controle, a fim de não depender de ninguém ou qualquer coisa para se sentir bem. *Sempre* que você fizer *quaisquer* dessas coisas, você sentirá amor — não por atender a algum critério bizarro, que só ocorria com a mesma frequência de um eclipse total do sol!

Por falar nisso, tenho uma regra para você: enquanto faz isso, *você deve se divertir!* Seja ousado; explore as profundezas. Passou a vida inteira usando regras para contê-lo; por que não dar boas risadas à custa disso? Talvez tudo o que precise para se sentir amado seja mexer o dedão do pé. Parece esquisito, mas quem sou eu para decidir o que lhe proporciona prazer?

Agora, trate de descobrir as regras das pessoas ao redor. Faça uma pesquisa. Descubra quais são as regras de seus filhos para serem membros da família, ou para serem bem-sucedidos na escola, ou para se divertirem. Aposto que ficará espantado com suas descobertas! Descubra as regras do cônjuge; pergunte a seus pais; pergunte a seu chefe ou empregados.

Uma coisa é certa: se não conhece as regras, você está fadado a perder, porque é inevitável que as viole, mais cedo ou mais tarde. Mas se compreende as regras das pessoas, pode prever o comportamento delas; pode atender as suas necessidades, e assim enriquecer as qualidades dos relacionamentos. Lembre-se de que *a regra mais fortalecedora é gostar de si mesmo, não importa o que aconteça.*

Nos últimos capítulos, quase concluímos o estudo dos cinco elementos do Sistema Central. Conhecemos a importância do estado, a maneira como as perguntas dirigem nosso foco e nossas avaliações, e o poder dos valores e regras para moldar nossas vidas. Agora, vamos descobrir o tecido do qual todos esses elementos são recortados...

17

Referências: O tecido da vida

"A mente do homem estendida para absorver uma nova ideia nunca volta as suas dimensões originais."

— Oliver Wendell Holmes

Parado no convés de voo, o jovem tenente observou um avião escapar ao controle no momento em que pousava no porta-aviões, uma asa atingindo e quase cortando ao meio um homem, a poucos metros de distância. A única coisa que o impediu através do horror do momento foi a voz trovejante de seu comandante a gritar:

— Alguém pegue uma vassoura e varra essas entranhas do convés![*]

Não havia tempo para pensar. Ele teve de reagir no mesmo instante. Junto de seus companheiros, o jovem tenente removeu os restos mortais do marinheiro da pista de pouso. Naquele instante, o jovem de 19 anos chamado George Bush não tinha opção, a não ser aprender a lidar com a carnificina da guerra. Seria uma lembrança que ele repetiria muitas vezes, para descrever o choque da morte violenta e a necessidade de ser capaz de reagir.

Outra experiência que moldou sua vida foi uma missão de bombardeio que realizou não muito depois da tragédia no convés do porta-aviões. Foi enviado para bombardear uma torre de rádio numa pequena ilha no Pacífico

[*] "Commander in Chief", *U.S. News and World Report*, 31 de dezembro de 1990.

Sul. Chichi Jima era um campo de prisioneiros de guerra dirigido por um infame oficial japonês, Matoba. Bush e sua tripulação sabiam que ele cometera brutais crimes de guerra contra os prisioneiros: atrocidades indescritíveis, como retalhar alguns homens e pôr pedaços de sua carne na sopa que era servida aos outros prisioneiros, e lhes dizer depois que haviam comido carne humana.

Ao se aproximar do alvo, o jovem George Bush estava absolutamente determinado a isolar aquele lunático, pela destruição de seu único instrumento de comunicação: a torre de rádio. No momento em que começou a descer, foi atingido pelo fogo inimigo. A fumaça encheu a cabine, mas ele ainda queria cumprir sua missão. Nos segundos finais, conseguiu lançar a bomba e destruiu a torre. No instante seguinte, deu ordens para os homens saltarem de paraquedas. Virou o avião para o mar, e quando chegou sua vez de saltar, as coisas não aconteceram conforme o planejado. Seu corpo bateu na cauda do avião, rasgando uma parte do paraquedas, e provocando uma escoriação na cabeça. O paraquedas avariado ainda funcionou parcialmente. Pouco antes de atingir a água, conseguiu se desvencilhar. Lutou para voltar a superfície, o sangue escorrendo do ferimento na cabeça. Desesperado, procurou por sua balsa. Encontrou-a, mas descobriu, ao subir, que os recipientes com água e alimento haviam sido destruídos pelo impacto com a cauda do avião.

Para agravar a situação, a correnteza começou a arrastá-lo para a ilha que acabara de bombardear. Pode imaginar o que fariam com ele? Seu medo aumentou à medida que a balsa se aproximava da praia. E, de repente, percebeu alguma coisa na água. A princípio, pensou que fosse imaginação sua, mas depois concluiu que era mesmo um periscópio. Estava prestes a se tornar um prisioneiro dos japoneses.

Mas quando o enorme submarino aflorou à sua frente, constatou que era o *Finback,* um submarino *americano!* Foi resgatado, mas logo teve de enfrentar outro perigo. Depois de recolher Bush, o *Finback* teve de mergulhar apressado, pois navios inimigos se aproximaram, lançando cargas de profundidade. O submarino só podia mergulhar e permanecer parado em silêncio total. Só restava à tripulação apelar para sua fé e rezar para que os explosivos não atingissem o *Finback.*

George Bush não apenas sobreviveu a essa experiência, mas também realizou muitas outras missões de bombardeio bem-sucedidas. Voltou aos

Estados Unidos como um herói de guerra. Disse mais tarde que seus dias no submarino estiveram entre os mais importantes de sua vida — uma ocasião em que começou a pensar sobre seu destino, sobre quem era e por que viera a este mundo.

Que papel essas experiências desempenharam na formação do caráter, identidade e destino de George Bush? Sem qualquer dúvida, tornaram-se o tecido do qual muitos de seus valores e suas convicções fundamentais foram recortados — o tecido a que chamo de *experiências de referência.* Tais experiências seriam parte do que o guiaria mais de quarenta anos depois a se tornar Presidente dos Estados Unidos. Também ajudaram a moldar suas convicções e o senso de certeza de que os bons devem "enfrentar o mal". Proporcionaram-lhe um senso de confiança, de que se estivesse disposto a se empenhar ao máximo, e não desistisse, alcançaria os resultados que desejava, contra todas as probabilidades. Como você acha que essas referências moldaram suas ações quase cinco décadas depois, ao sentar no Gabinete Oval, avaliando sua reação à invasão do Kuwait, uma nação amiga, pelas tropas de Saddam Hussein, sem qualquer provocação?

Se queremos compreender porque as pessoas fazem o que fazem, um exame das experiências de referência mais significativas e de maior impacto de suas vidas vai com certeza nos oferecer algumas pistas. As referências — o quinto elemento do Sistema Central de uma pessoa — fornecem a essência, os próprios fundamentos, de nossas convicções, regras e valores. Constituem a argila com a qual é moldado o Sistema Central. Não resta a menor dúvida de que uma pessoa que experimentou e triunfou sobre uma tremenda adversidade tem fortes referências para desenvolver um nível sistemático de confiança — uma convicção ou fé em si mesmas e nos outros, e a capacidade de superar os desafios.

Quanto maior a quantidade e qualidade de nossas referências, maior nosso nível potencial de opções. Mais quantidade e qualidade de referências nos permitem avaliar com mais eficácia o que as coisas significam e o que podemos fazer. Falei em "potencial" de opções porque as referências podem nos proporcionar os ingredientes básicos de nossas convicções, mas muitas vezes deixamos de organizá-las por meios que nos fortaleçam. Por exemplo, um jovem pode demonstrar uma tremenda confiança e habilidade num camde futebol americano, mas quando entra na aula de história não consegue ocar o mesmo senso de certeza que o ajudaria a explorar ao máximo seu tencial, como faz quando enfrenta os adversários durante uma partida. Se tasse o esporte com a mesma atitude de derrota e dúvida com que pensa aula de inglês, seria um péssimo jogador.

O que determina quais das nossas referências usamos? É evidente que estado emocional terá um impacto radical em que arquivos — isto é, lemanças, emoções, sentimentos e sensações acumuladas — estarão disponíis. Quando nos encontramos num estado de medo, apenas as referências e associamos a tais sensações no passado parecem aflorar na mente, e nos scobrimos num círculo vicioso ("medo" levando a "referência de medo" vando a "medo multiplicado").

Se nos sentimos magoados por alguém, tendemos a abrir o arquivo e rerdar todas as outras experiências em que essa pessoa nos magoou, em vez mudar o estado pela recordação do que a pessoa realmente sente por nós, la recordação das ocasiões em que demonstrou todo o seu amor. Portan-, o nosso estado vai determinar o quanto desse tecido se torna disponível ra a criação de uma vida de qualidade. Além do estado, outro fator é ter n *sistema de referências ampliado,* que possa acrescentar ao nível de mpreensão do que é possível, e do que somos capazes, não importa os safios que possam surgir.

Não pode haver a menor dúvida de que as referências constituem um dos ementos mais importantes no processo de tomada de decisão. Com toda rteza, moldarão não apenas o que fazemos, mas também como sentimos, quem nos tornamos. Compare as experiências de referências de Saddam ussein com as de George Bush. Sabemos que o pai de Saddam o maltratava sicamente, que o tio lhe ensinou a acalentar ressentimento e ódio contra os colonizadores" ingleses. Enquanto Bush era recompensado por seu heroísno, os modelos de Saddam foram aqueles que aprenderam a controlar os utros pelo assassinato e propaganda.

Ao longo de um período entre 15 e vinte anos, Saddam tentou várias ves derrubar o líder do Iraque, matando qualquer um que se interpusesse em eu caminho. Em decorrência, ele não percebeu os reveses, por mais sangrens que foram, como fracasso; passou a acreditar que, a longo prazo, sempre teria êxito. Essa é uma convicção, diga-se de passagem, que lhe permitiu prevalecer depois da derrota na Guerra do Golfo Pérsico. Aos 42 anos de idade, ele já eliminara seus oponentes e assumira o controle do Iraque.

Para muitos, Saddam é um monstro, e as pessoas se espantam com frequência como os iraquianos puderam apoiá-lo. A resposta é que os iraquianos consideraram Saddam Hussein como o homem que ajudou a mudar a situação em seu país: melhorou o nível de habitação, educação e assim por diante. Para os iraquianos, ele é um herói. Além do mais, todos os iraquianos foram ensinados, desde os 4 ou 5 anos de idade, que ele era um herói. Sua imagem era exibida por toda parte, e o povo via apenas o seu melhor lado na televisão, controlada pelo Estado.

Saddam Hussein tornou-se um assassino apenas por causa das referências de ser maltratado quando criança? Longe disso. Muitas pessoas saíram de experiências de referência similares como seres humanos compadecidos e sensíveis, jamais permitindo, por causa de sua dor, que qualquer um ao seu redor fosse maltratado da mesma maneira. Muitas dessas pessoas empenham-se em ajudar aos outros. Alguém que estivesse no mesmo porta-aviões de George Bush e ficasse arrasado pela morte do amigo, poderia usar isso como uma referência para a convicção de que a vida não vale a pena, ou que a guerra nunca é justificada? Pode apostar que sim. *Repito, não são as referências, mas sim a maneira como as interpretamos,* a *maneira como as organizamos, que determinam nossas convicções.*

Que referências desempenham um papel maior nas experiências de nossa vida? Tudo depende **daquilo que nos reforçam**. Saddam Hussein foi recompensado por abrir um caminho de assassinato e destruição, até assumir a liderança de seu país. George Bush foi reforçado constantemente por seu foco em "fazer a coisa certa", contribuindo e ajudando aos necessitados. Esses reforços ajudaram a criar fundações para os destinos muito diferentes das vidas desses homens.

O QUE SÃO REFERÊNCIAS?

Referências são todas as experiências de sua vida que você registrou no sistema nervoso — tudo o que já viu, ouviu, tocou, provou, ou cheirou — guardadas no gigantesco arquivo que é o seu cérebro. Algumas referências são captadas de forma consciente, outras inconscientemente. Algumas resultam de experiências pessoais; outras consistem em informações que recebeu de terceiros; e todas as suas referências, como toda a experiência humana, tornam-se um tanto distorcidas, apagadas e generalizadas, à medida que as registra no sistema nervoso. Na verdade, você tem referências também para coisas que nunca aconteceram — tudo o que já imaginou em sua mente ficou arquivado no cérebro como uma memória.

Muitas dessas referências são organizadas para apoiar convicções; e como você aprendeu no Capítulo 4, uma convicção é apenas um sentimento de certeza sobre o que algo significa. Se você acredita que é inteligente, isso acontece porque ativou determinadas *referências* para apoiar esse sentimento de certeza. Talvez tenha a experiência de enfrentar com sucesso desafios mentais, como ser aprovado num teste, ou se mostrar um competente executivo. Todas essas *experiências de referência* atuam como "pernas de mesa" para apoiar a ideia, ou "tampo da mesa", de que você é inteligente.

Temos referências suficientes dentro de nós para apoiar qualquer ideia que quisermos: de que somos confiantes ou fracos, altruístas ou egoístas. O importante é *expandir as referências disponíveis em sua vida. Procure conscientemente as experiências que expandem o senso de quem você é e do que é capaz, além de organizar as referências por meios fortalecedores.*

"O conhecimento do mundo só pode ser adquirido no mundo, não dentro de um armário."

— LORDE CHESTERFIELD

Não faz muito tempo, ouvi a história de um homem que encontrou 35 mil dólares dentro de uma bolsa caída na rua. Procurou a proprietária e devolveu o dinheiro. Todos queriam lhe dar os parabéns, mas ele se esquivou aos repórteres, recusou-se a permitir que o filmassem. Insistiu, obstinado, que a devolução do dinheiro era a única coisa certa que podia fazer. Os 35 mil dólares eram as economias da vida inteira de uma mulher de 68 anos; com esse ato, ele salvou a mulher de terríveis dificuldades, mas mesmo assim se recusou a aceitar o crédito. Por quê? É evidente que as referências do passado o ajudaram a desenvolver uma convicção de que aceitar por fazer a coisa certa seria totalmente inadmissível. Não decidiu evitar o reconhecimento por capricho; tinha um senso de certeza que apenas as referências de sua vida podiam criar.

Pense em suas referências, tanto as que considera boas quanto as ruins, como se fossem um gigantesco rolo de tecido, feito com suas experiências. Com os outros elementos do Sistema Central — seu estado, perguntas, valores e convicções —, você corta um padrão desse tecido, que lhe permite tomar decisões sobre o que fazer com sua vida. *Você possui suprimento inesgotável de referências, que podem ser projetadas do modo como desejar.* E aumenta esse suprimento a cada dia. Uma medida importante da inteligência de uma pessoa é a maneira pela qual usa seu tecido de referências. Faz uma cortina para se esconder por trás, ou recorta um tapete mágico que o levará a alturas incomparáveis? Escava conscientemente as experiências de sua vida e desenterra as lembranças que mais o fortalecem numa base sistemática?

Como você aprendeu no Capítulo 4, provavelmente uma das coisas mais valiosas que as referências podem fazer por nós é proporcionar um sentimento de certeza. Sem as referências, levaríamos a vida em medo e dúvida; não seríamos capazes de funcionar. Não ficaria perturbado se esse livro de repente levantasse, flutuasse para longe e tornasse a pousar a 2 metros de distância? O único motivo para sentir algum medo é o fato de não ter referências para isso. Não tem a menor ideia de como interpretar o significado. Por que um bebê estende a mão para um cinzeiro sujo, tira uma ponta de cigarro, e mastiga? Não é pela ausência de referências que lhe digam que isso não é bom para ele? (Alguns adultos, é claro, ainda não descobriram isso!)

Perguntarei outra vez: *Como você usa suas referências? Interpreta-as conscientemente por meios que o fortalecem, por meios que apoiam a reali-*

zação de seus objetivos? Ou seu cérebro projeta automaticamente as experiências individuais em que não contou com qualquer apoio, e desenvolve convicções como "Todo mundo está contra mim", ou "Sou derrubado cada vez que tento alguma coisa", ou "Não mereço ser amado"?

A maneira pela qual usamos nossas referências determinará como nos sentimos, porque a definição se algo é bom ou ruim baseia-se em nossas comparações. Quando uma executiva entra num quarto de hotel, a avaliação se o quarto é acolhedor baseia-se em suas referências passadas. Garanto que se você pegar alguém da Europa Oriental e hospedar no motel mais simples dos Estados Unidos, vai descobrir que a pessoa ficará emocionada, achando que são acomodações de primeira classe. Às vezes perdemos a perspectiva de que bom e mau baseiam-se apenas em nossas referências.

O seminário Encontro com o Destino é um dos meus ambientes prediletos de aprendizado, porque me permite perceber, de uma forma sistemática, como as referências das pessoas são usadas para moldar seu comportamento. Como parte do questionário detalhado que os participantes preenchem antes do seminário, eles devem indicar cinco experiências que acham que moldaram o resto de suas vidas. O que fazem, nesse momento, é partilhar comigo algumas de suas referências mais poderosas, e sempre me espanta constatar quantos significados diferentes extraem das mesmas referências. Algumas pessoas foram estupradas, abusadas sexualmente, abandonadas. Algumas vieram de lares desfeitos ou empobrecidos. Algumas interpretam essas experiências de uma maneira que as ajuda a formar a convicção de que não vale a pena viver sua vida, enquanto outras as usam para se motivarem a estudar, expandir, crescer, partilhar, e ser mais sensível.

É verdade que Saddam Hussein foi maltratado quando era criança, mas o mesmo aconteceu com Oprah Winfrey. Eis uma mulher que foi estuprada e violentamente maltratada na juventude, e hoje comove milhões de vidas, todos os dias, com seu programa de televisão. Pelo simples fato de partilhar suas experiências, ajudou pessoas a curarem alguns ferimentos do passado. Milhões de americanos se sentem ligados a Oprah porque sabem que ela compreende; isto é, tem referências de dor, assim como eles.

"Nós nos elevamos pelo pensamento, subimos apoiados na visão de nós mesmos."

— ORISON SWETT MARDEN

As referências não se limitam à experiência concreta. Sua própria imaginação é uma fonte de referências. Lembra de Roger Bannister e da milha em quatro minutos? Ninguém acreditava que fosse fisicamente possível para os seres humanos correrem a milha em menos de quatro minutos, mas ele criou seu próprio senso de certeza, por meio de referências imaginadas. Visualizou-se muitas e muitas vezes a quebrar a barreira da milha em quatro minutos, ouvindo e sentindo, até que adquiriu tantas pernas de referência que teve certeza de que seria bem-sucedido — assim como outras pessoas tinham certeza de que isso era impossível.

Precisamos lembrar que a imaginação é dez vezes mais potente do que a força de vontade. Como foi capaz de usar a imaginação como as pernas sustentando o tampo da mesa da certeza, Bannister também foi capaz de produzir um resultado inédito ao longo da história humana. *A imaginação desencadeada nos proporciona um senso de certeza e uma visão que se projetam muito além das limitações do passado.*

O Sr. Akio Morita me enviou seu livro, *Made in Japan*. O Sr. Morita é o co-fundador da Sony Corporation e um homem extraordinariamente brilhante. O destino da Sony, como o de qualquer indivíduo, é o resultado de uma série de decisões. No livro, Morita revela que uma das decisões mais difíceis e importantes que já tomou foi a de recusar uma oferta da Bulova Corporation para comprar 100 mil de seus novos rádios transistorizados — numa época em que a companhia não conseguia distribuir sequer dez mil unidades por mês. A quantia oferecida era 10 vezes mais do que sua companhia valia na ocasião, mas mesmo assim, depois de profunda consideração, ele rejeitou o negócio.

Por quê? Apenas porque a Bulova queria pôr seu próprio nome no rádio. Ele compreendeu que, a curto prazo, a aceitação permitiria a sua companhia dar um salto enorme, mas estaria projetando o nome da Bulova, não o da

Sony. Os executivos da Bulova não queriam acreditar que ele recusara. Morita declarou-lhes:

— Daqui a cinquenta anos o nome da minha companhia será tão grande quanto o de vocês, e sei que o rádio que criei vai nos ajudar a desenvolver esse nome.

Os sócios de Morita, é claro, acharam que ele enlouquecera. Como ele foi capaz de criar esse senso de certeza, que lhe permitiu rejeitar uma oferta tão atraente e lucrativa? Imaginou com intensidade o futuro de sua companhia e criou referências que ainda não existiam. Dirigiu o foco e visualizou os objetivos com clareza, e depois acrescentou o apoio de uma fé absoluta e ativa. Hoje, a Sony Corporation não apenas é uma líder na indústria eletrônica, movimentando 27 bilhões de dólares por ano, mas também diversificou suas atividades para outras indústrias, como a produção de filmes (adquirindo a Columbia e a Tri-Star Pictures) e a música (adquirindo a CBS Records e a Columbia House), e é famosa por sua qualidade no mundo inteiro.

Com fé, você pode insistir em sua visão mesmo diante do aparente fracasso. O que aconteceria se Thomas Edison desistisse depois de sua primeira tentativa fracassada de fazer a lâmpada elétrica? Ou depois da centésima tentativa? Para sorte de todos nós, ele persistiu além de *milhares* de tentativas. Podia considerar cada experiência como uma referência para apoiar a convicção de que sua invenção não era viável. Em vez disso, optou por usar cada tentativa malograda como uma referência para a convicção de que estava *cada vez mais próximo* da solução. Lembre-se: não siga para o passado usando o espelho retrovisor como um guia. Você quer aprender com o passado, não viver nele — focalize as coisas que o fortalecem.

Ler é alimentar a mente

Você nem mesmo está limitado a suas experiências pessoais como referências. Pode tomar emprestadas as referências de outras pessoas. Ainda jovem, optei por focalizar aqueles que conseguiram, aqueles que tiveram êxito, contribuíram e causavam um grande impacto na vida das pessoas. Dediquei-me a ler biografias de pessoas vitoriosas, e aprendi que, independentemente de suas origens ou condições, quando se apegavam a seu senso de certeza, e contribuíam de uma forma sistemática, o sucesso acabava chegando. Usei as referências dessas pessoas como minhas, formando a convicção básica de que podia moldar meu destino.

Lembra do meu amigo Capitão Gerald Coffee, que foi prisioneiro de guerra no Vietnã por mais de sete anos? Ele passou uma grande parte desse tempo em confinamento solitário. Uma das coisas que lhe permitiu preservar a sanidade, quando o mundo exterior não proporcionava referências para alegria, foi se virar para seu rico mundo interior. Quando criança, memorizara vários poemas e histórias, que repetia para si mesmo, a fim de criar um "ambiente" diferente do que tinha de suportar dia a dia.

Você não precisa entrar em confinamento solitário para descobrir a beleza e o poder de cultivar uma arca do tesouro abundante de memórias e referências imaginadas. Como pode encher essa arca? Explore a riqueza da literatura, história, mitos, poesia e música. Leia livros, assista a filmes, compareça a seminários, converse com pessoas e tenha ideias novas. Todas as referências têm poder, e você nunca sabe qual delas pode mudar toda a sua vida.

O poder de ler um grande livro é começar a pensar como o autor. Durante aqueles momentos mágicos em que se encontra na floresta de Arden, você é William Shakespeare; ao naufragar na Ilha do Tesouro, é Robert Louis Stevenson; ao comungar com a natureza em Walden Pond, é Henry David Thoreau. Começa a pensar como eles pensam, sentir como eles sentem e usar a imaginação como eles o fariam. As referências deles tornam-se suas, e você continua a mantê-las por muito tempo depois de virar a última página. Esse é o poder da literatura, de uma boa peça de teatro, da música; é por isso que queremos constantemente expandir nossas referências.

Houve um tempo em que eu achava que ir ao teatro era uma perda de tempo. Por quê? Porque as únicas peças que assistira até então eram mal representadas, com um ritmo lento demais. Mas um dia Becky e eu resolvemos assistir ao musical *Os Miseráveis*. Nunca vi, li ou ouvi algo que me comovesse tão fundo. Desde então, tornei-me um viciado no bom teatro, e uma das prioridades em todas as nossas visitas à cidade de Nova York é assistir a uma boa peça.

"A imaginação é mais importante do que o conhecimento."

— ALBERT EINSTEIN

Uma das melhores convicções que desenvolvi, anos atrás, e que me ajudou a desfrutar toda a minha experiência de vida, foi a ideia de que *não há experiências ruins,* que não importa o que eu passe pela vida — quer seja uma experiência de desafio, ou uma experiência desagradável — toda e qualquer experiência me proporciona algo valioso, se eu procurar. Basta extrair uma ideia ou distinção de uma experiência para me expandir.

No tempo em que ainda cursava a escola secundária e arrumava dinheiro onde podia para comparecer a seminários de desenvolvimento pessoal, meus amigos espantavam-se por eu participar várias vezes dos mesmos seminários. E me perguntavam com frequência: "Por que volta ao mesmo programa?" Respondia que compreendia o poder da repetição, e a cada vez ouvia algo novo, porque *eu* era diferente. Além disso, sabia que ouvir alguma coisa várias vezes acabaria por me condicionar a usá-la, que *a repetição é de fato a mãe da habilidade.* A cada vez que revisava um programa, fazia distinções adicionais, ou ouvia ideias que me causavam um impacto diferente, permitiam-me criar novas referências, e com isso novas interpretações, novas ações, e novos resultados em minha vida.

USE A COMPARAÇÃO PARA PÔR SUA VIDA EM PERSPECTIVA

Enquanto algumas experiências o enobrecem e proporcionam uma visão superior, outras mostram um lado da vida que você preferia não experimentar. Mas estas constituem o tipo de referências que podem ser usadas para ajudálo a manter sua vida em equilíbrio. Oferecem um novo nível de contraste. Não importa quão ruim você pense que as coisas estão em sua vida, é bom lembrar que alguém se encontra em pior situação.

Nos meus programas de Comando de sete dias, invariavelmente ocupo uma parte de um dia para apresentar pessoas que passaram pelo inferno físico ou emocional e saíram por cima — os W. Mitchells do mundo, ou meu bom amigo Mique Davis, que na juventude, embriagado, decidiu pular de uma ponte, mas não sabia que a profundidade da água era de apenas meio metro. Ficou paralítico do pescoço para baixo. Os participantes começam a partilhar por seus corações como a vida é maravilhosa, como são felizes por estarem vivos, o quanto conseguiram realizar. Ou levo meu bom amigo Dax, que foi acuado por um incêndio, teve o corpo inteiro queimado e acabou cego. Mais tarde, apesar de todos esses desafios, tornou-se um advogado militante.

O tema para o dia é estabelecer uma convicção simples e profunda: "Não tenho problemas." Em comparação com os bravos indivíduos que partilham sua história, os outros na sala compreendem que não têm grandes desafios. Subitamente, os problemas que enfrentam com cônjuges, aproveitamento escolar dos filhos e perda de um negócio, ou o fracasso em alcançar seus objetivos, entram em perspectiva.

Também podemos usar novas referências para nos motivar, se começamos a nos tornar complacentes. Embora seja verdade que não importa quão ruins as coisas estejam para você, sempre há alguém em pior situação, também é verdade que não importa quão bem as coisas estejam para você, sempre há alguém se saindo melhor. No momento em que você pensa que sua habilidade alcançou o nível mais elevado, descobre alguém que atingiu uma posição ainda mais alta. E isso é uma das maravilhas da vida: impele-nos a uma contínua expansão e crescimento.

O poder de ter novas referências para aumentar os padrões é imenso, quer seja pelo estudo dos ensinamentos de um grande líder espiritual, que continua, apesar dos abusos de outros, a dar amor, ou pela observação daqueles que alcançaram o sucesso financeiro, para se constatar o que é de fato possível. Jamais esquecerei meu primeiro encontro com o arquiteto e magnata da hotelaria Chris Hemmeter. Becky e eu tivemos o privilégio de figurar entre as primeiras pessoas convidadas a visitarem a nova casa do Chris, junto de sua família, no Havaí — uma residência de 70 milhões de dólares, além de qualquer descrição verbal. Só a porta da frente custou um milhão de dólares. Suas regras podem dizer "É um incrível desperdício de dinheiro", mas também foi uma tremenda experiência de expansão, do que é possível em termos de crescimento empresarial ou econômico. De repente, meu castelo de 4 milhões de dólares entrou em sua devida perspectiva. Mal dava para cobrir o custo da porta da frente e da escada de mármore! Havia espaço em minha vida para pensar maior, empurrar os limites, imaginar o inimaginável. A melhor parte de conhecer Chris e sua esposa, Patsy, foi descobrir que são pessoas muito simpáticas, que usam a riqueza para criar um ambiente que os inspire de verdade.

Usar referências de comparação é um dos meios mais poderosos, portanto, para mudar nossas percepções e sentimentos. Se em algum momento começo a perder a perspectiva por sentir que estou trabalhando demais, penso sobre um homem que compareceu a um dos meus seminários, anos atrás. Era simpático e gentil, um homem que infelizmente acabou no lugar errado, na hora errada. Um dia, pouco antes de completar 45 anos, ele entrou num posto de gasolina onde havia dois homens que haviam saído da prisão naquele dia. Pelo breve episódio de liberdade, os homens concluíram que não gostavam da vida no mundo exterior, e projetaram um plano para voltar à prisão: matariam a primeira pessoa que entrasse no posto. Não importava quem fosse, de que idade, homem ou mulher, simplesmente matariam o próximo ser humano que avistassem. Quando aquele homem parou o carro, e saltou para encher o tanque, eles o atacaram e o espancaram brutalmente até a morte.

Agora me diga: acha que *você* tem problemas? Ele deixou para trás viúva e quatro filhos pequenos. Fiquei arrasado com a história, não podia acreditar. Como sair com um significado positivo de uma experiência que parece não ter nenhum? Eu nem sequer podia imaginar uma coisa assim acontecendo a qualquer pessoa de minha família, e o que isso me causaria. Perguntei a mim mesmo o que podia fazer para ajudar. Telefonei para a viúva, ofereci ajuda, por qualquer meio ao meu alcance. Meu objetivo primário era me certificar de que ela tentava encontrar na experiência alguma espécie de significado fortalecedor, para si mesma e para os filhos. Seria fácil demais usar aquilo como uma referência para apoiar a convicção de que não vale a pena viver a vida, de que a humanidade é má e destrutiva, que você pode fazer tudo certo, e ainda assim ser ceifado de um momento para outro, então por que se esforçar?

Comuniquei a essa mulher a importância, para o bem de seus filhos, de encontrar de alguma forma nessa experiência um vestígio de significado, a fim de fortalecê-los, em algum nível. Quando lhe perguntei o que a experiência podia significar, ela disse que sua dor era profunda, e também, o que era muito mais importante, que a única coisa positiva fora o fato de que, quando a notícia saíra nos jornais, recebera uma quantidade incrível de amor e apoio, pessoalmente e por meio de centenas de cartas de pessoas da comunidade.

— Compreendi que se acreditasse que as pessoas eram destrutivas — acrescentou ela —, ou que isso significava que a vida era injusta, destruiria a mim mesma e a meus filhos. Por isso, embora seja extremamente doloroso neste momento, eu *sei* que deve ter acontecido por um motivo. Não tenho como explicar; é apenas uma questão de fé.

Essa mulher encontrou a coragem para usar a *fé* como a suprema referência. Sua disposição em confiar que devia haver uma razão, mesmo que não pudesse conhecê-la, libertou-a da experiência mais dolorosa de sua vida e ainda a fortaleceu. Que mulher extraordinária! E como seus filhos são afortunados! Ela lhes disse:

— Crianças, quero que observem todas essas pessoas, e em quanto amor estão nos oferecendo. As pessoas são realmente boas. Há umas poucas no mundo que são más, e precisam ser ajudadas, mas seu pai sempre acreditou em Deus, e agora foi para um lugar melhor. Teve coisas a fazer enquanto permaneceu aqui, e agora seu tempo acabou. Mas nosso tempo não acabou, e temos de aproveitar ao máximo enquanto estamos aqui. Temos de usar a morte de seu pai para nos lembrar que a cada dia devemos viver a vida em toda sua plenitude. E não podemos ficar pensando que o perdemos, pois ele estará sempre conosco.

"É apenas com o coração que se pode ver direito; o essencial é invisível aos olhos."

— Antoine de Saint-Exupéry

É possível que os dias que parecem piores em nossa vida podem ser os mais poderosos em termos das lições que optamos por aprender? Pense a respeito de uma das piores experiências que já lhe ocorreu. Ao recordá-la agora, pode pensar em *quaisquer* meios pelos quais teve alguma espécie de impacto positivo em sua vida? Talvez tenha sido despedido, assaltado e espancado, ou se envolvido num acidente de carro, mas da experiência adquiriu uma nova determinação, ou uma nova percepção, que o levou a crescer como uma pessoa, e a aumentar de forma considerável sua capacidade de contribuir.

Compreendo que algumas situações podem ser mais desafiadoras do que outras para se encontrar algo de bom a respeito, mas a esta altura do livro você não é mais um iniciante. Já ampliou sua imaginação e flexionou os músculos do fortalecimento. Aprendeu como controlar seu estado, a dirigir o foco por intermédio de perguntas melhores. Se foi maltratado quando criança, talvez isso o tornasse mais sensível em relação às crianças e o levasse a romper essa corrente de abusos; se foi criado num ambiente repressivo, talvez isso o tenha levado a lutar pela liberdade dos outros; se sentir que nunca foi bastante amado, talvez seja agora uma pessoa generosa. Ou talvez aquele evento "horrível" o levasse a tomar novas decisões, a mudar a direção de sua vida e, por conseguinte, de seu destino. Talvez seus piores dias tenham sido na verdade os melhores.

Você pode protestar: "Não, Tony, há algumas coisas no meu passado que não tiveram o menor propósito. Nunca vou superá-las; sempre me causarão dor." Está absolutamente certo: enquanto mantiver a convicção de que foi explorado, ou de que perdeu algo que nunca poderá ser restituído, sempre haverá de sentir a dor. Mas basta lembrar que *a perda é imaginária. Nada jamais desaparece no universo. Apenas muda de forma.* Se alguma coisa ainda o magoa, é por causa do significado que vinculou. Talvez precise ter fé e dizer: "Mesmo que eu não saiba por que isso aconteceu, estou disposto a confiar. Algum dia, no momento oportuno, compreenderei."

Referências limitadas criam uma vida limitada. Se você quer expandir sua vida, deve expandir suas referências, buscando ideias e experiências que não seriam parte de sua vida se não as procurasse conscientemente. Lembre-se de que raramente uma boa ideia vai ao seu encontro; você deve procurá-la ativamente. As ideias e experiências fortalecedoras devem ser perseguidas.

UM UNIVERSO DE IDEIAS E EXPERIÊNCIAS

Ao expandir nossas referências, criamos um grande contraste para avaliar a vida e as possibilidades. Se você tem aumentado seus problemas de modo desproporcional, pense no seguinte: *vivemos numa galáxia que contém várias centenas de milhares de milhões de estrelas. Depois, compreenda que vivemos num universo que contém várias centenas de milhares de milhões de galáxias.* Em outras palavras, há várias centenas de milhares de milhões de sóis só em nossa galáxia. Quando pensa sobre a imensidão do universo, e depois contempla o período de vida médio de um ser humano (generosamente em torno dos 90 anos), isso não lhe proporciona uma perspectiva diferente? O período da vida humana é um ponto ínfimo no tempo. E, no entanto, as pessoas se preocupam angustiadas com o pagamento da hipoteca, que tipo de carro guiam, ou como será sua próxima reunião de negócios.

"Creio que uma folha de relva não é inferior ao dia de trabalho das estrelas."

— WALT WHITMAN

Estou sempre tentando expandir e melhorar minhas referências, porque acredito no antigo tempo de computador GIGO: *Garbage In, Garbage Out* (Lixo Entra, Lixo Sai). A cada dia que vivemos, absorvemos novas informações, ideias, conceitos, experiências e sensações. Precisamos montar guarda conscientemente na porta de nossa mente, a fim de garantir que só permitiremos o ingresso de coisas que vão enriquecer nossa vida, e que as experiências procuradas aumentarão o suprimento de possibilidades. Ao ajudarmos nossos filhos a se expandirem e crescerem, precisamos guiá-los para experiências que proporcionarão referências positivas para o futuro — referências que os ajudarão a saber que são capazes de lidarem praticamente com qualquer coisa.

Ao mesmo tempo, precisamos ensinar com que tomar cuidado na vida. Certas referências denigrem nossa experiência de vida. Você não fica um uco preocupado quando ouve música como a dos Geto Boys? Uma de suas nções recentes fala em cortar a garganta de uma garota, e depois fazer sexo m o cadáver. Não acha que esse tipo de referência, repetida muitas vezes, o apenas na mente de crianças, *mas também na de qualquer pessoa,* seria 1 tanto destrutivo? Não estou dizendo que alguém vai ouvir essa canção air para fazer o que ela sugere; estou apenas dizendo que é um lixo. Isso gnifica que defendo a censura? Absolutamente não. Acho que uma das mavilhas dos Estados Unidos é a liberdade, mas também acho que você e eu, mo líderes, temos o direito e a responsabilidade de saber o que as referênas significam e o impacto que podem ter na qualidade de nossas vidas.

AMPLIE AS REFERÊNCIAS E AMPLIE SUA VIDA

empre podemos aproveitar qualquer coisa que a vida tem a oferecer de uma aneira fortalecedora, mas temos de fazê-lo antes da ação. As opções que nho em minha vida derivam de um rico conjunto de experiências de referência, que tenho buscado conscientemente, numa base permanente. Procuro dos os dias por meios de me expandir. Em meus 31 anos de vida, acumulei teralmente *centenas* de anos de experiência. Como posso dizer isso? O número de experiências desafiadoras e enriquecedoras que tenho em um mês eve ser o que a maioria das pessoas experimenta ao longo de um período e anos.

Um dos grandes meios pelos quais comecei a fazer isso, a partir dos 17 nos de idade, foi por meio das ricas experiências que os livros oferecem. em jovem, desenvolvi a convicção de que *os líderes são leitores.* Os livros odiam me levar a outras terras, onde eu podia conhecer pessoas excepionais, como Abraham Lincoln ou Ralph Waldo Emerson, as quais podia tilizar como meus treinadores pessoais. Também sabia que nas páginas dos vros podia encontrar as respostas a praticamente qualquer pergunta. Essa mplitude de referências proporcionada por centenas de livros me permitiu ncontáveis opções para ajudar as pessoas. Procurei essas referências porque ompreendi que, se não alimentasse a mente com os elementos nutritivos por ue ansiava, teria de me contentar com o lixo intelectual que podia ser encontrado nos programas noturnos da televisão, ou nas opiniões dos jornais. Se essa é a nossa principal fonte de informações, então podemos esperar pelos mesmos resultados de todas as outras pessoas na sociedade.

O meio mais poderoso de ter uma profunda compreensão da vida e das pessoas, de nos proporcionar o maior nível de opções, é nos expormos a tantos tipos de referência quanto for possível. Na juventude, fui inspirado a procurar a compreensão espiritual quando percebi que frequentara apenas uma igreja e fora exposto a apenas uma filosofia religiosa, durante a maior parte de minha vida. Na escola secundária, ganhei uma bolsa de estudos em jornalismo, para cursar um programa de duas semanas na Universidade Politécnica Estadual da Califórnia, em San Luis Obispo. Naquele domingo, todos recebemos a incumbência de escrever um texto sobre um serviço religioso.

Ao circularmos pela comunidade, decidindo para onde ir, eu me descobri atraído para a igreja de minha denominação. No caminho, porém, ouvi alguns amigos falando sobre a Igreja Mórmon pela qual acabáramos de passar, e como eram "horríveis" as pessoas que ali se encontravam. Pareceu-me que as pessoas não eram tão deploráveis assim; e senti que tinha de ver o que acontecia naquela igreja. Compareci ao serviço e constatei que os mórmons amavam Deus tanto quanto eu. A única diferença era o fato de terem algumas regras que divergiam um pouco das nossas.

Isso desencadeou minha odisseia espiritual, que se desenvolveu num ritual pessoal, por quase um ano e meio. Ao longo dos 18 e 19 anos, duas ou três vezes por mês, eu comparecia a um tipo diferente de culto: luterano, católico, batista, episcopaliano, metodista, judaico, budista e assim por diante. Em consequência, passei a viver num nível mais espiritual, e comecei a apreciar as crenças espirituais de todas as pessoas. Mesmo não aceitando suas regras e percepções específicas, dispunha de uma base muito mais ampla de compreensão e compaixão como resultado.

Se você quer expandir sua vida, *trate de sair em busca!* Procure algumas experiências que nunca teve antes. Vá mergulhar. Explore o mundo submarino e descubra como é a vida ali, como você é num ambiente novo. Salte de paraquedas. Quando se está sentado na beira de um avião, a 4 mil metros de altitude, e sabe-se que terá uma queda livre por um minuto inteiro, a uma velocidade de 200 quilômetros por hora, saltar do avião exige uma fé absoluta. Você não sabe o que é fé enquanto não tiver essa experiência! Tome aquelas lições de pilotar helicóptero. Garanto que vai mudar sua vida para sempre. Tire quatro dias de folga e passe-os num curso de pilotos de corrida. Vai aprender mais sobre limites e possibilidades do que pode imaginar. Passe uma noite ouvindo um concerto sinfônico, se não é algo que costuma fazer... ou vá a um concerto de rock, se é o que habitualmente evita. Expanda seu nível de opções. Um dia, por sua livre e espontânea vontade, vá a um hospital infantil durante o horário de visitas. Encontre-se com pessoas estranhas, conte algumas histórias. O desafio de desenvolver o contato e encontrar um meio de se envolver com as vidas de outras pessoas o mudará para sempre.

Talvez seja tempo de mergulhar em outra cultura, ver o mundo através de olhos diferentes. Talvez seja tempo de visitar Fiji e participar da cerimônia da *kava* com os habitantes locais. Ou participar de um programa de "carona" da polícia local, em que você senta no banco traseiro de uma radiopatrulha e vê sua comunidade através dos olhos de um guarda. Lembre-se de que, se queremos compreender e apreciar as pessoas, um dos meios mais poderosos é partilhar algumas de suas referências. Talvez seja tempo de voltar à escola, explorar o "universo interior" pela biologia ou fisiologia, ou compreender melhor nossa cultura através da sociologia ou antropologia. Lembre-se de que quaisquer limites em sua vida são provavelmente apenas o resultado de referências limitadas. *Amplie suas referências e vá imediatamente expandir sua vida.*

Embora as possibilidades que mencionei sejam emocionantes e inspiradoras, foram apresentadas para acionar sua adrenalina. Você não precisa fazer todas elas — ou qualquer uma delas — para adquirir novas referências. Não precisa fazer um safári na África; basta dobrar a esquina e ajudar uma pessoa desabrigada em sua comunidade a descobrir recursos próprios que ela nem sabia que existiam. Mundos inteiros se abrem com o acréscimo de *apenas uma nova referência.* Pode ser uma coisa nova que você vê ou ouve, uma conversa, um filme ou um seminário, algo que vai ver na página seguinte — *nunca se sabe quando pode acontecer.*

"A única maneira de descobrir os limites do possível é ir além deles para o impossível."

— ARTHUR C. CLARKE

Vamos agora fazer o inventário de algumas das experiências mais poderosas que moldaram sua vida. *Faça uma pausa e escreva as cinco experiências mais poderosas que moldaram quem você se tornou como uma pessoa.* Não se limite a dar uma descrição da experiência, mas indique também *como essa experiência causou impacto em você.* Se escrever qualquer coisa que pareça ter causado um impacto negativo, acrescente no mesmo instante outra interpretação do evento, *não importa o que for necessário para isso.* Pode exigir alguma fé; pode exigir uma nova perspectiva que você nunca teria considerado antes. Lembre-se de que *tudo na vida acontece por um motivo e um propósito, e nos serve.* Às vezes é preciso anos ou décadas para percebermos o valor. Mas há valor em toda e qualquer experiência humana.

Ao revisar essa lista de eventos que moldaram sua vida de uma forma positiva, quero que pense sobre algumas novas referências que seriam muito valiosas para você procurar. Uma boa pergunta pode ser a seguinte: "*A fim de realmente ter êxito ao nível mais elevado, de alcançar o que realmente quero para a minha vida, quais são algumas referências que preciso?*" Talvez precise fixar como modelo alguém que sabe fazer seus relacionamentos darem certo; descubra quais são algumas de suas convicções, quais são algumas de suas referências sobre o que faz um relacionamento dar certo. Ou talvez você apenas procure referências que o levem a apreciar mais a vida, ou a sentir que está contribuindo.

Agora pense em algumas referências divertidas para se ter. Talvez você não "precise" delas, mas pense em alguma coisa divertida, ou que apenas o faça se sentir bem. Comecei a estudar artes marciais porque sabia que a disciplina me proporcionaria um incrível conjunto de estados. Conquistei a faixa preta em *tae kwon do* em oito meses, estudando com o Grande Mestre Jhoon Rhee, e modelando seu foco de extraordinária intensidade. Compreendi que se podia ter a experiência de me disciplinar com tanta determinação nessa área de minha vida, então a referência se transmitiria a outras áreas... e foi o que aconteceu. Portanto, o que mais *você* pode fazer?

Depois de fazer uma lista de grandes referências para adquirir, indique uma data para cada uma. Decida quando as terá. Quando vai aprender a falar espanhol, grego ou japonês? Quando dará um passeio num balão de ar quente? Quando irá ao asilo de idosos local para cantar canções de Natal? *Quando fará alguma coisa insólita e nova?*

Quais são algumas referências que você poderia oferecer a sua família, e que seriam preciosas? Talvez seja levar seus filhos ao Smithsonian, talvez seja algo tão simples como sentar e conversar sobre as referências que a família já partilhou, ou se reunir com alguns dos avós e falar sobre suas vidas, o que eles aprenderam. Quantas referências valiosas essas pessoas de 70, 80 ou 90 anos têm para oferecer aos mais jovens!

Uma das experiências mais poderosas que tenho partilhado com minha família é a de entregar almoços do Dia de Ação de Graças aos que não podem ou não querem visitar os abrigos. Jamais esquecerei a reação de meu filho caçula, quando ele tinha 4 anos. Foi a primeira participação de Jairek, e fomos a um parque público em Oceanside, Califórnia. Encontramos um velho dormindo no chão de um banheiro sem porta, tentando se cobrir com roupas velhas que pegara em latas de lixo. Meu filho se espantou com a barba comprida, ficou um pouco assustado. Entreguei a Jairek o cesto com comida e outros produtos essenciais, e disse:

— Dê a esse homem, e deseje um Feliz Dia de Ação de Graças.

Jairek adiantou-se, cauteloso. Entrou no banheiro, carregando o cesto tão grande quanto ele, largou no chão gentilmente. O homem parecia bêbado ou dormindo. Jairek tocou nele, e disse:

— Feliz Dia de Ação de Graças!

Subitamente, o homem se levantou de um pulo, agarrou a mão de meu filho. Meu coração subiu pela garganta, e já ia avançar quando o homem beijou a mão de Jairek e disse, em voz rouca:

— Obrigado por se importar comigo!

Puxa, que referência para um menino de 4 anos!

Lembre-se de que são os momentos de nossa vida que nos moldam. Cabe a nós procurar e criar os momentos que vão nos levar, em vez de nos limitar.

Portanto, agora, saia do banco e entre no jogo da vida. Deixe sua imaginação à solta com as possibilidades de todas as coisas que pode explorar e experimentar... e comece imediatamente. Que nova experiência você pode procurar *hoje* que expandiria sua vida? Que tipo de pessoa vai se tornar? Entre em ação e desfrute explorar as possibilidades. Vamos descobrir a mudança profunda que deriva da...

18

IDENTIDADE: A CHAVE PARA A EXPANSÃO

"Nada de grande jamais será realizado sem grandes homens, e os homens só serão grandes se estiverem determinados a sê-lo."

— CHARLES DE GAULLE

NÃO HAVIA MARCAS em seu corpo. Os chineses comunistas mantiveram-no cativo num cubículo por mais de 20 horas, mas não o espancaram, nem torturaram. Até lhe ofereceram um ou dois cigarros... e como resultado da conversa polida, aquele soldado tinha agora na mão um documento, escrito *com sua própria letra,* detalhando as incontáveis injustiças e capacidade destrutiva do modo de vida americano — a sociedade capitalista — e elogiando a superioridade e ética humanitária do sistema comunista. E mais: o texto escrito por esse oficial do exército dos Estados Unidos estava sendo agora transmitido para o seu e outros campos de prisioneiros de guerra na Coreia do Norte, e também para as tropas americanas estacionadas na Coreia do Sul.* Mais tarde, ele revelaria informações militares, entregaria outros prisioneiros e criticaria com veemência seu próprio país.

O que levou esse homem a inverter por completo sua visão do mundo e demolir as convicções que lhe haviam sido incutidas durante toda a sua vida? O que o levou a abandonar os valores básicos que antes defendia e se tornar

* Cialdini, Robert, *Influence*, Nova York: HarperCollins Publishers, © 1988.

um colaborador do inimigo? Que mudança específica acarretaria uma transformação tão radical nos pensamentos, emoções e ações de um indivíduo?

A resposta está na compreensão de que ele foi conduzido por um caminho que o levou a literalmente *trocar sua identidade.* Agia agora de acordo com a nova imagem que tinha de si mesmo.

Ao longo deste livro, você explorou comigo o impacto das convicções, um dos elementos fundamentais do Sistema Central que dirige todas as nossas avaliações. As convicções nos guiam a conclusões, e assim nos ensinam como sentir e o que fazer. Contudo, há níveis diferentes de convicções que causam níveis diferentes de impacto na qualidade de nossa vida. Algumas são bastante específicas. Por exemplo, as convicções que você tem sobre um amigo em particular determinarão como pensa e se sente em relação ao comportamento dele e o significado que vinculará a qualquer coisa que ele fizer. Se você "sabe" que ele é afetuoso, não vai questionar sua intenção final mesmo que ele pareça furioso num determinado momento. Essa convicção o guiará em todas as suas interações com tal pessoa. Mas isso não afetará necessariamente a maneira como você lida com um estranho. Essas convicções só lhe causam impacto numa área específica de sua vida: as interações com esse amigo.

Algumas convicções, no entanto, exercem uma influência ampliada sobre sua vida; é o que chamo de *convicções globais.* São as convicções que produzem consequências mais amplas. Por exemplo, as convicções que você tem sobre *as pessoas em geral* afetarão não apenas a maneira como lida com seu amigo, mas também com todas as pessoas que encontra. Essas convicções terão um poderoso impacto em sua carreira, nível de confiança, casamento e assim por diante.

As convicções globais que você tem sobre os conceitos de *escassez* e *abundância,* por exemplo, determinarão seu nível de estresse e sua generosidade com tempo, dinheiro, energia e espírito. Se acredita que vivemos num mundo com recursos escassos — onde há uma quantidade limitada de dinheiro, tempo, ou amor — então viverá com o medo constante de não ter o suficiente. Essa tensão afetará a maneira como pensa sobre vizinhos, colegas de trabalho, disponibilidades financeiras e oportunidades em geral.

Mais poderosa do que qualquer dessas, porém, é a convicção básica que é o supremo filtro de todas as nossas identidades. Essa convicção controla diretamente a coerência das decisões de sua vida. É formada pelas coisas em que você acredita a respeito de sua *identidade.*

O que podemos ou não podemos fazer, o que consideramos possível ou impossível, raramente é uma função de nossa verdadeira capacidade. E mais provável que seja uma função de nossas convicções a respeito de *quem somos.* Se você já se descobriu alguma vez incapaz de sequer *considerar* a possibilidade de fazer alguma coisa, em que sua reação a alguém é "Eu nunca poderia fazer isso", ou "Não sou esse tipo de pessoa", então esbarrou nas barreiras de uma identidade limitada. Claro que nem sempre é tão ruim assim. Não se perceber como um assassino é uma distinção da maior importância! Não se perceber como alguém que se aproveitaria dos outros é provavelmente muito útil. É importante compreender que nos definimos não apenas por quem somos, mas também por quem não somos.

O que é exatamente a identidade? É simplesmente *as convicções que usamos para definir nossa individualidade, o que nos torna únicos — bom, mau ou indiferente — em comparação com os outros indivíduos.* E nosso *senso de certeza* sobre quem somos cria as fronteiras e os limites dentro dos quais vivemos.

Sua capacidade é constante, mas o quanto você usa depende da identidade que projetou para si mesmo. Por exemplo, se você tem certeza de que é uma pessoa expansiva, vai explorar os recursos de comportamento que combinam com sua identidade. Quer se veja como um "fraco", um "rebelde", um "vitorioso", ou um "alienado", vai se moldar por essas convicções. Talvez você já tenha lido o livro *Pygmalion in the Classroom,* que relata a dramática mudança no desempenho de estudantes quando se tornaram convencidos de que eram talentosos.

Em diversas ocasiões, pesquisadores têm demonstrado que a capacidade dos estudantes sofre a poderosa influência das identidades que desenvolvem para si mesmos, em decorrência das convicções dos professores sobre seu nível de inteligência. Num estudo, alguns professores foram informados de que determinados estudantes em suas turmas eram de fato excepcionais, e que deviam desafiá-los constantemente, a fim de continuarem a se expandir. Como se podia esperar, essas crianças se tornaram as primeiras em suas turmas. O que torna esse estudo significativo é o fato de que esses estudantes não haviam demonstrado níveis superiores de inteligência — e alguns haviam até sido classificados antes como estudantes medíocres. Mas o senso de certeza de que eram superiores (incutido por "falsas convicções" dos professores) desencadeou o sucesso.

O impacto desse princípio não se limita aos estudantes. *O tipo de pessoa como os outros o percebem controla a reação deles a você.* Muitas vezes isso nada tem a ver com seu verdadeiro caráter. Por exemplo, se uma pessoa o vê como um patife, mesmo que você seja honesto e faça boas coisas, a outra sempre vai procurar por motivos escusos por trás de seus atos. E o que é pior, nós mesmos, depois de efetuarmos uma mudança positiva, muitas vezes permitimos que os outros em nosso ambiente, que não mudaram a imagem que tinham de nós, projetem suas emoções e convicções para nos levar de volta aos antigos comportamentos e identidades. Todos precisamos lembrar que possuímos um tremendo poder de influenciar as identidades daqueles que mais gostamos.

Esse é o poder que Marva Collins exerce quando influencia seus alunos a acreditarem que são donos de seu destino, que são tão talentosos quanto qualquer outro ser humano que já passou por este mundo.

"O melhor efeito das pessoas de bem é sentido depois que saímos de sua presença."

— RALPH WALDO EMERSON

Todos agimos em coerência com nossas opiniões de quem realmente somos, quer essa visão seja acurada ou não. O motivo é que *uma das maiores forças no organismo humano é a necessidade de coerência.*

Ao longo de nossas vidas, fomos condicionados a vincular uma dor intensa à incoerência, e prazer a ser coerente. Pense a respeito. Que rótulos atribuímos às pessoas que dizem uma coisa e depois fazem outra, que alegam um jeito e depois se comportam de outro? Nós as chamamos de hipócritas, volúveis, instáveis, inconfiáveis, irresolutas, avoadas, indignas de confiança. Você gostaria que esses rótulos lhe fossem atribuídos? A resposta é óbvia:

um retumbante Não! Por isso, sempre que assumimos uma posição — ainda mais uma posição pública — e declaramos em que acreditamos, quem somos, ou o que tencionamos, experimentamos uma intensa pressão para permanecermos coerentes com essa posição, independentemente do que essa inflexibilidade pode nos custar no futuro.

Por outro lado, há tremendas recompensas por permanecer coerente com nossas identidades enunciadas. Como chamamos as pessoas que são coerentes? Usamos palavras como digna de confiança, leal, firme, sólida, inteligente, estável, racional, autêntica. Você não gostaria que as pessoas usassem sistematicamente esses rótulos para descrevê-lo? Outra vez, a resposta é óbvia: a maioria das pessoas adoraria. Assim, a necessidade de permanecer coerente torna-se irrevogavelmente vinculada a sua capacidade de evitar a dor e adquirir prazer.

"Uma tola coerência é o fantasma das mentes pequenas."

— RALPH WALDO EMERSON

O efeito Pigmalião também funciona ao contrário. Se você sente certeza de que é "incapacitado para aprender", torna-se uma profecia que se realiza por si mesma. É muito diferente de acreditar que sua atual estratégia para aprender é ineficaz. A capacidade de mudar a estratégia é percebida pela maioria das pessoas como uma tarefa simples e viável, desde que tenhamos o mestre certo. Contudo, mudar a nós mesmos — mudar a essência de quem somos — é percebido pela maioria como uma coisa quase impossível. A reação comum "Eu sou assim" é uma frase que assassina os sonhos. Encerra a sentença de um problema inalterável e permanente.

Uma pessoa que acredita que *desenvolveu um vício em drogas* pode com certeza mudar. Será difícil, mas uma mudança pode ocorrer, e pode durar. Por outro lado, uma pessoa que acredita ser uma viciada em drogas geralmente voltará ao consumo de drogas, mesmo depois de semanas ou meses de abstinência. Por quê? Porque essa pessoa acredita que *é quem é*. Não tem um vício em droga; é uma viciada em droga. Lembre-se do que eu disse no Capítulo 4, que a partir do momento em que uma pessoa tem uma convicção sobre qualquer coisa, vai ignorar ou até mesmo se defender contra qualquer evidência que seja contrária a sua convicção. Inconscientemente, essa pessoa não acreditará que pode mudar a longo prazo, e isso controlará seu comportamento.

Além disso, há com frequência um ganho secundário envolvido no processo de manter o comportamento negativo. Afinal, essa pessoa pode atribuir ao vício a culpa por algo que não pode controlar — ou seja, "quem ela é" — em vez de enfrentar a realidade de que consumir drogas é uma decisão consciente. Isso será aumentado pela necessidade de coerência do sistema nervoso humano, e a pessoa sempre retornará ao padrão destrutivo. Renunciar a sua identidade seria ainda mais doloroso do que os inequívocos efeitos destrutivos da droga.

Por quê? Porque *todos temos a necessidade de um senso de certeza. A maioria das pessoas possui um tremendo medo do desconhecido. A incerteza contém o potencial de que a dor se abata sobre nós,* e preferimos lidar com a dor que já conhecemos do que lidar com a dor do desconhecido. Assim, vivendo num mundo que está sempre mudando — em que somos constantemente cercados pelo fluxo de novos relacionamentos, redefinição de trabalho, alterações do ambiente e novas informações —, a única coisa com que todos contamos como constante é o nosso senso de identidade. Se começamos a questionar quem somos, então não há base para todas as noções sobre as quais construímos nossa vida.

Se você não sabe quem é, então como pode decidir o que fazer? Como pode formular valores, adotar convicções ou definir regras? Como pode julgar se alguma coisa é boa, má ou indiferente? O maior desafio para alguém que percebe sua identidade como um viciado em drogas é o seguinte: para o que vai mudar sua identidade? Para a de "um viciado em drogas em recuperação"? Isso não muda sua identidade; apenas descreve o estado em que se encontra no momento. "Livre das drogas" também não resolve, porque a maioria considera que se trata de um estado temporário — e ainda focaliza as drogas como um dos meios de se definir. Quando essa pessoa desenvolve a convicção de que está absolutamente limpa, que é agora um "cristão", "muçulmano", "judeu", ou "budista", ou que é "líder" — ou qualquer outra coisa que não uma "viciada em drogas" — *é nesse momento que seu comportamento muda. À medida que desenvolvemos novas convicções sobre quem somos, nosso comportamento mudará para apoiar a nova identidade.*

A mesma coisa acontece com uma pessoa que tem excesso de peso, e cuja identidade é "Eu sou gorda". Essa pessoa pode fazer dieta e emagrecer a curto prazo, mas sempre vai recuperar os quilos a mais, porque seu senso de certeza de quem é guiará todos os seus comportamentos, até que estejam coerentes outra vez com sua identidade. Todos devemos manter a integridade de nossas convicções sobre quem somos, mesmo quando são destrutivas e enfraquecedoras.

A única maneira de criar uma mudança duradoura para uma pessoa que consome drogas é mudar sua convicção de "Eu sou uma viciada em drogas" para "Eu sou uma fanática por saúde", ou "Eu sou um exemplo vivo de que nenhum problema é permanente", ou "Agora eu sou ________. Qualquer que seja a nova identidade, deve ser de tal tipo que jamais sequer consideraria o consumo de drogas. Se as drogas lhe forem oferecidas de novo, sua reação imediata é não avaliar se deve ou não usá-las, mas apenas declarar, com absoluta certeza, "Não sou esse tipo de pessoa. Isso é o que eu fui no passado".

As pessoas com excesso de peso devem transformar sua identidade, passando de gordas a seres humanos vitais, saudáveis e atléticos. Essa mudança de identidade vai transformar todos os seus comportamentos, da dieta aos exercícios, e permitirá a criação a longo prazo de mudanças fisiológicas coerentes com sua nova identidade. Essa alteração pode parecer uma mera manipulação semântica, mas na verdade é uma transformação muito mais profunda da realidade pessoal.

Uma troca de identidade pode acarretar uma troca de todo o seu Sistema Central. Pense a respeito. Um viciado em droga não tem um sistema de avaliação — os *estados* que experimenta de forma sistemática, as *perguntas* que faz, os *valores* que guiam suas ações e as *referências* que organiza em *convicções* — completamente diferente de alguém que se considera um líder, um apaixonado, um atleta, ou um contribuidor? Embora seja verdade que nem todas as trocas de identidade sejam tão completas quanto outras, algumas são de fato tão profundas que o Sistema Central é literalmente substituído num instante por outro.

Se você já tentou várias vezes efetuar uma mudança específica em sua vida, apenas para malograr, invariavelmente o desafio é que tentava criar uma mudança de comportamento ou emocional que era incoerente com sua convicção sobre quem é. Trocar, mudar ou expandir a *identidade* pode produzir as mais profundas e rápidas melhorias na qualidade de sua vida.

COMO SUA IDENTIDADE É FORMADA

Por que, durante a guerra da Coreia, mais prisioneiros americanos delataram companheiros do que em qualquer outra guerra da história moderna? A resposta é que os comunistas chineses, ao contrário de seus aliados, os norte-coreanos, compreendiam *o poder da identidade para mudar não apenas convicções e valores antigos, mas também as ações, num instante.* Em vez de tratar os prisioneiros com brutalidade, eles se empenhavam em sua forma engenhosa de guerra psicológica, projetada não apenas para extrair informações ou criar submissão, mas também para converter o soldado americano a sua filosofia política. Sabiam que, se pudessem levá-lo a um novo conjunto de convicções e valores, então ele veria o papel de seu país na guerra como inútil e destrutivo, e assim os ajudaria em qualquer coisa que pedissem. E foram bem-sucedidos. A compreensão do que eles fizeram pode ajudá-lo a compreender como você chegou a sua atual identidade, e como pode expandir sua identidade, e com isso toda a sua vida, numa questão de momentos.

A tarefa diante dos comunistas chineses era de fato formidável. Como se pode mudar toda a identidade de alguém sem a ameaça de morte ou a promessa de liberdade? Ainda mais sabendo-se que o soldado americano fora treinado para revelar apenas seu nome, posto e número de série? O plano era muito simples: comece pequeno e desenvolva. Os chineses compreendiam que *identificamos alguém por suas ações.* Por exemplo, como você sabe quem é realmente seu amigo? Não é pela maneira como a pessoa age, como trata os outros?

O verdadeiro segredo dos comunistas, porém, foi a compreensão de que determinamos quem somos — nossas identidades — também pelo julgamento de nossas ações. *Em outras palavras, analisamos o que fazemos para terminar quem somos.* Os chineses sabiam que, para alcançar seu objetivo aior de mudar as convicções do prisioneiro sobre sua identidade, tudo o e precisavam conseguir era levar o prisioneiro a fazer coisas que um colarador ou um comunista faria.

Repito, não é uma tarefa simples, mas eles concluíram que poderia ser alizada se pudessem desgastar o prisioneiro de guerra americano através conversa, durante 12 a 20 horas, e depois fazê-lo atender a um pedido enor: como dizer "Os Estados Unidos não são perfeitos", ou "É verdade ie num país comunista o desemprego não é um problema". Estabelecida sa base, os chineses começavam pequeno, e construíam todo o resto. ompreendiam a nossa necessidade de coerência. A partir do momento n que fazemos uma declaração em que dizemos acreditar, temos de estar spostos a apoiá-la.

Pediam simplesmente ao prisioneiro que escrevesse algumas das coias pelas quais os Estados Unidos não eram perfeitos. Depois, perguntavam soldado americano, que se encontrava em estado de completa exaustão: Que outros benefícios sociais existem no comunismo?" Em pouco tempo, soldado tinha a sua frente um documento em que não apenas criticava seu aís, mas também enaltecia o comunismo, com todos os argumentos escritos om sua própria letra. Agora, tinha de justificar para si mesmo por que fizera quilo. Não fora espancado, nem haviam lhe oferecido recompensas espeiais. Fizera todas as pequenas declarações pela necessidade de permanecer oerente com as que já escrevera, e agora até assinara o documento. Como odia explicar sua "disposição" para fazer isso? Mais tarde, pediam-lhe que esse sua lista numa discussão de grupo com outros prisioneiros, ou mesmo ue escrevesse um ensaio inteiro a respeito.

Quando os chineses irradiavam esses ensaios, junto aos nomes dos priioneiros que os haviam escrito, o soldado americano descobria-se de reente identificado publicamente como um "colaboracionista" do inimigo. Quando os outros prisioneiros indagavam por que fizera isso, ele não podia e defender com a alegação de que fora torturado. Tinha de justificar seus tos para si mesmo, a fim de manter seu senso de integridade. *Num instante, le declararia que escrevera porque era verdade! Nesse momento, sua idenidade mudou.* Percebia-se agora como pró-comunista, e todos ao redor o rotulavam como tal. Reforçariam sua nova identidade ao tratá-lo da mesma maneira como tratavam os guardas comunistas.

Logo, sua nova identidade o levaria a denunciar abertamente seu país; e a fim de manter a coerência entre suas declarações e o novo rótulo, passava a colaborar ainda mais com os captores. Esse era um dos aspectos mais brilhantes da estratégia chinesa: a partir do momento em que um prisioneiro escrevia alguma coisa, não podia mais tarde fingir para si mesmo que nunca acontecera. Lá estava, preto no branco, para qualquer um ver — algo que o impelia "a tornar suas convicções e autoimagem coerentes com o que inegavelmente fizera".*

Antes de julgar com muito rigor nossos prisioneiros de guerra, no entanto, devemos olhar bem para nós mesmos. Você escolheu conscientemente *sua* identidade, ou é o resultado do que outras pessoas lhe disseram, de eventos significativos em sua vida, e de outros fatores que ocorreram sem sua percepção e aprovação? Que comportamentos coerentes você teve de adotar para ajudar a formar a base de sua identidade?

Estaria disposto a se submeter a uma dolorosa extração de medula óssea para ajudar um amigo? A primeira reação da maioria das pessoas seria "Absolutamente não!" Contudo, num estudo realizado em 1970, os pesquisadores descobriram que, se uma pessoa era levada a acreditar que a coerência de sua identidade dependia disso, muitos seriam capazes desse ato altruísta.

O estudo demonstrou que, quando se pedia às pessoas para assumirem pequenos compromissos, e seguia-se com dois atos que faziam com que a recusa em serem voluntárias parecesse "incompatível com o caráter", muitas começavam a desenvolver uma nova identidade. Passavam a se ver como "doadoras", como uma pessoa que se empenha incondicionalmente em ajudar aos que precisam, através do sacrifício pessoal. Depois que isso acontecia, quando se fazia o pedido para a doação da medula, essas pessoas sentiam-se compelidas, pela força de sua nova identidade, a atender, independentemente do tempo, dinheiro ou dor física envolvidos. *A visão de si mesmas como doadoras tornara-se um reflexo do que eram. Não há alavanca mais potente do que a identidade para moldar o comportamento humano.*

---

* Cialdini, *Influence.*

Você pode perguntar: "*Minha identidade não é limitada por minha experiência?*" *Não, é limitada por sua interpretação da experiência. Sua identidade é constituída pelas decisões que tomou sobre quem você é, o que decidiu fundir em si mesmo. Você se torna os rótulos que conferiu a si mesmo. A maneira como define sua identidade define sua vida.*

A SUPREMA DOR — SEMENTES DE UMA CRISE DE IDENTIDADE

Pessoas que agem de forma incoerente com o que acreditam estão armando o cenário para o clichê social de uma "crise de identidade". Quando a crise explode, elas ficam desorientadas, questionando suas convicções anteriores. Seu mundo inteiro vira pelo avesso, e experimentam um intenso medo de dor. É o que acontece com tantas pessoas que sofrem a "crise da meia-idade". Muitas vezes essas pessoas se identificam como jovens, e algum estimulante ambiental — alcançar uma determinada idade, comentários dos amigos, cabelos brancos — leva-as a temerem os anos vindouros, e a nova e menos desejável identidade que esperam experimentar com isso. Assim, num esforço desesperado para manter a identidade, fazem coisas para provar que ainda são jovens: compram carros velozes, mudam o penteado, divorciam-se, trocam de emprego.

Se tais pessoas tivessem uma sólida noção de suas verdadeiras identidades, será que experimentariam essa crise? Desconfio que não. Ter uma identidade expressamente vinculada à idade ou aparência vai encaminhá-lo para mudar, porque é certo que essas coisas vão mudar. Se temos um senso mais amplo de quem somos, nossa identidade nunca se torna ameaçada.

Até mesmo as empresas podem ter crises de identidade. A gigantesca Xerox Corporation passou por uma interessante mudança em sua imagem. Quando o computador pessoal emergiu como "a onda do futuro", a Xerox queria usar seu poder tecnológico para entrar nesse novo e excitante mercado. Empenhou sua equipe de pesquisa e desenvolvimento, e depois de um investimento aproximado de 2 bilhões de dólares conseguiu diversos avanços inovadores, inclusive o precursor do que agora chamamos de "mouse".

Por que então a Xerox não permaneceu na competitiva corrida dos computadores, disputando com a Apple e a IBM? Um dos motivos, com toda certeza, é o fato de que, no início, sua identidade não lhe permitia seguir nessa direção. Até mesmo sua identidade "gráfica", que usava um monge gorducho, confinava sua capacidade a ser identificada como a epítome da vanguarda na tecnologia de computação. Embora simbolizasse a natureza meticulosa da cópia de manuscritos, o monge não era apropriado para o novo empreendimento em alta tecnologia, em que a velocidade era um dos critérios mais importantes. No lado do consumidor, a identidade que a Xerox estabelecera como a mais destacada empresa copiadora do mundo não incutia muita confiança nos seus esforços para entrar no mercado de computadores. Acrescente-se a isso uma identidade gráfica que tinha pouco a ver com o processo rápido de informações, e se começa a perceber a origem de alguns dos problemas da Xerox.

Os especialistas em marketing e programação gráfica vão lhe dizer que a imagem empresarial é um enorme filtro, através do qual os consumidores processam as informações de compra — eles devem saber quem você é, o que representa e quando estão investindo grandes quantias, geralmente querem comprar de uma empresa que exemplifica seu produto. Enquanto a Xerox lutava com a incorporação da área de computação a sua identidade existente, outras companhias se lançaram no primeiro plano, dominando o mercado. A esta altura, a Xerox decidiu que, em vez de tentar mudar sua identidade, passaria a utilizá-la. Iria *computadorizar suas fotocopiadoras*, e concentrar os dólares de pesquisa e desenvolvimento na melhoria do que já sabia fazer melhor.

Assim, a Xerox iniciou o processo de transformação, pela produção de novas "imagens Xerox" — exibindo comerciais com imagens em ritmo acelerado de hardware, software, redes de comunicação — e concluindo a mensagem visual com as palavras "Xerox... a Companhia dos Documentos". Essa identidade ampliada precisou ser condicionada dentro da cultura para a Xerox expandir seu mercado, e a empresa aproveitou todas as oportunidades para fazê-lo.

"Escrita em chinês, a palavra 'crise' é composta por dois caracteres — um representa perigo, e o outro representa oportunidade."

— JOHN F. KENNEDY

Não é preciso uma crise para a maioria de nós compreender que podemos mudar nosso comportamento, mas a perspectiva de mudar a identidade parece ameaçadora ou impossível para quase todo mundo. O rompimento com as convicções básicas sobre quem nós somos proporciona a dor mais intensa, e algumas pessoas chegam ao ponto de se matarem para preservar essas convicções. Isso foi dramaticamente ilustrado pela obra-prima de Victor Hugo, *Os Miseráveis*. Quando o herói, Jean Valjean, é libertado da prisão, sente-se frustrado e sozinho. Embora durante os muitos anos que passou sob a custódia da polícia francesa nunca tenha aceitado o rótulo de "criminoso" (apenas roubara um pão para alimentar a família faminta, e por causa disso recebera uma longa pena de trabalhos forçados), descobre logo, depois de solto, que não consegue arrumar um dia de trabalho honesto. É desprezado e repelido por causa de sua situação de ex-condenado.

Ao final, em estado de total desamparo, começa a aceitar a identidade que o rótulo da sociedade lhe impôs. É agora um criminoso, passa a agir como tal. Quando um bondoso padre o acolhe, alimenta-o e oferece abrigo para a noite, ele consuma sua identidade criminosa ao roubar as modestas peças de prata de seu benfeitor. A polícia detém Valjean, numa investigação de rotina, e descobre não apenas que ele é um ex-condenado, mas também que tem em seu poder os bens mais valiosos do padre — um crime punível com trabalhos forçados pelo resto da vida.

Valjean é levado à presença do sacerdote. Depois da apresentação dos fatos, o padre afirma que as peças foram um presente, e lembra a Valjean que esqueceu de levar dois castiçais de prata. Para surpresa adicional de Valjean, o padre converte a sua generosa mentira em verdade, e manda-o embora com a prata para começar uma vida nova.

Valjean tem de lidar com as ações do padre. Por que teria acreditado nele? Por que não o despachou acorrentado? O padre dissera-lhe que era seu irmão, que Valjean não mais pertencia ao mal, que era um homem honesto, um filho de Deus. Esse padrão intenso de interrupção muda a identidade de Valjean. Ele rasga os documentos da prisão, muda-se para outra cidade, assume uma nova identidade. Ao fazer isso, todos os seus comportamentos mudam. Torna-se um líder, ajuda as pessoas na comunidade.

Contudo, um policial, Monsieur Javert, faz com que a cruzada de sua vida seja encontrar Valjean, e levá-lo à justiça. Ele "sabe" que Valjean é mau, e se define como aquele que leva os maus à justiça. Quando Javert finalmente o encontra, Valjean tem a oportunidade de eliminá-lo — mas, magnânimo, poupa-lhe a vida. Depois de uma perseguição pela vida inteira, Javert descobre que Valjean é um homem de bem — talvez até melhor do que ele — e não pode lidar com o potencial de compreender que talvez fosse um homem cruel e maligno. Em decorrência, ele se joga nas corredeiras do rio Sena.

"Sua suprema agonia foi o desaparecimento da certeza, e sentiu-se desarraigado... Ah, que coisa assustadora! O homem determinado, não mais sabendo seu caminho, e recuando!"

— Victor Hugo, *Os Miseráveis*

Afinal, quem é você?

O que tudo isso realmente significa? Pode parecer muito esotérico, a menos que comecemos a definir a nós mesmos. *Por isso, faça uma pausa para identificar quem você é. Quem é você?* Há muitos meios para nos definirmos. Podemos nos descrever como nossas emoções (sou um apaixonado, sou pacífico, sou arrebatado), nossas profissões (sou um advogado, sou um médico, sou um sacerdote), nossos títulos (sou vice-presidente executivo), nossos rendimentos (sou um milionário), nossos papéis (sou mãe, sou a mais velha de cinco mulheres), nossos comportamentos (sou um jogador), nossos bens (sou o proprietário de um "Beemer"), nossas metáforas (sou o rei do pedaço, estou por baixo), nosso retorno (não valho nada, sou especial), nossas convicções espirituais (sou judeu), nossa aparência (sou velho, sou jovem, sou bonito), nossas realizações (sou a Rainha da Festa de Formatura de Spring Valley em 1960), nosso passado (sou um fracasso), e até o que não somos (não sou um frouxo).

A identidade de nossos amigos e colegas também tende a nos afetar. Dê uma boa olhada em seus amigos. Quem acredita que eles são é muitas vezes um reflexo de quem acredita que *você é*. Se os amigos são afetuosos e sensíveis, há uma grande possibilidade de que você se veja de um modo similar. A estrutura do tempo que você usa para definir sua identidade também é muito importante. Olha para o passado, o presente ou o futuro ao definir quem realmente é? Anos atrás, meu presente e passado não eram muito excitantes, e por isso, conscientemente, fundi minha identidade com a visão que tinha de quem sabia que me tornaria. Não precisei esperar; comecei a viver como aquele homem no mesmo instante.

É muito importante, quando se responde a essa pergunta, estar no estado certo. Você precisa se sentir relaxado, seguro e curioso. Se está apenas folheando este livro, lendo muito depressa, por alto, ou se tem muitas distrações, não vai obter as respostas de que precisa.

Respire fundo, relaxe, deixe o ar sair devagar. Deixe a mente ficar curiosa — não apreensiva, nem preocupada, nem procurando pela perfeição ou qualquer coisa em particular. Apenas pergunte a si mesmo: "*Quem sou eu?*" Anote a resposta, torne a perguntar. A cada vez que perguntar, escreva o que aflorar, e continue sondando, mais e mais fundo. Continue a perguntar, até encontrar a descrição de si mesmo sobre a qual tem a convicção mais forte. Como você se define? Qual é a essência de quem é? Que metáforas usa para se descrever? Que papéis desempenha?

Com bastante frequência, se você não criar esse estado seguro e curioso, todos os medos e hesitações sobre identidade insistirão em dar respostas inadequadas. Se você fizer essa pergunta a alguém, repentinamente, "*Quem é você?*", sem levá-lo ao estado certo primeiro, obterá uma de duas respostas:

1) Um olhar aturdido. Esse tipo de pergunta deixa muitas pessoas confusas, porque nunca foram chamadas a ponderar a sério sobre a resposta.

2) Uma resposta superficial. É uma técnica de evasiva à primeira tentativa. A resposta pode ser definida como o "Princípio Popeye", em que a pessoa se limitará a declarar "Eu sou o que sou, e isso é tudo o que sou". Já descobri que, quando se faz uma pergunta a alguém, em particular de caráter emocional, a pessoa não costuma responder antes de fazer duas perguntas suas.

Primeiro, pergunta a si mesmo: "Posso responder a essa pergunta?" Se a pessoa não tem certeza de quem é, poderá dizer "Não sei", ou dar uma resposta superficial. Às vezes as pessoas receiam fazer a pergunta, por medo de compreenderem que carecem de lucidez nessa área crítica de suas vidas. E a segunda pergunta que as pessoas costumam fazer, antes de responderem, é a seguinte: "O que tem isso para mim? Se eu responder a essa pergunta, como isso vai me beneficiar pessoalmente?"

Deixe-me oferecer as respostas a essas duas perguntas. Primeiro, você sabe quem é. Isso mesmo, pode encontrar a resposta se pensar um pouco a respeito neste momento. Mas tem de confiar em si mesmo para deixar as respostas, quaisquer que sejam, fluírem livres; e não deixe de escrevê-las. Segundo, o benefício de saber quem você é de fato consiste na capacidade de moldar todos os seus comportamentos.

Se fizer uma pausa para assumir o estado certo, vai oferecer...

Uma resposta ponderada. Espero que seja o tipo de resposta que procura neste momento!

"Eu penso, logo existo."

— RENÉ DESCARTES

Portanto, faça uma pausa agora para responder a uma pergunta analisada pelos filósofos ao longo dos tempos, de Sócrates a Sartre. Ponha-se naquele estado seguro e curioso. Respire fundo, deixe o ar escapar devagar. E pergunte: "*Quem eu sou?*"

EU SOU...

Para ajudá-lo a se definir, lembre-se de que a identidade é simplesmente o que o distingue das outras pessoas. Aqui estão dois exercícios que acho que você vai gostar.

1) Se você procurasse seu nome num dicionário, o que diria? Três palavras bastariam para cobrir tudo, ou sua narrativa épica consumiria páginas e mais páginas, talvez até exigisse um volume inteiro? Agora, escreva a definição que encontraria se fosse procurar seu nome num dicionário.

MINHA DEFINIÇÃO DE IDENTIDADE

Faça uma pausa, absorva as respostas. Quando estiver pronto, passe para o exercício seguinte.

2) Se fosse criar um cartão de identidade que representasse quem você *realmente é*, o que haveria nele — e o que você deixaria de fora? Incluiria ou não um retrato? Relacionaria suas estatísticas vitais? Descrição física? Emoções? Convicções? Associações? Aspirações? Lema? Capacidades? Tire um momento para descrever o que haveria nesse cartão de identidade, e o que seria deixado de fora, a fim de mostrar a alguém quem você *realmente é*.

MEU CARTÃO DE IDENTIDADE

____

____

____

____

____

____

____

____

Agora, dê uma olhada no que escreveu, na descrição de sua identidade — em essência, a história de sua vida. Como se sente a respeito? Espero que esteja fazendo uma pausa agora para avaliar de fato quem você é, para sentir a emoção profunda que deriva do reconhecimento. Se percebe que sua identidade cria dor, saiba que *qualquer coisa que chama de sua identidade é apenas aquilo com que decidiu se identificar*, e pode mudar isso num instante. Tem o poder, dentro de você, neste momento. Mais do que isso, depois de verificar como as identidades evoluem, terá uma oportunidade de expandir sua identidade, e com isso toda a sua vida.

EVOLUÇÃO DE UMA IDENTIDADE

Uma amiga, chamada Debra, a quem todos conhecem como aventureira e vibrante, partilhou comigo uma história sobre a transformação por que passara com sua identidade.

— Quando estava crescendo — disse ela —, sempre fui uma pessoa fraca. Não fazia nenhum esforço físico, nem qualquer coisa que apresentasse um potencial para me machucar.

Depois de participar de alguns de meus seminários e realizar novas experiências (mergulho submarino, paraquedismo), ela começou a perceber que *podia* fazer essas coisas — caso se *forçasse.* Mas essas novas referências ainda não estavam organizadas numa nova convicção sobre quem ela é. Via-se agora apenas como "uma medrosa que saltou de paraquedas". A transformação ainda não ocorrera; sem que ela soubesse, porém, já fora *desencadeada.* Ela informa que outras pessoas invejavam seus feitos, dizendo coisas assim: "Eu gostaria de ter coragem para fazer a mesma coisa. Você é tão aventureira!" Debra ficou sinceramente surpresa com os comentários, mas a persistente opinião dos outros a seu respeito começou a levá-la a questionar a visão que tinha de si mesma.

— Ao final — contou Debra —, comecei a vincular dor à ideia de ser uma medrosa. Sabia que a convicção sobre a minha fraqueza estava me limitando, e por isso *decidi que isso não era mais o que eu queria ser.*

Não era apenas isso, porque, durante todo aquele tempo, sua psique vinha lutando com a incongruência entre como os amigos a consideravam e como ela própria percebia sua identidade. Assim, quando surgiu outra chance de saltar de paraquedas, ela tratou de aproveitá-la, como a oportunidade de dar o pulo do potencial para o fato, de "o que podia ser" a 'o que é". Ela pensou: "Eu era assim, mas *não sou mais essa pessoa.* E hoje vou me divertir!" Usou a apreensão dos outros como contraste com a nova pessoa que decidira se tornar. Pensou também: "Era assim que eu costumava reagir." Ficou surpresa ao compreender que acabara de efetuar uma grande mudança. Não era mais uma medrosa, mas uma mulher aventureira e poderosa, prestes a aproveitar a vida ao máximo.

Foi a primeira a saltar do avião, e durante toda a descida gritou de satisfação, alegria e exultação. Nunca antes sentira níveis tão intensos de pura energia física e excitamento. Um elemento básico que pode tê-la levado a se superar, com a adoção da nova identidade, foi o nível profundo de empenho em dar o exemplo aos outros, como líder da equipe. Ela me disse:

— É como o que você faz, Tony. Se fizesse um seminário inteiro sobre superar o medo e a limitação, mas se recusasse a arriscar qualquer coisa, não daria certo. É preciso fazer o que diz.

A transformação de Debra foi completa. Ela adquiriu novas referências, que começaram a lascar sua antiga identidade, tomou a decisão de se identificar com maiores possibilidades, e quando chegou o momento certo, contrastou a sua nova identidade com o que não queria mais ser. Foi a alavanca final de que precisava para consumar a transformação. Sua evolução foi simples, mas poderosa. Essa completa mudança de identidade causa agora o maior impacto nos filhos, no trabalho, e em tudo o mais em que ela está envolvida. Debra é de fato uma líder aventureira.

Claro que você sempre pode *decidir* se redefinir. Pense na imaginação maravilhosa que inunda o coração e a alma de cada criança. Um dia o menino é o Zorro, o vingador mascarado. No dia seguinte é Hércules, o herói olímpico. E amanhã é o avô, seu herói na vida real. As mudanças de identidade podem figurar entre as mais alegres, mágicas e libertadoras experiências da vida. Por que os adultos aguardam o ano inteiro pelo Dia das Bruxas ou pelo Mardi Gras em Nova Orleans? Um motivo, tenho certeza, é que essas celebrações nos dão *permissão* para sairmos de nós mesmos e assumirmos um *alter ego*. Podemos fazer coisas nessas novas identidades que normalmente não faríamos; podemos fazer coisas que *queremos* fazer durante todo o tempo, mas que consideramos incoerentes com nossas identidades.

A realidade é que podíamos fazer isso em qualquer dia do ano! Podemos nos redefinir por completo, ou podemos simplesmente deixar nossos "verdadeiros eus" aflorar. Como o manso Clark Kent tirando os óculos e o terno para revelar o poderoso Super-homem, podemos descobrir uma identidade gigantesca que é mais do que nossos comportamentos, mais do que nosso passado, mais do que qualquer nível que já nos concedemos.

O PODER DE SE REINVENTAR

Agora, vamos expandir!

Se sua identidade não é tudo o que você quer ser, então faça o que é indicado a seguir. Comece por dar os seguintes quatro passos para reinventar a si mesmo.

1. **Faça uma lista neste momento de todos os elementos da identidade que você quer ter.** Ao elaborar a lista, regozije-se com o poder de que dispõe agora de mudar pela simples *decisão.* Quem são algumas pessoas que possuem essas características a que você aspira? Podem servir como modelos? Imagine que está se *fundindo* com essa nova identidade. Como andaria? Como falaria? Como pensaria? Como se sentiria?

QUEM SOU EU AGORA
(MINHA VISÃO AMPLIADA)

____

____

____

____

____

____

2. **Se você gostaria realmente de expandir sua identidade e sua vida, então decida neste momento, conscientemente, quem deseja ser. Fique excitado, seja outra vez como uma criança e escreva em detalhes quem você decidiu que é hoje. Faça uma pausa agora para escrever sua lista ampliada.**

3. **Formule agora um plano de ação que o levaria a saber que está de fato vivendo de acordo com sua nova identidade.** Ao desenvolver esse plano, preste uma atenção especial aos amigos que escolhe para passar algum tempo. Eles vão reforçar ou destruir a identidade que você está criando?

Não há nada tão agradável quanto observar alguém expandir sua iden- ɪade. Uma das maiores alegrias que já experimentei, nos últimos anos, foi ›servar a transformação de meu filho mais velho, Tyler, ao passar de um ›ófito em voar de helicóptero comigo a um piloto com brevê, e depois a n piloto de helicóptero profissional.

Que mudança no amor-próprio quando ele começou a perceber que se rnara um dos poucos que fazem em comparação com os muitos que apenas lam... por saber que dominava os céus e criara para si mesmo a liberdade m limites que poucos jamais teriam sequer a esperança de experimentar!

O passo final é se comprometer com sua nova identidade, irradiando-a a todos ao seu redor. A transmissão mais importante, porém, é para você mesmo. Use o novo rótulo para se descrever todos os dias, e ficará condicionado dentro de você.

O FUTURO DE SUA IDENTIDADE

lesmo depois de completar esse exercício, você vai querer continuar a re- nar sua identidade, expandi-la ou criar melhores regras para ela. Vivemos ım mundo dinâmico, em que nossas identidades devem sempre se expan- ir, para que possamos desfrutar uma qualidade de vida maior. Você precisa ;tar consciente de coisas que podem influenciar sua identidade, verificar se estão fortalecendo ou enfraquecendo e assumir o controle de todo o pro- esso. Se não for assim, você se torna um prisioneiro de seu passado. Estou urioso: *você é agora a mesma pessoa que era ao pegar este livro?*

Estou constantemente me redefinindo, e as pessoas costumam se espan- ır com meu nível de confiança ao lançar novos empreendimentos. Muitas ezes me perguntam: "Como conseguiu realizar tanta coisa em sua vida?" :reio que em grande parte é o resultado de encarar as coisas de uma maneira iferente da maioria: *enquanto a maioria das pessoas precisa estabelecer ua competência antes de se sentir confiante, eu decido me sentir confiante, isso me proporciona o senso de certeza para persistir até ser competente.* : por isso que minha identidade não é limitada por referências passadas.

Se você me perguntasse quem sou eu hoje (e posso decidir mudar amanhã!), responderia que sou um criador de possibilidades, um instigador de alegria, um catalisador para o crescimento, um construtor de pessoas, e um produtor de paixão. *Não* sou um motivador, um pregador, ou um guru. Sou um dos especialistas da nação americana em psicologia da mudança. Sou um treinador, um empreendedor, marido, pai, amante, amigo, personalidade da televisão, autor de best sellers, um dos oradores de maior impacto dos Estados Unidos, faixa preta, piloto de helicóptero a jato, empresário internacional, perito em saúde, defensor dos desamparados, filantropo, professor, uma pessoa que faz uma diferença, uma força para o bem, um curador, um desafiador... e um sujeito divertido, audacioso e *humilde!* Identifico-me com os elementos mais elevados do meu eu e encaro os meus aspectos que ainda não são perfeitos como uma oportunidade para o crescimento, em vez de falhas de caráter.

Precisamos expandir nossa visão de quem somos. Precisamos garantir que os rótulos que atribuímos a nós mesmos não sejam limites, mas estímulos, que acrescentamos a tudo o que já é bom em nós — pois vamos nos tornar qualquer coisa com que comecemos a nos identificar. Esse é o poder da convicção.

"Se todos nós fizéssemos as coisas de que somos capazes, iríamos literalmente espantar a nós mesmos."

— THOMAS A. EDISON

Por causa de meu empenho em expandir sempre minha capacidade de apreciar todos os aspectos da vida, vivo à procura de referências singulares. Anos atrás, decidi visitar o necrotério do Bellevue e experimentei uma grande transformação na vida. Fui até lá porque um amigo, o Dr. Fred Covan, que é o psicólogo-chefe do Bellevue Hospital, em Nova York, convenceu-me de que temos de compreender a morte para compreender a vida. Becky e eu chegamos a sua sala com bastante apreensão. Fred convidou-nos a sentar, e advertiu-nos a não dizer uma só palavra durante toda a experiência.

— Apenas deixem acontecer — disse ele. — Observem os sentimentos que afloram, e conversaremos a respeito mais tarde.

Sem sabermos o que esperar, nós o seguimos, bastante nervosos, descemos a escada. Ele nos conduziu à seção de corpos não reclamados, onde a maioria dos que ali permaneciam provinha da população de indigentes que vivia nas ruas. Ao puxar o primeiro gavetão de metal e abrir o zíper do saco que encerrava o corpo, senti um tremor percorrer meu corpo. Ali estava aquela "pessoa", mas no mesmo instante fui dominado pelo sentimento de vazio, Becky ficou abalada ao pensar que viu o corpo se mexer. Fred explicou mais tarde que a experiência de Becky era comum, que todos temos dificuldade para lidar com corpos que não se mexem, que estão desprovidos da pulsação da vida.

Enquanto ele abria um gavetão depois de outro, a emoção tornou a me envolver: não há ninguém aqui. O corpo está aqui, mas não há um *indivíduo.* Momentos depois da morte, aquelas pessoas pesavam tanto quanto na ocasião em que estavam vivas, mas alguma coisa — a essência de quem realmente foram — não está mais ali. *Não somos os nossos corpos.* Quando morremos, não resta a menor dúvida de que desaparece a identidade intangível, sem peso, a essência da vida, que alguns chamam de espírito. Creio que é igualmente importante para nos lembrarmos que enquanto estamos vivos também não somos os nossos corpos. *Também não somos nosso passado, nem nossos comportamentos no momento.*

Essa experiência me proporcionou um incrível senso de gratidão pela dádiva abençoada da vida. Subitamente, pensei nas pessoas que tinham grandes desafios físicos, e concluí: "Puxa, como parecem saudáveis!" Não há nada como um pequeno contraste para nos lembrar como somos todos afortunados!

Há pouco tempo, meus sentimentos foram traduzidos em palavras, quando tive a oportunidade de visitar o escritor Wayne Dyer. Ele disse uma coisa naquele dia que expressa meus sentimentos:

— Não somos seres humanos tendo uma experiência espiritual. *Somos seres espirituais tendo uma experiência humana.*

Nossa identidade é a pedra fundamental dessa experiência. *Creio que nossa verdadeira identidade é algo indefinível e maior do que qualquer coisa que se possa descrever.* Somos alma, somos espírito. Lembrar quem somos de fato põe tudo em perspectiva, não é mesmo? A partir do momento em que agimos com o conhecimento de que somos seres espirituais, não seremos apanhados nos pequenos jogos que nos separam uns dos outros. Saberemos com uma profunda convicção que estamos ligados a toda a criação.

"Cada um de nós inevitável;
Cada um ilimitado — cada um com o seu
direito neste mundo;
Cada um com acesso aos eternos
sentidos do mundo;
Cada um aqui tão divino quanto tudo."

— WALT WHITMAN

Na próxima vez em que se descobrir a dizer "Eu nunca poderei fazer isso", ou "Eu não sou assim", tire um momento para considerar o impacto do que está dizendo. Tem um conceito limitado de si mesmo? Neste caso, aproveite cada oportunidade de expandir sua identidade. Trate de fazer as coisas que acha que não poderia e use suas novas ações como uma referência que lhe proporcione um senso de certeza de que é mais do que imaginava.

Comece por se perguntar: "O que mais *posso* ser? O que mais *serei?* Quem estou me tornando *agora?"* Pense em sua lista de valores e sonhos, e assuma consigo mesmo o compromisso de que, independentemente do ambiente, "Agirei sistematicamente como uma pessoa que já está alcançando esses objetivos. Assim respirarei. Assim andarei. Assim reagirei às pessoas. Tratarei as pessoas com a mesma dignidade, respeito, compaixão e amor com que elas me tratariam." Se decidirmos pensar, sentir e agir como o tipo de pessoa que queremos ser, vamos nos tornar essa pessoa. Não estaremos apenas nos comportando "como" essa pessoa; *seremos* essa pessoa.

Você se encontra agora numa encruzilhada. Esta é a sua oportunidade de tomar a decisão mais importante que já tomou. *Esqueça seu passado. Quem é você agora?* Quem você decidiu que é realmente agora? Não pense a respeito de quem tem sido. Quem é você *agora?* Quem decidiu se *tornar?* Tome a decisão conscientemente. Tome com cuidado. Tome com força.

Ao deixarmos agora o estudo do Sistema Central, lembre-se do seguinte: você não precisa efetuar todas as mudanças de que falamos aqui para transformar a qualidade de sua vida. Se mudar qualquer *uma* das cinco áreas do sistema, toda a sua vida mudará. Basta uma mudança nas *perguntas* habituais para mudar seu foco e mudar sua vida. As alterações na hierarquia de *valores* mudarão imediatamente o rumo de sua vida. O cultivo de *estados* poderosos e férteis em sua fisiologia mudará a maneira como pensa e sente. Só isso já poderia mudar sua identidade. E o mesmo aconteceria com a mudança de algumas *convicções globais.* A busca de *referências* adicionais proporcionará a matéria-prima para montar uma nova experiência de quem você é. E, com toda certeza, *decidir expandir sua identidade* pode transformar praticamente tudo.

Sei que você vai querer voltar a estas páginas, muitas e muitas vezes, ao longo de sua vida, a partir do momento em que começar a reinventar a si mesmo e a definir quem realmente quer ser agora, contra o que foi no passado. Divirta-se! Descubra a aventura que acompanha um senso de expansão permanente de que você é algo mais a cada dia que passa.

Agora, vamos nos divertir um pouco, iniciando um desafio de sete dias. A cada dia eu lhe darei um exercício para usar o que aprendeu, e a oportunidade de começar a colher as recompensas de algumas das estratégias e instrumentos a que esteve exposto. Muito bem, vamos iniciar o...

PARTE TRÊS

SETE DIAS PARA MOLDAR SUA VIDA

19

Destino emocional: o único sucesso verdadeiro

Primeiro dia

Seu resultado: *Assuma o controle de suas emoções sistemáticas e comece de forma consciente e deliberada a reformular sua experiência de vida cotidiana.*

Não há um sucesso autêntico sem o sucesso emocional; apesar disso, das mais de 3 mil emoções que temos palavras para descrever, a pessoa média experimenta apenas uma dúzia diferentes, ao longo de uma semana. Devemos lembrar que isso não reflete a capacidade emocional, mas sim as limitações de nossos padrões atuais de foco e fisiologia.

Ao longo deste livro, estudamos continuamente o controle das emoções, e você desenvolveu um amplo espectro de instrumentos para mudar de forma poderosa e rápida qualquer emoção que desejar. Compreende agora que mudar como se sente é a motivação por trás de quase todos os seus comportamentos. Assim, é tempo de formular um plano pré-ação para lidar com os padrões emocionais negativos que habitualmente experimenta. É também importante proporcionar a si mesmo o presente de expandir a quantidade e qualidade do tempo que passa em estados emocionais positivos. O arsenal de habilidades de que dispõe para mudar seus estados emocionais é o seguinte:

- fisiologia
- foco
- perguntas
- submodalidades
- Vocabulário Transformacional
- metáforas
- Condicionamento Neuroassociativo
- convicções
- futuro irresistível
- valores
- regras
- referências
- identidade

O propósito do exercício de hoje é simplesmente o de torná-lo consciente de seus atuais padrões emocionais e levá-lo a utilizar tantas das habilidades relacionadas acima quantas forem necessárias para garantir a modelagem diária de seu destino emocional.

"Ver é crer, mas sentir é a verdade."

— THOMAS FULLER, M. D.

A tarefa de hoje:

1. Escreva todas as emoções que experimenta numa semana.
2. Relacione os eventos ou situações que costumam desencadear essas emoções.

3. Determine um antídoto para cada emoção negativa e empregue um dos instrumentos apropriados para reagir ao Sinal de Ação. Precisa mudar as palavras que usa para descrever essa experiência? Precisa mudar o que acredita sobre esse estado emocional? Precisa fazer a si mesmo uma nova pergunta? Trate de focalizar sistematicamente as soluções, em vez dos problemas.

Empenhe-se ao longo deste dia em substituir a emoção antiga e limitadora por uma emoção nova e fortalecedora e condicione esse novo padrão até que se torne consistente. Com nossas emoções sob controle, começaremos amanhã a controlar nosso...

20

Destino físico: prisão de dor ou palácio de prazer

Segundo dia

Seu resultado: *Assim como aprendeu a condicionar o sistema nervoso para produzir os comportamentos que lhe proporcionarão os resultados que deseja, o destino físico que experimenta depende de como condiciona seu metabolismo e músculos para produzirem os níveis de energia e capacidade física que deseja.*

Seu objetivo era quebrar um recorde mundial. Há 11 dias consecutivos que corria 21 horas por dia, e dormia apenas três horas por noite. O desafio mental era tão grande quanto o desafio físico: tinha de viajar do mundo cotidiano em que vivera durante toda a sua vida para um mundo em que o objetivo primário era o passo seguinte. Devotou anos de treinamento não apenas ao corpo, mas também à mente. Seu objetivo? Demonstrar o potencial físico ilimitado que se encontra trancado dentro de todos nós. Ao quebrar o recorde anterior e correr mais de 1.600 quilômetros em 11 dias e 19 horas, a uma média de 135 quilômetros por dia, Stu Mittleman provou que é possível, quando se sabe como condicionar a mente e o corpo, produzir resultados muito além de qualquer coisa que a sociedade poderia admitir. Ele demonstrou, com seu exemplo, que a capacidade humana é incrível, e que podemos nos adaptar a qualquer coisa, se fizermos as exigências certas a nós mesmos, de uma forma incremental. O propósito deste capítulo é partilhar com você os segredos fundamentais que permitiram a Stu Mittleman se condicionar para realizar essa façanha sem precedentes.

Durante anos, estudei os que considerava mestres em suas áreas de atividade, e a capacidade física e saúde têm sido um grande foco em minha vida há mais de uma década. Quando iniciei a pesquisa nessa área, fiquei confuso com o turbilhão de posições conflitantes de peritos supostamente no mesmo nível de qualificação. Para atravessar o labirinto de opiniões, meu critério número um foi o dos resultados. Os que produziam resultados de qualidade eram os que eu emulava, com os quais aprendia. Assim como tinha dificuldade na área psicológica de conceder credibilidade a um médico que aconselhava os pacientes sobre saúde, mas tinha 20 quilos de excesso de peso, também questionava a validade dos supostos peritos em aptidão física que pareciam emaciados, tinham um punhado de lesões e baixos níveis de energia.

Fiquei fascinado quando ouvi falar pela primeira vez de Stu Mittleman e seus feitos, e ainda mais quando soube que as testemunhas de sua espantosa façanha comentaram que ele parecia *melhor* ao final da corrida de 1.600 quilômetros do que no momento da partida! Não sofrera lesões... nem mesmo uma bolha! O que lhe proporcionava a incrível capacidade de levar seu corpo aos limites e maximizar seu potencial *sem lesioná-lo?*

Stu estava bem preparado para a corrida, sem dúvida. Tinha diplomas de psicologia do esporte, sociologia e psicologia social, e agora faz o doutorado em fisiologia do exercício na Universidade de Colúmbia. Mas o conhecimento que demonstrou ser mais valioso foi a distinção de que *saúde e capacidade física não são a mesma coisa*. Esta é uma distinção que Jim Fixx, o famoso autor de livros de corrida, não tinha. Possuía uma grande capacidade física, mas não tinha saúde.

O fracasso da maioria das pessoas em perceber a diferença entre capacidade física e saúde é o que leva à frustração de fazer exercício religiosamente, e ainda assim ter os 4 a 5 quilos a mais aderindo com obstinação à cintura. É o próprio desamparo adquirido! Pior do que isso é o apuro dos que fazem do exercício o ponto central de suas vidas, e acreditam que suas ações os tornam mais saudáveis, mas a cada dia estão apenas se empurrando por mais um passo para a fadiga, doença e convulsão emocional.

O que exatamente estou querendo dizer com a diferença entre saúde e capacidade física? *Capacidade física é "a capacidade de desempenhar atividade atlética". A saúde, no entanto, é definida como "o estado em que todos os sistemas do corpo — nervoso, muscular, esquelético, circulatório, digestivo, linfático, hormonal etc. — funcionam de uma forma ideal..".*[*] A maioria das pessoas pensa que a capacidade física implica em saúde, mas a verdade é que as duas coisas não se harmonizam necessariamente. É ideal ter tanto saúde quanto capacidade física, mas, pondo a saúde em primeiro lugar, você sempre terá enormes benefícios em sua vida. Se alcançar a capacidade física à custa da saúde, talvez não viva por tempo suficiente para desfrutar seu físico espetacular.

O equilíbrio ideal de saúde *e* capacidade física é alcançado pelo *treinamento do metabolismo.* Assim como treinamos a mente, e assim como treinamos os músculos, Stu e um dos seu treinadores, Dr. Philip Maffetone, demonstraram que também podemos treinar nosso metabolismo. Os resultados de Stu confirmam isso, sem a menor sombra de dúvida: enquanto fazia sua corrida de 1.600 quilômetros, ele devia com certeza chegar ao ponto de ficar com a energia esgotada e depender da força de vontade para continuar. Contudo, em *nenhum momento* experimentou isso, apesar de correr 135 quilômetros por dia. O conhecimento das distinções simples mas profundas que Stu usou pode mudar não apenas sua aparência, mas também seu nível de energia, a qualidade de sua vida e, em última análise, o destino físico que aciona.

A maior diferença entre saúde e capacidade física se resume à compreensão da distinção entre exercício *aeróbio* e *anaeróbio,* entre *resistência* e *vigor. Aeróbio* significa, literalmente, "com oxigênio", e se refere a *exercício moderado mantido ao longo de um certo período.* O sistema aeróbio é o sistema da resistência, e abrange o coração, pulmões, vasos sanguíneos e músculos aeróbios. Se você ativa o sistema aeróbio, com dieta e exercícios apropriados, queima *gordura* como combustível primário.

Por outro lado, *anaeróbio* significa, literalmente, "sem oxigênio", e se refere aos *exercícios que produzem curtas explosões de energia.* O exercí-

---

[*] Maffetone, Dr. Philip, *Everyone Is an Athlete*, Nova York: David Barmore Publishers, 1990.

cio anaeróbio queima *glicogênio* como o combustível primário, ao mesmo tempo em que *faz o corpo acumular gordura.* A genética desempenha um papel na capacidade de seu corpo de queimar gordura, e algumas pessoas nascem com um sistema aeróbio já bem desenvolvido. São as pessoas que invejamos, por serem capazes, aparentemente, de comer qualquer coisa sem engordarem um quilo sequer.

> A maioria dos tipos de exercício pode ser aeróbia *ou* anaeróbia. *O nível de intensidade determina se você está usando o sistema aeróbio ou o anaeróbio.* Andar, correr, andar de bicicleta, nadar, dançar etc. podem proporcionar qualquer dos dois benefícios. *Batimentos cardíacos* baixos *tornam essas atividades aeróbias, e batimentos cardíacos* altos *fazem com que sejam anaeróbias...* De um modo geral, o tênis, basquete e esportes similares são anaeróbios.*

A maioria dos americanos leva hoje um estilo de vida que causa um constante estado anaeróbio, inundado de tensões e pressões, agravado pela maneira como escolhem se exercitar. Em consequência, treinam o metabolismo para ser continuamente anaeróbio, isto é, para queimar glicogênio como uma forma primária de energia. Quando os níveis de glicogênio se tornam expressivamente baixos, o metabolismo treinado anaerobiamente converte o açúcar do sangue em fonte secundária de energia, o que afeta no mesmo instante seu nível de saúde e vitalidade.

À medida que as demandas anaeróbias privam seu corpo de açúcar do sangue, que poderia estar usando para outras tarefas, você começa imediatamente a sentir os efeitos negativos. *Como seu sistema nervoso exige o consumo de dois terços do açúcar no sangue,* o déficit criado pelos exercícios anaeróbios pode causar problemas neuromusculares, como dor de cabeça e desorientação. Aqui está uma lista de alguns sintomas indicadores diretamente relacionados com o treinamento anaeróbio excessivo de seu metabolismo: *fadiga, lesões recorrentes de exercício, baixos níveis de açúcar*

---

* Maffetone, Dr. Philip, "The 1.000-Mile Race of Life: How to Be Healthyand and Fit", *Robbins Research Report*, outubro de 1990, San Diego: Robbins Research International, Inc.

sangue, depressão e ansiedade, problemas de metabolismo da gordura, ndrome pré-menstrual, ou problemas de circulação e articulação rígidas.

Vivemos numa sociedade que é excessiva em anaeróbio e deficiente em róbio, e isso causa um impacto negativo na qualidade da saúde por toda rte. Na sociedade industrializada moderna, as pessoas tornam-se menos ivas fisicamente. Há bem poucas décadas, a maioria das pessoas realizava as tarefas diárias de forma física. Hoje, no entanto, projetamos demandas ivas para nossos corpos, a fim de substituir a inatividade que a vida cotidia- não cria mais. Chamamos a essa atividade forçada de exercício. Infeliz- ente, muitas pessoas com intenções positivas, inclusive atletas eficientes, stão se tornando menos saudáveis com os exercícios. Por nosso ímpeto de roduzir os maiores resultados no prazo mais curto, a maioria cria um equi- brio impróprio entre saúde e capacidade física, e sofre as consequências.

A solução, porém, é bem simples. O segredo de Stu Mittleman é que ele ompreende que *saúde e capacidade física devem seguir juntas.* Segundo o r. Maffetone, isso é obtido pela compreensão de que:

> *...todos os programas de exercício exigem que você comece pelo desenvolvimento de uma base aeróbia* — um período durante o qual todo o seu programa de exercício baseia-se exclusivamente em atividade aeróbia, sem nenhum exercício anaeróbio. Esse período básico pode durar de um mínimo de dois a um máximo de oito meses, durante o qual o sistema aeróbio é desenvolvido e maximizado. Esse período básico é seguido por exercícios anaeróbios, uma, duas ou até três vezes por semana. *O desenvolvimento apropriado do sistema anaeróbio não apenas o tornará um atleta melhor, (mas) também queimará a gordura extra dos quadris, melhorará o sistema imunológico, proporcionará mais energia* e o manterá relativamente livre de lesões. Em outras palavras, é um meio de desenvolver a capacidade física e saúde totais, através do condicionamento apropriado do metabolismo para o treinamento aeróbio e, quando conveniente, anaeróbio.*

Maffetone, "The 1 000-Mile Race of Life".

Ao criar uma base aeróbia, você também criará uma tremenda quantidade de energia e resistência. Lembre-se de que ao expandir sua capacidade aeróbia, você está expandindo a capacidade do corpo de levar oxigênio (a fonte de energia e saúde) a cada órgão e sistema.

O problema é que a maioria das pessoas tenta se exigir além dos batimentos cardíacos ideais, e passa todo o tempo se exercitando em estado anaeróbio. Basta lembrar uma coisa: se você ainda não desenvolveu uma base aeróbia, então todo o seu exercício anaeróbio é à custa da resistência. Muitas pessoas, pelo desejo de "malhar" até um estado de plena capacidade física, tentam se exercitar ao batimento cardíaco máximo. Tradicionalmente, a forma para o batimento cardíaco máximo é de 220 menos a sua idade. Para alguém de trinta anos, isso significaria um ritmo cardíaco de 190. Exercitar-se nessa intensidade por longos períodos, sem dúvida, é uma das coisas mais destrutivas que você pode fazer com seu corpo: pode deixá-lo em "forma", mas será à custa de sua saúde.

De passagem, adivinhe quem foi culpado disso por vários anos? Eu me empenhava em "alcançar" o ritmo cardíaco máximo: saltava em minha StairMaster no nível mais alto, por 20 minutos. Ou, depois de várias semanas sem correr, saía e corria 8 quilômetros, sem qualquer aquecimento. Depois, passava dias sem conseguir andar direito, mas acreditava que através dessa disciplina de "sem dor, sem ganho" estava me tornando mais saudável! Tudo o que fazia era estabelecer um relacionamento de amor-ódio com o exercício. Minhas associações mistas de dor e prazer me levavam a protelar por tanto tempo quanto a consciência permitia, e depois tentava compensar o tempo perdido em apenas uma sessão.

Desde então, aprendi que *quando você começa a se exercitar num ritmo que imediatamente lança seu corpo numa capacidade anaeróbia, uma coisa muito perigosa pode ocorrer.* A fim de suprir a demanda imediata de sangue que o exercício anaeróbio exige para os músculos que mais precisam, seu corpo desvia sangue de órgãos críticos, como fígado e rins. Em consequência, esses órgãos perdem uma grande quantidade de oxigênio, o que deteriora de maneira significativa sua vitalidade e saúde. Fazer isso continuamente resulta em fraqueza, lesão ou destruição desses órgãos.

O segredo é treinar seu metabolismo para operar sistematicamente de maneira aeróbia. Seu corpo não queimará gordura se você não o treinar expressamente para isso. Portanto, *se você quer perder essa persistente camada de gordura na cintura, deve treinar o corpo a queimar gordura, não açúcar.* Lembre-se de que o critério tanto de Stu quanto de Phil para a função aeróbia é queimar gordura. Um dos maiores benefícios do exercício aeróbio é impedir a obstrução de artérias, o que leva à doença cardíaca, a principal causa de morte nos Estados Unidos (responsável por matar uma em cada duas pessoas).*

Algumas pessoas, em seu empenho para eliminar toda a gordura da dieta, induzem o corpo a entrar num clima de "emergência", em que passa a armazenar gordura ainda com mais eficiência. Agravam o erro ao passarem fome, e quando, como é inevitável, retornam aos antigos padrões alimentares, ainda mais gordura é armazenada da mesma quantidade de alimento que comiam antes da dieta — e com isso recuperam mais peso do que perderam! É por isso que nossa cultura se tornou tão obcecada com a perda "daqueles 5 quilos finais".

Quando as pessoas me dizem que querem perder 5 quilos, eu pergunto: "*Cinco quilos do quê?*" Com a maior frequência, exercitam-se de uma maneira que as fazem perder água ou músculo, não gordura. Você pode pesar hoje a mesma coisa que pesava há dez anos, mas ser muito menos saudável, porque seus músculos foram substituídos por gordura. O músculo pesa mais do que gordura; assim, se você tem o mesmo peso que há dez anos, e seu corpo é constituído de mais gordura ainda, então está com um tremendo problema!

Embora devamos limitar a ingestão de gordura, a fim de que não se torne excessiva (20 a 30 por cento da ingestão de calorias), nada pode se comparar ao exercício aeróbio para treinar seu metabolismo a queimar gordura. *Não há nenhuma porcentagem "certa" de ingestão de gordura para todas as pessoas;*

---

* Para noções adicionais sobre dieta, leia o capítulo "Energia: O Combustível da Excelência", em meu primeiro livro, *Poder sem limites*.

*depende da maneira como você metaboliza a gordura que ingere.** Você não adoraria ter a mesma capacidade que inveja em outros, que parecem tão abençoados com metabolismos que queimam gordura? Pode conseguir a mesma coisa! E tudo uma questão de condicionamento.

Mas, como treinar o metabolismo a queimar a gordura, a fim de ter energia, resistência e vitalidade para pôr em prática tudo o que você aprendeu neste livro, e viver a vida em toda a sua plenitude? Tenho algumas notícias boas, e também algumas más notícias. Primeiro, a boa notícia: você pode conseguir isso através de algumas medidas simples diárias. Agora, a má notícia: você não será capaz de usar o tradicional método americano de encher a banheira, tirar a tampa e lutar contra a correnteza! Nem poderá guiar um carrinho de golfe de um buraco a outro para conseguir. Essas não são formas de exercício aeróbio. Oscilar para o outro extremo também não vai adiantar. A corrida com tiros sucessivos é um exercício anaeróbio. Cria um imediato *déficit* de oxigênio nas células e começa a condicionar o metabolismo a queimar glicogênio e/ou açúcar no sangue; assim, a gordura continua a ser armazenada.

Provavelmente o elemento mais importante para a saúde da pessoa é o oxigênio. Todos os dias, respiramos cerca 2.500 galões de ar para suprir os tecidos com oxigênio. Sem isso, as células enfraquecem e morrem. Há cerca de 5 trilhões de células no corpo; fornecem trifosfato de adenosina (ATP), a energia básica para tudo o que o corpo faz, quer seja respirar, sonhar, comer ou se exercitar. A fim de sobreviver, as células precisam ter oxigênio, para queimar glicose e criar ATP para o crescimento contínuo.

É fundamental não esgotar o oxigênio durante o exercício. Se você quer saber se passou do aeróbio para o anaeróbio, aqui está um teste simples: *quando está se exercitando, consegue falar* (aeróbio)? Ou fica sem fôlego (anaeróbio)? *Sua respiração dever ser firme e audível, mas não difícil.* Como se sente quando está se exercitando? Se o exercício é aeróbio, deve ser *agradável, embora cansativo.* Se o exercício é anaeróbio, você foi longe demais.

---

* Há um princípio da fisiologia chamado de *Lei da Ação de Massa,* que governa como o corpo usa o combustível que você lhe fornece. Se der ao corpo gordura suficiente, ele a usará como combustível; se deixar o corpo à míngua de gordura, ele vai armazená-la. Em outras palavras, o corpo usará o que você lhe alimentar. Claro que essa equação é incompleta sem o fator de exercício para queimar de fato a gordura que você consome.

"Precisa de mais exercício. Vá me buscar um cheeseburger com bastante cebola."

Numa escala de 0 a 10, com 0 sendo o esforço mínimo, e 10 o mais intenso, qual é a sua pontuação? *Se você passou de 7, então foi além do aeróbio, entrou no anaeróbio; em termos ideais, deve se avaliar entre 6 e 7.*

Aproveitar sua capacidade aeróbia exige uma forma muito específica de treinamento. *Primeiro, é aconselhável usar um monitor de batimento cardíaco. Depois, faça um aquecimento gradativo, até alcançar sua zona ideal de treinamento aeróbio.* (Ver quadro a seguir.)

O aquecimento servirá pelo menos para duas coisas: 1) você vai gradativamente mobilizar os ácidos graxos armazenados por seu corpo para a corrente sanguínea, a fim de usar gordura, em vez do vital açúcar no sangue. Isso é crítico. Se não se aquecer, você pode fazer exercícios aeróbios, isto é, com oxigênio nas células, mas não *queimar gordura.* Durante o aquecimento, você deve contar o ritmo cardíaco a 50 por cento do máximo, usando o método padrão de cálculo (ver nota de rodapé para o quadro do ritmo cardíaco). 2) Vai evitar as cãibras. *Esse período de aquecimento deve levar cerca de 15 minutos.* Isso permite ao corpo distribuir *gradativamente* o sangue para as áreas que precisam, em vez de desviar no mesmo instante de órgãos vitais — uma distinção crítica para garantir que os exercícios desenvolvam saúde e capacidade física sem lesionar o organismo.

Segundo, exercite-se dentro de sua zona de treinamento aeróbio pelo menos por vinte minutos, sendo que o ideal é fazê-lo de trinta a 45 minutos.

A melhor forma de descobrir seu índice cardíaco ideal de exercício é aplicar a seguinte fórmula:

COMPUTANDO SEU RITMO CARDÍACO IDEAL*

180 — sua idade = seu ritmo cardíaco ideal (o ritmo em que você se exercita aerobiamente antes de entrar em anaeróbia).

Se você está se recuperando de uma doença grave, ou toma algum medicamento, subtraia mais 10 pontos.

Se não se exercitou antes, ou tem uma lesão ou está reduzindo o treinamento, ou se tem frequentes resfriados ou gripes e alergias, subtraia 5 pontos.

Se vem se exercitando há mais de dois anos sem maiores problemas, e não tem resfriados ou gripes mais que uma ou duas vezes por ano, mantenha a mesma contagem.

Se vem se exercitando há mais de dois anos sem quaisquer problemas, ao mesmo tempo em que progride em competições sem lesões, acrescente 5 pontos.

Antes de iniciar qualquer programa de exercício físico, consulte seu médico.

* O cálculo tradicional para sua zona de treinamento é o seguinte: 220 — Sua Idade = Máximo Ritmo Cardíaco; Máximo Ritmo Cardíaco x 65% — 85% = Zona de Treinamento. A fórmula no texto acima é de Stu Mittleman e Dr. Philip Maffetone.

Terceiro, tire de 12 a 15 minutos para se desaquecer de maneira apropriada, andando ou fazendo alguma outra forma de movimento suave. Assim, você evita a parada do sangue nos músculos trabalhados. Se interromper os movimentos abruptamente depois do exercício, não há possibilidade de o sangue ser devolvido para purificação, reoxigenação e distribuição. Permanecerá nos músculos, ingurgitando-os e aumentando a toxicidade na corrente sanguínea.

As pessoas muitas vezes relutam em se empenhar num exercício porque vinculam muita dor a isso, ou a dor física ou a dor de não dispor de tempo suficiente. Mas se fizer uma experiência, você vai descobrir duas coisas agradáveis: 1) vai adorar fazer exercício assim, porque produz prazer, e não dor; 2) vai experimentar um nível de vitalidade física que nunca sentiu antes.

Se está preocupado com a quantidade de tempo que exige, pense em meios de aproveitar seu tempo ao máximo. Por exemplo, enquanto faz o aquecimento, pode escutar gravações, ler, assistir ao noticiário, fazer suas Perguntas de Poder Matutinas ou Vespertinas, ler suas hierarquias de valores e regras, e outros usos produtivos do tempo. Quando perguntei a Stu Mittleman o que recomenda como programa de exercício, ele sugeriu começar com pelo menos três sessões por semana, com 15 minutos de aquecimento, vinte minutos de treinamento na zona aeróbia, e 15 minutos de desaquecimento. Depois, aumente gradativamente para sessões mais longas.

Estou lhe sugerindo que o treinamento aeróbio é o único tipo de exercício que vale a pena fazer? Claro que não. Ter saúde *e* capacidade física é o objetivo; queremos melhorar o desempenho, assim como a resistência. (Não se esqueça de que a qualquer momento em que se exercita num ritmo anaeróbio, você o faz à custa da resistência.) Assim, ao começar a desenvolver a capacidade aeróbia, logo vai alcançar um platô (em algum ponto do segundo ao quarto mês de exercício), e pode construir força, acrescentando o exercício anaeróbio ao programa, como repetições rápidas com pesos. Pode divergir de pessoa para pessoa, e o melhor teste é simplesmente escutar seu corpo. Se está correndo na praia, e de repente sente vontade de acelerar, faça-o! Desenvolva a sabedoria do corpo; aprenda a notar a capacidade de seu corpo de lidar com tarefas físicas mais desafiadoras.

Na verdade, Stu garante que podemos manter e melhorar a resistência na idade da aposentadoria. Não temos de ser frágeis na idade avançada! A cronologia não é árbitro da nossa saúde tanto quanto o empenho em manter um estilo de vida saudável. Embora algumas pessoas nasçam com uma predisposição para queimar gordura, ou sejam abençoadas com um dom de velocidade ou força, *qualquer um pode obter resistência e vitalidade pela decisão consciente de condicionar a química de seu corpo.*

"Não somos limitados pela velhice; somos libertados por ela."

— STU MITTLEMAN

A notícia mais excitante de todas é a de que, como todos os padrões que nos proporcionam prazer, *o exercício pode se tornar um vício positivo.* Por mais que você evite o exercício no momento, é bem provável que se sinta fortemente atraído a partir do momento em que descubra como é agradável se exercitar da *forma apropriada.* As pesquisas têm demonstrado que se você se exercita regularmente por um período superior a 12 meses, vai formar esse vício positivo pelo resto da vida. Mesmo que se desvie por algum tempo, sempre voltará a um regime de exercício sistemático ao longo da vida. Seu corpo será atraído para o prazer da saúde, para a satisfação natural de maximizar seu potencial físico. Por que isso acontece? É que você terá treinado o sistema nervoso, ao condicionar o metabolismo a *vicejar* com a experiência. Todos merecemos a vitalidade física que pode transformar a qualidade de nossas vidas. Seu destino físico está intimamente relacionado com seus destinos mental, emocional, financeiro e de relacionamentos. Na verdade, vai determinar se você tem qualquer destino!

A FONTE DA JUVENTUDE

Um totem inegavelmente poderoso em nossa cultura é a juventude e vitalidade física. Pense nos homens e mulheres idosos que conseguem uma nova vida no filme *Cocoon*. Muitas pessoas perseguem qualquer coisa que pensem que vai prolongar sua "juventude", enquanto a verdadeira fonte da juventude já existe dentro delas. É conhecida como o hormônio do crescimento humano (HGH). O HGH estimula o crescimento do tecido, aumenta o tônus muscular, acentua a flexibilidade, engrossa os músculos, estimula o crescimento de órgãos e ossos e ajuda a manter os tecidos saudáveis. Desde o momento em que você nasce e até aproximadamente os 30 anos, o HGH é naturalmente liberado na corrente sanguínea cerca de uma hora e meia depois que adormece, e também uma vez antes de despertar, pela manhã. (Acabei de completar 31 anos, e por isso não estou incluído nisso!) Os elevados níveis de HGH, como é de se imaginar, decrescem com o passar do tempo. Aos 60 anos, cerca de 30 por cento dos homens produzem pouco ou nada da substância. Conjetura-se que as mulheres continuam a segregar o hormônio do crescimento até a velhice, e que esse é um dos motivos para viverem mais tempo.

Também recebemos jatos de hormônio do crescimento humano depois de exercício intenso e/ou depois de uma lesão grave, porque o HGH é uma substância curativa. O HGH está agora sendo sintetizado em laboratórios, e ministrado a crianças que sofrem de nanismo, a fim de estimular seu crescimento. Mas como você pode aumentar sua capacidade natural de liberar HGH no organismo? A única maneira de desencadeá-lo, de forma instantânea e contínua, é através do exercício explosivo. Isso significa efetuar repetições de uma atividade que você pode manter por 35 a 45 segundos apenas, como o levantamento de peso. Testes de laboratório realizados em Miami, Flórida, apresentaram resultados animadores. Pessoas na casa dos 60 anos, que há dez ou 15 anos pelo menos não tinham qualquer tônus muscular, estão aprendendo a levantar pesos e a criar uma massa muscular equivalente à de jovens de 21 anos, com níveis de energia comparáveis.

O que tudo isso significa? Significa que *você pode ser tão forte aos 68 anos quanto era aos 20 e 30 anos!* Não apenas pode continuar a desenvolver o fator de resistência com exercícios aeróbios, como já mostramos antes, mas também pode continuar a aumentar sua força, com curtas explosões de exercício anaeróbio. Mas lembre-se do outro fator na equação: dê a seu corpo os nutrientes de que precisa. Cuide para não envenenar seu corpo com excesso de açúcar, gorduras, sais, carne. Se assumirmos o controle de nossos corpos agora, uma em cada quatro pessoas não será um peso para a sociedade, mas um membro forte e vital, que oferece contribuições valiosas e desfruta a vida ao máximo!

"O corpo humano é a melhor imagem da alma humana."

— Ludwig Wittgenstein

A tarefa de hoje:

1. Faça a distinção entre capacidade física e saúde. Já fez isso.
2. Decida se tornar saudável. Espero que você já tenha feito isso também.
3. Saiba onde está. Faz agora exercícios aeróbios ou anaeróbios? Está queimando gordura ou glicogênio? Procure alguém que possa testá-lo, ou responda às seguintes perguntas:

Desperta pela manhã se sentindo cansado?

Sente-se faminto depois do exercício?

Experimenta grandes oscilações de ânimo depois do exercício?

Aquela mesma camada de gordura ainda persiste, apesar dos seus mais diligentes esforços?

Se você respondeu sim a essas perguntas, as possibilidades são de que esteja fazendo exercícios anaeróbios.

4. Compre um monitor portátil de batimento cardíaco (custa entre 175 e 200 dólares). É um dos melhores investimentos que você pode fazer.
5. Desenvolva um plano. Condicione seu metabolismo a queimar gordura e a produzir níveis sistemáticos de energia, começando por um programa de dez dias de exercícios aeróbios, de acordo com a orientação que tracei antes. Comece *imediatamente.*

6. Parte de seu desafio de dez dias, se quiser ampliá-lo, é ler o capítulo "Energia: O Combustível da Excelência", em meu primeiro livro, *Poder sem limites.*

7. Decida tornar o exercício parte de sua identidade. É apenas através de um compromisso com o exercício a longo prazo, vitalício, que podemos colher as recompensas que a vida tem a nos oferecer.

Agora, vamos passar para um padrão superior pelo aumento da qualidade de nosso...

21

Destino dos relacionamentos: onde partilhar e gostar

Terceiro dia

Seu Resultado: *Aumente de forma considerável a qualidade de seus relacionamentos pessoais e aprofunde a ligação emocional com as pessoas de quem gosta mais, conhecendo os seis elementos fundamentais dos relacionamentos bem-sucedidos.*

O SUCESSO NÃO vale nada se não temos alguém para partilhá-lo; na verdade, a emoção humana mais partilhada é a de ligação com outras almas. Ao longo deste livro, falamos muitas vezes sobre o impacto dos relacionamentos na moldagem do caráter, valores, convicções e a qualidade de nossas vidas. Em termos específicos, o exercício de hoje visa a lembrá-los dos seis pontos fundamentais que são valiosos para qualquer relacionamento. Vamos revisá-los, antes que eu passe a tarefa para hoje:

1. Se você não conhece os valores e regras da pessoa com quem partilha um relacionamento, deve se preparar para a dor. As pessoas podem se amar, mas, se por qualquer motivo isolam sistematicamente as regras da outra, vai haver tensão e transtornos no relacionamento. Lembre-se de que cada transtorno que você já teve com outro ser humano foi um transtorno de regras; e quando as pessoas se envolvem com intimidade, é inevitável o confronto de regras. Conhecendo as regras da outra pessoa, você pode evitar esses desafios.

2. Alguns dos maiores desafios nos relacionamentos derivam do fato de que a maioria das pessoas entra num relacionamento para obter uma coisa: tenta encontrar alguém que faça com que se sinta bem. *Na realidade, o único meio de um relacionamento durar é se você o encara como um lugar em que entra para dar, e não um lugar a que vai para receber.*

3. Como em qualquer outra coisa na vida, para se nutrir um relacionamento é preciso olhar — e procurar — certas coisas. Há determinados sinais de advertência no relacionamento que podem indicar que você precisa enfrentar um problema imediatamente, antes que escape ao controle. Em seu livro *How to Make Love All the Time,* minha amiga Dra. Barbara DeAngelis identifica quatro fases perniciosas que podem matar um relacionamento. Ao identificá-las, podemos interferir e eliminar os problemas, antes que aumentem para padrões destrutivos, que ameaçam o próprio relacionamento.

Estágio Um, Resistência: A primeira fase de desafios num relacionamento é quando você começa a sentir *resistência.* Praticamente todas as pessoas que já estiveram num relacionamento passaram por momentos em que sentiram resistência a alguma coisa que a outra disse ou fez. A resistência ocorre quando você desaprova, se irrita ou sente-se um pouco apartado da outra pessoa. Talvez numa festa ela diga uma piada que o incomoda, e que gostaria que não tivesse falado. O desafio é que a maioria das pessoas não se comunica quando experimenta um senso de resistência, e assim a emoção continua a crescer, até alcançar o...

Estágio Dois, Ressentimento: Se você não lida com a resistência, vai crescer para o ressentimento. Agora você não está apenas irritado; sente-se *furioso* com a outra pessoa. Começa a se apartar, ergue uma barreira emocional. O ressentimento destrói a emoção de intimidade, e isso é um padrão destrutivo num relacionamento, que só vai adquirir velocidade se não for contido. Se não é transformado ou comunicado, torna-se o...

Estágio Três, Rejeição: Este é o ponto em que você tem tanto ressentimento acumulado que se descobre à procura de meios para magoar a outra pessoa, para atacá-la, em termos verbais ou não-verbais. Nessa fase, você começa a ver tudo o que ela faz como irritante ou inoportuno. É aqui que ocorre não apenas a separação emocional, mas também a separação física. Se deixamos que a rejeição continue, a fim de atenuar nossa dor, passamos para o...

Estágio Quatro, Repressão: Quando você se cansa de lidar com a raiva que deriva da fase de rejeição, tenta reduzir sua dor com a criação do torpor emocional. Evita sentir qualquer dor, mas também evita a paixão e o excitamento. É a fase mais perigosa de um relacionamento, porque este é o ponto em que os amantes se tornam *colegas de quarto* — ninguém mais sabe que o casal tem problemas, porque eles nunca brigam, mas não resta qualquer relacionamento.

Qual é o meio de prevenir os "Quatro Erres"? A resposta é simples: *a comunicação clara e objetiva.* Cuide para que suas regras sejam conhecidas, e possam ser atendidas. A fim de evitar que as coisas aumentem de forma desproporcional, use o Vocabulário Transformacional. Fale em termos de preferências: em vez de dizer "Não *suporto* quando você faz isso!", diga "Eu *preferia* que fizesse isso". Desenvolva interrupções de padrão para evitar o tipo de discussão em que nem pode mais lembrar a causa, e sabe apenas que precisa vencer.

4. Faça com que os relacionamentos sejam uma das maiores prioridades em sua vida; caso contrário, ficarão em segundo plano para todas as outras coisas que são mais urgentes durante o seu dia. Pouco a pouco, o nível de intensidade e paixão vai se dissipar. Não queremos perder o poder de nossos relacionamentos apenas porque fomos apanhados na lei da familiaridade, ou porque deixamos que a negligência nos habituasse ao intenso excitamento e paixão que temos por uma pessoa.

5. Um dos mais importantes padrões que Becky e eu descobrimos desde cedo foi de que o fundamental para o relacionamento durar *é focalizar todo dia em como torná-lo melhor,* em vez de focalizar o que poderia acontecer se terminasse. Devemos lembrar que vamos experimentar tudo o que focalizamos. Se constantemente focalizamos o medo de que um relacionamento acabe, começaremos a fazer, em absoluta inconsciência, coisas para sabotá-lo, a fim de podermos nos afastar antes de ficarmos envolvidos demais e resultar uma dor profunda.

Um corolário desse princípio é o de que *se você quer que seu relacionamento dure, nunca, nunca, nunca, jamais, jamais ameace o próprio relacionamento.* Em outras palavras, jamais diga "Se você fizer isso, então eu vou embora". O simples fato de fazer essa declaração cria a possibilidade. Também induz um edo desestabilizador nas duas partes. Todos os casais com um relacionaento duradouro que já entrevistei tinham como regra que, independenteente do quanto se sentiam furiosos ou magoados, jamais questionariam o relacionamento duraria ou não, e nunca ameaçaram deixá-lo. Lembreda metáfora da escola de pilotos, e do carro derrapando de encontro ao uro. Você precisa focalizar para onde deseja ir num relacionamento, não que teme.

6. Todos os dias, *reassocie-se* a tudo o que ama na pessoa com quem antém o relacionamento. Reforce seus sentimentos de conexão, renove s sentimentos de intimidade e atração, fazendo sistematicamente a perunta: "Como pude me tornar tão afortunado por ter você em minha vida?" orne-se plenamente associado ao privilégio de partilhar sua vida com essa essoa; sinta o prazer com intensidade, e sempre o enraíze no sistema neroso. Empenhem-se numa busca incessante de meios para surpreender um o outro. Se isso não acontecer, o hábito vai se instalar, e cada um passará a onsiderar o outro como algo corriqueiro. Portanto, procure e crie momentos speciais que possam tornar seu relacionamento um modelo... e um modelo ndário!

"Há espaço para tudo num coração cheio, e não há espaço para nada num coração vazio."

— ANTONIO PORCHIA

A tarefa de hoje

1. Providencie um tempo hoje para conversar com a outra pessoa, e *desubra o que é mais importante para cada um no relacionamento. Quais são os seus valores mais altos num relacionamento comum* e o que precisa aconecer para sentirem que esses valores estão sendo atendidos?

2. *Decida que é mais importante para você estar apaixonado do que esar certo.* Se algum dia se descobrir na posição de insistir que está certo, trate le romper o padrão. Pare no mesmo instante, retorne à conversa mais tarde, quando se encontrar com melhor disposição para resolver os conflitos.

3. *Desenvolva uma interrupção de padrão com que ambos concordem para usar quando as coisas se tornarem mais acaloradas.* Assim, não importa quão furioso esteja, você pode sorrir, pelos menos por um momento, e sair da perturbação. A fim de facilitar para ambos, use a interrupção de padrão mais bizarra ou divertida que puder imaginar. Faça com que se torne uma piada particular, servindo como uma âncora.

4. Quando sentir resistência, comunique com amortecedores, como "Sei que é apenas idiossincrasia minha, mas quando você faz isso, eu me sinto um pouco aborrecido".

5. Planeje saídas noturnas juntos, de preferência uma vez por semana, ou no mínimo duas vezes por mês. Revezem-se surpreendendo um ao outro, pela invenção das coisas mais românticas e divertidas para fazerem.

6. Não deixe de dar um beijo arrebatado todos os dias!

Essas são as suas únicas tarefas de hoje! Aproveite! Posso garantir que as recompensas são imensas. Para cuidar que você se empenhe numa melhoria constante e incessante, *CANI!*, numa base diária, vamos desenvolver um atraente plano para criar seu...

22

Destino financeiro: pequenos passos para uma pequena (ou grande) fortuna

Quarto dia

Seu Resultado: *Assuma o controle de seu futuro financeiro, aprendendo os cinco elementos básicos para criar a riqueza.*

Dinheiro! É uma das coisas de maior carga emocional em nossas vidas. A maioria das pessoas está disposta a renunciar a coisas que são muito mais valiosas do que dinheiro para obter mais dinheiro: vão se exigir muito além de suas limitações passadas, abrir mão de tempo com a família e amigos, ou mesmo destruir sua saúde. O dinheiro é uma fonte poderosa, associada tanto à dor quanto ao prazer em nossa sociedade. Com uma frequência excessiva, é usado para medir a diferença na qualidade de vida, para ampliar a separação entre os ricos e os pobres.

Algumas pessoas tentam lidar com o dinheiro fingindo que não tem importância, mas a pressão financeira é algo que afeta a todos nós, em cada dia de nossas vidas. Para os mais velhos, em particular, uma falta de dinheiro muitas vezes se traduz numa carência de recursos críticos. Para algumas pessoas, o dinheiro encerra um mistério. Para outras, é a fonte de desejo, orgulho, inveja, e até desprezo. O que é realmente o dinheiro? É o fazedor de sonhos ou a raiz de todos os males? É um instrumento ou uma arma? Uma fonte de liberdade, poder, segurança? Ou apenas um meio para um fim?

Você e eu sabemos, intelectualmente, que o dinheiro é apenas um meio de troca. Permite-nos simplificar o processo de criar, transferir e partilhar valor dentro de uma sociedade. É uma conveniência que criamos juntos para nos permitir a liberdade de nos especializarmos no trabalho de nossa vida, sem ter de nos preocuparmos se os outros acharão que nosso trabalho vale uma troca.

Aprendemos a associar algumas de nossas emoções mais debilitantes a uma escassez desse produto: ansiedade, frustração, medo, insegurança, preocupação, raiva, humilhação, o sentimento de sufoco, para mencionar só algumas. Como estamos testemunhando agora na Europa Oriental, sistemas políticos têm sido derrubados pela pressão associada à privação financeira. Você pode pensar em algum país, alguma empresa ou a vida pessoal de alguém que não tenha sido afetada pela experiência de pressão financeira?

Muitas pessoas cometem o erro de pensar que todos os desafios em suas vidas acabariam se tivessem dinheiro suficiente. Nada pode estar mais longe da verdade. Ganhar mais dinheiro, por si só, raramente liberta as pessoas. É também ridículo dizer a si mesmo que uma liberdade financeira maior e o controle de suas finanças não lhe ofereceria maiores oportunidades para se expandir, partilhar e criar valor, para si mesmo e para os outros.

Então por que tantas pessoas não conseguem alcançar a abundância financeira num país como os Estados Unidos, em que há oportunidades econômicas por toda parte? É possível se alcançar nos Estados Unidos fortunas de centenas de milhões a partir de uma pequena ideia para um computador, construído na garagem de sua casa! Ao nosso redor, há modelos de incríveis possibilidades, pessoas que sabem como criar riqueza e mantê-la. O que nos impede de alcançar a riqueza, em primeiro lugar? Como é possível, vivendo num país capitalista, em que nossos antepassados morreram pelo direito à vida, liberdade e busca da felicidade, em que a reforma econômica foi um grande estímulo para a independência, que 95 por cento da população americana aos 65 anos de idade, depois de uma vida inteira de trabalho, não são capazes de se sustentar sem a ajuda do governo ou da família?

À medida que eu estudava os meios para se construir uma riqueza permanente, uma coisa tornou-se clara: criar riqueza é simples. Contudo, a maioria das pessoas nunca o consegue porque *tem buracos em suas bases financeiras*. Podem ser encontrados sob a forma de conflitos internos de valores e convicções, além de planos medíocres, que virtualmente garantem o fracasso financeiro. Este capítulo não vai lhe proporcionar tudo o que você precisa saber para controlar toda a sua vida financeira. Pode estar certo de que seria necessário mais de um capítulo para tanto! Mas visa a lhe fornecer alguns elementos simples e fundamentais que você poderá usar para *assumir o controle imediato dessa área de importância crítica.*

Comecemos por lembrar o poder das convicções para controlar nossos comportamentos. O motivo mais comum para a maioria das pessoas não alcançar o sucesso financeiro é ter associações mistas sobre o que seria preciso para ganhar mais dinheiro, e também sobre o que significaria ter um excesso de dinheiro, isto é, dinheiro além do que seria necessário para sustentar seu atual estilo de vida. Como você aprendeu no Capítulo 5, seu cérebro só sabe o que fazer quando tem uma associação clara sobre o que necessita evitar, e o que deve procurar. Em relação ao dinheiro, muitas vezes enviamos sinais mistos... e por isso obtemos *resultados mistos*. Dizemos a nós mesmos que o dinheiro nos proporcionará liberdade, uma possibilidade de dar às pessoas que amamos, uma oportunidade de fazer todas as coisas com que sempre sonhamos, uma chance de liberar nosso tempo. Ao mesmo tempo, porém, podemos acreditar que, para acumular uma abundância de dinheiro, teríamos de trabalhar tanto e consumir tanto tempo a mais que provavelmente já teríamos nos tornado velhos e cansados quando chegasse o momento de desfrutá-lo. Ou podemos acreditar que, se temos um excesso de dinheiro, não seremos espirituais, ou seremos julgados, ou alguém vai nos enganar para tirar tudo; então por que tentar?

Essas associações negativas não se limitam a nós mesmos. Algumas se ressentem contra alguém que está obtendo sucesso financeiro, e muitas vezes presumem que se ganhou muito dinheiro foi porque deve ter feito algo para se aproveitar dos outros. Se você se descobre ressentido contra alguém que ganhou dinheiro, que mensagem isso transmite para o seu cérebro? Provavelmente é algo assim: "Ter dinheiro em excesso é ruim." Se você acalenta esses sentimentos por outros, está ensinando a sua mente, de uma forma subconsciente, que ganhar dinheiro o tornaria "mau". Ao se ressentir do sucesso dos outros, você se condiciona a evitar a própria abundância financeira que precisa e deseja.

O segundo motivo mais comum para que muitas pessoas não controlem o dinheiro é o fato de que *pensam que é complexo demais.* Querem que um "especialista" cuide por eles. Embora seja valioso ter ajuda especializada (foi por isso que criamos nossa própria companhia financeira, Serviços de Destino Financeiro™ — Destiny Financial Services™), todos devemos ser treinados para compreender as consequências de nossas decisões financeiras. Se você depende exclusivamente de outra pessoa, por mais competente que ela seja, sempre terá alguém para culpar pelo que ocorrer. Mas se assumir a responsabilidade pela compreensão de suas finanças, pode começar a dirigir seu próprio destino.

Tudo neste livro baseia-se na ideia de que temos o poder de compreender como nossa mente, corpo e emoções funcionam, e por causa disso temos a capacidade de exercer um grande controle sobre o nosso destino. Nosso mundo financeiro não é diferente. Devemos compreendê-lo, e não nos limitarmos por convicções sobre a complexidade das finanças. A partir do momento em que você compreende os fundamentos, controlar o dinheiro é uma questão relativamente simples. Portanto, a primeira tarefa que eu lhe daria, para assumir o controle de seu mundo financeiro, seria utilizar a tecnologia do NAC (Condicionamento Neuroassociativo) para se condicionar ao sucesso financeiro. Torne-se claramente associado a todas as coisas maravilhosas que poderia fazer por sua família e a paz de espírito que sentiria se tivesse uma verdadeira abundância econômica.

A terceira grande convicção que impede as pessoas de obter sucesso financeiro, além de criar uma tremenda tensão, é o *conceito de escassez.* A maioria das pessoas acredita que vive num mundo em que tudo é limitado: há apenas tanta terra disponível, tanto petróleo, tantas casas de qualidade, tantas oportunidades, tanto tempo. Com essa filosofia de vida, para você ganhar, alguém tem de perder. É um jogo de azar. Se você acredita nisso, o único jeito de alcançar o sucesso financeiro é fazer a mesma coisa que os tubarões do início deste século, açambarcando 95 por cento do mercado de um produto determinado, enquanto todos os outros devem dividir os restantes cinco por cento.

A verdade, no entanto, é que açambarcar um suprimento escasso não mais garante a riqueza duradoura. Um grande amigo meu é o economista Paul Pilzer, formado pela Wharton Business School, e que se tornou famoso por sua teoria econômica da *alquimia*. Paul escreveu um livro que eu recomendo — o próprio título reflete sua convicção básica, e os fatos que ele apresenta para sustentá-la: vivemos num ambiente *rico em recursos*. O livro se chama *Unlimited Wealth* (Riqueza Ilimitada). Paul ressalta que vivemos numa época singular na história humana, em que a ideia tradicional de obter recursos físicos escassos não é mais a determinante primária de riqueza. *Hoje, a tecnologia determina o valor de um recurso físico, e as dimensões reais de seu suprimento.*

Quando o entrevistei para minha revista de áudio, *Power Talk*, Paul me deu um grande exemplo, demonstrando como o valor dos recursos e sua disponibilidade é controlada pela tecnologia, e que assim a tecnologia determina o preço e valor de qualquer produto ou serviço. Nos anos 1970, todos tinham certeza que ficaríamos sem petróleo. Em 1973, as pessoas passavam horas em filas nos postos de abastecimento, e depois de sofisticadas análises computadorizadas, os melhores peritos do mundo previram que havia cerca de 700 bilhões de barris de reservas petrolíferas em todo o planeta; ao nosso índice atual de consumo, durariam de 35 a quarenta anos. Paul disse que, se os peritos estivessem corretos, então por volta de 1988 as reservas deveriam se reduzir para 500 bilhões de barris. Contudo, em 1987 tínhamos quase 30 por cento *mais* petróleo do que 15 anos antes! Em 1988 as estimativas indicavam que havia 900 bilhões de barris, contando apenas as reservas comprovadas. Não estavam incluídos quase 200 bilhões de barris adicionais que os pesquisadores agora acreditam que as novas técnicas de descoberta e recuperação podem aproveitar.

O que produziu essa mudança radical na quantidade de petróleo disponível? Duas coisas: sem dúvida a nossa capacidade de *encontrar* petróleo foi aumentada pela tecnologia, e além disso a tecnologia teve um impacto poderoso em nossa capacidade de *utilizar* o petróleo com mais eficiência. Quem poderia imaginar, em 1973, que alguém teria a ideia de injetores de combustível computadorizados, que seriam instalados em quase todos os automóveis americanos, e no mesmo instante dobraria sua eficiência? E tem mais: esse chip de computador custa 25 dólares, e substituiu um carburador de 300 dólares!

No momento em que essa tecnologia foi desenvolvida, dobrou o suprimento efetivo de petróleo e mudou a relativa escassez do produto da noite para o dia. Na verdade, o preço do petróleo à época, ajustado pela inflação e baseado na distância percorrida com os carros mais eficientes de então, custava *menos* por quilômetro do que em qualquer outro momento da história do automóvel. Além disso, vivemos num mundo em que as empresas ou pessoas, quando começam a experimentar muita dor econômica, procuram imediatamente por fontes alternativas para produzir os resultados que desejam. Cientistas do mundo inteiro estão encontrando alternativas para o uso do petróleo para acionar fábricas, automóveis e até aviões.

Paul comentou que o que aconteceu com os irmãos Hunts, do Texas, é um grande exemplo de que não funciona mais a antiga estratégia de açambarcar o mercado de um produto. Os Hunts quebraram quando tentaram assumir o controle do mercado da prata. Por quê? Um dos motivos principais foi o fato de que a Kodak Corporation era a maior consumidora de prata do mundo, usando o produto no processo de revelação. Motivada pela dor dos preços elevados, a Kodak começou a procurar meios *alternativos* de processar fotografias, e em decorrência houve necessidade de menos prata. No mesmo instante, as cotações da prata despencaram, e os Hunts se arrebentaram.

Esse é um erro comum cometido por algumas das pessoas mais poderosas na sociedade de hoje, que continuam a operar usando a antiga fórmula para criar riqueza. Precisamos compreender que o valor de qualquer coisa depende da tecnologia. A tecnologia pode transformar um produto refugado em algo valioso. Afinal, houve um tempo em que ter petróleo em sua terra era uma praga, mas a tecnologia transformou isso numa fonte de riqueza.

A verdadeira riqueza, diz Paul, deriva da capacidade de praticar o que ela chama de "alquimia econômica", que é *a capacidade de pegar alguma coisa que tem muito pouco valor econômico e convertê-la em algo de um valor significativamente maior.* Nos tempos medievais, os alquimistas tentavam converter chumbo em ouro. Fracassaram. Mas ao tentarem descobrir o processo, criaram as fundações para a ciência da química. As pessoas ricas hoje em dia são os verdadeiros alquimistas dos tempos modernos. Aprenderam a transformar algo comum em algo precioso, e colhem as recompensas econômicas que acompanham a transformação. Pensando a respeito, não se chega à conclusão de que a espetacular velocidade de processamento de um computador se reduz a areia? Afinal, o silício vem da areia. As pessoas que pegaram ideias — meros pensamentos — e as transformaram em produtos e serviços estão sem dúvida praticando a alquimia. *Toda riqueza começa na mente!*

A alquimia moderna tem sido a fonte do sucesso financeiro para as pessoas mais ricas no mundo hoje, como Bill Gates, Ross Perot, Sam Walton ou Steven Jobs. Todos eles encontraram meios de pegar itens de valor oculto — ideias, informações, sistemas — e organizá-los de uma forma a permitir o uso por mais pessoas. Ao somarem esse valor, começaram a criar tremendos impérios econômicos.

Vamos revisar as cinco lições fundamentais para criar uma riqueza duradoura. E, depois, você começará imediatamente a trabalhar para assumir o controle de seu destino financeiro.

1. O primeiro fundamento é a capacidade de ganhar mais rendimento do que em qualquer outra ocasião anterior, a capacidade de criar riqueza. Tenho uma pergunta simples para você. Pode ganhar duas vezes mais do que agora, com o mesmo tempo de trabalho? Pode ganhar três vezes mais? Dez vezes mais? É possível para você ganhar mil vezes mais do que agora, *com o mesmo tempo de trabalho?* Claro que é! Basta encontrar um meio de *valer* mil vezes mais para a sua companhia.

A chave da riqueza é ser mais valioso. Se você tem mais habilidade, mais capacidade, mais inteligência, conhecimento especializado, um talento para fazer coisas que poucos outros podem fazer, ou se apenas pensa de um modo criativo e contribui em grande escala, pode ganhar mais do que jamais julgou possível. O meio mais poderoso e importante de expandir seus rendimentos é *projetar um meio de acrescentar sistematicamente um valor concreto às vidas das pessoas, e assim você vai prosperar.* Por exemplo, por que um médico ganha mais do que um porteiro? A resposta é simples: o médico acrescenta mais valor. Ele trabalhou com mais afinco e se desenvolveu pessoalmente, por isso vale mais em termos de capacidade de acrescentar um valor mensurável às vidas das pessoas. Qualquer um pode abrir uma porta. Um médico abre as portas da vida.

Por que os empresários bem-sucedidos são tão bem recompensados financeiramente em nossa cultura? É porque acrescentam mais valor do que as outras pessoas. Há dois benefícios primários que os empresários criam. Primeiro, é óbvio, acrescentam valor aos consumidores, aumentando sua qualidade de vida, através do uso de seus produtos. Diga-se de passagem, isso é crítico para qualquer empresa prosperar. Com bastante frequência, as empresas esquecem que seu verdadeiro propósito para existir não é apenas o de obter lucros. Embora o lucro seja indispensável para a empresa sobreviver e prosperar — uma necessidade absoluta, como comer ou dormir — não é esse o verdadeiro propósito. *O verdadeiro propósito de qualquer empresa é criar produtos e serviços que aumentem a qualidade de vida para todos os clientes que atende.* Se isso é alcançado, numa base sistemática, então o lucro está garantido. Contudo, uma empresa pode lucrar a curto prazo e não sobreviver a longo prazo, se não acrescenta *continuamente* valor às vidas das pessoas. É uma verdade para as empresas tanto quanto para os indivíduos.

A segunda coisa que os empresários fazem, no processo de criação de seus produtos, é criar empregos. Por causa desses empregos, os filhos dos empregados podem ter acesso a uma instrução superior e se tornarem médicos, advogados, professores, e acrescentarem mais valor à sociedade como um todo — sem mencionar que essas famílias gastam o dinheiro que ganham como outros vendedores. A rede de valor é interminável. Quando perguntaram a Ross Perot o segredo de sua riqueza, ele respondeu:

— O que posso fazer por este país é criar empregos. Sou muito bom nisso, e Deus sabe que precisamos de novos empregos.*

Quanto maior o valor com que você contribui, mais vai ganhar, se assumir a posição de fazê-lo.

A lição é simples. Você não precisa ser um empresário para acrescentar mais valor. Mas o que você deve fazer todos os dias é expandir seu conhecimento, habilidade e capacidade de dar mais. É por isso que a autoeducação é tão importante. Eu me tornei muito rico, ainda bem jovem, por um motivo: adquiri habilidades que podiam aumentar a qualidade de vida para quase

---

* Perot, Ross, discurso no Clube Nacional de Imprensa, 6 de dezembro de 1990.

todas as pessoas. Depois, imaginei um meio de partilhar essas informações e habilidades com um grande número de pessoas, num curto período. Prosperei em decorrência, não apenas em termos emocionais, mas também financeiros.

Se você quer ganhar mais dinheiro onde está hoje, um dos meios mais simples é perguntar a si mesmo: "*Como posso valer mais para a empresa?* Como posso ajudá-la a fazer mais, em menos tempo? Como posso lhe acrescentar um tremendo valor? Há alguns meios pelos quais eu poderia ajudar a reduzir custos e aumentar a qualidade? Que novo sistema eu poderia desenvolver? Que nova tecnologia eu poderia usar para que a empresa produza seus produtos e serviços com mais eficiência?" Se podemos ajudar as pessoas a fazerem mais com menos, então estamos fortalecendo aos outros, e ficaremos economicamente fortalecidos também, se assumirmos a posição de fazê-lo.

Em nossos seminários de Destino Financeiro, os participantes pensam em meios de acrescentar mais valor, e com isso aumentar seus rendimentos. Pedimos que considerem se dispõem de recursos que não têm usado. A pergunta básica que você deve fazer a si mesmo é a seguinte: Como posso ajudar a envolver mais vidas? Como fazê-lo num nível mais profundo? Como posso melhorar a qualidade do produto ou serviço? É inevitável que algumas pessoas respondam: "Não tenho como acrescentar mais valor; já estou trabalhando 16 horas por dia!" Lembre-se de que eu não sugeri que você trabalhasse mais, nem mesmo que precisa trabalhar com mais esperteza. O que estou lhe perguntando é outra coisa: quais são os novos recursos que você pode usar para acrescentar mais valor aos outros?

Por exemplo, lembro de um fisioterapeuta que era um dos mais bem-sucedidos em sua área na região de San Diego, e queria saber como podia aumentar seus ganhos, se já tinha uma agenda totalmente ocupada. Não podia receber mais do que uma pessoa por dia, e cobrava os preços mais altos. Ao começar a pensar em novas ideias, focalizando como podia aproveitar os recursos de que dispunha para ajudar seus pacientes e outras pessoas, ele percebeu que, se pudesse se ligar a alguém que possuísse uma unidade de terapia física e encaminhasse seus pacientes que precisassem de ajuda, poderia receber uma taxa por isso. Seus rendimentos são quase o dobro agora, e ele continua a trabalhar o mesmo número de horas por dia. Tudo o que fez foi

A segurança financeira está a caminho.
Você se sentirá muito seguro em breve.

acrescentar mais valor tanto aos médicos quanto aos clientes. Como conhecia muito bem os médicos, e eles compreendiam sua forma de terapia, houve uma coerência maior de tratamento, e ele se beneficiou financeiramente no processo.

Em Phoenix, Arizona, um dos melhores contatos de rádio é uma mulher, cuja estratégia primária é não apenas vender tempo de rádio, mas também procurar constantemente por oportunidades para ajudar as empresas locais a prosperarem. Por exemplo, no instante em que ela tem conhecimento de que um novo *shopping center* será construído, ela procura os compradores de lojas em potencial e os informa sobre a oportunidade de aumentar sua participação no mercado. Depois, procura o incorporador e se apresenta como a representante da emissora de rádio que trabalha com os comerciantes. O incorporador gostaria de ver uma lista de empresas em condições de entrar no *shopping?*

Várias coisas resultam dessa estratégia. Ela acrescenta valor além do tempo em rádio que as pessoas comprariam para promover suas empresas Descobriu um meio de lhes proporcionar muito mais do que qualquer outro contato de rádio, e por isso os anunciantes compram uma parcela considerável desse tempo de propaganda em rádio com ela, se não mesmo o tempo todo. É uma motivação para que eles retribuam valor por valor. Não exige muito mais de seu tempo, mas a torna mais valiosa para os clientes, e seus rendimentos refletem esse fato.

Mesmo que você trabalhe numa grande corporação, sempre pode acrescentar mais valor. Lembro de uma mulher que processava as faturas de um hospital para as empresas de seguro de saúde. Era um processo lento. Sabendo que o serviço era vital para a economia do hospital, ela descobriu que podia ser muito mais eficiente e processar as faturas quatro ou cinco vezes mais depressa do que antes. Perguntou aos superiores se aumentariam seu salário em 50 por cento se pudesse fazer o trabalho de cinco pessoas. Eles concordaram, desde que ela fosse capaz de produzir resultados sistemáticos ao longo de um período determinado. Desde então, ela aumentou não apenas sua eficiência no trabalho e seus rendimentos, mas também encontrou um novo senso de orgulho.

O segredo para aumentar seus rendimentos dentro da empresa é lembrar que você não pode aumentar a qualidade de seu trabalho em 50 por cento e esperar um aumento correspondente de 50 por cento no trabalho. Uma empresa deve lucrar. A pergunta a fazer a si mesmo é a seguinte: "*Como posso aumentar o valor do meu trabalho dez ou 15 vezes?*" Se fizer isso, na maioria dos casos não terá problemas em aumentar seus rendimentos.

A ONDA DE DISTRIBUIÇÃO DO FUTURO

Um dos meios mais poderosos de acrescentar valor nos anos 1990 e além era compreender que, na *sociedade, a riqueza é criada pela distribuição.* Os produtos e serviços mudam constantemente, mas aqueles que imaginarem um meio de entregar alguma coisa de tremendo valor ao maior número possível de pessoas vão prosperar. Esse foi o segredo de Sam Walton. Ele tornou-se rico pela criação de um sistema de distribuição. Ross Perot fez a mesma coisa com a informação na EDS. Se você consegue imaginar como pegar uma coisa que já possui um grande valor e distribuí-la às pessoas, ou distribuir a um custo mais baixo, então encontrou um meio de acrescentar valor. Acrescentar valor não é apenas *criar* produtos; é *encontrar um meio de garantir que mais pessoas experimentem um aumento na qualidade de vida.*

Mas se pensarmos bem a respeito, é claro que você e eu sabemos por que as pessoas não prosperam financeiramente. Isso mesmo, é porque têm convicções limitadoras. Mais importante ainda, porém, é uma convicção básica de muitas pessoas: a de que podem ganhar alguma coisa a troco de nada. A maioria das pessoas, por exemplo, espera que seus rendimentos cresçam de um ano para outro, quer tenham ou não aumentado sua contribuição para a empresa.

Os aumentos devem ser vinculados ao acréscimo do valor, e podemos com a maior facilidade aumentar nosso valor através da expansão de nossos conhecimentos e repertório de habilidades. Qualquer empresa que sempre concede aumentos sem que seus empregados encontrem meios de acrescentar mais valor é uma empresa que vai afundar cada vez mais, até ficar em dificuldades econômicas ou se destruir. Se você pede um aumento, tem de encontrar um meio de acrescentar pelo menos dez vezes mais valor do que deseja em troca.

As empresas devem também compreender, ao pensarem em investir em equipamentos, que os equipamentos só dão um retorno limitado. Como Paul Pilzer diz, *mão-de-obra é capital.* Se alguém ganha 50 mil dólares por ano e pode gerar 500 mil em valor, por que não aproveitar essa pessoa e aumentar sua habilidade, capacidade, talento, atitude e conhecimento, a fim de que possa acrescentar *um milhão* em valor? Um investimento de 50 mil dólares que proporciona um retorno de um milhão é um patrimônio dos mais valiosos. Não há melhor investimento que as empresas possam fazer do que o desenvolvimento de seus próprios empregados.

"A riqueza é o produto da capacidade de pensar do homem."

— AYN RAND

Durante anos, ajudei pessoas por toda parte a aumentarem a qualidade suas vidas, pegando ideias que eram valiosas e distribuindo-as de uma aneira que as pessoas podiam utilizar. Ao criar uma tecnologia para a mu-nça e transmiti-la com o impacto apropriado, acabei prosperando. Mas inha prosperidade explodiu mesmo no dia em que me perguntei: "Como osso alcançar mais pessoas do que antes? Como posso alcançar pessoas *en-anto eu durmo?*" Em decorrência dessas perguntas fortalecedoras, desco-i um meio de expandir minha influência de um jeito que nunca considerara ntes: através da televisão.

Distribuímos mais de 7 milhões de fitas de meu programa *Poder Pessoal* mundo inteiro, partilhando ideias e informações que continuam a causar npacto às pessoas 24 horas por dia! Meus sócios na Cassette Productions lculavam que, a quantidade de fita usada para transmitir minha mensagem a suficiente para contornar a Terra vinte vezes, na linha do equador! No rocesso, tive a alegria de saber que não apenas melhoramos a qualidade de ida de várias pessoas, mas também proporcionamos cerca de 75 mil horas e trabalho para operários da indústria. Isso não inclui todas as horas de tra-alho dos vendedores.

Você já ouviu muitos exemplos de como o acréscimo de valor cria ri-ueza. A fórmula é simples e poderosa. Pergunte a si mesmo: "*Como posso crescentar mais valor a qualquer ambiente em que me encontre?*" No am-iente do trabalho, pergunte: "Como ganhei ou poupei dinheiro para minha mpresa nos últimos 12 meses?" *A contribuição genuína torna a vida mais ica, e por isso não se limite a acrescentar valor apenas pelo ganho pessoal.* Como pode acrescentar mais valor em sua casa, igreja, escola, comunidade? e pode encontrar um meio de acrescentar pelo menos dez vezes mais valor o que procura, você sempre será uma pessoa realizada. Imagine como seria vida se todos seguissem seu exemplo.

2. O segundo fundamento é <u>manter sua riqueza</u>. Depois que você onta com uma estratégia eficaz para acumular riqueza, para ganhar muito linheiro, como manter a riqueza? Ao contrário da opinião popular, não se ode manter a riqueza simplesmente por continuar a ganhar mais dinhei-o. Todos já ouvimos falar de pessoas famosas que ganharam fortunas e as perderam da noite para o dia: os atletas cujo talento lhes permitiu ganhar vultosas quantias, mas que criaram estilos de vida que esgotaram os recursos no momento em que os rendimentos mudaram. Quando os rendimentos baixaram, eles tinham demandas tão grandes que acabaram perdendo tudo.

Só há um meio para manter sua riqueza, e é muito simples: *gaste menos do que você ganha, e invista a diferença.* Pode não ser um princípio dos mais atraentes, mas é com certeza o *único* meio de garantir a riqueza a longo prazo. O que nunca deixa de me espantar, porém, é constatar que não importa o quanto as pessoas ganhem, sempre parecem encontrar uma maneira de gastar tudo. O rendimento anual das pessoas que participam de nossos seminários de Destino Financeiro varia de 30 mil dólares a 2 milhões, com a média se situando em torno de cem mil dólares. Pessoas até do nível mais elevado com frequência estão "quebradas". Por quê? Porque tomam todas as suas decisões financeiras baseadas no *curto prazo,* em vez do *longo prazo. Não têm um plano definido de despesas, muito menos um plano de investimentos.* Estão a caminho das cataratas do Niágara.

O *único* meio possível de acumular riqueza é *determinar uma porcentagem específica dos seus ganhos para investir todos os anos, como uma prioridade.* Muitas pessoas sabem disso; sempre ouvimos falar sobre as virtudes de poupar um mínimo de 10 por cento e investir. Mas bem poucas pessoas fazem isso... e, o que é muito interessante, bem poucas pessoas são ricas! A melhor maneira de garantir a manutenção de sua riqueza é tirar 10 por cento de seus rendimentos e investir na hora em que recebe o dinheiro.

A fim de manter a riqueza, você deve controlar seus gastos. *Mas não faça um orçamento; crie um plano de gastos.* O que acha disso como Vocabulário Transformacional? Um orçamento efetivo, na verdade, é um plano de gastos. Significa para você — e para seu cônjuge, se é casado — decidir em que *deseja* gastar seu dinheiro com antecedência, antes de ser dominado pelo impulso do momento. Muitas oportunidades surgem e se perdem pelo senso de urgência com que tomamos decisões de que mais tarde nos arrependemos. Posso garantir que, se o casal tem um plano definido para quanto precisa gastar todos os meses, em cada área da vida, pode evitar muitas discussões.

Infelizmente, a maioria dos americanos vive muito além de seus meios. Em 1980, os americanos deviam mais de 54 bilhões de dólares em cartões de crédito. Ao final de 1988, o total mais que triplicara, passando para 172 bilhões de dólares! Trata-se de um sistema que garante o desastre financeiro. Seja inteligente: gaste menos do que você ganha, e assim manterá sua riqueza.

Você pode perguntar: "Mas meus investimentos não me farão crescer?" Tem toda razão, mas terá também de lidar com a inflação. Você deve passar para o terceiro passo de criar riqueza permanente.

3. O terceiro fundamento é aumentar sua riqueza. Como consegue isso? Acrescente outro fator simples, mas da maior importância, à equação que já expliquei. A fim de se tornar rico, *você deve gastar menos do que ganhar, investir a diferença, a reinvestir os lucros para um crescimento adicional.*

A maioria das pessoas já ouviu falar do fato exponencial de capitalização de juros, mas poucas pessoas sabem do que se trata. A capitalização dos juros o deixa numa posição em que o dinheiro trabalha para você. A maioria de nós trabalha durante a vida inteira para abastecer a máquina de nosso estilo de vida. As pessoas que obtêm o sucesso financeiro são as que separam uma determinada porcentagem de seu dinheiro, investem e conti nuam a reinvestir os lucros, até alcançarem uma fonte de rendimentos que é bastante grande para atender a todas as suas necessidades, sem precisar continuar a trabalhar. Chamamos a esse acúmulo de capital, que o liberta da necessidade de trabalhar, de *massa crítica.* O ritmo em que você alcança sua independência financeira está na proporção direta de sua disposição de reinvestir — *e não gastar* — os lucros dos investimentos passados. Assim, a "prole" de seus dólares vai crescer e se multiplicar, até você adquirir uma sólida base econômica.

Deixe-me oferecer um exemplo simples e dramático da força da capitalização de juros. Se você dobra um guardanapo de pano (1/16 centímetro de espessura), qual se tornará a espessura? Obviamente, 1/8 centímetro. Dobre uma segunda vez, e a espessura passa para 1/4. Na terceira vez, passa para 1/2, e na quarta para 1 centímetro. Aqui está minha pergunta: quantas vezes você precisaria dobrar esse guardanapo para sua espessura alcançar a lua? Aqui está uma pista: a lua está a 381.823 quilômetros de distância. Por mais espantoso que possa parecer, na quadragésima dobra você já teria ultrapassado a lua! Com cinquenta vezes, teoricamente, a espessura de seu guardanapo seria suficiente para ir e voltar à lua mais de mil vezes! É assim o poder da multiplicação. A maioria das pessoas não compreende que uma pequena quantia multiplicada através do tempo pode valer uma fortuna.

Você pode dizer: "Isso é maravilhoso. Eu adoraria começar a multiplicar meus investimentos dessa forma, mas como saber em que investir?"

Não há uma resposta simples para essa pergunta. Você deve primeiro decidir quais são seus objetivos financeiros. O que você quer realizar, e em que prazo? Qual é a sua *tolerância de risco*, isto é, a quantidade de risco que pode assumir? Sem uma noção clara de seus desejos, necessidades e preocupações potenciais não dá para se saber com certeza em que investir. Muitas vezes, os investidores em potencial permitem que assessores financeiros os aconselhem, embora tais pessoas não tenham uma ideia definida das verdadeiras necessidades de seus clientes.

A coisa mais importante que você fará em sua vida financeira é tomar a decisão de compreender os vários tipos de investimentos, e quais são os riscos e retornos em potencial. Os assessores responsáveis cuidarão para que todos os seus clientes compreendam os tipos de investimentos disponíveis, e farão questão que participem no desenvolvimento de seus *planos financeiros. Sem um plano de investimentos definido, você acabará sofrendo um fracasso financeiro.* Segundo Dick Fabian, editor de um informe financeiro, "As evidências indicam que os investidores — os investidores em qualquer coisa — não ganham dinheiro ao longo de um período de dez anos." Há vários motivos para essa estatística trágica, inclusive:

1) não fixar um objetivo;
2) optar por investimentos de moda;
3) confiar nas informações da imprensa financeira;
4) aceitar às cegas conselhos de corretores ou assessores financeiros;
5) cometer erros emocionais e assim por diante.*

Felizmente, é bem fácil o acesso às respostas para suas perguntas financeiras. Podem ser encontradas em livros dos mestres, dos Peter Lynches aos

* Fabian Dick *How to Be Your Own Investment Counselor.*

Robert Prechters e Warren Buffets, e há treinadores financeiros competentes, que podem ajudá-lo a desenvolver um plano para atender suas necessidades financeiras pelo resto da vida. Como as finanças desempenham um papel considerável na quantidade de dor ou prazer que você experimenta ao longo da vida, trate de usar como modelo os melhores financistas. Se não o fizer, vai ter dor. Se o fizer, pode alcançar um nível de abundância financeira muito além do que jamais sonhou antes.

Agora que você já começou a criar e expandir sua riqueza, está pronto para o quarto elemento fundamental do sucesso financeiro.

4. O quarto fundamento é proteger sua riqueza. Muitas pessoas que têm riqueza são tão inseguras hoje, às vezes até mais, com uma abundância de dinheiro, quanto eram na época em que não tinham nenhum. As pessoas costumam se sentir menos seguras quando pensam que têm mais a perder. Por quê? Porque sabem que a qualquer momento alguém pode processá-las, por razões completamente injustas, e dizimar seu patrimônio.

Gostaria de saber isso ocorre nos Estados Unidos? Segundo um artigo publicado no *London Financial Times,* em 22 de junho de 1991, entre todas as ações judiciais iniciadas no mundo inteiro em 1988 e 1989, cerca de *94 por cento* foram só nos Estados Unidos. Havia 18 milhões de ações judiciais iniciadas a cada ano; mais do que isso, estatísticas da Associação dos Advogados Americanos indicavam que se você vivesse na Califórnia e ganhasse mais de 50 mil dólares por ano, havia quase uma chance em quatro de que seria processado.

Pela perspectiva europeia, parece que os americanos estão sempre procurando alguém para culpar quando algo sai errado, e isso é a origem dessa quantidade incrível de ações judiciais. São palavras duras, mas é a verdade, infelizmente. Essa atitude não é encontrada em qualquer outro lugar do mundo e está destruindo o país economicamente, empatando nosso tempo, capital e energia em meios não produtivos, um puro desperdício. Por exemplo, *The Wall Street Journal* noticiou a história de um homem que dirigia seu carro embriagado, tentou mexer na espingarda no banco ao seu lado, a arma disparou e matou-o. A viúva, em vez de reconhecer o estado de embriaguez do marido, processou o fabricante da espingarda, pedindo uma indenização de 4 milhões de dólares, porque a arma não tinha sistema de segurança para motoristas bêbados... e ganhou!

Saber que a riqueza que levaram anos para acumular pode ser reivindicada por pessoas que não têm o menor direito deixa muitos indivíduos nervosos, o que é compreensível. Torna-os cautelosos para as responsabilidades dos negócios, e até causa um impacto no segmento das decisões de investimentos. Contudo, a boa notícia é que há *recursos legais para proteger seu patrimônio, desde que você não esteja envolvido no momento em nenhuma ação judicial.* Essa filosofia de proteção do patrimônio não visa tentar evitar as dívidas legítimas, mas apenas se proteger contra ataques frívolos. As pessoas com motivos desonestos só vão processá-lo por uma de duas razões: porque querem partilhar uma parte de seu seguro, ou porque desejam se apossar de seu patrimônio. Se não há patrimônio disponível, é muito mais difícil contratar um advogado baseado apenas um honorários ao se ganhar a causa. Se você agir com antecedência, pode proteger seu patrimônio, e as linhas mestras para isso são objetivas e concisas.

Em meu empenho em conhecer o mercado financeiro, comecei a estudar os John Templetons do mundo, e adquiri noções sobre a maneira como estruturaram suas finanças, a fim de proteger o patrimônio de reivindicações ilegítimas. Como em qualquer situação na vida, é importante saber como os "figurões" estão agindo e aproveitar suas estratégias e procedimentos de avaliação. Passei dois anos estudando e compreendendo o melhor sistema de proteção do patrimônio disponível nos Estados Unidos para a clientela médica de minha empresa Fortune Management. Um erro comum é o de que a proteção do patrimônio envolve mistério e fraude. A realidade é a de que a honestidade é a melhor política. Se a proteção do patrimônio não é uma preocupação para você hoje, passará a ser assim que começar a acumular sua riqueza. Basta saber que há muitas coisas que você pode fazer para promover mudanças nessa área.

5. O quinto fundamento é desfrutar sua riqueza. Muitas pessoas já passaram pelos quatro estágios iniciais. Descobriram como adquirir riqueza pelo acréscimo de valor real. Descobriram como manter a riqueza pelo expediente de gastar menos do que se ganha. Dominaram a arte de investir, e estão experimentando os benefícios dos juros capitalizados. E sabem agora como proteger seu patrimônio. Ainda assim, não são felizes; sentem-se vazias. O motivo é não terem compreendido que *o dinheiro não é um fim, é um* *meio*. Você e eu sabemos que devemos encontrar um meio de partilhar seu impacto positivo com as pessoas de quem gostamos, ou o dinheiro não terá valor. Quando você descobrir meios de contribuir proporcionais a seus rendimentos, vai experimentar uma das maiores alegrias da vida.

Posso lhe assegurar que, se não vincular um certo nível de prazer a criar valor e ganhar dinheiro, nunca conseguirá mantê-lo a longo prazo. A maioria das pessoas espera até acumular uma certa quantidade de dinheiro antes de começar a se divertir. É um grande meio de ensinar o cérebro a vincular dor à criação de riqueza. Em vez disso, trate de se recompensar emocionalmente ao longo do caminho. Precisa de vez em quando conceder a si mesmo uma "sorte grande" (como comentamos no Capítulo 6), presenteando-se com uma surpresa financeira, a fim de que o cérebro aprenda que ganhar dinheiro é uma coisa agradável e compensadora.

Lembre-se também de que a verdadeira riqueza é uma emoção: é um senso de abundância absoluta. Basta a nossa herança para nos tornar ricos. Temos o privilégio de desfrutar grandes obras de arte que não pintamos, música que não compusemos e grandes instituições educacionais que não construímos. Sinta a riqueza dos parques nacionais que lhe pertencem. Saiba que já é uma pessoa rica agora, e desfrute essa riqueza. Compreenda que tudo isso é uma parte de sua abundância, e esse sentimento de gratidão lhe permitirá criar ainda mais.

Quero lhe dizer uma coisa antes de encerrar: mudar suas convicções e assumir o controle de suas finanças pode ser uma experiência extraordinária de desenvolvimento pessoal.

"Caridade e força pessoal são os únicos investimentos."

— WALT WHITMAN

A tarefa de hoje:

1. Verifique suas convicções, veja se há alguma fora de alinhamento, e mude-a com o NAC.

2. Institua um processo para acrescentar mais valor ao lugar em que trabalha, em grande escala, quer seja ou não remunerado por isso. Acrescente dez vezes mais valor do que atualmente, e prepare-se para os efeitos de suas ações.

3. Empenhe-se em poupar um mínimo de 10 por cento, deduza a quantia correspondente de sua remuneração e aplique em seu plano de investimentos.

4. Arrume bons treinadores. Podem ser os profissionais do Grupo de Destino Financeiro, ou seu "treinador" financeiro local, mas cuide para que a pessoa o ajude a desenvolver um plano financeiro detalhado, que você seja capaz de compreender. Leia alguns bons livros sobre finanças. Há muitos que podem lhe ensinar como tomar decisões de investimentos informadas e inteligentes.

5. Se está preocupado com a possibilidade de uma investida contra seu patrimônio, entre em ação para desenvolver um plano de proteção.

6. Crie pequenos presentes para si mesmo, a fim de iniciar o processo de vincular prazer ao sucesso financeiro. Por quem poderia fazer algo especial? O que pode fazer por si mesmo como reforço por ter começado hoje?

Agora, você está pronto para que...

23

Seja impecável: seu código de conduta

Quinto dia

Seu resultado: *É possível ter grandes valores, ter todas as regras alinhadas para apoiá-lo, fazer a si mesmo as perguntas certas e não viver de acordo com seus valores no momento? Se está sendo honesto consigo mesmo, você sabe que a resposta é sim. Todos nós, em uma ou outra ocasião, deixamos que os eventos nos controlem, em vez de controlarmos nossos estados ou decisões sobre o que esses eventos significam. Precisamos de um meio definido de garantir uma existência sistemática de acordo com os valores que assumimos, e também um meio de medir se estamos ou não realizando esses valores numa base diária.*

O jovem conquistara um tremendo sucesso aos 25 anos de idade. Era muito inteligente, culto e achava que tinha o mundo sob controle. Mas um dia percebeu algo: não *era feliz*! Muitas pessoas o detestavam, considerando-o altivo e arrogante. E sentiu que não mais estava no comando do rumo de sua vida, muito menos de seu supremo destino.

Decidiu assumir o controle de sua vida, fixando um padrão mais alto para si mesmo, desenvolvendo uma estratégia para alcançar esse padrão e criando um sistema para poder medir os resultados *diariamente*. Começou por selecionar 12 "virtudes" — 12 estados que queria experimentar todos os dias — que a seu ver levariam sua vida no rumo que desejava. Pegou sua agenda e anotou os 12 estados, fazendo ao lado quadrados para todos os dias do mês, pensando: "Cada vez que eu violar qualquer uma dessas virtudes, farei um pequeno ponto preto para esse valor no dia específico. O objetivo é não ter pontos pretos na tabela. Saberei então que estou realmente vivendo de acordo com essas virtudes."

Ele ficou tão orgulhoso da ideia que mostrou a agenda e explicou o sistema a um amigo, que lhe disse:

— Isso é ótimo. Só acho que você deve acrescentar a humildade a sua lista de virtudes.

E Benjamin Franklin riu e acrescentou a 13ª virtude a sua lista. Lembro de ler essa história na autobiografia de Ben Franklin, num velho hotel em Milwaukee. Tinha uma programação intensa na ocasião, com a perspectiva de comparecer a vários programas de entrevistas no rádio e televisão, uma noite de autógrafos, e ainda um jantar para convidados. Na noite anterior a todos esses compromissos, tomei uma decisão: "Muito bem, você está aqui, então tire o melhor proveito possível. Pelo menos pode alimentar sua mente."

Tivera pouco tempo antes a ideia de valores e hierarquias, e criara o que julgava ser uma grande lista de valores para mim mesmo, pelos quais seria maravilhoso viver. Mas, ao refletir sobre a lista de virtudes de Ben, disse a mim mesmo: "É verdade, você tem o amor como um valor, mas está sendo *amoroso* neste momento? A contribuição é um de seus principais valores, mas está *contribuindo* neste momento?" E a resposta foi não. Tinha grandes valores, mas não *media* se de fato vivia de acordo com eles, numa base cotidiana. Sabia que era uma pessoa amorosa, mas podia olhar para trás e perceber uma porção de momentos em que não fora amoroso!

Sentei e perguntei a mim mesmo: "*Em que estados eu estaria se estivesse no melhor de mim? Que estados me empenharei em alcançar todos os dias, não importa o que aconteça?*" Independentemente do ambiente, independentemente dos desafios ao redor, *entrarei nesses estados pelo menos uma vez por dia!* Os estados que decidi assumir incluíam ser cordial, feliz, amoroso, expansivo, divertido, poderoso, generoso, audacioso, apaixonado e alegre. Alguns desses estados combinavam com meus valores, outros não. Mas sabia que, se realmente vivesse cada um desses estados todos os dias, estaria vivendo sempre de acordo com meus valores. Como você pode imaginar, foi um processo dos mais excitantes!

No dia seguinte, ao comparecer aos programas de rádio e televisão, assumi deliberadamente esses estados. Fui feliz, amoroso, poderoso, divertido, e senti que tudo o que disse e fiz representou uma contribuição, não apenas para os meus anfitriões, mas também para as pessoas que escutavam e assistiam. Depois, fui a um *shopping center* para dar autógrafos num livro. Quando cheguei lá, o gerente me procurou com uma expressão aflita, e disse:

— Há um pequeno problema, Sr. Robbins... o anúncio de que estará aqui autografando livros só vai sair no jornal de *amanhã!*

Se isso tivesse acontecido antes de eu ler sobre a lista de Ben Franklin, poderia reagir de uma maneira diferente. Mas com a minha nova lista em mente, pensei: "Assumi o compromisso de viver nesse estado, *independentemente do que possa ocorrer.* Que grande teste para constatar se estou mesmo vivendo de acordo com o meu código pessoal todos os dias!" Fui até a mesa em que autografaria os livros, olhei ao redor. Não havia ninguém ali; apenas umas poucas pessoas circulavam pelo *shopping.* Como poderia criar excitamento onde parecia não haver nenhum?

A primeira coisa que aflorou em minha mente foi *ousadia.* Afinal, um dos estados em minha lista era ser audacioso. Peguei um exemplar do meu livro *Poder sem limites,* e comecei a lê-lo, fazendo todos os tipos de ruídos interessantes: "Oh! Ahn! Puxa, será que é verdade?"

Não demorou muito para que uma mulher de passagem fosse atraída por meu entusiasmo pelo que devia ser, com toda certeza, um grande livro. Ela parou para descobrir o que eu lia. Discorri sobre aquele livro incrível, mencionei algumas histórias e técnicas. Outra pessoa parou para ver do que se tratava, mais uma, mais outra. Cerca de 20 minutos depois, entre 25 e trinta pessoas se agrupavam ao meu redor para ouvir sobre o grande livro que eu descobrira. Eu disse então:

— E vocês querem saber o melhor? Acontece que sou *um grande amigo do autor!*

Os olhos da primeira mulher se iluminaram.

— É mesmo?

Levantei o livro, e mostrei minha foto na quarta capa.

— Parece familiar?

Ela riu, assim como os outros. Sentei e comecei a autografar livros. Aquela tarde acabou se tornando um tremendo sucesso, e todos nos divertimos. Em vez de deixar que os eventos controlassem minhas ações e percepções, optei conscientemente por viver pelo que agora chamo de meu *Código de Conduta.* Também experimentei um enorme senso de satisfação por saber que ao viver nesses estados — *sendo quem realmente sou* — estava atendendo de imediato a meus valores.

"Ponha convicção em seus atos."

— Ralph Waldo Emerson

Ben Franklin e eu não somos as únicas pessoas que possuem Códigos de Conduta. O que acha que são os Dez Mandamentos? Ou o Juramento dos Escoteiros? Ou o Código de Conduta do Militar Americano? E o Credo do Clube dos Otimistas?

Uma maneira de criar seu próprio código é analisar códigos de conduta que já existem...

CREDO DO CLUBE DOS OTIMISTAS

Prometa a si mesmo

Ser tão forte que nada poderá perturbar sua paz de espírito.

Falar de saúde, felicidade e prosperidade a cada pessoa que encontrar

Olhar para o lado bom de tudo, e fazer com que seu otimismo se torne realidade.

Pensar apenas no melhor, trabalhar apenas para o melhor, e esperar o melhor.

Ser tão entusiasmado pelo sucesso dos outros quanto é pelo seu. Esquecer os erros do passado, e se empenhar por maiores realizações no futuro.

Exibir uma expressão jovial em todas as ocasiões, e oferecer um sorriso a cada criatura viva de encontrar.

Dispensar tanto tempo à melhoria de si mesmo que não terá tempo para criticar os outros.

Ser grande demais para se preocupar, nobre demais para se irritar, forte demais para ter medo e feliz demais para permitir a presença de problemas.

Quando John Wooden, o grande treinador de basquete da Universidade da Califórnia em Los Angeles, A UCLA, formou-se no primeiro grau, aos 12 anos de idade, o pai lhe deu um credo de sete pontos.

John diz que esse credo foi uma das influências mais poderosas em toda a sua vida e carreira. É um credo pelo qual ele ainda vive todos os dias:

O CREDO DE SETE PONTOS DE JOHN WOODEN: "DANDO O MELHOR DE SI"

1. Seja honesto com você mesmo.
2. Faça com que cada dia seja sua obra-prima.
3. Ajude os outros.
4. Absorva o máximo de bons livros.
5. Faça da amizade uma grande arte.
6. Construa um abrigo contra um dia de tempestade
7. Ore por orientação, e agradeça por suas bênçãos todos os dias.

"Você pode pregar um sermão melhor com sua vida do que com os lábios."

— OLIVER GOLDSMITH

A tarefa de hoje:

1. Faça uma lista dos estados que vai se empenhar por experimentar todos os dias, a fim de viver de acordo com seus mais altos princípios e valores. Cuide para que a lista seja bastante longa para lhe proporcionar a riqueza e variedade que merece, mas também bastante curta para que possa ficar nesses estados *todos os dias*! A maioria das pessoas descobre que entre sete e dez é o ideal. Que estados você gostaria de experimentar, numa base sistemática? Feliz? Dinâmico? Afável? Ligado? Jovial? Agradecido? Apaixonado? Equilibrado? Aventureiro? Divertido? Audacioso? Generoso? Elegante? Alguns desses estados podem combinar com os seus valores atraentes, e alguns podem ser coisas que você sente que o levará a viver de acordo com seus valores todos os dias.

2. Depois de compilar sua lista, escreva uma frase ao lado de cada estado, descrevendo como saberá que está sendo assim — em outras palavras, suas regras para esse estado. Por exemplo: "Estou jovial quando sorrio para as pessoas"; "Sou audacioso quando faço algo totalmente inesperado"; "Sou grato quando lembro todas as coisas boas que tenho na vida."

3. Assuma o compromisso consigo mesmo de experimentar de fato esses estados, pelo menos uma vez por dia. Você pode querer escrever seu Código de Conduta num pedaço de papel, e guardá-lo na carteira, em sua mesa de trabalho ou junto da cama. De vez em quando, no decorrer do dia, dê uma olhada na lista e pergunte a si mesmo: "Qual desses estados já experimentei hoje? Em quais ainda não estive, e como farei para alcançá-lo até o final do dia?"

Se você realmente se empenhar em seu Código de Conduta, imagine como vai se sentir maravilhoso! Não mais será controlado pelos eventos; saberá que, independentemente do que possa acontecer ao redor, é capaz de manter o senso de si mesmo, e corresponder à visão que criou. Um tremendo orgulho deriva de se ater a um padrão superior, e saber que a cada dia você é o único a determinar como vai se sentir, que só vai se comportar no mais alto nível.

Wayne Dyer partilhou de uma grande metáfora comigo, relatando como as pessoas atribuem a culpa pela maneira como se comportam às pressões que estão sentindo. Disse ele:

— As pressões não criam um comportamento negativo. Pense em si mesmo como uma laranja. Se uma laranja é espremida, se toda essa pressão aplicada do exterior, o que acontece? O suco escorre, não é mesmo? Mas única coisa que sai quando a pressão é aplicada é *o que já está dentro da ranja.*

Creio que é *você* quem decide o que tem dentro de si, ao se ater ao adrão superior. Assim, quando a pressão for aplicada, será "o que há de elhor". Afinal, nem sempre se pode contar com uma travessia tranquila. abe a você viver por seu Código de Conduta e se empenhar no princípio do *ANI!, a* fim de manter um rumo apropriado em seu curso. Lembre-se: quem ocê é todos os dias — as pequenas ações também, não apenas as grandiosas – constrói seu caráter e forma sua identidade.

Uma das ações mais importantes que você pode fazer é aprender a...

24

CONTROLAR SEU TEMPO E SUA VIDA

SEXTO DIA

Seu resultado: *Aprenda a usar o tempo em seu proveito, em vez de permitir que domine seus níveis de satisfação e estresse.*

SE ALGUMA VEZ VOCÊ já sofreu estresse — e quem não sofreu? —, é bem provável que tenha sido porque sentiu que não dispunha de tempo suficiente para fazer tudo o que queria, ao nível de qualidade por que se empenha. Pode sentir essa frustração, por exemplo, por estar focalizando exclusivamente as demandas do momento: as solicitações do presente, os desafios do presente, os acontecimentos do presente. Nesse estado estressado e sobrecarregado, sua eficiência logo diminui. A solução é simples: *assuma o controle do momento no tempo que está focalizando.* Se o presente é estressante, então torne-se mais engenhoso ao lidar com os desafios, passando a focalizar o futuro, com a conclusão ou solução das tarefas a sua frente. Esse novo foco mudará imediatamente e lhe proporcionará os recursos de que precisa para inverter a situação no presente.

O estresse é, com frequência, o resultado de se sentir "empacado" num momento específico do tempo. Um exemplo é quando a pessoa fica pensando no futuro de formas enfraquecedoras. Você pode ajudar essa pessoa ou a si mesmo, levando-a a refocalizar o que *pode* controlar no presente. Outras pessoas, ao serem chamadas para enfrentar um desafio, começam a focalizar exclusivamente o passado e seus desempenhos deficientes. À medida que permanecem no passado, o estresse aumenta. Uma mudança para o presente ou a antecipação de um futuro positivo podem alterar o estado emocional. Nossas emoções, portanto, sofrem o impacto poderoso do momento no tempo em que estamos operando.

Com bastante frequência, esquecemos que o tempo é uma projeção mental, e que nossa experiência do tempo é quase que exclusivamente o resultado do foco mental. O quanto representa um longo tempo, por exemplo? Tudo depende da situação, não é mesmo? Ficar parado numa fila por mais de 10 minutos pode parecer uma eternidade, enquanto uma hora fazendo amor passa muito depressa.

Nossas convicções também filtram a percepção do tempo. Para algumas pessoas, independentemente da situação, 20 minutos é uma vida inteira. Para outras, um longo tempo é um século. Pode imaginar como essas pessoas andam diferentemente, falam diferentemente, encaram seus objetivos diferentemente, e como podem se tornar estressadas se tentarem lidar umas com as outras, enquanto operam em estruturas de referência completamente diferentes? É por isso que o controle do tempo é uma habilidade vital. A capacidade de manipular a experiência do tempo é a capacidade de moldar a experiência de vida.

Para os exercícios de hoje, vamos analisar brevemente e aplicar os três conselhos sobre "ganhar tempo".

I. A CAPACIDADE DE DISTORCER O TEMPO

Depois que você dominou a capacidade de mudar as estruturas do tempo pela mudança do foco, está pronto para passar à segunda grande habilidade no controle do tempo, que é *a capacidade de distorcer o tempo, a fim de que um minuto pareça uma hora, ou uma hora pareça um minuto.* Já notou que, ao se absorver por completo numa coisa, perde-se a noção do tempo? Por quê? Porque não mais focaliza o tempo. Faz poucas medições do tempo. Focaliza algo agradável, e por isso o tempo passa mais depressa. Lembre-se de que você está no comando. Dirija seu foco, escolha conscientemente como medir o tempo. Se olhar a todo instante para o relógio, então o tempo parece se arrastar. Repito: a experiência do tempo é controlada por seu foco. Como você define seu *uso* do tempo? Está gastando, desperdiçando, ou matando? Já se disse que "matar o tempo não é assassinato, é suicídio".

II. UMA QUESTÃO DE IMPORTÂNCIA

A segunda — e talvez a mais crítica — distinção é a compreensão de como a *urgência* e a *importância* controlam suas decisões sobre o que fazer com seu tempo, e, portanto, seu nível de realização pessoal. O que estou querendo dizer com isso? Deixe-me perguntar o seguinte: *Você já trabalhou até não poder mais, e conseguiu realizar todas as tarefas em sua lista "por fazer", mas ainda assim sentiu-se irrealizado ao final do dia? Isso acontece porque fez tudo o que era urgente, e exigia sua atenção no momento, mas não fez o que era importante* — as coisas que fariam uma diferença a longo prazo. Por outro lado, já teve aqueles dias em que só fez umas poucas coisas, mas ao final sentiu que foi um dia realmente que fez diferença? Esses foram os dias em que você focalizou o que é importante, em vez do que exigia sua atenção com urgência.

A urgência parece controlar nossas vidas. O telefone toca, estamos fazendo alguma coisa importante, mas "temos" de atender. Afinal, não podemos perder alguma coisa? Este é o exemplo clássico de manipular o que é urgente — ninguém quer perder uma interessante conversa com uma mensagem gravada! Por outro lado, compramos um livro que sabemos que pode fazer uma diferença em nossas vidas, mas adiamos a leitura várias vezes, porque não conseguimos "espremê-la" nos intervalos entre abrir a correspondência, encher o tanque do carro e assistir ao noticiário da TV. A única maneira de dominar de fato seu tempo é organizar uma agenda diária que lhe permita passar a maior parte fazendo as coisas que são importantes, em vez de urgentes.

III. POUPE ANOS

O meio mais poderoso que descobri para comprimir o tempo é aprender através da experiência de outras pessoas. Nunca poderemos realmente controlar o tempo enquanto nossa estratégia primária para aprender e absorver o mundo se basear na experiência e erro. Moldar-se pelos que já obtiveram o sucesso pode lhe poupar anos de dor. É por isso que sou um leitor voraz e um estudioso fervoroso de gravações e seminários. Sempre considerei essas experiências como necessidades, não como acessórios, e elas me proporcionaram a sabedoria de décadas de experiência e sucesso. Desafio-o a aprender com as experiências de outras pessoas com tanta frequência quanto puder e a utilizar tudo o que aprender.

"Temos tempo suficiente, se o usarmos direito."

— JOHANN WOLFGANG VON GOETHE

A tarefa de hoje:

1. Durante o dia de hoje, comece *a explorar a mudança de estruturas de tempo.* Sempre que sentir as pressões do presente, pare e pense sobre o futuro por meios fortalecedores. Por exemplo, pense nos objetivos que o atraem e se torne plenamente associado. Visualize a imagem, escute, absorva-se neles, observe como se sente. Ponha-se no meio de uma lembrança apreciada: seu primeiro beijo, o nascimento de um filho, um momento especial com um amigo. Quanto mais desenvolver a capacidade de mudar num instante as estruturas de tempo, maior será o nível de liberdade e o âmbito de emoções que poderá criar em si mesmo, de um momento para outro. Faça isso muitas vezes, até saber que pode usar a mudança de foco para mudar seu estado de forma instantânea.

2. *Aprenda a distorcer o tempo deliberadamente.* Para alguma coisa que normalmente parece levar muito tempo para terminar, acrescente outro componente, que não apenas vai acelerar sua percepção do tempo, mas também lhe permitirá realizar duas coisas ao mesmo tempo. Por exemplo, quando estou correndo, uso fones para escutar minha música predileta. Ou assisto ao noticiário da TV e dou telefonemas enquanto estou na minha StairMaster. Isso significa que nunca terei uma desculpa para não me exercitar, para não fazer o que é importante: ou seja, posso me exercitar e responder às ligações.

3. Escreva uma lista de "a fazer" que *determine prioridades de acordo com a importância,* em vez da urgência. Em vez de escrever milhões de

coisas a fazer, e se sentir fracassado ao final do dia, focalize o que é *mais* importante para você realizar. Se fizer isso, posso lhe garantir que encontrará um senso de satisfação e realização que poucos experimentam.

E é claro que sempre devemos tirar um tempo para...

25

Descansar e se divertir: até mesmo Deus tirou um dia de folga!

Sétimo dia

Seu resultado: *Alcance algum equilíbrio.*

Você trabalhou com afinco, empenhou-se ao máximo. Tire um dia de folga para se divertir um pouco! Seja espontâneo, seja ousado, faça alguma coisa diferente. O que criaria mais excitamento para você?

"O grande homem é aquele que não perde o coração de criança."

— Néscio

A tarefa de hoje:

1. Planeje alguma coisa divertida e a realize, ou seja o impulso do momento. O que quer que seja, divirta-se!

Amanhã, você estará pronto para explorar...

PARTE QUATRO

UMA LIÇÃO DE DESTINO

26

O SUPREMO DESAFIO: O QUE UMA PESSOA PODE FAZER

"Uma chama poderosa seguiu-se a uma pequena faísca."

— DANTE

ELE SABIA QUE TINHA de detê-los. Com apenas 800 dólares no bolso, Sam LaBudde atravessou a fronteira para o México, foi para o cais dos pescadores em Ensenada e esperou por sua oportunidade. Carregando uma câmera de vídeo para fazer "filmes domésticos" da excursão, ele se apresentava como um ingênuo turista americano. Ofereceu seus serviços como ajudante ou mecânico a cada comandante que atracava seu barco ali.

Foi contratado pelo *Maria Luisa* como tripulante temporário. Assim que o atuneiro panamenho se afastou da costa mexicana, LaBudde começou a filmar secretamente as atividades da tripulação. Sabia que sua vida correria perigo se fosse descoberto.

Finalmente aconteceu: estavam cercados. Todo um cardume de golfinhos, conhecidos por muitos como a "gente da água", começou a saltar e chiar perto do *Maria Luisa.* A natureza cordial dos golfinhos os levara a se aproximarem do barco; não podiam imaginar que também estavam sendo atraídos para a morte. Os pescadores seguiram os golfinhos porque sabiam que o atum de barbatana amarela nada por baixo dessas joviais criaturas. Com todo sangue-frio, estenderam suas redes no caminho dos golfinhos, sem notar nem se importar com o que pudesse lhes acontecer.

Ao longo de cinco horas, a câmera de LaBudde registrou o horror. Um depois de outro, os golfinhos se emaranharam nas redes, não conseguiam se desvencilhar, e afloravam à superfície em busca do oxigênio de que precisavam para se manterem vivos.

Em determinado momento, o comandante berrou: "Quantos na rede?* "Enquanto virava a câmera para registrar o massacre, LaBudde ouviu a resposta de um tripulante: "Cerca de cinquenta!" O comandante ordenou que a tripulação recolhesse as redes. Numerosos golfinhos espalhavam-se sem vida pelo convés escorregadio, e os tripulantes os separavam do atum, pondo de lado aqueles corpos cinzentos. Ao final, os cadáveres desses esplêndidos animais foram jogados de volta ao mar, como sacos de lixo.

O filme de LaBudde era uma prova concreta do que outros vinham alegando há anos: que centenas de golfinhos eram regularmente mortos em um único dia de expedição de pesca. As estimativas são de que mais de 10 milhões de golfinhos foram mortos só nos últimos dez anos. Editado para um formato de 11 minutos, o vídeo de LaBudde surpreendeu os espectadores com a realidade angustiante do que estávamos fazendo com esses seres inteligentes e afetuosos, com os quais partilhamos o planeta. Um a um, consumidores indignados dos Estados Unidos pararam de comprar atum, iniciando um boicote que aumentou de intensidade à medida que cresceu a atenção dos meios de comunicação para o problema.

Apenas quatro anos depois que LaBudde registrou a tragédia em filme, o maior produtor mundial de atum em lata, Starkist, anunciou em 1991 que não mais usaria os peixes capturados em redes de arrasto. Chicken of Sea e Bumblebee Seafoods seguiram o exemplo, divulgando declarações similares apenas poucas horas depois. Embora a luta ainda não tenha terminado — atuneiros estrangeiros ilegais ainda matam seis vezes mais golfinhos do que faziam os barcos americanos —, o dia de LaBudde no *Maria Luisa* ser-

---

* Reed, Susan e Lorenzo Benet, "A Filmmaker Crusades to Make the Seas Safe for Dolphins", revista *People*, 6 de agosto de 1990.

viu como um catalisador para uma grande reforma na indústria de atum dos Estados Unidos, salvando a vida de incontáveis golfinhos e, com toda certeza, ajudando a restaurar algum equilíbrio no ecossistema marinho.

"Cada homem é uma impossibilidade até nascer."

— RALPH WALDO EMERSON

Muitas pessoas se sentem impotentes e insignificantes quando se trata de questões sociais e acontecimentos internacionais, pensando que mesmo que façam tudo direito em suas vidas pessoais, ainda assim ficariam à mercê das ações de outros. Sentem-se assediadas pela proliferação da guerra entre gangues de ruas e o crime violento, perplexas com os enormes déficits governamentais e a crise das associações de poupança e empréstimo, entristecidas com o desabrigo e o analfabetismo, e angustiadas com o aquecimento global e a inexorável extinção das outras espécies que também têm este planeta como lar. Tais pessoas caem no estado mental de pensar: "Mesmo que eu conduza em ordem a minha própria vida e a da família, de que adiantaria? Algum maluco numa posição de poder sempre pode apertar e explodir o mundo!" Esse tipo de sistema de convicção cria o sentimento de perder o controle, e de impotência para promover mudança em qualquer nível significativo, o que leva ao desamparo adquirido, resumido numa frase: *"Para que sequer tentar?"*

Nada pode ser pior para a capacidade de ação de uma pessoa do que o desamparo adquirido; é o obstáculo primário que nos impede de mudar nossas vidas, ou de entrar em ação para ajudar outras pessoas a mudarem as suas. Se você chegou a este ponto do livro, já sabe, com toda certeza, qual é a minha mensagem fundamental: *você tem o poder neste momento de controlar como pensa, como sente e o que faz.* Talvez pela primeira vez, tem condições de assumir o controle do Sistema Central, que o guiou inconscientemente até agora. Com as estratégias e distinções que adquiriu pela leitura e exercícios indicados neste livro, você já despertou para a convicção de que é realmente o dono de seu destino.

Juntos, descobrimos o poder gigantesco que molda o destino — *decisão* — e que nossas decisões sobre o que focalizamos, o que as coisas significam, e o que fazer são as decisões que determinarão a qualidade de nosso presente e futuro.

Agora chegou o momento de tratar do poder das *decisões coletivas* para moldarem o destino da comunidade, país e mundo. A qualidade de vida das futuras gerações será determinada pelas decisões coletivas que tomamos *hoje* sobre a maneira de lidar com desafios atuais, com o disseminado abuso de drogas, o desequilíbrio do comércio internacional, a ineficiência do ensino público e as deficiências do sistema penitenciário.

Ao nos fixarmos em tudo que *não* está funcionando, limitamos o foco aos efeitos, e negligenciamos as *causas* dos problemas. Deixamos de reconhecer que *são as pequenas decisões que você e eu tomamos todos os dias* que criam nossos destinos. Lembre-se de que todas as decisões são seguidas pelas consequências. Se tomamos decisões inconscientemente — isto é, permitimos que outras pessoas ou outros fatores no ambiente pensem por nós — e agimos sem pelo menos prever os efeitos potenciais, então podemos estar perpetuando, contra a nossa vontade, os problemas que tememos. Ao tentar evitar a dor a curto prazo, muitas vezes acabamos tomando decisões que criam dor a longo prazo; e quando descemos pelo rio, dizemos a nós mesmos que os problemas são permanentes e inalteráveis, que são inerentes ao território.

É bem provável que a falsa convicção mais difusa acalentada pela maioria das pessoas seja a falácia de que só um ato sobre-humano teria o poder de provocar uma reviravolta em nossos problemas. Nada pode estar mais longe da verdade. *A vida é cumulativa.* Os resultados que experimentamos em nossas vidas, quaisquer que sejam, são a acumulaçao de um punhado de pequenas decisões que tomamos como indivíduos, como uma família, como uma comunidade, como uma sociedade e como uma espécie. O sucesso ou fracasso de nossas vidas não é geralmente o resultado de um evento cataclísmico ou de uma decisão momentosa, embora às vezes possa parecer assim. Em vez disso, o sucesso ou fracasso é determinado pelas decisões que tomamos e as ações que efetuamos dia a dia.

Da mesma forma, portanto, são as decisões e ações diárias de *cada um de nós,* assumindo a responsabilidade num nível individual, que farão de fato a diferença em questões como a capacidade de cuidar de nossos deficientes, e se podemos aprender a viver em harmonia com o meio ambiente. A fim de promover mudanças amplas e profundas, tanto no destino individual quanto no coletivo, é necessário nos empenharmos numa melhoria constante e incessante, na disciplina do *CANI!*. Só assim poderemos fazer uma diferença que vai durar a longo prazo.

A SUPREMA SOLUÇÃO

Em sua opinião, qual é o único elemento comum em todos os problemas com que nos defrontamos hoje, como nação e como mundo? Da crescente quantidade de pessoas sem-teto aos índices de criminalidade cada vez mais elevados, gigantescos déficits orçamentários e lento estrangulamento do ecossistema, a resposta é que *cada um desses problemas foi causado ou desencadeado pelo comportamento humano. Portanto, a solução para cada um desses problemas é mudar nosso comportamento.* (Isso exige a mudança da maneira como avaliamos ou tomamos decisões, o tema tratado neste livro.) Não temos um problema de abuso de drogas; temos um problema de comportamento. A gravidez adolescente não é o resultado de um vírus. É a consequência de um comportamento específico. A guerra de gangues é um problema de comportamento. Até mesmo a guerra nuclear é, em última análise, um problema de comportamento! Nossas decisões construíram as bombas, e nossas decisões vão eliminá-las. *Todos esses problemas são o resultado de ações que as pessoas optaram por efetuar.*

Por exemplo, quando alguém se torna membro de uma gangue, essa decisão isolada acarreta toda uma série de comportamentos e problemas. Com a nova identidade da gangue, ele vai seguir um código de comportamento específico, que atribui um valor maior a coisas como lealdade ao grupo, e daí decorre todo um sistema de regras e comportamentos característicos. Um exemplo global dos efeitos a longo prazo de nossas decisões é a escassez de alimentos, com fome crônica, que ceifam tantas vidas ao redor do mundo. A Organização Mundial de Saúde demonstrou que é possível alimentar todos os homens, mulheres e crianças no planeta; apesar disso, *a cada dia 40 mil* *ianças morrem de fome.*[*] Por quê? É evidente que dispomos dos recur-s, mas algo saiu terrivelmente errado, não apenas com a maneira como os ımentos são distribuídos, mas também com o modo pelo qual usamos os cursos.

O que há de interessante em tudo isso? A boa notícia é que a partir do omento em que compreendemos que a raiz de todos os problemas é o com-ortamento (e o processo de tomada de decisão que usamos para iniciá-lo), ıtão sabemos que *nós* somos os únicos que podemos mudá-lo! Como você orendeu neste livro, *a única coisa sobre a qual temos controle absoluto é o osso mundo interior — nós decidimos o que as coisas significam, e o que ızer em relação a elas* —, e, em decorrência de nossas decisões, efetuamos ções que têm um impacto sobre o ambiente exterior. Há ações que cada m *e* todos nós podemos realizar em casa, no trabalho e na comunidade ara desencadear uma corrente de consequências positivas específicas. *Com ossas ações, comunicamos nossas convicções e valores mais profundos,* e través da influência global dos meios de comunicação de massa, até mesmo s ações mais simples têm o poder de influenciar e acionar pessoas de todas as ações.

Embora isso pareça animador para a raça humana, você pode perguntar· Em que uma única pessoa pode fazer uma diferença real no mundo?" *Pra-icamente em qualquer coisa! O único limite para o seu impacto é sua ima-inação e empenho.* A história do mundo é simplesmente a crônica do que conteceu por causa dos feitos de um pequeno número de pessoas comuns, ue possuíam extraordinários níveis de empenho em fazer uma diferença. Esses indivíduos fizeram pequenas coisas extraordinariamente bem. Decidi-am que algo *devia* mudar, que *eles* deviam assumir a condução da mudança que *podiam* fazê-lo — e depois invocaram a coragem de persistir até en-ontrarem um meio de realizar o que desejavam. Esses são os indivíduos a ue chamamos de *heróis.*

Creio que você e eu — e todas as pessoas que conhecemos — possuímos a capacidade inata de sermos heroicos, de darmos passos ousados, corajosos

---

[*] Instituto para Alimentação e Política de Desenvolvimento. Ver John Robbins, *Diet for a New America*, Walpole, New Hampshire: Stillpoint Publishing, © 1987, p. 352.

e nobres para tornar a vida melhor para os outros, mesmo quando parece ser, a curto prazo, à nossa custa. A capacidade de fazer a coisa certa, de ousar assumir uma posição e fazer uma diferença, existe dentro de você neste momento. A questão é a seguinte: *quando chegar o momento, você vai se lembrar que é um herói e reagir com altruísmo em apoio dos que precisam?*

"Foi involuntário; eles afundaram meu barco."

— JOHN F. KENNEDY, QUANDO LHE PERGUNTARAM COMO SE TORNARA UM HERÓI

Muitas pessoas querem evitar qualquer insinuação de problema ou desafio, mas *superar as dificuldades é a provação que forma o caráter.* Há quem não descubra sua natureza heroica até surgir uma grande dificuldade ou uma situação que ameaça a vida, e precisam se elevar à altura da ocasião, porque não há outra opção. Na próxima vez em que se descobrir numa posição angustiante, decida fazer uma diferença nessa situação e efetue uma ação, por menor que possa parecer no momento. Quem sabe que consequências vai desencadear? Identifique-se como um *herói,* para que possa agir como tal.

Muitos pensam em Madre Teresa e presumem que ela nasceu para o heroísmo. Alegam que ela foi uma mulher excepcionalmente espiritual e que sempre foi diferente por seu empenho e contribuição altruísta aos pobres. Embora seja verdade que se trata de uma mulher de extraordinária coragem e compaixão, também é verdade que Madre Teresa teve momentos cruciais, que definiram seu papel como uma das pessoas de maior contribuição em nosso tempo. Contudo, Madre Teresa não começou ajudando os pobres. Na verdade, durante mais de vinte anos, ela ensinou as crianças mais ricas de Calcutá, Índia. Todos os dias passava pelos cortiços miseráveis que cercavam o bairro próspero em que trabalhava, jamais se arriscando além de sua pequena esfera de influência.

Uma noite, ao caminhar pela rua, ouviu uma mulher gritando por socorro. Foi no momento em que essa mulher agonizante caiu em seus braços que a vida de Madre Teresa mudou para sempre.

Constatando a gravidade do estado da mulher, Madre Teresa levou-a para um hospital, onde lhe disseram que sentasse e esperasse. Sabia que a mulher morreria se não recebesse cuidados imediatos, e por isso levou-a a outro hospital. E outra vez mandaram que esperasse; a casta social da mulher tornava-a menos importante do que as outras pessoas sendo atendidas. Ao final, em desespero, Madre Teresa levou a mulher para casa. Tarde da noite, ela morreu, no conforto dos braços afetuosos de Madre Teresa.

O "momento de definição" de Madre Teresa surgira: o momento em que *ela decidiu que aquilo nunca mais tornaria a acontecer com ninguém ao seu alcance.* Desse momento em diante, ela decidiu que devotaria sua vida a atenuar a dor dos que sofriam ao seu redor; e quer vivessem ou morressem, seria *com dignidade.* Pessoalmente, faria tudo ao seu alcance para que as pessoas fossem tratadas melhor do que em qualquer outra ocasião de suas vidas, com amor e respeito que todos merecem.

"Deixe a palavra partir deste tempo e lugar, para amigos e inimigos, anunciando que a tocha foi entregue a uma nova geração de americanos, nascidos neste século, temperados pela guerra, disciplinados por uma paz dura e amarga, orgulhosos de nossa herança antiga, e relutantes em testemunhar ou permitir a lenta degradação dos direitos humanos pelos quais esta nação sempre se empenhou, e com os quais continuamos comprometidos hoje, em nosso país e no resto do mundo. Que toda nação saiba, quer nos deseje bem ou mal, que pagaremos qualquer preço, arcaremos com qualquer ônus, enfrentaremos qualquer dificuldade, apoiaremos qualquer amigo, e nos oporemos a qualquer inimigo, a fim de garantir a sobrevivência e o sucesso da liberdade."

— JOHN E KENNEDY

Muitas pessoas parecem se abster hoje da própria ideia de assumirem seu heroísmo, talvez evitando a responsabilidade que acham que isso acarretaria. Além do mais, tais aspirações não são egocêntricas? E não é verdade que tudo não passa de falso heroísmo? Afinal, ninguém é *perfeito*. Vivemos hoje numa sociedade em que não apenas ignoramos os heróis em potencial, mas também denegrimos aqueles com quem contamos. Com um mórbido fascínio, esmiuçamos suas vidas particulares, procuramos por falhas em suas armaduras, e acabamos por encontrá-las... ou as inventamos. Em cada campanha eleitoral, as pessoas se queixam da qualidade dos candidatos, mas procuram sistematicamente as menores indiscrições no comportamento passado de um candidato, a ponto de até focalizar o fato de que um candidato em potencial ao cargo de ministro do Supremo Tribunal Federal fumou um cigarro de maconha há várias décadas!

Se submetêssemos os heróis de nosso passado aos mesmos critérios implacáveis pelos quais julgamos os heróis atuais, *não teríamos nenhum herói!* Os Kennedys e os Kings teriam dificuldades em resistir à mentalidade sensacionalista de hoje. Parece que temos tanto medo de nos decepcionar que procuramos encontrar alguma coisa errada desde o início — so para não ficarmos desapontados mais tarde. Enquanto partirmos do princípio de que todos os heróis têm pés de barro, é claro que devemos então acreditar que há algo errado com todos nós, que ninguém possui o que é preciso para ser um herói, nem é "bastante bom".

Como eu defino um herói? Um herói é uma pessoa que contribui corajosamente nas circunstâncias mais árduas; um herói é uma pessoa que age com altruísmo e que exige mais de si mesma do que os outros esperariam; um herói é alguém que desafia a adversidade e faz o que acredita ser certo, apesar do medo. Um herói projeta-se além do "bom senso" dos defensores do *status quo*. Um herói é alguém que tem como objetivo contribuir, alguém que está disposto a dar um exemplo, alguém que vive pela verdade de suas convicções. Um herói desenvolve estratégias para assegurar seu resultado, e persiste até que tudo se torna uma realidade, mudando sua atitude conforme o necessário, e compreendendo a importância das pequenas ações sistemáticas. Um herói não é alguém que seja "perfeito", porque nenhum de nós é perfeito. Todos cometemos erros, mas isso não invalida as contribuições que fazemos ao longo de nossas vidas. *Perfeição não é heroísmo; humanidade é.*

O DESAFIO DOS DESABRIGADOS

Sabendo que dentro de cada um de nós existe a centelha do heroísmo esperando para ser acionada, como podemos enfrentar um problema social gigantesco como a terrível população de desabrigados dos Estados Unidos? O primeiro fundamento para mudarmos essa situação *é defendermos um padrão mais elevado.* Devemos *decidir* que, como o país mais rico do mundo, *não estamos mais dispostos a aceitarmos* ter tantos homens, mulheres e crianças jogados nas ruas, como um refugo humano.

Qual a porcentagem de desabrigados em nossa população? No momento em que escrevo, ainda não foram completamente tabulados os resultados do censo de 1990 sobre os desabrigados. Na verdade, pela própria natureza da situação — as pessoas desabrigadas não têm endereço — é difícil obter dados exatos. As estatísticas mais citadas estimam que há pelo menos três milhões de cidadãos americanos sem teto; ou seja, um em cada cem americanos vive nas ruas ou em abrigos para indigentes.*

O segundo fundamento para tratar desse problema é *mudar nossas convicções.* Devemos parar de acreditar que se trata de um mal permanente afligindo o país, e que nenhuma pessoa tem condições de realizar qualquer coisa que possa fazer uma diferença. A maneira de se libertar da impotência adquirida é adotar a convicção de que, como um indivíduo, você *pode* fazer uma diferença, e que na verdade todos os grandes movimentos de reforma foram promovidos por indivíduos empenhados.

Outra convicção que devemos mudar é a de que os desabrigados se encontram em sua atual situação porque são "mentalmente perturbados". As estatísticas também não podem ser precisas sob esse aspecto, mas calcula-se que entre 16 e 22 por cento dos desabrigados sofrem alguma forma de doença mental.** A fim de ajudar de fato essas pessoas, devemos superar nossos estereótipos mentais. Generalizar sobre os desabrigados não nos fortalece a ajudá-los, e não resta a menor dúvida de que muitos *podem* ser ajudados.

---

* Snyder, Mitch e Mary Ellen Hombs, "Homelessness Is Serious", David L. Bender, ed., *The Homeless: Opposing Viewpoints*, Greenhaven Press, © 1990.

** *idem.*

O que causa a existência de desabrigados, em primeiro lugar? Além da doença mental já mencionada, outros motivos comumente citados incluem o custo cada vez mais alto da habitação, somado à redução dos salários, o abuso de drogas e álcool, e o colapso da tradicional família americana. A verdade é que todos esses motivos são legítimos. Contudo, por trás de todos, vamos encontrar sistemas de convicções. Afinal, há muitas pessoas que também sobreviveram à devastação do abuso de drogas e álcool, que perderam suas casas ou não conseguem ganhar o suficiente para pagar um aluguel, e que nunca experimentaram uma vida familiar estável — e apesar disso essas pessoas nunca se tornaram desabrigadas.

Qual é a diferença? *Tudo se reduz a convicções, valores e identidade básicos de cada indivíduo.* Muitas pessoas que vivem nas ruas podem se considerar como "desabrigadas"; mas outras podem se ver como estando "temporariamente sem um lar". Assim, procuram soluções, e encontrarão um meio de voltarem ao estilo de vida tradicional. *Para se criar uma mudança a longo prazo no indivíduo desabrigado, deve haver uma mudança de identidade.* É a única forma de se produzir uma mudança consistente em seu comportamento.

Desde 1984, tenho trabalhado com organizações de desabrigados no South Bronx, Brooklyn, Havaí e San Diego, ajudando pessoas a promoverem a transformação de "desabrigado" para "contribuinte social". A cada ano, em meus programas de Confirmação e Controle da Vida, os participantes passam uma noite com vários desabrigados, para propiciar a mudança e ajudá-los a dar uma virada em suas vidas. Os resultados dessas interações de uma hora são às vezes espantosos.

Um exemplo extraordinário é o de um jovem chamado T. J. Nós o conhecemos há dois anos, quando o encontramos na rua, e o convidamos para jantar conosco, se partilhasse um pouco da história de sua vida. Na ocasião, diz ele, estava "alto como uma pipa". Vivia nas ruas há mais de dez anos, viciado em cocaína, metadona e anfetaminas. Depois de passarem apenas uma hora com ele, os participantes do seminário foram capazes de ajudá-lo a fazer grandes mudanças em suas convicções e a desenvolver estratégias para sustentar sua nova identidade.

Hoje, T. J. não apenas saiu das ruas e se livrou das drogas, mas também dá sua contribuição à sociedade — é um bombeiro no Texas. Mais do que isso: nos últimos dois anos, ele voltou ao nosso programa, a fim de nos ajudar a recrutar outros na mesma situação em que ele se encontrava há tão pouco tempo.

Entrevistando desabrigados, descobri que muitos são iguais a T. J. Têm problemas de drogas ou álcool, ou perderam suas casas e não sabem como enfrentar a situação. A maioria de seus desafios não é diferente dos que muita gente enfrenta. Possuem neuroassociações que os limitam; possuem valores que previnem a mudança; algumas de suas regras os impedem de progredir; suas identidades os vinculam a circunstâncias limitadoras. Como a liberdade tende a ser um dos seus valores mais altos, sentem-se felizes, apesar da insatisfação com o ambiente físico. Afinal, não precisam obedecer às regras da sociedade, e evitam as pressões que associam a essas regras. Além disso, desenvolveram toda uma comunidade de amigos, e muitas vezes se consideram "fortes", porque sobrevivem pela astúcia. Também acham que esse tipo de vida fortalece o caráter. Conheço até pessoas que já foram desabrigadas, e agora têm suas casas, mas continuam a passar algum tempo em abrigos para indigentes, porque ainda se identificam por completo com a personalidade desabrigada.

Através da amizade e interesse pessoal, você e eu podemos ser a ponte entre a dura realidade do desabrigo e o desafio de responsabilidade exigido pela integração na sociedade. Todos agimos com base no que achamos irresistível. O que aconteceria se você cultivasse a amizade com um desabrigado e lhe oferecesse algumas novas experiências de referência, como uma visita a um *spa* ou a um teatro? Novas referências proporcionam a estrutura para novas convicções e novas identidades. Lembre-se de que pequenos esforços podem fazer uma grande diferença.

OS DESAFIOS DO SISTEMA PENITENCIÁRIO

Temos desafios igualmente aflitivos nas prisões americanas. Não é preciso ser um gênio para perceber que nosso atual sistema carcerário é ineficaz, com um índice de reincidência de 82 por cento. Entre todos os presos federais e estaduais em 1986, 60 por cento haviam passado duas vezes ou mais por prisões, 45 por cento três vezes ou mais, 20 por cento seis vezes ou mais.*

Nos últimos cinco anos a população penitenciária americana aumentou a um ponto considerável, criando as tensões decorrentes do excesso de presos. Viver num ambiente em que deve pagar a alguém só para não ser fisicamente agredido ou não sofrer abusos sexuais, em que deve roubar ou aderir a uma gangue para sobreviver, não melhora a visão de ninguém sobre sua posição no mundo. Os presos são compelidos a manterem sua identidade criminosa para sobreviverem na sociedade da prisão, em que se adquire reconhecimento e prestígio por um conjunto de regras brutais. Como partilhou comigo um ex-condenado:

— Assim que fui solto, comecei a pensar em voltar. Tinha respeito na prisão. Contava com caras que matariam por mim. Lá fora, era apenas um ex-condenado imprestável.

Enviados para um mundo em que não conhecem ninguém, pensando que não têm como controlar seu ambiente, esses homens e mulheres costumam fazer coisas — consciente ou inconscientemente — para garantir seu retorno ao "lar".

Esse ciclo de criminalidade pode ser interrompido? Claro que pode — *se houver bastante dor vinculada à permanência na prisão, e bastante prazer associado a estar fora.* Se pudéssemos treinar as pessoas de maneira eficaz, a combinação desses fatores seria espantosa. Entrevistei um homem que acabara de sair da prisão, depois de uma pena de oito anos por tentativa de homicídio. Quando lhe perguntei se atiraria outra vez em alguém, ele sorriu e respondeu:

— Sem a menor hesitação... se alguém tentasse tirar minhas drogas.

— Não quer evitar o retorno à prisão?

— Claro que não! A prisão não é tão ruim assim. Ali, eu não precisava me preocupar com a próxima refeição. E podia assistir à televisão. Tinha tudo sob controle; sabia como lidar com os outros caras, e por isso não tinha com que me preocupar.

---

* Wright, John W., ed., *The Universal Almanac,* Andrews and McMeel, © 1989.

A prisão não é um dissuasor para o seu comportamento sociopático. Ele simplesmente não associa dor ao encarceramento.

Compare isso com as experiências de Frank Abagnale, autor do livro *Prenda-me se for capaz*. Ele é famoso no mundo inteiro por seus golpes como "o grande impostor". Viaja por toda parte, apresentando-se como piloto da Pan Am, administrador de hospital, assessor do procurador-geral da Louisiana, entre outros disfarces, e dando golpes de milhões de dólares. Frank tornou-se um dos mais destacados especialistas americanos em sistemas de segurança bancária, um homem que contribui para a comunidade.

O que provocou a mudança? *A dor*. Em consequência de um de seus golpes, ele foi preso e encarcerado numa prisão francesa. Ninguém o ameaçou com abusos físicos ou sexuais, mas a dor foi muito intensa. Em primeiro lugar, ele cumpriu toda a sentença numa cela escura, totalmente isolado de qualquer contato com o mundo exterior: nada de televisão, jornais, rádio, conversas com outros presos ou guardas. Segundo, *nunca lhe disseram quando seria solto*. Não tinha a menor ideia se ficaria ali por sessenta dias ou sessenta anos.

A dor de não saber — o senso de incerteza — era a forma mais severa de punição imaginável, e Frank vinculou tanta dor a esse "inferno na terra" que jurou que nunca mais voltaria. E quer saber de uma coisa? Ele não é o único assim. Não é de surpreender que as prisões francesas tenham um índice de reincidência de um por cento, e gastam cerca de 200 dólares por ano com cada preso (uma cifra ainda mais espantosa quando se considera que os americanos despendem em torno de 30 mil dólares por ano com seus prisioneiros, e perpetuam um índice de reincidência de 82 por cento!).

Estou sugerindo que copiemos o sistema penitenciário francês? Não. Só estou dizendo que o atual sistema americano obviamente não funciona, e já é tempo de experimentar outra coisa. Devemos proporcionar a nossos presos um ambiente em que não tenham de se preocupar constantemente com a possibilidade de serem espancados ou atacados pelos companheiros de cela, mas ao mesmo tempo não podemos converter a prisão no lar que nunca tiveram. Estou sugerindo que as condições da prisão devem se *indesejáveis*, *desconfortáveis*, e que durante a pena se deve mostrar às pessoas meios de fazer com que o mundo exterior seja uma experiência que possam controlar, uma experiência de prazer e possibilidades, a fim de que se tornem algo que desejem, em vez de temerem, ao serem libertadas. Devem vincular dor à permanência na prisão, e prazer à mudança. De outra forma, o comportamento que os levou à prisão nunca será modificado a longo prazo.

Acima de tudo, um preso deve saber que alguém se *importa* com ele e se empenha em lhe oferecer estratégias que guiarão sua vida por um novo rumo. Nem todos os presos estão prontos para a mudança, mas os que se encontram preparados merecem todo o nosso apoio.

"Enquanto existir uma classe inferior, estou nela; enquanto existir um elemento criminoso, pertenço a ele; enquanto houver uma alma na prisão, eu não serei livre."

— EUGENE VICTOR DEBS

O que *você* pode fazer? Uma ação simples, mas profunda, seria assumir o compromisso de uma vez por mês visitar um preso que tenha sinceramente decidido mudar a qualidade de sua vida. Torne-se um amigo afetuoso, pronto a ajudá-lo, e mostre-lhe as opções disponíveis. Nunca esquecerei o relacionamento que desenvolvi ao me apresentar como voluntário para visitar um homem na prisão de Chino (Califórnia). Através de minha ajuda e estímulo, ele começou a correr 8 quilômetros por dia, a ler livros inspiradores e instrutivos, e iniciou a transição de "preso" para "pessoa de valor". Quando foi solto, dois anos depois, o senso de ligação e contribuição que partilhamos foi uma das experiências mais satisfatórias de minha vida.

O DESAFIO DA VIOLÊNCIA DAS GANGUES

Embora o crime adulto seja um problema de grandes proporções, precisamos tratar também dos meios para conter o fluxo da juventude para o sistema reformatório penal. O que fazer com os assassinatos sem sentido que são cometidos todos os dias por membros de gangues juvenis nos guetos das grandes cidades? A selvageria implacável de duas gangues originárias de Los Angeles — Crips e Bloods — , que depois se espalhou por todo o país, impôs um sangrento tributo às cidades em que vivem. A maioria das pessoas se sente desorientada, sem saber como tratar esse problema assustador. Tenho certeza, no entanto, que uma das primeiras providências é fazer com que os membros das gangues repensem suas regras. Lembre-se de que todas as nossas ações derivam de convicções básicas, o que devemos e o que nunca devemos fazer ou ser.

Li um artigo da *Rolling Stone* comentando um livro que focalizava a vida cotidiana dos membros de uma gangue.* Relata a reunião de uma gangue num lugar chamado Camp Kilpatrick. Quando perguntaram aos estudantes (membros da gangue) por que matariam alguém, eles apresentaram num instante uma lista com *37 razões.* Aqui estão algumas das que achei mais chocantes: *se alguém olha para mim de um jeito esquisito, se alguém me pergunta de onde eu sou, por 10 centavos, se alguém anda de uma maneira esquisita, se alguém toca na minha comida (por exemplo, tira uma batata frita), por diversão, se alguém não corta meus cabelos direito.*

Com regras tão aberrantes — regras que quase ninguém na sociedade partilha —, não é de surpreender que esses rapazes e moças sejam tão instáveis Têm mais razões para matar do que praticamente qualquer outra pessoa, e assim agem de acordo com sua regras. O que me pareceu mais animador, porém, foi constatar que o mediador da conversa compreendia o poder das perguntas de enfraquecer até mesmo as convicções mais arraigadas. Ele perguntou: "Por quais dessas coisas vocês estariam dispostos a morrer?" Em outras palavras, se você soubesse que também morreria se matasse alguém por um péssimo corte de cabelo, ainda assim o faria?

Bing, Léor, "Do or Die". *Rolling Stone,* setembro de 1991.

Ao fazer essa pergunta, ele os levou a reavaliarem suas regras e a reconsiderarem a importância daquelas coisas pelas quais se mostravam antes dispostos a matar. Ao final desse processo de perguntas, os membros da gangue haviam efetuado uma mudança radical em suas regras. Em vez de 37 razões para matar, eles tinham agora apenas três: *legítima defesa, pela família e pela associação (gangue).* A última só permaneceu porque um jovem continuava a acreditar que era provavelmente a coisa *mais* importante em sua vida. Sempre que qualquer dos outros tentava dissuadi-lo, ele simplesmente insistia: "Vocês não me conhecem." Sua identidade era uma convicção, tão vinculada à gangue que renunciar implicaria em também renunciar a todo o seu senso de eu — provavelmente a única coisa constante na vida daquele rapaz.

Pela utilização desse método de fazer e responder perguntas, essa "escola" tem conseguido alcançar muitos dos jovens que fazem o curso ali. Está enfraquecendo as pernas de referência de convicções destrutivas, até que os jovens não mais se sintam certos em relação a elas. *Lembre-se de que todos os comportamentos podem ser mudados pela mudança de convicções, valores, regras e identidade.* Claro que as condições que produzem as gangues devem ser tratadas — em última análise, isso também pode ser tratado pela modificação do comportamento no nível que conta, caso a caso.

Os desafios do meio ambiente

O meio ambiente não é mais uma causa de manifestações apenas para a contracultura. Assumiu o primeiro plano como uma grande preocupação nacional e internacional. Depois de quatro anos consecutivos dos mais quentes registrados na história, as pessoas passaram a se preocupar com o aquecimento global — o fenômeno provocado pela presença excessiva na atmosfera de determinados gases, como, por exemplo, o dióxido de carbono, proporcionando a absorção da radiação solar que, aquecendo a superfície do planeta, produz irradiação, que fica retida nas camadas atmosféricas interiores, resultando em temperaturas cada vez mais altas. Quais são as principais fontes do problema? Uma delas é o fluorcarbono, usado em aparelhos de ar-condicionado e latas de *spray.* Outra fonte destacada do efeito estufa é a destruição desenfreada das florestas tropicais da América do Sul e Central. *As florestas tropicais representam o total espantoso de 80 por cento da vegetação do planeta, e são essenciais para o nosso ecossistema.**

As árvores absorvem os gases tóxicos do excesso de dióxido de carbono que liberamos na atmosfera e os convertem em oxigênio respirável. *As árvores são os nossos supremos rejuvenescedores: sem elas, a vida na Terra, como a conhecemos, não poderia existir.* As árvores das florestas tropicais também proporcionam um ambiente para a maior diversidade de espécies de animais e insetos do mundo. *Ao queimarmos nossas florestas tropicais, não apenas destruímos a vegetação que produz oxigênio e o ambiente em que os animais e plantas vivem, mas também liberamos enormes quantidades de dióxido de carbono na atmosfera, e assim aceleramos o deletério efeito estufa.*

Com toda a sua importância, por que as florestas tropicais são destruídas de uma forma tão inexorável? A resposta é uma simples questão de dor e prazer: o fator econômico. Consideráveis incentivos fiscais foram concedidos nesses países para que fazendeiros derrubem as florestas. É para abrir espaço para mais habitações? Claro que não. É para *criar pastagens para o gado que será exportado como carne para os Estados Unidos.* Os americanos importam 10 por cento de sua carne da América do Sul e Central.** A fim de atender a essa demanda, *as florestas tropicais estão sendo eliminadas ao ritmo de um acre (meio hectare) a cada cinco segundos.****

A ineficiência do uso dessa terra como pastagem é uma das decisões mais destrutivas, a curto prazo, que o homem pode tomar. Estamos acabando com a fonte de nossa sobrevivência. Você pensa, a cada vez que come um hambúrguer, usando carne de floresta tropical, que isso representa a destrui-

---

* Robins, John, *Diet for a New America.*

** "Acres, USA", vol. 15, nº 6, junho de 1985, citado em Robbins.

*** Robbins, John, *Diet for a New America.*

ção de 5 metros quadrados de floresta tropical?* E uma vez destruída, *nunca pode ser substituída.* Além disso, *o índice atual de extinção de espécies é de mil por ano, em decorrência da destruição das florestas tropicais* — uma agressão inconcebível a nosso ecossistema.

Qual o sentido de tudo isso? Serve exclusivamente para o propósito de processar mais carne através de nossos corpos, embora a ciência médica já tenha concluído que isso está diretamente relacionado com os principais fatores de morte nos Estados Unidos: doenças cardíacas e câncer. A estatística chocante é a de que um em cada dois americanos morre de alguma forma de doença cardíaca — a roleta-russa oferece maiores possibilidades de sobrevivência do que a típica dieta americana! *Em última análise, não podemos destruir o ambiente externo sem destruir também nosso ambiente interno.*

Você quer deter a destruição das florestas tropicais? Quer ajudar a restaurar o delicado equilíbrio de nosso ecossistema? Além de enviar seu apoio financeiro para organizações ecológicas, como a Greenpeace, a coisa mais importante que pode fazer é vincular dor a seus comportamentos pessoais que perpetuam o péssimo aproveitamento do planeta. Um passo, com toda certeza, seria reduzir ou eliminar o consumo de carne de hambúrguer. Um boicote deu certo com a indústria de atum, e pode dar certo aqui também. Não estamos falando apenas de dólares e centavos. O próprio planeta se acha em jogo. *Saiba que as decisões que você toma sobre o que põe em seu prato ao jantar determinam, numa escala mínima, mas inegável, coisas como a quantidade de dióxido de carbono que é liberada em nossa atmosfera, e quantas espécies vegetais e animais morrerão a cada dia.*

Agora, vamos analisar o impacto de suas decisões dietéticas num nível local. Talvez você viva num estado americano, como eu, que experimenta uma intensa escassez de água. Na verdade, já se disse que no século XXI a água será o ouro do futuro, um dos nossos recursos mais valiosos e escassos. Como isso pode acontecer, num planeta que é predominantemente coberto por água? O motivo pode ser encontrado na administração incrivelmente medíocre desse recurso vital. Em termos específicos, o problema se relacio-

* "The Fate of Our Planet", *Robbins Research Report*, outono de 1990, Robbins Research International, Inc. c 1991.

com a indústria da carne. Pense no seguinte: *a quantidade de água usada ra criar um único bezerro é suficiente para fazer flutuar um contratorpe-iro americano!*[*] Na Califórnia, todos nos empenhamos com afinco para upar água, com providências como não regar os gramados e instalar redu-res de fluxo em vasos sanitários e chuveiros. Todas essas ações são impor-ntes, mas você sabia que é preciso 19.394 litros de água para produzir meio ilo de carne?[**] Isso significa que *você pode poupar mais água por não mer carne do que poderia se deixar de tomar banho de chuveiro durante n ano inteiro.*[***] Segundo David Fields, um economista de Cornell, e seu sociado Robin Hur, "Cada dólar que os governos estaduais concedem aos iadores de gado, sob a forma de subsídios de irrigação, custa mais de sete ólares aos contribuintes em perdas salariais, aumento do custo de vida e ceita empresarial reduzida".[****] O que uma pessoa pode fazer para poupar ais água? A resposta me parece óbvia: cortar o consumo de carne.

Aqui está mais uma coisa para você remoer. Sabia que *mais energia consumida pela indústria da carne de vaca do que por qualquer outra idústria individual nos Estados Unidos?*[*****] A porcentagem de toda ma-éria-prima que os Estados Unidos devotam à criação de gado representa m terço de todo o consumo de energia, e *o combustível fóssil exigido para roduzir meio quilo de carne é mais ou menos 39 vezes mais que o exigido ara produzir o valor equivalente de proteína em soja.* Se você quer pou-ar energia, seria mais sensato guiar seu carro até o restaurante no final do uarteirão do que se andasse até lá abastecido pelas calorias de 200 gramas e carne de boi ou galinha, produzidos por uma indústria com padrões neficientes de energia.

---

[*] "The Browning of America", *Newsweek*, 22 de fevereiro de 1981, citado em J. Robbins.

[**] "The Fate of Our Planet", Robbins Research Report.

[***] Este dado presume um total de 19.500 litros consumidos por uma pessoa tomando cinco anhos de chuveiro por semana, de 5 minutos cada um, com um fluxo de 15 litros por minuto. obbins, John, *Diet for a New America*.

[****] Fields, David e Robin Hur, "America's Appetite for Meat Is Ruining Our Water", *Vegetarian Times*, janeiro de 1985.

[*****] Spencer, Vivian, "Raw Materials in the United States Economy 1900-1977", Documento Técnico 47, Departamento de Comércio, Departamento do Interior, Divisão de Minas, citado em J. Robbins.

Está preocupado com as usinas de energia nuclear? *Se reduzíssemos em 50 por cento nosso consumo de carne, poderíamos eliminar totalmente a dependência da energia nuclear nos Estados Unidos, além de reduzir de uma forma significativa ou por completo a dependência de importância de petróleo do exterior.**

Uma questão final com que todos nos preocupamos é a fome no mundo. Com 60 milhões de pessoas morrendo a cada ano de inanição, é evidente que chegou o momento de examinarmos a eficiência da utilização de nossos recursos. Lembre-se de que todas as decisões têm consequências e de que, se não tivermos alguma compreensão do impacto a longo prazo em nosso planeta, tomaremos decisões ruins.

A quantidade de alimentos produzidos em qualquer acre (0,4 hectare) de terra fértil é *bastante* reduzida quando esse alimento é carne de boi. *O mesmo acre de terra que produz 120 quilos de carne de boi daria para produzir 20 mil quilos de batata — mais ou menos a diferença entre alimentar uma pessoa e 160 pessoas!*** Os mesmos recursos usados para produzir meio quilo de carne podem produzir 8 quilos de cereais.*** A *terra exigida para alimentar um comedor de carne durante um ano é de três acres e um quarto; para um lacto-ovo-vegetariano, meio acre; e para um vegetariano total, um sexto de acre.***** *Em outras palavras, um acre pode alimentar vinte vezes mais pessoas se todas tiverem uma dieta vegetariana!* Quarenta mil crianças morrem de inanição a cada dia, embora tenhamos a capacidade de alimentá-las, se administrássemos nossos recursos com mais eficiência. E tem mais: se cada americano reduzisse o consumo de carne em apenas 10 por cento, o número de pessoas que poderiam ser alimentadas, usando os recursos que seriam liberados da criação de gado, seria de 100 milhões.***** É comida suficiente para alimentar cada homem, mulher e criança famintos da Terra...

---

* Robbins, John, *Diet for a New America.*

** Departamento de Agricultura, citado em J. Robbins.

*** Robbins, John, *Diet for a New America.*

**** Lappe, Frances Moore, *Diet for a Small Planet.* Ballantine Books, c 1982, citado em J. Robbins.

***** Lester Brown, do Worldwatch Institute, citado por Rosenberger, UNICEF, "State of the World's Children", ajustado com dados de 1988 do Departamento de Agricultura dos Estados Unidos, Agricultura Statistics 1989, citado em J. Robbins.

e ainda ter um excedente. Obviamente, ainda teríamos de enfrentar o desafio político da distribuição, mas o alimento estaria disponível, com toda certeza. Finalmente, um dos recursos naturais mais importantes que estamos esgotando em decorrência de nosso hábito de carne é o solo arável. A natureza precisa de quinhentos anos para criar 2 centímetros e meio de solo arável, e no momento estamos perdendo isso a cada 16 anos! Há duzentos anos, os Estados Unidos tinham 54 centímetros de solo arável, e agora temos apenas 15 centímetros.* A quantidade de perda de solo arável relacionada diretamente com a produção de carne é de 85 por cento.** Sem um solo arável adequado, nossa cadeia alimentar desmorona, e, com isso, nossa capacidade de existir.

Minha exposição inicial à maioria das estatísticas acima e ao impacto devastador de comer carne sobre o meio ambiente foi feita por meio de meu grande amigo John Robbins (que não é meu parente por nascimento, embora sejamos irmãos em nosso empenho de fazer uma diferença). John escreveu um livro, *Diet for a New America,* que foi indicado para o prêmio Pulitzer. Creio que esse livro tem um lugar na casa de cada americano que deseja ter consciência dos efeitos de suas decisões e ações diárias.

Como John deixa bem claro, a decisão sobre o que pôr em seu prato no jantar desta noite tem efeitos profundos. Desencadeia uma série de eventos e atividades, que estão moldando a qualidade da vida na Terra. Você pode perguntar: "*Como uma única pessoa pode ter a esperança de inverter a maré de um desafio tão grande?*" John afirma que essa batalha será vencida não no Congresso americano nem nas salas de diretoria, mas pelos indivíduos: "A pessoa que vai ao supermercado, para no balcão de carne e pega um filé com a etiqueta de preço de 8 dólares por quilo, deve compreender que tem na mão uma ilusão muito dispendiosa. Por trás da pequena etiqueta de preço, escondem-se as florestas tropicais que foram derrubadas, o suprimento de alimentos e água de nossos filhos, o solo arável de nossos filhos, seu futuro

---

* Harnack, Curtis, "In Plymouth Country, Iowa, the Rich Topsoil's Going Fast, Alas", *New York Times*, 11 de julho de 1988, citado em J. Robbins.

** Hur, Robin, Lei de Conservação de Recursos de Solo e Água — Sumário de Avaliação, Esboço de Revisão — Departamento de Agricultura dos Estados Unidos, 1980, citado em J. Robbins

meio ambiente. E temos de olhar para o filé e dizer: *isso custa demais. O verdadeiro poder está nas decisões que você toma no supermercado, nos restaurantes e em sua cozinha.*"*

TOME UMA POSIÇÃO

Ao assumir uma posição, você não apenas deixa de participar do péssimo aproveitamento de nossos recursos, mas também envia uma mensagem clara para as grandes empresas cujo sangue vital está ligado ao hambúrguer. Nos últimos anos, empresas de alimentação como a McDonald's e a Carl's Jr. (Carl Karcher Enterprises) começaram a reagir às mudanças no gosto dos consumidores, criando lanchonetes de saladas e outros alimentos alternativos. A McDonald's também parou de usar recipientes de poliestireno para seus alimentos, e calcula que, em decorrência, reduziu sua produção de hidrocarbonos em 25 por cento, fazendo uma diferença considerável na melhoria do meio ambiente. Como um consumidor, use os recursos que aprendeu neste livro para promover uma mudança positiva: saiba o que quer, *use o seu poder de compra como alavanca para interromper padrões destrutivos, pressione as empresas a procurarem alternativas, e depois reforce-as para os comportamentos desejados, consumindo seus produtos e serviços.*

ENSINE SEUS FILHOS — DÊ O EXEMPLO

Como acontece com qualquer desafio, as questões ecológicas exigem educação e ação para se criar mudança. Infelizmente, a ideia da maioria das pessoas sobre educação é cursar a escola. Param de aprender assim que se formam... ou mesmo antes de se formarem! Da mesma forma, muitos professores que começaram com a visão de fazer uma diferença acabam caindo na armadilha do desamparo adquirido, em decorrência de tentarem lidar com

* "The Fate of Our Planet", *Robbins Research Report.*

políticas administrativas insensíveis, e por não estarem preparados para tratar com as personalidades e questões da vida real confrontando seus alunos.

Ao longo deste livro, no entanto, você tomou conhecimento de muitos modelos de excelência, com os quais podemos aprender. Mas como você e eu podemos fazer uma diferença? Podemos assumir um papel ativo na determinação da qualidade da educação de nossos filhos. O professor de seus filhos poderia se beneficiar pela compreensão do poder das pergunta, metáforas globais, Vocabulário Transformacional, valores, regras e condicionamento? Partilhe o que aprendeu, e poderá fazer uma diferença de fato nessa área.

Mais importante ainda, devemos ensinar a nossos filhos as consequências de suas ações. Devemos torná-los conscientes para o impacto que exercem num nível individual e local, e, por conseguinte, o impacto coletivo ao nível global. *Não os deixe caírem na armadilha de pensar que suas ações não fazem uma diferença* — se há uma noção que tentei transmitir neste livro *é a de que até mesmo as pequenas decisões e pequenas ações, se sistemáticas, têm consequências de longo alcance.*

Um dos melhores meios de garantir que seus filhos cresçam com saudável senso de autoestima é *mostrar* que suas decisões e ações fazem uma grande diferença. Como você pode fazer isso? *Demonstre o que é possível sendo um exemplo.* Demonstre para seus filhos o efeito de fazer perguntas fortalecedoras, viver de acordo com valores e regras que escolheu conscientemente, e usar todas as outras estratégias que já aprendeu.

Há muitos meios pelos quais podemos contribuir. Não precisamos esperar até termos um plano grandioso para fazer uma diferença. Podemos causar um impacto imediato, fazendo as menores coisas, tomando decisões que às vezes podem parecer insignificantes. É verdade que a maioria de nossos heróis se esconde por trás do que parecem ser pequenos atos, efetuados de uma maneira coerente. Olhe ao seu redor. Há heróis por toda parte, mas não os reconhecemos com os louvores que merecem por realizarem suas tarefas todos os dias. Os homens e mulheres que trabalham como agentes policiais são claramente heróis. Protegem-nos, criam um senso de segurança para nós, mas muitos os consideram como inimigos. Os bombeiros são heróis, mas não os consideramos assim, a menos que nos encontremos numa situação de emergência. O mesmo se aplica aos motoristas de ambulâncias, telefonistas dos centros de emergências, conselheiros de crises, e uma porção de outros heróis anônimos.

O simples fato de estar preparado pode fazer toda uma diferença. Por exemplo, como se sentiria se alguém sofresse um ataque cardíaco em sua presença, mas você tivesse um curso de ressuscitação cardiopulmonar e soubesse o que fazer? E se os seus esforços para manter o sangue circulando, apesar da aparente ausência de sinais vitais, permitissem salvar uma vida? Posso garantir uma coisa: o sentimento de contribuição que você obteria dessa experiência lhe proporcionaria um senso maior de realização e alegria do que qualquer outra coisa que já sentiu na vida — maior do que qualquer reconhecimento que alguém poderia lhe dar, maior do que qualquer dinheiro que poderia ganhar, maior do que qualquer realização que poderia alcançar.

Esses são apenas alguns dos exemplos mais dramáticos. Há outros meios pelos quais você pode contribuir? Pode apostar que sim! É possível ser um herói pelo simples fato de se tornar *um construtor de pessoas,* isto é, notar as pessoas ao seu redor, oferecer-lhes apoio e estímulo, ou um lembrete de quem realmente são. E se você fosse a um supermercado, e em vez de andar a esmo das alcachofras para as abóboras, notasse e cumprimentasse cada pessoa por que passasse com um sorriso jovial? E se oferecesse um elogio sincero a um estranho? Naquele momento, poderia mudar o comportamento das pessoas a tal ponto que transmitiriam o sorriso ou elogio a quem encontrassem em seguida? E com seus filhos? Não poderia ocorrer uma reação em cadeia como resultado desse único ato?

Há muitos meios simples de fazer uma diferença. Não precisamos sair e salvar a vida de alguém. Mas talvez fazer as pessoas sorrirem seja salvar suas vidas, ou pelo menos levá-las a desfrutar a vida que já têm. Quais são alguns outros meios simples pelos quais você poderia fazer uma diferença hoje? Ao voltar do trabalho, não poderia entrar num asilo de idosos e iniciar uma conversa? Como eles se sentiriam se você perguntasse "Quais são algumas das lições mais importantes que aprenderam em suas vidas?" Aposto que eles teriam muito o que contar! E se você parasse no hospital da comunidade, visitasse um doente e ajudasse a animar sua tarde? Mesmo que nada fizesse além de *escutar* a pessoa, já seria um herói.

Por que tantas pessoas sentem medo de dar passos tão pequenos para ajudar os outros? Um dos motivos mais comuns é o fato de ficarem embaraçadas em fazer algo sobre o qual se sentem inseguras. Receiam serem rejeitadas, ou bancarem as tolas. Mas quer saber de uma coisa? *Se você quer entrar no jogo e vencer, tem de se expor. Deve se mostrar disposto não só a se sentir estúpido, mas também a experimentar coisas que podem não dar certo — e se não derem certo, deve estar disposto a mudar sua estratégia.* De outra maneira, como você poderia inovar, como poderia crescer, como poderia descobrir quem realmente é?

UM PRESENTE DE 10 MIL DÓLARES PARA A UNIVERSIDADE OU SUA PRIMEIRA CASA

Se queremos mudar a qualidade de vida nos Estados Unidos, devemos sem dúvida afetar os sistemas de valores de uma grande massa de pessoas. Nosso futuro está nas mãos da juventude. No momento em que escrevo estas palavras, o Presidente Bush acaba de assinar um documento que oferece uma oportunidade excepcional para a juventude e para a sociedade como um todo, se o aproveitarmos ao máximo.

Há cerca de dois anos, conheci uma mulher maravilhosa, que participou de meu seminário Encontro com o Destino. Seu nome é Barbara Mikulski, uma das duas senadoras no Congresso dos Estados Unidos. Notando meu desejo de contribuir, ela me falou sobre o Projeto de Serviço Nacional, de que era coautora, agora convertido em lei. Você deve conhecê-lo. Oferece uma oportunidade excepcional de contribuir para os que precisam, e ao mesmo tempo cria um futuro irresistível. *O projeto tem muitas facetas, mas sua característica primária é oferecer aos jovens a oportunidade de trabalhar numa organização de serviços comunitários aprovada, e ganhar um crédito de 10 mil dólares, a ser aplicado numa instrução universitária, ou como entrada em sua primeira casa.* Além disso, os participantes podem ganhar o dinheiro para suas despesas: o salário mínimo, ou um pouco menos. Aqui estão alguns detalhes adicionais sobre o programa. Estipula:

- um compromisso voluntário de dois a seis anos, em tempo integral ou parcial;
- serviço em dois fins de semana por mês, além de duas semanas no verão;

- um crédito de 3 mil dólares por ano para cada ano de serviço, que pode ser aplicado no pagamento de curso universitário, ou como entrada numa casa;
- não há limite de idade, e qualquer pessoa pode participar;
- uma estrutura baseada na comunidade, com ênfase na complementação de serviços públicos ou particulares.

O mais importante no Serviço Nacional, porém, é a transformação dos valores das pessoas envolvidas. A fim de "obterem" o crédito, os jovens vão experimentar um senso de contribuição, ajudando os idosos, deficientes físicos, pacientes de câncer, analfabetos funcionais, e assim por diante. Embora possam ingressar no Serviço Nacional por causa do incentivo do crédito, a experiência diária de contribuir para os outros afetará profundamente a identidade e destino dos jovens. *Uma vez tocada pela gratidão de outro ser humano, uma vida se transforma para sempre.* Pode imaginar o impacto se a maioria de nossos jovens partilhasse dessa experiência?

"Você não pode viver um dia perfeito sem fazer algo por alguém que nunca será capaz de retribuir."

— JOHN WOODEN

O efeito mais poderoso que você vai desencadear será o desabrochar de seu senso de contribuição. Todos temos necessidade de ir além de nossos impulsos básicos de evitar a dor e alcançar o prazer. Creio que, lá no fundo, todos queremos fazer o que acreditamos ser certo, ir além de nós mesmos, e empenhar nossa energia, tempo, emoção e capital por uma causa maior. Devemos atender a nossas necessidades morais e espirituais, mesmo que isso nos acarrete dor a curto prazo. *Reagimos não apenas a nossas necessidades psicológicas, mas também ao imperativo moral de fazer mais e ser mais do que qualquer um pode esperar. Nada nos proporciona um senso maior de satisfação pessoal do que a contribuição.* Dar com altruísmo é a fundação da realização.

Embora o programa do Serviço Nacional ofereça um caminho para atender a essas necessidades, uma possível desvantagem é o fato de visar basicamente os estudantes universitários. O jornalista e escritor William F. Buckley Jr. sugere que uma compreensão da dor e prazer pode nos ajudar a recrutar a ajuda de um segmento muito mais amplo da sociedade. Um sistema de punição e recompensa é a base de suas sugestões, traduzido em termos específicos em incentivos e sanções, que incluiria uma isenção fiscal para os primeiros 10 mil dólares de rendimentos taxáveis ganhos por qualquer um que participe como voluntário do Serviço Nacional. Cada trabalhador nos Estados Unidos acaba alcançando um rendimento de 10 mil dólares taxáveis; portanto, todos teriam um incentivo para oferecer seu tempo.

Além disso, ele sugere, no lado da dor, uma legislação estipulando que os jovens só podem se candidatar ao crédito educacional se estiverem dispostos a oferecer algumas horas por semana ao programa do Serviço Nacional. Argumenta ainda que guiar um carro é um privilégio que a sociedade concede, e não deve ser estendido a quem não esteja disposto a contribuir para a sociedade como um todo. Assim, o direito a tirar carteira de motorista dependeria também da participação no Serviço Nacional.

Embora ache que essa terceira opção é um tanto radical, e pode ser prejudicial, apoio plenamente as duas primeiras ideias. Esses incentivos atrairiam mais pessoas e provocariam um impacto maior sobre os valores da sociedade do que o plano atual. Há muitas organizações ansiosas por pessoal e outros recursos. Imagine o impacto que esses incentivos poderiam produzir!

Buckley ressalta que gastamos mais de 30 mil dólares por ano com cada preso, 35 mil com cada membro das forças armadas, 13 mil com os voluntários do programa comunitário VISTA, e 5 mil com os estudantes do Centro de Treinamento dos Oficiais da Reserva. O Serviço Nacional é uma experiência que todos devemos promover, em benefício da sociedade.

O poder desses programas é o fato de que, ao ajudarmos os outros, numa base permanente, começamos a reorientar nossos valores para a importância da contribuição. Como um país, se adotarmos esse valor, podemos mudar a face da nação e expandir nossa influência no mundo exterior. *Mas você não pode se limitar à estrutura de programas patrocinados pelo governo.* Há muitas organizações com uma extrema necessidade de ajudantes e competência, além de recursos financeiros e físicos. Imagine o impacto se os americanos como um todo, independentemente de recompensa ou sua ausência, convertessem a contribuição num imperativo. Você já pensou que *se todas as pessoas nos Estados Unidos* (exceto os muito jovens e idosos) *decidissem contribuir com apenas três horas por semana, a nação colheria as recompensas de mais de 320 milhões de horas de trabalho muito necessário, dedicadas às causas que mais precisam? Se todos contribuíssemos com cinco horas, o total se elevaria para meio bilhão de horas, com um valor monetário se elevando a trilhões!* E não acha que poderíamos promover algumas mudanças sociais com esse tipo de empenho?

Contribuir com seu tempo para qualquer das atividades seguintes vai alterar suas percepções de quem você é, e lançá-lo no caminho de se tornar um herói.

PARA INDICAR APENAS ALGUMAS...

Aqui estão algumas maneiras de ajudar. Um pouco de tempo pode fazer uma grande diferença. Considere a possibilidade de empenhar umas poucas horas por semana ou por mês em uma das seguintes áreas em sua comunidade:

Programas para deficientes mentais e físicos
Ensino de habilidades básicas
Creches
Registro de eleitores
Patrulhas voluntárias de cidadãos (Vigilância do Bairro)
Trabalho em biblioteca (catalogação)
Distribuição de livros a pessoas acamadas
Conservação de energia
Manutenção de parques
Faxinas comunitárias
Maratonas beneficentes
Educação sobre drogas
Aconselhamento por telefone
Programas de atendimento juvenil
Adoção internacional
Programas de extensão comunitária
Socorros de emergência
Pintura e reforma de prédios públicos
Programas de orfanatos
Museus de arte e culturais
Hospedagem de estudantes de intercâmbio
Programas de reciclagem

Um presente de possibilidades: um convite para contribuir

Como alguém pode abrigar os desabrigados, recuperar os criminosos, rejuvenescer os idosos e mobilizar os jovens? Uma oportunidade excitante de você contribuir é trabalhar em associação comigo, através da *Fundação Anthony Robbins™* (Anthony Robbins Foundation™). Somos uma organização não lucrativa, formada para criar uma coalizão de profissionais interessados, empenhados em ajudar sistematicamente as pessoas esquecidas pela sociedade. Trabalhamos com o maior afinco para fazer uma diferença na vida de crianças, desabrigados, presos e idosos. A Fundação dedica-se a fornecer os melhores recursos para inspiração, educação, treinamento e desenvolvimento desses importantes membros de nossa sociedade. Fundei-a em decorrência de minha experiência de vida.

Anos atrás, cheguei à conclusão de que *a contribuição não é uma obrigação; é a oportunidade de retribuir com alguma coisa.* Quando eu tinha 11 anos, minha família não dispunha de dinheiro suficiente para o tradicional almoço do Dia de Ação de Graças, e uma organização beneficente entregou comida em nossa casa. Desde então, ajudar os famintos e desabrigados tornou-se uma das missões a que devotei minha vida. Todos os Dias de Ação de Graças, desde os meus 18 anos, entrego cestos com alimentos às famílias necessitadas. Foi também aos 18 anos que comecei a participar do sistema de apoio aos presos em Chino. Em consequência do meu serviço comunitário, formei uma identidade de filantropo, uma pessoa que realmente faria uma diferença, alguém que se empenhava pelo próximo. Isso aumentou meu orgulho, integridade e capacidade de dar mais aos outros. E me permitiu inspirar outros a fazerem a mesma coisa.

Por causa da exposição maciça decorrente de meus livros, gravações e programas de televisão, recebo todos os dias cartas de pessoas do mundo inteiro pedindo ajuda. Algumas das transformações mais profundas e comoventes de que tomei conhecimento foram de presos e de pessoas que não são mais desabrigadas. *Por isso, a Fundação ofereceu uma cópia gratuita da minha biblioteca de áudio de trinta dias, "Poder Pessoal", e um exemplar de meu primeiro livro,* Poder sem limites, *a todas as prisões dos Estados*

Unidos. No momento em que escrevo, estamos entrando em contato com todos os abrigos de pessoas sem-teto do país para fazer a mesma oferta. Reservei 10 por cento dos direitos autorais deste livro à Fundação, a fim de financiar essas distribuições. Além disso, os Anthony Robbins Associates™, os representantes autorizados que promovem seminários baseados em vídeo nos Estados Unidos, promovem dois programas gratuitos por ano em suas comunidades. Esses programas são realizados em prisões, abrigos dos sem-teto, escolas secundárias e centros de cidadãos idosos.

Se você deseja se aliar a nós, entre em contato com a Fundação e pense em se inscrever no programa *Compromisso-2*. É um meio simples e equilibrado de promover o crescimento pessoal e contribuir de uma maneira que realmente faz uma diferença. Através do *Compromisso-2*, você pode dar a outros um presente de possibilidades, através de um compromisso mensal de visitar um preso, uma pessoa idosa, um adulto ou criança desabrigado, e se tornar um amigo genuíno. Também pode ajudar um de nossos programas anuais. Patrocinamos um programa de liderança juvenil, *A Brigada do Cesto*, no Dia de Ação de Graças, seminários em prisões, e um programa para os idosos, *Projeto Sabedoria* (ver Apêndice A).

É claro que você não está limitado a trabalhar com a nossa Fundação para fazer uma diferença. Há organizações em sua comunidade que precisam de ajuda neste momento. Na verdade, projetei minha Fundação para fortalecer as organizações locais já existentes. Os membros de nossa Fundação são treinados em como promover uma mudança concreta para as pessoas que treinam todos os meses. Embora seja necessário um estilo de treinamento diferente para desafios diferentes, há alguns princípios que são universais. Todos precisamos elevar nossos padrões, mudar nossas convicções e desenvolver novas estratégias para o sucesso pessoal. Ao ajudar as pessoas, precisamos proporcionar *conhecimento profundo* — noções simples e básicas, que podem aumentar imediatamente a qualidade de suas vidas. Com bastante frequência, precisamos romper o desamparo adquirido e desenvolver novas identidades. São essas as habilidades e estratégias que constituem as fundações da minha tecnologia; assim, queremos que todas as pessoas envolvidas nesse programa tenham também o domínio dessas habilidades.

"Apenas os que aprenderam o poder da contribuição sincera e altruísta experimentam a mais profunda alegria da vida: a verdadeira realização."

— ANTHONY ROBBINS

Se uma simples freira albanesa, sem recursos, apenas com sua fé e empenho, pode afetar positivamente as vidas de tantas pessoas, então é certo que você e eu possamos lidar de maneira eficaz com quaisquer desafios com que nos defrontamos. Se Ed Roberts pode sair de seu pulmão de aço todas as manhãs para projetar como mudar as atitudes de toda uma nação em relação aos deficientes físicos — e ser bem-sucedido —, então é possível que você e eu também possamos ser heróis. Se uma pessoa pode sozinha mobilizar uma nação através de um *videotape* e um investimento de 800 dólares para suspender a matança de golfinhos, então você e eu também podemos desencadear efeitos profundos. Muitas vezes não sabemos para onde a cadeia de acontecimentos nos levará. Confie em sua intuição, empenhe seu coração: ficará surpreso com os milagres que ocorrerão.

Se você assumir o compromisso de dar uma ou duas horas por mês, isso vai reforçar sua identidade, e terá certeza de que é "o tipo de pessoa" que se importa, que promove a ação deliberada para fazer uma diferença. Descobrirá que *não tem problemas* em seu trabalho, porque passará a saber o que são problemas de verdade. Os transtornos que costumava ter por causa da queda na Bolsa tendem a desaparecer quando carrega um homem sem pernas para a cama, ou quando aninha em seus braços um bebê com AIDS.

"É verdade, uma grande graça pode acompanhar um pequeno presente; e preciosas são todas as coisas que vêm dos amigos."

— TEÓCRITO

›pois que você dominou os elementos deste livro, sua capacidade de lidar m seus próprios desafios torna-se um foco menor. O que era difícil antes rna-se fácil. A esta altura, você se descobrirá reorientando suas energias concentração primária em si mesmo para a melhoria do que acontece em a família, comunidade e possivelmente o mundo ao seu redor. A única aneira de fazer isso, com um senso de realização permanente, é através da ntribuição altruísta. *Portanto, não procure por heróis: seja um!* Não preciser Madre Teresa (embora pudesse ser, se desejasse!).

Contudo, faça com que *equilíbrio* seja sua palavra de ordem. *Procure lo equilíbrio, em vez da perfeição.* A maioria das pessoas vive num mundo preto ou branco, pensando que é um voluntário sem vida própria, ou então n materialista, orientado para a satisfação pessoal, sem a menor preocupaio em fazer uma diferença. Não caia nessa armadilha. A vida é um equibrio entre dar e receber, entre cuidar de si mesmo e cuidar dos outros. Dê na parte de seu tempo, capital e energia aos que precisam... mas também se isponha a dar a si mesmo. E faça isso com alegria, sem sentimento de culpa. *ocê não precisa arcar com o peso do mundo em seus ombros. A maioria das essoas contribuiria se compreendesse que não é preciso renunciar a qualuer coisa para isso. Portanto, faça um pouco, e saiba que pode significar uito.* Se todos fizessem isso, menos pessoas teriam de fazer tanto, e mais essoas seriam ajudadas!

Na próxima vez em que encontrar alguém que esteja passando por diculdades, em vez de se sentir culpado por ter tantas bênçãos, experimente m senso de *excitamento* por ser capaz de fazer alguma coisa, por menor que eja, para que a pessoa pense em si mesma de uma nova maneira, ou simplesnente se sinta apreciada ou amada. Não precisa empenhar toda a sua vida isso. Basta ser sensível; aprenda a fazer às pessoas perguntas novas que as ortalecerão; afete-as de uma maneira nova. Aproveite essas oportunidades, a contribuição será um prazer em vez de um fardo.

Encontro com frequência pessoas que vivem em dor porque focalizam onstantemente as injustiças da vida. Afinal, como uma criança pode nascer ega, sem a oportunidade de jamais conhecer a maravilha de um arco-íris? Como pode um homem que nunca fez mal a ninguém em toda a sua vida se ornar a vítima de um tiro disparado a esmo? *O significado e propósito por*

trás de alguns eventos são impenetráveis. Esse é o supremo teste de nossa fé. Devemos confiar que todos estão aqui para aprender lições diferentes, em ocasiões diferentes, e que as boas e más experiências são as únicas percepções do homem. Afinal, algumas de suas piores experiências foram na verdade as melhores. Tais experiências o esculpiram, treinaram, desenvolveram em você uma sensibilidade e o lançaram na direção de seu destino supremo. Lembre-se do adágio: "Quando o estudante estiver preparado, o mestre vai aparecer." Por falar nisso, no momento em que *você* for o mestre, pense um pouco — é bem provável que esteja ali para aprender alguma coisa com a pessoa a quem está ensinando!

> ***"Alguém deve nos contar, logo no início de nossas vidas, que estamos morrendo. Poderíamos assim viver a vida ao máximo, em cada minuto de cada dia. Pois faça isso! O que quer que deseje fazer, faça agora! Há apenas uma quantidade limitada de amanhãs."***
>
> — MICHAEL LANDON

Qual é a mensagem? *Viva a vida plenamente, enquanto está aqui.* Experimente tudo. Cuide de si mesmo e dos amigos. Divirta-se, seja excêntrico. Saia e se acabe de tanto viver. É o que vai acontecer de qualquer maneira, por isso é melhor desfrutar o processo. Aproveite a oportunidade para aprender com seus erros: descubra a causa de seu problema e elimine-a. Não tente ser perfeito; basta se tornar um excelente exemplo de ser *humano*. Procure sempre meios de melhorar você próprio. Pratique a disciplina de *CANI!*; aprenda durante toda a sua vida. Tire um momento agora para controlar seu Sistema Central, a fim de poder vencer no jogo da vida. Deixe que sua humanidade — sua preocupação consigo mesmo e com os outros — seja o princípio orientador de sua vida, mas não leve a vida tão a sério a ponto de perder o poder da espontaneidade, o prazer que deriva de ser tolo, de ser uma criança.

Nadine Stair, de 86 anos, disse isso melhor:

"Se tivesse de viver minha vida de novo, ousaria cometer mais erros na próxima vez. Seria mais relaxada. Seria mais flexível. Seria mais tola do que fui nesta viagem. Não levaria as coisas tão a sério. Correria mais riscos, conheceria mais lugares, escalaria mais montanhas, nadaria em mais rios. Tomaria mais sorvete, comeria menos vagem. Talvez tivesse mais problemas concretos, mas teria menos problemas imaginários. Afinal, fui uma dessas pessoas sensatas e equilibradas, hora após hora, dia após dia.

Tive meus momentos, é claro. Só que, se tivesse de fazer tudo de novo, teria mais momentos assim. Na verdade, tentaria não ter outra coisa — apenas momentos, um depois de outro, em vez de viver tantos anos à frente de cada dia. Fui uma dessas pessoas que nunca vai a parte alguma sem um termômetro, uma bolsa de água quente, uma capa e um paraquedas. Se pudesse fazer de novo, levaria menos coisas.

Se tivesse de viver minha vida outra vez, começaria a andar descalça mais cedo na primavera, e continuaria assim pelo outono. Iria a mais bailes, andaria mais em carrosséis, e colheria mais margaridas."

— NADINE STAIR

Como você quer ser lembrado? Como um gigante entre os homens? Pois comece a agir assim agora! Por que esperar para ser memorável? Viva cada dia como se fosse um dos dias mais importantes de sua vida, e vai experimentar alegria num nível completamente novo. Algumas pessoas tentam conservar suas energias para poderem viver mais. Não sei o que você pensa, mas eu estou convencido de que o mais importante não é por quanto tempo vivemos, mas sim *como* vivemos. Prefiro me desgastar a enferrujar! Que o fim nos encontre escalando uma nova montanha!

Creio que uma das maiores dádivas que o Criador nos deu é a da expectativa e suspense. Como a vida seria tediosa se soubéssemos de antemão tudo o que vai acontecer! A verdade é que *nunca* sabemos o que vai acontecer em seguida na vida! Nos próximos momentos, pode acontecer alguma coisa capaz de mudar todo o rumo e qualidade de sua vida num instante. Devemos aprender a amar a mudança, pois é a única coisa certa.

O que pode mudar sua vida? Muitas coisas: um momento de profunda reflexão e umas poucas decisões, ao concluir a leitura deste livro, podem mudar tudo. Assim também uma conversa com um amigo, uma gravação, um seminário, um filme, ou um enorme e suculento "problema" que o leva a se expandir e se tornar melhor. Esse é o despertar que você procura. Portanto, viva numa atitude de expectativa positiva, sabendo que tudo o que acontece em sua vida o beneficia de alguma maneira. *Saiba que é guiado por um caminho de incessante crescimento e aprendizado, que também é o caminho do amor eterno.*

Finalmente, ao deixá-lo agora, quero que saiba o quanto o aprecio e respeito como pessoa. Nunca nos encontramos pessoalmente, mas a impressão é de que já nos conhecemos há muito tempo, não é mesmo? Pois é certo que nossos corações já se encontraram. Ofereceu-me um grande presente ao permitir que eu partilhasse com você partes de minha vida e de meus conhecimentos. Minha sincera esperança é a de que alguma coisa do que partilhamos aqui o tenha tocado de uma maneira especial. Se você usar agora algumas dessas estratégias para aumentar a qualidade de sua vida, então eu me sentirei muito afortunado.

Espero que permaneça em contato comigo. Espero também que me escreva, ou que tenhamos o privilégio de nos conhecer pessoalmente num seminário, ou quando nossos caminhos se cruzarem "por acaso". Por favor, não deixe de se apresentar. Aguardo ansioso a oportunidade de conhecê-lo e ouvir a história dos sucessos de sua vida.

Até lá, não se esqueça de esperar milagres... porque você é único. Seja um portador da luz, uma força para o bem. Passo a tocha agora a suas mãos. Partilhe suas dádivas; partilhe sua paixão. E que Deus o abençoe.

"Algum dia, depois que dominarmos os ventos, as ondas, a maré e a gravidade, vamos dominar por Deus as energias do amor. E, então, pela segunda vez na história do mundo, o homem descobrirá o fogo."

— TEILHARD DE CHARDIN

A Fundação Anthony Robbins

A Fundação Anthony Robbins é uma organização não lucrativa, formada para criar uma coalizão de profissionais interessados, com o compromisso de procurar e ajudar sistematicamente as pessoas que muitas vezes são esquecidas pela sociedade.

Em termos específicos, trabalhamos com afinco para fazer uma diferença na qualidade de vida das crianças, desabrigados, presos e idosos.

A Fundação Anthony Robbins dedica-se a proporcionar os melhores recursos para inspiração, educação, treinamento e desenvolvimento desses importantes membros de nossa sociedade.

UMA VISÃO REALIZADA

A Fundação é um sonho antigo do Sr. Robbins que se tornou realidade. Ele é um filantropo devotado desde os 18 anos de idade, e tem trabalhado com o Exército da Salvação no South Bronx e Brooklyn, e também com os desabrigados na região de San Diego. No momento, estamos oferecendo uma cópia gratuita de sua biblioteca de áudio "Poder Pessoal", best seller nos Estados Unidos, além de exemplares de seus livros, também best sellers, *Poder sem limites* e *Desperte seu Gigante Interior* a todos os abrigos para os sem-teto, escolas secundárias e prisões do país.

APOIO A COMUNIDADES NOS ESTADOS UNIDOS

Além disso, os associados autorizados de Anthony Robbins em todo o país têm o compromisso de produzir dois programas gratuitos por ano, baseados em vídeos, para prisões, escolas secundárias ou abrigos de sem-teto em suas comunidades. Com a sua ajuda, e através da estrutura dessa organização, poderemos alcançar centenas de milhares de pessoas e lhes proporcionar um novo senso de possibilidades. Saberão que alguém se importa realmente com elas, e que há um futuro que vale a pena procurar.

SEU COMPROMISSO

A carta da Fundação expressa-se pelo tema de Compromisso-2. Significa que você, como um membro da Fundação, vai se comprometer com dois projetos, um de cada uma das seguintes categorias:

1. COMPROMISSO MENSAL — Como membro da Fundação, você será convidado a assumir um compromisso por um ano de visitar um preso indicado, um idoso, um desabrigado ou uma criança, numa base mensal. Suas visitas serão projetadas para que escute a pessoa e partilhe sua experiência, até ajudá-la, através de sua habilidade, interesse e empenho, a melhorar a qualidade de sua vida.

2. COMPROMISSO ANUAL — Como membro da Fundação, você terá também de se comprometer a ajudar com seu apoio, organizar ou patrocinar pelo menos um dos seguintes programas, uma vez por ano, em sua comunidade:

OPORTUNIDADES

• PROGRAMA DE LIDERANÇA JUVENIL: Esse programa é realizado em diversas ocasiões, ao longo do ano, e envolve ajudar a organizar uma conferência regional em sua área. Na conferência, estudantes secundários têm a oportunidade de aprender com os melhores instrutores do país a liderar pelo exemplo e a dominar os princípios e disciplinas de *CANI*™ (Melhoria Constante e Incessante).

• A "BRIGADA DO CESTO": Esse programa é realizado no Dia de Ação de Graças, e envolve em preparar cestos com alimentos e entregá-los aos desabrigados, assim como a idosos e famílias pobres que não possam comparecer a uma refeição comunitária.

• SEMINÁRIO EM PRISÃO: Esse programa ocorre em diversas ocasiões durante o ano, e envolve em trabalhar com um dos nossos representantes locais para realizar um seminário de treinamento Anthony Robbins, baseado em vídeo, numa prisão na sua área.

• DIA NACIONAL DA SABEDORIA: Esse programa ocorre durante o mês de janeiro e visa seguir as festas de fim de ano com um evento positivo e de impacto para os idosos. Oferece-lhes uma oportunidade de partilhar sua riqueza de conhecimento com outros. Seu envolvimento inclui a coordenação de uma visita de uma pessoa idosa a uma escola, acampamento ou outra organização local, em que esse membro valioso de nossa cultura poderá partilhar partes de sua história e sabedoria com a geração mais jovem.

"Uma dádiva de possibilidades: um convite a contribuir."

DESAFIO

A vida é uma dádiva, e todos nós que temos a capacidade devemos lembrar que nos cabe a responsabilidade de retribuir com alguma coisa. Suas contribuições, tanto financeiras quanto físicas, podem fazer uma diferença. Por favor, junte-se a nós agora e se empenhe em ajudar os menos afortunados a desfrutarem uma qualidade de vida melhor.

As pessoas interessadas em mais informações sobre a Fundação podem escrever em inglês para The Anthony Robbins Foundation, acessando o site www.anthonyrobbinsfoundation.org.

THE ANTHONY ROBBINS FOUNDATION

9672 Via Excelencia, Suite 102
San Diego, CA 92126, USA

As Companhias Anthony Robbins

As companhias anthony robbins (Anthony Robbins Companies — ARC) são uma força de homens e mulheres empenhados constantemente em melhorar a qualidade de vida para todos que assim o desejarem. Oferecendo tecnologias eficientes para a administração das emoções e comportamentos humanos, as ARC dedicam-se a fortalecer as pessoas para não apenas reconhecerem suas opções ilimitadas, mas também *utilizá-las*.

Acreditamos que só há um caminho para o sucesso a longo prazo, através do compromisso com a disciplina de *CANI!*, a Melhoria Constante e Incessante. Nenhuma corporação ou pessoa se sente satisfeita tem alcançar um determinado nível de sucesso. A verdadeira realização ocorre definitivamente através do ato de estarmos sempre crescendo e contribuindo. O crescimento profundo é o resultado direto da melhoria contínua. Ao partilhar as melhores tecnologias para a mudança pessoal e empresarial, a missão das ARC é ajudar a todos os que se empenham em levar suas vidas e companhias para o nível seguinte, através do controle pessoal e profissional.

As Companhias Anthony Robbins cumprem essa promessa pela busca constante do *conhecimento profundo* — estratégias, ideias, sistemas e planos simples, de aplicação universal — e que podem ser usados, no instante em que os compreendemos, para melhorar a qualidade de nossa vida, pessoal e profissional. Procuramos a excelência em todos os foros, modelando as estratégias para sua criação e partilhando os passos necessários para produzir um impacto permanente para a mudança.

Acreditamos que toda mudança ocorre através dos indivíduos, e as ARC estão empenhadas em melhorar o mundo ensinando a seus cidadãos como melhorar a si mesmos, pois é se forjando cada elo que se constrói a corrente mais forte.

Embora nunca possamos duplicar *exatamente* as realizações dos maiores indivíduos do mundo, sempre *podemos* duplicar a excelência deles em nossas próprias vidas. Cada um de nós pode usar com mais eficácia os instrumentos para moldar o ambiente pessoal, social, político e profissional... e desfrutar mais a vida no processo!

Aqui está uma amostra de algumas das Companhias Anthony Robbins que podem proporcionar recursos úteis para você ou sua empresa. Para uma relação completa dos serviços disponíveis, ligue por favor para 1-800-445-8183.

Robbins Research International, Inc.

Esse braço de pesquisa e marketing das empresas de desenvolvimento pessoal de Anthony Robbins promove seminários de desenvolvimento pessoal, de vendas e empresariais, cobrindo uma ampla gama de temas, de sistemas de condicionamento mental e realização pessoal a domínio da comunicação.

Anthony Robbins and Associates™

A rede de representantes autorizados de Anthony Robbins promove seminários baseados em vídeos para comunidades e empresas locais no mundo inteiro.

Possuir uma franquia de Anthony Robbins and Associates lhe oferece a oportunidade de ser uma fonte de impacto positivo e crescimento para membros de sua comunidade. A empresa proporciona aos representantes sob franquia e treinamento, visibilidade e apoio permanente para criar um negócio que realmente faz uma diferença na vida das pessoas.

Robbins Success Systems™

A RSS (Sistema de Sucesso Robbins) oferece às 1.000 da *Fortune* os mais sofisticados e modernos sistemas de administração e comunicação, e treinamento de equipe. Operando em conjunto com a rede de consultores de desenvolvimento pessoal da RRI, as equipes da RSS combinam meticulosos diagnósticos de pré-treinamento, treinamento específico e avaliação e seguimento pós-programa. Através de programas de treinamento específico e seguimento impecável, a RSS é uma catalisadora para a constante e incessante melhoria na qualidade de vida em empresas do mundo inteiro.

Destiny Financial Services™

A DFS (Serviços de Destino Financeiro) oferece aos clientes planos específicos, baseados nos resultados e estratégias dos maiores planejadores financeiros. **The Financial Destiny Group™** (Grupo de Destino Financeiro) oferece seguro, fundos mútuos, planos de pensão e proteção do patrimônio, e está registrada como corretora na Associação Nacional de Corretoras de Seguros.

Fortune Management™

A Fortune Management (Administração de Fortuna) é uma empresa de serviços de prática de administração que oferece aos profissionais de saúde estratégias vitais e todo o apoio necessário para aumentar a qualidade e lucratividade de seu atendimento. Empenha-se em fazer uma diferença na qualidade do atendimento médico e na qualidade de vida de seus profissionais.

Balneário de Namale

O supremo refúgio fijiano de Anthony Robbins, Namale é um paraíso particular, no meio do Pacífico Sul. As atividades variam de um relaxante passeio por um recife de coral a tênis, esqui aquático, vôlei com os habitantes locais e espetaculares incursões submarinas. A inocência e pureza do povo fijiano, além de sua atitude "bula" de felicidade e cordialidade, fazem com que essa terra seja incomparável.

Este livro foi composto na tipologia Times,
em corpo 11,5/15, impresso em papel off-white 80g/m²
no Sistema Cameron da Divisão Gráfica
da Distribuidora Record.